APPLIQUER L'EMBARGO SUR LES ARMES EN AFRIQUE DE L'OUEST : UN DÉFI POUR LE CONSEIL DE SÉCURITÉ DES NATIONS UNIES

Amadou Demba DIOP

APPLIQUER L'EMBARGO SUR LES ARMES EN AFRIQUE DE L'OUEST : UN DÉFI POUR LE CONSEIL DE SÉCURITÉ DES NATIONS UNIES

Préface de Papa Samba NDIAYE

Sénégal
L'Harmattan

10 VDN, Sicap Amitié 3, Lotissement Cité Police, DAKAR

http://www.harmattansenegal.com
senharmattan@gmail.com
senlibrairie@gmail.com

ISBN : 978-2-336-54687-2
EAN : 9782336546872

DÉDICACES

Je dédie ce livre à mon épouse, mes enfants, ma famille, mes proches ainsi qu'à toute autre personne qui pourrait y trouver un quelconque motif de fierté ou de satisfaction.

REMERCIEMENTS

Je me dois d'exprimer mes remerciements et ma gratitude à Monsieur Papa Samba NDIAYE, Professeur agrégé de Science politique à l'Université Gaston Berger de Saint-Louis, Sénégal, pour avoir accepté de préfacer l'ouvrage.

PRÉFACE

Dans cet ouvrage, l'auteur cherche à expliquer, sur la base de l'expérience issue des conflits armés du Libéria, de la Sierra Leone et de la Côte d'Ivoire, les principaux défis notés dans l'application de l'embargo sur les armes, imposé par le Conseil de Sécurité de l'ONU, au titre du Chapitre VII de la Charte des Nations Unies. Cette recherche devrait ainsi contribuer à l'amélioration de la pratique des régimes de sanctions ciblées de l'ONU, et en particulier l'embargo sur les armes, auxquels le Conseil de Sécurité fait de plus en plus recours dans le cadre des processus de règlement des conflits armés.

Même si l'attachement de l'auteur aux questions de paix et de sécurité internationales puisse provenir directement de son expérience professionnelle d'humanitaire qui lui a permis de constater le lien entre conflits armés et crises humanitaires, il faut cependant souligner que sa passion pour les relations internationales date de ses premières années à l'Université. Cette passion toute particulière pour les relations internationales poussait le jeune étudiant qu'il était à l'époque à renoncer à l'achat de plusieurs tickets de restaurant pour pouvoir payer des journaux traitant des questions internationales. Ainsi, il fût, à cette époque, un lecteur assidu de « Jeune Afrique » et « Le Monde diplomatique », des journaux qu'il s'octroyait, bien sûr plusieurs mois après leurs parutions, lorsque leurs prix devenaient effectivement accessibles à la bourse de l'étudiant qu'il était. Cette passion pour les relations internationales n'a jamais cessé de grandir en lui à tel point qu'il envisagera de se former dans ce domaine. C'est ainsi qu'il entamera, plusieurs années plus tard, des études supérieures qui furent sanctionnées par un Master en Diplomatie et Stratégie et un Doctorat (Ph D) en Relations internationales et Diplomatie.

Déjà, dans le cadre de son mémoire de Master en Diplomatie et Stratégie, il traitait la question générale du règlement pacifique des différends internationaux, objet du Chapitre VI de la Charte des Nations Unies. Dans ce mémoire, il analysait les principaux modes juridictionnels et non juridictionnels de règlement pacifique des différends internationaux. Le différend frontalier entre le Burkina Faso et le Mali qui a conduit, à deux reprises, à des affrontements armés entre les deux pays avant d'être résolu définitivement par la justice internationale y est analysé dans ses dimensions à la fois judiciaire et géopolitique afin d'illustrer la complexité d'un processus de règlement pacifique d'un différend frontalier. C'est donc tout naturellement que dans le cadre de ce travail de recherche, l'auteur aborde le Chapitre VII de la Charte des Nations Unies qui créé le cadre dans lequel le Conseil de Sécurité peut constater « l'existence d'une menace contre la paix, d'une rupture de la paix ou d'un acte d'agression » et de faire des recommandations ou de recourir à des mesures militaires ou non militaires « pour maintenir ou rétablir la paix et la sécurité internationales ». Le projet initial était de travailler sur l'ensemble des mesures coercitives des régimes de sanctions ciblées des Nations Unies qui furent imposées en Afrique de l'Ouest au titre du Chapitre VII de la Charte des Nations Unies, à savoir le gel des avoirs, l'interdiction de voyager, l'embargo sur les diamants, l'embargo sur le pétrole et les produits pétroliers, l'embargo sur le bois d'œuvre et le bois rond et bien sûr l'embargo sur les armes. Très rapidement, ce projet scientifique, aussi fascinant soit-il, s'est avéré un peu trop ambitieux, au regard notamment des délais requis pour pouvoir conduire un tel travail de recherche scientifique, non sans considérer par ailleurs les diverses contraintes professionnelles de l'auteur.

C'est dans ce contexte que la décision de recentrer ce travail sur l'une de ces mesures coercitives s'est vite révélée non pas comme une option mais bien comme une nécessité. Le choix de l'embargo sur les armes parmi tant d'autres mesures coercitives se justifie essentiellement par le fait que le commerce illicite des armes conventionnelles, notamment les armes légères et de petit calibre, est à ce jour l'un des principaux facteurs clés de la violence et de la prolongation des conflits armés et de l'encouragement à l'exploitation illicite des ressources naturelles en Afrique, avec d'ailleurs ses diverses conséquences dévastatrices sur les processus de développement du continent. En outre, la lutte contre le commerce illicite des armes demeure une préoccupation majeure des organisations africaines. En effet, en 2013, lors de la célébration de son cinquantième anniversaire, l'Union africaine avait lancé l'initiative « Faire taire les armes en Afrique ». À l'époque, tous les États membres de l'Union africaine s'étaient déclaré « déterminés à atteindre l'objectif d'une Afrique sans conflits, à faire de la paix une réalité pour toutes nos populations, à débarrasser le continent des guerres, des troubles civils, des violations des droits de l'homme, des catastrophes humanitaires et des violents conflits et à prévenir le génocide ». La feuille de route de l'Union africaine de l'initiative « Faire taire les armes » prévoit de faire des embargos sur les armes un pilier stratégique.

Dans cet ouvrage, l'auteur a tenu par ailleurs à maintenir la cohérence entre la portée géographique de l'étude qui est l'Afrique de l'Ouest et le niveau institutionnel de régulation de la paix et de la sécurité internationales dans cette région qui est la CEDEAO. La décision de ne pas couvrir les pays de la CEDEAO ayant fait l'objet, de la part du Conseil de Sécurité des Nations Unies, de régimes de sanctions ne comportant pas de mesures d'embargo sur les armes, à savoir la Guinée Bissau (Résolution S/RES/2048 (2012) du 18 mai 2012) et le Mali (Résolution S/RES/2374 (2017) du 5 septembre 2017) ne traduit aucunement un manque d'intérêt des autres mesures coercitives ; mais témoigne simplement de la ferme volonté de l'auteur de centrer son travail sur l'embargo sur les armes pour les raisons sus-évoquées. Cette volonté de ne pas s'écarter du sujet principal de la recherche justifie également le fait que les pays de la CEDEAO ayant fait l'objet de mesures d'embargo sur les armes mais par des institutions autres que l'Organisation des Nations Unies ne sont pas couverts dans cette étude, notamment la République de Guinée qui avait fait l'objet de mesures d'embargo sur les armes par la CEDEAO (d'octobre 2009 à mars 2011) et l'Union européenne (d'octobre 2009 à avril 2014) ainsi que le Togo qui a également fait l'objet d'un embargo sur les armes de la part de la CEDEAO en février 2005 et de l'Union africaine entre février et mai 2005. Il faut souligner que ce travail de recherche a été réalisé avant le retrait du Burkina Faso, du Mali et du Niger de la CEDEAO.

Du point de vue épistémologique, l'auteur choisit d'inscrire sa recherche dans une approche explicative en faisant référence, entre autres, aux théories réalistes et libérales des relations internationales. En s'appuyant sur les travaux de recherche de Stephen McGlinchey et Dana Gold sur la théorie des relations internationales, l'auteur offre à ses lecteurs une analyse critique inédite des organisations internationales, et particulièrement de l'ONU. Il faut le dire très clairement : d'autres théories pouvaient être légitimement mobilisées pour étayer cette recherche, tellement les sujets qui y sont traités sont vastes. Dans une démarche chronologique inédite, l'auteur nous plonge profondément au cœur du système d'administration des régimes de sanctions ciblées de l'ONU. Les principales décisions et actions prises par le Conseil de Sécurité depuis l'éclatement des différentes crises jusqu'à l'imposition des sanctions y sont passées au peigne fin. L'auteur offre également à ses lecteurs, l'opportunité de prendre connaissance, dans un seul ouvrage, des principales actions menées par le Conseil de Sécurité et de ses principaux organes subsidiaires et organes mandatés, notamment les Comités de Sanctions, les Groupes d'experts et les missions de maintien de la paix, depuis l'adoption de chacun des régimes de sanctions étudiés jusqu'à sa levée. En particulier, les Comités de Sanctions de l'ONU concernant le Libéria, la Sierra Léone et la Côte d'Ivoire ont tout simplement fait l'objet d'une analyse magistrale.

Par ailleurs, à travers l'étude des industries de défense et des politiques d'exportation d'armement des grandes puissances géopolitiques mondiales, notamment les États-Unis, la Russie, la Chine, la France et le Royaume-Uni, l'auteur met en lumière un dilemme fort intéressant : comment réconcilier les intérêts économiques qui peuvent être tirés du commerce des armes avec les risques de déstabilisation de la sécurité internationale qu'il peut engendrer ? La légitimité de cette question réside dans le fait que ces États sont les plus grands exportateurs d'armement au monde et en même temps ils sont les principaux administrateurs des régimes de sanctions de l'ONU du fait notamment de leur droit de veto. Cette analyse trouve toute sa pertinence dans le contexte actuel marqué, entre autres, par la remise en cause progressive du multilatéralisme et la persistance de nombreuses critiques légitimes à l'endroit de la gouvernance sécuritaire mondiale : nouvelle politique extérieure des États-Unis, nécessité de réforme du Conseil de Sécurité de l'ONU avec l'Afrique et d'autres puissances géopolitiques réclamant des sièges permanents avec droit de veto, ambition d'autonomie stratégique de l'Union européenne vis-à-vis des États-Unis, etc. Avec une rare simplicité, l'auteur présente la Convention de la CEDEAO sur les armes légères et de petit calibre, leurs munitions et autres matériels connexes ainsi que deux principaux cadres multilatéraux de régulation des transferts d'armes conventionnelles et de biens et technologies à double usage : l'Arrangement de Wassenaar et le traité sur le commerce des armes.

L'auteur décrit avec une rare exhaustivité, les nombreuses violations graves et massives des droits de l'homme et du droit international humanitaire commises lors des conflits armés au Libéria, en Sierra

Leone et en Côte d'Ivoire, tout en analysant le fameux principe de la responsabilité de protéger (R2P) et les différentes atrocités criminelles auxquelles ce dernier doit s'appliquer : génocide, crimes contre l'humanité, crimes de guerre et nettoyage ethnique. Le recours au principe de la responsabilité de protéger (R2P) par le Conseil de Sécurité de l'ONU lors de la crise post-électorale en Côte d'Ivoire, par le biais de la résolution S/RES/1975 (2011) du 30 mars 2011, replonge le lecteur dans un passé tumultueux de l'histoire politique de la Côte d'Ivoire. À l'heure où ce pays s'achemine à nouveau vers une élection présidentielle à haut risque, puissent les enseignements tirés de cet ouvrage servir de leçon à tous les hommes politiques ivoiriens et à la communauté internationale.

Papa Samba NDIAYE,
Professeur agrégé de Science politique,
Directeur UFR Sciences juridiques et politiques,
Université Gaston Berger, Saint-Louis, Sénégal.

LISTE DES SIGLES & ACRONYMES

AFCI	Autorisation de Fabrication, de Commerce ou d'Intermédiation
ALPC	Armes légères et de Petit Calibre
APSA	African Peace and Security Architecture (Architecture africaine de Paix et de Sécurité)
BANUL	Bureau d'appui des Nations Unies pour la consolidation de la paix au Liberia
BINUCSIL	Bureau intégré des Nations Unies pour la consolidation de la paix en Sierra Leone
BINUSIL	Bureau intégré des Nations Unies en Sierra Leone
BITD	Base industrielle et technologique de Défense
CIISE	Commission internationale de l'Intervention et de la Souveraineté des États
CCMEC	Coordinating Committee on Multilateral Export Controls (Comité de coordination du contrôle multilatéral des exportations)
CIEEMG	Commission interministérielle pour l'Étude des Exportations des Matériels de Guerre
COSTIND	Commission of Science, Technology, and Industry for National Defense (Commission de la science, de la technologie et de l'industrie pour la défense nationale)
CSNU	Conseil de Sécurité des Nations Unies
DIDH	Droit international des Droits de l'Homme
DIH	Droit international humanitaire
ECJU	Export Control Joint Unit (Unité conjointe de contrôle des exportations)

ECOMICI	ECOWAS Mission in Côte d'Ivoire (Mission de la CEDEAO en Côte d'Ivoire)
ECOMIL	ECOWAS Mission in Liberia (Mission de la CEDEAO au Libéria)
ECOSAP	ECOWAS Small Arms Control Programme (Programme de Contrôle des Armes légères de la CEDEAO)
GAM	Gestion des Armes et des Munitions
GICAN	Groupement des Industries de Construction et Activités navales
GICAT	Groupement des Industries françaises de Défense et de Sécurité terrestres et aéroterrestres
GIFAS	Groupement des Industries françaises aéronautiques et spatiales
GRIP	Groupe de Recherche et d'Information sur la Paix et la sécurité
IDH	Indice de Développement humain
FAFN	Forces armées des Forces nouvelles
FANCI	Forces armées nationales de Côte d'Ivoire
FCDO	Foreign, Commonwealth and Development Office (Bureau des affaires étrangères, du Commonwealth et du Développement)
FISNUA	Force intérimaire de Sécurité des Nations Unies pour Abiyé
FPI	Front populaire ivoirien
FSI	Fragile States Index (Indice des États fragiles)
FSTEC	Federal Service for Technical and Export Control (Service fédéral de Contrôle technique et d'exportation)
IANSA	International Action Network on Small Arms (Réseau d'action international sur les armes légères)
INPFL	Independant National Patriotic Front of Liberia (Front national patriotique indépendant du Liberia)

MINUL	Mission des Nations Unies au Libéria
MINUAD	Mission conjointe des Nations Unies et de l'Union africaine au Darfour
MINUCI	Mission des Nations Unies en Côte d'Ivoire
MINURSO	Mission des Nations Unies pour l'Organisation d'un Référendum au Sahara occidental
MINUSCA	Mission multidimensionnelle intégrée des Nations Unies pour la Stabilisation en Centrafrique
MINUSIL	Mission des Nations Unies en Sierra Léone
MINUSMA	Mission multidimensionnelle intégrée des Nations Unies pour la Stabilisation au Mali
MINUSS	Mission des Nations Unies au Soudan du Sud
MONUL	Mission d'Observation des Nations Unies au Libéria
MONUSIL	Mission d'Observation des Nations Unies en Sierra Léone
MONUSCO	Mission de l'Organisation des Nations Unies en République Démocratique du Congo
MPCI	Mouvement patriotique de Côte d'Ivoire
NPFL	National Patriotic Front of Libcria (Front national patriotique du Liberia)
OCHA	Office for the Coordination of Humanitarian Affairs (Bureau de coordination des affaires humanitaires)
UNODC	United Nations Office on Drugs and Crime (Office des Nations Unies contre la Drogue et le Crime)
ONUCI	Opération des Nations Unies en Côte d'Ivoire
PDCI	Parti démocratique de Côte d'Ivoire
RDR	Rassemblement des Républicains
RASALAO	Réseau d'action sur les armes légères en Afrique de l'Ouest
RUF	Revolutionary United Front (Front révolutionnaire uni)

SASTIND	State Agency of Science, Technology, and Industry for National Defense (Agence d'État de la science, de la technologie et de l'industrie pour la défense nationale)
SIPRI	Stockholm International Peace Research Institute (Institut international de recherche sur la paix de Stockholm)
TCA	Traité sur le Commerce des Armes
UNIDIR	United Nations Institute for Disarmament Research (Institut des Nations Unies pour la Recherche sur le Désarmement)
UNREC	United Nations Regional Center for Peace and Disarmament in Africa (Centre Régional des Nations Unies pour la paix et le désarmement en Afrique).

SOMMAIRE

ÉPIGRAPHE

Pas un seul des embargos juridiquement contraignants décrétés par les Nations Unies n'est parvenu à stopper les livraisons d'armes ; ils ont parfois rendu l'acquisition des armes plus onéreuse ou plus compliquée du point de vue logistique, mais les informations dont nous disposons semblent indiquer que dans l'ensemble, les violations des décisions d'embargos des Nations Unies sont répandues, persistantes et systématiques.

Amnesty International *et al.*

Embargos des Nations unies sur les armes : le tour d'horizon des dix dernières années.

Note d'information de la campagne « Contrôlez les armes », mars 2006

INTRODUCTION GÉNÉRALE

A. Contexte sociopolitique

Dans les décennies 1990 et 2000, l'Afrique de l'Ouest s'est embrasée, en proie à des conflits armés d'une rare violence et la résurgence de coups d'état, constituant une menace réelle sur la paix et la sécurité internationales dans la sous-région[1]. Dans un souci permanent de maintien de la paix et de la sécurité dans la sous-région, la Communauté économique des États de l'Afrique de l'Ouest (CEDEAO), l'Organisation de l'Unité africaine (OUA) et de son successeur l'Union africaine (UA) ainsi que l'Organisation des Nations Unies (ONU) ont dû travailler en synergie pour parvenir au règlement de ces différentes crises.

Par ailleurs, c'est dans le cadre de la poursuite de l'objectif ultime de maintien de la paix et de la sécurité internationales que le Conseil de sécurité des Nations Unies, sur la base juridique des articles 39 et 41 du Chapitre VII de la Charte de l'ONU, est appelé à constater l'existence d'une menace contre la paix, d'une rupture de la paix ou d'un acte d'agression et à prendre des mesures coercitives n'impliquant pas l'emploi de la force armée, communément appelées sanctions. C'est ainsi que depuis 1966, le Conseil a mis en place 31 régimes de sanctions. L'établissement de sanctions ciblées puis la création de groupes d'experts pour superviser leur exécution ont été des tournants décisifs dans l'amélioration de l'application des régimes de sanctions de l'ONU. Ainsi, en Afrique de l'Ouest, qui est le cadre géographique de notre recherche, le Conseil de sécurité des Nations Unies a mis en place des régimes de sanctions ciblées dont des embargos sur les

---

[1] Il s'agit, entre autres, de guerres civiles au Liberia (1989, 2003), en Sierra Leone (1991), en Côte d'Ivoire (2002), de rébellions armées au Mali (1990, 1994 et 2006) et au Niger (1990 et 2007), d'insurrections armées au Nigéria (2009) et de coups d'État en Guinée-Bissau (2003 et 2009), au Mali (1991), au Niger (1996, 1999 et 2010) et au Nigéria (1993).

armes dans le cadre des processus de résolution des conflits armés internes au Liberia, en Sierra Leone et en Côte d'Ivoire[2].

Le Liberia, la plus ancienne République d'Afrique, a subi une série de conflits armés internes qui a duré plus d'une décennie à la suite de différences politiques et ethniques. La cause immédiate du premier conflit a été l'attaque armée du Front national patriotique du Liberia[3] (NPFL) contre la région du centre-nord du Liberia en décembre 1989. En effet, le 24 décembre 1989 un groupe d'hommes armés attaqua le poste douanier libérien de Buoto dans le comté de Nimba, à la frontière avec la Côte d'Ivoire[4]. L'attaque entraîna des pertes en vies humaines dans les rangs des troupes gouvernementales (policiers et soldats) et les cibles des insurgés sont principalement les membres de l'ethnie Krahn à laquelle appartient le Président Samuel K. Doe, et les représentants du parti au pouvoir[5]. Dès cet instant, les termes du conflit libérien sont perceptibles : il s'agit d'une lutte armée pour la conquête du pouvoir politique sur un fond de tensions ethniques[6].

Dirigé par Charles Taylor, un ancien fonctionnaire du gouvernement Doe qui se serait échappé d'une prison aux États-Unis alors qu'il était en attente d'extradition vers le Liberia pour y être jugé pour corruption, le NPFL a utilisé le territoire de la Côte d'Ivoire voisine comme base pour ses premières attaques[7]. Craignant que ces attaques n'entraînent

---

[2] En dehors de ces trois pays, des régimes de sanctions ciblées ont été adoptés à l'endroit de deux autres pays de la CEDEAO : la Guinée-Bissau par la résolution S/RES/2048 (2012) du 18 mai 2012 du Conseil de Sécurité et le Mali par la résolution S/RES/2374 (2017) du 5 septembre 2017. Tandis que le régime de sanctions concernant la Guinée-Bissau est toujours en vigueur ; celui du Mali a expiré le 31 août 2023.

[3] National Patriotic Front of Liberia en anglaise.

[4] Klay, George Kieh Jr. « Civilians and Civil Wars in Africa: Cases of Liberia, Sierra Leone and Côte d'Ivoire ». *Peace Research: The Canadian Journal of Peace and Conflict Studies,* Volume 48, Numbers 1-2, 2016, p. 209.

[5] Dollot, Louis. « Le Liberia : de l'amour de la liberté à la guerre civile ». *Afrique Contemporaine*, vol. 155, 1990, p. 63.

[6] Meledje, F. Djedjro. « La guerre civile du Liberia et la question de l'ingérence dans les affaires intérieures des États ». *Revue belge de droit international*, Vol.2, 1993, p. 395.

[7] Après s'être échappé de Plymouth County Correctional Facility, dans le Massachusetts, en novembre 1985, Taylor est ensuite arrivé au Ghana où il a été arrêté car les autorités ghanéennes le suspectant d'être à la solde de la CIA. C'est à la suite de pourparlers diplomatiques avec le gouvernement du Burkina Faso, dirigé par Thomas Sankara, que Taylor a été libéré et conduit en Côte d'Ivoire où il rejoignit le relativement jeune Front national patriotique du Liberia (NPFL).

la chute de son régime, le président Doe a mobilisé tous les moyens militaires et de sécurité de son régime pour repousser les attaques du NPFL. Les affrontements qui en ont résulté ont conduit à la Première Guerre civile libérienne. Au fil du temps, la guerre a envahi tout le pays, le NPFL ayant remporté des victoires militaires sur les forces du régime Doe et s'étant emparé de plusieurs territoires. Au cours de la guerre, Doe a été capturé puis tué par le Front patriotique national indépendant du Liberia (INPFL) dirigé par Prince Johnson, une faction dissidente du NPFL. Depuis le début de l'insurrection et pendant plusieurs mois, des ingérences d'États étrangers aggravent et compliquent le conflit qui, par ailleurs, fait de nombreuses victimes dans la population civile[8].

C'est dans ce contexte que le 30 mai 1990, les chefs d'États membres de la CEDEAO se rencontrèrent à Banjul, en Gambie pour débattre de la situation de guerre civile au Liberia. Un Comité de médiation de cinq membres chargé d'élaborer un plan de règlement pour mettre un terme à la guerre civile est mis sur pied. Les chefs d'État des pays de la CEDEAO se réuniront une nouvelle fois à Banjul et conviendront d'envoyer une force multinationale de maintien de la paix à Monrovia. C'est ainsi que le 7 août 1990, le Comité de médiation de la CEDEAO mit sur pied un groupe d'observateurs militaires, l'ECOMOG, dont la mission est de résoudre les conflits en Afrique de l'Ouest et en particulier au Liberia. Le 24 août 1990, le premier contingent des troupes de maintien de la paix de l'ECOMOG, commandées par le Ghana et le Nigéria arrivèrent à Monrovia[9]. Opposés à leur intervention, les combattants rebelles de Taylor attaquèrent les forces de l'ECOMOG. Dans l'évolution du conflit, en août 1990, une autre intervention militaire étatique se manifeste ; c'est celle des États-Unis d'Amérique qui justifient leur action par la

[8] Le gouvernement libérien déclarait que les insurgés étaient venus de la Côte d'Ivoire et avait en même temps fait état du soutien que le Burkina Faso, en collaboration avec la Libye, apportait aux rebelles du NPFL.

[9] L'ECOMOG a commencé au Liberia avec environ 3 000 soldats et s'est développée pour atteindre entre 10 000 et 12 000 soldats, la grande majorité étant des Nigérians. L'ECOMOG était composée des forces de cinq pays de la CEDEAO : la Gambie, le Ghana, la Guinée, le Nigéria et la Sierra Leone, rejoints plus tard par le Mali. En septembre 1991, dans le cadre du processus de paix, les troupes sénégalaises rejoignirent également l'ECOMOG.

protection qu'ils doivent apporter à leurs ressortissants victimes des affrontements entre les factions belligérantes[10].

C'est le 27 novembre 1990 que la première tentative de pourparlers de paix initiée par la CEDEAO se déroula à Bamako, au Mali. Le professeur Amos Sawyer, le premier chef d'État libérien par intérim, fut investi dans ses fonctions. Le 28 novembre 1990, les rebelles de Taylor et les soldats de Doe signèrent le premier accord de cessez-le-feu du Liberia à Bamako, au Mali. Le 21 décembre 1990, un nouvel accord de paix fut signé à Banjul entre le gouvernement par intérim, les rebelles de Taylor et les partisans de Doe[11]. L'accord de paix de Lomé, signé le 13 février 1991, prévoyait le déploiement des forces de l'ECOMOG sur l'ensemble du territoire libérien[12].

Cependant, en avril 1991, le Mouvement uni de libération pour la démocratie (ULIMO[13]), formé en Guinée et en Sierra Leone par d'anciens partisans de l'ex-président Doe, envahit le Liberia pour combattre Charles Taylor. Le mouvement est dirigé par Alhaji Kromah, ancien ministre de l'Information sous le régime de Doe. Le 14 octobre 1992, les rebelles de Charles Taylor lancèrent une attaque contre les troupes de maintien de la paix et le gouvernement par intérim à Monrovia. Le 30 juin 1991, Charles Taylor, le chef des rebelles et le président par intérim Amos Sawyer se rencontrèrent à Yamoussoukro, en Côte d'Ivoire, pour une réunion de réconciliation. Cette rencontre marqua le début d'une série de consultations entre juin et octobre 1991 à Yamoussoukro, connue comme les Accords politiques de Yamoussoukro[14].

Par ailleurs, au même moment le Conseil de sécurité lançait, à nouveau, et en vain, un appel à toutes les parties au conflit au Liberia

---

[10] Meledje, F. Djedjro. *op. cit.*, p. 395.

[11] En janvier 1991, Charles Taylor rejette les accords de paix précédemment signés et forme un gouvernement dont le siège se trouve dans la ville de Gbarnga, au centre du pays. Ses forces contrôlent 90 % du pays.

[12] L'Accord ne sera pas appliqué.

[13] United Liberation Movement of Liberia for Democracy.

[14] Dans le cadre de la gestion de la crise libérienne, la CEDEAO a parrainé quatre réunions à Yamoussoukro, Côte d'Ivoire, entre juin et octobre 1991. L'objectif principal de ces réunions était de définir les modalités de mise en œuvre du Plan de paix de la CEDEAO. La CEDEAO avait désigné le président ivoirien d'alors Félix Houphouët-Boigny, le plus fervent partisan du National Patriotic Front of Liberia (NPFL) de Charles Taylor, en tant que président du Groupe des Cinq, le comité choisi pour assurer la pleine mise en œuvre du Plan de paix de la CEDEAO.

pour qu'elles respectent et appliquent les différents accords intervenus dans le cadre du processus de paix sous les auspices du Comité des Cinq de la CEDEAO, les invitant par ailleurs à s'abstenir en particulier de toute action qui compromettrait la sécurité des États voisins. Durant cette période trouble du Liberia, le Conseil de sécurité ne cessait de souligner que l'Accord politique de Yamoussoukro IV constituait le meilleur cadre possible pour le règlement pacifique du conflit libérien et regrettait que les parties au conflit au Liberia n'ait respecté ni appliqué les divers accords conclus à ce jour, en particulier l'Accord de Yamoussoukro IV. C'est dans ce contexte d'incertitude et de risque de déstabilisation de la sous-région ouest-africaine, que le Conseil de sécurité des Nations Unies, décida, en vertu du Chapitre VII des Nations Unies, un embargo général et complet sur toutes les livraisons d'armes et de matériel militaire au Liberia, en vertu de la résolution S/RES/788 (1992) du 19 novembre 1992. Par la suite, des comités de sanctions furent créés pour assurer l'application effective de l'embargo sur les armes contre le Liberia[15].

La situation au Liberia ayant changé, par résolution S/RES/1521 (2003) du 22 décembre 2003, le Conseil de sécurité établissait un autre comité chargé de suivre l'application de l'embargo sur les armes, de l'interdiction de voyager et des sanctions commerciales visant le Liberia. À partir de 2004, le Comité avait également eu pour mission de veiller à l'application du gel des avoirs de certains individus et entités. Les sanctions relatives au bois et aux diamants furent levées par le Conseil en 2006 et 2007 respectivement. Dans sa résolution S/RES/2237(2015) du 2 septembre 2015, le Conseil leva les mesures financières et celles relatives aux restrictions de voyage. Cependant, ce n'est qu'avec la résolution S/RES/2288 (2016) en date du 25 mai 2016 que le Conseil de sécurité décida de mettre fin, avec effet immédiat, aux dernières sanctions contre le Liberia qui était relative à l'embargo sur les armes.

S'agissant de la Sierra Leone, le conflit remonte à mars 1991, lorsque des combattants du Front révolutionnaire uni[16] lancèrent une guerre depuis l'est du pays, près de la frontière avec le Liberia, pour

[15] Au total, il y a eu 3 comités créés respectivement la Résolution S/RES/985(1995) du 13 avril 1995, la Résolution S/RES/1343(2001) du 7 mars 2001 et la Résolution S/RES/1521(2003) du 22 décembre 2003.

[16] Revolutionary United Front (RUF) en anglais. Ce groupe, dirigé par Foday Sankoh, était très proche de Charles Taylor, et le conflit armé en Sierra Leone était vu comme une extension de celui du Liberia.

renverser le gouvernement du All People's Congress (APC), ayant à sa tête l'ancien Président Joseph S. Momoh, au pouvoir depuis novembre 1985. Ce conflit avait déjà causé la mort de milliers de civils, et des milliers d'autres avaient été déplacés à l'intérieur du pays ou se sont réfugiés en Guinée ou au Liberia[17]. Avec le soutien du Groupe d'observateurs militaires de la CEDEAO (ECOMOG), l'armée sierra-léonaise a d'abord tenté de défendre le gouvernement avant de le renverser, l'année suivante, le 29 avril 1992.

Le 1er mai 1992, alors que le président déchu s'est exilé en Guinée, la junte forma un Conseil national provisoire de gouvernement[18] qui annonce l'engagement d'un processus de reconstruction nationale. Malgré le changement de pouvoir, le RUF a poursuivi les hostilités. En 1994, le RUF avait occupé les principales zones de gisement de diamants et utilisait les produits de la vente des diamants pour alimenter le conflit. En avril 1995, les rebelles du RUF n'étaient qu'à quelques kilomètres de Freetown. D'après certaines estimations, les effectifs du RUF se situaient entre 3.000 et 4.000 hommes, avec un noyau dur de 500 à 600 combattants seulement.[19].

En novembre 1994, le chef d'État de la Sierra Leone adressa une lettre au Secrétaire général des Nations Unies, lui demandant officiellement de fournir ses bons offices pour faciliter les négociations entre le gouvernement et le RUF[20]. La mission envoyée à cet effet par l'ONU a constaté une grave détérioration de la situation dans le pays à la suite du conflit qui durait depuis trois ans. Environ 10 % de la

---

[17] S/1995/975, p. 1.

[18] National Provisional Ruling Council (NPRC) en anglais. Il fût présidé par le Capitaine Valentine Strasser.

[19] International IDEA. *Justice traditionnelle et réconciliation après un conflit violent La richesse des expériences africaines*. 2009, p. 134.

[20] C'est à la suite de cette requête que le 15 décembre 1994, le Secrétaire général envoya une mission exploratoire en Sierra Leone pour engager des consultations à cet effet sous la coordination de M. Felix Mosha, alors directeur adjoint au Département des affaires politiques. Cette mission se déroulait aussi au moment où le RUF internationalisait son combat avec le kidnapping de deux volontaires britanniques en novembre 1994 et la prise de contrôle des zones d'exploitation des ressources naturelles. Durant cette courte mission (15-22 décembre 1994) M. Mosha a eu des entretiens avec des fonctionnaires du Gouvernement, des citoyens, des chefs religieux, des diplomates en poste dans le pays et des représentants des différents organes et institutions des Nations Unies se trouvant en Sierra Leone. Il n'a cependant pas été en mesure de prendre contact avec le RUF pour s'enquérir de son attitude à l'égard de négociations éventuelles.

population sierra-léonaise était réfugiée dans les pays voisins et au moins 30 % était déplacée à l'intérieur du pays. Les infrastructures vitales avaient été détruites et les trois quarts du budget national étaient consacrés à la défense. En février 1995, sur la base des conclusions de la mission, le Secrétaire général décida de nommer un envoyé spécial[21] qui travailla en étroite collaboration avec l'OUA, le secrétariat du Commonwealth et la CEDEAO et d'autres organisations qui appuient les négociations en Sierra Leone pour tenter d'obtenir un règlement du conflit et le retour du pays à un régime civil.

Les élections parlementaire et présidentielle en Sierra Leone eurent lieu les 26 et 27 février 1996, et l'armée céda le pouvoir au vainqueur, Dr Alhaji Ahmad Tejan Kabbah. Le RUF n'a pas cependant participé aux élections et n'a pas voulu reconnaître les résultats. Le conflit se poursuit alors. L'envoyé spécial du Secrétaire général des Nations Unies aida à négocier un accord de paix, en novembre 1996, entre le gouvernement et le RUF, connu sous le nom d'Accord d'Abidjan[22]. Ce processus démocratique fut interrompu par un autre coup d'État militaire perpétré le 25 mai 1997. Le gouvernement du président Kabbah et plusieurs organismes ont été contraints de s'exiler en Guinée. La junte, qui s'était elle-même baptisée Conseil révolutionnaire des forces armées[23] sous la direction du Commandant Johnny Paul Koroma a invité les rebelles du RUF à se joindre à elle pour administrer le pays. Cette fois, l'armée a joint ses forces à celles du RUF et a formé une junte au pouvoir. Le président Kabbah et son gouvernement se sont exilés en

---

[21] Il s'agit de Berhanu Dinka, un ancien fonctionnaire du ministère des Affaires étrangères de l'Éthiopie qui a servi plusieurs missions des Nations Unies. Bien qu'il n'y ait pas réussi à prendre contact avec le RUF, il a consacré une large partie de son temps à appuyer le processus de démocratisation et de préparation des élections annoncées par le Capitaine Strasser, chef de la junte au pouvoir.

[22] L'Accord d'Abidjan fut signé le 30 novembre 1996 à Abidjan, en Côte d'Ivoire entre le Président Ahmed Tejan Kabbah et Foday Sankoh, leader du mouvement rebelle, Revolutionary United Front (RUF). Cet accord déclare la cessation des hostilités et prévoit la transformation du RUF/SL en parti politique, un programme de développement socio-économique, de reconstruction et de réhabilitation. Il accorde également l'amnistie aux membres du RUF sur toute action commise jusqu'à la signature de l'Accord. Il stipulait le retrait de « *Executive Outcomes* », une société militaire privée sud-africaine, dans les cinq semaines et les forces régionales dans les trois mois. Il a également défini un processus de cantonnement, de désarmement, de démobilisation et de réintégration des combattants du RUF. L'armée sierra-léonaise serait réduite et les membres du RUF seraient autorisés à entrer dans les forces armées restructurées.

[23] Armed Forces Revolutionary Council (AFRC).

Guinée voisine. Un nouvel envoyé spécial[24] du Secrétaire général des Nations Unies et d'autres représentants de la communauté internationale ont tenté, en vain, de persuader la junte de se retirer du pouvoir.

C'est dans ce contexte que le Conseil de sécurité considérait que l'Accord d'Abidjan constituait un cadre viable pour la paix, la stabilité et la réconciliation en Sierra Leone[25] et déplorait le fait que la junte militaire n'avait pas encore pris de mesures pour permettre le rétablissement du gouvernement démocratiquement élu et le retour à l'ordre constitutionnel. C'est ainsi que par sa résolution S/RES/1132 (1997) du 8 octobre 1997, le Conseil de sécurité adopta des mesures relatives à l'embargo sur le pétrole et les armes et aux restrictions en matière de voyage prises à l'encontre de la Sierra Leone à la suite du coup d'État militaire du 25 mai 1997 et par la même occasion, établit un Comité chargé de veiller à l'application desdites mesures. Dans sa résolution S/RES/1171 (1998) du 5 juin 1998, le Conseil leva les sanctions visant le Gouvernement mais maintint l'embargo sur les armes et l'interdiction de voyager visant les chefs du Front révolutionnaire uni (RUF) et de l'ancienne junte militaire. Par la résolution S/RES/1306 (2000) du 5 juillet 2000, le Comité de sanctions fut investi d'un mandat plus large, qui consistait à suivre également l'application de l'interdiction d'exporter des diamants imposée dans ladite résolution. Dans sa résolution S/RES/1940 (2010) du 29 septembre 2010, le Conseil de sécurité prit note du rapport du Comité

---

24 Il s'agit de M. Francis G. Okelo, de nationalité ougandaise. M. Okelo occupait jusqu'alors le poste de chef adjoint de la Mission spéciale des Nations Unies en Afghanistan depuis 1995. Auparavant, il avait été directeur du Bureau du Secrétaire général en Afghanistan et au Pakistan (OSGAP), et administrateur principal de programme, puis chef de mission du Bureau des Nations Unies pour l'aide humanitaire en Afghanistan. M. Okelo a également servi dans les missions des Nations Unies en Haïti et en Namibie.

25 Il faut noter que plusieurs autres Accords ont suivi l'Accord d'Abidjan : (i) Accord de Conakry, signé le 23 octobre 1997 à Conakry, qui définit un plan de paix de 6 mois entre la CEDEAO et le Conseil des Forces Armées Révolutionnaires, (ii) l'Accord de Cessez-le-feu signé le 17 avril 1999 à Lomé entre le Gouvernement de Sierra Leone et le RUF, (iii) l'Accord de paix de Lomé signé le 7 juillet 1999 à Lomé entre le Gouvernement de Sierra Leone et le RUF et (iv) Accord de Cessez-le-feu signé le 10 novembre 2000 à Abuja entre le Gouvernement de Sierra Leone et le RUF qui consacre un cessez-le-feu de 30 jours.

de sanctions[26] et décida de lever le régime des sanctions et de dissoudre le Comité de sanctions.

S'agissant de la Côte d'Ivoire, pendant plus de 30 ans, depuis son accession à l'indépendance en 1960, le pays a joui d'une stabilité politique et d'une relative prospérité socio-économique, sous la direction de son premier Président, Félix Houphouët Boigny. De ce fait, le pays a attiré d'importants contingents de travailleurs étrangers, principalement des pays voisins, ainsi que des investisseurs. Après la mort du Président Houphouët-Boigny le 7 décembre 1993, la Côte d'Ivoire fut plongée dans une lutte prolongée pour le pouvoir[27], qui a dégénéré en une grave instabilité politique.

À la suite de l'éclatement de la crise sociopolitique le 19 septembre 2002 par des attaques simultanées menées contre des installations militaires à Abidjan, Bouaké et Korhogo par des soldats mécontents et des rebelles du mouvement patriotique de Côte d'Ivoire, la CEDEAO prit rapidement des mesures pour essayer de trouver une solution. C'est ainsi que le 29 septembre 2002, dans le cadre des Accords d'Accra I, l'organisation sous-régionale convoqua d'urgence à Accra une réunion au sommet, qui créa un groupe de contact de haut niveau composé du Ghana, de la Guinée-Bissau, du Mali, du Niger, du Nigéria et du Togo, aux côtés de l'Union africaine, pour favoriser le dialogue entre les rebelles et le Gouvernement ivoirien et pour examiner les conditions générales d'un règlement de la crise[28]. Le

[26] Rapport du Comité du Conseil de sécurité créé par la résolution 1132 (1997) concernant la Sierra Leone. Pour plus de détails sur le contenu de ce rapport, voir document S/2009/690.

[27] La bataille de succession opposa Henri Konan Bédié, Baoulé originaire du Centre, ancien Président de l'Assemblée nationale sous Houphouët-Boigny et soutenu par le PDCI, ancien parti au pouvoir ; Alassane Dramane Ouattara, originaire du Nord, ancien Premier ministre sous Houphouët-Boigny, et leader du RDR ; et Laurent Gbagbo, Bété originaire de l'Ouest, ancien opposant historique et fondateur du FPI.

[28] Le Groupe de contact de la CEDEAO sur la Côte d'Ivoire a commencé ses efforts de médiation le 30 septembre 2002 après avoir rencontré le Président Gbagbo à Abidjan. Le 3 octobre 2002, des membres du Groupe, accompagnés par le Secrétaire exécutif de la CEDEAO, Mohamed Ibn Chambas, et par le Président intérimaire de la Commission de l'Union africaine, Amara Essy, ont rencontré les dirigeants du MPCI à Bouaké. Les efforts de médiation se sont poursuivis jusqu'au 6 octobre 2002, date où le Groupe de contact a quitté le pays après que le Gouvernement eut à trois reprises retardé la signature d'un accord de cessez-le-feu, en faisant valoir qu'un tel accord reviendrait à légitimer le mouvement rebelle et la partition du pays. Cependant, il faudra attendre le 17 octobre 2002 pour que Cheikh Tidiane Gadio, ministre sénégalais des Affaires étrangères, alors Président en exercice du Conseil

sommet fût suivi par une réunion de la Commission de la défense et de la sécurité de la CEDEAO, qui recommanda que des dispositions soient prises immédiatement pour déployer en Côte d'Ivoire des troupes de la CEDEAO.

Le mandat confié à la force de la CEDEAO comprenait la surveillance du cessez-le-feu proposé, l'obtention d'un désengagement des insurgés des régions tombées sous leur contrôle et le désarmement des groupes rebelles. Les dirigeants de la CEDEAO appelèrent l'Union africaine et l'Organisation des Nations Unies à s'engager plus activement, de façon à aider l'organisation sous-régionale à régler la crise ivoirienne. Les dirigeants prièrent également le Président en exercice de la CEDEAO ainsi que la France et les membres africains du Conseil de sécurité de porter la question de la Côte d'Ivoire à l'attention du Conseil de sécurité. Il faut par ailleurs souligner que le déclenchement de la crise ivoirienne fut immédiatement suivi d'une opération militaire des forces françaises, appelée Licorne. L'opération Licorne en Côte d'Ivoire a été déclenchée le 22 septembre 2002, même si son premier chef, le général Emmanuel Beth, n'avait pris officiellement ses fonctions sur place que le 1er octobre 2002, accompagné par l'état-major tactique de la 11e brigade parachutiste. L'opération Licorne a été close le 21 janvier 2015[29].

Par ailleurs, dans le cadre des pourparlers de Lomé, et sous la médiation de la CEDEAO, le gouvernement de la République de Côte d'Ivoire[30] et le Mouvement patriotique de Côte d'Ivoire (MPCI)[31] ont signé, le 1er novembre 2002 à Lomé, un Accord sur la libération des prisonniers civils et militaires, détenus dans le cadre des hostilités qui ont débuté le 19 septembre 2002[32]. Quant à l'Accord de paix de Lina-Marcoussis, il a été signé le 23 janvier 2003, et est issu de la Table

---

des ministres de la CEDEAO obtienne un accord de cessez-le-feu qui a ouvert la voie à des négociations sur un accord politique entre le Gouvernement et le MPCI.

[29] Aben, Jacques. « Licorne ou la guerre si nécessaire, pour maintenir ou imposer la paix ». *Stratégique, Institut de Stratégie Comparée*, 117, 2017, p. 256.

[30] Représenté par Laurent Dona Fologo

[31] Représenté par Guillaume Soro.

[32] À cet effet, il a été créé un Comité chargé de la libération des prisonniers civils et militaires de la guerre, présidé par le Comité international de la Croix Rouge (CICR) et composé du commandant de la Force de la CEDEAO de contrôle de la cessation des hostilités ou de son représentant, ou du commandant de l'opération Licorne en attendant la mise en place de la Force ouest-africaine, des représentants du gouvernement de la Côte d'Ivoire, du Mouvement patriotique de Côte d'Ivoire, de l'UNICEF, et d'autres agences pertinentes des Nations unies et des ONGs.

ronde des forces politiques ivoiriennes qui s'est réunie à Linas-Marcoussis, en France, du 15 au 23 janvier 2003, à l'invitation du Président de la République française, Jacques Chirac. Cette Table ronde a rassemblé les parties suivantes : FPI, MFA, MJP, MPCI, MPIGO, PDCI-RDA, PIT, RDR, UDCY, UDPCI. Les travaux furent présidés par l'ancien ministre français M. Pierre MAZEAUD, membre du Conseil constitutionnel français, assisté du juge sénégalais Kéba Mbaye et de l'ancien Premier ministre ivoirien Seydou Diarra et de facilitateurs désignés par l'ONU, l'Union africaine, la CEDEAO et l'Organisation internationale de la francophonie (OIF). Cet accord a été suivi par une Conférence des chefs d'État sur la Côte d'Ivoire tenue à Paris les 25 et 26 janvier 2003.

À l'invitation du Président de la République du Ghana, Président en exercice de la CEDEAO, une Table ronde des forces politiques ivoiriennes signataires de l'Accord de Linas Marcoussis, se réunit à Accra les 6 et 7 mars 2003. Cette table ronde sur la crise ivoirienne conduisit à la signature, le 07 mars 2003, de l'Accord de paix d'Accra II. Cet accord fit le point sur les difficultés de mise en œuvre de l'Accord de Lina-Marcoussis tout en rappelant la nécessité pour toutes les forces en présence de faire cesser immédiatement les massacres et tueries ainsi que toutes les exactions commises dans leurs zones d'opération. L'Accord de paix d'Accra III fut signé le 30 juillet 2004 à Accra, Ghana, par les forces politiques ivoiriennes signataires de l'Accord de paix de Lina-Marcoussis, en présence de Chefs d'État et de gouvernement africains sur invitation toujours du Président de la République du Ghana et Président en exercice de la CEDEAO, et du Secrétaire général des Nations Unies, Monsieur Kofi Annan.

C'est également dans le cadre de la consolidation de la dynamique de paix en Côte d'Ivoire que les Forces armées nationales de Côte d'Ivoire (FANCI) et les Forces armées des Forces nouvelles (FAFN) signèrent, à Abidjan, le 3 mai 2003, un Accord de cessez-le-feu intégral et d'arrêt total et définitif des hostilités sur toute l'étendue du territoire. Cet Accord permit de déployer les éléments des FANCI et des FAFN dans l'Ouest du pays pour assainir la situation le long de la frontière entre la Côte d'Ivoire et le Liberia, sous le contrôle des forces impartiales, c'est-à-dire les troupes de la CEDEAO et celles de l'Opération Licorne ; de créer une zone de confiance gérée par le poste de commandement quadripartite de Bouaké, traversant le pays d'Ouest en Est et placée entre le Nord tenu par les FAFN et le Sud contrôlé par les FANCI ; de faciliter la circulation des personnes et des biens dans certains secteurs contrôlés par l'ex-rébellion ; de démanteler un certain nombre de « check points » et de déterminer des sites de regroupement des forces en présence.

En dépit de ces nombreuses tentatives de règlement politique de la crise ivoirienne, les tensions et les divisions persistèrent. C'est dans ce contexte que le Conseil de sécurité des Nations Unies, déplorait la reprise des hostilités en Côte d'Ivoire et les violations répétées de l'accord de cessez-le-feu du 3 mai 2003, après qu'il avait entériné les Accords de paix de Linas-Marcoussis et d'Accra III. Considérant que la situation en Côte d'Ivoire continuait de mettre en péril la paix et la sécurité internationales dans la région, par la résolution S/RES/1572 (2004) du 15 novembre 2004, le Conseil de sécurité de l'ONU adopta un régime de sanctions ciblées concernant la Côte d'Ivoire et, en même temps, créa un Comité chargé de contrôler l'application des mesures prises, à savoir l'embargo sur les armes contre la Côte d'Ivoire, ainsi que le gel des avoirs et l'interdiction de voyager imposés contre certaines personnes. Par la résolution S/RES/1643 (2005) du 15 décembre 2005, le mandat du Comité fût élargi pour inclure l'interdiction d'exporter des diamants, imposée par la même résolution. Par la résolution S/RES/1584 (2005) du 1er février 2005, le Conseil de sécurité créa également un groupe d'experts chargé d'aider le Comité dans ses travaux. Par sa résolution S/RES/2283 (2016) du 28 avril 2016, le Conseil de sécurité prit note du rapport du Comité et décida d'abroger le régime de sanctions et de dissoudre le Comité et son groupe d'experts.

B. Revue de la littérature

En matière de sanctions internationales, l'une des recherches les plus célèbres est celle conduite par l'Institut de recherche Peterson en Économie internationale depuis 1982. En 1983, une première publication[33] tentait de montrer qu'à rebours de l'opinion communément admise, les sanctions pouvaient être efficaces. En 1991, parut l'ouvrage majeur qui étudiait en détail 103 cas de régimes de sanctions[34]. Ce travail a été actualisé à deux reprises, la troisième version de 2007 prenant désormais en compte 204 cas de sanctions

[33] Hufbauer, Gary Clyde. *Economic Sanctions in Support of Foreign Policy Goals.* MIT Press, 1983, 110 p.

[34] Hufbauer, Gary Clyde, et al. *Economic Sanctions Reconsidered: History and Current Policy*, Peterson Institute for International Economics, 1991, 298 p.

décidées entre 1914 et 2007[35] ; les auteurs évaluent les cas de succès des régimes de sanctions à 34 %.

En mars 2017, une étude réalisée par l'Institut de Relations internationales et stratégiques (IRIS)[36] propose une réflexion sur l'usage de la sanction internationale en établissant une évaluation basée sur la performance, et non plus sur la simple efficacité ; la performance étant alors définie en tant que combinaison de trois dimensions : la pertinence, l'efficacité et l'efficience. Cette approche est née du constat que mesurer l'efficacité des sanctions est compliqué, puisque chaque régime de sanctions est particulier et répond à une situation politique, économique et sociale spécifique et à des enjeux et objectifs précis. Par ailleurs, il ressort de cette étude que les États-Unis imposent des sanctions en amont des décisions de l'ONU puis exercent la pression liée à leur position de membre permanent du Conseil de sécurité pour élargir les sanctions à un cadre multilatéral tandis que les autres États semblent sanctionner a posteriori, une fois les sanctions onusiennes prononcées.

Concernant spécifiquement les sanctions prononcées par les Nations Unies, l'étude révèle que les plus fréquentes sont celles qui visent des individus (près de 73 % des cas) ou des secteurs (près de 92 % des cas). Pour les sanctions individuelles, les plus fréquentes sont les interdictions de voyage et le gel des avoirs, respectivement prononcées dans 63 % et 52 % des cas. Les embargos sur les armes ou les équipements de prolifération sont les sanctions sectorielles les plus fréquentes et représentent chacune 23 % des cas de sanctions et la moitié des cas de sanctions sectorielles. Les sanctions sur des marchandises restent plus réduites et ne sont présentes que dans un tiers des sanctions de l'ONU. Les sanctions diplomatiques et les sanctions financières sont encore plus rares et ne concernent que 12,9 % de régimes de sanctions de l'ONU. Concernant la performance des sanctions, le rapport souligne que ce sont les conséquences dramatiques des sanctions générales sur les populations, donc finalement la faible performance de celles-ci, qui ont conduit l'ONU à progressivement s'orienter vers des sanctions ciblées.

---

[35] Hufbauer, Gary Clyde, et al. *Economic Sanctions Reconsidered.* Peterson Institute for International Economics, 3e édition, 2007, 248 p.

[36] Matelly, Sylvie al. *Performance des sanctions internationales.* Institut de Relations internationales et stratégiques, 2017, 192 p.

Selon une étude du « *Targeted Sanctions Consortium*[37] » publiée en novembre 2013[38], et basée sur une analyse de 22 régimes de sanctions des Nations Unies, les sanctions ciblées sont efficaces pour atteindre au moins l'un des trois objectifs des sanctions dans 22 % des cas seulement. Les auteurs constatent également que bien que souvent imposés dans le cadre des sanctions, les embargos sur les armes sont très peu efficaces s'ils ne sont pas complétés par des sanctions commerciales plus larges ou sur certaines marchandises, ce qui est très rarement le cas. Cette étude mesure l'analyse de l'efficacité des sanctions ciblées, y compris les embargos sur les armes, mais n'explique pas les causes de leur inefficacité.

Diana Carolina Olarte et Céline Folsche ont étudié les sanctions de l'ONU. Il ressort de leur étude que l'efficacité des sanctions, mesurée par rapport à leur capacité à atteindre l'objectif qui leur est assigné, est compromise par une mise en œuvre défectueuse. Les auteurs déclarent « *Cependant, à l'heure du bilan, les diplomates et les experts concluent à un résultat mitigé et des doutes se font entendre quant à l'efficacité des régimes de sanctions non coercitives mis en place par le Conseil de sécurité* »[39]. À l'image de la plupart des études sus-mentionnées, celle-ci n'explique pas les raisons du manque d'efficacité des régimes de sanctions.

Selon une étude de George A. Lopez et David Cortright portant sur les régimes de sanctions de l'ONU[40], ces dernières ont contribué à atteindre l'objectif recherché par le Conseil de sécurité dans 6 des 18 cas étudiés (Irak, Bosnie, Libye, Sierra Leone, Angola et Liberia). Par ailleurs, contrairement à ce que l'on pouvait s'attendre, il ressort de cette étude que les sanctions économiques globales semblent être plus efficaces que les sanctions ciblées ou sélectives. Dans une étude

[37] C'est une initiative de l'Institut universitaire de Genève de recherche scientifique et politique sur les sanctions ciblées. Dirigée par le professeur Thomas Biersteker, cette initiative comprend la gestion de bases de données qualitatives et quantitatives sur les sanctions ciblées des Nations Unies, le logiciel SanctionsApp et une série de séminaires organisés régulièrement à Genève.

[38] Biersteker, Thomas J, et al. *The Effectiveness of United Nations Targeted sanctions: Findings from the Targeted Sanctions Consortium (TSC)*. The Graduate Institute of International and Development Studies, 2013, 51 p.

[39] Olarte, Diana Carolina, et Céline, Folsche. « L'efficacité des sanctions de l'Organisation des Nations Unies ». *International Law: Revista Colombiana de Derecho Internacional*, no. 3, 2004, p. 16.

[40] Cortright, David, et George. A, Lopez. *Smart Sanctions: Targeting Economic Statecraft,* Rowman & Littlefield Publishers, 2002, 256 p.

consacrée aux embargos de l'ONU sur les armes en Sierra Leone et au Liberia, Damien Callamand constate : « *à quel point les violations ont été nombreuses et importantes, en ayant à l'esprit qu'elles n'ont sans doute pas été toutes répertoriées, les embargos sur les armes paraissent avoir échoué dans leur mission de priver d'accès aux moyens militaires les acteurs visés dans ces deux pays* »[41]. Les résultats de cette étude sont globalement alignés avec ceux de TSC quant à la faible efficacité de l'embargo des Nations Unies sur les armes.

Dans un rapport du Groupe de recherche et d'information sur la paix et la sécurité (GRIP) consacré à la question des embargos de l'ONU, Virginie Moreau[42] a dressé un état des lieux du système prévu par l'ONU pour s'assurer que les États membres respectent leurs engagements d'appliquer et de respecter ses embargos sur les armes. Il ressort de son étude que les États, l'ONU, les organisations internationales et régionales, les médias, les organisations de la société civile, ou encore les soldats des opérations de paix ont tous un rôle à jouer pour garantir l'application de ces embargos et contribuer de cette façon à la paix et la sécurité internationales. L'auteur constate par ailleurs que même si ce système de contrôle mis en place par l'ONU a déjà contribué à améliorer l'application des embargos sur les armes, il reste cependant tributaire, d'une part, des moyens et pouvoirs que l'ONU veut bien accorder à ses acteurs du contrôle et, d'autre part, au manque de volonté politique et des capacités institutionnelles et techniques des États membres de l'ONU.

Bien que cette dernière piste de réflexion cadre avec les objectifs de notre recherche, il nous semble nécessaire cependant de pouvoir confirmer un tel constat au moyen d'une étude scientifique plus approfondie. De plus, l'étude n'analyse pas les raisons qui expliqueraient ce manque de capacités institutionnelles des États, tel que nous envisageons de le faire pour le cas spécifique de l'Afrique de l'Ouest.

Selon Judith Vorrath[43], la mise en œuvre et l'application des embargos sur les armes, imposés par les Nations Unies sont semées d'embûches. Cependant, une analyse plus approfondie des embargos

---

[41] Callamand, Damien. E*mbargos de l'ONU sur les armes en Afrique. Deux cas d'espèce : Sierra Leone et Liberia.* Note d'Analyse du GRIP, 2008, p. 9.

[42] Moreau, Virginie. *L'ONU et le contrôle des embargos sur les armes. Entre surveillance et vérification.* Les Rapports du GRIP, 2011, Vol.3, 27 p.

[43] Vorrath, Judith. *Implementing and Enforcing UN arms embargoes.* German Institute for International and Security Affairs, SWP Comment 23, 2020, p 1.

existants dans le contexte d'un conflit armé révèle également des possibilités de faire un meilleur usage de cette mesure, qui est la forme la plus fréquemment utilisée des sanctions de l'ONU. Il va sans dire qu'aucun embargo sur les armes ne peut à lui seul sauver un processus de paix, même s'il est étroitement surveillé. Mais cet instrument peut être utilisé de manière plus efficace dans le cadre d'un ensemble de mesures de résolution des conflits. Cette conclusion principale de l'étude sous-entend l'existence de problèmes liés à la surveillance des mesures d'embargo sur les armes. Cependant, son objet principal n'était pas d'en identifier les facteurs de causalité.

Sur la base de deux sources principales[44], Georges Berghezan[45] a analysé le trafic d'armes en Côte d'Ivoire sur la période 2010-2012. Il ressort de son analyse que l'embargo de l'ONU sur les armes y a été violé aussi bien par les forces gouvernementales que par les forces rebelles. Son étude révèle que du côté du gouvernement renversé, quelques courtiers, surtout français et biélorusses, se sont attelés à approvisionner le pouvoir en ALPC et en services et matériel aérien. Du côté de l'ancienne rébellion, d'importants stocks d'armes ont été livrés par le Burkina Faso, un pays qui n'en est pas à son coup d'essai en matière de violations d'embargos sur les armes[46]. Le mérite d'une

---

[44] D'une part, les rapports des groupes d'experts de l'ONU et, d'autre part, diverses autres sources publiques, que ce soient des articles de presse, en particulier ceux disponibles sur Internet, et d'autres rapports émanant surtout de divers groupes et agences de l'ONU.

[45] Berghezan, Georges. *Côte d'Ivoire et Mali, au cœur des trafics d'armes en Afrique de l'Ouest.* Les Rapports du GRIP, 2013, Vol.1, 39 p.

[46] Berghezan, Georges. *op. cit.*, p. 27 : *« Côté gouvernemental, des intermédiaires français, bélarusses et sénégalais ont joué un rôle-clé pour alimenter le régime en grenades lacrymogènes, armes de petit calibre et munitions, en provenance de France, du Brésil, de Turquie et d'Afrique du Sud, ainsi que, avec moins de succès, de moyens aériens provenant de France et de Bélarus. En outre, des grenades lacrymogènes ont été importées du Sénégal, des grenades, armes de petit calibre et des munitions l'ont été des États-Unis, et des munitions pour fusils d'assaut ont été achetées à l'Iran. D'autres allégations concernant des fournitures d'armes par le Zimbabwe, l'Angola et le Bélarus ne paraissent pas crédibles ou ont été infirmées par leurs auteurs. Côté rebelle, le principal fournisseur d'armes, essentiellement de petit calibre, ainsi que de munitions, a été le Burkina Faso qui a transféré en Côte d'Ivoire du matériel acquis, apparemment en toute légalité, en Pologne, en Serbie, en Roumanie, en Chine et en Iran. Des pistolets H&K fabriqués aux États-Unis sont également arrivés dans les mains des insurgés, ainsi que des cartouches et des armes de petit calibre du Mali. Les leaders rebelles ont admis recevoir une « aide militaire bilatérale » du Burkina Faso, du Sénégal et du Nigéria »*

telle analyse est de bâtir son argumentaire essentiellement sur la base principale des rapports des groupes d'experts de l'ONU. Cependant, à l'instar de plusieurs autres études, l'explication des raisons de ces violations n'est pas au cœur de celle-ci.

Dans une étude consacrée à l'application des embargos de l'ONU sur les armes imposés en Afrique[47], Nelson Alusala constate que le continent doit encore relever un certain nombre de défis pour faire respecter ces régimes. Il s'agit de la perception erronée que les sanctions sont punitives, de la déconnexion entre les comités de suivi des sanctions des Nations unies et les gouvernements des États cibles, la faible coordination entre les organismes chargés de l'application de la loi aux niveaux national et régional, et la porosité des frontières internationales. L'expérience de certains pays dont la Côte d'Ivoire et la Sierra Leone sur les défis de l'application de l'embargo sur les armes y est également présentée. Par ailleurs, son étude souligne l'importance de l'application des embargos sur les armes par les États africains et fournit des recommandations en vue de renforcer leur efficacité. Les facteurs explicatifs de la violation fréquente des embargos identifiés par l'auteur semblent être plutôt des causes immédiates et non de véritables facteurs sous-jacents.

Dans sa thèse de doctorat[48], Ernest Jan Hogendoorn a analysé l'importance des embargos de l'ONU sur les armes, dans la mesure où ils peuvent mettre fin plus rapidement aux conflits armés et ainsi permettre d'éviter des pertes de vies inutiles et des conséquences négatives en matière de développement. Toutefois, son étude a révélé les difficultés que l'ONU a à contrôler l'application des embargos sur les armes en raison des ressources limitées qu'elle peut consacrer à ce domaine et également de son manque d'expertise pour contrôler efficacement les embargos sur les armes. Il y a aussi souligné que les embargos sur les armes peuvent affecter négativement le processus de résolution des conflits.

Contrairement à toute attente, son étude révèle que les conflits soumis à un embargo sur les armes durent en moyenne 70 % de plus que les conflits non soumis à un embargo, ce qui augmente la durée

[47] Alusala, Nelson. *Towards effective implementation of UN-imposed sanctions arms embargoes in Africa.* Institute for Security Studies, Policy Brief 92, 2016, 11 p.

[48] Hogendoorn, Ernest Jan. *The Humanitarian impacts of UN arms embargoes: Can arms embargoes end or limit violent conflict?* 2008, Princeton University, Thèse de doctorat, 368 p.

des guerres civiles de quatorze mois en moyenne. Au demeurant, son étude a couvert, entre autres, le Liberia et la Sierra Leone. Bien que l'étude aborde partiellement la question des capacités opérationnelles de l'ONU à contrôler l'application des embargos sur les armes en raison des ressources limitées que l'organisation y consacre, l'auteur ne traite pas une question qui nous paraît essentielle dans cette recherche, les capacités institutionnelles des États ciblés par les régimes sanctions.

Sur la base de 28 entretiens avec des informateurs clés, dont 17 membres des Groupes d'experts de l'ONU et spécialistes des questions d'armement, et 11 analystes externes et membres du personnel des Nations Unies, Emile LeBrun and Christelle Rigual[49] ont mis en évidence la manière dont les Groupes d'experts chargés de surveiller les embargos des Nations Unies sur les armes s'acquittent de leur mandat, les meilleures pratiques qu'ils ont identifiées et les défis qu'ils rencontrent dans l'exécution de leur mandat. Les questions abordées par les auteurs ne sont pas cependant nouvelles car bon nombre d'entre elles ont été soulevées, selon les auteurs, dans des forums et des rapports antérieurs. L'intérêt de cette étude réside, en revanche, dans sa contribution à l'actualisation des connaissances et des réflexions sur ces questions importantes pour le succès des régimes de sanctions de l'ONU. L'étude a couvert les pays suivants : Côte d'Ivoire, République Démocratique du Congo (RDC), Érythrée, Libye, Somalie et Soudan.

L'étude révèle au demeurant que la collaboration avec les opérations de maintien de la paix des Nations unies reste fondamentale pour le bon suivi des embargos sur les armes, que l'opération de paix dispose ou non en son sein d'une « cellule embargo ». La coopération entre experts d'un même Groupe ou entre Groupes d'experts[50] s'est révélée également essentielle dans le travail des Groupes d'experts. D'autre part, l'étude a identifié plusieurs obstacles aux investigations des Groupes d'experts, parmi lesquels on peut noter le faible niveau de coopération des États ciblés par les sanctions et la courte durée des mandats des Groupes d'experts[51].

---

[49] LeBrun, Emile et Christelle Rigual. *Monitoring UN Arms Embargoes: Observations from Panels of Experts*, Small Arms Survey Occasional Paper 33, 2016, 51 p.

[50] *Ibid.* p. 2.

[51] *Ibid.* p. 3.

Ainsi, cette étude aborde un aspect essentiel de notre recherche, à savoir les difficultés auxquelles les Groupes d'experts de l'ONU sont confrontés, mais elle ne couvre en Afrique de l'Ouest, qu'un seul pays, la Côte d'Ivoire. Ceci pose inéluctablement des défis majeurs dans la généralisation des résultats à toute la sous-région ouest-africaine. Bien que pertinente, l'étude ne traite pas la question cruciale de la capacité de coopération des États ciblés par les sanctions et encore moins des capacités opérationnelles des autres organes subsidiaires du Conseil de Sécurité impliqués dans le suivi des embargos sur les armes, surtout les comités de sanctions et les opérations de maintien de la paix.

Clara Portela[52] a étudié l'application des sanctions de l'ONU par les États. L'étude révèle des tendances contradictoires dans la mise en œuvre des sanctions de l'ONU dans les pays. L'auteur identifie un certain nombre d'obstacles qui font que l'application homogène et rapide des sanctions de l'ONU au niveau international semble être un objectif inatteignable. Elle souligne les problèmes liés à la transposition des obligations internationales dans la législation nationale et l'ambiguïté affichée dans le langage des résolutions du Conseil de sécurité qui est souvent trop vague pour fournir des orientations efficaces pour leur mise en œuvre[53]. Cependant, l'auteur n'explique pas si les défis de transposition des obligations internationales dans la législation nationale sont dus à des questions de volonté politique ou principalement induits par la faiblesse des capacités institutionnelles des États. Par ailleurs, l'étude n'aborde pas la question des capacités opérationnelles de suivi du Conseil de Sécurité de l'ONU.

En définitive, comme on peut le constater, l'objet principal de ces diverses études était d'analyser l'efficacité des régimes de sanctions ou une caractéristique innovante qui est celle de leur performance. Même si certaines d'entre elles ont pu néanmoins montrer que des difficultés sont observées dans l'application de certaines mesures, et en particulier les embargos sur les armes, entraînant de nombreuses violations, elles n'ont pas pour autant, sinon pas suffisamment, expliciter les facteurs sous-jacents qui expliqueraient de telles difficultés ; d'où la nécessité d'approfondir les connaissances scientifiques sur ce sujet.

---

[52] Portela, Clara. « National implementation of United Nations sanctions. Towards fragmentation », *International Journal*, Winter 2019-10, pp. 13-30.

[53] *Ibid.* p. 29.

C. Clarification des concepts clés

Comme tout travail de recherche en sciences sociales, il est nécessaire de clarifier certains concepts clés pour une bonne compréhension du sujet ; ceci est d'autant plus vrai que beaucoup de concepts peuvent faire l'objet de diverses interprétations selon le contexte. Ainsi, pour lever toute équivoque, nous clarifions le sens donné aux concepts clés analysés dans ce livre.

Régimes de sanctions ciblées des Nations Unies

D'une manière générale, les sanctions internationales sont des mesures coercitives qui s'appliquent contre des États, des organismes non-étatiques ou des individus qui représentent une menace à la paix et à la sécurité internationales. Les objectifs qui sont poursuivis au moment de les imposer sont : faire modifier un certain comportement par un État, un organisme non-étatique ou un groupe d'individus[54], diminuer sa capacité de manœuvre ou fragiliser sa position [55]et dénoncer publiquement tous ceux qui représentent une menace à la paix et à la sécurité internationales[56]. Les mesures les plus fréquentes consistent en des restrictions économiques ou diplomatiques à l'encontre de personnes physiques, morales ou d'entités et prennent la forme d'interdictions et de restrictions au commerce de biens, de technologies ou de services ciblés avec certains pays, de gel des fonds et ressources économiques et parfois de restrictions à l'accès aux services financiers, de restrictions de visa ou d'interdiction de voyager.

Dans le cadre de l'ONU, les régimes de sanctions se rattachent au système de sécurité collective de l'ONU prévu au Chapitre VII de la Charte des Nations Unies, dans le cadre de son pouvoir d'adoption de mesures coercitives non militaires, prévu à l'article 41[57]. Les régimes de sanctions sont des mesures destinées à appuyer souvent la résolution des conflits, le soutien aux régimes démocratiques, les transitions

---

[54] *Coercing* en anglais.

[55] *Constraining* en anglais.

[56] *Signaling* en anglaise.

[57] L'Article 41 dispose : « *Le Conseil de sécurité peut décider quelles mesures n'impliquant pas l'emploi de la force armée doivent être prises pour donner effet à ses décisions, et peut inviter les Membres des Nations Unies à appliquer ces mesures. Celles-ci peuvent comprendre l'interruption complète ou partielle des relations économiques et des communications ferroviaires, maritimes, aériennes, postales, télégraphiques, radioélectriques et des autres moyens de communication, ainsi que la rupture des relations diplomatiques* ».

pacifiques, la lutte contre les changements non constitutionnels, la lutte contre le terrorisme, la protection des civils (y compris les droits de l'homme) et la non-prolifération des armes nucléaires.

Les principaux types de sanctions ciblées de l'ONU peuvent être regroupés dans les catégories suivantes : (i) embargos et interdictions : armes conventionnelles et biens à double usage[58], armes de destruction massive, biens à double usage liés à la prolifération et approvisionnements de portée générale, produits de base, produits de luxe, la traite des êtres humains et emploi coercitif ; (ii) restrictions relatives aux infrastructures : gel des avoirs, refus des services financiers, interdictions de voyager, restrictions des transports maritimes, aériens et terrestres ; et (iii) restrictions des activités diplomatiques et culturelles : restriction des privilèges diplomatiques, restriction des activités sportives, restriction des services éducatifs et restriction du commerce des biens culturels[59].

Le recours aux sanctions ciblées relève de l'histoire récente de l'ONU. Si l'on excepte les sanctions économiques infligées au milieu des années 60 à la Rhodésie et à l'Afrique du Sud, le Conseil de sécurité n'a adopté ses premières mesures coercitives non militaires qu'à partir de la décennie 1990, c'est-à-dire dans le contexte d'après-guerre froide. Le Conseil de sécurité a imposé pour la première fois des sanctions volontaires (c'est-à-dire non obligatoires) aux régimes d'apartheid de l'Afrique du Sud, en 1963, et de la Rhodésie du Sud, en 1965. Ces sanctions sont devenues des régimes de sanctions obligatoires contre la Rhodésie du Sud par la résolution S/RES/253 (1968) du 29 mai 1968, et l'Afrique du Sud à travers la résolution S/RES/418 (1977) du 31 octobre 1977. Ces deux résolutions ont également créé des Comités de sanctions. Les années 1990 ont vu une prolifération des régimes de sanctions, à commencer par les sanctions

[58] Un « bien à double usage » est un produit ou service « susceptible d'avoir une utilisation tant civile que militaire », c'est-à-dire généralement destiné à un usage civil, par exemple dans l'industrie, mais pouvant également servir à développer des armes ou matériels militaires. À ce titre, son exportation n'est pas interdite a priori mais fait l'objet d'un contrôle restrictif, généralement sous la forme d'une obligation de licence. Certains biens ou technologies à double usage sont susceptibles d'avoir une utilisation militaire conventionnelle, d'autres peuvent servir à la fabrication d'armes de destruction massive : armes nucléaires, chimiques ou biologiques, ou encore missiles capables d'emporter de telles armes.

[59] Nations Unies. *Manuel du Conseil de sécurité de l'ONU : Guide de l'utilisateur aux pratiques et aux procédures.* 2021, p. 51.

globales imposées à l'Irak, après son invasion du Koweït en 1990 (1990-2003), suivies des sanctions imposées à l'ex-Yougoslavie (1991-1996) et à Haïti (1993-1994). Au cours de cette période, les sanctions ciblées plutôt que globales dans le contexte d'un conflit interétatique sont courantes[60].

L'adoption des régimes se matérialise par une résolution du Conseil de sécurité, qui doit disposer du vote affirmatif d'au moins neuf membres et d'aucun vote négatif des membres permanents[61]. Ils doivent être respectés, en principe, par tous les États membres de l'ONU. La création d'un comité de sanctions est souvent prévue par la résolution qui impose les sanctions dont il est chargé de suivre la mise en œuvre, mais peut aussi être créé après, par une résolution postérieure[62]. Chaque comité de sanctions regroupe les 15 membres du Conseil de sécurité et est nommé en général du nom de la résolution. Les comités possèdent aussi certains droits en matière de décision leur permettant par exemple de prévoir des exceptions aux régimes de sanctions ou d'établir puis d'actualiser des listes nominatives de personnes sanctionnées. Les résolutions obligent généralement les États membres à rendre compte aux comités de sanctions des mesures prises dans le cadre de leur application sur leur territoire. La résolution du Conseil de sécurité mettant en place un régime de sanctions prévoit aussi, en général, l'établissement d'un groupe de suivi ou d'un panel d'experts chargés d'aider le comité à s'acquitter de son mandat.

Depuis 2004, tous les nouveaux régimes de sanctions sont ciblés et comprennent généralement des interdictions de voyage, des gels des

---

[60] *Ibid.* p. 48.

[61] Un membre permanent qui n'approuve pas entièrement un projet de résolution mais préfère ne pas exercer son droit de veto peut s'abstenir et permettre ainsi que la résolution soit adoptée, à condition bien sûr qu'elle recueille le nombre requis de neuf voix pour.

[62] Ce fut le cas des comités concernant la Rhodésie (sanctions adoptées par la résolution S/RES/213(1966) du 16 décembre 1966 et comité créé par la résolution S/RES/253 (1968) du 29 mai 1968), l'Afrique du Sud (sanctions adoptées par la résolution S/RES/418(1977) du 4 novembre 1977 et comité créé par la résolution S/RES/421(1977) du 9 décembre 1977), l'ex- Yougoslavie en 1991 (sanctions adoptées par la résolution S/RES/713(1991) du 25 septembre 1991 et comité créé par la résolution S/RES/724(1991) du 15 décembre 1991), la Somalie (sanctions adoptées par la résolution S/RES/733(1992) du 23 janvier 1992 et comité créé par la résolution S/RES/751(1992) du 24 avril 1992) et le Liberia (sanctions adoptées par la résolution S/RES/788 (1992) du 19 novembre 1992 et comité créé par la résolution S/RES/985(1995) du 13 avril 1995).

avoirs, des embargos sur les armes, des interdictions sur les produits de base (diamants, bois, pétrole, etc.), des articles, des matériels, des équipements, des biens et technologies liés aux programmes de missiles nucléaires et balistiques et autres armes de destruction massive, et des produits de luxe[63]. Les comités de sanctions cessent d'avoir une existence lorsque les régimes de sanctions pour lesquels ils ont mandat sont levés. Au total, le Conseil de sécurité a créé, à la date de décembre 2023, 31 comités de sanctions qui concernent les pays et organisations suivants : la Rhodésie du Sud, l'Afrique du Sud, l'ex-Yougoslavie (2), Haïti (2), l'Angola, le Liberia (3), l'Érythrée/l'Éthiopie, le Rwanda, la Sierra Leone, la Côte d'Ivoire, la Somalie/l'Érythrée, l'EIIL (Da'esh) et Al-Qaida, l'Irak (2), la RDC, le Soudan, le Liban, la RPDC, l'Iran, la Libye (2), les Talibans, la Guinée-Bissau, la RCA, le Yémen, le Soudan du Sud et le Mali.

À la date de juin 2024, il y a 14 régimes de sanctions qui sont en vigueur[64]. Le plus ancien régime de sanctions est celui concernant la Somalie, établi par la résolution S/RES/733 (1992) du 23 janvier 1992 et qui a mis en place un embargo général et complet sur toutes les livraisons d'armes et d'équipements militaires à la Somalie. Le plus récent est celui concernant Haïti, établi par la résolution S/RES/2653 (2022) du 21 octobre 2022 qui a imposé des mesures coercitives (interdiction de voyager, gel des avoirs et embargo sur les armes) en relation avec la violence, les activités criminelles et les atteintes aux droits humains, qui compromettent la paix, la stabilité et la sécurité d'Haïti et de la région.

---

[63] Le fait que des responsables de la menace contre la paix et la sécurité internationales puissent être des personnes privées, physiques ou morales, plutôt que les États qui les abritent ne pose d'ailleurs aucune difficulté juridique de principe, puisque l'article 41 de la Charte ne précise pas que les mesures prises par le Conseil de sécurité doivent impérativement viser des États. Pour plus de détails sur l'aspect juridique des sanctions ciblées dans le droit de l'ONU, voir Rapoport, Cécile. « Les sanctions ciblées dans le droit de l'ONU », in *Les sanctions ciblées au carrefour des droits international et européen*. Les Conférences Publiques du Centre d'Excellence Jean Monnet, Université Pierre-Mendès-France – Grenoble, 2011, pp. 3-24.

[64] Al-Shabaab (Somalie), l'EIIL (Da'esh) et Al-Qaida, Irak, RDC, Soudan, Liban (Assassinat du Premier ministre Rafiq Hariri), Corée du Nord, Libye, Les Talibans, Guinée-Bissau, RCA, Yémen, Soudan du Sud et Haïti.

Embargo sur les armes

Un embargo sur les armes désigne un type de sanction internationale qui consiste en une restriction partielle ou totale des transferts d'une ou de plusieurs catégories d'armes vers un ou plusieurs destinataires[65]. L'objectif premier est de réduire ou de bloquer l'accès à des équipements militaires et à des services ou aides financières qui leur seraient associés dans le but d'influencer le comportement des acteurs ciblés dans un sens qui favorise la paix et la sécurité[66]. Les États sont légalement tenus de respecter les embargos sur les armes qui sont imposés par le Conseil de Sécurité en vertu du Chapitre VII de la Charte des Nations Unies. Une conception et une surveillance rigoureuse associées au respect des conditions d'application des embargos peuvent significativement contribuer à la promotion de la paix et de la sécurité internationale, et au respect de nombreux droits humains et libertés fondamentales découlant du droit international[67].

Les embargos sur les armes, imposés par l'ONU, sont les plus susceptibles d'avoir un impact sur les livraisons d'armes vers un État ou un groupe non gouvernemental particulier, d'une part, en raison d'une plus grande légitimité due au statut de l'Organisation et, d'autre part, parce qu'il s'agit de l'Organisation qui compte le plus grand nombre d'États membres. D'autres organisations multilatérales ou régionales ont également la capacité d'imposer des sanctions, y compris des embargos sur les armes, à l'égard d'un État ou d'un acteur non gouvernemental. L'Union européenne, la CEDEAO, l'Union africaine ou encore l'Organisation des États américains (OEA) sont des organisations régionales ayant déjà eu recours à ce type de mesure, de même que l'Organisation pour la Sécurité et la Coopération en Europe (OSCE)[68].

Un embargo sur les armes pose un régime d'interdiction pour certaines activités, mais également des exemptions en fonction de l'utilisateur final ou du type d'armes. Ainsi, la vente, la fourniture, le transfert et le transit d'armements sont les principales activités prohibées, ainsi que l'assistance technique, l'aide financière et parfois

[65] En général, ce sont des États ou des groupes armés non étatiques qui sont visés par les embargos sur les armes.

[66] Dans le contexte de l'Afrique de l'Ouest, les embargos de l'ONU sur les armes visent à amener les belligérants à négocier, dans le cadre des processus de paix, afin de mettre un terme aux conflits armés.

[67] Moreau, Virginie. *Op. cit.*, p. 8.

[68] *Ibid.*

les activités de courtage en lien avec les armements. Les Nations Unies prévoient en général des exemptions à l'embargo lorsqu'il s'agit de fournitures d'équipements militaires destinées à des missions de maintien de la paix, au personnel diplomatique, aux médias, ou dans le cadre de programmes de réformes du secteur de la sécurité dans le pays visé[69].

Effets secondaires des régimes de sanctions

D'une manière générale, les « effets secondaires » désignent les conséquences préjudiciables qui découlent de l'application des sanctions, sans que ces conséquences aient été voulues par leurs auteurs. Ces conséquences peuvent avoir des appellations diverses telles qu'effets néfastes, effets pervers, effets non voulus, effets ou conséquences indésirables, conséquences défavorables, conséquences ou dommages indirects, dommages collatéraux, et bien d'autres encore[70]. Sous ces diverses dénominations, qui changent indifféremment au gré des auteurs, il faut surtout retenir le fait que, d'un côté, ces effets touchent des États ou des personnes auxquels ils ne sont pas destinés même si, d'un autre côté, ils sont tout à fait prévisibles dès le moment d'imposition des sanctions. Les effets que les sanctions ont sur la population civile de l'État-cible, ses États voisins, ses partenaires commerciaux étatiques, corporatifs et individuels sont parmi les plus importants de ces problèmes[71]. Cependant, seuls les effets des sanctions sur les États non visés, avec l'article 50[72], sont prévus dans la Charte. Selon cet article, ces États peuvent consulter le Conseil de sécurité pour la solution aux difficultés économiques qu'ils ont subies du fait de l'application des sanctions. Pour ce qui est des effets sur les

---

[69] Gehin, Leo. *Les embargos sur les armes, sanctions en faveur de la paix et de la sécurité.* Éclairage du GRIP, 2016, p. 2.

[70] Tehindrazanarivelo, Djacoba Liva. *Les sanctions des Nations unies et leurs effets secondaires : Assistance aux victimes et voies juridiques de prévention.* Graduate Institute Publications, 2005, p. 20.

[71] *Ibid.*

[72] L'Article 50 de la Charte dispose : « *Si un État est l'objet de mesures préventives ou coercitives prises par le Conseil de sécurité, tout autre État, qu'il soit ou non Membre des Nations Unies, s'il se trouve en présence de difficultés économiques particulières dues à l'exécution desdites mesures, a le droit de consulter le Conseil de sécurité au sujet de la solution de ces difficultés.* »

populations civiles, ils sont bien réels actuellement mais ne sont pas envisagés au moment de la rédaction de la Charte[73].

Conflits armés

Le droit international humanitaire (DIH), également appelé « droit de la guerre », ou « droit des conflits armés », est une branche du droit international qui propose un corpus de règles tendant à limiter les effets des conflits armés et protéger ceux qui n'y participent pas (les civils) et ceux qui n'y participent plus (blessés, malades, naufragés et prisonniers). Essentiellement régi par les Conventions de Genève du 12 août 1949[74] et leurs protocoles additionnels[75], le droit international humanitaire distingue deux types de conflits armés : le conflit armé international et le conflit armé non international. Du point de vue juridique, il n'existe aucun autre type de conflit armé. Néanmoins, il convient de souligner qu'une situation peut évoluer et passer d'un type de conflit armé à un autre, selon les faits prévalant à un certain moment. D'après l'article 2 commun aux Conventions de Genève de 1949, les conflits armés internationaux sont ceux qui se déroulent entre « Hautes Parties contractantes », c'est-à-dire entre États. On parle donc de conflit armé international lorsqu'un ou plusieurs États ont recours à la force armée contre un autre État, quelles que soient les raisons ou l'intensité de cet affrontement.

Pour savoir ce qu'est un conflit armé non international en droit international humanitaire, il faut consulter deux sources juridiques principales : a) l'article 3 commun aux Conventions de Genève de 1949 et b) l'article 1 du Protocole additionnel II. En effet, l'article 3

---

[73] Les effets destructeurs de la prolifération et de l'usage incontrôlé des armes relèvent plus de la violation des embargos sur les armes que plutôt d'effets secondaires des embargos eux-mêmes.

[74] Convention de Genève pour l'amélioration du sort des blessés et des malades dans les armées en campagne (Convention I), 12 août 1949 ; Convention de Genève pour l'amélioration du sort des blessés, des malades et des naufragés des forces armées sur mer, 12 août 1949 (Convention II) ; Convention de Genève relative au traitement des prisonniers de guerre (Convention III), 12 août 1949; Convention de Genève relative à la protection des personnes civiles en temps de guerre (Convention IV), 12 août 1949.

[75] Protocole additionnel aux Conventions de Genève du 12 août 1949 relatif à la protection des victimes des conflits armés internationaux (Protocole I), 8 juin 1977, Protocole additionnel aux Conventions de Genève du 12 août 1949 relatif à la protection des victimes des conflits armés non internationaux (Protocole II), 8 juin 1977 et Protocole additionnel aux Conventions de Genève du 12 août 1949 relatif à l'adoption d'un signe distinctif additionnel (Protocole III), 8 décembre 2005.

commun s'applique « *en cas de conflit armé ne présentant pas un caractère international et surgissant sur le territoire de l'une des Hautes Parties contractantes* ». Quant à l'article 1 du Protocole II, il précise que cet instrument s'applique aux conflits armés « *qui se déroulent sur le territoire d'une Haute Partie contractante entre ses forces armées et des forces armées dissidentes ou des groupes armés organisés qui, sous la conduite d'un commandement responsable, exercent sur une partie de son territoire un contrôle tel qu'il leur permette de mener des opérations militaires continues et concertées et d'appliquer le présent Protocol*e ».

Ainsi, cette définition de l'article 1 du Protocole additionnel II est plus étroite et naturellement plus spécifique que celle de l'article 3 commun sous deux aspects. Premièrement, elle introduit la condition d'un contrôle sur le territoire, en stipulant que les parties non gouvernementales doivent exercer un contrôle qui « leur permette de mener des opérations militaires continues et concertées ». Deuxièmement, l'application du Protocole additionnel II est expressément limitée aux conflits armés entre les forces armées de l'État et des forces armées dissidentes ou d'autres groupes armés organisés. Au sens du Protocole II, les situations de tensions internes, de troubles intérieurs, par exemple les émeutes, les actes isolés et sporadiques de violence et autres actes analogues, ne doivent pas être considérés comme des conflits armés. Contrairement à l'article 3 commun, le Protocole II ne s'applique pas théoriquement aux conflits armés qui opposent uniquement des groupes armés non étatiques. Toutefois, on doit comprendre que cette définition restrictive ne concerne que l'application du Protocole II, mais ne s'étend pas au droit des conflits armés non internationaux en général. Par ailleurs, le Statut de la Cour pénale internationale, confirme l'existence de conflits armés non internationaux[76] « *qui opposent de manière prolongée sur le territoire d'un État les autorités*

---

[76] L'article 8, paragraphe 2, alinéa f du Statut de la CPI dispose : « *L'alinéa e) du paragraphe 2 s'applique aux conflits armés ne présentant pas un caractère international et ne s'applique donc pas aux situations de troubles et tensions internes telles que les émeutes, les actes isolés et sporadiques de violence ou les actes de nature similaire. Il s'applique aux conflits armés qui opposent de manière prolongée sur le territoire d'un État les autorités du gouvernement de cet État et des groupes armés organisés ou des groupes armés organisés entre eux* ».

du gouvernement de cet État et des groupes armés organisés ou des groupes armés organisés entre eux »[77].

Dans le cadre de ce livre, nous ne considérerons principalement que les conflits armés non internationaux et par la même occasion, retiendrons la définition suivante adoptée par le CICR et reflétant l'avis juridique prédominant : « *Un conflit armé non international est un affrontement armé prolongé qui oppose les forces armées gouvernementales aux forces d'un ou de plusieurs groupes armés, ou de tels groupes armés entre eux, et qui se produit sur le territoire d'un État partie aux Conventions de Genève. Cet affrontement armé doit atteindre un niveau minimal d'intensité et les parties impliquées dans le conflit doivent faire preuve d'un minimum d'organisation* »[78].

Paix et Sécurité internationales dans le contexte des Nations Unies

Alors que durant longtemps la guerre a été un moyen légal et légitime de poursuite d'objectifs nationaux, elle est désormais largement condamnée dans son principe même. L'interdiction du recours à la force a été en effet amorcée timidement dans le pacte de la Société des Nations, puis développée dans le Pacte de Briand Kellogg[79] et ensuite réaffirmée et raffermie dans le cadre de la Charte des Nations Unies[80]. Ainsi, les normes de comportement internationales des États découlant de la pratique de cette Charte impliquent la recherche systématique de moyens pacifiques de régler les différends. Lors de sa création en

[77] En définitive, c'est la nature des parties impliquées plus que l'étendue territoriale du conflit qui distinguent les deux types de conflits.

[78] Ces niveaux minimaux d'intensité et d'organisation permettent de distinguer un conflit armé non international d'autres formes de violence moins graves telles que les émeutes, les actes isolés et sporadiques de violence ou les actes de nature similaire.

[79] Le Pacte de Briand-Kellogg ou Pacte de Paris a été signé à Paris le 27 août 1928. Dans son article premier, il condamne le recours à la force comme moyen de règlement des différends internationaux et invite les États signataires à y renoncer dans leurs relations mutuelles, tandis que dans son article 2, il promeut le recours à des moyens pacifiques : « *Les Hautes Parties contractantes reconnaissent que le règlement de tous les différends ou conflits, de quelque nature ou de quelque origine qu'ils puissent être, qui pourront surgir entre elles, ne devra jamais être recherché que par des moyens pacifiques* ».

[80] L'article 2 § 4 de la Charte des Nations Unies dispose : « *Les Membres de l'Organisation s'abstiennent, dans leurs relations internationales, de recourir à la menace ou à l'emploi de la force, soit contre l'intégrité territoriale ou l'indépendance politique de tout État, soit de toute autre manière incompatible avec les buts des Nations Unies* ».

1945, au lendemain d'une seconde guerre mondiale dévastatrice, l'Organisation des Nations Unies a été dotée par ses membres fondateurs d'un objectif prioritaire : le maintien de la paix et de la sécurité internationales. Le Préambule indique que les États membres souhaitent « *unir leur force pour maintenir la paix et la sécurité internationales* ». Les activités des Nations Unies couvrent principalement les domaines de la prévention des conflits[81], du rétablissement, du maintien et de la consolidation de la paix[82] et de l'adoption de mesures coercitives.

Le Conseil de Sécurité est compétent au premier chef pour assurer la paix et la sécurité internationales[83]. À cet effet, il a la responsabilité primordiale de constater l'existence d'une menace contre la paix, de rupture de la paix ou d'un acte d'agression. En vertu du Chapitre VII de la Charte des Nations Unies, le Conseil de Sécurité peut également imposer des sanctions, voire autoriser l'emploi de la force armée pour maintenir ou rétablir la paix et la sécurité internationales. Le Conseil de Sécurité autorise également les opérations de maintien de la paix et les missions politiques spéciales.

La guerre est une violence, c'est ce qui la distingue du conflit, qui se définit lui-même comme une interaction sociale qui met en présence des comportements antagonistes sur fond d'intérêts opposés ou d'aspirations incompatibles. Ainsi, si toute guerre implique qu'il y ait à la base un conflit, tout conflit ne dégénère pas nécessairement en guerre car celui-ci peut être réglé par des moyens pacifiques plutôt que par le recours à la force. La guerre est aussi une activité collective mettant en présence des unités politiques en interaction. La conséquence est donc que la guerre est régie par un droit spécifique et doit être déclarée selon des formes légales ou non ; elle ne commence qu'à partir du moment où il y a défense armée de la part d'une unité face à une attaque d'une autre unité politique. La guerre est également une activité rationnelle, au sens wébérien du terme, c'est-à-dire une activité décidée en fonction d'un objectif poursuivi ou d'une valeur défendue, et qui implique donc d'en évaluer l'utilité et de réaliser un calcul

---

81 Le moyen le plus efficace de réduire les souffrances et le coût massif des conflits est de les empêcher. L'ONU joue un rôle important dans la prévention des conflits, en ayant recours à la diplomatie, aux bons offices et à la médiation. L'Organisation utilise en particulier des envoyés spéciaux et des missions politiques sur le terrain.

82 Pour plus de détails sur ces concepts, voir pages suivantes.

83 L'Assemblée générale et le Secrétaire général jouent des rôles incontournables et complémentaires, en collaboration avec d'autres bureaux et organes de l'ONU.

coûts-bénéfices pour mesurer si l'usage de la force armée est pertinent. La conséquence de ces trois caractéristiques majeures de la guerre pour la sécurité internationale est que la guerre est régie par un droit spécifique qui se décline en droit de la guerre, en droit des conflits armés et en droit de la reconstruction post-conflit[84].

La paix est une notion complexe car polysémique, et utilisée dans des contextes très divers. La première définition logique est de définir la paix comme l'absence de guerre ou de violence armée collective et organisée. Il y a donc une situation de paix quand les unités politiques ne font pas usage de la force armée dans leurs relations mutuelles. Cependant, la définition qui a eu le plus d'impact est celle de Johan Galtung[85], qui a consisté à distinguer « paix positive » et « paix négative ». La « paix négative » indique l'absence de guerre ou de conflit violent entre les États, ou à l'intérieur d'un même État. Par « paix positive », on entend non seulement l'absence de guerre ou de conflit violent, mais aussi un état d'équité, de justice et de développement.

Rétablissement, Maintien et Consolidation de la paix

Selon Manon Tessier[86], le maintien de la paix est un terme générique qui se perd depuis cinquante ans dans un flou terminologique et une multiplication des termes, étant désigné tantôt comme imposition de la paix, rétablissement de la paix, consolidation de la paix ou maintien de la paix élargi. Ce qui explique que ces variantes du maintien de la paix ne sont au demeurant pas étanches, ce qui complexifie la tâche de conceptualisation et pose le défi de l'établissement d'une définition normalisée sur le plan scientifique[87]. Malgré ces défis, la longue pratique du maintien de la paix et de la sécurité internationales, sous les auspices de l'ONU et de ses partenaires régionaux[88], a permis de s'accorder sur certaines caractéristiques clés de ces différents concepts.

Le 17 juin 1992, conformément à la déclaration du Président adoptée par le Conseil de Sécurité à l'issue de sa réunion tenue au niveau des

---

[84] Deschaux-Dutard, Delphine. *Introduction à la sécurité internationale.* Presses universitaires de Grenoble, 2018, p. 16.

[85] Galtung, Johan. « Violence, Peace, and Peace Research ». *Journal of Peace Research*, Vol. 6, No. 3, 1969, pp. 167-191.

[86] Tessier, Manon. « Le maintien de la paix : de la théorie et des acquis pratiques ». *Études internationales*, 30(1), 1999, p. 137.

[87] Tessier, Manon. *Op. cit.*, p. 137.

[88] En ce qui concerne l'Afrique de l'Ouest, il s'agit de l'OUA et de son successeur, l'UA, et de la CEDEAO.

chefs d'État et de gouvernement le 31 janvier 1992, le Secrétaire général de l'ONU a présenté au Conseil de Sécurité un rapport intitulé « Agenda pour la paix, diplomatie préventive, rétablissement de la paix, maintien de la paix »[89]. Le rapport contenait son étude et ses recommandations sur le moyen de renforcer la capacité de l'ONU dans les domaines de la diplomatie préventive, du maintien et du rétablissement de la paix, et sur la façon d'accroître son efficacité, dans le cadre des dispositions de la Charte, à quoi il avait ajouté un élément étroitement apparenté auxdits domaines : la consolidation de la paix après les conflits.

Dans le rapport, le Secrétaire général de l'ONU d'alors, Boutros Boutros Ghali avait précisé que : « *le rétablissement de la paix*[90] *visait à rapprocher des parties hostiles, essentiellement par des moyens pacifiques tels que ceux prévus au Chapitre VI de la Charte des Nations Unies* ». Ainsi, le rétablissement de la paix concerne les conflits en cours et comprend, normalement, des actions diplomatiques visant à mener les parties en conflit à un accord négocié. Le rétablissement de la paix implique alors qu'une mission, essentiellement politique, agisse à titre de médiateur ou d'arbitre pour rapprocher les belligérants et les aider à négocier un règlement politique au conflit qui les oppose. L'ONU joue un rôle important dans le rétablissement de la paix, en ayant recours à la diplomatie, aux bons offices et à la médiation à travers des envoyés spéciaux et des missions politiques sur le terrain[91]. Lorsque la paix n'est pas rétablie, on débouche, en général, sur le maintien de la paix.

---

[89] Document S/24111.

[90] Appelé « peacemaking » en anglais.

[91] Le Bureau des Nations Unies pour l'Afrique de l'Ouest et le Sahel (UNOWAS) est une mission politique du Département des affaires politiques et de consolidation de la paix (DPPA) basée à Dakar, au Sénégal. UNOWAS a une responsabilité de diplomatie préventive, de bons offices, de médiation et de facilitation des actions politiques en Afrique de l'Ouest et au Sahel. UNOWAS contribue également à consolider la paix et la gouvernance démocratique dans les pays émergeant de conflits ou des crises politiques. UNOWAS travaille étroitement avec l'Union africaine, la CEDEAO, l'Union du fleuve Mano, la Commission du Bassin du lac Tchad, la Commission du Golfe de Guinée, le G5-Sahel, ainsi qu'avec d'autres partenaires régionaux, afin de promouvoir des solutions régionales aux menaces transversales à la paix et à la sécurité, telles que le terrorisme et l'extrémisme violent, la criminalité transnationale organisée, la piraterie et l'insécurité maritime. UNOWAS aide à la mise en œuvre de la Stratégie intégrée des Nations Unies pour le Sahel (SINUS), approuvée en juin 2013 par le Conseil de sécurité. La Stratégie est

Le maintien de la paix[92] consiste à établir une présence de l'ONU sur le terrain, ce qui n'a jusqu'à présent été fait qu'avec l'assentiment de toutes les parties concernées et s'est normalement traduit par un déploiement d'effectifs militaires et/ou de Police des Nations Unies ainsi que, dans bien des cas, un personnel civil. Cette technique élargit les possibilités de prévention des conflits aussi bien que de rétablissement de la paix. « La prévention, la limitation, la modération et la cessation des hostilités entre ou au sein des États grâce à l'intervention d'une tierce partie organisée à l'échelle internationale, faisant appel à du personnel militaire, policier, civil pour restaurer la paix » est une autre définition du maintien de la paix.

Cette définition inclut dans la gestion du maintien de la paix d'autres entités internationales en dehors des Nations Unies. Le maintien de la paix est donc conçu pour préserver la paix, aussi fragile soit-elle, une fois que les combats ont cessé et pour appuyer la mise en œuvre des accords facilités par ceux qui sont chargés du rétablissement de la paix. Fondées sur un modèle, essentiellement militaire, d'observation du cessez-le-feu et d'interposition entre des forces à l'issue d'une guerre entre États, les opérations de maintien de la paix ont intégré au fil des années un ensemble complexe d'éléments civils, militaires et policiers, œuvrant ensemble pour jeter les bases d'une paix durable.

Au sein de l'Organisation des Nations Unies (ONU), le concept de consolidation de la paix[93] a été avancé par le Secrétaire général de l'ONU, Boutros Boutros-Ghali, dans l'Agenda pour la paix en 1992, et considéré en tant que supplément à la diplomatie préventive, au rétablissement et au maintien de la paix[94]. Il désigne « *l'action menée en vue de*

---

composée de programmes et d'initiatives dans les domaines de la gouvernance, de la sécurité et de la résilience. UNOWAS appuie les États membres et les institutions régionales dans le renforcement de leurs capacités à promouvoir la bonne gouvernance, le respect de l'État de droit et des droits humains, et l'intégration de la dimension Genre dans la prévention des conflits.

[92] Appelé « peacekeeping » en anglais.

[93] Appelée « peacebuilding » en anglais.

[94] Le Secrétaire général Kofi Annan, qui a succédé à Boutros-Ghali au poste de Secrétaire général en 1997, a demandé à l'ambassadeur Lakhdar Brahimi, ancien premier ministre algérien et Représentant spécial du Secrétaire général (RSSG) en Haïti, d'analyser les opérations de paix des Nations Unies et de formuler des recommandations quant à la façon dont les efforts des Nations Unies en matière de maintien de la paix pourraient être améliorés. Lakhdar Brahimi a mené une analyse en profondeur et a soumis son rapport, *Étude d'ensemble de toute la question des*

définir et d'étayer les structures propres à raffermir la paix afin d'éviter une reprise des hostilités ». Cette définition des Nations Unies était réservée au départ pour décrire les activités qui ont lieu une fois qu'un conflit violent commence à s'apaiser ou qu'il prend fin, c'est-à-dire une fois qu'étaient conclues les négociations et opérations de maintien de la paix. Les activités en question étaient liées au renforcement des capacités, à la réconciliation, et à la transformation sociétale.

Or, la consolidation de la paix a fini par être comprise et utilisée depuis comme un concept générique reflétant une approche plus exhaustive et de longue haleine à l'égard de la paix et de la sécurité, et englobe désormais toute une gamme d'activités, principalement l'alerte rapide, la prévention des conflits, les opérations de maintien de la paix civile et militaire, les interventions militaires, l'aide humanitaire, les accords de cessez-le-feu, l'établissement de zones de paix, la réconciliation, la reconstruction, le renforcement des institutions, et la transformation politique aussi bien que socio-économique[95].

En 2005, le Conseil de sécurité et l'Assemblée générale ont créé conjointement la Commission de consolidation de la paix en tant que nouvel organisme consultatif intergouvernemental de l'ONU qui soutient les efforts de paix dans des pays sortant d'un conflit. Elle a pour but de proposer des stratégies intégrées pour la consolidation de la paix et le relèvement d'après conflit, de réunir tous les acteurs compétents et de mobiliser des ressources. Un nombre important d'agences spécialisées et de départements des Nations Unies ont un rôle à jouer, ainsi que d'autres organisations internationales, les États membres, les institutions financières et, plus important encore, les pays affectés.

Toutefois, selon Teresa Almeida Cravo[96], c'est le Norvégien Johan Galtung, considéré comme le fondateur des études sur la paix, qui a utilisé le terme de consolidation de la paix pour la première fois en

---

opérations de maintien de la paix sous tous leurs aspects, au Secrétaire général en août 2000. Au total, le rapport Brahimi formulait 56 recommandations en vue d'améliorer la performance des opérations de maintien de la paix.

[95] Il est très complexe de parvenir à coordonner des activités de consolidation de la paix au sein d'États fragiles ou défaillants en raison du nombre important d'acteurs qui peuvent y être impliqués. Il est toutefois essentiel d'aider le gouvernement de l'État fragile concerné à progresser afin qu'il soit en mesure d'assumer la responsabilité de répondre aux besoins essentiels de sa population.

[96] Cravo, Teresa Almeida. « Consolidation de la paix : Postulats, pratiques et critiques ». *ASPJ Afrique & Francophonie,* 1er trimestre, 2008, p. 6.

1976 dans son article « Three Approaches to Peace : Peacekeeping, Peacemaking and Peacebuilding », donnant de l'exploration théorique et opérationnelle qui allait en résulter quelques années plus tard et qui s'avère prolifique aujourd'hui encore. Néanmoins, l'article de Galtung n'a pas joui d'une grande visibilité jusqu'à ce que le Secrétaire général Boutros Boutros Ghali introduise le concept de « consolidation de la paix après les conflits » dans son texte précurseur l'Agenda pour la paix[97].

D. Problématique de l'application de l'embargo des Nations Unies sur les armes

L'un des buts de l'ONU et qui est au cœur de son mandat, est le maintien de la paix et de la sécurité internationales. Conformément à ce but, l'ONU est intervenue par le passé pour empêcher que des différends ne dégénèrent en conflits armés ou pour faciliter le retour à la paix après éclatement d'un conflit armé. Cependant, depuis la fin de la guerre froide, les efforts de l'ONU dans ce domaine visent principalement les conflits armés non internationaux et ont de plus en plus un caractère coercitif. En Afrique de l'Ouest, dans les décennies 1990 et 2000, l'ONU a dû faire face à de tels conflits internes, spécifiquement au Liberia, en Sierra Leone et en Côte d'Ivoire. Ces conflits ont été caractérisés par des violations graves et massives des droits de l'homme et du droit international humanitaire et avaient conduit à des situations sécuritaires et humanitaires désastreuses qui avaient sérieusement menacé la stabilité sous-régionale et en même temps mis les pays concernés dans une situation de fragilité extrême, voire de défaillance étatique, limitant ainsi considérablement leurs capacités institutionnelles à assumer leurs missions régaliennes et à respecter leurs obligations internationales.

Devant la violence et la complexité de tels conflits en Afrique de l'Ouest, le Conseil de Sécurité de l'ONU avait dû mettre en place, au titre du Chapitre VII de la charte des Nations Unies, des régimes de sanctions ciblées dont des embargos sur les armes. Malgré la pertinence de l'embargo sur les armes dans le contexte de pays en proie à des conflits armés violents, leurs fréquentes violations avaient été mises en exergue, non seulement par les enquêtes des Groupes d'experts de l'ONU pour les divers Comités de sanctions, mais également par des organismes spécialisés sur les questions humanitaires ou celles de paix et de sécurité, ainsi que par les médias. Par exemple, concernant particulièrement l'application de l'embargo sur les armes, Amnesty

---

97 Institut de formation aux opérations de paix. *Consolidation de la paix*, 2020, p. 19.

International et ses partenaires avaient constaté que : « *pas un seul des embargos juridiquement contraignants décrétés par les Nations Unies n'est parvenu à stopper les livraisons d'armes ; ils ont parfois rendu l'acquisition des armes plus onéreuse ou plus compliquée du point de vue logistique, mais les informations dont nous disposons semblent indiquer que dans l'ensemble, les violations des décisions d'embargos des Nations Unies sont répandues, persistantes et systématiques* »[98].

Au-delà de son effet négatif sur l'autorité du Conseil de Sécurité de l'ONU, une autre conséquence majeure de telles violations fréquentes des embargos sur les armes du Conseil de Sécurité des Nations Unies dans le contexte de conflits armés est leur contribution limitée au maintien de la paix et de la sécurité internationales. Or, face à la violence qui caractérise de plus en plus les conflits armés internes, l'embargo sur les armes demeure à ce jour une mesure coercitive non militaire de premier choix du Conseil de Sécurité des Nations Unies pour faire cesser les hostilités et contraindre les belligérants au dialogue politique. Ainsi, il apparaît plus que nécessaire d'aller au-delà du simple constat de leurs violations récurrentes en essayant de comprendre et surtout d'expliquer les principaux défis liés à leur application dans le contexte de la résolution des conflits armés, afin de pouvoir y apporter des solutions plus adaptées et partant améliorer leur efficacité.

E. Intérêt du sujet et motivations personnelles

À l'image d'autres sous-régions du continent, l'Afrique de l'Ouest a connu des conflits armés non internationaux, violents et complexes, dont le règlement avait nécessité, entre autres, la mise en place de régimes de sanctions ciblées de la part du Conseil de Sécurité de l'ONU, au titre du Chapitre VII de la Charte des Nations Unies, et particulièrement l'embargo sur les armes. C'est ainsi que la connaissance des facteurs sous-jacents des défis liés à l'application stricte de ces types de sanctions, sur la base des expériences du Liberia, de la Sierra Leone et de la Côte d'Ivoire permettra, à l'avenir, d'améliorer leur formulation et leur mise en œuvre et ainsi limiter les cas de violations et, partant, accroître leur efficacité. Ceci est d'autant plus pertinent que certains pays africains sont toujours sous sanctions de l'ONU et que

[98] Amnesty International, et al. *Embargos des Nations unies sur les armes : le tour d'horizon des dix dernières années*. Note d'information de la campagne « Contrôlez les armes », 2006, p. 2.

plusieurs autres pourraient en faire l'objet d'autant plus qu'ils sont actuellement confrontés à des conflits armés internes qui sont susceptibles de menacer durablement la paix et la sécurité internationales.

Par ailleurs, en tant que travailleur dans le domaine humanitaire, il m'a été donné de constater, avec impartialité et sans influence aucune des agendas politiques des organisations humanitaires pour lesquelles je travaillais, que dans la grande majorité des cas, les conflits armés demeurent l'un des principaux moteurs des grandes crises humanitaires qui secouent le monde[99]. Ainsi, dans le cadre de mes études supérieures, je me suis intéressé aux questions de paix et de sécurité et à cet effet mon mémoire de recherche a porté sur le règlement pacifique des différends[100], objet du Chapitre VI de la Charte des Nations Unies. C'est dans le souci d'avoir une connaissance plus complète des principaux instruments dont dispose l'ONU pour le maintien de la paix et de la sécurité internationales, que je me suis donc intéressé, par la suite, aux régimes de sanctions ciblées, et en particulier à l'embargo sur les armes, que le Conseil de Sécurité des Nations Unies adopte au titre du Chapitre VII de la Charte de l'ONU intitulé, « Action en cas de menace contre la paix, de rupture de la paix et d'acte d'agression ».

F. Posture épistémologique et positionnement théorique

Définir une posture de recherche est une nécessité. L'activité scientifique relève en effet de certains principes épistémologiques dont il faut rendre compte, de manière non seulement à valider les connaissances produites, mais aussi à discuter de leurs fondements et de leur construction. La posture épistémologique indique le paradigme de recherche dans lequel s'inscrivent les choix théoriques et méthodologiques effectués. En Relations internationales, il est commun de distinguer deux grands types de théories : les théories dites explicatives et celles dites compréhensives. Pour les théories explicatives (ou positivistes), la démarche scientifique vise à « expliquer » les événements internationaux, à la fois par l'observation et la description des faits, mais aussi par la recherche de liens de causalité entre ces différents

---

[99] En 2021, selon OCHA, les plus grandes crises humanitaires au monde concernent Éthiopie, Yémen, RDC, Afghanistan, Sahel Central (Burkina Faso, Mali et Niger), Syrie, Soudan, Nigéria et Soudan du Sud.

[100] Diop, Amadou Demba. *Règlement pacifique des différends internationaux et conflits frontaliers en Afrique de l'Ouest*. 2020, CEDS de Dakar, Mémoire de Post-Master, 121 p.

éléments. Il s'agit notamment de confronter les hypothèses émises par le chercheur en s'appuyant sur l'expérience (empirisme) afin d'en vérifier la pertinence. Dans ce cas, la finalité réside dans la possibilité d'appliquer certains principes à des cas identiques et ainsi d'en anticiper les manifestations. Ce travail de recherche s'inscrit dans une approche explicative, tel qu'explicitement décliné dans l'objectif général et la question générale de recherche.

Bien que les principales théories des Relations internationales, notamment réalistes ou libérales, s'inscrivent dans cette approche explicative, il est important de souligner qu'aucune théorie n'est cependant en mesure d'expliquer une réalité dans toute sa complexité. Toute théorie est alors une simplification ou une schématisation d'un phénomène, l'expression abstraite de certains de ses aspects jugés importants. Dans le cadre du positionnement théorique de cette présente recherche, bien que nous n'estimions pas nécessaire d'exposer de façon détaillée les différents aspects des principales théories des relations internationales, nous jugeons utile en revanche de proposer une analyse critique des organisations internationales, et particulièrement de l'Organisation des Nations Unies, selon les principales théories des relations internationales[101].

D'un point de vue théorique, l'efficacité et l'utilité des Nations Unies diffèrent selon la perspective que l'on choisit d'adopter. Les libéraux ont tendance à croire en la capacité des organisations internationales, principalement les Nations Unies, ainsi que d'autres organisations telles que le Fonds Monétaire international (FMI), l'Organisation mondiale de la Santé (OMS) et la Banque Mondiale, à maintenir le cadre de la gouvernance mondiale. Les organisations internationales ne sont peut-être pas parfaites, mais elles aident le monde à trouver des alternatives à la guerre par le biais, entre autres, du commerce et de la diplomatie, qui sont des éléments essentiels de la théorie libérale des relations internationales[102]. Les libéraux

[101] Cette analyse a été réalisée par Stephen McGlinchey et Dana Gold dans le cadre de leurs travaux de recherche sur la théorie des relations internationales.

[102] À son apogée, le libéralisme dans les relations internationales a été qualifié de théorie « utopique » et est encore reconnu comme tel dans une certaine mesure aujourd'hui. Ses partisans considèrent que les êtres humains sont intrinsèquement bons et que la paix et l'harmonie entre les nations sont non seulement réalisables, mais souhaitables. Emmanuel Kant a développé l'idée, à la fin du XVIIIe siècle, que les États partageant des valeurs libérales ne devraient avoir aucune raison de se faire la guerre. Aux yeux de Kant, plus il y aura d'États libéraux dans le monde, plus

soutiendraient que sans les Nations Unies, les relations internationales seraient probablement encore plus chaotiques, car dépourvues d'une institution chargée de superviser les relations entre les États et de demander des comptes en cas de comportement inadéquat.

Par ailleurs, d'autres théories telles que le constructivisme se concentrent plutôt sur les idées et les intérêts en jeu. Ainsi, les constructivistes considèrent les grandes organisations telles que les Nations Unies comme des instances où ils peuvent étudier l'émergence de nouvelles normes et examiner les activités de ceux qui diffusent de nouvelles idées[103]. En particulier, le constructivisme considérerait la décision des États-Unis d'envahir l'Irak en 2003 comme une violation des pratiques habituelles des relations internationales en ce sens qu'ils ont ignoré l'ONU pour poursuivre leur propre intérêt. Pour utiliser un langage constructiviste, on dira que les États-Unis ont violé une norme et que ce comportement inadéquat ne devrait donc pas être sans conséquence. L'examen des difficultés rencontrées par les États-Unis dans leurs relations diplomatiques après 2003 et les changements

---

celui-ci deviendra pacifique, car les États libéraux sont gouvernés par leurs citoyens et ces derniers sont rarement enclins à désirer la guerre. Cela contraste avec le règne des rois et d'autres dirigeants non élus qui ont souvent des désirs égoïstes en décalage avec ceux des citoyens. Ses idées ont trouvé un écho et continuent d'être développées par les libéraux modernes, notamment dans la théorie de la paix démocratique, qui postule que les démocraties ne se font pas la guerre entre elles, pour les mêmes raisons que celles exposées par Kant.

103 Le constructivisme est une autre théorie communément considérée comme un terrain d'entente, mais cette fois entre les théories dominantes et les théories critiques. Contrairement aux chercheurs d'autres horizons, les constructivistes soulignent l'importance des valeurs et des intérêts communs entre les individus qui interagissent sur la scène mondiale. Alexander Wendt, éminent constructiviste, a décrit la relation entre les agents (les individus) et les structures (telles que l'État) comme une relation dans laquelle les structures non seulement contraignent les agents, mais construisent également leurs identités et leurs intérêts. Sa célèbre phrase l'anarchie est ce que les États en font résume bien cette idée. Une autre façon d'expliquer cela, et d'expliquer le cœur du constructivisme, est que l'essence des relations internationales existe dans les interactions entre les personnes. Après tout, les États n'interagissent pas ; ce sont les agents de ces États, tels que les politiciens et les diplomates, qui interagissent. Comme ceux qui interagissent sur la scène mondiale ont accepté l'anarchie internationale comme principe de définition, elle est devenue partie intégrante de notre réalité. Cependant, si l'anarchie est ce que nous en faisons, alors différents États peuvent percevoir l'anarchie différemment et les qualités de l'anarchie peuvent même changer au fil du temps. L'anarchie internationale pourrait même être remplacée par un système différent si une masse critique d'autres individus (et par procuration les États qu'ils représentent) acceptaient l'idée.

majeurs intervenus dans leur politique par la suite donnent un poids considérable à cette idée.

Les réalistes, bien qu'ils ne rejettent pas complètement les Nations Unies, soutiennent que le monde est anarchique et que les États finiront par recourir à la guerre malgré les efforts des organisations internationales, qui n'ont guère d'autorité réelle[104]. En général, les réalistes pensent que les organisations internationales ne semblent réussir leurs missions que lorsqu'elles travaillent dans l'intérêt d'États puissants. Les réalistes utilisent souvent cette approche pour expliquer l'échec de la Société des Nations, qui n'a pas su tenir compte des désirs d'expansion de l'Allemagne et du Japon dans les années 1930.

Contrairement aux libéraux et aux constructivistes, qui apprécient les Nations unies dans une certaine mesure, les théories critiques offrent des perspectives différentes. Les marxistes[105] soutiendraient que tout

[104] Le réalisme a pris de l'ampleur pendant la Seconde Guerre mondiale, lorsqu'il a semblé offrir une explication convaincante du comment et du pourquoi du pire conflit de l'histoire connue, survenu après une période de paix et d'optimisme supposés. Bien qu'il ait vu le jour sous une forme nommée au XXe siècle, de nombreux réalistes ont retracé ses origines dans des écrits antérieurs. En effet, les réalistes sont remontés jusqu'à l'Antiquité, où ils ont décelé des modèles de comportement humain similaires à ceux que l'on observe dans notre monde moderne. Comme son nom l'indique, les partisans du réalisme prétendent qu'il reflète la « réalité » du monde et qu'il permet de mieux rendre compte de l'évolution de la politique internationale. Thomas Hobbes est souvent mentionné dans les discussions sur le réalisme en raison de sa description de la brutalité de la vie pendant la guerre civile anglaise de 1642-1651. Hobbes a décrit les êtres humains comme vivant dans un « état de nature » sans ordre, qu'il percevait comme une guerre de tous contre tous. Pour y remédier, il a proposé qu'un « contrat social » soit conclu entre un dirigeant et le peuple d'un État afin de maintenir un ordre relatif. Aujourd'hui, nous considérons ces idées comme allant de soi, car l'identité des dirigeants de nos États est généralement claire. Chaque dirigeant, ou « souverain » (un monarque ou un parlement, par exemple) fixe les règles et établit un système de sanctions pour ceux qui les enfreignent. Nous l'acceptons dans nos États respectifs pour que nos vies puissent fonctionner avec un sentiment de sécurité et d'ordre. Ce n'est peut-être pas l'idéal, mais c'est mieux que l'état de nature. Comme un tel contrat n'existe pas au niveau international et qu'il n'y a pas de souverain en charge du monde, le désordre et la peur règnent sur les relations internationales. C'est pourquoi les réalistes considèrent que la guerre est plus fréquente que la paix et qu'elle est inévitable. Lorsqu'ils examinent l'histoire, ils voient un monde qui peut changer de forme, mais qui est toujours caractérisé par un système qu'ils appellent « anarchie internationale », car le monde n'a pas de souverain pour lui donner de l'ordre.

[105] Le marxisme est fondé sur les idées de Karl Marx, qui a vécu au XIXe siècle, au plus fort de la révolution industrielle. Le terme « marxiste » désigne les personnes qui ont adopté le point de vue de Marx et qui pensent que la société est divisée en deux classes : la classe dirigeante (la bourgeoisie) et la classe ouvrière (le

organisme international, y compris les Nations Unies, œuvre à la promotion des intérêts de la classe dirigeante. Après tout, les Nations Unies sont composées et ont été construites par des États qui sont les principaux protagonistes du capitalisme mondial ; ce à quoi le marxisme s'oppose. De même, on peut dire que les Nations Unies sont dominées par des puissances impériales ou néo-impériales. L'impérialisme, selon la doctrine marxiste, est le stade le plus élevé du capitalisme. Les Nations Unies ne sont donc pas une organisation qui offre un espoir d'émancipation réelle pour les citoyens. Même si elles peuvent paraître humanitaires, ses actions ne font que s'inscrire dans un système d'exploitation étatique perpétuel que les Nations Unies légitiment.

Les poststructuralistes chercheraient à remettre en question les significations du rôle des Nations Unies et la structure de pouvoir arbitraire du Conseil de Sécurité[106]. Ils s'intéressent également à la manière dont les termes clés sont utilisés par les Nations Unies et à leur signification. Par exemple, en examinant la formulation de concepts tels que « soldats de la paix » et « maintien de la paix » par opposition à « rétablissement de la paix » et « imposition de la paix ». De même, « sécurité collective » par opposition à « sécurité internationale » : les poststructuralistes seraient sceptiques quant à la

---

prolétariat). Le prolétariat est à la merci de la bourgeoisie qui contrôle ses salaires et donc son niveau de vie. Marx espérait la fin de la société de classes et le renversement de la bourgeoisie par le prolétariat. Les théoriciens critiques qui adoptent un point de vue marxiste soutiennent souvent que l'internationalisation de l'État en tant que principe de fonctionnement standard des relations internationales a conduit à la division et à l'aliénation des citoyens ordinaires du monde entier, au lieu de reconnaître ce qu'ils ont tous en commun en tant que prolétariat mondial. Pour que cela change, la légitimité de l'État doit être remise en question et finalement dissoute. En ce sens, l'émancipation de l'État sous une forme ou une autre fait souvent partie d'un programme critique plus large.

[106] Le poststructuralisme remet en question les récits dominants qui ont été largement acceptés par les théories dominantes. Par exemple, les libéraux et les réalistes acceptent tous deux l'idée de l'État et la tiennent pour la plupart pour acquise. De telles hypothèses sont des « vérités » fondamentales sur lesquelles reposent ces théories classiques – devenant des « structures » sur lesquelles elles construisent leur compte de la réalité environnante. Ainsi, bien que ces deux perspectives théoriques puissent différer à certains égards en ce qui concerne leur portée globale, visions du monde, ils partagent une compréhension générale du monde. Aucune des deux théories ne cherche à remettre en cause l'existence de l'État. Elles le considèrent simplement comme faisant partie de leur réalité. Le poststructuralisme cherche à remettre en question ces hypothèses de réalité communément considérées comme allant de soi, comme l'État – mais aussi plus largement la nature du pouvoir.

réelle différence de signification de ces termes et souligneraient le pouvoir du langage pour faire avancer l'agenda des Nations Unies - ou peut-être celui des États puissants qui contrôlent l'organisation. Même le nom de l'organe principal des Nations Unies – le Conseil de « Sécurité » – soulève la question : la sécurité pour qui ? Une critique ici soulignerait qu'au fond, les Nations Unies sont principalement concernées par la facilitation de la sécurité nationale des États puissants plutôt que par la sécurité humaine. Dans des cas comme celui-ci, les outils fournis par le poststructuralisme pour déconstruire et analyser la formulation ont une réelle valeur.

Les féministes s'intéresseraient à la manière dont les personnes en position de pouvoir, qu'il s'agisse d'hommes politiques ou de personnes travaillant pour les Nations Unies, comme les fonctionnaires et les délégués, perpétuent un discours de masculinité[107]. Les perspectives féminines alternatives ne sont toujours pas reconnues de manière adéquate et les personnes occupant des postes de pouvoir décisionnel continuent d'être des hommes de manière disproportionnée. De nombreux pays qui composent les Nations Unies marginalisent la voix féminine au niveau national et perpétuent ainsi cette situation au niveau international. Cela est particulièrement vrai dans les États où les femmes occupent des rôles plus traditionnels dans la société et sont donc moins susceptibles d'être considérées comme aptes à assumer des rôles traditionnellement considérés comme masculins, tels que ceux de délégué ou d'ambassadeur.

[107] Le féminisme est entré en scène dans les années 1980 dans le cadre du mouvement critique émergent. L'objectif était d'expliquer pourquoi si peu de femmes semblaient occuper des postes de pouvoir et examiner les implications de cela sur la façon dont la politique mondiale était structurée. Reconnaître cela introduit une lecture « genrée » des Relations internationales, dans laquelle on place un problème comme le genre comme objet principal d'intérêt. Si c'est un monde d'hommes, qu'est-ce que cela signifie ? Qu'est-ce que la masculinité en tant que genre exactement et comment s'est-elle imposée dans les relations internationales ? Comme le soutient V. Spike Peterson (1992), tant que le genre reste « invisible », il n'est peut-être pas clair ce que signifie « prendre le genre au sérieux ». Une fois reconnu que le genre est essentiellement une construction sociale imprégnant tous les aspects de la société, les défis qu'elle présente peuvent être mieux relevés d'une manière qui profite à tous les individus. Ici on commence peut-être à voir certains chevauchements – avec le constructivisme par exemple.

Enfin, les post-colonialistes[108] soutiendraient que le discours perpétué par les Nations Unies est fondé sur des privilèges culturels, nationaux ou religieux. Ils suggèrent, par exemple, qu'en l'absence de membres permanents africains ou latino-américains, le Conseil de Sécurité n'est pas représentatif de l'état actuel du monde. Les post-colonialistes soulignent également la présence d'anciennes puissances coloniales au Conseil de Sécurité et la façon dont leur capacité à mettre leur veto aux propositions présentées par d'autres pays perpétue une forme d'exploitation coloniale indirecte du Sud.

Le Conseil de Sécurité des Nations Unies est l'institution internationale la plus puissante de l'histoire du système des États-nations. En tant qu'organe composé des États les plus dominants et les plus influents du monde, ainsi que de représentants de chacune des régions du monde, il a les moyens d'établir et de mettre en œuvre un large éventail de politiques relatives à la paix et à la sécurité internationales au sens large. Lorsque ses membres mettent en commun leurs ressources militaires et économiques, elle représente la combinaison d'États la plus puissante des temps modernes. Pourtant, ce n'est pas seulement la mobilisation de la puissance militaire ou économique qui fait du Conseil de Sécurité un organe aussi redoutable.

Malgré leurs ressources écrasantes, les cinq membres permanents du Conseil de Sécurité ne peuvent souvent pas faire appliquer leurs résolutions sans la coopération des États moins puissants. Ainsi, par exemple, les sanctions économiques, les embargos sur les armes, les

[108] Le postcolonialisme diffère du marxisme en se concentrant sur l'inégalité entre les nations ou les régions, par opposition aux classes. Les effets du colonialisme se font encore sentir dans de nombreuses régions du monde aujourd'hui, les populations locales continuant à faire face aux défis créés et laissés par les anciennes puissances coloniales. Les origines du postcolonialisme remontent à la période de la guerre froide, lorsque l'activité des relations internationales était centrée sur la décolonisation et l'ambition d'effacer l'héritage de l'impérialisme européen. Cette approche reconnaît que la politique ne se limite pas à une zone ou à une région et qu'il est vital d'inclure les voix d'individus d'autres parties du monde. Edward Said (1978) a développé l'importante critique « orientaliste », décrivant comment le Moyen-Orient et l'Asie étaient dépeints de manière inexacte en Occident. En conséquence, la discipline s'est davantage attachée à inclure les points de vue des pays du Sud afin de s'assurer que les chercheurs occidentaux ne parlent plus en leur nom. Cela a permis de mieux comprendre des défis politiques et sociaux auxquels sont confrontées les personnes vivant dans ces régions, ainsi qu'une reconnaissance de la manière dont leurs problèmes pourraient être mieux traités. Les chercheurs postcoloniaux sont donc d'importants contributeurs au domaine, car ils élargissent le champ d'études au-delà de l'esprit traditionnellement « occidental » des Relations internationales.

opérations de maintien de la paix, la poursuite des criminels de guerre et la résolution des guerres civiles requièrent un large soutien, même de la part de « petits » États qui, autrement, ne seraient pas considérés comme des acteurs majeurs dans les relations internationales. Ainsi, une telle coopération ne peut plus être obtenue uniquement par la coercition ; elle nécessite souvent une large acceptation de la part des gouvernements et des organisations internationales de l'autorité légitime du Conseil de Sécurité pour agir.

Au vu de ce qui précède, nous nous servirons des théories réalistes et libérales[109] pour éclairer notre question générale de recherche. La théorie réaliste servira en effet de repère pour comprendre le jeu des puissances au sein du Conseil de Sécurité des Nations Unies dans le cadre de l'administration des régimes de sanctions, d'une part, entre les membres permanents et les membres non permanents et, d'autre part, au sein des membres permanents. Quant à la théorie libérale, elle sera le cadre principal d'analyse pour expliquer l'existence des arrangements régionaux et multilatéraux de régulation des transferts d'armes ainsi que la nécessaire intervention de la communauté internationale en cas de défaillance d'un État en vue de protéger les populations civiles des atrocités criminelles puis d'aider à la reconstruction de l'État défaillant.

G. But et objectifs de recherche

Le but de ce travail de recherche est de contribuer à l'amélioration de la pratique des régimes de sanctions ciblées, et en particulier l'embargo sur les armes, auxquels le Conseil de Sécurité de l'ONU fait de plus en plus recours, au titre du Chapitre VII de la Charte des Nations Unies, en tant qu'instrument politique de maintien de la paix et de la sécurité internationales. L'objectif général recherché est d'expliquer les défis liés à l'application stricte de l'embargo de l'ONU sur les armes dans le cadre des processus de règlement des conflits armés en Afrique de l'Ouest, en se servant des expériences du Liberia, de la Sierra Leone et de la Côte d'Ivoire. De manière spécifique, cette

---

[109] Il est important de comprendre qu'il n'existe pas de théorie libérale ou théorie réaliste unique. Les chercheurs de ces deux groupes sont rarement d'accord entre eux, même ceux qui partagent la même approche. Chacun d'entre eux a une interprétation particulière du monde, qui inclut des idées sur la paix, la guerre et le rôle de l'État par rapport aux individus. De plus, le réalisme et le libéralisme ont été actualisés par des versions plus modernes (néolibéralisme et néoréalisme) qui représentent un changement de centre d'intérêt par rapport à leurs racines traditionnelles.

recherche vise à démontrer que les capacités opérationnelles limitées du Conseil de Sécurité de l'ONU à surveiller sur le terrain l'application stricte de certaines résolutions, d'une part, et la situation d'extrême fragilité, voire de défaillance étatique, dans laquelle se retrouvent généralement les États confrontés à des conflits armés violents, d'autre part, constituent les principaux facteurs qui expliquent, dans une large mesure, les défis notés dans l'application stricte des embargos sur les armes du Conseil de Sécurité de l'ONU dans le contexte de l'Afrique de l'Ouest.

H. Questions de recherche

Question générale de recherche : Conformément à l'objectif général de la recherche, la question générale de recherche est définie comme suit : comment expliquer les défis notés dans l'application stricte de l'embargo sur les armes du Conseil de Sécurité des Nations Unies, dans le cadre des processus de règlement des conflits armés internes en Afrique de l'Ouest ?

Questions spécifiques de recherche : Étant donné que le succès de l'application des régimes de sanctions de l'ONU, et en particulier de l'embargo sur les armes, dépend largement de la capacité de surveillance des principales parties prenantes, nous estimons que les réponses aux questions spécifiques de recherche suivantes permettront alors d'expliquer, dans une large mesure, les facteurs sous-jacents de la violation fréquente des embargos de l'ONU sur les armes, dans le cadre des processus de résolution des conflits armés internes en Afrique de l'Ouest :

Question spécifique 1 : Quelles sont les capacités opérationnelles dont dispose le Conseil de Sécurité des Nations Unies pour surveiller l'application stricte des régimes de sanctions qu'il impose et, en particulier, l'embargo sur les armes ?

Question spécifique 2 : Quelle sont les capacités institutionnelles des États confrontés à des conflits armés en Afrique de l'Ouest à coopérer à l'application stricte de l'embargo des Nations Unies sur les armes les concernant ?

I. Hypothèses de recherche

Notre travail repose sur les deux hypothèses de recherche suivantes :

Hypothèse 1 : En dépit de l'existence de divers cadres multilatéraux de régulation des transferts d'armement ainsi que de politiques nationales de contrôle des exportations d'armement de la part des pays disposant des bases industrielles et technologiques de défense les plus importantes, particulièrement les États membres permanents du Conseil de Sécurité des Nations Unies, le commerce illicite d'armes légères et de petit calibre alimente les conflits armés en Afrique de l'Ouest. Dans ce contexte d'une circulation incontrôlée d'armes, le Conseil de Sécurité des Nations Unies manque de capacités opérationnelles adéquates pour surveiller l'application stricte des embargos de l'ONU sur les armes.

Hypothèse 2 : La violence et la complexité des conflits armés non internationaux en Afrique de l'Ouest entraînent les pays concernés dans une situation de fragilité extrême, voire de défaillance étatique, qui limite considérablement leurs capacités institutionnelles à coopérer adéquatement à l'application stricte des embargos sur les armes du Conseil de Sécurité des Nations Unies, malgré par ailleurs, l'existence de systèmes de contrôle des transferts d'armes en Afrique de l'Ouest, tant au niveau sous-régional que national.

J. Méthodologie et matériels de recherche

La question générale de recherche, à savoir comment expliquer les défis liés à l'application stricte des embargos sur les armes du Conseil de Sécurité de l'ONU en Afrique de l'Ouest, est étudiée à travers une approche qualitative, par le moyen de la technique de l'étude de cas multiples, selon une démarche inductive et dans une perspective comparative. L'approche qualitative regroupe des perspectives diverses en termes de bases théoriques, de techniques de recueil et d'analyse des données. Elle utilise une démarche rigoureuse et un processus de recueil d'informations qui tiennent compte du contexte social. La recherche qualitative est particulièrement appropriée lorsque les phénomènes sociaux observés sont difficiles à mesurer.

L'étude de cas est une technique particulière de collecte, de mise en forme et de traitement de l'information qui cherche à rendre compte du caractère évolutif et complexe des phénomènes concernant un système social comportant ses propres dynamiques. L'une des caractéristiques fondamentales de cette technique de recherche c'est de vouloir rendre compte des phénomènes qui se manifestent dans des contextes dynamiques. Une autre de ses caractéristiques c'est de chercher à décrire la complexité d'une situation afin d'éclairer les liens multiples et dynamiques qui unissent les divers éléments. L'étude de cas consiste à rapporter une situation réelle, prise dans son contexte, et à l'analyser pour découvrir comment se manifestent et évoluent les phénomènes auxquels le chercheur s'intéresse. L'étude de plusieurs cas permet d'atténuer l'inconvénient majeur de la question de la généralisation des résultats que poserait trivialement l'étude d'un cas unique.

La démarche inductive consiste à travailler à partir d'observations tirées d'une ou plusieurs situations pour graduellement formaliser les données obtenues et évoluer vers une théorie. Elle cherche donc à faire émerger la connaissance à partir de la réalité. Elle s'utilise principalement dans les situations où un travail de déblayage sur un sujet donné n'a pas déjà été réalisé, ou encore pour les cas où un premier effort de modélisation n'a pas déjà été fait. Par ailleurs, dans une approche inductive, on pourrait procéder avec l'étude de plusieurs cas et les comparer pour détecter les récurrences et établir si une modélisation est possible. En somme, selon Caroline Caron[110], une approche inductive se rapporte à une démarche de compréhension de la réalité sociale qui combine deux mouvements de la pensée : le particulier vers le général, et le concret vers l'abstrait.

Pour ce faire, un travail de recherche théorique a été conduit selon une démarche méthodologique qui combine deux aspects fondamentaux : le premier est lié à l'analyse théorique des productions doctrinales relativement au sujet traité ; le second, quant à lui, revêt une portée empirique et est caractérisé par l'exploitation et l'analyse de divers documents. Les principales sources documentaires qui sous-tendent cette recherche sont les suivantes :

Documents officiels du système des Nations Unies

Il s'agit des principales résolutions du Conseil de Sécurité des Nations Unies (CSNU) relatives à l'examen des situations du Liberia, de la Sierra Leone et de la Côte d'Ivoire ainsi que les procès-verbaux de réunion du CSNU qui leur sont associés. Ces documents ont permis de mieux comprendre l'administration des régimes de sanctions concernant ces trois pays. En outre, les procès-verbaux ont aidé à analyser les jeux de puissance au sein du CSNU et plus précisément l'influence des États membres permanents sur les décisions et les positions prises par le CSNU à travers ses résolutions et les déclarations de sa Présidence.

---

110 Caron, Caroline. « La recherche qualitative critique : la synergie des approches inductives et des approches critiques en recherche sociale », *Approches inductives*, Volume 4, Number 2, 2017, p. 53.

Les rapports périodiques des principaux organes subsidiaires et organes mandatés du CSNU en charge du suivi de l'application des régimes de sanctions, à savoir les Comités de sanctions, les Groupes d'experts et dans une certaine mesure les Opérations de maintien de la paix, furent la principale source pour l'étude des nombreuses violations des régimes de sanctions en général, et des embargos sur les armes en particulier. Aussi, ces rapports furent une source inestimable pour l'analyse des capacités opérationnelles du CSNU en matière de suivi sur le terrain du respect des régimes de sanctions.

Sur la base de divers autres documents du Secrétariat des Nations Unies et de certaines de ses institutions spécialisées (PNUD, UNIDIR, UNHCR, OCHA, UNREC), il a été possible d'appréhender des questions importantes pour cette recherche à savoir le développement humain, la sécurité humaine, la consolidation de la paix, la protection juridique internationale des droits de l'homme dans les conflits armés et la gestion des armes et des munitions.

Rapports périodiques de l'OCDE et de The « Fund for Peace »

Si diverses productions doctrinales (ouvrages et articles de droit et de science politique principalement) ont permis d'appréhender de manière théorique les concepts de fragilité et de défaillance des États, les rapports périodiques de l'OCDE sur les États de fragilité et ceux de « The Fund for Peace » sur les États fragiles ont constitué cependant la principale source d'information pour analyser, de façon plus pratique, le degré de fragilité du Liberia, de la Sierra Leone et de la Côte d'Ivoire.

Rapports du Stockholm International Peace and Research Institute (SIPRI)

Le SIPRI est un annuaire de données originales sur les dépenses militaires mondiales, transferts internationaux d'armes, production d'armes, forces nucléaires, conflits armés et opérations multilatérales de paix, avec des analyses pointues d'aspects importants de la maîtrise des armements, de la paix et de la sécurité internationales. L'étude des industries de défense des États membres permanents du Conseil de Sécurité de l'ONU et plus exactement les niveaux de production et d'exportation d'armement ainsi que ceux des dépenses militaires, repose essentiellement sur l'exploitation des divers rapports annuels du SIPRI.

Rapports des Commissions Vérité et Réconciliation du Liberia, de la Sierra Leone et de la Côte d'Ivoire

Ces rapports ont constitué la principale source d'information pour l'étude des violations des droits de l'homme et du droit international humanitaire, commises par les belligérants lors de ces conflits armés. Ces violations sont étudiées en perspective avec l'analyse des conséquences d'une circulation incontrôlée des armes sur la sécurité humaine.

De ce fait, l'étude a été alimentée et nourrie par diverses sources tel qu'en atteste les références bibliographiques : ouvrages de droit et de science politique, articles publiés dans diverses revues scientifiques, aussi bien francophones qu'anglo-saxonnes, des rapports d'étude et de recherche, des thèses et des mémoires ainsi que plusieurs documents officiels de divers organismes internationaux. Il me paraît utile de préciser que l'étude a également bénéficié de l'exploitation de divers documents relatifs aux médiations politiques conduites dans le cadre des processus de paix en Afrique de l'Ouest. Par ailleurs, conformément à l'approche adoptée par le Consortium sur les sanctions ciblées de Geneva Graduate Institute, chaque régime de sanctions a été scindé en différents épisodes[111] en vue d'en faciliter l'analyse.

K. Délimitation géographique de la recherche

Cette recherche ne couvre que les pays de la CEDEAO ayant fait l'objet de mesures d'embargo sur les armes par le Conseil de Sécurité des Nations Unies. Ce choix se justifie principalement par la nécessité de maintenir la cohérence entre la portée géographique de l'étude qui est l'Afrique de l'Ouest et le niveau institutionnel de régulation de la paix et de la sécurité internationales dans cette région qui est la CEDEAO. Au demeurant, cette recherche ne couvre pas les pays de la CEDEAO ayant fait l'objet, de la part du Conseil de Sécurité des Nations Unies, de régimes de sanctions ne comportant pas de mesures d'embargo sur les armes[112]. Elle ne couvre pas non plus les pays de la CEDEAO ayant fait l'objet de mesures d'embargo sur les armes par

---

[111] Chaque épisode correspond à un changement de la nature de la sanction ciblée (type de sanctions, cible de sanctions, objet des sanctions ou changement important dans la mise en application du régime) et défini par l'adoption d'une nouvelle résolution du Conseil de sécurité de l'ONU relative audit régime.

[112] Il s'agit de la Guinée-Bissau et du Mali. Cette recherche a été menée avant le départ récent du Burkina Faso, du Mali et du Niger de la CEDEAO, à la suite de la mise en place de l'Alliance des États du Sahel (AES).

des institutions autres que l'Organisation des Nations Unies[113]. Enfin pour les pays ayant fait l'objet de mesures d'embargo sur les armes de la part des Nations Unies et d'autres institutions, seules celles imposées par l'ONU sont étudiées dans ce livre. Ainsi, nous tenterons d'expliquer les défis d'application stricte des embargos de l'ONU sur les armes en Afrique de l'Ouest à travers l'étude des cas du Liberia, de la Sierra Leone et de la Côte d'Ivoire[114].

L. Plan d'organisation du livre

Après une introduction générale qui rappelle le contexte sociopolitique des crises libérienne, sierra léonaise et ivoirienne et qui définit, entre autres, la posture épistémologique et les aspects théoriques et méthodologiques de la recherche, le livre se termine par une conclusion générale sur les principaux constats relatifs aux défis d'application des embargos de l'ONU sur les armes, dans le contexte de la résolution des conflits armés internes en Afrique de l'Ouest. Afin de répondre aux questions spécifiques de recherche, le livre est construit autour de deux principaux axes de réflexion ; chacun constituant en soi une partie.

La première partie est consacrée à l'étude des capacités opérationnelles limitées du Conseil de Sécurité des Nations Unies à surveiller l'application stricte des mesures de sanctions, et en particulier l'embargo sur les armes. Quant à la seconde partie, elle est consacrée à l'étude des faibles capacités institutionnelles des États en conflits armés à coopérer adéquatement pour le suivi de l'application de l'embargo sur les armes les concernant.

---

[113] Selon GRIP, les organisations ayant mis en œuvre des embargos sur les armes depuis 2000 sont : les Nations Unies (ONU), l'Union Européenne (UE), l'Organisation pour la Sécurité et la Coopération en Europe (OSCE), l'Union africaine (UA), la Communauté Économique des États d'Afrique de l'Ouest (CEDEAO), la Ligue des États Arabes (LEA). S'agissant des États d'Afrique de l'Ouest, il convient de souligner que la République de Guinée avait fait l'objet de mesures d'embargo sur les armes par la CEDEAO (d'octobre 2009 à mars 2011) et l'Union Européenne (d'octobre 2009 à avril 2014). Le Togo a également fait l'objet d'un embargo sur les armes de la part de la CEDEAO en février 2005 et de l'Union africaine entre février et mai 2005. Pour plus de détails sur ces embargos, consulter la page suivante du GRIP : https://embargo.grip.org/

[114] Il est important de préciser qu'en plus de l'ONU, l'Union Européenne avait aussi imposé un embargo sur les armes à l'encontre du Liberia (entre mai 2001 et juin 2016), de la Sierra Leone (entre juin 1998 et octobre 2000) et de la Côte d'Ivoire (entre décembre 2004 et juin 2016).

PREMIÈRE PARTIE

LES CAPACITÉS OPÉRATIONNELLES LIMITÉES DU CONSEIL DE SÉCURITÉ DES NATIONS UNIES POUR LE SUIVI DE L'APPLICATION DES RÉGIMES DE SANCTIONS

Introduction à la première partie

La Charte des Nations Unies est le document régissant l'ONU. Elle est entrée en vigueur le 24 octobre 1945 et a créé six organes principaux dont le Conseil de sécurité des Nations Unies (CSNU)[115] composé de cinq membres permanents disposant d'un droit de veto[116] et de dix membres non permanents élus pour une période de deux ans parmi les États membres de l'Organisation[117]. L'Assemblée générale des Nations Unies élit chaque année en son sein, les cinq membres non permanents qui entreront au Conseil le mois de janvier suivant

[115] Selon l'Article 7 de la Charte des Nations Unies, les six organes principaux de l'ONU, établis lors de sa création en 1945, sont l'Assemblée générale, le Conseil de sécurité, le Conseil économique et social, le Conseil de tutelle, la Cour internationale de Justice et le Secrétariat. L'Assemblée générale est le principal organe délibérant, décisionnaire et représentatif des Nations Unies. Le Conseil de sécurité a la responsabilité principale du maintien de la paix et de la sécurité internationales. Le Conseil économique et social est le principal organe chargé de la coordination et du dialogue et de la prise de recommandations sur les questions économiques, sociales et environnementales, ainsi que dans la mise en œuvre des objectifs de développement adoptés au niveau international. Le Conseil de tutelle avait été créé pour assurer la surveillance à l'échelon international des 11 territoires sous tutelle placés sous l'administration de 7 États membres, et garantir que les mesures appropriées étaient prises pour préparer les territoires à l'autonomie ou l'indépendance. En 1994, tous les territoires sous tutelle avaient acquis l'autonomie ou l'indépendance, soit en tant qu'État à part entière, soit en s'intégrant à des États voisins. Le dernier en date est le territoire sous tutelle des Îles du Pacifique (Palaos), devenu le 185e État Membre de l'ONU. Sa mission étant accomplie, le Conseil de tutelle a modifié son règlement intérieur et ne se réunit qu'aux dates et lieux où cela se révèle nécessaire. Le Conseil est désormais composé des cinq membres permanents du Conseil de sécurité. La Cour internationale de Justice est l'organe judiciaire principal de l'ONU. Le Secrétariat est au service des autres organes principaux de l'ONU, dont il administre les politiques et les programmes.

[116] Chine, États-Unis d'Amérique, Fédération de Russie, France et Royaume-Uni de Grande-Bretagne et d'Irlande du Nord.

[117] Pour l'année 2024, les dix membres non permanents siégeant au CSNU sont : Algérie, Équateur, Guyana, Japon, Malte, Mozambique, Corée du Sud, Sierra Leone, Slovénie et Suisse. Par ailleurs, 60 États membres des Nations Unies n'ont jamais encore siégé au CSNU dont 9 États africains : République Centrafricaine, Comores, Érythrée, Lesotho, Malawi, Sao Tomé-et-Principe, Seychelles, Soudan du Sud et Eswatini (Swaziland).

pour remplacer les cinq membres non permanents sortants, dont le mandat de deux ans se termine à la fin du mois de décembre[118].

Les principaux chapitres relatifs au Conseil de sécurité sont les chapitres V, VI, VII et VIII. Le chapitre V traite de sa composition (Article 23), de ses fonctions et pouvoirs (Articles 24-26), du vote (Article 27) et de la procédure (Articles 28-32). Le chapitre VI traite de l'action du Conseil de sécurité pour le règlement pacifique des différends (Articles 33-38), tandis que le chapitre VII traite de l'action du Conseil de sécurité en ce qui concerne les menaces contre la paix, les ruptures de la paix et les actes d'agression (Articles 39-51). Le chapitre VIII traite de l'échange du Conseil de sécurité avec les accords ou organismes régionaux (Articles 52-54).

Le vote d'une résolution du Conseil de sécurité répond à quelques règles régies par l'article 27 de la Charte des Nations Unies. Pour toutes les autres questions hors questions de procédures, la résolution doit être approuvée par au moins neuf membres du Conseil (permanents ou non) sans qu'il n'y ait de vote négatif de la part des cinq membres permanents (droit de veto)[119]. Si la décision touche à des questions de procédures, au moins neuf membres du Conseil (permanents ou non) doivent voter en sa faveur pour qu'elle soit acceptée ; les membres permanents ne peuvent pas exercer leur droit de veto. Concernant l'historique des veto des cinq États membres permanents, l'Union des Républiques socialistes soviétiques (URSS) a émis le premier veto le 16 février 1946 sur un projet de résolution sur le retrait des troupes étrangères du Liban et de la Syrie. Dans les premières années, l'URSS a émis la plupart des veto, souvent pour bloquer l'admission d'un nouvel État membre, démontrant une préoccupation concernant la

[118] Le 6 juin 2024, la 78e session de l'Assemblée générale des Nations Unies a élu les pays suivants pour un mandat de deux ans à compter du 1er janvier 2025 : la Somalie pour le Groupe africain (siège occupé par le Mozambique) ; le Pakistan pour le Groupe Asie-Pacifique (siège occupé par le Japon) ; le Panama pour le Groupe de l'Amérique latine et des Caraïbes (siège occupé par l'Équateur) ; et le Danemark et la Grèce pour le groupe de l'Europe occidentale et d'autres pays (sièges occupés par Malte et la Suisse).

[119] L'abstention, la non-participation ou l'absence d'un membre permanent est considérée comme un vote concordant, comme l'exige l'Article 27(3). Le veto est l'avantage institutionnel le plus significatif sur le plan politique. Si le veto peut parfois étouffer l'action du Conseil, les grandes puissances en ont fait une condition pour la création de l'ONU. C'est leur façon d'assurer qu'aucune décision relative à la paix et à la sécurité internationales ne soit prise sans leur soutien collectif, ou du moins leur consentement.

composition de l'Assemblée générale avant la vague de décolonisation dans les années 1960[120]. L'URSS puis la Fédération de Russie ont émis au total 127 veto.

Les États-Unis d'Amérique ont émis leur premier veto, le 17 mars 1970 sur la question concernant la situation en Rhodésie du Sud. Depuis 1970, les États-Unis d'Amérique ont utilisé le veto plus que tout autre membre permanent, le plus souvent pour bloquer les décisions qu'ils considèrent préjudiciables aux intérêts d'Israël. Les États-Unis d'Amérique ont au total émis 87 veto. Le Royaume-Uni a utilisé le droit de veto 29 fois, la première fois le 30 octobre 1956 pendant la crise du canal de Suez. La France a utilisé son veto pour la première fois, conjointement avec le Royaume-Uni, le 30 octobre 1956 pendant la crise du canal de Suez, et a émis un total de 16 veto. Aucun des deux pays n'a utilisé le droit de veto depuis le 23 décembre 1989. La Chine a utilisé le droit de veto 19 fois, le premier veto étant émis le 25 août 1972 concernant la demande d'admission de la République populaire du Bangladesh à l'ONU[121].

Le Conseil de Sécurité s'est attaché, au fil du temps, à améliorer ses méthodes de travail et à les adapter à l'évolution des conditions d'exercice de son mandat ainsi que du contexte international dans lequel il opère. Pour rester à jour de ces évolutions, les membres du Conseil de Sécurité ont régulièrement adopté et publié de nouvelles méthodes de travail s'inscrivant en complément de son règlement intérieur provisoire. La plupart du temps, il l'a fait en adoptant des « notes du Président du Conseil de Sécurité » qui codifient des pratiques et des dispositions convenues entre ses membres pour encadrer ses travaux. Ces notes du Président ont permis de clarifier les méthodes de travail du Conseil à la fois pour ses propres membres et pour le reste des États membres de l'Organisation. Ces méthodes visent d'abord à améliorer l'efficacité du fonctionnement du Conseil, à rendre son action plus transparente et à renforcer ses échanges avec les États membres de l'Organisation qui ne sont pas membres du Conseil. Cette amélioration des méthodes de travail est considérée comme l'une des dimensions les plus importantes de la réforme du Conseil de

[120] Nations Unies. *Manuel du Conseil de sécurité de l'ONU : Guide de l'utilisateur aux pratiques et aux procédures.* 2021, p. 22.

[121] Ces chiffres proviennent du site internet de l'ONU et sont censés refléter la situation de l'exercice du droit de veto à la date du 5 juin 2025. Pour plus de détails sur le recours au droit de veto et pour des données mises à jour, voir le lien suivant : https://research.un.org/fr/docs/sc/quick/veto

Sécurité[122]. La présidence du Conseil est assurée par chacun des Membres à tour de rôle pendant un mois, suivant l'ordre alphabétique anglais des noms des États membres.

Conformément aux dispositions de la Charte de l'ONU, en particulier son Chapitre VII, et précisément l'Article 41, le CSNU peut prendre des actions coercitives en cas de menace contre la paix, de rupture de la paix et d'acte d'agression[123]. C'est dans ce cadre que le CSNU peut décider de mettre en place des régimes de sanctions ciblées lorsque le maintien de la paix et de la sécurité internationales l'exige, en adoptant une résolution qui détermine généralement le type de sanctions et la catégorie de personnes ou d'entités visées, et dans la plupart des cas, mais pas toujours, crée un comité de sanctions du Conseil de Sécurité, composé des 15 membres du Conseil. Les Comités de sanctions sont souvent identifiés par la résolution qui établit le régime de sanctions. Pour aider les comités de sanctions à suivre l'application des régimes, le Conseil de Sécurité peut demander

---

[122] Au début, le Conseil de Sécurité était composé de 11 membres (5 permanents et 6 non-permanents). En décembre 1963, la Charte a été amendée pour permettre l'élargissement du Conseil, par l'augmentation du nombre des membres non permanents de 6 à 10. Jusqu'à présent celle-ci a été la seule tentative réussie de changer la composition du Conseil. Pour plus de détails sur la réforme du Conseil de Sécurité, voir les articles de Philippe Vincent, Alexandra Novosseloff, Jean-Pierre Dubois, Maurice Bertrand.

[123] Une menace contre la paix est considérée comme la plus vaste et la plus amorphe des déterminations énoncées à l'Article 39. Afin de répondre à la nature changeante du conflit, à travers sa pratique, le Conseil de Sécurité a élargi son idée d'une menace contre la paix essentiellement des conflits étatiques pour inclure, entre autres, les situations internes, les violations des droits de l'homme et du droit international humanitaire, les violations des principes démocratiques, les pandémies, le terrorisme et la prolifération des armes de destruction massive. Une rupture de la paix est un terme moins vaste qu'une menace contre la paix et, en tant que telle, peut être considérée comme désignant des actes plus spécifiques. L'identification d'une violation est par définition réactive : la violation doit déjà avoir eu lieu. Un acte d'agression est considéré comme la forme la plus grave d'un emploi illégal de la force en vertu du droit international. En outre, il s'agit d'un crime international largement reconnu, qui figure également dans le Statut de la Cour pénale internationale. Tout comme les autres termes de l'Article 39, une constatation par le Conseil de Sécurité qu'un acte d'agression a eu lieu sert principalement de prélude à l'adoption de mesures coercitives au titre du chapitre VII. Constater l'existence d'une menace contre la paix, d'une rupture de la paix ou d'un acte d'agression est une décision politique du Conseil. Bien qu'en principe les termes de l'Article 39 représentent une échelle de gravité croissante, l'importance d'une constatation, au titre de l'Article 39, ouvre la voie aux décisions du Chapitre VII du Conseil de Sécurité.

au Secrétaire général de l'ONU de créer un groupe d'experts. Le Conseil peut également compter sur la coopération des opérations de maintien de la paix pour suivre le respect de certaines mesures, plus précisément celles relatives à l'embargo sur les armes.

Par ailleurs, une industrie de défense robuste et innovante demeure un élément essentiel de la politique de défense au XXIe siècle. Cependant, l'industrie de défense a considérablement évolué dans l'après-guerre froide, la production de biens militaires s'étant mondialisée. Dans un contexte de contraintes budgétaires et de forte compétition sur le marché international de l'armement, les gouvernements choisissent de soutenir les exportations d'armes afin de préserver leur base industrielle et technologique de défense (BITD)[124]. Au cours des dernières décennies, l'industrie de la défense a connu des transformations spectaculaires, tant en termes de répartition des échanges que de taille et de structure globales du secteur. Alors que les capacités de production des armes légères et de petit calibre (ALPC) n'ont commencé à se répandre rapidement qu'à la fin de la guerre froide, le début du XXIe siècle a vu un nombre toujours plus grand de pays développer leurs industries de défense et leurs capacités d'exportation[125].

Les grandes puissances géopolitiques mondiales, en particulier les États membres permanents du Conseil de Sécurité de l'ONU disposent des bases industrielles et technologiques de défense les plus importantes au monde, leur conférant une posture stratégique dans le commerce international des armes. Parmi les 60 États exportateurs d'armes majeures pour la période 2017-2021 dans le rapport 2022 de SIPRI, les 5 plus grands fournisseurs de la période sont les États-Unis, la Russie, la France, la Chine et l'Allemagne avec 77 % du volume total des exportations mondiales ; le Royaume-Uni occupant la 7e position du classement, juste derrière l'Italie (6e). Au demeurant, depuis 1950, les États-Unis et l'Union soviétique/Russie ont toujours été de loin les plus gros fournisseurs d'armes au monde[126].

---

124 Béraud-Sudreau, Lucie et Hugo Meijer. « Enjeux stratégiques et économiques des politiques d'exportation d'armement. Une comparaison franco-américaine », *Revue internationale de politique comparée*, vol. 23, no. 1, 2016, p. 57.

125 Kytömäki, Elli. The Defence Industry, Investors and the Arms Trade Treaty. Chatam House, 2014, p. 5.

126 Stockholm International Peace and Research Institute. *SIPRI Yearbook 2022. Armaments, Disarmaments and International Security. Summary.* 2022, p. 12.

En dépit de l'existence de divers cadres multilatéraux d'obligation de transparence des transferts internationaux d'armes, d'une part, et de politiques de contrôle des exportations d'armement, d'autre part, le commerce illicite d'armes nourrit et exacerbe les conflits armés en Afrique de l'Ouest et rend difficile le respect des mesures d'embargo de l'ONU sur les armes dont l'application incombe à tous les États membres de l'ONU. Des violations sont fréquemment mises en lumière par plusieurs études indépendantes et corroborées par les rapports des Groupes d'experts chargés de surveiller l'application des régimes de sanctions[127]. Ces violations répétées des embargos de l'ONU sur les armes affaiblissent l'autorité de l'ONU et surtout celle du Conseil de Sécurité et continuent d'alimenter et d'exacerber les conflits armés que ces embargos étaient censés régler. Ces violations fréquentes imposent une réflexion légitime sur les véritables capacités opérationnelles du Conseil de Sécurité de l'ONU à assurer le suivi de l'application stricte des décisions d'embargo sur les armes.

Cette première partie du livre est composée de trois chapitres. Dans le premier chapitre nous étudions l'administration des régimes de sanctions concernant le Liberia, la Sierra Leone et la Côte d'Ivoire, et plus précisément leurs processus de mise en place ainsi que leurs évolutions au fil du temps. Dans le Chapitre II nous analysons les exportations d'armement des États membres permanents du Conseil de Sécurité à travers leurs industries de défense et leurs politiques nationales de contrôle des exportations d'armement, tout en présentant au préalable quelques cadres multilatéraux d'obligation de transparence en matière de transferts d'armement. Le troisième et dernier chapitre de cette partie est consacré à la surveillance et au contrôle de l'application des régimes de sanctions, et particulièrement de l'embargo sur les armes, par certains organes subsidiaires du Conseil de Sécurité.

---

[127] Dans le contexte de l'Afrique de l'Ouest, il s'agit, entre autres, de l'embargo sur les armes et de l'embargo sur les diamants et dans une moindre mesure, le gel des avoirs et l'interdiction de voyager.

CHAPITRE I

L'administration des régimes de sanctions du Conseil de Sécurité des Nations Unies : un jeu des puissances des États membres permanents

Le chapitre VII de la Charte des Nations Unies fournit au Conseil de Sécurité la base légale pour l'imposition de mesures coercitives, dans le cadre du maintien de la paix et de la sécurité internationales. Selon Alexandra Novosseloff, depuis le milieu des années 1990, le continent africain est, devant le Moyen-Orient, celui qui occupe le plus le processus de décision du Conseil de Sécurité et l'action des Nations Unies sur le terrain. En 2015, 95 des 244 réunions du Conseil, 54 des 123 rapports remis par le Secrétaire général et 31 des 63 résolutions votées par le Conseil concernaient exclusivement l'Afrique. Ainsi, environ 40 % du travail accompli par le Conseil concerne le continent africain[128]. Cette place prépondérante de l'Afrique dans l'agenda du Conseil de Sécurité s'est renforcée ces dernières années. En effet, pour l'année 2023, le Conseil a examiné des situations et adopté des résolutions et des déclarations de la Présidence du CSNU qui soient spécifiques à des pays ou des régions : l'Afrique était le sujet de 78 réunions sur les 204, de 22 résolutions sur les 45 et de 3 déclarations sur les 4[129].

Par ailleurs, la présence des Nations Unies a pris, au fil des années, des formes très diverses et complémentaires : des missions politiques spéciales (Somalie, Burundi, Guinée-Bissau, Libye), des bureaux régionaux (Afrique de l'Ouest, Sahel, Afrique centrale), des opérations multidimensionnelles (Mali, Centrafrique, RDC, Soudan du Sud, Liberia, Côte d'Ivoire), une force intérimaire ne comprenant qu'un seul contributeur de troupes (Abyei), une mission logistique (Somalie)

---

[128] Novosseloff, Alexandra. « Engagement de l'ONU en Afrique : un état des lieux », *Revue Défense nationale*, vol. 792, no. 7, 2016, p. 105.
[129] United Nations. *Highlights of Security Council practice 2023*. 2024, 46 p.

et une opération conjointe avec l'Union africaine (Darfour). À ces missions de terrain, il faut ajouter le travail des groupes d'experts des régimes de sanctions, le rôle de médiation d'envoyés spéciaux, le rôle des agences humanitaires et le travail de la Commission de consolidation de la paix à l'égard de certains États sortant de crise[130]. Il faudra également considérer la Sierra Leone qui a accueilli, dans le cadre de l'action du Conseil de Sécurité, des missions de paix, à savoir la MONUSIL et la MINUSIL ainsi que deux missions de consolidation de la paix : le Bureau intégré des Nations Unies en Sierra Leone (BINUSIL) et, plus tard, le Bureau intégré des Nations Unies pour la Consolidation de la Paix en Sierra Leone (BINUCSIL).

L'Afrique de l'Ouest n'échappe pas à cette triste réalité globale du continent africain. En effet, dès le début des années 1990, la sous-région s'est embrasée, en proie à des conflits armés internes aux effets dévastateurs pour la société, l'État et la stabilité régionale. Les crises du Liberia, de la Sierra Leone et de la Côte d'Ivoire ont mis en exergue la question de l'ethnicité et surtout le rôle de l'exploitation illicite des ressources naturelles dans les conflits armés[131]. D'une violence inégalée en Afrique si l'on excepte le génocide rwandais, ces conflits armés ont engendré des souffrances indicibles à l'endroit des populations civiles non combattantes et en particulier des femmes et des enfants, posant ainsi les questions cruciales de justice transitionnelle et de lutte contre l'impunité[132].

C'est dans ce contexte assez critique que le Conseil de Sécurité a été amené, au titre du Chapitre VII de la Charte des Nations Unies, à adopter des régimes de sanctions concernant le Liberia en 1992, la Sierra Leone en 1997, la Côte d'Ivoire en 2004, la Guinée-Bissau en 2012 et le Mali en 2017. Les sanctions prises dans le cadre de ces régimes, souvent appelées sanctions ciblées, comprennent globalement un gel des avoirs financiers, des interdictions de déplacement à l'étranger, des embargos sur les ventes d'armes, des restrictions sur certaines ressources stratégiques telles que le diamant, le pétrole et le bois. Les États membres de l'ONU ont la charge de l'exécution des sanctions au niveau national et à ce titre, il leur incombe d'adopter des

---

130 Novosseloff, Alexandra. *Op. cit.*, p. 106.

131 Il s'agit principalement du diamant dans les trois pays, en plus du bois au Liberia.

132 Pour plus de détails sur la question de justice traditionnelle en Afrique, voir International IDEA. *Justice traditionnelle et réconciliation après un conflit violent La richesse des expériences africaines*. 2009, 213 p.

mesures nationales d'application. Pour améliorer le suivi de l'application des régimes de sanctions, le Conseil de Sécurité compte également sur certains de ses organes subsidiaires.

Ce chapitre ne traite cependant que des régimes de sanctions du Liberia, de la Sierra Leone et de la Côte d'Ivoire, compte tenu du fait que ce sont les seuls qui sont imposés par le Conseil de Sécurité des Nations Unies en Afrique de l'Ouest et qui comprennent un embargo sur les armes. Ainsi, dans ce chapitre, nous étudions l'administration des régimes de sanctions, plus précisément leur processus de mise en place puis leur évolution dans le cadre de la résolution des conflits armés internes en Afrique de l'Ouest, notamment au Liberia (Section 1), en Sierra Leone (Section 2) et en Côte d'Ivoire (Section 3).

Section 1 : Le régime de sanctions concernant le Liberia

Paragraphe 1 : Le processus d'établissement du régime de sanctions concernant le Liberia

Dans une lettre datée du 15 janvier 1991, adressée au Président du Conseil de Sécurité[133], le représentant de la Côte d'Ivoire avait demandé la convocation d'une réunion du Conseil de Sécurité pour examiner la détérioration de la situation économique et sociale au Liberia. Il avait soumis un projet de déclaration du Président dans lequel les membres du Conseil de Sécurité devraient encourager les parties au conflit au Liberia à continuer de respecter l'accord de cessez-le-feu qu'elles ont signé et à coopérer pleinement avec la Communauté économique des États de l'Afrique de l'Ouest (CEDEAO) pour rétablir la paix et normaliser la situation au Liberia.

Le 22 janvier 1991, à sa 2974e séance, le Conseil inscrit la lettre de la Côte d'Ivoire à son ordre du jour et invita les représentants du Liberia et du Nigéria, à leur demande, à participer au débat sans droit de vote. Le Président du Conseil (Zaïre[134]) appela l'attention des membres du Conseil sur une lettre datée du 14 décembre 1990, adressée au Secrétaire général[135] par le représentant de la Gambie, transmettant le communiqué final de la première session de la Conférence des Chefs d'État et de gouvernement de la CEDEAO, publié à Bamako le 28 novembre 1990 sur la crise au Liberia. La Conférence avait, entre autres, entériné le plan de paix que la CEDEAO a élaboré

[133] Document S/22076.

[134] Actuelle République Démocratique du Congo (RDC).

[135] Document S/22025.

pour le Liberia, tel qu'il était défini dans le communiqué et dans les décisions adoptées par le Comité permanent de médiation le 7 août 1990 à Banjul.

Dans ce communiqué, la Conférence des Chefs d'État et de gouvernement de la CEDEAO, faisant le point de la situation au Liberia, avait constaté que le Groupe de surveillance du cessez-le-feu institué par la CEDEAO, l'ECOMOG, était parvenu à rétablir le calme à Monrovia et dans les environs immédiats. Le Groupe et les organismes internationaux de secours avaient pu réaliser des interventions humanitaires, tandis que des dizaines de milliers de citoyens étrangers, entre autres des ressortissants de la CEDEAO, qui s'étaient trouvés bloqués dans le pays sans aucun moyen d'en sortir et sans aucune protection étaient évacués.

Le 7 mai 1992, à sa 3071e séance, le Conseil a poursuivi l'examen de la question intitulée « La situation au Liberia ». Le Président (Autriche) avait appelé l'attention des membres du Conseil sur une lettre datée du 30 avril 1992, adressée au Secrétaire général[136] par le représentant du Sénégal, transmettant, au nom du Président du Sénégal et Président en exercice de la CEDEAO, le communiqué final que le Comité des Cinq de la CEDEAO sur le Liberia avait rendu public à l'issue de la réunion qu'il avait tenue à Genève le 7 avril 1992. Concernant l'évolution de la situation au Liberia, ce Groupe consultatif avait pris note des faits positifs tels que la nomination des membres de la Commission électorale provisoire et de la Cour suprême spéciale, les visites de reconnaissance effectuées par l'ECOMOG dans les zones sous le contrôle du National Patriotic Front of Liberia (NPFL), et l'ouverture au Liberia de certaines routes nationales. Cependant le Groupe avait déploré le fait qu'un grand nombre d'autres aspects importants de l'Accord de Yamoussoukro n'avaient toujours pas été appliqués, surtout ceux qui avaient trait à la création d'une zone tampon le long de la frontière entre la Sierra Leone et le Liberia et le regroupement dans des camps et le désarmement de tous les combattants.

Par une lettre datée du 28 octobre 1992, adressée au Président du Conseil de Sécurité[137], le représentant du Bénin informa le Conseil de la décision prise par le Comité permanent de médiation[138] et le Comité

---

[136] Document S/23863.

[137] Document S/24735.

[138] Ce comité a été créé le 30 mai 1990 à Banjul, en Gambie, par la Conférence des Chefs d'État et de Gouvernement (CCEG) de la CEDEAO à travers la décision

des Cinq de la CEDEAO sur le Liberia, lors de leur première réunion conjointe au sommet tenue le 20 octobre 1992 à Cotonou, au Bénin, d'envoyer auprès du Conseil une équipe ministérielle[139]. Le représentant demanda également la convocation d'une réunion urgente du Conseil lors du séjour de la mission ministérielle à New York, à consacrer à la crise libérienne dont la persistance menaçait la paix et la sécurité de la sous-région ouest-africaine.

Cette équipe ministérielle devrait exposer les derniers développements de la crise libérienne caractérisée entre autres par la détérioration de la situation qui entrave la création des conditions propices à la tenue d'élections démocratiques, conformément aux Accords de Yamoussoukro IV du 30 octobre 1990, prévoyant, entre autres, le cantonnement et le désarmement des troupes belligérantes sous la supervision de la force d'interposition de la CEDEAO, à savoir l'ECOMOG. Par une lettre datée du 18 novembre 1992 adressée au Président du Conseil de Sécurité[140], le représentant du Liberia avait souscrit à la demande présentée par le représentant du Bénin qui tendait à ce que le Conseil de Sécurité se réunisse dès que possible pour examiner la situation au Liberia.

Le 19 novembre 1992, à sa 3138e séance, le Conseil a inscrit les deux lettres à son ordre du jour et poursuivit l'examen de la question. Compte tenu de l'importance que la CEDEAO accordait à la résolution de la crise libérienne, une délégation des ministres des Affaires étrangères de neuf États membres de la CEDEAO[141] avaient participé

A/DEC.9/5/90. Ce Comité est composé de quatre (4) membres désignés par la CCEG et du Président en exercice de la Conférence qui en assume la présidence.

139 Le but de cette mission était de a) exposer les derniers développements de la crise; b) solliciter l'assistance des Nations Unies pour la mise en œuvre, conformément aux dispositions pertinentes du Chapitre VIII de la Charte des Nations Unies, des sanctions à prendre à l'encontre des parties au conflit qui ne respecteraient pas les dispositions des Accords de Yamoussoukro IV, à savoir le blocus de tous les points d'entrée terrestres, aériens et maritimes du Liberia afin de les empêcher d'avoir accès au matériel de guerre et d'exporter des produits à partir des zones contrôlées dans le pays; et c) demander la présence d'un groupe d'observateurs des Nations Unies pour faciliter la vérification et le suivi du processus électoral au Liberia, étant entendu que dans l'esprit des Accords de Yamoussoukro IV, lesdits observateurs pourraient visiter le pays pendant la période de cantonnement et de désarmement à l'effet de renforcer la confiance des parties au conflit.

140 S/24825.

141 Bénin, Burkina Faso, Côte d'Ivoire, Gambie, Ghana, Guinée, Nigéria, Sénégal et du Togo.

sans droit de vote, à leur demande, au débat du CSNU, conformément aux dispositions pertinentes de la Charte de l'ONU et à l'article 37 du règlement intérieur provisoire du CSNU. Le Conseil avait invité, sur leur demande, les représentants de l'Égypte, du Liberia, de l'Île Maurice et de la Sierra Leone à participer au débat sans droit de vote. Le Président appela ensuite l'attention des membres du Conseil sur plusieurs documents qui lui avaient été transmis par le représentant du Bénin[142]. Les membres de la délégation des ministres des Affaires étrangères ont rendu compte de l'évolution de la situation au Liberia et ont fait part des efforts que déployait la CEDEAO pour rétablir la paix et la stabilité dans le pays.

Dans son intervention, le ministre des Affaires étrangères du Bénin, chef de la délégation ministérielle, informa que le plan de paix de la CEDEAO, qui avait suscité tant d'espoirs de retour d'une paix durable au Liberia, s'est heurté à de nombreux écueils du fait des multiples violations dont il a été l'objet de la part de l'une des factions belligérantes, à savoir le NPFL de M. Charles Taylor. Il rappela de surcroit les sanctions qui étaient prévues par la CEDEAO en cas de non-respect de l'Accord de Yamoussoukro, consistant à assurer le blocus de tous les points d'entrée terrestres, maritimes et aériens du Liberia, afin d'empêcher les belligérants d'avoir accès au matériel de guerre et d'exporter des produits à partir des zones qu'ils contrôlent au Liberia. La délégation ministérielle demanda au Conseil de soutenir les efforts de paix de la CEDEAO, en envoyant un Représentant spécial du Secrétaire général au Liberia et en imposant un embargo sur les armes qui irait dans le sens de la décision de la CEDEAO.

Le projet de résolution contenu dans le document S/24827 mis au vote à main levée lors de cette 3138e séance du CSNU, en date du 19 novembre 1992, fut adopté à l'unanimité des 15 membres du CSNU[143]

---

[142] Il s'agit de : a) le communiqué final sur la crise libérienne, rendu public par la première réunion conjointe au sommet du Comité permanent de médiation et du Comité des Cinq de la CEDEAO, tenue à Cotonou le 20 octobre 1992, ainsi que la décision relative à l'application des sanctions (la décision de la CEDEAO relative aux sanctions) (lettre datée du 30 octobre 1992); b) le communiqué final de la première réunion au sommet du Comité des Neuf de la CEDEAO, tenue à Abuja le 7 novembre 1992, sur le règlement pacifique du conflit (lettre datée du 13 novembre 199211); et c) l'Accord de Yamoussoukro IV du 30 octobre 1991 sur le règlement pacifique du conflit libérien (lettre datée du 17 novembre 1992).

[143] Le Conseil de Sécurité était composé des pays suivants : Autriche, Belgique, Cap-Vert, Chine, Équateur, États-Unis d'Amérique, Fédération de Russie, France,

en tant que résolution S/RES/788 (1992), constituant ainsi la mise en place officielle du régime de sanctions concernant le Liberia. Dans cette résolution, le CSNU décida, en vertu du Chapitre VII de la Charte des Nations Unies, qu'en vue de l'instauration de la paix et de la stabilité au Liberia, tous les États appliqueront immédiatement un embargo général et complet sur toutes les livraisons d'armes et de matériel militaire au Liberia ; à l'exception de ceux destinés à l'usage exclusif des forces de maintien de la paix de la CEDEA0 au Liberia.

Par ailleurs, dans cette même résolution S/RES/788 (1992) du 19 novembre 1992, le CSNU demanda à toutes les parties au conflit de respecter et d'appliquer le cessez-le-feu ainsi que les divers accords du processus de paix, y compris l'Accord de Yamoussoukro IV qui constituait aux yeux du CSNU, le meilleur cadre possible pour le règlement pacifique du conflit libérien du fait qu'il crée les conditions nécessaires à l'organisation d'élections libres et honnêtes au Liberia. En conséquence, le CSNU demanda à la CEDEAO de poursuivre ses efforts en vue d'aider à l'application de cet accord par des moyens pacifiques.

Paragraphe 2 : L'évolution du régime de sanctions concernant le Liberia

A. Premier épisode (19 novembre 1992 - 7 mars 2001)

Ce premier épisode fut marqué par l'adoption de la résolution S/RES/788 (1992) du 19 novembre 1992 lors de la 3138e séance et s'étend jusqu'au 7 mars 2001. Durant ce premier épisode, un nouvel accord de paix fut signé à Cotonou au Bénin (Accord de Cotonou du 25 juillet 1993), sous l'égide de la CEDEAO, de l'OUA et de l'ONU. Les parties prenantes avaient convenu de plans de désarmement et de la mise en place d'un nouveau gouvernement de transition censé organiser des élections générales.

Le 12 septembre 1994, un nouvel accord de paix fut signé par toutes les parties en conflit à Akosombo au Ghana, encore une fois sous l'égide de la CEDEAO. Les parties en conflit acceptèrent de créer un conseil d'État de cinq membres pour superviser les élections générales. Le 21 décembre 1994, les parties en conflit, représentées par cinq factions armées, se rendirent à Accra, au Ghana, pour de nouveaux pourparlers de paix. Ils convinrent à nouveau d'organiser des élections. L'Accord d'Abuja complétant les Accords de Cotonou

Hongrie (Président), Inde, Japon, Maroc, Royaume-Uni de Grande-Bretagne et d'Irlande du Nord, Venezuela et Zimbabwe.

et d'Akosombo précisés ultérieurement par l'Accord d'Accra a été signé par les dirigeants des factions impliquées dans le conflit au Liberia à Abuja (Nigéria) le 19 août 1995.

Ces différends accords ayant conduit auparavant à des cessez-le-feu temporaires et des accords de partage du pouvoir, se sont finalement effondrés. Des combats entre fractions reprirent et s'étendirent à Monrovia en avril 1996. Le 17 août 1996, le Nigéria négocia un supplément aux accords d'Abuja mettant fin à ce que beaucoup appellent la Première Guerre civile libérienne. Ruth Sando Perry fut nommée à la tête d'un Conseil d'État qui fait office de présidence collégiale. Les trois principaux chefs de faction, Charles Taylor, Alhaji Kromah et George Boley, sont également désignés membres du Conseil. Le 22 novembre 1996 l'ECOMOG entama le désarmement des parties en conflit avec l'aide de la Mission d'observation des Nations Unies au Liberia (MONUL).

Charles Taylor remporta les élections de juillet 1997 et fût investi, le 02 août 1997, président de la République pour un mandat de six ans. Le gouvernement de Charles Taylor a été défié par des groupes rebelles insurgés et a commencé à soutenir activement les groupes rebelles dans les pays voisins (en particulier le RUF en Sierra Leone). En avril 1999, la Deuxième Guerre civile libérienne commença avec les attaques perpétrées depuis la Guinée voisine par le mouvement les Libériens unis pour la Réconciliation et la Démocratie (LURD).

B. Deuxième épisode (7 mars 2001 – 6 mai 2003)

La résolution S/RES/1343 (2001) adoptée par le CSNU le 7 mars 2001 lors de sa 4287e séance marque le début du deuxième épisode. L'adoption de cette résolution fait suite au constat du soutien actif que le Gouvernement libérien apporte à des groupes rebelles armés dans des pays voisins, et en particulier au *Revolutionary United Front* (RUF) en Sierra Leone. Elle est basée par ailleurs sur le rapport du Groupe d'experts des Nations Unies concernant la Sierra Leone selon lequel les diamants représentent une source primordiale de revenus pour le RUF, et que l'essentiel des diamants du RUF quittant la Sierra Leone transite par le Liberia.

Cette résolution a, au demeurant, mis fin aux interdictions imposées par le paragraphe 8 de la résolution S/RES/788 (1992)[144] du 19

---

[144] Le paragraphe 8 instaurait un embargo général et complet sur toutes les livraisons d'armes et de matériel militaire au Liberia. Cependant, conformément au paragraphe 9

novembre 1992 et dissout le Comité créé par la résolution S/RES/985 (1995)[145] du 13 avril 1995. Elle consacre en particulier l'exigence faite au Liberia de mettre fin au soutien qu'il apporte aux forces du RUF en Sierra Leone[146]. La résolution S/RES/1343 (2001) du 7 mars 2001 a adopté de nouveau un embargo sur les armes, des sanctions individuelles, une interdiction des exportations de diamants et a établi un Groupe d'experts pour suivre sa mise en œuvre.

C. Troisième épisode (6 mai 2003-22 décembre 2003)

Avec l'amélioration de la situation en Sierra Leone, l'attention du Conseil de Sécurité s'est retournée vers le conflit au Liberia. Le régime de Taylor s'est affaibli au fil des temps, et les forces rebelles continuaient d'avancer sur la capitale, Monrovia, en mars 2003. Sur la base du rapport du Secrétaire général des Nations unies en date du 22 avril 2003[147] et des rapports du Groupe d'experts des Nations Unies sur le Liberia en date du 25 octobre 2002[148] et du 24 avril 2003[149] indiquant, entre autres, une violation de l'embargo sur les armes, le CSNU adopta la résolution S/RES/1478 (2003) du 6 mai 2003 lors de sa 4751e séance. Cette résolution est axée principalement sur le conflit interne au Liberia et le soutien du gouvernement du Liberia aux groupes armés rebelles dans la région, plus précisément en Sierra Leone et en Côte d'Ivoire. En particulier, la résolution a imposé des

---

de la même résolution, cet embargo ne devrait pas s'appliquer aux armes et au matériel militaire destinés à l'usage exclusif des forces de maintien de la paix de la CEDEAO au Liberia.

[145] Ce comité fût créé par le CSNU le 13 avril 1995 lors de sa 3517e séance et avait pour but de surveiller la mise en œuvre effective de l'embargo imposé en vertu du paragraphe 8 de la résolution S/RES/788 (1992) du 19 novembre 1992. Avec la levée de l'embargo sur les armes, le comité était ainsi devenu sans objet.

[146] Cela devrait se traduire, entre autres, par (i) l'expulsion du Liberia de tous les membres du RUF, (ii) l'interdiction sur le territoire libérien de toutes les activités du RUF, (iii) le renoncement à tout soutien financier et militaire aux activités du RUF, notamment à tout transfert d'armes et de munitions, à toute formation militaire et à la fourniture d'un soutien dans les domaines de la logistique et des communications, (iv) la cessation de toute importation directe ou indirecte de diamants bruts sierra-léonais qui ne sont pas contrôlés par le Gouvernement sierra-léonais au moyen du régime de certificat d'origine, (v) le gel des fonds, ressources financières ou avoirs qui sont mis directement ou indirectement, par ses ressortissants ou sur son territoire, à la disposition du RUF.

[147] Document S/2003/466.

[148] Document S/2002/1115.

[149] Document S/2003/498.

sanctions sur le bois et en même temps élargi la liste des interdictions de voyager.

Durant cette période, Charles Taylor a assisté aux pourparlers de paix au Ghana entre le Liberia et les forces rebelles en juin 2003 et, alors qu'il était à Accra, a été inculpé de crimes de guerre par le Tribunal spécial pour la Sierra Leone. L'accord d'Accra du 17 juin 2003 établissait un cessez-le-feu et sécurisait son engagement à quitter le pouvoir. Taylor a quitté Monrovia pour s'exiler au Nigéria en août 2003. Les forces de la CEDEAO (ECOMIL)[150] arrivèrent au Liberia pour empêcher les rebelles d'envahir la capitale et un gouvernement de transition a été mis en place le 14 octobre 2003.

D. Quatrième épisode (22 décembre 2003-16 juin 2006)

La signature de l'Accord de paix global le 18 août 2003 à Accra par l'ancien Gouvernement libérien, les Libériens unis pour la Réconciliation et la Démocratie (LURD) et le Mouvement pour la Démocratie au Liberia (MODEL), et l'entrée en fonction, le 14 octobre 2003, du Gouvernement national de transition du Liberia présidé par M. Gyude Bryant marquèrent un tournant décisif dans le processus de règlement du conflit libérien. Toutefois, la non-application du cessez-le-feu et de l'Accord de paix global par toutes les parties

---

[150] Le déploiement des premiers éléments de la Mission de la CEDEAO au Liberia, ECOWAS Mission in Liberia (ECOMIL), a commencé le 4 août 2003. ECOMIL est constituée de contingents de différents pays dont principalement du Nigéria. Cette force multinationale a été autorisée par le CSNU par la résolution S/RES/1497 (2003) du 1er août 2003 adoptée lors de sa 4803e séance. Elle avait pour but d'appuyer la mise en œuvre de l'accord de cessez-le-feu du 17 juin 2003, en créant un cadre propice aux phases initiales du désarmement et aux activités de démobilisation et de réinsertion, de contribuer à l'instauration et au maintien de la sécurité durant la période qui suivra le départ du Président en exercice et l'établissement de l'autorité qui lui succédera, compte tenu des accords auxquels devraient aboutir les parties libériennes, et de réunir les conditions nécessaires à l'acheminement de l'aide humanitaire et de préparer la mise en place d'une force de stabilisation de l'ONU à plus long terme destinée à relever la Force multinationale. Cependant, en raison d'une clause accordant une compétence exclusive de poursuite pénale aux seules autorités nationales pour le personnel d'un État contributeur qui n'est pas partie au Statut de Rome de la Cour pénale internationale – comme c'est le cas des États-Unis d'Amérique – la France, l'Allemagne et le Mexique se sont abstenus lors de l'adoption de cette résolution présentée par les États-Unis d'Amérique. Par ailleurs, l'on a noté la présence exceptionnelle du Secrétaire général de l'ONU, SEM. Kofi Annan lors de cette séance, au vu du grand intérêt qu'il manifestait pour le règlement du conflit libérien.

dans tout le Liberia, et le fait qu'une grande partie du pays échappait toujours au contrôle du Gouvernement national de transition du Liberia, particulièrement les zones dans lesquelles la Mission des Nations Unies au Liberia (MINUL) ne s'était pas encore déployée, inquiétait le Conseil de Sécurité.

Aussi, le CSNU reconnaissait le lien entre l'exploitation illégale des ressources naturelles (particulièrement les diamants et le bois), le commerce illicite de ces ressources et la prolifération et le trafic d'armes illégales et considérait que cette situation menaçait la paix et la sécurité internationales en Afrique de l'Ouest, et en particulier le processus de paix au Liberia. C'est dans ce contexte marqué par ailleurs par le départ de Charles Taylor du pouvoir libérien et le progrès accompli dans le processus de paix en Sierra Leone, qu'à travers la résolution S/RES/1521 (2003) du 22 décembre 2003 adoptée lors de la 4890e séance qu'un régime de sanctions pour l'imposition de la paix a été établi concernant le Liberia et dont le but est de veiller au respect de l'accord de paix global signé à Accra le 18 août 2003 et de soutenir le gouvernement de transition.

Durant cette période, le CSNU avait exprimé sa préoccupation concernant les actions de déstabilisation entreprises par l'ancien Président libérien, Charles Taylor, et d'autres personnes, qui compromettaient la transition du Liberia vers la démocratie et le développement harmonieux de ses institutions et de ses moyens politiques, administratifs et économiques. C'est ainsi que le CNSU a adopté, lors de sa 4925e séance, la résolution S/RES/1532 (2004) du 12 mars 2004, qui a imposé des sanctions financières à Charles Taylor, sa famille et d'autres proches associés pour détournement de fonds et de biens libériens et pour les avoir utilisés pour déstabiliser le gouvernement de transition. Des élections eurent lieu en 2005[151] ayant conduit à l'entrée en fonction d'Ellen Johnson Sirleaf en janvier 2006. En avril 2006, Charles Taylor comparut devant le Tribunal spécial pour la Sierra Leone.[152]

---

[151] Les résultats du premier tour de l'élection présidentielle du 11 octobre 2005 donnent 28,8 % des votes à George Weah, et 20 % à Ellen Johnson Sirleaf. Au second tour, le 08 novembre 2005, Ellen Johnson Sirleaf remporte l'élection présidentielle avec 59 % des voix, devenant ainsi la première femme élue à la tête d'un État africain.

[152] Le 14 août 2000, le Conseil de Sécurité des Nations Unies vote la résolution S/RES/1315(2000) qui donne un mandat au Secrétaire général de l'ONU pour créer un tribunal de juridiction mixte, le Tribunal spécial pour la Sierra Leone (TSSL). L'accord est signé en janvier 2002 entre les Nations Unies et le gouvernement

E. Cinquième épisode (16 juin 2006 -25 mai 2016)

L'approbation du CSNU de l'extradition de Charles Taylor vers La Haye le 16 juin 2006[153] marque le début d'un nouvel épisode dans le régime de sanctions concernant le Liberia. Par la suite, les sanctions ont été progressivement réduites, d'abord celles relatives au bois au moyen de la résolution S/RES/1689 (2006) du 20 juin 2006 adoptée lors de 5468e séance, puis celles relatives aux diamants à travers la résolution S/RES/1753 (2007) du 27 avril 2007, adoptée lors de la 5658e séance. La résolution S/RES/1903 (2009) du 17 décembre 2009, adoptée lors de 6246e séance, a assoupli l'embargo sur les armes, imposé au gouvernement mais l'a maintenu pour les entités non gouvernementales. La gouvernance des ressources naturelles est devenue la priorité, avec l'introduction du système de certification pour les diamants (processus de Kimberley) et pour le bois. La liste des individus ciblés a progressivement diminué (les membres de la famille Taylor ont été supprimés de la liste en 2012), et le Groupe d'experts de l'ONU a été réduit de 5 à 3 membres en 2008.

Alors que le rapport 2013 du Groupe d'experts continuait à documenter l'activité des libériens mercenaires, le Conseil de Sécurité avait considéré qu'il s'agissait d'un problème de capacité du gouvernement et avait continué de transférer des responsabilités au gouvernement du Liberia. Pour cette raison, conformément au retrait de la MINUL, le Conseil de Sécurité a adopté la résolution S/RES/2128 (2013) le 10 décembre 2013 lors de sa 7077e séance, réduisant encore les sanctions en assouplissant les exigences relatives aux notifications de transfert d'armes du Gouvernement libérien et demandant au Comité d'examiner la liste des personnes désignées. Le Groupe d'experts a été réduit à

---

sierra-léonais et ratifié par le Parlement de la Sierra Leone en mars 2002. Le tribunal est officiellement créé en juillet 2002. Les juges prêtent serment le 2 décembre 2002 et les premiers actes d'accusation sont confirmés en mars 2003. Le TSSL cesse ses activités le 2 décembre 2013, mais il est remplacé par le Tribunal Résiduel spécial pour la Sierra Leone, chargé de gérer diverses fonctions permanentes et ponctuelles, dont la protection et le soutien des témoins, le contrôle des peines de prison et les demandes d'indemnisation.

[153] C'est en vertu d'un protocole d'accord conclu le 13 avril 2006 par la Cour pénale internationale (CPI) et le TSSL que ce dernier utilisât les installations de la CPI pour conduire le procès de Charles Taylor. Aux termes de ce protocole d'accord, la CPI a fourni les installations et services liés aux audiences, les installations et services liés à la détention ainsi que toute assistance connexe. Finalement, le 30 mai 2012, Charles Taylor sera condamné à une peine de 50 ans de prison qui sera confirmée en appel le 26 septembre 2013.

deux personnes et n'a plus le mandat explicite de surveiller l'utilisation des ressources naturelles en tant que source potentielle d'instabilité.

En 2015, le CSNU considérant que, malgré des progrès notables, la situation au Liberia continue de menacer la paix et la sécurité internationales dans la région, décida, à travers la résolution S/RES/2237 (2015) du 2 septembre 2015 adoptée lors de 7517e séance, de reconduire l'embargo sur les armes et de proroger le mandat du Groupe d'experts, qui est désormais réduit à un seul membre et de mettre fin aux mesures concernant les voyages et aux mesures financières. Ce n'est qu'avec la résolution S/RES/2288 (2016) du 25 mai 2016, adoptée lors de la 7695e séance, que le Conseil de Sécurité décida de mettre fin, avec effet immédiat, aux dernières sanctions contre le Liberia, à savoir l'embargo sur les armes.

Section 2 : Le régime de sanctions concernant la Sierra Leone

Paragraphe 1 : Le processus d'établissement du régime de sanctions concernant la Sierra Leone

Le 27 mai 1997, lors de la 3781e séance, le Conseil de Sécurité des Nations Unies (CSNU), à travers une déclaration de son Président[154], s'est dit profondément préoccupé par le coup d'État militaire qui avait eu lieu en Sierra Leone[155], alors même que l'ONU s'employait à faciliter le processus de réconciliation dans ce pays. Le Conseil avait déploré vivement cette tentative de renversement du gouvernement démocratiquement élu et avait demandé que l'ordre constitutionnel soit immédiatement rétabli. Par ailleurs, le CSNU avait pris note du communiqué de l'organe central du Mécanisme pour la prévention, le contrôle et le règlement des conflits de l'Organisation de l'Unité africaine (OUA) en date du 26 mai 1997 et avait insisté sur la nécessité impérieuse

---

[154] Document S/PRST/1997/29 du 27 mai 1997.

[155] Le 25 mai 1997, le gouvernement du président Ahmed Tejan Kabbah, qui avait été élu président en mars 1996 lors des premières élections multipartites depuis près de trois décennies en Sierra Leone, a été renversé par un groupe de soldats de l'armée sierra-léonaise (SLA) qui avait formé le Conseil révolutionnaire des forces armées (AFRC). Le chef du coup d'État et chef de l'AFRC nouvellement formée, Johnny Paul Koroma, faisait partie des neuf soldats accusés d'avoir tenté de renverser le gouvernement en septembre 1996. Les forces armées ont été rejointes par les rebelles du Front révolutionnaire uni (RUF) et ont formé ce qui est devenu l'armée populaire.

d'appliquer l'Accord d'Abidjan[156], qui constituait toujours un cadre viable pour la paix, la stabilité et la réconciliation en Sierra Leone.

Le 11 juillet 1997, lors de sa 3798e séance consacrée à l'examen de la situation en Sierra Leone, le CSNU à travers une déclaration de son Président[157], avait exprimé sa profonde préoccupation de la persistance de la crise en Sierra Leone et par les conséquences humanitaires négatives qu'elle a sur la population civile, y compris les réfugiés et les personnes déplacées à l'intérieur du pays, et, en particulier, par les atrocités commises contre des citoyens sierra-léonais, des ressortissants étrangers et du personnel du Groupe de contrôle du cessez-le-feu de la CEDEAO (ECOMOG)[158].

Le 6 août 1997, lors de sa 3809e séance, le Président du Conseil de Sécurité[159] avait exprimé ses remerciements au Comité des quatre ministres des Affaires étrangères de la CEDEAO pour les démarches qu'il a faites afin de négocier avec les représentants de la junte militaire les 17 et 18 puis les 29 et 30 juillet 1997 à Abidjan, en vue d'un règlement pacifique de la crise, et réaffirmé son appui sans réserve aux objectifs de cette médiation. Il regrettait vivement la rupture de ces pourparlers et estimait que la junte militaire, qui a refusé de négocier de bonne foi, portait l'entière responsabilité de cet échec. En l'absence d'une réaction satisfaisante de la part de la junte militaire, le Conseil s'était dit prêt alors à prendre les mesures requises pour rétablir le gouvernement démocratiquement élu du Président Kabbah.

Par ailleurs, le Conseil de Sécurité avait été saisi par le Secrétaire général de l'ONU et à plusieurs reprises par la Représentation permanente du Nigéria auprès de l'ONU concernant la situation en Sierra Leone. Par lettre datée du 27 juin 1997[160], adressée au Président du Conseil de Sécurité, le Représentant permanent du Nigéria auprès de l'ONU transmettait au CSNU le texte final du communiqué publié

---

[156] Pour rappel, l'Accord d'Abidjan fut signé le 30 novembre 1996 à Abidjan, en Côte d'Ivoire entre le Président Ahmed Tejan Kabbah et Foday Sankoh, leader du mouvement rebelle, Revolutionary United Front (RUF). Il a été suivi par plusieurs autres accords.

[157] Document S/PRST/1997/36 en date du 11 juillet 1997.

[158] ECOWAS Ceasefire Monitoring Group en anglais. ECOMOG a été créé le 07 août 1990, en vertu de la Décision A/DEC.1/8/90 de la Conférence des Chefs d'État et de Gouvernement de la CEDEAO tenue à Banjul.

[159] Document S/PRST/1997/42 en date du 06 août 1997.

[160] S/1997/499 en date du 27 juin 1997.

à l'issue de la réunion des ministres des Affaires étrangères des pays membres de la CEDEAO sur la situation en Sierra Leone.

Par lettre datée du 15 août 1997[161], adressée au Président du Conseil de Sécurité, le Chargé d'affaires par intérim de la Mission permanente du Nigéria auprès de l'ONU, transmettait le texte de la Déclaration du Comité des quatre ministres des Affaires étrangères de la CEDEAO sur la Sierra Leone. Par lettre datée du 8 septembre 1997[162], adressée au Président du Conseil de Sécurité, le Représentant permanent du Nigéria auprès de l'ONU, transmettait le texte du Communiqué final de la Conférence au sommet de la CEDEAO tenue à Abuja les 28 et 29 août 1997, ainsi que la décision concernant les sanctions contre la junte militaire de la Sierra Leone, adoptée à la Conférence.

Par lettre datée du 7 octobre 1997[163], adressée au Président du Conseil de Sécurité, le Secrétaire général de l'ONU informait le CSNU de l'évolution de la situation en Sierra Leone. Le Secrétaire général de l'ONU y reconnaissait l'échec des efforts entrepris pour résoudre la crise de manière pacifique visant à amener la junte à se retirer et insistait sur le nécessaire soutien du CSNU et de la communauté internationale aux sanctions imposées par la CEDEAO.

Le 8 octobre 1997, le CSNU, rappelant les différentes déclarations de son Président condamnant le coup d'État militaire du 25 mai 1997 et prenant note des décisions prises par l'OUA[164] et la CEDEAO[165] en vue de la résolution de la crise en Sierra Leone ainsi que la déclaration

---

[161] S/1997/646 en date du 15 août 1997.

[162] S/1997/695 en date du 08 septembre 1997.

[163] S/1997/776 en date du 07 octobre 1997.

[164] Lors du trente-troisième Sommet de l'Organisation de l'Unité africaine (OUA), tenu à Harare (Zimbabwe) du 2 au 4 juin 1997, la Conférence des Chefs d'État et de Gouvernement avait lancé un appel aux dirigeants de la CEDEAO et à la communauté internationale pour qu'ils aident le peuple sierra-léonais à rétablir l'ordre constitutionnel dans son pays et avait par ailleurs souligné la nécessité impérieuse d'appliquer l'Accord d'Abidjan, qui demeure un cadre viable pour la paix, la stabilité et la réconciliation en Sierra Leone.

[165] Il s'agit du Communiqué publié à l'issue de la Réunion des ministres des Affaires étrangères des pays membres de la CEDEAO sur la situation en Sierra Leone, tenue à Conakry (Guinée) le 26 juin 1997, de la Déclaration du Comité des quatre ministres des Affaires étrangères de la CEDEAO sur la Sierra Leone (le Comité de la CEDEAO) en date du 30 juillet 1997, et du Communiqué final de la Conférence au sommet de la CEDEAO tenue à Abuja les 28 et 29 août 1997, ainsi que de la décision concernant les sanctions contre la junte militaire de la Sierra Leone, adoptée à la Conférence.

du Secrétaire général de l'ONU sur la situation en Sierra Leone, adopta à l'unanimité de ses membres, lors de sa 3822e séance, le document S/1997/777, qui devenait ainsi la résolution S/RES/1132 (1997). Dans cette résolution, le CSNU adopta plusieurs types de sanctions dont l'interdiction de voyager à l'encontre des membres de la junte militaire et des membres adultes de leur famille[166], l'interdiction de vente ou de fourniture de pétrole, de produits pétroliers, d'armement et de matériel connexe de tous types[167]. Cette résolution marque la mise en place officielle du régime de sanctions ciblées concernant la Sierra Leone.

Paragraphe 1 : L'évolution du régime de sanctions concernant la Sierra Leone

A. Premier épisode (8 octobre 1997-16 mars 1998)

L'adoption de la résolution S/RES/1132 (1997) du 8 octobre 1997 marque le début du premier épisode du régime de sanctions concernant la Sierra Leone. Ce premier épisode s'étend jusqu'à la réinstallation au pouvoir du Président Ahmed Tejan Kabbah en mars 1998, par la CEDEAO. Cet épisode est marqué par des pertes en vies humaines des populations civiles et la destruction de biens qui découlaient de la poursuite des violences. C'est dans ce contexte que le 22 décembre 1997, le CSNU demanda au Secrétaire général de l'ONU d'établir une analyse technique détaillée de la situation humanitaire en Sierra Leone. C'est ainsi qu'une mission d'évaluation de la situation humanitaire[168], y compris les effets secondaires des sanctions imposées à ce pays, eut lieu du 5 au 16 février 1998[169]. Par ailleurs, c'est le 5 février 1998 que l'ECOMOG lança une offensive militaire qui a permis de renverser

---

[166] Des dérogations peuvent toutefois être accordées par le Comité de sanctions pour des raisons humanitaires avérées ou à des fins allant dans le sens du rétablissement du gouvernement démocratiquement élu et du retour à l'ordre constitutionnel.

[167] Le matériel connexe comprend entre autres, armes et munitions, véhicules et équipements militaires, équipement paramilitaire et pièces détachées y afférentes.

[168] Cette mission d'évaluation inter-institutions fut conduite par le Bureau de coordination des affaires humanitaires de l'ONU (OCHA) et le rapport intérimaire fut transmis par le Secrétaire général de l'ONU au Président du CSNU par lettre datée du 20 février 1998 (Document S/1998/155).

[169] Toutefois, en raison de l'insécurité qui prévalait en Sierra Leone, la mission a effectué ses travaux à Conakry, en République de Guinée et a établi un rapport intérimaire sur la base d'informations et d'analyses fournies par les organismes des Nations Unies, le Comité international de la Croix-Rouge (CICR) et les organisations non gouvernementales présentes en Sierra Leone.

la junte et finalement de l'expulser de Freetown le 12 février 1998. Le 10 mars 1998 le Président déchu Ahmed Tejan Kabbah est réinstallé au pouvoir par la CEDEAO.

B. Deuxième épisode (16 mars 1998 – 22 octobre 1999)

L'adoption de la résolution S/RES/1156 (1998) du 16 mars 1998 par le CSNU lors de sa 3861e séance, à la suite du retour au pouvoir du Président démocratiquement élu, Ahmed Tejan Kabbah, marqua le début d'un nouvel épisode dans l'évolution du régime de sanctions de l'ONU concernant la Sierra Leone. En fait, dans cette résolution, le CSNU leva, avec effet immédiat, les interdictions relatives à la vente ou à la fourniture de pétrole et de produits pétroliers à la Sierra Leone[170]. La résolution S/RES/1162 (1998) du 17 avril 1998, adoptée lors de la 3872e séance du CSNU notait avec satisfaction les efforts déployés par le Président démocratiquement élu de la Sierra Leone depuis son retour, le 10 mars 1998, et par le Gouvernement sierra-léonais en vue de restaurer la paix et la sécurité dans le pays, de rétablir une administration efficace et le processus démocratique, et d'amorcer la tâche de reconstruction et de relèvement. Aussi, le CSNU y saluait les efforts de la CEDEAO et de l'ECOMOG, et soulignait la nécessité de promouvoir la réconciliation nationale en Sierra Leone. Le CSNU y autorisait en même temps le déploiement en Sierra Leone, pour une période maximum de 90 jours, avec effet immédiat, d'un groupe de liaison militaire des Nations Unies et de conseillers pour les questions de sécurité[171].

Dans la résolution S/RES/1171 (1998) adoptée le 5 juin 1998 lors de sa 3889e séance, le CSNU y déplorait la résistance qui continue d'être opposée à l'autorité du Gouvernement légitime de la Sierra Leone et y soulignait l'urgence pour tous les rebelles de mettre fin aux

[170] Ces mesures furent imposées au paragraphe 6 de la résolution S/RES/1132 (1997) du 08 octobre 1997 Quant aux mesures relatives à l'embargo sur les armes, elles devraient être revues ultérieurement, en tenant compte de l'évolution de la situation et de nouvelles discussions avec le Gouvernement sierra-léonais.

[171] Ce groupe qui devrait comprendre 10 membres au maximum était chargé, sous l'autorité de l'Envoyé spécial du Secrétaire général d'assurer une coordination étroite avec le Gouvernement sierra-léonais et l'ECOMOG, de rendre compte de la situation militaire dans le pays, de déterminer l'état d'avancement des plans établis par l'ECOMOG en vue des tâches à accomplir par la suite, telles que l'identification des ex-combattants à désarmer et la mise au point d'un plan de désarmement, et de l'aider dans la mise au point définitive de ces plans, ainsi que de remplir les autres tâches connexes en matière de sécurité.

atrocités, de cesser leur résistance et de déposer les armes. Cette résolution mit fin aux interdictions imposées par les paragraphes 5 et 6 de la résolution S/RES/1132 (1997) du 8 octobre 1997 qui n'ont pas encore été levées[172], et en même temps, décida d'interdire la vente ou la fourniture d'armements et de matériel connexe aux forces non gouvernementales en Sierra Leone[173].

La résolution S/RES/1181 (1998), adoptée par le CSNU lors de la 3902e séance, le 13 juillet 1998, mit en place la Mission d'Observation des Nations Unies en Sierra Leone (MONUSIL). Cette mission d'une durée initiale de six mois devrait être composée d'un maximum de 70 observateurs militaires et d'une petite unité médicale, avec le matériel et le personnel d'appui civil nécessaires[174]. Au demeurant, c'est durant cet épisode, qu'un Accord de paix entre le Gouvernement sierra-léonais et le Front révolutionnaire uni (RUF) fût signé le 7 juillet 1999 à Lomé, au Togo. Cet Accord avait été accueilli avec satisfaction par le CSNU à travers la résolution S/RES/1260 (1999) du 20 août 1999 lors de sa 4035e séance. C'est également à travers cette même résolution S/RES/1260 (1999) que le CSNU autorisa un accroissement provisoire des effectifs de la MONUSIL[175].

C. Troisième épisode (22 octobre 1999-5 juillet 2000)

L'adoption de la résolution S/RES/1270 (1999) du 22 octobre 1999 lors de la 4054e séance du CSNU marqua le début du troisième épisode du régime de sanctions concernant la Sierra Leone. Tout en y affirmant l'attachement de tous les États au respect de la souveraineté, de l'indépendance politique et de l'intégrité territoriale de la Sierra Leone, le CSNU y considérait que la situation dans ce pays continuait de menacer la paix et la sécurité internationales dans la région. Au demeurant, le

---

172 Il s'agissait en fait de l'interdiction de voyager qui fût imposée aux membres de la junte militaire et aux membres adultes de leurs familles ainsi que l'embargo sur les armes.

173 Ces interdictions ne s'appliquaient pas à la vente ou à la fourniture d'armements et de matériel connexe à l'usage exclusif en Sierra Leone de l'ECOMOG ou de l'ONU.

174 Le mandat de la MONUSIL était : (i) suivre l'évolution de la situation sur le plan militaire et sur le plan de la sécurité dans l'ensemble du pays ; (ii) suivre le désarmement et la démobilisation des anciens combattants, (iii) aider à assurer le respect du droit international humanitaire, (iv) superviser le désarmement et la démobilisation volontaires des membres des Forces de défense civile.

175 L'effectif de la MONUSIL devrait ainsi être porté à un maximum de 210 observateurs militaires.

Conseil de sécurité avait accueilli avec satisfaction les importantes mesures prises par le Gouvernement sierra-léonais, la direction du Front uni révolutionnaire (RUF), l'ECOMOG et la MONUSIL, au titre de l'application de l'Accord de paix. C'est dans ce contexte, que le CSNU, à travers cette même résolution S/RES/1270 (1999), décida de créer, avec effet immédiat, pour une période initiale de six mois, la Mission des Nations Unies en Sierra Leone (MINUSIL)[176].

La MINUSIL devrait comprendre un maximum de 6 000 militaires, dont 260 observateurs militaires[177]. À travers la résolution S/RES/1289 (2000) du 7 février 2000 adoptée lors de la 4099e séance du CSNU, cet effectif sera à nouveau revu à la hausse et porté à un maximum de 11 100 militaires, dont les 260 observateurs militaires déjà déployés. Cependant, malgré les progrès accomplis durant cet épisode, le CSNU demeurait préoccupé par la participation limitée et sporadique au programme de désarmement, de démobilisation et de réinsertion, l'absence de progrès dans la libération des personnes enlevées et des enfants soldats ainsi que par la persistance des prises d'otages et des attaques dirigées contre le personnel humanitaire.

Cependant, ce n'est qu'avec la résolution S/RES/1299 (2000) du 19 mai 2000 adoptée lors de la 4145e séance du CSNU que l'effectif maximum autorisé pour la MINUSIL atteindra 13 000 militaires. Par ailleurs, la résolution S/RES/1299 (2000) élargissait les dérogations

---

[176] Le mandat de MINUSIL était : (i) Coopérer à l'exécution de l'Accord de paix avec le Gouvernement sierra-léonais et les autres parties à l'Accord ; (ii) Aider le Gouvernement sierra-léonais à appliquer le plan de désarmement, de démobilisation et de réintégration; (iii) À cette fin, établir une présence à des emplacements clés sur l'ensemble du territoire sierra-léonais, y compris aux centres de désarmement/ réception et aux centres de démobilisation; (iv) Assurer la sécurité et la liberté de circulation du personnel des Nations Unies; (v) Surveiller le respect du cessez-le-feu conformément à l'accord de cessez-le-feu du 18 mai 1999 au moyen des mécanismes prévus dans cet accord; (vi) Encourager les parties à créer des mécanismes de rétablissement de la confiance et en appuyer le fonctionnement; (vii) Faciliter l'acheminement de l'assistance humanitaire ; (viii) Appuyer les activités des fonctionnaires civils de l'Organisation des Nations Unies, y compris le Représentant spécial du Secrétaire général et ses collaborateurs, les spécialistes des droits de l'homme et les spécialistes des affaires civiles; (ix) Apporter, sur demande, un appui pour les élections qui doivent se tenir conformément aux dispositions de la Constitution actuelle de la Sierra Leone.

[177] Cet effectif devrait être revu périodiquement en fonction de l'évolution de la situation sur le terrain et des progrès réalisés dans le cadre du processus de paix, en particulier en ce qui concerne le programme de désarmement, de démobilisation et de réinsertion.

d'interdiction de vente ou de fourniture d'armements et de matériel connexe à l'usage exclusif en Sierra Leone aux États membres qui coopèrent avec la MINUSIL ou avec le Gouvernement sierra-léonais[178].

D. Quatrième épisode (5 juillet 2000 – 16 janvier 2002)

L'adoption de la résolution S/RES/1306 (2000) du 5 juillet 2000 lors de la 4168e séance par le CSNU marquait le début du quatrième épisode du régime de sanctions de l'ONU concernant la Sierra Leone. Cette résolution S/RES/1306 (2000), tout en ajoutant aux sanctions existantes, un embargo sur les diamants bruts en provenance de la Sierra Leone, pour une période initiale de dix-huit mois, priait le Gouvernement sierra-léonais de faire en sorte qu'un régime efficace de certificat d'origine applicable au commerce des diamants soit mis en place d'urgence en Sierra Leone[179].

La résolution S/RES/1306 (2000) demandait aussi la mise en place d'un Groupe d'experts, pour une période initiale de quatre mois[180]. La résolution S/RES/1315 (2000) du 14 août 2000 adoptée lors de la 4186e séance du CSNU priait le Secrétaire général de l'ONU de négocier un accord avec le Gouvernement sierra-léonais en vue de créer un tribunal spécial indépendant, étant entendu pour l'ONU, que les dispositions de l'Accord de paix de Lomé concernant l'amnistie ne s'appliquaient pas aux crimes internationaux de génocide, aux crimes contre l'humanité, aux crimes de guerre et autres violations graves du droit international humanitaire[181].

La résolution S/RES/1343 (2001) du 7 mars 2001 adoptée lors de la 4287e séance du Conseil de Sécurité exigeait que le Gouvernement

---

[178] Il faut rappeler que cette dérogation a été accordée dès le début à l'ECOMOG et aux forces de l'ONU par la résolution S/RES/1171 (1998) du 5 juin 1998.

[179] Ces mesures d'interdiction d'importation directe ou indirecte de diamants bruts ne s'appliquaient pas aux diamants bruts contrôlés par le Gouvernement sierra-léonais au moyen du régime de certificat d'origine, lorsqu'un régime efficace est pleinement opérationnel.

[180] Ce groupe qui devrait être composé de cinq membres au maximum avait comme principal mandat de rassembler des informations au sujet des violations éventuelles des restrictions visées au paragraphe 2 de la résolution S/RES/1171 (1998) du 5 juin 1998 ainsi que des liens entre le commerce des diamants et le commerce des armements et du matériel connexe.

[181] Cette décision est prise à la demande du Gouvernement sierra-léonais et tient compte du fait que des crimes très graves sont commis sur le territoire de la Sierra Leone contre la population civile et des membres du personnel des Nations Unies et d'autres organisations internationales, ainsi que par le climat d'impunité qui y règne.

libérien mette immédiatement fin au soutien qu'il apporte au RUF en Sierra Leone et à d'autres groupes rebelles armés dans la région[182]. Enfin, c'est la résolution S/RES/1346 (2001) du 30 mars 2001 adoptée lors de la 4306e séance du Conseil de Sécurité qui prorogeait le mandat de la MINUSIL pour une période de six mois. Cette même résolution S/RES/1346 (2001) portait l'effectif de la composante militaire de la MINUSIL à 17.500 hommes, y compris les 260 observateurs militaires déjà déployés. Par la résolution S/RES/1385 (2001) du 19 décembre 2001 adoptée lors de la 4442e séance, l'interdiction visant les diamants non contrôlés au moyen du régime des certificats d'origine fut prorogée de onze mois.

E. Cinquième épisode (16 janvier 2002-29 septembre 2010)

En janvier 2002, le régime de sanctions concernant la Sierra Leone rentrait dans une nouvelle phase avec la signature, le 16 janvier 2002, d'un accord entre l'ONU et le Gouvernement sierra-léonais concernant l'établissement d'un Tribunal spécial pour la Sierra Leone, d'une part, et d'autre part, la déclaration de la fin officielle du conflit, le 18 janvier 2002 par le Président Ahmed Tejan Kabbah. Cet épisode fut également marqué par la tenue d'élections présidentielle et législative en mai 2002, et à l'issue desquelles le Président sortant, Ahmed Tejan Kabbah est réélu dès le premier tour.

Par la résolution S/RES/1446 (2002) du 4 décembre 2002 adoptée lors de la 4654e séance, l'interdiction visant les diamants non contrôlés au moyen du régime des certificats d'origine a été prorogée de nouveau mais cette fois-ci pour une durée de cinq mois. Le 5 juin 2003, le Président du Conseil de Sécurité donnait lecture d'une déclaration à la presse dans laquelle il était précisé que, compte tenu du fait que le Gouvernement sierra-léonais avait redoublé d'efforts pour contrôler et gérer son industrie du diamant et assurer une supervision adéquate des zones de production de diamants, et qu'il participait pleinement au Processus de Kimberley, les membres du Conseil étaient convenus de ne pas reconduire les mesures d'interdiction frappant les importations de diamants bruts sierra-léonais qui n'étaient pas contrôlés par le Gouvernement au moyen du régime des certificats d'origine.

[182] Cette décision est prise pour donner suite aux conclusions du Groupe d'experts selon lesquelles les diamants représentent une source primordiale de revenus pour le RUF, l'essentiel des diamants du RUF quittant la Sierra Leone transite par le Liberia et ce commerce illégal ne peut avoir lieu sans la permission et la participation de responsables du Gouvernement libérien au plus haut niveau.

Les sanctions relatives aux diamants étant venues à expiration, le mandat du Comité est redevenu celui énoncé dans la résolution S/RES/1171 (1998) du 5 juin 1998. L'interdiction frappant la fourniture d'armements ou de matériel connexe aux forces non gouvernementales et l'interdiction de voyager imposées par cette résolution demeurent en vigueur. Par sa résolution S/RES/1793 (2007) du 21 décembre 2007, le Conseil décidait que les mesures d'interdiction de voyager ne s'appliquaient pas aux voyages de tous témoins dont la comparution devant le Tribunal spécial pour la Sierra Leone était nécessaire.

Tout en saluant le concours précieux que la MINUSIL a apporté au relèvement de la Sierra Leone et à la paix, à la sécurité et au développement du pays, le CSNU, à travers la résolution S/RES/1620 (2005) du 31 août 2005 adoptée lors de sa 5254e séance, demandait l'établissement d'un bureau intégré des Nations Unies en Sierra Leone pour une période initiale de 12 mois, à compter du 1er janvier 2006 dans le but de renforcer la capacité du Gouvernement sierra-léonais à assurer la sécurité et le développement à long terme[183].

Par ailleurs, ce bureau intégré était également chargé des tâches suivantes : (i) assurer la liaison avec le secteur de la sécurité sierra-léonais et d'autres partenaires, faire rapport sur la situation en matière

[183] Le Bureau intégré des Nations Unies en Sierra Leone (BINUSIL) devrait aider le Gouvernement Sierra Léonais à : (i) Renforcer les capacités des institutions publiques, afin qu'elles puissent continuer de s'attaquer aux causes profondes du conflit, offrir des services de base et accélérer les progrès dans la réalisation des objectifs du Millénaire pour le développement grâce à la réduction de la pauvreté et à une croissance économique durable par la création d'un cadre favorable aux investissements privés et des efforts systématiques en vue de lutter contre le VIH/Sida; (ii) Élaborer un plan d'action national en matière de droits de l'homme et mettre en place la commission nationale des droits de l'homme; (iii) Doter la Commission électorale nationale de moyens lui permettant d'organiser des élections libres, régulières et crédibles en 2007; (iv) Renforcer la bonne gouvernance, la transparence et la responsabilité des institutions publiques, par l'application de mesures de lutte contre la corruption et une meilleure gestion budgétaire; (v) Consolider l'état de droit, notamment en renforçant l'indépendance et la capacité du système d'administration de la justice, ainsi que la capacité de l'appareil policier et pénitentiaire; (vi) Renforcer le secteur de la sécurité sierra-léonais, en coopération avec l'Équipe militaire internationale consultative, en matière d'instruction, et d'autres partenaires; (vii) Promouvoir une culture de paix, de dialogue et de participation pour ce qui est des questions nationales d'importance critique, par une approche stratégique de l'information et de la communication, et notamment par la mise en place de services de radiodiffusion publics indépendants et efficaces; (viii) Lancer des initiatives concernant la protection et le bien-être des jeunes, des femmes et des enfants.

de sécurité et formuler des recommandations concernant les menaces extérieures et intérieures; (ii) coordonner les efforts avec les missions et bureaux des Nations Unies et les organisations régionales d'Afrique de l'Ouest en vue de régler les problèmes transfrontaliers comme les mouvements illicites d'armes légères, le trafic d'êtres humains et le commerce illégal de ressources naturelles; (iii) assurer la coordination avec le Tribunal spécial pour la Sierra Leone.

À travers la résolution S/RES/1688 (2006) du 16 juin 2006 adoptée lors de la 5467e séance, le Conseil de Sécurité facilitait le transfèrement et l'organisation du procès du Président libérien Charles Taylor aux Pays-Bas par le Tribunal spécial pour la Sierra Leone. La résolution S/RES/1734 (2006) du 22 décembre 2006 adoptée lors de la 5608e séance, prorogeait le mandat du BINUSIL jusqu'au 31 décembre 2007 et en même temps approuvait l'augmentation des effectifs du BINUSIL, pour la période du 1er janvier au 31 octobre 2007, dans la perspective des élections, et de sa capacité de s'acquitter de ses fonctions ailleurs dans le pays.

Le mandat du BINUSIL sera à nouveau prorogé jusqu'au 30 septembre 2008 par la résolution S/RES/1793 (2007) du 21 décembre 2007 adoptée lors de la 5813e séance. Dans cette résolution, le CSNU soulignait l'importance pour le BINUSIL de mettre plus particulièrement l'accent sur la fourniture d'une assistance aux élections locales devant se dérouler le 21 juin 2008 ainsi qu'aux commissions et institutions nationales de promotion de la bonne gouvernance et des droits de l'homme et qu'il appuie activement les travaux de la Commission de consolidation de la paix et du Fonds pour la consolidation de la paix. La résolution S/RES/1793 (2007) accordait une dérogation aux voyages de tous témoins dont la présence au procès devant le Tribunal spécial pour la Sierra Leone était nécessaire. Dans sa résolution S/RES/1940 (2010) du 29 septembre 2010 adoptée lors de sa 6392e séance, le Conseil de Sécurité prit note du rapport du Comité et décida de lever le régime de sanctions et de dissoudre le Comité. Cette résolution S/RES/1940 (2010) marquait ainsi officiellement la fin du régime de sanctions concernant la Sierra Leone.

Section 3 : Le régime de sanctions concernant la Côte d'Ivoire

Paragraphe 1 : Le processus d'établissement du régime de sanctions concernant la Côte d'Ivoire

Le 20 décembre 2002, à la 4680e séance du Conseil de Sécurité, dans le cadre de l'examen de la question intitulée « La situation en

Côte d'Ivoire », le Président faisait une déclaration officielle, au nom du Conseil. Dans cette déclaration, le Conseil avait exprimé sa profonde préoccupation de la situation en Côte d'Ivoire et aux sérieuses conséquences de celle-ci pour la population de ce pays et de la région. Le Conseil avait également condamné avec fermeté l'usage de la force en vue de peser sur la situation politique en Côte d'Ivoire et de renverser son gouvernement élu.

Il appelait au plein respect de l'ordre constitutionnel de la Côte d'Ivoire et soulignait son plein appui au gouvernement légitime de ce pays. Dans cette déclaration, le Conseil de Sécurité exprimait également son plein soutien au déploiement en Côte d'Ivoire de la force de l'ECOMOG qui devait être sous commandement sénégalais, et devait être déployé avant le 31 décembre 2002, et remerciait par ailleurs la France pour les efforts qu'elle a déployés, à la demande du Gouvernement de la Côte d'Ivoire, en vue de prévenir de nouveaux combats, de manière provisoire et dans l'attente du déploiement de la force de l'ECOMOG.

En janvier 2003, à l'invitation du Président de la République française, une table ronde des forces politiques ivoiriennes s'était réunie à Linas-Marcoussis, en France, du 15 au 23 janvier 2003. Cette table ronde fut suivie d'une conférence des Chefs d'État sur la Côte d'Ivoire qui s'était réunie à Paris les 25 et 26 janvier 2003, sous la coprésidence du Président de la République française, du Président de l'Union africaine et du Secrétaire général de l'Organisation des Nations Unies. C'est à la suite de ces rencontres que le Représentant permanent de la France auprès de l'ONU avait partagé avec le Conseil de Sécurité[184], le contenu de l'Accord de Lina-Marcoussis, le programme du gouvernement de réconciliation ainsi que les conclusions de la conférence des Chefs d'État.

Le 4 février 2003, lors de la 4700e séance, l'Accord de Linas-Marcoussis fut entériné par le Conseil de Sécurité à travers la résolution S/RES/1464 (2003) du 4 février 2003. La résolution S/RES/1464 (2003) autorisait les États membres participant à la force de la CEDEAO en vertu du Chapitre VIII, de même que les forces françaises qui les soutiennent, à prendre les mesures nécessaires pour assurer la sécurité et la liberté de circulation de leurs personnels et pour assurer, sans préjudice des responsabilités du Gouvernement de

[184] Lettre datée du 27 janvier 2003, adressée au Président du Conseil de sécurité et adoptée comme document du CSNU sous la référence S/2003/99.

réconciliation nationale, la protection des civils immédiatement menacés de violences physiques à l'intérieur de leurs zones d'opérations et en fonction de leurs moyens, pour une période de six mois. Par ailleurs, la résolution S/RES/1464 (2003) condamnait déjà les graves violations des droits de l'homme et du droit international humanitaire intervenues en Côte d'Ivoire depuis le 19 septembre 2002, et soulignait en même temps, la nécessité de traduire en justice les responsables.

Le 13 mai 2003, à travers la résolution S/RES/1479 (2003) adoptée lors de la 4754e séance, le Conseil de Sécurité, décidait de créer, pour une période initiale de six mois, une Mission des Nations Unies en Côte d'Ivoire (MINUCI) avec pour mandat de faciliter la mise en œuvre par les parties ivoiriennes de l'Accord de Linas-Marcoussis et comprenant une composante militaire, en complément des opérations menées par les forces françaises et celles de la CEDEAO. Par ailleurs, la résolution S/RES/1479 (2003) du 13 mai 2003 approuvait la mise en place d'une équipe restreinte chargée de fournir un appui au Représentant spécial du Secrétaire général en ce qui concerne les questions politiques et juridiques, les affaires civiles, la police civile, les élections, les médias et les relations publiques, les problèmes humanitaires et les questions relatives aux droits de l'homme, ainsi que la mise en place d'un groupe de liaison militaire[185].

Le 25 juillet 2003, à la 4793e séance, le Président du Conseil de Sécurité avait fait une déclaration concernant la situation en Côte d'Ivoire. Dans cette déclaration, le Président avait insisté de nouveau sur la nécessité pour les forces politiques ivoiriennes d'appliquer pleinement et sans délai toutes les dispositions de l'Accord de Linas-Marcoussis, ainsi que celles de l'accord intervenu à Accra le 8 mars

[185] Ce groupe de liaison militaire avait pour taches de : (i) fournir des conseils au Représentant spécial sur les questions militaires; (ii) suivre la situation militaire, notamment la sécurité des réfugiés libériens, et de faire rapport au Représentant spécial à ce sujet; (iii) assurer la liaison avec les forces françaises et celles de la CEDEAO, afin de conseiller le Représentant spécial au sujet de l'évolution de la situation militaire et des événements connexes; (iv) assurer également la liaison avec les Forces armées nationales de Côte d'Ivoire (FANCI) et les Forces nouvelles, afin d'instaurer un climat de confiance entre les groupes armés, en coopération avec les forces françaises et celles de la CEDEAO, en particulier en ce qui concerne les hélicoptères et les avions de combat; (v) contribuer à la planification du désengagement, du désarmement et de la démobilisation et d'identifier les tâches à accomplir, afin de conseiller le Gouvernement ivoirien et d'appuyer les forces françaises et celles de la CEDEAO; (vi) faire rapport au Représentant spécial du Secrétaire général sur ces questions.

2003, appelé Accra II, en vue de la tenue d'élections ouvertes, libres et transparentes en 2005[186]. Le Conseil avait par ailleurs noté avec satisfaction la mise en place du gouvernement de réconciliation nationale et les progrès enregistrés, en particulier l'identification des sites de cantonnement et la délégation de pouvoir du Premier ministre.

Le 4 août 2003, à la 4804e séance, le Conseil de Sécurité, à travers la résolution S/RES/1498 (2003), décidait de renouveler pour une période de six mois l'autorisation donnée aux États membres participant à la force de la CEDEAO, de même qu'aux forces françaises qui les soutiennent. Dans cette résolution S/RES/1498 (2003) du 4 août 2003, le CSNU avait réaffirmé son ferme attachement à la souveraineté, à l'indépendance, à l'intégrité territoriale et à l'unité de la Côte d'Ivoire, d'une part, et d'autre part, l'importance qu'il attache à l'engagement du Gouvernement de réconciliation nationale à redéployer l'administration sur toute l'étendue du territoire de la Côte d'Ivoire. Enfin, le Conseil s'était félicité de la mise en place effective de la MINUCI.

Le 13 novembre 2003, à la 4857e séance, le Conseil de Sécurité, préoccupé par la persistance de défis pour la stabilité de la Côte d'Ivoire et considérant que la situation en Côte d'Ivoire constituait toujours une menace pour la paix et la sécurité internationales dans la région, décida, à travers la résolution S/RES/1514 (2003), de proroger au 4 février 2004 le mandat de la MINUCI. Dans cette résolution, le CSNU renouvelait son plein soutien aux efforts que font la CEDEAO et la France pour promouvoir un règlement pacifique du conflit.

Le 4 février 2004, à la 4909e séance, le Conseil de Sécurité, prenant acte du message que le Président de la République de Côte d'Ivoire lui a adressé le 10 novembre 2003, par lequel il demandait la transformation de la MINUCI en une opération de maintien de la paix, décida, à travers la résolution S/RES/1527 (2004), de proroger au 27 février 2004 le mandat de la MINUCI et de renouveler jusqu'à la même date, l'autorisation accordée aux États membres participant aux forces de la CEDEAO conjointement avec les forces françaises qui les soutiennent.

Le 27 février 2004, à la 4918e séance, le Conseil de Sécurité, prenant note, entre autres, de la demande que lui a adressée la CEDEAO le 24 novembre 2003, tendant à ce qu'une opération de maintien de la paix soit créée en Côte d'Ivoire, décida, à travers la

[186] Le Conseil de Sécurité avait souligné que beaucoup restait à faire pour parvenir à la pleine mise en œuvre de l'Accord de Linas-Marcoussis.

résolution S/RES/1528 (2004), de créer l'Opération des Nations Unies en Côte d'Ivoire (ONUCI) pour une durée initiale de douze mois à compter du 4 avril 2004[187]. En conséquence, le Conseil de Sécurité décida de proroger le mandat de la MINUCI jusqu'au 4 avril 2004. La résolution S/RES/1528 (2004) décidait que l'ONUCI comprendra, en sus de l'effectif civil, judiciaire et pénitentiaire approprié, une force de 6.240 militaires des Nations Unies au maximum, dont 200 observateurs militaires et 120 officiers d'état-major, et jusqu'à 350 membres de la police civile[188].

Le 5 août 2004, à la 5018e séance du Conseil de Sécurité tenue dans le cadre de l'examen par le Conseil de la question intitulée « La situation en Côte d'Ivoire », le Président du Conseil de Sécurité avait fait une déclaration au nom du Conseil. Dans cette déclaration, le Conseil de Sécurité s'était félicité de la signature, le 30 juillet 2004 à Accra, par le Président de la République de Côte d'Ivoire, M. Laurent Gbagbo, le Premier ministre du Gouvernement de réconciliation nationale, M. Seydou Elimane Diarra, et l'ensemble des forces politiques de Côte d'Ivoire, d'un accord dit Accord d'Accra III qui consolide la mise en œuvre du processus de Linas-Marcoussis. Par ailleurs, le Conseil exprimait sa profonde préoccupation des résultats préliminaires de l'enquête menée par l'ONUCI sur les massacres survenus à Korhogo ; tout en réitérant sa ferme condamnation de l'ensemble des exactions et des violations des droits de l'homme et du droit international humanitaire commises en Côte d'Ivoire, et spécialement de celles intervenues les 25 et 26 mars 2004 à Abidjan.

Le 6 novembre 2004, à la 5072e séance du Conseil de Sécurité, le Président du Conseil de Sécurité, à travers une nouvelle déclaration, condamnait l'attaque commise contre les forces françaises à Bouaké, le 6 novembre 2004, et qui avait provoqué des morts et des blessés, ainsi que les frappes aériennes meurtrières menées dans le nord du pays par les Forces armées nationales de Côte d'Ivoire, qui constituaient des violations de l'Accord de cessez-le-feu du 3 mai 2003. Le Conseil

---

[187] À cette date du 4 avril 2004, l'autorité de la MINUCI et des forces de la CEDEAO devaient être transférée à l'ONUCI.

[188] Compte tenu des interactions qu'il peut avoir avec les crises libérienne et sierra-léonaise, l'ONUCI avait été prié d'exécuter son mandat en étroite coopération avec les missions des Nations Unies en Sierra Leone et au Liberia, en particulier en ce qui concerne la prévention des mouvements d'armes et de combattants à travers leurs frontières communes et la mise en œuvre des programmes de désarmement et de démobilisation.

y exprimait aussi son intention d'examiner rapidement les actions additionnelles à prendre, y compris des mesures individuelles.

Le 15 novembre 2004, lors de sa 5078e séance, le Conseil de Sécurité, à travers la résolution S/RES/1572 (2004), décida de la mise en place (i) d'un embargo sur les armes à l'endroit de la Côte d'Ivoire pour une période de treize mois[189], (ii) de l'interdiction de voyager pour une période de douze mois à toutes les personnes qui entravent l'application des Accords de Linas-Marcoussis et d'Accra III, de toute autre personne qui serait reconnue responsable de violations graves des droits de l'homme et du droit international humanitaire en Côte d'Ivoire et de toute autre personne qui incite publiquement à la haine et à la violence[190] et (iii) du gel, pour une période de douze mois, des avoirs et autres avoirs financiers et ressources économiques qui sont en la possession ou sous le contrôle direct ou indirect de personnes ou qui sont détenus par des entités ou contrôlés directement ou indirectement par des personnes à identifier par un Comité de sanctions créé à cet effet[191].

Paragraphe 2 : L'évolution du régime de sanctions concernant la Côte d'Ivoire

A. Premier épisode (15 novembre 2004-1er février 2005)

Ce premier épisode s'étend de la mise en place du régime, à travers la résolution S/RES/1572 (2004) du 15 novembre 2004, jusqu'au 1er février 2005, date de la création d'un groupe d'experts. Durant ce premier épisode, lors de la 5103e séance du Conseil de Sécurité, tenue le 16 décembre 2004, le Président du Conseil avait effectué une déclaration relative à la situation en Côte d'Ivoire[192]. Cette déclaration faisait suite aux efforts de médiation entrepris par l'Union africaine, et en particulier à l'engagement personnel du Président Thabo Mbeki, Président de la République sud-africaine, pour promouvoir le dialogue

---

[189] Cet embargo ne devait pas s'appliquer aux fournitures et à l'assistance technique destinées exclusivement à appuyer l'Opération des Nations Unies en Côte d'Ivoire (ONUCI) et les forces françaises qui les soutiennent ou à être utilisées par elles. D'autres dérogations furent également prévues dont les fournitures de matériel militaire non létal destiné exclusivement à un usage humanitaire ou de protection.

[190] La résolution prévoyait également des dispositions dérogatoires pour des raisons humanitaires, y compris un devoir religieux, ou pour des raisons qui favoriseraient la paix et la réconciliation nationale en Côte d'Ivoire et la stabilité dans la région.

[191] Des dispositions dérogatoires étaient prévues sous certaines conditions spécifiques.

[192] Document S/PRST/2004/48.

et relancer le processus de paix et de réconciliation nationale en Côte d'Ivoire. Dans cette déclaration, le Conseil de Sécurité indiquait déjà son intention d'adopter de nouvelles dispositions pour assurer l'efficacité du suivi et l'application de l'embargo sur les armes, imposé par la résolution S/RES/1572 (2004) du 15 novembre 2004. C'est dans cet ordre d'idées que dans la résolution S/RES/1584 (2005) du 1er février 2005 adoptée lors de sa 5118e séance, le Conseil avait demandé la création d'un groupe d'experts de trois membres au plus et pour une période initiale de six mois[193]. La résolution S/RES/1584 (2005) exigeait par ailleurs que toutes les parties ivoiriennes, aussi bien le Gouvernement de Côte d'Ivoire que les Forces nouvelles donnent libre accès à leurs matériels, sites et installations à l'ONUCI et aux forces françaises qui la soutiennent, pour le suivi de l'embargo sur les armes.

B. Deuxième épisode (1er février 2005-15 décembre 2005)

La création d'un groupe d'experts pour le suivi du respect de l'embargo sur les armes marquait le début d'un nouvel épisode du régime de sanctions de l'ONU concernant la Côte d'Ivoire. Cet

[193] Le mandat de ce groupe d'experts était : a) examiner et analyser les informations rassemblées par l'ONUCI et les forces françaises dans le cadre du mandat de surveillance de l'embargo sur les armes; b) recueillir et analyser toutes informations pertinentes en Côte d'Ivoire, dans les pays de la région et, autant que nécessaire, dans d'autres pays, en coopération avec les gouvernements de ces pays, sur les mouvements d'armes et de matériels connexes, sur la fourniture de toute assistance, conseil ou formation se rapportant à des activités militaires, ainsi que sur les réseaux opérant en violation des mesures imposées par le paragraphe 7 de la résolution S/RES/1572 (2004) du 15 novembre 2004; c) examiner et recommander, en tant que de besoin, les moyens de mieux aider les États intéressés, en particulier ceux de la région, à appliquer effectivement les mesures imposées par le paragraphe 7 de la résolution S/RES/1572 (2004); d) faire rapport au Conseil par écrit et par l'intermédiaire du Comité, dans les 90 jours suivant sa création, sur l'application des mesures imposées par le paragraphe 7 de la résolution S/RES ?1572 (2004), en formulant des recommandations à cet égard; e) tenir le Comité régulièrement informé de ses activités; f) échanger avec l'ONUCI et les forces françaises, selon qu'il conviendra, les informations qui pourraient s'avérer utiles à l'accomplissement de leur mandat de surveillance de l'embargo sur les armes; g) fournir au Comité, dans ses rapports, des listes dûment étayées de ceux dont il aura déterminé qu'ils ont agi en violation des mesures imposées au paragraphe 7 de la résolution S/RES/1572 (2004) et de ceux dont il aura déterminé qu'ils les ont soutenus dans de tels agissements en vue d'éventuelles mesures que le Conseil pourrait prendre; h) coopérer avec les autres groupes d'experts intéressés, en particulier celui sur le Liberia créé par les résolutions S/RES/1521 (2003) du 22 décembre 2003 et S/RES/1579 (2004) du 21 décembre 2004.

épisode s'étend jusqu'au 15 décembre 2005, date d'adoption de la résolution S/RES/1643 (2005) lors de la 5327e séance du CSNU, qui introduisait de nouvelles mesures interdisant l'importation de tous les diamants bruts en provenance de la Côte d'Ivoire. L'adoption de la résolution S/RES/1643 (2005) avait été favorisée par deux principaux documents : (i) le communiqué final de la réunion plénière du Processus de Kimberley qui s'était tenue à Moscou du 15 au 17 novembre 2005 et de la résolution que les participants au Processus de Kimberley ont adoptée à cette réunion afin d'arrêter des mesures concrètes visant à prévenir l'introduction de diamants en provenance de Côte d'Ivoire dans le commerce légitime de diamants[194] et (ii) le rapport du Groupe d'experts des Nations Unies sur la Côte d'Ivoire[195]. Par ailleurs, la résolution S/RES/1643 (2005) avait reconduit pour une durée d'un an, l'embargo sur les armes, l'interdiction de voyager et le gel des avoirs institués par la résolution S/RES/1572 (2004) du 15 novembre 2004. Au demeurant, le mandat du groupe d'experts avait été élargi pour couvrir l'embargo sur les diamants et en conséquence, le nombre maximum d'experts du groupe avait été revu à la hausse, passant de 3 à 5.

Auparavant, la résolution S/RES/1609 (2005) du 24 juin 2005 adoptée lors de la 5213e séance avait procédé à la prorogation jusqu'au 24 janvier 2010, du mandat de l'ONUCI et des forces françaises. Le mandat assigné à l'ONUCI était très vaste et couvrait les domaines suivants : (a) observation de la cessation des hostilités et des mouvements de groupes armés ; (b) désarmement, démobilisation, réinsertion, rapatriement et réinstallation ; (c) désarmement et démantèlement des milices ; (d) protection du personnel des Nations Unies, des institutions et des civils ; (e) surveillance de l'embargo sur les armes ; (f) appui aux opérations humanitaires ; (g) appui au redéploiement de

---

194 D'une manière globale, ces recommandations visaient à améliorer les contrôles internes sur la production de diamants alluviaux. Il s'agissait, entre autres, de : (i) assurer la traçabilité de la production, de la mine à l'exportation ; (ii) réglementer l'extraction artisanale des diamants ; (iii) réglementer le commerce des diamants alluviaux ; (iv) lutter contre le trafic transfrontalier ; et (v) encourager les artisans miniers de passer à l'économie formelle.

195 Il s'agit du document S/2005/699 daté du 7 novembre 2005. Ce rapport révèle l'existence d'une production artisanale importante de diamants le long des ruisseaux, entre les villages de Séguéla, Bobi et Diarabala dans le nord de la Côte d'Ivoire en juillet 2005, tandis que les exportations de diamants bruts de la Côte d'Ivoire étaient officiellement interdites depuis le 19 novembre 2002 en vertu d'un arrêté ministériel.

l'administration ; (h) appui à l'organisation d'élections ouvertes à tous, libres, justes et transparentes ; (i) assistance dans le domaine des droits de l'homme ; (j) information ; (k) ordre public[196].

Concernant spécifiquement la surveillance de l'embargo sur les armes, le CSNU avait demandé à l'ONUCI de s'acquitter de cette mission en coopération avec le Groupe d'experts établi par la résolution S/RES/1584 (2005) du 1er février 2005 et, en tant que de besoin, avec la Mission des Nations Unies au Liberia (MINUL), la Mission des Nations unies en Sierra Leone (MINUSIL) et les gouvernements concernés, y compris en inspectant autant qu'elle l'estime nécessaire et sans préavis, les cargaisons des aéronefs et de tout véhicule de transport utilisant les ports, aéroports, terrains d'aviation, bases militaires et postes-frontière en Côte d'Ivoire.

C. Troisième épisode (15 décembre 2005-20 décembre 2010)

La mise en place d'un embargo sur les diamants à travers la résolution S/RES/1643 (2005) du 15 décembre 2005 marquait le début du troisième épisode. Ce troisième épisode s'étend ainsi du 15 décembre 2005 au 20 décembre 2010 avec l'adoption de la résolution S/RES/1962 (2010) lors de la 6458e séance. Cette résolution S/RES/1962 (2010) reconnaissait M. Alassane Dramane Ouattara vainqueur de l'élection présidentielle, à l'issue du deuxième tour, tenu le 28 novembre 2010[197]. La résolution S/RES/1962 (2010) avait reconduit jusqu'au 30 juin 2011 le mandat de l'ONUCI ainsi que l'autorisation donnée aux forces françaises de soutenir l'ONUCI dans la limite de leur déploiement et de leurs moyens.

Durant cet épisode, le Conseil de Sécurité, à travers l'adoption de la résolution S/RES/1727 (2006) du 15 décembre 2006 lors de la 5592e séance, avait prorogé les différentes sanctions (embargo sur les armes, interdiction de voyager, gel des avoirs et embargo sur les diamants) jusqu'au 31 octobre 2007 ainsi que le mandat du Groupe d'experts pour une nouvelle période de six mois. Par ailleurs, le

---

196 Résolution S/RES/1609 (2005) du 24 juin 2005, par. 2.

197 Le 7 décembre 2010 la CEDEAO avait décidé d'appliquer les dispositions de l'article 45 du Protocole de la CEDEAO sur la démocratie et la bonne gouvernance et d'imposer des sanctions à la Côte d'Ivoire, notamment de la suspendre jusqu'à nouvel ordre de toutes les instances de décision de la Communauté. Par ailleurs, le 9 décembre 2010 le Conseil de paix et de sécurité de l'Union africaine avait également décidé de suspendre la Côte d'Ivoire de toute participation à toutes les activités de l'Union tant que le Président démocratiquement élu n'exercera pas les pouvoirs de l'État.

CSNU avait demandé le Secrétaire général de l'ONU et le Gouvernement français de l'informer de tout obstacle sérieux à la liberté de circulation de l'ONUCI et des forces françaises qui la soutiennent.

Ces dispositions seront renouvelées à plusieurs reprises : d'abord (i) jusqu'au 31 octobre 2008 par le biais de la résolution S/RES/1782 (2007) du 29 octobre 2007 adoptée lors de la 5772e séance du Conseil de Sécurité ; puis (ii) jusqu'au 31 octobre 2009 par le biais de la résolution S/RES/1842 (2008) du 29 octobre 2008 adoptée lors de la 6004e séance du Conseil de Sécurité ; (iii) jusqu'au 31 octobre 2010 par le biais de la résolution S/RES/1893 (2009) du 29 octobre 2009 adoptée lors de la 6209e séance du Conseil de Sécurité ; et (iv) jusqu'au 30 avril 2011 par le biais de la résolution S/RES/1946 (2010) du 15 octobre 2010 adoptée lors de la 6402e séance du Conseil de Sécurité. Par ailleurs, durant ce troisième épisode, le mandat de l'ONUCI et l'autorisation accordée aux forces françaises qui les appuient, seront également renouvelés à plusieurs reprises[198].

C'est par ailleurs durant cet épisode que l'Accord politique de Ouagadougou, signé le 4 mars 2007 entre Laurent Gbagbo, Président de la République de Côte d'Ivoire et Guillaume Kigbafori Soro, Secrétaire général des Forces nouvelles de la République de Côte d'Ivoire, avec la facilitation de Blaise Compaoré, Président du Burkina Faso et Président en exercice de la CEDEAO, fût entériné par le CSNU[199]. Cette rencontre de Ouagadougou faisait suite à l'annonce, le 19 décembre 2006, du plan de sortie de crise du Président Laurent Gbagbo qui avait saisi, le 23 janvier 2007, le Président en exercice de la CEDEAO pour faciliter le dialogue direct entre les ex-belligérants du conflit armé en Côte d'Ivoire. Cet Accord couvrait plusieurs domaines : (a) l'identification générale des populations ; (b) le processus électoral ; (c) la restructuration et la refondation des forces de défense et de sécurité de Côte d'Ivoire ; (d) la restauration de l'autorité de l'État et du redéploiement de l'administration sur l'ensemble du territoire national ; (e) la mise en place d'un nouveau cadre institutionnel

[198] Il s'agit des résolutions suivantes : S/RES/1652 (2006) du 24 janvier 2006, S/RES/1726 (2006) du 15 décembre 2006, S/RES/1739 (2007) du 10 janvier 2007, S/RES/1763 (2007) du 29 juin 2007, S/RES/1765 (2007) du 16 juillet 2007, S/RES/1795 (2008) du 15 janvier 2008, S/RES/1826 (2008) du 29 juillet 2008, S/RES/1865 (2009) du 27 janvier 2009, S/RES/1880 (2009) du 30 juillet 2009, S/RES/1911 (2010) du 28 janvier 2010, S/RES/1924 (2010) du 27 mai 2010, S/RES/1933 (2010) du 30 juin 2010.

[199] Document S/2007/144 du 13 mars 2007.

d'exécution ; et (f) la mise en œuvre de mesures visant à consolider la réconciliation nationale, la paix, la sécurité et la libre circulation des personnes et des biens[200].

D. Quatrième épisode (20 décembre 2010-28 avril 2011)

Le quatrième épisode démarra avec la reconnaissance de la victoire de Alassane Dramane Ouattara par le Conseil de Sécurité, à travers la résolution S/RES/1962 (2010) du 20 décembre 2010, adoptée lors de la 6458e séance. Cet épisode s'étend jusqu'au 28 avril 2011 avec l'adoption, lors de la 6525e réunion du Conseil de Sécurité, de la résolution S/RES/1980 (2011) à travers laquelle le CSNU se félicitait de ce que le Président de la Côte d'Ivoire, Alassane Dramane Ouattara, était désormais en mesure d'assumer la plénitude de sa charge de Chef de l'État. Par ailleurs, à travers la résolution S/RES/1980 (2011), les différentes sanctions qui étaient en cours (embargo sur les armes, interdiction de voyager, gel des avoirs et embargo sur les diamants) furent reconduites jusqu'au 30 avril 2012. Le mandat du groupe d'experts était également prorogé jusqu'au 30 avril 2012. Il convient de signaler que c'est durant ce quatrième épisode, que la crise post-électorale éclata, avec beaucoup de violence entre les deux camps. Cette crise avait conduit à l'arrestation, le 11 avril 2011, du Président Laurent Gbagbo, marquant ainsi la fin de la crise post-électorale, mais pas celle du conflit ivoirien lui-même.

E. Cinquième épisode (28 avril 2011-29 avril 2014)

Le cinquième épisode qui démarra avec la fin de la phase aiguë de la crise postélectorale, s'étend jusqu'au 29 avril 2014 avec la fin de l'embargo qui était imposé sur les importations de diamants bruts en provenance de Côte d'Ivoire à travers la résolution S/RES/2153 (2014) du 29 avril 2014, adoptée lors de la 7436e séance. La levée de l'embargo sur les diamants faisait suite au fait que la Côte d'Ivoire avait satisfait les exigences minimales du Système de Certification du Processus de Kimberley, à la suite des conclusions et recommandations d'une mission d'évaluation en Côte d'Ivoire effectuée du 30 septembre au 4 octobre 2013.

[200] Plusieurs Accords Complémentaires seront signés par la suite.

Il est important de rappeler que c'est également durant cette période que le Président Alassane Dramane Ouattara prêta serment le 6 mai 2011 devant le Conseil constitutionnel avant de procéder à une cérémonie d'investiture le 21 mai 2011 à Yamoussoukro. L'ancien président Laurent Gbagbo fut transféré à la Cour pénale internationale en novembre 2011 ainsi que son ancien ministre de la jeunesse, Charles Blé Goudé en mars 2014.

F. Sixième épisode (29 avril 2014-28 avril 2016)

Ce sixième et dernier épisode du régime de sanctions concernant la Côte d'Ivoire qui démarra avec la fin de l'embargo qui était imposé sur les importations de diamants bruts en provenance de Côte d'Ivoire à travers la résolution S/RES/2153 (2014) du 29 avril 2014 a pris fin le 28 avril 2016, à travers l'adoption de la résolution S/RES/2283 (2016) lors de la 7681e séance qui a consacré la fin du régime de sanctions. La résolution S/RES/2283 (2016) a été adoptée dans un contexte marqué par une stabilisation de la Côte d'Ivoire, dans les domaines du désarmement, de la démobilisation et de la réintégration et de la réforme du secteur de la sécurité, de la réconciliation nationale et de la lutte contre l'impunité ainsi que dans la lutte contre le trafic des ressources naturelles.

Au regard de ce contexte satisfaisant, le Conseil de Sécurité, à travers cette même résolution, avait dissout, avec effet immédiat, le Comité créé en application du paragraphe 14 de la résolution S/RES/1572 (2004) du 15 novembre 2004 et le Groupe d'experts créé en application du paragraphe 7 de la résolution S/RES/1584 (2005) du 1er février 2005, dont le mandat a été prorogé par la suite, en application du paragraphe 25 de la résolution S/RES/2219 (2015) du 28 avril 2015. Le Conseil de Sécurité avait également décidé de lever, avec effet immédiat, l'embargo sur les armes[201], ainsi que les mesures concernant les voyages et les mesures financières[202].

---

[201] Il s'agit des mesures concernant les armes et le matériel connexe prévues au paragraphe 1 de la résolution S/RES/2219 (2015) du 28 avril 2015, visées pour la première fois au paragraphe 7 de la résolution S/RES/1572 (2004) du 15 novembre 2004.

[202] Mesures visées aux paragraphes 9 à 12 de la résolution S/RES/1572 (2004) du 15 novembre 2004 et au paragraphe 12 de la résolution S/RES/1975 (2011) du 30 mars 2011, telles qu'elles avaient été prorogées par la suite, particulièrement au paragraphe 12 de la résolution S/RES/2219 (2015) du 28 avril 2015.

Durant cet épisode, la Côte d'Ivoire a organisé l'élection présidentielle du 25 octobre 2015 dont le bon déroulement a été constaté avec satisfaction par le CSNU[203]. Par ailleurs, durant cet épisode le Conseil de Sécurité avait prorogé jusqu'au 30 juin 2015, le mandat de l'ONUCI et de l'autorisation accordée aux forces françaises qui la soutiennent tout en dotant l'ONUCI d'une composante de police avec une autorisation d'effectif de 1.500 agents[204].

---

[203] Résolution S/RES/2283 (2016) du 28 avril 2016.
[204] Résolution S/RES/2162 (2014) du 25 juin 2014.

CHAPITRE II

Les exportations d'armement des États membres permanents du Conseil de sécurité des Nations unies : entre intérêts économiques et enjeux sécuritaires

Le commerce sans restriction d'armes et de produits à double usage peut entraîner des menaces pour la sécurité et des violations des droits de l'homme. C'est pour cette raison que les États ont mis en place des contrôles à l'exportation. Dans un monde où le commerce n'est pas restreint, tous les produits et services peuvent circuler librement entre les pays. Cela signifie que des armes et des technologies sensibles, telles que les technologies de cybersurveillance, les biotechnologies et les systèmes d'armement, pourraient tomber entre de mauvaises mains. Ainsi, s'agissant des décisions de transfert international des armes, les États prennent en considération les avantages commerciaux et leurs objectifs de sécurité.

Par conséquent, le commerce des produits et technologies militaires est limité par des traités, des mesures de contre-prolifération et des régimes de contrôle des exportations. Le système des régimes de contrôle des exportations est un instrument important pour prévenir la prolifération des armes de destruction massive et des armes conventionnelles, et pour contrôler les produits à double usage. Il existe quatre régimes importants : le Groupe des fournisseurs nucléaires, le Groupe de l'Australie, le régime de contrôle de la technologie des missiles et l'Arrangement de Wassenaar. Toutefois, considérant le fait que ce sont les armes légères et de petit calibre qui alimentent en général les conflits armés en Afrique de l'Ouest, seul l'Arrangement de Wassenaar est étudié de manière détaillée dans ce chapitre.

Par ailleurs, l'industrie de défense qui fut développée principalement aux États-Unis, en Europe et dans le bloc soviétique pour l'effort de guerre du second conflit mondial, puis dimensionnée pendant des décennies par une course aux armements de plus en plus performants et sophistiqués, s'est trouvée confrontée à une évolution du contexte. Ces armements répondent aux besoins des pays d'origine, mais trouvent également des débouchés dans une zone de tension périphérique s'étendant de la Méditerranée à la mer de Chine. L'affirmation par les pays émergents de vouloir compter sur la scène internationale, s'est traduite par une forte revendication d'autonomie concernant l'industrie de défense, donc par des demandes accrues de transfert de technologie.

La fin de la guerre froide avait pu pendant un temps faire espérer une diminution importante du militarisme dans le monde. Cependant, les interdépendances économiques croissantes, entraînées par le processus de mondialisation économique, n'ont finalement pas entraîné de baisse significative de la production d'armement mondiale. La puissance militaire demeure aujourd'hui un déterminant important de la place des pays dans la hiérarchie internationale. La domination écrasante des puissances occidentales et de la Russie sur la production et les ventes d'armement est aujourd'hui contestée par les succès de certains pays émergents dont les bases industrielles et technologiques de défense se sont développées au cours des deux dernières décennies[205].

Dans ce chapitre, nous analysons les systèmes de contrôle des exportations d'armement des grandes puissances géopolitiques mondiales, en particulier ceux des États membres permanents du Conseil de Sécurité des Nations Unies. La première section est consacrée à l'étude de deux principaux cadres multilatéraux d'obligation de transparence en matière d'exportation d'armes conventionnelles et de biens et technologies à double usage : d'une part, l'Arrangement de Wassenaar qui définit des engagements politiques et d'autre part, le traité sur le commerce des armes qui impose des obligations juridiquement contraignantes pour les États. La seconde section de ce chapitre analyse les dispositifs de contrôle des exportations d'armement à travers l'étude des industries de défense des États membres permanents du Conseil de Sécurité des Nations Unies et de leurs politiques nationales d'exportation d'armement.

---

[205] Pour une bonne synthèse sur l'économie de l'industrie de défense mondiale, de la production d'armes jusqu'au marché de l'armement, voir Coulomb, Fanny. *Industries de la défense dans le monde*. Presses universitaires de Grenoble, 2017, 122 p. Ce livre décrit et explique les enjeux stratégiques et économiques de la production d'armes dans le monde, à l'heure où détenir une industrie d'armement performante demeure l'ambition de la plupart des grandes puissances, anciennes ou émergentes.

Section 1 : Cadres multilatéraux de régulation des transferts d'armement

Paragraphe 1 : Arrangement de Wassenaar

A. Historique

Au lendemain de la fin de la guerre froide, il est apparu évident aux membres de l'ancien régime de contrôle des exportations du Comité de coordination pour le contrôle multilatéral des exportations (COCOM)[206] que la division entre l'Est et l'Ouest qui était la base de la création et des missions du COCOM n'était plus pertinent pour le contrôle des exportations d'armement. Il était donc devenu nécessaire d'établir un nouvel arrangement pour faire face aux risques pour la sécurité et la stabilité régionales et internationales liés à la propagation des armes conventionnelles et des biens et technologies à double usage[207]. En conséquence, le 16 novembre 1993, à La Haye, lors d'une réunion de haut niveau, les représentants des 17 États membres du COCOM ont convenu de mettre fin au COCOM et d'établir un nouvel arrangement multilatéral, temporairement appelé « nouveau forum ».

Cette décision a été confirmée lors d'une nouvelle réunion de haut niveau à Wassenaar, aux Pays-Bas, les 29 et 30 mars 1994. Le COCOM a cessé d'exister le 31 mars 1994. Les États participants ont également convenu de continuer à utiliser les listes de contrôle du COCOM comme base des contrôles globaux des exportations au niveau national jusqu'à ce que le nouvel arrangement puisse être établi. À cette époque, les anciens pays coopérants du COCOM, à savoir l'Autriche, la Finlande, l'Irlande, la Nouvelle-Zélande, la Suède

---

206 Coordinating Committee on Multilateral Export Controls. Le Comité de coordination pour le contrôle multilatéral des exportations (COCOM) a été créé en 1949 dans le but d'empêcher les entreprises et les pays occidentaux de vendre des biens et des services stratégiques à l'Union soviétique et aux pays du bloc de l'Est. Les membres fondateurs du COCOM étaient les États-Unis, la Belgique, la France, l'Italie, les Pays-Bas, le Luxembourg et le Royaume-Uni. Les pays qui ont rejoint le COCOM par la suite sont l'Espagne, le Canada, l'Australie, le Danemark, l'Allemagne, la Grèce, la Norvège, le Portugal, le Japon et la Turquie.

207 Tel que précisé dans les éléments initiaux, aucun pays ou groupe spécifique de pays n'est visé par l'Arrangement de Wassenaar : « *This Arrangement will not be directed against any state or group of states and will not impede bona fide civil transactions. Nor will it interfere with the rights of states to acquire legitimate means with which to defend themselves pursuant to Article 51 of the Charter of the United Nations.* »

et la Suisse, ont été inclus en tant qu'États participants dans le nouvel arrangement en cours de création. Dans le but de mettre en place ce nouvel arrangement le plus rapidement possible, trois groupes de travail furent créés[208].

La Fédération de Russie, la République tchèque, la Hongrie, la Pologne et la République Slovaque ont été accueillies en tant qu'États participants à la réunion de haut niveau qui s'est tenue les 11 et 12 septembre 1995 à Wassenaar. Cette étape importante ayant été franchie, les groupes de travail ont été invités à accélérer leurs travaux. L'accord sur la création de « Arrangement de Wassenaar » a été conclu lors de la réunion de haut niveau du 19 décembre 1995, toujours à Wassenaar, et a été annoncé par une déclaration publiée au Palais de la Paix à La Haye. À cette occasion, il a également été convenu d'installer le secrétariat à Vienne et de créer un comité chargé de préparer la première réunion plénière. La réunion plénière inaugurale de l'Arrangement de Wassenaar s'est tenue les 2 et 3 avril 1996 à Vienne, en Autriche. L'Argentine, la République de Corée et la Roumanie ont été accueillies en tant que membres fondateurs supplémentaires. Le consensus n'ayant pu être atteint sur toutes les questions, la réunion a été suspendue afin de laisser le temps de résoudre les questions en suspens.

Les 11 et 12 juillet 1996, la réunion plénière a repris, avec la participation de la Bulgarie et de l'Ukraine, ce qui porta le nombre total de membres fondateurs à 33. Un consensus final sur les « éléments initiaux »[209], le document de base de l'Arrangement de Wassenaar, a été atteint et il a été établi que les nouvelles listes de contrôle et l'échange d'informations seraient mis en œuvre à partir du 1er novembre 1996. La première réunion plénière de l'Arrangement de Wassenaar, désormais opérationnel, s'est tenue les 12 et 13 décembre 1996 à Vienne. Les 42

---

208 Le groupe de travail 1 a été chargé d'élaborer les objectifs, les règles et les procédures du nouvel arrangement. Le groupe de travail 2 a été chargé d'élaborer les listes de biens et de technologies qui seraient contrôlés, tandis que le troisième groupe de travail a été chargé de traiter les questions administratives.

209 Le document fondateur de l'Arrangement de Wassenaar est connu sous le nom de « éléments initiaux ». Les éléments initiaux ont été établis en 1996 et définissent les objectifs et la portée de l'Arrangement. Ils couvrent également l'approche de l'Arrangement de Wassenaar sur : (a) les listes de contrôle ; (b) les procédures pour l'échange d'informations générales ; (c) Procédures pour l'échange d'informations sur les armes ; (d) les procédures d'échange d'informations sur les biens et technologies à double usage ; (e) Réunions et administration (f) Participation ; et (g) Confidentialité.

États participants actuellement à l'Arrangement de Wassenaar sont les suivants: Afrique du Sud, Allemagne, Argentine, Australie, Autriche, Belgique, Bulgarie, Canada, Croatie, Danemark, Espagne, Estonie, États-Unis, Fédération de Russie, Finlande, France, Grèce, Hongrie, Inde, Irlande, Italie, Japon, Lettonie, Lituanie, Luxembourg, Malte, Mexique, Norvège, Nouvelle-Zélande, Pays-Bas, Pologne, Portugal, République de Corée, République Tchèque, Roumanie, Royaume-Uni, Slovaquie, Slovénie, Suède, Suisse, Turquie et Ukraine.

B. Missions et Gouvernance

L'Arrangement de Wassenaar a été mis en place afin de contribuer à la sécurité et à la stabilité régionales et internationales, en promouvant la transparence et une responsabilité accrue dans les transferts d'armes conventionnelles et de biens et technologies à double usage, afin de prévenir les accumulations déstabilisatrices d'armements. Les États participants à l'Arrangement de Wassenaar cherchent, au travers de leurs politiques nationales, à s'assurer que les transferts de ces matériels ne contribueront pas au développement ou à l'accroissement de capacités militaires qui puissent affaiblir ces objectifs, et ne soient pas détournés pour soutenir de telles capacités. Son but est également de prévenir l'acquisition de ces matériels par des terroristes.

Les États participants contrôlent l'exportation de tous les biens inclus dans la liste de biens et technologies à double usage[210] et la liste militaire[211], avec pour objectif de prévenir les transferts ou réexportations non autorisés de ces biens. Afin de développer une compréhension commune des risques associés aux transferts, les États participants échangent des informations, de nature générale ou spécifique, sur une base régulière. Les États participants doivent faire rapport sur leurs

[210] Les biens et technologies à double usage sont de différentes catégories : Catégorie 1 – Matériaux spécifiques et équipements associés ; Catégorie 2 – Traitement des matériaux ; Catégorie 3 – Composants électroniques ; Catégorie 4 – Calculateurs ; Catégorie 5 – Partie 1 – Télécommunications ; Catégorie 5 – Partie 2 – Sécurité de l'information ; Catégorie 6 – Senseurs et lasers ; Catégorie 7 – Navigation et avionique ; Catégorie 8 – Équipements navals ; Catégorie 9 – Équipements aéronautiques et spatiaux, propulsion ; la liste des biens sensibles (SL) ; et la liste des biens très sensibles (VSL).

[211] La Liste militaire comprend 22 catégories de biens conçus pour l'usage militaire, dont (de manière non exhaustive) : (i) les Armes légères et de petit calibre (et leurs munitions) ; (ii) les chars de combat et autres véhicules militaires armés ; (iii) les matériels de protection et matériels blindés ; (iv) les aéronefs pilotés et non pilotés, les moteurs aéronautiques et matériels associés.

transferts d'armes, ainsi que les transferts/refus de certains biens et technologies à double usage vers des destinations en dehors de l'Arrangement, sur une base semestrielle. Dans certains cas, des délais de rapportage plus courts s'appliquent. Afin de mettre en œuvre les objectifs de l'Arrangement tels que décrits plus haut, les États participants se sont accordés, entre autres, sur un certain nombre de lignes directrices, éléments et procédures qui forment la base de la prise de décision, au travers de l'application de leur propre législation nationale et de leurs propres politiques.

La décision de transférer ou refuser le transfert de tout bien relève de la seule responsabilité de chaque État participant[212]. Toutes les mesures qui concernent l'Arrangement sont prises conformément aux législations et politiques nationales et sont souveraines. Les représentants des États participants se réunissent régulièrement à Vienne, où l'Arrangement de Wassenaar a établi son siège, ainsi qu'un secrétariat. La réunion plénière de l'Arrangement de Wassenaar est l'organe de prise de décision de l'Arrangement. Elle réunit les représentants de tous les États participants et se réunit sur une base annuelle, en décembre. La présidence est désignée par rotation annuelle entre les États participants[213]. Toutes les décisions de la réunion plénière sont prises par consensus. La plénière établit des organes subsidiaires afin de préparer les recommandations de décisions et peut susciter des réunions sur une base ad hoc pour des questions relatives au fonctionnement de l'Arrangement de Wassenaar. Aujourd'hui, les principaux organes subsidiaires de l'Arrangement de Wassenaar sont : le groupe de travail général de l'Arrangement de Wassenaar[214], qui traite des questions d'ordre politique, et le groupe d'experts[215] qui traite de questions concernant les listes de contrôle. Une fois par an, se tient

[212] L'Arrangement de Wassenaar n'est pas un traité mais un régime multilatéral de contrôle des exportations et, en ce sens, il n'est pas contraignant sur le plan juridique. L'Arrangement s'appuie plutôt sur la diligence et la volonté de ses membres à intégrer à leurs systèmes juridiques nationaux les principes de l'Arrangement, et à respecter l'obligation de notifier les membres des échanges de biens ou de matériaux sensibles.

[213] L'Italie assure la présidence de l'assemblée plénière pour 2024.

[214] General Working Group (GWG). L'Autriche assure la présidence du groupe pour 2024.

[215] Experts Group (EG). Mexique continue d'assurer la présidence du groupe pour 2024.

une réunion des personnes en charge des licences et de l'application[216]. Les points de contact de Vienne[217] sont réunis par la présidence sur une base périodique afin de faciliter l'échange d'informations entre les sessions et la communication entre États participants et le Secrétariat.

C. Défis et opportunités

L'Arrangement de Wassenaar est confronté à divers défis dont le principal est inhérent à la nature informelle du regroupement et au caractère non juridiquement contraignant de ses décisions. Un autre défi majeur du régime est que les décisions doivent être prises par consensus. Le fait que l'Arrangement soit constitué principalement d'États fournisseurs d'armes pose également un sérieux défi. Un autre défi important est que certains grands exportateurs d'armes, tels que le Bélarus, la Chine et l'Israël, ne sont pas membres de l'Arrangement. Par ailleurs, à côté de ces défis structurels, Esmée De Bruin a identifié plusieurs autres défis conjoncturels liés à l'évolution du contexte du commerce international des armes à savoir, l'apparition de producteurs non étatiques, l'existence de fournisseurs d'armes qui opèrent en dehors des régimes de contrôle existants, l'évolution rapide de la technologie, et le changement de l'ordre mondial[218].

Le nombre de participants au régime a augmenté au fil des années, ce qui a exercé une pression sur le système de décisions par consensus. Faut-il le rappeler, le régime n'était composé à l'origine que par des États fournisseurs d'armes partageant des idées similaires. Toutefois, actuellement, de nombreux États non fournisseurs d'armes pouvant avoir des intérêts divergents avec les pays fournisseurs d'armes ont rejoint le régime. Si plus de pays font partie du régime, on devrait alors s'attendre à ce que plus de pays agissent conformément aux principes établis par le régime. Cependant, selon De Bruin, l'augmentation du nombre d'États participants au régime a donné lieu à davantage de désaccords internes[219]. Un important sujet de discussion

---

[216] Licensing and Enforcement Officers Meeting (LEOM). Le Canada assure la présidence du groupe pour 2024.

[217] Vienna Points of Contact (VPOC).

[218] De Bruin, Esmée. « Export Control Regimes-Present-Day Challenges and Opportunities » in *NL ARMS Netherlands Annual Review of Military Studies 2021*: *Compliance and Integrity in International Military Trade.* Springer, 2022, 31-53. L'analyse des défis et opportunités de l'Arrangement de Wassenaar ici présentée est fortement inspirée des travaux de Esmée De Bruin.

[219] De Bruin, Esmée. *Op. cit.*, p. 39.

entre participants concerne les pays et les produits qui doivent être perçus comme une menace[220].

L'hétérogénéité croissante des pays membres du régime en termes d'intérêts sécuritaires et commerciaux rend plus difficile la prise de décisions consensuelles. Un seul pays aux vues divergentes est donc capable de bloquer la prise de décisions. Régulièrement, un petit groupe de pays bloque les avancées dans l'adoption des directives[221]. Le régime a donc du mal à prendre des décisions rapides concernant par exemple les nouvelles technologies, et ne parvient donc pas à répondre aux éventuels risques de prolifération. Aussi, si des décisions sont prises, elles sont alors plus susceptibles d'être atténuées pour se conformer aux souhaits de chaque participant. Par ailleurs, les régimes qui sont de nature informelle et pour lesquels les décisions doivent être prises sur la base du consensus sont en général conçus pour un groupe réduit de participants et pour des pays ayant des intérêts sécuritaires et commerciaux convergents ; ce qui n'est plus probablement le cas de l'Arrangement de Wassenaar.

L'application des lignes directrices est également problématique car ces dernières ne sont pas contraignantes. La plupart des États ne sont pas disposés à abandonner une partie de leur souveraineté en concluant des accords contraignants en la matière car ils veulent rester maîtres de leur propre politique de sécurité étrangère et en même temps conserver une certaine souplesse pour agir en fonction de leurs intérêts économiques[222] ; ceci explique le fait que les régimes ne disposent pas de mécanisme d'application contraignant. Les États n'ont donc pratiquement aucun pouvoir d'agir si certains participants choisissent de ne pas respecter les directives établies. Les pays participants ne peuvent pas demander des comptes à un autre pays car il n'existe pas de règles sur les violations des régimes[223]. Officiellement, le non-respect des directives du régime n'est même pas qualifié de violation ou de non-conformité mais de « comportement d'exportation

---

220 Par exemple, les États-Unis et les pays de l'Union européenne ont mis en place des mesures de contrôle des exportations des technologies à double usage avec la Russie, un autre participant au régime.

221 De Bruin, Esmée.op. cit., p. 39.

222 Pryor, Crystal D. « Beyond economics and security: strategic export control practices in advanced countries ». *Strategic Trade Review*, Volume 4, Issue 6, 2018, pp. 46.

223 Beck, Michael D., Seema Gahlaut. « Introduction to nonproliferation export controls ». in Beck M D et al (eds) *To supply or to deny: comparing nonproliferation export controls in five key countries.* Kluwer Law International, p. 7.

incompatible avec l'esprit de l'Arrangement »[224]. Le seul moyen de faire pression sur un participant qui ne respecterait pas les directives est de prendre des mesures diplomatiques.

Auparavant, les États étaient les plus grands proliférateurs d'armes, mais aujourd'hui, des acteurs non étatiques sont également devenus des proliférateurs. Lorsque les régimes ont été établis, les États étaient les principaux acteurs du droit international. Au cours de la guerre froide, les conflits opposaient les États et ceux-ci étaient donc considérés comme la principale menace de prolifération[225]. La technologie permettant de développer des armes de destruction massive à grande échelle était hors de portée des acteurs non étatiques. Aujourd'hui, le domaine international a rapidement évolué. D'autres acteurs tels que les organisations internationales, les acteurs non étatiques et les acteurs sous-étatiques jouent un rôle important. Les acteurs non étatiques tels que les groupes terroristes s'intéressent de plus en plus aux armes de destruction massive. De même, ces groupes se sont révélés capables d'enfreindre les principes des régimes de contrôle des exportations. Après les attentats du 11 septembre 2001, la prévention du terrorisme est devenue un objectif important pour de nombreux pays.

Les États membres jouissent d'une grande discrétion dans l'application des lignes directrices du régime. Aussi, certaines lignes directrices étant quelque peu imprécises, peuvent faire l'objet d'interprétations divergentes. Gahlaut suggère que les régimes doivent créer des normes communes contraignantes pour relever ce défi[226]. Compte tenu de l'environnement international actuel, il est toutefois peu probable que dans un avenir proche les participants au régime soient disposés à adhérer à des normes contraignantes qui leur enlèveraient toute marge de manœuvre. Au cours des dernières années, on a constaté une tendance à se tourner vers des approches plus informelles pour prévenir la prolifération des armes de destruction massive[227].

---

[224] Gahlaut, Seema et Victor Zaborsky. « Do export control regimes have members they really need? ». *Comparative Strategy*, Volume 23, Issue 1, 2004, p. 84.

[225] Bailes, Alyson J.K. « The changing role of arms control in historical perspective». In Meier, Olivier et Christopher Daase (eds) *Arms control in the 21st century: between coercion and cooperation*. Routledge, New York, 2013, p. 21.

[226] Gahlaut, Seema. « Multilateral export control regimes: operations, successes, failures and the challenges ahead » in *Non-proliferation export controls: origins, challenges, and proposals for strengthening*. Routledge, New York, 2006, p. 17.

[227] Daase, Christopher. « Coercion and the informalization of arms control » in *Arms control in the 21st century: between coercion and cooperation.* Routledge, New York, 2013, p. 69.

Un exemple de cette évolution est l'Initiative de sécurité contre la prolifération. Cet accord informel entre les pays encourage ces derniers à éviter activement le transfert d'armes de destruction massive à l'étranger en faisant recours au droit international en vigueur[228]. Pour rappel, l'Initiative de sécurité contre la prolifération a pour objectif de lutter contre les transports illicites d'armes de destruction massive, de leurs vecteurs et des matériels connexes, dont la prolifération est qualifiée de menace à la paix et à la sécurité internationales par le Conseil de Sécurité des Nations Unies à travers la Résolution S/RES/1540 (2004) du 28 avril 2004. Elle vise à renforcer la coopération opérationnelle entre les États participants pour interrompre les flux proliférants par mer, dans les airs et sur terre.

Les parties non étatiques étant de plus en plus impliquées dans le commerce des armes ; certains auteurs à l'instar de Beck and Jones[229] estiment que ceci devrait contribuer à accroître le besoin de transparence de la part des participants au régime. La recherche et le développement d'armes et de produits et technologies à double usage sont de plus en plus menés par des acteurs non étatiques. Auparavant, la plupart des découvertes sensibles étaient d'abord réalisées par des organismes gouvernementaux avant d'être adoptées par le secteur privé ; ce fût par exemple le cas de la technologie nucléaire. Cependant, à l'heure actuelle, de nombreuses découvertes sont réalisées et de nouvelles technologies développées d'abord par le secteur privé avant d'être adoptées par des organismes gouvernementaux de défense. L'intelligence artificielle, par exemple, a été développée par le secteur privé avant d'avoir une large application dans le domaine militaire[230].

Les industries de haute technologie réalisent des économies d'échelle, ce qui signifie que les entreprises de ce secteur sont souvent incitées à se développer au-delà des frontières nationales. Les intérêts des industries, ainsi que les intérêts économiques d'un pays, divergent donc des intérêts de sécurité d'un pays[231]. Les États utilisent parfois les

---

[228] Black-Branch, Jonathan. « Nuclear terrorism by states and non-state actors: global responses to threats to military and human security in international law ». *Journal of Conflict and Security Law*, Volume 22, Issue 2, 2017, pp. 204.

[229] Beck, Michael D. et Scott A. Jones. « The once and future multilateral export control regimes: innovate or die ». *Strategic Trade Review* Volume 5, Issue 8, 2019, p. 56.

[230] Les participants à l'Arrangement de Wassenaar ont répondu à ces développements en incluant, par exemple, les logiciels malveillants dans les listes de contrôle.

[231] Gahlaut, Seema. *Op. cit.*, p. 16.

contrôles à l'exportation d'armes pour poursuivre leurs intérêts économiques et pas nécessairement leurs intérêts en matière de sécurité.

De nouveaux pays fournisseurs d'armes sont apparus et sont prêts à opérer en dehors des lignes directrices des régimes de contrôle des exportations. La plupart des régimes de contrôle des exportations sont efficaces parce qu'ils mettent à la disposition des fournisseurs de biens et de technologies sensibles des directives visant à prévenir la prolifération. Aujourd'hui, plusieurs pays ont la capacité de fournir de tels biens sans faire partie des régimes de contrôle des exportations. Par conséquent, ces nouveaux fournisseurs d'armes effectuent souvent une exportation qui a été précédemment rejetée par les participants au régime, ce qui a pour effet de mettre davantage de pression sur le système de contrôle des exportations[232]. Par exemple, selon Sheena Chestnut[233], certains décideurs politiques et certains universitaires ont exprimé leur préoccupation quant à la possibilité que la Corée du Nord ne puisse exporter des matières ou des composants nucléaires.

Après la chute de l'Union soviétique, les États-Unis ont joui d'une grande hégémonie sur la scène mondiale. Cependant, actuellement, d'autres pays tels que la Chine et l'Inde deviennent également influents dans la politique mondiale. Cela peut avoir plusieurs implications pour le l'Arrangement de Wassenaar. Contrairement à l'Inde qui a récemment rejoint le Groupe de l'Australie, le MTCR et l'Arrangement de Wassenaar, la Chine ne participe qu'au Groupe des fournisseurs nucléaires. Cela signifie que le cinquième principal exportateur d'armes majeures au monde opère en dehors du régime de contrôle des exportations applicable. Par ailleurs, tel qu'expliqué par G. John Ikenberry, l'ancien ordre international libéral, construit en occident et dont les signes les plus distinctifs sont l'ouverture et des relations fondées sur des règles, et consacré par des institutions telles que les Nations Unies et des normes telles que le multilatéralisme, pourrait céder la place à un nouveau système fragmenté, formé de

[232] Par exemple, la Chine et Israël, deux exportateurs importants d'armes, ne font pas partie de l'Arrangement de Wassenaar. Par ailleurs, non seulement la Corée du Nord n'est pas membre du Groupe des fournisseurs nucléaires, mais elle s'est également retirée (officieusement) du TNP. Par conséquent, aucune obligation juridique internationale n'empêche le pays de faire le commerce de matières nucléaires. Néanmoins, les actions de la Corée du Nord sont entravées par les nombreuses sanctions imposées au pays.

[233] Chestnut, Sheena. « Illicit activity and proliferation: North Korean smuggling networks ». *International Security*, Vol. 32, No. 1, 2007, p. 80.

blocs, de sphères d'influence, de réseaux mercantilistes et de rivalités régionales.[234] Le Brésil, la Chine et d'autres pays émergents ont une expérience culturelle, politique et économique différente et voient le monde à travers leur passé anti-impérial et anticolonial.

La montée en puissance d'États pour la plupart non occidentaux accentue le sentiment d'hétérogénéité entre les participants du régime. Bien que les pays occidentaux aient l'habitude de diriger le développement des normes internationales y compris la formation des régimes de contrôle, cette situation pourrait bien changer lorsque plusieurs pays non occidentaux deviennent plus influents sur la scène mondiale. Ainsi, des pays comme la Chine pourraient en effet percevoir certaines technologies plus menaçantes que ne pourraient l'estimer les membres actuels du régime. Cela rend alors plus difficile la formation d'un système international commun de contrôle des exportations d'armement.

En dépit de ses nombreux défis, l'Arrangement de Wassenaar peut tout de même être amélioré à travers un certain nombre d'initiatives à entreprendre, dont, entre autres : (i) le renforcement du dialogue et de la coopération entre États participants, (ii) la révision des textes du régime afin que toute violation des normes par un participant ait plus de conséquences en introduisant par exemple des mécanismes d'application contraignants, (iii) la révision du processus de prise de décision actuellement basé sur le consensus afin d'éviter, dans le futur, des blocages ou d'importants retards dans l'adoption de certaines directives.

Paragraphe 2 : Traité sur le Commerce des Armes

A. Processus d'élaboration et niveau de participation des États

L'idée d'un instrument international contraignant en matière de transfert d'armes fut lancée par Oscar Arias Sanchez en octobre 1995. Ancien Président du Costa Rica et Prix Nobel de la Paix en 1987, il invita ses collègues lauréats du même prix à développer avec lui un Code de conduite international sur les transferts d'armes pour le proposer à l'Assemblée générale des Nations Unies. Le projet de Code soumettait un ensemble de principes à l'État d'exportation pour qu'un transfert puisse être autorisé : le respect des droits de l'homme, du droit humanitaire, de la démocratie, des embargos internationaux, la promotion du développement, l'opposition au terrorisme, la participation au Registre des Nations Unies et l'engagement de promouvoir la paix,

---

[234] Ikenberry, G. John. « The future of the liberal world order: internationalism after America ». *Foreign Affairs*, Vol. 90, No.3, 2011, p. 56.

la sécurité et la stabilité régionales et internationales. Jugé trop ambitieux, le texte ne fut cependant pas soumis aux Nations Unies.

L'initiative fut ensuite reprise et développée par une coalition d'organisations non gouvernementales, qui érigea l'adoption d'un traité sur le commerce des armes comme le but principal de la campagne « Contrôlez les armes ». Ces ONGs ont amené l'Assemblée générale à adopter le 6 décembre 2006 la résolution 61/92 intitulée « *Vers un traité sur le commerce des armes : établissement de normes internationales communes pour l'importation, l'exportation et le transfert d'armes classiques* ». L'Assemblée générale des Nations Unies y a reconnu que l'absence de normes internationales communes pour le transfert d'armes classiques était un facteur contribuant aux conflits armés, aux déplacements de population, à la criminalité et au terrorisme, ce qui, à son tour, portait atteinte à la paix, à la réconciliation, à la sûreté, à la sécurité, à la stabilité et à un développement social et économique durable. Se fondant sur cette constatation, elle a lancé un processus visant à examiner la faisabilité d'un traité établissant des normes internationales communes pour le transfert d'armes classiques.

Le processus s'accéléra en 2009 avec l'adoption d'une résolution prévoyant le début des négociations officielles et la tenue d'une Conférence des Nations Unies en 2012, sur la base d'un consensus, pour l'élaboration d'un instrument juridiquement contraignant établissant les normes internationales communes les plus strictes possibles pour le transfert des armes classiques. À la surprise générale, les États-Unis, qui s'étaient jusque-là opposés à toute négociation sur un instrument contraignant, ont soutenu la résolution en conditionnant leur participation à l'usage de la règle du consensus durant les négociations finales. Les réunions du Comité préparatoire de juillet 2010, février 2011 et juillet 2011 furent marquées par des divergences considérables entre les États tant sur les principes, les buts et les objectifs, le champ d'application que sur la mise en œuvre du traité envisagé. La question de l'inclusion des munitions, par exemple, était un enjeu crucial des négociations et marqua l'opposition de l'Égypte, de l'Inde et de la Syrie et surtout des États-Unis.

Après près de deux décennies de plaidoyer et de diplomatie, une conférence des Nations Unies a été convoquée pour négocier le traité sur le commerce des armes (TCA) en juillet 2012, mais n'a pas réussi à atteindre un consensus sur un texte final. Une autre conférence de deux semaines a été convoquée en mars 2013 pour achever les travaux sur le traité. L'adoption par consensus ayant été bloquée par trois pays[235], le projet de traité fut soumis au vote de l'Assemblée générale le 2 avril 2013 et adopté à une très grande majorité[236]. L'ouverture du traité à la signature avait été fixée au 3 juin 2013 à New York. Le jour de l'ouverture, 67 États[237] le signèrent parmi lesquels la France, le Royaume-Uni et la Côte d'Ivoire, rejoints le 24 septembre, lors de la 68e session de l'Assemblée générale des Nations Unies, par 24 autres États, dont les États-Unis. Le traité est entré en vigueur le 23 décembre 2014.

À la date du 17 octobre 2024, on dénombre 116 États-Parties au TCA dont 31 en Afrique, 11 en Asie, 40 en Europe, 28 en Amérique et 6 en Océanie. Il y a également 26 États signataires qui n'ont pas encore ratifié le Traité, dont les États-Unis qui ont, au demeurant, informé les Nations Unies de leur volonté de ne pas le ratifier. Enfin, on compte 53 États qui n'ont pas encore rejoint le Traité dont la Russie. Concernant l'Afrique, il y a 10 États signataires qui n'ont pas

---

[235] Corée du Nord, Iran et Syrie.

[236] Le projet de résolution A/67/L.58 fut adopté par 154 voix pour, 3 voix contre et 23 abstentions. 13 pays n'ont pas pris part au vote. La France, le Royaume-Uni, les États-Unis, la Côte d'Ivoire et le Liberia ont voté en faveur de la résolution. La Corée du Nord, l'Iran et la Syrie ont voté contre. La Chine s'est abstenue pour une question de procédure du fait qu'on n'avait pas pu obtenir le consensus lors de la conférence diplomatique. La Russie s'est abstenue en raison du contenu même du texte, en ce qu'il ne prenait pas assez en compte certaines préoccupations, en particulier celles des importateurs. 13 pays dont la Sierra Léone n'ont pas participé au vote. Après le vote officiel, la délégation angolaise (qui s'était abstenue) et la délégation cap-verdienne (qui n'avait pas voté) ont informé le secrétariat de la conférence de leur intention de voter en faveur de la résolution (AGNU, 2013b, p. 13). Ainsi, 156 États ont voté pour la résolution, 3 ont voté contre et 22 se sont abstenus de voter. Voir le document A/67/PV.71 pour plus détails.

[237] Les 67 premiers États signataires du TCA sont : l'Albanie, l'Allemagne, Antigua-et-Barbuda, l'Argentine, l'Australie, l'Autriche, les Bahamas, la Belgique, le Belize, le Benin, le Brésil, le Burkina Faso, le Burundi, le Chili, le Costa Rica, la Côte d'Ivoire, la Croatie, Chypre, le Danemark, Djibouti, l'Espagne, l'Estonie, la Finlande, la France, la Grèce, la Grenade, la Guyane, la Hongrie, l'Islande, l'Irlande, l'Italie, la Jamaïque, le Japon, la Lettonie, le Liechtenstein, la Lituanie, le Luxembourg, le Mali, Malte, la Mauritanie, le Mexique, le Monténégro, le Mozambique, la Nouvelle-Zélande, la Norvège, les Palaos, le Panama, le Portugal, les Pays-Bas, la République dominicaine, la République Tchèque, la Roumanie, le Royaume-Uni, Sainte-Lucie, St. Vincent et les Grenadines, le Sénégal, les Seychelles, la Slovénie, la Corée du Sud, le Suriname, la Suède, la Suisse, la Tanzanie, le Togo, Trinidad et Tobago, Tuvalu et l'Uruguay.

encore ratifié le Traité et 13 États qui n'ont pas encore rejoint le Traité[238].

B. Dispositions fondamentales du Traité

L'Article 1 définit l'objet du Traité à savoir : (i) instituer les normes communes les plus strictes possibles aux fins de réglementer ou d'améliorer la réglementation du commerce international d'armes classiques ; (ii) prévenir et éliminer le commerce illicite d'armes classiques et empêcher le détournement de ces armes. La finalité est de contribuer à la paix, la sécurité et la stabilité internationales et régionales tout en réduisant la souffrance humaine et en promouvant la coopération, la transparence et l'action responsable des États parties dans le commerce international des armes classiques.

Le TCA réglemente le transfert de la plupart des armes classiques, de leurs munitions ainsi que de leurs pièces et composants. Les armes visées par le Traité sont énumérées dans son article 2 alinéa 1 : les chars de combat, les véhicules blindés de combat, les systèmes d'artillerie de gros calibre, les avions de combat, les hélicoptères de combat, les navires de guerre, les missiles et lanceurs de missiles et les armes légères et de petit calibre. Aucune définition nationale de l'une quelconque de ces catégories d'armes ne devrait renvoyer à des descriptions d'une portée plus limitée que celles utilisées pour le Registre des armes classiques de l'ONU lors de l'entrée en vigueur du Traité. L'article 2, alinéa 2 précise qu'aux fins du Traité, les activités de commerce international des armes comprennent explicitement l'exportation, l'importation, le transit, le transbordement et le courtage[239].

Conformément aux dispositions de l'article 5 alinéa 1, l'application du Traité à l'échelle nationale doit être cohérente, objective et non discriminatoire. Tous les États Parties [240] sont contraints par l'article

---

[238] Pour plus de détails sur la participation des États au Traité, voir Annexe 11.

[239] En vertu de l'article 1 alinéa 3, le Traité ne s'applique pas au transport international par tout État Partie ou pour son compte d'armes classiques destinées à son usage, pour autant que ces armes restent sa propriété.

[240] Pour qu'un État devienne Partie au Traité, il faut qu'il y adhère et que le Traité entre ensuite en vigueur pour cet État. Pour les 50 premiers États qui le ratifient, l'acceptent ou l'approuvent, le Traité entrera en vigueur quatre-vingt-dix jours après la date du dépôt du cinquantième instrument de ratification, d'acceptation ou d'approbation. À l'égard de chaque État qui dépose son instrument de ratification, d'acceptation, d'approbation ou d'adhésion après l'entrée en vigueur du Traité, ce dernier entre en vigueur quatre-vingt-dix jours après la date de son dépôt (article 22).

5, alinéa 2 du Traité à instituer et tenir à jour un régime de contrôle national, notamment une liste nationale de contrôle, afin de réglementer l'exportation, l'importation, le transit, le transbordement et le courtage des armes classiques, de leurs munitions et de leurs pièces et composants. L'article 5, alinéa 3 encourage les États à appliquer le Traité à une gamme aussi large que possible d'armes classiques. Au terme de l'article 5, alinéa 4, chaque État Partie est encouragé à rendre publique sa liste nationale de contrôle et doit, en vertu de son droit interne, la mettre à la disposition des autres États Parties par l'intermédiaire du secrétariat du Traité. En vertu de l'article 5, alinéa 5, chaque État Partie doit désigner les autorités nationales compétentes afin de disposer d'un régime de contrôle national efficace et transparent. L'article 5, alinéa 6 impose à chaque État Partie de désigner aussi un ou plusieurs points de contact nationaux chargés de l'échange des informations relatives à la mise en œuvre du Traité.

En vertu de l'article 11, tous les États Parties doivent tenter de prévenir le détournement des armes classiques dont ils autorisent le transfert. On entend par « détournement » le processus par lequel des armes sont livrées à un utilisateur non autorisé ou utilisées à des fins non autorisées. Les États impliqués dans l'exportation, l'importation, le transit ou le transbordement d'armes relevant du champ d'application du Traité doivent impérativement coopérer et échanger des informations dans le but d'atténuer les risques de détournement. En cas de détection d'un détournement, les États Parties concernés doivent prendre des mesures adaptées : ils sont encouragés à échanger les informations dont ils disposent sur les mesures efficaces qu'ils ont prises[241]. Depuis l'entrée en vigueur du Traité, la question du détournement a été l'une des principales préoccupations des États Parties[242]. L'article 12 oblige tous les États Parties à conserver, conformément à leurs législations et leurs réglementations nationales, les données relatives aux autorisations d'exportation ou aux exportations effectives d'armes classiques pour une durée minimale de dix ans[243]. Le Traité encourage les États à recenser un certain nombre d'informations spécifiques dans leurs registres, mais aussi à conserver les données relatives aux armes

[241] Small Arms Survey. *Le Traité sur le commerce des armes : guide pratique de mise en œuvre à l'échelle nationale.* 2020, p. 124.
[242] Camello, Maria. *Traité sur le commerce des armes : le défi de la transparence lors de la 6e conférence des États parties*. Éclairage du GRIP, 2020, p. 1.
[243] Cette obligation de conservation d'une durée minimale de dix ans ne concerne pas les exportations de munitions, de pièces et de composants.

importées ou autorisées à transiter ou à être transbordées sur les territoires relevant de leur juridiction.

Au terme de l'article 13, les États Parties sont tenus de soumettre, dans l'année qui suit leur adhésion au Traité, un rapport initial portant sur les mesures prises pour mettre en œuvre le Traité, y compris les lois nationales, listes de contrôle nationales et autres règlements et mesures administratives internes adoptés. Ils doivent ensuite, le cas échéant, communiquer au secrétariat toutes les nouvelles mesures prises à cette fin. Les États Parties doivent établir, chaque année civile, des rapports sur les exportations et importations d'armes classiques autorisées ou effectivement réalisées. Cette obligation ne s'étend ni aux munitions ni aux pièces et composants. Tous les rapports sont communiqués aux autres États Parties et chacun d'entre eux peut décider de rendre ses rapports publics. L'article 15 encourage les États Parties à coopérer entre eux, et à s'acquitter, d'un commun accord, de leur devoir d'assistance aux autres États Parties pour les enquêtes, les poursuites et procédures judiciaires se rapportant à d'éventuelles violations des dispositions du Traité.

L'article 16 donne aux États la possibilité de solliciter une assistance qui viendra soutenir les efforts qu'ils déploient pour mettre en œuvre le Traité. L'article 18 institue un secrétariat chargé d'aider les États Parties à mettre en œuvre efficacement le Traité. Le secrétariat a pour mission de rassembler les rapports soumis par les États Parties ; de mettre à jour la liste des points de contact nationaux des États Parties ; d'aider au rapprochement des offres et des demandes d'assistance effectuées dans le cadre du Traité ; de faciliter les travaux de la Conférence des États Parties (CEP) ; et de s'acquitter de toute autre tâche décidée par la CEP. Avant la première session de la CEP qui s'est tenue au mois d'août 2015, ces fonctions ont été assumées par un secrétariat provisoire basé au Mexique. C'est au cours de cette première session qu'a été institué le secrétariat permanent du Traité, basé à Genève, en Suisse.

En définitive, le Traité sur le commerce des armes (TCA) traite des mesures pour réglementer le commerce international légal des armes classiques, afin de prévenir et éliminer leur commerce illicite et empêcher leur détournement vers le marché illicite ou pour un usage final non autorisé. Il établit le cadre d'un régime national de contrôle pour réglementer les exportations d'armes et pour éviter et détecter leur détournement dans les mains de groupes criminels organisés ou terroristes, sur la base de critères communs définis dans son article 7. Il prévoit aussi les circonstances spéciales dans lesquelles le transfert des armes classiques et leurs munitions, pièces et composants doit être interdit en vertu de l'article 6.

Le transfert est défini de façon générale pour englober l'exportation, l'importation, le transit, le transbordement et le courtage. Les interdictions prévues concernent toutes ces formes de transfert, tandis que les critères pour l'évaluation des risques ne s'appliquent qu'aux exportations. Les États importateurs doivent prendre des mesures pour veiller à ce que les informations utiles et pertinentes soient fournies à l'État Partie exportateur, à sa demande, pour l'aider à procéder à son évaluation nationale. Bien que les munitions, pièces et composants rentrent dans le champ d'application du Traité, ils ne sont concernés que par les interdictions de transfert et d'exportation et par l'obligation de l'évaluation préalable à l'exportation visées aux articles 6 et 7. En mettant l'accent sur le cadre réglementaire, le Traité sur le commerce des armes détaille le contenu des régimes nationaux de contrôle qui permettent la réglementation efficace des transferts internationaux des armes classiques et leurs munitions, pièces et composants.

Section 2 : Les industries de défense et les politiques de contrôle des exportations d'armement des États membres permanents du Conseil de Sécurité des Nations Unies

Paragraphe 1 : Les industries de défense des États membres permanents du Conseil de Sécurité des Nations Unies

L'industrie de défense d'un pays, où, selon la nomenclature en vigueur, sa « base industrielle et technologique de défense », BITD, est un élément essentiel de son autonomie et, par voie de conséquence, de son statut international. Elle est censée satisfaire les besoins opérationnels, lesquels découlent de la doctrine d'emploi des forces, tout en permettant de bénéficier des retombées de l'activité des entreprises du secteur en matière d'emploi. Secondairement, l'industrie de défense peut contribuer à équilibrer la balance commerciale du pays grâce aux exportations de matériel militaire, même si la rentabilité économique de ce type d'exportations peut être remise en cause si l'on prend en considération l'ensemble des contreparties, qui vont parfois jusqu'au transfert de technologie, qu'elles entraînent. Enfin, le maintien d'une base industrielle de défense active permet de préserver les savoir-faire technologiques de pointe qui irriguent l'ensemble du tissu industriel national[244].

La réduction des budgets militaires consécutive à l'effondrement du système soviétique et à la fin de la guerre froide s'est traduite par la nécessité de privilégier les solutions les plus économiques s'agissant de l'acquisition de matériels militaires nouveaux de plus en plus coûteux. Cette recherche d'optimisation de la dépense a incité les responsables militaires et politiques à équiper leurs forces armées en s'adressant aux fournisseurs étrangers les moins-disants – le plus souvent les États-Unis – ou à s'engager dans des programmes d'armement en coopération avec des partenaires au niveau industriel comparable[245].

A. L'industrie de défense de la France

En vertu de la très grande diversité de ses industries, de l'importance des emplois générés et de son activité de recherche et d'innovation, l'industrie française de la défense a un poids économique conséquent. La France se positionne au 2e rang en Europe, après le Royaume-Uni. La politique industrielle de défense française est bâtie autour de projets exploitant des technologies avancées et repose la plupart du temps sur des groupes nationaux proches de l'État. L'existence d'une industrie nationale de défense puissante et indépendante est un aspect majeur de la « posture stratégique » française. Selon Guillaume Lagane[246], la France possède, avec le Royaume-Uni, une capacité de tout premier plan en matière d'offre d'équipement militaire : les deux pays représentent 50 % des dépenses militaires européennes et 70 % de l'effort en matière de recherche et développement.

Les acteurs principaux de l'industrie française de défense – Thalès, Safran, EADS, Dassault Aviation, DCNS, SNPE, MBDA – sont également des leaders européens, voire mondiaux[247], qui généralement œuvrent également dans le secteur civil. L'industrie française de

---

244 Sergeant, Jean-Claude. « L'industrie de défense britannique : entre tropisme américain et logique européenne », *Observatoire de la société britannique*, Vol. 1, 2006, p. 25.

245 *Ibid.*

246 Lagane, Guillaume. *Quelle industrie pour la défense française* ? Fondapol, mai 2011, p. 8.

247 Les acteurs principaux de l'industrie française de défense se distinguent à l'occasion des salons internationaux d'armement, Salon de l'Aéronautique et de l'Espace du Bourget, Eurosatory, Euronaval et Milipol, qui attirent en France plusieurs centaines de milliers de visiteurs.

défense comprend aussi des PME qui interviennent comme sous-traitants. Thalès, acteur primordial de la défense, est spécialisé dans l'électronique et les systèmes. Il conçoit des systèmes qui s'appliquent aussi bien au milieu aérien, spatial et naval que terrestre. Son champ d'expertise couvre quatre domaines principaux : a) les systèmes de surveillance, de détection et de renseignement b) les systèmes de communication, de commandement et de conduite des opérations c) les systèmes de protection, de mission et de combat et d) les services et le soutien aux missions.

Safran est quant à lui un systémier et équipementier de la défense. Spécialiste en optronique, avionique, navigation, électronique et logiciels critiques, le groupe offre aux forces armées des systèmes et des équipements destinés aux marchés aéronautiques, navals et terrestres. Safran est issu de la fusion de SAGEM[248] et SNECMA[249]. Quant à EADS, il est un leader mondial des secteurs de l'aéronautique, de l'espace et de la défense. Il a pour principales filiales Eurocopter, Astrium et Airbus. Dassault Aviation est également l'un des acteurs majeurs de l'industrie aéronautique mondiale et de l'industrie européenne de défense. Ses principaux produits : Rafale, Falcon, nEUROn, Mirage. DCNS, numéro un européen du secteur naval militaire, fournit des navires armés, des systèmes de combat et des infrastructures portuaires. Il assure également le maintien en conditions opérationnelles des forces. SNPE, spécialiste des matériaux énergétiques, produit des chargements propulsifs et des équipements énergétiques pour la défense. SNPE figure au premier rang européen dans le domaine des explosifs militaires et au deuxième rang pour les poudres. MBDA est le leader mondial des missiles et systèmes de missiles.

Le CIDEF (Conseil des Industries de Défense), qui est composé du GIFAS[250] (Groupement des Industries françaises Aéronautiques et Spatiales), du GICAN (Groupement des Industries de Construction et Activités Navales), du GICAT (Groupement des Industries françaises de Défense et de Sécurité Terrestres et Aéroterrestres) et du Comité

---

[248] La Société d'applications générales d'électricité et de mécanique, SAGEM, développait, entre autres, des systèmes de navigation inertielle, systèmes optroniques et des commandes de vol des hélicoptères.

[249] La Société nationale d'étude et de construction des moteurs de l'aviation, SNECMA, était sur le segment de la motorisation militaire.

[250] Tous les deux ans, et à travers sa filiale SIAE, le GIFAS organise le Salon International de l'Aéronautique et de l'Espace Paris-Le Bourget, 1er salon au monde dans son domaine.

Richelieu, a la charge de conduire des actions destinées à promouvoir les industries françaises de la défense. Concernant spécifiquement la défense terrestre, l'industrie française, à quelques exceptions près[251], semble être restée un temps à l'écart des mouvements de consolidation visant à s'adapter à l'apparition de nouveaux entrants qui exacerbent la concurrence mondiale, avec des produits d'entrée de gamme toujours moins coûteux[252].

L'industrie française d'armement proprement dite, avec 15 milliards d'euros de chiffre d'affaires, se place au deuxième rang européen, derrière la Grande-Bretagne (40 milliards d'euros de chiffre d'affaires et plus de 300.000 emplois) et devant l'Allemagne (8 milliards d'euros, 80.000 emplois), l'Italie (5 milliards d'euros, 50.000 personnes), l'Espagne et la Suède (3 milliards d'euros chacun, 15.000 emplois)[253]. Cette capacité d'investissement s'appuie sur une industrie compétitive et pérenne composée d'environ 9 grands groupes et plus de 4.000 PMEs, dont 450 sont considérées comme stratégiques. Ce tissu industriel représente plus de 200.000 emplois de haute technicité non délocalisables[254].

Si l'industrie française est incontestablement un poids lourd européen, son rôle devient relatif sur la scène mondiale. Le marché mondial de l'armement est largement dominé par les États-Unis : l'industrie américaine, portée par les premières dépenses militaires de

[251] La coentreprise CTA International, créée dès 1994 entre GIAT et Royal Ordnance, désormais portée par Nexter et BAE Systems, commence à livrer son canon *CT40*. De son côté, le munitionnaire TDA, spécialisé dans les mortiers et roquettes, a donné naissance en 2008, par sa coentreprise avec Diehl, à un leader européen des fusées de munitions et des dispositifs de sécurité et d'armement. Les changements majeurs sont intervenus autour de Nexter Systems, avec successivement l'intégration du producteur de poudres et explosifs EURENCO par cession de SNPE à sa maison-mère GIAT Industries en 2013, l'acquisition des actifs munitionnaires du groupe Chemring, Mecar et Simmel en 2014 et enfin, l'alliance à parité avec KMW fin 2015. Ce dernier rapprochement vise à créer un leader européen du domaine terrestre doté d'une taille critique et d'une capacité commerciale mutualisée permettant à la fois de maintenir ses compétences, de rendre plus efficace l'effort en R&D et d'assurer son développement à l'export, diminuant d'autant sa dépendance aux commandes nationales.

[252] Pour plus de détails sur l'industrie de défense terrestre française, voir Louise, Damien. « L'industrie de défense dans le domaine terrestre », *Revue Défense nationale*, vol. 791, no. 6, 2016, pp. 127-132.

[253] Lagane, Guillaume. *Op. cit.*, p. 9.

[254] Source : https://www.defense.gouv.fr/dga/nos-missions/developper-bitd-francaise-europeenne

la planète (549 milliards de dollars en 2011, plus 139 milliards de dollars pour les opérations en Irak et en Afghanistan, soit autant que l'ensemble des budgets militaires des autres États) et une place dominante sur le marché export (50 % des ventes), a un chiffre d'affaires de 160 milliards d'euros, dix fois supérieur à l'industrie française, trois fois le total européen. Elle emploie plus de 2 millions de personnes[255].

L'industrie française est peu présente dans certains segments, très dynamiques, du marché de l'armement. C'est par exemple le cas des drones, ces avions sans pilote aujourd'hui très utilisés sur les théâtres d'opérations (Afghanistan) et qui pourraient, dans l'avenir, remplacer les chasseurs actuels. Sur ce marché en pleine expansion (l'armée américaine comptait 54 drones en 2001, 4.000 en 2011), les États-Unis occupent une position dominante (70 % de parts de marché avec General Atomics, le fabricant du Predator et du Reaper, ou Northrop Grumman, qui fabrique le Global Hawk), suivi par Israël. Avec une offre limitée, les Européens, et donc les Français, ne jouent qu'un rôle mineur (5 % de parts de marché)[256].

Au-delà des enjeux économiques, le soutien de l'État au développement d'une puissante industrie de défense française est fondé sur la capacité de ces industriels à fournir aux armées françaises, sans dépendre d'un État étranger, des matériels nombreux et performants. Ce rôle de fournisseur des armées, qui explique la part majoritaire des commandes publiques dans le cœur d'activité de l'industrie de l'armement française, était le corollaire de l'affirmation par le Général de Gaulle de la notion d'indépendance nationale. L'industrie française est ainsi devenue un symbole de la souveraineté technologique nationale. En termes d'autonomie stratégique, cette situation présente certains avantages. La France peut ainsi mener, en toute indépendance, sa politique étrangère et, dans l'absolu, mener des conflits, sans craindre par exemple l'arrêt de la fourniture de pièces de rechange par un fournisseur qui serait hostile à cette politique. La nécessité de préserver l'indépendance nationale, la souveraineté technologique française ou, très naturellement, les profits et les emplois des industriels comptent donc parfois autant que la satisfaction du client militaire.

Les dépenses militaires de la France se sont élevées à 52,7 milliards USD en 2020, soit 2,9 % de plus qu'en 2019 et 9,8 % de plus qu'en

---

[255] Lagane, Guillaume. *Op. cit.*, p. 9.
[256] *Ibid.*

2011 ; ce qui classe le pays au 8e rang mondial, derrière les États-Unis, la Chine, l'Inde, la Russie, le Royaume-Uni, l'Arabie Saoudite et l'Allemagne[257]. En 2020, ces dépenses militaires représentent 2,1 % du PIB du pays contre 1,9 % en 2011. En 2020, la part des dépenses militaires de la France dans les dépenses mondiales était estimée à 2,7 %[258].

Pour la période 2016-2020, les exportations d'armes françaises ont compté pour 8,2 % du total mondial après avoir augmenté de 44 % entre les périodes 2011-2015 et 2016-2020. Au niveau régional, le Moyen-Orient a reçu 48 % des exportations d'armes françaises en 2016-2020, contre 36 % pour l'Asie et Océanie. Sur les 69 États auxquels la France a livré des armes majeures en 2016-2020, trois – l'Inde, l'Égypte et le Qatar – ont reçu ensemble 59 % des exportations d'armes françaises. Les livraisons d'avions ont constitué 45 % des exportations d'armes françaises en 2016-2020, tandis que les livraisons de navires en ont représenté 17 %[259]. Par ailleurs, avec 9.470 millions USD, Thalès reste la première entreprise française du top 25 pour les ventes d'armes en 2019. Elle est suivie de Dassault Aviation Group avec 5.760 millions USD de vente[260]. Une forte augmentation des livraisons destinées à l'exportation d'avions de combat Rafale a propulsé Dassault Aviation Group dans le top 25 pour la première fois. En pourcentage, Dassault Aviation Group a réalisé la plus forte augmentation des ventes annuelles d'armes entre 2018 et 2019, soit 105 %.

B. L'industrie de défense des États-Unis

Au premier rang des États producteurs et exportateurs d'armement au niveau mondial, les États-Unis détiennent une base industrielle et technologique de défense historique, multisectorielle et à haute valeur ajoutée. Facteur de puissance, la BITD est considérée comme la

---

[257] En 2019, la France s'était classée au 7e rang mondial derrière les États-Unis, la Chine, l'Inde, la Russie, le Royaume-Uni et l'Arabie Saoudite.

[258] GRIP. *Dépenses militaires, production et transferts d'armes. Compendium 2021.* 2021, p. 9.

[259] *Ibid.* p. 27.

[260] Sur le plan mondial, Thalès occupe la 14e position et Dassault Aviation Group la 17e. Ce sont les deux seules entreprises françaises à figurer dans le classement des 25 plus grandes entreprises de production d'armes et de services militaires au monde, classées en fonction de leurs ventes d'armes en 2019, Airbus étant considéré comme une entreprise européenne. Par ailleurs, les ventes d'armes ont représenté 46 % des ventes totales de Thalès et 70 % de celles de Dassault Aviation Group.

condition et le moyen d'une politique de supériorité technologique en matière d'équipements de défense. Outre-Atlantique, les années 1990 sont le théâtre d'une vague historique de concentration industrielle dans le secteur de la défense. Les premiers rapprochements d'ampleur entre 1993 et 1995 voient l'émergence de huit groupes industriels, puis entre 1997 et 1999, ce cercle se réduit pour totaliser quatre acteurs pivots : Lockheed Martin, Boeing, Northrop Grumman et Raytheon.

C'est ainsi que l'avionneur Boeing s'adjoint les activités spatiales et de défense de Rockwell International en 1996 puis reprend McDonnell Douglas l'année suivante, une opération majeure lui permettant de se renforcer sur les segments avions de combat[261], hélicoptères[262] et missiles[263], avant de racheter en 2000 les activités spatiales de Hughes Electronics. Lockheed Martin, aujourd'hui premier groupe de défense au niveau mondial, résulte de la fusion en 1995 de Martin Marietta Corp. [264] et Lockheed Corp., suivi de l'intégration des activités électroniques de Loral Corp. en 1996. En 2001, la sélection du groupe par le département de la défense pour assurer la maîtrise d'œuvre du programme JSF/F-35 lui permettra d'asseoir sa position de leader du marché sur le segment avions de combat, en particulier face à Boeing.

Deuxième fournisseur d'électronique de défense derrière Hughes Aircraft dans les années 1990, Raytheon poursuit sa croissance avec l'acquisition successive de sept acteurs du secteur, avant de mener des opérations d'ampleur entre 1993 et 1997 avec l'absorption de branches d'activités industrielles de premier plan[265] et d'entreprises spécialisées[266]. En parallèle, Raytheon se désengage du marché civil pour se recentrer sur le marché militaire, en cédant 14 de ses filiales civiles. Enfin, l'acquisition par Northrop Corp. de son concurrent Grumman Corp. en 1994 donne naissance au groupe Northrop Grumman, lequel pénètre le secteur électronique de défense à partir de 1996 suite à la reprise de Westinghouse Electronic Systems, un producteur de premier plan de systèmes radars. Le groupe entreprend de diversifier ses activités dans

[261] Avec les programmes F-15 et F/A-18.

[262] AH-64.

[263] Harpoon.

[264] Martin Marietta Corp avait précédemment repris en 1993 GE Aerospace et les divisions spatiale et aéronautique de General Dynamics.

[265] Aviation d'affaires de British Aerospace, divisions défense de Texas Instruments et Hughes.

[266] E-Systems.

le domaine des systèmes d'information[267] avec le rachat en 1997 de Logicon Corp. ainsi que sur le segment des drones et des systèmes de surveillance avec Teledyne Ryan Aeronautical (1999). Northrop Grumman franchit une nouvelle étape au tout début des années 2000, en consolidant ses activités d'électronique de défense et en pénétrant le marché naval militaire par le biais de la reprise de Litton Industries en 2001[268]. Le groupe élargira le périmètre de ses activités navales un an plus tard en intégrant le plus grand chantier naval privé des États-Unis, Newport News Shipbuilding, titulaire des contrats majeurs de US Navy sur les segments porte-avions à propulsion nucléaire et sous-marins nucléaires[269]. En 2002, Northrop Grumman entre de plain-pied sur le marché des satellites et des systèmes spatiaux avec l'opération d'acquisition de TRW.

Au milieu de ces mouvements majeurs de concentration nationale, un cinquième acteur industriel réussit à tirer son épingle du jeu et à intégrer ce premier cercle de fournisseurs, il s'agit du groupe General Dynamics. Ses dirigeants entreprennent ainsi durant la décennie 1990 et le début des années 2000 des évolutions majeures de périmètre en cédant progressivement les activités aéronautiques militaires[270], électroniques[271] et systèmes spatiaux[272]. En revanche, General Dynamics va monter en puissance sur le marché de l'aéronautique civil[273] tout en renforçant ses activités historiques dans le naval militaire grâce à la prise de contrôle des chantiers de Bath Iron Works en 1995 et de NASSCO en 1998. Les opérations menées sur le segment véhicules blindés aux États-Unis et en Europe sur la période mi-1990 et 2003 vont le propulser au rang de leader du marché des deux côtés de l'Atlantique[274].

Ces restructurations nationales de grande ampleur résultent certes de stratégies d'entreprise, elles sont également orchestrées par le

[267] Ces systèmes concernent le secteur défense et civil.

[268] Litton Industries fût un acteur majeur sur le segment navires de surface.

[269] Northrop Grrumman avait sorti de son périmètre les activités sous-marins nucléaires en 2011 pour former une entreprise indépendante, Huntington Ingalls.

[270] Ces activités furent rachetées par Lockheed.

[271] Ces activités furent rachetées par l'israélien Elbit Systems.

[272] Ces activités furent rachetées par Martin Marietta.

[273] Avec la reprise de Gulfstream, spécialiste des avions d'affaires, en 1999.

[274] Du côté des États-Unis : division défense de Chrysler, rebaptisée General Dynamics Land System, et celle de General Motors ; en Europe : l'Autrichien Steyr-Daimler-Puch Spezialfahrzeug, l'espagnol Santa Bárbara Sistemas-SBS et l'allemand EWK Eisenwerke Kaiserslautern.

département de la défense, qui considère alors le secteur trop dispersé et peu performant à l'international. Les réductions budgétaires à l'œuvre auront sans conteste provoqué une réduction accélérée du nombre d'acteurs travaillant dans le domaine de la défense[275]. L'objectif pour le Département de la défense est d'éviter les situations de monopole afin de conserver des marges de manœuvre dans la relation contractuelle avec ses principaux fournisseurs. À la fin des années 1990 et au début des années 2000, ce sont donc cinq grands groupes de taille mondiale qui voient le jour, Lockheed Martin, Boeing, General Dynamics, Raytheon et Northrop Grumman, aux activités multi-segments et permettant au Département de la défense de maintenir une situation de concurrence.

Au niveau des maîtres d'œuvre industriels et des systémiers équipementiers de rang 1, la structuration de la BITD américaine autour de ces grands groupes pivots et de leur chaîne d'approvisionnement perdure jusqu'à ce jour, ces derniers s'emparant depuis vingt ans les premiers rangs mondiaux en profitant de l'effet de taille d'un marché domestique qui représente le premier marché de défense à l'international. Si les grandes fusions-acquisitions ont marqué le pas durant la décennie 2000[276], un fait notable marque cependant cette période : l'entrée en force du groupe britannique et premier groupe de défense européen BAE Systems sur le marché américain, profitant de la relation spéciale entre les États-Unis et le Royaume-Uni.

Cette pénétration de marché, principalement sur les segments électroniques de défense et armement terrestre (véhicules blindés, systèmes d'artillerie) s'est faite par l'intermédiaire d'opérations d'acquisitions, une quinzaine en l'espace de dix ans. Parmi ces dernières, deux permettront au groupe britannique de changer de dimension et de s'ancrer aux États-Unis, avec la reprise de deux principaux fournisseurs de véhicules blindés de US Army, United Defense Industries et Armor Holdings, respectivement en 2005 et 2007. Depuis lors, sa branche américaine BAE Systems Inc. fait partie du cercle restreint des principaux fournisseurs des forces armées américaines. Le groupe employait ainsi en 2018 environ 30.500

[275] Artisan de ce remodelage à marche forcée du tissu industriel, le Département de la défense a toutefois mis un point d'arrêt aux grandes opérations de fusions-acquisitions, en accueillant défavorablement, ainsi que le Département de la justice (législation anti-trust Hart-Scott-Rodino), la proposition de Lockheed Martin de racheter Northrop Grumman en 1998, répétée en 2000.

[276] En dehors du rachat de TRW par Northrop Grumman en 2002.

employés américains soit 33 % de son effectif pour des ventes représentant 42 % du chiffre d'affaires, contre 34.100 salariés au Royaume-Uni pour un marché domestique estimé à 21 % du chiffre d'affaires du groupe. Le maintien de BAE Systems dans les premiers rangs mondiaux est largement le fruit de contrats majeurs remportés outre-Atlantique.

Avec un budget militaire estimé à 778 milliards USD, les États-Unis demeurent les plus grands dépensiers du monde en 2020, représentant 39 % des dépenses militaires mondiales. En 2020, les États-Unis ont dépensé presque autant pour leur armée que les 12 autres plus gros dépensiers réunis. La charge militaire américaine s'est élevée à 3,7 % du PIB en 2020, soit une hausse de 0,3 point de pourcentage par rapport à l'année précédente. Les dépenses militaires américaines en 2020 ont été supérieures de 4,4 % à celles de 2019. L'exercice 2020 a été la troisième année consécutive de croissance des dépenses militaires américaines, après des baisses continues en termes réels entre 2010 – date à laquelle les dépenses américaines ont atteint un pic – et 2017. Les augmentations enregistrées au cours des exercices 2018 à 2020 peuvent être attribuées à des investissements ciblés dans la recherche et le développement, ainsi qu'à la mise en œuvre de plusieurs projets à long terme tels que la modernisation de l'arsenal nucléaire américain et l'acquisition d'armes à grande échelle[277].

Les exportations d'armes américaines ont augmenté de 15 % entre 2011-2015 et 2016-2020, faisant passer leur part mondiale de 32 % à 37 %. Les États-Unis ont livré des armes majeures à 96 États en 2016-2020, un nombre de destinataires bien plus élevé que tout autre fournisseur. En 2016-2020, les exportations totales d'armes par les États-Unis dépassaient de 85 % celles de la Russie – deuxième plus grand exportateur – contre +24 % en 2011-2015[278]. Près de la moitié (47 %) des exportations d'armes américaines sont allées au Moyen-Orient en 2016-2020, soit une augmentation de 28 % par rapport à la période quinquennale précédente. Les exportations d'armes américaines vers trois pays de cette région ont connu des hausses particulièrement importantes entre 2011-2015 et 2016-2020 : Israël (335 %), le Qatar (208 %) et l'Arabie saoudite (175 %). L'Arabie saoudite a été le principal bénéficiaire des transferts d'armes américains en 2016-2020,

---

[277] GRIP. *Dépenses militaires, production et transferts d'armes. Compendium 2021.* 2021, p. 8.
[278] *Ibid.*, p. 23.

représentant 24 % des exportations d'armes américaines. Le Qatar et Israël étaient respectivement le sixième et le septième plus grands importateurs d'armes américaines[279].

Pour chaque année de la période 2015-2019, les États-Unis ont affiché le plus grand nombre d'entreprises répertoriées dans le top 25 des plus grandes entreprises de défense. En particulier, pour l'année 2019, les douze entreprises américaines suivantes figurent dans ce top 25 : Lockheed Martin Corp. (1er), Boeing (2e), Northrop Grumman Corp. (3e), Raytheon (4e), General Dynamics Corp. (5e), L3Harris Technologies[280] (10e), United Technologies Corp. (11e), Huntington Ingalls Industries (16e), Honeywell international (18e), Leidos (19e), Booz Allen Hamilton (20e), General Electric (21e). Lockheed Martin, la plus grande entreprise d'armement au monde en 2019, a enregistré la plus forte augmentation des ventes d'armes en valeur absolue. Ses ventes d'armes en 2019 ont été supérieures de 5,1 milliards de dollars en comparaison de celles de 2018, ce qui équivaut à une augmentation du chiffre d'affaires de 11 % en termes réels.

C. L'industrie de défense du Royaume-Uni

Ancienne grande puissance coloniale, le Royaume-Uni n'a jamais renoncé à se présenter sur la scène internationale comme l'un des principaux acteurs au sein du concert des nations. Il dispose pour ce faire de moyens budgétaires généralement supérieurs à ceux de ses voisins européens. Dans le courant des années 1960, chacune des branches du secteur comptait un champion britannique de renommée internationale. Depuis lors, la palette des fournisseurs britanniques s'est considérablement resserrée[281]. Au Royaume-Uni, et ailleurs, l'industrie de la défense a subi d'importants changements structurels depuis la fin de la guerre froide. Cela se traduit par une consolidation au niveau de l'ensemble du secteur, avec toutefois de grandes variations entre les sous-secteurs en termes de potentiel de concurrence. Si la nature et la force des liens de causalité restent un sujet de débat, la

---

[279] *Ibid.*, p. 23.

[280] L3Harris Technologies est née d'une fusion entre deux entreprises américaines (Harris Corporation et L3 Technologies) qui figuraient toutes deux dans le top 25 en 2018.

[281] Sergeant, Jean-Claude. *Op. cit.*, p. 26.

théorie économique suggère que l'on peut s'attendre à ce qu'une telle consolidation ait des répercussions sur l'innovation industrielle[282].

L'industrie de la défense est largement privatisée et est dominée par trois grands entrepreneurs (British Aerospace, GEC-Marconi et GKN) et un deuxième niveau d'entreprises plus petites et plus spécialisées. Le Royaume-Uni est le troisième plus grand acheteur d'équipements de défense derrière les États-Unis et la Chine. Entre 2003 et 2005, 3 milliards de livres Sterling ont été dépensés pour acheter des entreprises britanniques du secteur de la défense et de l'aérospatiale. Les exportations de défense représentent en moyenne 5 milliards de livres Sterling par an pour l'économie britannique. La part du PIB consacrée aux forces et aux équipements est d'environ 2,3 %, ce qui est faible par rapport aux normes historiques et par rapport à d'autres pays qui cherchent à maintenir une présence en tant qu'acteur mondial. La part des dépenses de défense dans les dépenses publiques est passée de 10 % à 5 % ces dernières années.

Deux tendances importantes dans l'industrie de la défense britannique dans les années 1980 sont la privatisation et la consolidation. Au cours des années 1980, le gouvernement Thatcher a vendu la plupart des entreprises détenues par l'État, British Aerospace (1985), Royal Ordnance (1987), British Shipbuilders (1986), Shorts Brothers (1989) et Rolls-Royce, ainsi que la gestion des Royal Dockyards. Au cours de la même période, deux géants de l'industrie de la défense sont apparus, British Aerospace (qui a acquis Hawker Siddeley, une grande partie de Royal Ordnance et Sperry UK) et GEC (qui a acquis tout ou partie de Marconi Electronics, Ferranti et Plessey). GKN a acheté le fabricant d'hélicoptères Westland, et GEC a acheté le constructeur de véhicules militaires et de navires VSEL en 1994. En 1999, British Aerospace a fusionné avec la division Marconi de General Electric.

Les dépenses militaires du Royaume-Uni se sont élevées à 59,2 milliards de dollars en 2020, soit 2,9 % de plus qu'en 2019 et 4,2 % de moins qu'en 2011. En 2020, ces dépenses militaires représentent 2,2 % du PIB du pays contre 2,5 % en 2011. En 2020, la part des dépenses militaires du Royaume-Uni dans les dépenses

[282] Hall, Peter, et Andrew James. « Industry structure and innovation in the U.K. defense sector». *The Economics of Peace and Security Journal*, Vol. 4, n° 1, 2009, p. 23.

mondiales était estimée à 3 %[283]. Le Royaume-Uni était le sixième exportateur d'armes au monde en 2016-2020, représentant 3,3 % des exportations totales d'armes. Les exportations d'armes britanniques ont diminué de 27 % par rapport à la période 2011- 2015, où elles avaient atteint un pic en raison des livraisons d'avions de combat à l'Arabie saoudite. Le Royaume-Uni a exporté des armes vers 39 pays en 2016-2020. Son principal destinataire, l'Arabie saoudite, a reçu 32 % de ses exportations d'armes sur cette période[284]. BAE Systems, avec 22.240 millions USD de ventes d'armes occupe la première place au Royaume-Uni et la 7e place au niveau mondial. Cette entreprise est suivie au niveau national par Rolls-Royce avec 4.710 millions USD. Les ventes d'armes représentent respectivement 95 % et 24 % des ventes totales de BAE Systems et de Rolls-Royce.

D. L'industrie de défense de la Russie

La Russie et les autres pays issus des anciennes républiques soviétiques ont hérité du complexe industriel de défense de l'ancienne Union soviétique.[285]Les efforts fournis pour les entretenir avaient, en définitive, détruit l'Union soviétique. Le 20 mars 1992, le complexe militaro-industriel de la Commission militaro-industrielle est aboli en tant que tel. À cette date, les entreprises de défense employaient encore entre 12 et 16 millions de personnes – sur une population active estimée à 67,7 millions – mais aussi, et surtout, les deux tiers des scientifiques et des techniciens qualifiés (soit environ 2,7 millions de personnes). Elles étaient concentrées dans la Russie d'Europe, et principalement dans les régions de Saint-Pétersbourg, de Moscou, de l'Oural et de Novossibirsk[286].

Avec l'éclatement de l'URSS, la Russie a hérité à la fin de 1991 d'environ 70 % des industries du complexe militaro-industriel soviétique mais seules 25 % d'entre elles avaient encore l'année suivante une véritable activité économique, entraînant une raréfaction de nombreux

---

[283] GRIP. *Dépenses militaires, production et transferts d'armes. Compendium 2021.* 2021, p. 9.

[284] Ibid., p. 27.

[285] Pour plus de détails sur les relations civilo-militaires dans l'industrie de défense Russe, voir Cooper, Julian. « The Defense Industry and Civil-Military Relations » in *Soldiers and the Soviet State: Civil-Military Relations from Brezhnev to Gorbachev*, eds. Timothy J. Colton and Thane Gustafson (Princeton, NJ: Princeton University Press, 1990), pp. 164-191.

[286] Gloaguen, Cyrille. « Le complexe militaro-industriel russe. Entre survie, reconversion et mondialisation », *Le Courrier des pays de l'Est*, vol. 1032, no. 2, 2003, p. 4.

objets de la vie quotidienne, la plupart étant produits par des usines du complexe. Cependant, et contrairement aux autres pays de la Communauté des États indépendants, Ukraine exceptée, cet héritage permet à la Russie de contrôler la quasi-totalité des filières et des niches technologiques indispensables à la constitution d'un complexe militaro-industriel autonome et équilibré. En revanche, l'héritage reçu par l'Ukraine dans les secteurs des constructions navales, de l'aérospatial et de l'électronique explique à la fois les difficultés rencontrées par la Russie, tout au long de la décennie 1990, dans le maintien en état opérationnel certains de ses équipements et la réactivation de la coopération entre les industries des deux pays[287].

Longtemps tributaire des dépenses de défense massives et du soutien de l'État, l'industrie de défense de l'ex-Union soviétique n'a pas eu accès à des crédits facilement disponibles dans un contexte de réduction des dépenses publiques[288]. Le rôle de l'industrie en tant que source importante d'emplois a constitué une question intérieure complexe pour les nouveaux dirigeants de la Russie après l'éclatement de l'Union soviétique. Dès le premier mandat présidentiel de Vladimir Poutine en 2000, le gouvernement russe a lancé un programme visant à accroître le contrôle de l'État sur le secteur de la défense. En 2000, le gouvernement russe a créé Rosoboronexport, l'agence contrôlée par l'État pour les ventes d'armes[289].

Les plans de réorganisation de l'industrie de la défense russe ont suivi avec l'adoption par le gouvernement russe d'un Programme pour la réforme et le développement du complexe industriel de défense 2002-2006. Ce programme visait à rétablir le contrôle de l'État sur le secteur de la défense, à accroître l'efficacité et à consolider progressivement l'industrie de la défense en une série de holdings. Le plan visait la création de structures intégrées pour superviser les différentes entreprises, les fabricants et les bureaux d'études impliqués dans la production et dans la recherche et le développement du secteur de la

[287] Gloaguen, Cyrille. « Le complexe militaro-industriel russe. Entre survie, reconversion et mondialisation », *Le Courrier des pays de l'Est*, vol. 1032, no. 2, 2003, p. 4.

[288] Pour plus de détails sur la forte dépendance de l'économie soviétique des industries de défense et les problèmes économiques qu'a posé l'héritage de l'industrie de la défense russe, voir Shlykov, Vitaly. « The Economics of Defense in Russia and the Legacy of Structural Militarization » in *The Russian Military: Power and Policy*, eds. Steven E. Miller and Dmitri Trenin, Cambridge, MA, MIT Press, 2004, pp. 157-182.

[289] Presidential Decree No. 1834, November 4, 2000.

défense[290]. Le programme partait du principe que des systèmes de gestion rationalisés amélioreraient l'efficacité et renforceraient la compétitivité. Par exemple, la Russie a regroupé ses chantiers navals et sa capacité de construction navale au sein de la United Shipbuilding Corporation et son industrie aéronautique (par exemple les sociétés MiG, Sukhoi et Tupolev) au sein de la United Aircraft Corporation, plus tard incorporée à Rostec.

Au cours de la décennie suivante, le contrôle de l'État russe sur l'industrie de la défense et les exportations d'armes s'est renforcé. L'industrie de la défense comprend également Roskosmos (la société d'État russe pour les activités spatiales) et Rosatom (la société d'État pour l'énergie atomique, qui supervise la production nucléaire civile et militaire). En 2004, la Russie a créé la FSMTC pour superviser les ventes d'armes et la coopération militaire[291]. Les efforts du gouvernement russe pour consolider l'industrie de la défense en plusieurs holdings se sont également poursuivis. Rostec, une société d'État créée en 2007, avec Roskosmos et Rosatom, contrôlent environ 80 % des entreprises du secteur de la défense, y compris Rosoboronexport, soit directement, soit par le biais d'actions[292].

Les dépenses militaires de la Russie se sont élevées à 61,7 milliards de dollars en 2020, soit 2,5 % de plus qu'en 2019 et 26 % de plus qu'en 2011. Les augmentations des dépenses russes en 2019 et 2020 font suite à des baisses en 2017 et 2018. Avant 2017, les dépenses militaires de la Russie avaient augmenté pendant 18 années consécutives. Bien qu'elles aient globalement augmenté en 2020, elles semblent avoir été immédiatement impactées par les conséquences économiques de la pandémie de COVID-19. En 2020, elles ont été effectivement

[290] Engvall, Johan. *Russia's Military R&D Infrastructure: À Primer.* Swedish Defense Research Agency (FOI), April 2021, p. 17.

[291] Un système très efficace de coopération militaro-technique entre la Fédération de Russie et les États étrangers a été mis en place en Russie après 2000. Un élément important de ce système est le Service fédéral pour la coopération militaro-technique (FSMTC), qui est doté de l'autorité nécessaire pour exercer un contrôle et une supervision dans le domaine de la coopération militaro-technique. Le règlement relatif au FSMTC a été approuvé par le décret du président de la Fédération de Russie n° 1083 du 16 août 2004. Le FSMTC est dirigé par le président de la Fédération de Russie et est subordonné au ministère de la Défense de la Fédération de Russie, qui coordonne et contrôle ses activités.

[292] Bowen, Andrew S. *Russian Arms Sales and Defense Industry.* US Congressional Research Service, 14 October 2021, p 4.

inférieures de 6,6 % au budget militaire initial[293]. La Russie promeut de façon active ses matériels à l'exportation et occupe une position très forte sur les marchés à ressources budgétaires limitées. Cette stratégie est principalement mise en œuvre dans l'optique de conquérir des clients hors de sa sphère d'influence traditionnelle.

Au cours des dernières années, la Russie a ainsi renforcé sa position sur les marchés asiatiques, au Moyen-Orient et en Afrique du Nord[294]. En effet, en 2016-2020, la Russie a livré des armes majeures à 45 États et a représenté 20 % du total des exportations mondiales d'armes. L'Inde est restée la principale destinataire des armes russes en 2016-2020, représentant 23 % du total, suivie par la Chine (18 %) et l'Algérie (15 %). Les exportations d'armes russes en 2016-2020 se situaient à un niveau similaire à celui des années 2001-2005 et 2006-2010, mais étaient inférieures de 22 % à celles de 2011-2015, période à laquelle les exportations d'armes russes ont atteint un pic[295].

Si les exportations d'armes russes en 2016-2018 sont restées à un niveau relativement élevé, elles ont diminué en 2019 et 2020. La diminution globale des exportations d'armes de la Russie entre les périodes 2011-2015 et 2016-2020 était presque entièrement attribuable à une baisse de 53 % de ses exportations d'armes vers l'Inde. Cette baisse n'a pas été compensée par les fortes augmentations des exportations d'armes de la Russie vers la Chine (49 %), l'Algérie (49 %) et l'Égypte (430 %). Bien que plusieurs gros contrats d'armement russes avec l'Inde, principalement pour des avions de combat, aient été conclus en 2020, l'Inde a passé de nouvelles commandes pour diverses armes russes en 2019-2020[296]. Au niveau régional, les États d'Asie et Océanie ont représenté 55 % des exportations d'armes russes en 2016-2020, le Moyen-Orient 21 % et l'Afrique 18 %. Entre les périodes 2016-2020 et 2011-2015, les exportations d'armes russes vers l'Asie et Océanie ont diminué (-36 %), tandis qu'elles ont augmenté vers le Moyen-Orient (+64 %) et l'Afrique (+23 %). Les aéronefs ont constitué 49 % des exportations d'armes russes en 2016-2020. Ces transferts comprenaient les livraisons d'un total de 231

[293] GRIP. *Dépenses militaires, production et transferts d'armes. Compendium 2021.* 2021, p. 10.
[294] Ministère français des armées. *Rapport au Parlement sur les exportations d'armement de la France.* 2019, p. 36.
[295] GRIP. *Dépenses militaires, production et transferts d'armes. Compendium 2021.* 2021, p. 26.
[296] *Ibid.*, p. 26.

avions de combat[297]. Par ailleurs, pour l'année 2019, seules deux entreprises russes figurent sur le classement des 25 premières entreprises de défense : Almaz-Antey et United Shipbuilding Corp. Ces deux entreprises occupent respectivement la 15e et la 25e place du classement avec des ventes d'armes totales estimées à 13.920 millions USD, soit une baisse de 634 millions comparativement à 2018[298].

E. L'industrie de défense de la Chine

Dès la première unification de la Chine, il y a plus de deux millénaires, celle-ci prend une rapide avance en technologies d'armement sur le reste du monde. Cette avance se réduit progressivement, probablement par absence de conflits. La structure des armées impériales, ses doctrines tactiques et stratégiques dans son ensemble, ainsi que les capacités des arsenaux chinois sont complètement dépassées dès le XVIIIe siècle, alors que les affrontements avec l'Occident s'annoncent[299]. En 1911, la République est proclamée en Chine, qui va alors copier le modèle militaire européen et rechercher son aide. Au point de vue aéronautique, un programme de chasseur chinois Chu X-PO est développé à partir de 1941. La dernière période marquante pour l'armée chinoise et l'industrie de défense commence en 1949, à la proclamation de la République populaire.

Les Soviétiques aident à développer une industrie d'armement en Chine et lui accordent des licences de fabrication. Les premières difficultés sont apparues lors du lancement du programme de dissuasion nucléaire. À la chute de l'URSS, en 1991, les entreprises russes voient la Chine comme un énorme marché[300]. Un nouvel acteur apparaît avec l'industrie israélienne qui abandonne sa relation privilégiée avec Taïwan et offre son savoir-faire en systèmes d'armes. La BITD chinoise commence alors à être respectée sur le marché international, même si elle manque encore de la maîtrise de certains secteurs technologiques, dont les moteurs aéronautiques de grande puissance[301].

Depuis l'accélération de la modernisation de l'Armée populaire de Libération après la crise du détroit de Taïwan de 1995-1996, la Chine

---

[297] GRIP. *Dépenses militaires, production et transferts d'armes. Compendium 2021.* 2021, p. 27.

[298] *Ibid.*, p. 38.

[299] Michon, Patrick. « Introduction à la BITD de la République populaire de Chine ». *Défense*, no 201, 2019, p. 43.

[300] *Ibid.*, p. 43.

[301] *Ibid.*, p. 43.

a progressivement réduit sa dépendance envers les systèmes d'armes russes, grâce à un investissement considérable dans son industrie d'armement. Elle mène aujourd'hui ses propres programmes pour tous les grands systèmes d'armes. Si l'objectif d'une industrie d'armement autonome avait déjà été fixé par Mao Zedong, jamais la Chine n'a semblé si proche de l'atteindre. Elle ne dépend aujourd'hui de l'étranger que pour des niches, et pour nourrir sa propre stratégie d'innovation via des transferts intangibles de technologie[302]. Depuis le tournant des années 2000, l'industrie de défense chinoise est composée de dix consortiums qui œuvrent chacun dans un secteur technologique précis. Les grandes réformes menées de 1998 à 2002 ont eu pour effet de développer leur autonomie managériale tout en les intégrant dans une trame complexe de recherche-développement civilo-militaire[303]. Aujourd'hui, ces entreprises d'État sont édifiées à la manière de véritables consortiums, possédant de multiples ramifications sectorielles et de très nombreuses succursales et dirigés par des comités directeurs qui fixent leurs politiques industrielles. Ces consortiums se positionnent sur les secteurs de la défense et sur un éventail très large de marchés civils.

Dans le domaine de la défense, il n'existe pas – ou quasiment pas – de concurrence entre ces acteurs dont les domaines de compétence ne se chevauchent pas. Au plus, peut-on assister à un début de concurrence à des niveaux très subalternes impliquant des entités semi-privées appartenant à ces consortiums, ou sur certains secteurs civils. Chaque consortium est responsable de sa politique industrielle et de ses résultats financiers. C'est le pouvoir chinois – et plus particulièrement le Conseil d'État à travers la State-Owned Assets Supervision and Control Commission (SASAC) – qui fixe néanmoins les objectifs à long terme de ces entités, valide leurs programmes, sanctionne les résultats des exercices annuels, réinjecte des capitaux si besoin et capte une partie des bénéfices avant impôts. Et c'est là l'une des particularités premières de ces entités : les entreprises de défense sont intégralement contrôlées par le gouvernement qui préside à leurs destinées et supervise leurs politiques industrielles ; en bref, les administre[304].

---

302 Duchâtel, Mathieu. « L'industrie d'armement de la Chine : du rattrapage à l'innovation », *Revue Défense nationale*, vol. 811, no. 6, 2018, p. 28.
303 Puig, Emmanuel. « L'industrie de défense chinoise : forces et faiblesses du gigantisme », *Géoéconomie*, vol. 57, no. 2, 2011, p. 52.
304 *Ibid.*

Globalement, les industries de défense chinoises représentent aujourd'hui environ 2 millions d'emplois sur l'ensemble du territoire et elles constituent les poumons économiques de villes entières à l'image de Xian, Wuhan ou Shijiazhuang, entre autres. Grâce aux lancements et aux développements de programmes ambitieux dans les domaines spatiaux, balistiques et aéronautiques au cours des deux dernières décennies, la BITD chinoise a connu un regain de dynamisme qui va de pair avec le développement des hautes technologies en Chine. Soumise à embargo sur les ventes d'armes à la suite de la répression de Tiananmen en 1989, la Chine a mis une décennie – les années 1990 – à bâtir une BITD moderne et dynamique[305].

La Chine, deuxième plus gros dépensier militaire du monde en 2020, aurait représenté 13 % des dépenses totales mondiales. Les 252 milliards de dollars consacrés à l'armée en 2020 représentent une hausse de 1,9 % par rapport à 2019 et atteignent 1,7 % du PIB. Les dépenses militaires de la Chine ont augmenté pendant 26 années consécutives. Cette croissance est le résultat du processus de modernisation et d'expansion militaire à long terme de la Chine. Selon le ministère chinois de la Défense nationale, l'augmentation de 2020 a été en partie motivée par la perception de menaces pour la sécurité nationale de la Chine dans le cadre de la « politique de puissance »[306]. L'affirmation chinoise et la modernisation de ses armées entraînent une forte hausse des dépenses en armement dans la région Sud-est asiatique. La Chine affiche l'ambition de se positionner durablement sur le marché mondial de l'armement. Le pays bénéficie d'un marché intérieur gigantesque qui lui permet de lancer seule ses propres développements dans tous les domaines (aéronautique, naval, terrestre, spatial, etc.). Par ailleurs, la Chine développe ses exportations de matériels de défense et de sécurité en poursuivant des efforts de recherche et développement importants, tout en cherchant à se doter de technologies de niche.

La Chine a livré des armes majeures à 51 États en 2016-2020. Les États d'Asie et Océanie (76 %) et d'Afrique (16 %) ont reçu la plupart des exportations d'armes de la Chine au cours de cette période. Le Pakistan est resté le principal destinataire des armes chinoises et a représenté 38 % des exportations d'armes chinoises en 2016- 2020.

---

[305] Puig, Emmanuel. *Op. cit.*, p. 53.

[306] GRIP. *Dépenses militaires, production et transferts d'armes. Compendium 2021.* 2021, p. 10.

Sur cette même période, la Chine a continué de développer ses exportations d'armes vers le Moyen-Orient. Alors que certains importateurs d'armes dans d'autres régions n'importent pas d'armes chinoises pour des raisons politiques, les États du Moyen-Orient, dont plusieurs font partie des plus grands importateurs d'armes au monde, semblent moins susceptibles d'imposer de telles restrictions. Cependant, les efforts de la Chine pour augmenter ses ventes d'armes au Moyen-Orient semblent n'avoir eu qu'un effet limité : la région a représenté 7,0 % des exportations d'armes chinoises en 2016-2020, contre 3,8 % en 2011-2015[307].

C'est pour l'année 2019 que le SIPRI inclut, pour la première fois, des données sur les entreprises chinoises de défense dans le classement des plus grandes entreprises d'armement au monde. Les quatre entreprises incluses sont : Aviation Industry Corporation of China (AVIC, classé 6e) ; China Electronics Technology Group Corporation (CETC, 8e) ; China North Industries Group Corporation (Norinco, 9e) et China South Industries Group Corporation (CSGC, 24e). Au total, ces quatre groupes chinois avaient réalisé, en 2019, des ventes d'armes estimées à 56.710 millions USD[308]. Un résultat dû à la demande intérieure, dopée par la nécessité de modernisation de l'Armée populaire de libération.

Au demeurant, les fabricants d'armes chinois ont fait une percée notable sur le continent africain. Au cours de la période 2016-2020, la Chine était en réalité le deuxième plus grand fournisseur d'armes en Afrique subsaharienne. Par ailleurs, selon certaines sources[309], des armes et des munitions d'origine chinoise sont entre les mains d'une série d'acteurs, y compris des forces non étatiques, opérant dans un certain nombre de pays ; ces armes étant issues en général des cas de détournements.

---

307 GRIP. *Dépenses militaires, production et transferts d'armes. Compendium 2021.* 2021, p. 29.

308 *Ibid.*, p. 37.

309 Mariani, Bernardo. *China's arms exports to Sub-Saharan Africa.* Institut Français des Relations internationales, Note 29, 2021, p. 5.

Paragraphe 2 : Les politiques nationales d'exportation d'armement des États membres permanents du Conseil de Sécurité des Nations Unies.

A. La politique d'exportation d'armement de la France

Le dispositif français de contrôle des exportations d'armement est défini par un cadre législatif et réglementaire[310], qui prend en compte les impératifs nationaux de souveraineté et de sécurité ainsi que les engagements internationaux et européens de la France en matière de maîtrise des armements, de désarmement et de non-prolifération. Il repose sur un principe général de prohibition qui conduit à soumettre l'ensemble du secteur de la défense et de ses flux au contrôle de l'État. Ainsi, en France, la fabrication et le commerce de matériels de guerre sont soumis à une autorisation accordée par l'État. Toute personne, physique ou morale, qui souhaite fabriquer, faire commerce ou se livrer à une activité d'intermédiation de matériels, armes et munitions de guerre ou d'armes et de munitions de défense sur le territoire national doit en faire la demande auprès du ministère des Armées. Celui-ci délivre alors une autorisation de fabrication, de commerce ou d'intermédiation (AFCI) pour une période maximale de 5 ans renouvelable. L'exercice de cette activité est soumis à des conditions et s'effectue sous le contrôle de l'État.

Une autorisation préalable – dénommée licence – est également nécessaire pour exporter du matériel de guerre ou assimilé à destination d'un État non-membre de l'Union européenne [311]et transférer des produits de défense à destination d'un État membre de l'Union européenne[312]. Il existe trois grands types de licence d'exportation et de transfert : la licence individuelle qui autorise l'expédition en une ou plusieurs fois de biens à un destinataire ; la licence globale qui autorise l'expédition de biens à un ou plusieurs destinataires identifiés pour une durée déterminée, sans limite de quantité ni de montant ; la

---

[310] Le code de la défense et le code de la sécurité intérieure sont les principaux instruments juridiques qui régissent le classement des matériels, organisation et fonctionnement des Autorisations de fabrication, de commerce et d'intermédiation, les règles applicables en matière d'acquisition, de détention, de port, de transport et de transfert des armes ; l'exportation et l'importation de matériels de guerre et de matériels assimilés et transferts intracommunautaires de produits liés à la défense. Ils sont composés chacun d'une partie législative et d'une partie réglementaire.

[311] Licence d'exportation.

[312] Licence de transfert.

licence générale qui permet d'effectuer des opérations d'exportation ou de transfert de matériels compris dans son champ d'application et pour des destinataires prédéfinis par le Gouvernement.

Les licences individuelles et globales font l'objet d'une évaluation interministérielle dans le cadre de la Commission interministérielle pour l'étude des exportations des matériels de guerre (CIEEMG)[313]. Elles sont délivrées par le Premier ministre, après avis de la CIEEMG, puis notifiées par le ministre chargé des douanes[314]. Les licences délivrées peuvent être soumises à ces conditions. Elles sont le plus souvent assorties de l'obligation faite à l'industriel d'obtenir de son client – qu'il s'agisse d'un État, d'une société ou d'un particulier – des engagements en matière de destination finale et de non-réexportation des matériels livrés, qui ne peuvent être cédés à un tiers qu'après accord préalable des autorités françaises.

Afin de vérifier que les opérations réalisées sont bien conformes aux autorisations accordées, un contrôle a posteriori a été mis en place en juin 2012. Il s'agit d'un contrôle sur pièces et sur place effectué par des agents du ministère des Armées dans les locaux des entreprises exportatrices. Depuis le 30 juin 2012, les entreprises sont également tenues de faire parvenir au ministère des Armées des comptes rendus semestriels récapitulant leurs commandes et leurs expéditions de matériels. La CIEEMG étudie 4.000 à 5.000 nouvelles demandes de

---

[313] La CIEEMG est une commission réunissant des représentants de plusieurs ministères dont ceux en charge de la défense, des affaires étrangères et du développement international, et de l'économie et des finances qui ont voix délibérative. Elle est placée auprès du Premier ministre et est présidée par le Secrétaire général de la défense et de la sécurité nationale (SGDSN). Elle apprécie les projets d'exportation sous tous leurs aspects, en tenant compte des conséquences de l'exportation en question pour la paix et la sécurité régionales, de la situation intérieure du pays de destination finale et de ses pratiques en matière de respect des droits de l'homme, du risque de détournement au profit d'utilisateurs finaux non autorisés, de la nécessité de protéger la sécurité des forces françaises et celle de ses alliés ou encore de maîtriser le transfert des technologies les plus sensibles.

[314] La France fonde ses décisions d'exportation sur des critères déterminés dans le cadre des traités, conventions, instruments ou forums internationaux auxquels elle adhère, dont la Décision (PESC) 2019/1560 du Conseil du 16 septembre 2019 modifiant la position commune 2008/944/PESC définissant des règles communes régissant le contrôle des exportations de technologies et d'équipements militaires et le Traité sur le commerce des armes. La France applique les embargos internationaux instaurés par l'ONU et l'Union européenne.

licence chaque année[315]. Elle se prononce également sur 2.000 à 2.500 demandes de modification[316] de licence. Le délai moyen de traitement s'améliore et est inférieur à 40 jours. Ces demandes sont émises par les sociétés exportatrices, déclarées auprès de l'administration.

La France développe des stratégies régionales, fondées sur des partenariats, qui visent à renforcer la sécurité de pays partenaires, tout en consolidant la présence et l'influence françaises dans la région. Ces relations de défense traduisent des engagements qui s'inscrivent nécessairement dans la durée afin d'atteindre des objectifs partagés, tant sur le plan opérationnel que capacitaire. Ces partenariats permettent aussi à la France de faire valoir ses intérêts et d'échanger, dans une relation de confiance, sur les questions de défense et de sécurité, ainsi que sur les défis globaux ou régionaux appelant une réponse concertée sinon commune[317].

Les exportations françaises de matériels de guerre et matériels assimilés accompagnent les États partenaires dans le renforcement et l'adaptation de leurs capacités militaires. Au-delà de l'acquisition de matériels, l'accompagnement français comporte aussi le soutien en service du matériel, la formation à l'emploi, l'assistance technique, la fourniture de pièces détachées, autant de flux qui peuvent durer plusieurs décennies et contribuent à inscrire ces partenariats dans le temps long nécessaire pour renforcer la stabilité et la sécurité globale[318].

La France porte une attention particulière à la région Indopacifique, dont la stabilité est primordiale pour la prospérité et la sécurité internationales. Cette région, où se concentrent activité économique et flux commerciaux essentiels pour l'Europe et la France, présente des défis majeurs qui ne peuvent être surmontés que par la voie de la coopération, dans le respect du droit international. Ces défis sont liés aux risques de prolifération nucléaire, d'affirmation militaire, de développement du terrorisme, de la criminalité organisée, de remise

---

[315] Ministère français des armées. *Rapport au Parlement 2023 sur les exportations d'armement de la France*, 2023, p. 31.

[316] Des demandes de modification sont émises lorsque le périmètre de la licence (quantités, circuit commercial, montant des fournitures) évolue en cours de négociation ou après la signature d'un contrat, dans le cadre d'amendements.

[317] C'est dans ce cadre que des engagements opérationnels communs avec les partenaires ou alliés de la France ont pu être décidés à l'instar de l'opération Chammal contre Daech au Levant.

[318] Ministère français des armées. *Rapport au Parlement 2021 sur les exportations d'armement de la France*, 2021, p. 11.

en cause du droit maritime et de la sécurité des principales voies de navigation. La zone indopacifique est par ailleurs particulièrement sensible aux conséquences du réchauffement climatique. Sur le plan stratégique, la sécurité au Proche et Moyen-Orient demeure un enjeu majeur pour la France et l'Europe. Cette région du monde concentre des réserves énergétiques encore considérables, et constitue une voie de transit primordiale pour l'économie mondiale, avec le canal de Suez, ainsi que le détroit d'Ormuz par lequel circulent 30 % des exportations mondiales de pétrole. Malgré les succès remportés face à l'État islamique, et les progrès réels accomplis vers la normalisation des relations entre Israël et plusieurs pays arabes, le risque de déstabilisation perdure[319].

La France intervenait depuis 2013 dans l'ensemble des pays de la bande sahélo-saharienne dans le cadre de l'opération Serval, devenue Barkhane le 1er août 2014. Cette dernière opération reposait sur une logique de partenariats avec les pays du G5 Sahel et visait en priorité à favoriser l'appropriation de la lutte contre les groupes armés terroristes. La France participe à la formation des forces armées des pays membres et fournit des matériels militaires en appui du renforcement de leurs capacités de lutte contre le terrorisme[320].

À la demande des autorités maliennes, la France a décidé, le 17 février 2022, de quitter le Mali et de réarticuler le dispositif de l'opération Barkhane en dehors du territoire malien. Ce redéploiement est effectif depuis le 15 août 2022 avec le départ du Mali du dernier soldat français de l'opération Barkhane. En février 2023, à la demande des autorités burkinabé, l'armée française a quitté le Burkina Faso avec la fin des opérations de la force française Sabre. Depuis la fin de l'opération Barkhane au Mali et l'évacuation des forces spéciales de la

[319] Cette importance stratégique de la région Indopacifique et de celle du Proche et Moyen-Orient se traduit dans les exportations françaises. En effet, il ressort du Rapport au Parlement 2021 sur les exportations d'armement de la France que sur la période 2011-2020, les principaux clients des armements français, sur la base des prises de commande sont, l'Inde (1er), le Qatar (2e), l'Arabie Saoudite (3e), l'Égypte (4e) et les Émirats Arabes Unies (5e). Ces pays sont suivis respectivement par la Belgique, les États-Unis, Singapour, Koweït, Corée du Sud, Indonésie, Royaume-Uni, Russie, Malaisie, Maroc, Espagne, Australie, Brésil, Chine et Allemagne.

[320] La France a mis en œuvre une politique adaptée de cessions gratuites et a fourni, en 2020, des matériels militaires (pick-up équipés, effets d'habillement et de vie en campagne, munitions, matériel de renforcement des emprises, etc.), des vivres et du carburant pour une valeur de 33,4 M€, ce qui représente 83 % de l'ensemble des cessions gratuites de l'année 2020.

base de Kamboinsin au Burkina Faso, la présence militaire française au Sahel était concentrée au Niger où près de 1.500 soldats français étaient déployés, dans le cadre de la lutte contre le djihadisme. Cependant, à la demande des autorités nigériennes, l'Armée française a été contrainte de quitter le Niger en décembre 2023, dans un contexte de défiance croissante des autorités et des populations sahéliennes vis-à-vis de la présence militaire française au Sahel. Ce départ des militaires et moyens militaires français du Niger symbolise ainsi la fin de plus de dix ans de lutte anti-djihadiste de la France au Sahel[321].

La Direction générale des relations internationales et de la stratégie (DGRIS) du ministère des Armées propose les orientations en matière de contrôle des exportations de matériels de guerre et assimilés et coordonne les travaux du ministère des Armées dans ce domaine. À ce titre, elle coordonne l'examen des demandes soumises à la commission interministérielle pour l'étude des exportations de matériels de guerre (CIEEMG). Elle participe aux travaux interministériels ainsi qu'aux négociations multilatérales menées dans ce domaine. La DGRIS pilote la contribution de ce ministère aux mécanismes de transparence multilatéraux portant sur les exportations d'armement et élabore, en étroite collaboration avec l'ensemble des organismes concernés, le rapport sur les exportations d'armement à destination du Parlement.

---

[321] Le retrait de l'armée française du Sahel s'est fait sur fond de divergences majeures entre les autorités françaises et les juntes militaires qui ont pris le pouvoir au Mali, au Burkina Faso et au Niger. Dans les trois pays, les populations sont sorties massivement pour exiger le départ des forces françaises. Toutefois, des militaires français étaient encore mobilisés au Tchad, dont la capitale N'Djamena abritait le siège du commandement des opérations françaises au Sahel. Cependant, à la demande des autorités tchadiennes, l'armée française a quitté le Tchad, avec la rétrocession, le 30 janvier 2025, de la base militaire Sergent Adji Kosseï de N'Djamena. Créés le 1er août 2011, suite au traité signé entre la France et le Sénégal, les éléments français au Sénégal (EFS) constituaient, à Dakar, un « pôle opérationnel de coopération » (POC) à vocation régionale. Les EFS disposaient par ailleurs de la capacité d'accueillir, de soutenir, voire de commander une force interarmées projetée. S'inscrivant ainsi dans une posture de prévention, les EFS demeuraient un point d'appui matérialisé par l'existence d'un noyau clé de poste de commandement interarmées (PCIA) et d'escales navale et aéronautique. Cependant, à la demande des autorités sénégalaises, l'armée française s'organise pour le départ des Éléments français au Sénégal (EFS) et la restitution d'ici à la fin de l'année 2025 des emprises. Aussi, la France a rétrocédé le 20 février 2025 à la Côte d'Ivoire la grande base militaire historique qu'elle occupait depuis près de 50 ans près de la capitale économique Abidjan.

La France est membre fondateur des quatre régimes de contrôle visant à prévenir la diffusion incontrôlée d'armes et de technologies sensibles que sont : (1) le Groupe des fournisseurs nucléaires, pour les biens et technologies nucléaires sensibles, c'est-à-dire pouvant être utilisés au profit d'un programme d'armement nucléaire ; (2) le Groupe Australie, pour les biens pouvant servir à la composition ou à la fabrication d'armes biologiques ou chimiques ; (3) le MTCR (Missile Technology Control Regime), pour les missiles et les technologies associées pouvant servir de vecteurs d'armes de destruction massive ; (4) l'Arrangement de Wassenaar, pour les armes conventionnelles et biens à double usage présentant une sensibilité particulière par le risque d'accumulation déstabilisatrice, ou de détournement vers des groupes terroristes ou criminels. La France figure également parmi les premiers pays à avoir ratifié le Traité sur le commerce des armes (TCA), dès avril 2014, premier instrument international juridiquement contraignant visant à une meilleure régulation des transferts internationaux d'armes conventionnelles et à renforcer la lutte contre les trafics illicites.

B. La politique d'exportation d'armement du Royaume-Uni

La loi sur le contrôle des exportations[322] et l'ordonnance sur le contrôle des exportations[323] constituent le cadre juridique des contrôles des exportations du Royaume-Uni. La loi sur le contrôle des exportations contient des pouvoirs pour : (a) imposer des contrôles sur les exportations du Royaume-Uni ; (b) imposer des contrôles sur le transfert de technologies à partir du Royaume-Uni ; (c) imposer des contrôles sur la fourniture d'une assistance technique à l'étranger ; (d) imposer des contrôles sur l'acquisition, la cession ou la circulation de biens ou sur les activités qui facilitent cette acquisition, cette cession ou cette circulation ; (e) appliquer des mesures afin de donner effet à la législation de l'Union européenne sur les contrôles des biens à double usage ; (f) prescrire des procédures d'autorisation en ce qui concerne les contrôles imposés ; (g) exiger que le Secrétaire d'État fasse un rapport annuel au Parlement sur les contrôles imposés aux exportations stratégiques en vertu de la loi ; (h) exiger du secrétaire d'État qu'il publie des orientations sur les principes généraux à suivre lors de l'exercice des pouvoirs d'autorisation ; (i) permettre que les

---

[322] Export Control Act 2002.

[323] Export Control Order 2008.

sanctions pour les infractions au contrôle des exportations soient imposées, renforcées ou ajustées pour refléter la gravité des infractions.

La loi contient également des dispositions qui empêchent le secrétaire d'État de prendre un arrêté de contrôle interdisant ou réglementant certaines activités (telles que la mise à disposition du public d'informations), à moins que l'interférence de l'arrêté dans la liberté d'exercer l'activité en question ne soit nécessaire. Le décret de 2008 sur le contrôle des exportations est le principal instrument statutaire de la législation secondaire qui contrôle les exportations de biens militaires et à double usage. Il consolide et met à jour la législation précédente dans un seul document juridique et fournit des détails sur la manière dont la législation sera appliquée. L'Organisation de contrôle des exportations[324] est responsable du maintien, de la mise à jour et de la mise en œuvre de la législation sur le contrôle des exportations qui affecte potentiellement tout exportateur de marchandises contrôlées.

L'ordonnance de 2008 sur le contrôle des exportations[325], tel que modifié, est la principale législation en matière d'exportation. Il contrôle : (i) l'exportation de biens stratégiques, (ii) le transfert de technologies et la fourniture d'une assistance technique, (iii) le commerce d'équipements militaires entre pays d'outre-mer lorsqu'une partie de l'activité a lieu au Royaume-Uni, (iv) le contrôle du commerce avec les destinations où un embargo sur les armes a été imposé par le Royaume-Uni à la suite de règlements ou de déclarations de l'Union européenne ou de l'Organisation pour la sécurité et la coopération en Europe. Aussi, un ensemble de textes législatifs de l'Union européenne était également pris en considération. Une partie de cette législation de l'Union européenne s'appliquait directement, tandis que d'autres sont transposées par le biais du décret sur le contrôle des exportations[326]. Grâce à ce cadre législatif, le gouvernement britannique contrôle l'exportation d'une série de produits militaires et à double usage. Toutefois, selon les termes du Protocole Irlande/ Irlande du Nord[327],

---

[324] Export Control Organisation.

[325] L'ordonnance a été adoptée en décembre 2008 et entrée en vigueur en avril 2009.

[326] À la suite du retrait du Royaume-Uni de l'Union européenne, une partie de cette législation de l'UE est devenue caduque à la fin de la période de transition, à 23 heures le 31 décembre 2020. Toutefois, une partie de cette législation de l'UE a été conservée en vertu de la loi de 2018 sur le retrait de l'Union européenne et était applicable aux exportations de la Grande-Bretagne.

[327] Northern Ireland Protocol.

les règlements de l'Union européenne ont continué à s'appliquer à la circulation des marchandises contrôlées en Irlande du Nord.

L'objectif des contrôles à l'exportation du Royaume-Uni est de promouvoir la sécurité mondiale et de faciliter des exportations responsables. Les contrôles à l'exportation permettent de s'assurer que les biens exportés par le Royaume-Uni ne contribuent pas à la prolifération d'armes de destruction massive ou à une accumulation déstabilisatrice d'armes conventionnelles. Ils protègent la sécurité du Royaume-Uni et son expertise en limitant l'accès aux technologies et capacités sensibles. Les contrôles à l'exportation contribuent également à garantir que les biens contrôlés ne sont pas utilisés à des fins de répression interne ou pour commettre des violations graves du droit international humanitaire. Ils sont le moyen par lequel le Royaume-Uni met en œuvre une série d'engagements juridiques internationaux, principalement le traité sur le commerce des armes et ceux résultant des embargos sur les armes ou des sanctions commerciales des Nations Unies.

Un produit nécessite une licence d'exportation s'il figure sur la liste militaire du Royaume-Uni ou la liste de contrôle nationale et sur des listes de biens contrôlés dérivées des régimes internationaux de contrôle des exportations que sont : (i) le Groupe des fournisseurs nucléaires[328], (ii) le Régime de contrôle de la technologie des

[328] Nuclear Suppliers Group. Une série de réunions a été organisée à Londres en 1975 par le Canada, la France, le Japon, l'Union soviétique, le Royaume-Uni, les États-Unis et l'Allemagne de l'Ouest à la suite de l'explosion en 1974 d'un dispositif nucléaire par un État non doté d'armes nucléaires, événement qui a démontré que la technologie nucléaire transférée à des fins pacifiques pouvait être détournée. Les réunions se sont poursuivies de 1976 à 1978, avec la participation d'autres gouvernements. Ce groupe était connu sous le nom de « Club de Londres », puis de « Groupe des fournisseurs nucléaires ». Le NSG a donc estimé que les conditions d'approvisionnement nucléaire devaient peut-être être adaptées afin de mieux garantir que la coopération nucléaire puisse être poursuivie sans contribuer au risque de prolifération nucléaire. Les réunions de 1975 à 1978 ont réuni les principaux fournisseurs de matières nucléaires, de matières non nucléaires pour les réacteurs, d'équipements et de technologies qui étaient membres du Comité Zangger, ainsi que des États qui n'étaient pas parties au Traité sur la non-prolifération des armes nucléaires. Les directives du NSG sont mises en œuvre par chaque gouvernement participant conformément à ses lois et pratiques nationales. Les décisions relatives aux demandes d'exportation sont prises au niveau national, conformément aux exigences nationales en matière de licences d'exportation.

missiles[329], (iii) le Groupe d'Australie, (iv) l'Arrangement de Wassenaar et (v) le Comité Zangger. Même si un bien ne figure pas sur l'une de ces listes, il peut néanmoins nécessiter une licence d'exportation en vertu de l'article 4 du règlement (CE) n° 428/2009 du Conseil instituant un régime communautaire de contrôles des exportations, des transferts, du courtage et du transit des biens à double usage, si son utilisation finale suscite des inquiétudes.

En juillet 2016, le gouvernement britannique a créé l'Unité commune de contrôle des exportations (ECJU)[330]. Elle est hébergée par le Département du Commerce international[331] du ministère du Commerce. L'ECJU administre le système de contrôle des exportations du gouvernement et rassemble l'expertise politique et opérationnelle du Département du Commerce international, du Foreign, Commonwealth and Development Offce (FCDO) et du ministère de la Défense. Les différents départements de l'Unité ont des rôles distincts. Les demandes de licences d'exportation, de commerce (« courtage ») ou de transbordement de marchandises contrôlées sont soumises à l'ECJU par le biais de SPIRE, le système informatique de gestion des licences.

Les demandes doivent inclure des détails sur les personnes qui utiliseront les marchandises et ce qu'elles ont l'intention d'en faire. Ces informations sont prises en compte dans le cadre du processus d'évaluation globale. Les demandes doivent comporter des spécifications techniques suffisantes pour permettre aux experts de l'ECJU de déterminer si les marchandises sont visées par les listes de contrôle et nécessitent donc une autorisation d'exportation. La grande majorité des licences d'exportation accordées sont des licences d'exportation individuelles standard.

Par ailleurs, dans le cadre de ses engagements et obligations en matière de respect des embargos sur les armes, décrétés par les Nations Unies, l'Union européenne ou l'Organisation pour la sécurité et la coopération en Europe (OSCE), le Royaume-Uni a procédé au

---

329 Missile Technology Control Regime. Le MTCR vise à lutter contre la prolifération des vecteurs susceptibles d'emporter des armes de destruction massive et d'élaborer des principes communs pour encadrer les exportations d'équipements et de technologies balistiques. Il a été mis en place en avril 1987 et compte, à la date de juin 2025, 35 pays membres dont un seul pays africain, l'Afrique du Sud.

330 Export Control Joint Unit (ECJU).

331 Department for International Trade (DIT).

refus ou à la révocation de 95 demandes SIELs[332] et SITCLs[333] entre 2018 et 2020[334]. Le Royaume-Uni est membre du Traité sur le commerce des armes, du Groupe de l'Australie, du Régime de contrôle de la technologie des missiles, du Groupe des Fournisseurs Nucléaires et de l'Arrangement de Wassenaar.

C. La politique d'exportation d'armement des États-Unis

En matière de défense internationale et de contrôle des exportations d'armement, l'objectif ultime des États-Unis demeure un monde libéré du fléau de la guerre et des dangers et fardeaux des armements, dans lequel le recours à la force est subordonné à la primauté du droit et dans lequel les ajustements internationaux à un monde en évolution se font pacifiquement. Pour atteindre cet objectif, les États-Unis ont pour politique d'encourager les accords régionaux de contrôle des armements et de désarmement et de décourager les courses aux armements. C'est dans ce contexte que la politique d'exportation des armes des États-Unis repose sur un principe général qui consiste à renforcer leurs alliés et partenaires dans le monde entier afin de répondre à leurs besoins d'autodéfense souveraine et d'améliorer leurs capacités à opérer avec les forces américaines pour relever les défis communs de sécurité.

---

[332] Les SIELs (*Standard Individual Export Licences*) autorisent l'expédition de biens spécifiques vers un destinataire ou un utilisateur final précis, jusqu'à une quantité spécifiée dans la licence. Si l'exportation est permanente, les SIEL sont généralement valables pendant deux ans ou jusqu'à ce que la quantité spécifiée ait été exportée, selon la première éventualité. Si une exportation est temporaire, par exemple à des fins de démonstration, d'essai ou d'évaluation, un SIEL n'est généralement valable qu'un an et les biens doivent être renvoyés au Royaume-Uni avant l'expiration de la licence. Des contrôles sont en place pour s'assurer que les biens sont retournés au Royaume-Uni.

[333] Une SITCL (*Standard Individual Trade Control Licences*) est spécifique à un négociant ou courtier britannique nommé et couvre l'implication dans le commerce d'une quantité spécifiée de marchandises spécifiques entre un pays d'outre-mer spécifié, appelé pays source, et entre un expéditeur, un destinataire et un utilisateur final spécifiés dans un pays de destination d'outre-mer. Les SITCL sont normalement valables deux ans. Lorsqu'une licence expire, soit en raison du temps écoulé depuis sa délivrance, soit parce que l'activité a eu lieu, la licence cesse d'être valable. Si une autre activité similaire doit avoir lieu, une nouvelle licence doit être demandée. Les contrôles commerciaux ne s'appliquent qu'aux marchandises des catégories A, B et C, telles que spécifiées à l'article 2 et à l'annexe 1 du décret de 2008 sur le contrôle des exportations. Ils ne s'appliquent pas aux logiciels et aux technologies.

[334] United Kingdom. *Strategic Export Controls Annual Report 2020*, 2021, p. 20.

La plupart des transferts d'armes de gouvernement à gouvernement et les licences d'exportation commerciale d'équipements et de technologies de défense d'origine américaine sont supervisés par le Bureau des affaires politico-militaires du Département d'État américain, conformément à plusieurs lois et règlements, entre autres, la loi sur le contrôle des exportations d'armes[335], la politique de transfert des armes conventionnelles[336], la loi de 1961 sur l'aide étrangère[337], les règlements sur le trafic international d'armes[338]. Les ventes d'armes et le commerce des produits de la défense relèvent de la politique étrangère des États-Unis et ont des implications potentielles à long terme pour la sécurité régionale. C'est pourquoi les États-Unis prennent en compte les conditions politiques, militaires, économiques, de contrôle des armements et des droits de l'homme lorsqu'ils décident de fournir des équipements militaires et d'autoriser des ventes commerciales directes à un pays. Chaque proposition de transfert est évaluée au cas

---

[335] Arms Export Control Act. Cette loi est initialement connue sous l'appellation « *The Foreign Military Sales Act* » sous la référence PL 90-629, et fût adoptée par le Sénat et la Chambre des représentants des États-Unis d'Amérique, réunis en Congrès le 22 octobre 1968. Elle avait consolidé et révisé la législation relative à l'aide étrangère en ce qui concerne les exportations militaires. Elle fut amendée le 27 décembre 2021 lors de l'adoption du budget de la défense nationale pour l'année fiscale 2022.

[336] Conventional Arms Transfer Policy. Les objectifs de la politique américaine de transfert d'armes conventionnelles en matière de sécurité nationale et de politique étrangère des États-Unis sont : (1) s'assurer que les forces militaires américaines, ainsi que celles des alliés et des partenaires, continuent de bénéficier d'une supériorité technologique sur les adversaires potentiels (2) promouvoir l'acquisition de systèmes américains pour accroître l'interopérabilité avec les alliés et les partenaires, réduire les coûts unitaires pour tous et renforcer la base industrielle (3) améliorer la capacité des alliés et des partenaires à dissuader les agressions ou à s'en défendre (4) encourager le maintien et l'expansion des partenariats de sécurité des États-Unis avec ceux qui partagent les mêmes intérêts que les États-Unis, et l'accès régional dans les zones critiques pour les intérêts américains (5) promouvoir la stabilité régionale, la résolution pacifique des conflits et la maîtrise des armements (6) prévenir la prolifération des armes conventionnelles qui pourraient être utilisées comme vecteurs d'armes de destruction massive (7) promouvoir la coopération en matière de lutte contre le terrorisme, de protection des infrastructures essentielles et d'autres priorités liées à la sécurité intérieure (8) combattre la criminalité transnationale organisée et les menaces connexes pour la sécurité nationale (9) soutenir la gouvernance démocratique et d'autres objectifs connexes de la politique étrangère des États-Unis (10) s'assurer que les transferts d'armes ne contribuent pas à des violations des droits de l'homme ou du droit humanitaire international.

[337] Foreign Assistance Act.

[338] International Traffic in Arms Regulations (ITAR).

par cas, et approuvée si elle est jugée favorable à la politique étrangère et aux intérêts de sécurité nationale des États-Unis. Aussi, les transferts et les ventes de défense majeurs peuvent être soumis à la notification du Congrès.

L'examen et le contrôle de l'utilisation finale font partie intégrante du processus pour les équipements de défense d'origine américaine livrés à un pays tiers. Les États-Unis veillent à ce que les équipements de défense d'origine américaine soient utilisés conformément à l'accord ou aux licences en vertu desquels les armes ont été transférées. Les États-Unis s'engagent à accélérer, dans la mesure du possible, les transferts de technologie de défense vers les alliés et partenaires des États-Unis, tout en cherchant à contrôler l'accès à ces derniers par des acteurs hostiles, étatiques ou non. Avant que les biens et services de défense d'origine américaine ne soient exportés ou transférés à des entités étrangères, celles-ci doivent s'engager à : 1) ne pas retransférer les équipements à des tiers sans avoir reçu au préalable l'autorisation écrite du gouvernement américain ; 2) ne pas disposer ou utiliser les équipements de défense à des fins autres que celles pour lesquelles ils ont été fournis sans avoir reçu au préalable l'autorisation écrite du gouvernement américain ; et 3) maintenir la sécurité de tout équipement avec un degré de protection sensiblement identique à celui offert par le gouvernement américain[339].

Dans le cadre des ventes militaires à l'étranger (FMS)[340], le gouvernement des États-Unis gère environ 55 milliards de dollars par an de nouvelles ventes d'équipements de défense à des alliés et partenaires étrangers. La Division de la sécurité régionale et des transferts d'armes du Bureau des affaires politico-militaires du Département d'État gère le processus d'approbation du FMS, en étroite collaboration avec l'Agence de coopération pour la défense et

[339] Selon le site du Département d'État américain, jusqu'à 1 million de personnes à travers les États-Unis dépendent des exportations de défense américaines pour leurs emplois.

[340] Foreign Military Sales (FMS). Le programme FMS est une forme d'assistance à la sécurité autorisée par la loi sur le contrôle des exportations d'armes et un outil fondamental de la politique étrangère des États-Unis. Le système FMS permet au gouvernement américain de faciliter la vente d'armes, d'équipements de défense, de services et de formations militaires américains à des gouvernements étrangers. Les programmes FMS sont menés par le biais d'accords contractuels contraignants entre le gouvernement américain et un acheteur étranger autorisé.

la sécurité (DSCA)[341] du Département de la défense. La DSCA coordonne la mise en œuvre des dossiers FMS que les services militaires négocient avec les entrepreneurs de défense américains. Ces ventes fournissent aux alliés et partenaires étrangers clients des États-Unis une capacité de défense complète comprenant la formation, le maintien en condition opérationnelle et le soutien logistique des entrepreneurs. Le processus de vente FMS commence lorsqu'un pays soumet une lettre de demande officielle[342]. Idéalement, celle-ci comprend à la fois une capacité militaire souhaitée et une estimation approximative de ce que le partenaire est en mesure de dépenser. Les ventes sont approuvées après examen par le gouvernement américain et, le cas échéant, après notification au Congrès. Une fois la vente approuvée, la DSCA émet une lettre d'offre et d'acceptation[343] spécifiant les équipements de défense, la formation et le soutien proposés pour la livraison[344].

Dans le cadre des ventes commerciales directes, la Direction des contrôles commerciaux de la défense (DDTC)[345] du Bureau des affaires politico-militaires fournit des autorisations réglementaires pour environ 115 milliards de dollars par an de ventes d'équipements de défense, de services et de technologies de fabrication connexes contrôlés dans les 21 catégories de la liste des munitions américaines. Ces ventes sont négociées de manière privée entre les utilisateurs finaux étrangers et les entreprises américaines. En vertu de la réglementation sur le trafic international d'armes, toute personne américaine, physique ou morale, impliquée dans certaines activités comprenant des équipements de défense décrits sur la liste des munitions américaines, est tenue de s'enregistrer auprès de la Direction des contrôles commerciaux de la défense (DDTC). Une licence ou une autre approbation de la DDTC est requise avant d'exporter un article de défense (y compris les données

---

[341] Défense Security Cooperation Agency (DSCA). La mission de la DSCA est de promouvoir les intérêts de la défense et de la politique étrangère des États-Unis en renforçant les capacités des partenaires étrangers afin d'encourager et de permettre aux alliés et aux partenaires de répondre aux défis communs.

[342] Letter of Request (LOR).

[343] Letter of Offer and Acceptance (LOA).

[344] Les ventes FMS majeures officiellement notifiées au Congrès sont annoncées publiquement sur le site Web du DSCA., www.dsca.mil

[345] Directorate of Defense Trade Controls (DDTC).

techniques contrôlées par ITAR[346]) ou de fournir un service de défense à un utilisateur final étranger.

De manière analogue aux FMS, les licences d'exportation approuvées dans le cadre des ventes commerciales directes le sont à la suite d'un examen approfondi du gouvernement des États-Unis et après notification au Congrès, le cas échéant. Les licences d'exportation sont valables jusqu'à quatre ans. Les autorisations pour les services de défense peuvent avoir une durée plus longue. Elles peuvent être prolongées ou modifiées selon les besoins. Les dossiers des ventes commerciales directes sont considérés comme des accords exclusifs entre les gouvernements ou les entreprises étrangères et les entreprises de défense américaines ; toutefois, certaines informations sur les dossiers notifiés au Congrès sont publiées trimestriellement dans le registre fédéral, conformément aux exigences de la loi sur le contrôle des exportations d'armes. Les biens à double usage et certaines technologies militaires moins sensibles sont contrôlés par le ministère du Commerce sur la liste de contrôle du commerce[347]. Les États-Unis sont membres du Groupe de l'Australie, du Régime de contrôle de la technologie de missiles, du Groupe des Fournisseurs Nucléaires et de l'Arrangement de Wassenaar mais n'ont pas ratifié le Traité sur le commerce des armes[348].

D. La politique d'exportation d'armement de la Chine

Depuis la réforme et l'ouverture à la fin des années 1970, les politiques chinoises de contrôle des exportations d'armes à l'égard des armes de destruction massive et des armes conventionnelles ont connu des changements radicaux, en raison des différentes étapes du développement social et économique de la Chine et des différentes

[346] Selon ITAR (International Traffic in Arms Regulations), les données techniques contrôlées font référence à « *any information for the design, development, assembly, production, operation, repair, testing, maintenance, or modification of a defense article. Technical data may include drawings or assembly instructions, operations and maintenance manuals, and email or telephone exchanges where such information is discussed. However, technical data does not include general scientific, mathematical, or engineering principles commonly taught in schools, information present in the public domain, general system descriptions, or basic marketing information on function or purpose* ».

[347] Commerce Control List, CCL

[348] Néanmoins, les États-Unis ont signé le TCA le 25 septembre 2013. En juillet 2019, les États-Unis ont informé le Secrétaire général de l'ONU qu'ils n'ont pas l'intention de devenir partie au TCA. Par conséquent, les États-Unis n'ont aucune obligation juridique découlant de leur signature du 25 septembre 2013.

orientations politiques découlant de considérations dogmatiques ou idéologiques. Cependant, depuis le milieu des années 1990, parallèlement au développement économique de la Chine, au rôle croissant du pays dans la scène internationale et à son adhésion aux principes internationaux de non-prolifération, les contrôles des exportations chinoises ont fait l'objet d'un processus de réorganisation et de restructuration important.

C'est ainsi que la Chine a progressivement mis en place un ensemble de lois et règlements sur l'exportation des biens et technologies sensibles couvrant les produits nucléaires, biologiques et chimiques, les missiles ainsi que tous les autres équipements militaires. La politique chinoise en matière d'exportation d'armes repose sur trois principes : i) favoriser la capacité d'autodéfense légitime du pays destinataire ; ii) ne pas porter atteinte à la paix, à la sécurité et à la stabilité de la région concernée et du monde dans son ensemble ; iii) ne pas s'ingérer dans les affaires intérieures du pays destinataire[349]. Cependant, tel que le soulignent Evan S. Medeiros et Bates Gill, même si ces principes d'exportation de matériel militaire sont conformes aux normes internationales et visent à promouvoir la sécurité internationale, leur interprétation et leur application par la Chine ont été la source d'une importante controverse, notamment dans le cadre des relations entre les États-Unis et la Chine[350].

Sur le plan législatif et réglementaire, la politique chinoise d'exportation des armes repose sur une série de lois et de règlements nationaux, dont la loi sur l'administration des armes à feu, le règlement sur l'administration des exportations de produits militaires et la liste de contrôle des exportations de produits militaires qui y est annexée. En octobre 1997, le gouvernement chinois a promulgué les Règlements sur la gestion et l'exportation d'équipements militaires de la République populaire de Chine, selon lesquels la Chine délivre la licence pour l'exportation d'armes. Tout transfert de matériel militaire sur son territoire est administré par les départements que le gouvernement a mandatés et par les sociétés autorisées par le gouvernement. Ces départements et ces sociétés s'occupent des activités commerciales dans la limite stricte du projet d'exportation ratifié par le gouver-

[349] China Arms Control and Disarmament Association and Saferworld. *The Evolution of EU and Chinese Arms Export Controls*, 2012, p. 13.
[350] Medeiros, Evan S. et Bates Gill. *Chinese Arms Exports: Policy, Players and Process*. U.S. Army War College, 2000, p. 25.

nement. Le contrat du transfert d'armes ne peut être valable qu'après sa ratification par le département responsable. Le projet d'exportation des armes importantes doit être ratifié par le Conseil des Affaires d'État et la Commission militaire centrale.

En octobre 2020 la Chine a promulgué la loi sur le contrôle des exportations[351] qui a encore renforcé le système législatif de contrôle des exportations, y compris des produits militaires[352]. Cette loi contient des dispositions importantes dont, entre autres, celles relatives au partage des informations et données, aux listes de contrôle, aux approbations nécessaires lorsque la transaction se fait avec des entités figurant sur une liste noire et à l'extraterritorialité de la loi. En effet, l'article 2 relatif aux exportations prévues précise que « *le transfert au sein du pays d'informations ou de données relatives à une technologie contrôlée d'une entité chinoise vers une entité non chinoise nécessitera une licence d'exportation chinoise* ». L'article 9 relatif à la liste de contrôle des exportations et la liste de contrôle temporaire dispose que « *Outre la liste standard des biens et technologies contrôlés, la Chine peut également contrôler d'autres biens jugés essentiels pour la sécurité et les intérêts nationaux par le biais de la liste de contrôle temporaire* ».

Selon l'article 12 relatif aux dispositions générales, « *La Chine peut également contrôler certains biens commerciaux ou moins sensibles en fonction de l'utilisation finale ou de l'utilisateur final pour des raisons de sécurité ou d'intérêts nationaux* ». À l'article 18, la loi a prévu une liste restreinte : « *S'il est nécessaire d'effectuer des transactions avec les entités étrangères figurant sur la « liste noire », les entités chinoises devront obtenir l'approbation du Département de l'Administration du contrôle des exportations de l'État en question* ». L'article 44 relatif à l'extraterritorialité stipule que « *Les entités étrangères qui enfreignent la loi sur le contrôle des exportations sont légalement responsables même si elles se trouvent en dehors des territoires de la Chine* ».

La législation chinoise sur le contrôle des exportations en vue de la non-prolifération adopte largement les pratiques internationales, à savoir : octroi de licences, identification de l'utilisateur final et

---

[351] Export Control Law.

[352] Cette loi chinoise sur le contrôle des exportations a été promulguée le 17 octobre 2020 et est entrée en vigueur le 1er décembre 2020. Avant la promulgation de cette nouvelle loi, le régime chinois de contrôle des exportations était constitué de diverses lois, réglementations administratives et directives.

certification de l'utilisation finale, établissement de listes des biens réglementés et application du principe d'un contrôle général, etc. Pour diminuer les risques de prolifération, il est stipulé dans les lois et règlements établis à cet effet que les exportations nucléaires ainsi que les exportations des produits chimiques réglementés et des équipements militaires ne peuvent être faites que par un nombre bien restreint de sociétés commerciales désignées par les autorités gouvernementales. Par ailleurs, tous ces lois et règlements ont prévu des sanctions contre les exportations illicites.

En général, les lois et règlements susmentionnés agissent dans un cadre identique à celui des pratiques internationales. Dans le domaine nucléaire par exemple, les listes chinoises sont conformes à celles dressées par le Comité Zangger et le Groupe des fournisseurs nucléaires, et elles sont mises à jour sans cesse en fonction des modifications des listes de ces deux organismes. Dans les domaines biologique et chimique, les listes chinoises concordent pour l'essentiel avec celle du Groupe d'Australie. Dans le domaine des missiles, la liste chinoise correspond dans l'ensemble à l'annexe du MTCR. De plus, par ses départements compétents, le gouvernement chinois peut exercer un contrôle provisoire, en vertu de la loi, sur l'exportation des biens et technologies non-inscrits sur les listes susmentionnées. Par ailleurs, la Chine ne fait du commerce d'armes qu'uniquement avec des États souverains, et exige des certificats d'utilisation finale des gouvernements destinataires, en s'engageant à ne pas transférer les armes importées de Chine à une tierce partie sans le consentement préalable du gouvernement chinois. En conséquence, la Chine n'autorise pas les exportations d'armes vers des acteurs non étatiques.

S'agissant de la mise en application du dispositif de contrôle des exportations, un grand nombre de départements et d'agences gouvernementaux chinois sont impliqués. Il existe tout un mécanisme de répartition du travail et de coordination de l'action entre les différents départements et agences. Concernant les exportations nucléaires, elles sont gérées conjointement par la Commission de la Science, de la Technologie et de l'Industrie pour la Défense nationale (COSTIND[353]) avec les autres départements gouvernementaux concernés. L'exportation d'équipements militaires, y compris celle des missiles et des installations de fabrication et des équipements clés destinés directement à la fabrication de missiles, est contrôlée par les services compétents de la

[353] Commission on Science, Technology and Industry for National Defence.

COSTIND et du ministère de la Défense nationale, en concertation avec ceux des autres départements gouvernementaux concernés. Concernant l'exportation de matières nucléaires à double usage, des produits biologiques à double usage, des produits chimiques, ainsi que des matériels et des technologies de missiles à double usage utilisés à des fins civiles, elle est contrôlée par le ministère du Commerce en concertation avec les autres départements gouvernementaux[354]. Une réforme a conduit en 2008 à la transformation de COSTIND en une nouvelle entité administrative dénommée State Administration for Science, Technology and Industry for national Defence (SASTIND).

L'exportation de biens sensibles et des équipements et technologies connexes touchant aux relations diplomatiques doit faire l'objet d'un examen conjoint des départements compétents susmentionnés et du ministère des Affaires étrangères. Les projets d'exportation susceptibles d'avoir un impact sérieux sur la sûreté de l'état et l'intérêt général de la société doivent être soumis par les départements compétents et les autres services concernés à l'approbation du Conseil des Affaires d'État et de la Commission militaire centrale. L'Administration générale des Douanes se charge du contrôle de l'exportation et prend part aux enquêtes sur les cas d'exportations illicites. La douane a le droit d'émettre des doutes sur les biens d'exportation pour savoir s'ils relèvent ou non des biens ou technologies sensibles ; elle est en droit d'exiger que les exportateurs, selon la procédure requise, sollicitent aux départements gouvernementaux concernés les licences d'exportation ou les attestations prouvant que les biens à exporter ne sont pas inscrits sur les listes de contrôle.

---

[354] Plus précisément, l'exportation de matières nucléaires à double usage, des biens à double usage et des technologies liées à la fabrication de missiles est soumise à l'examen du ministère du Commerce et de la COSTIND ; celle des technologies et des produits biologiques à double usage en rapport avec les animaux et les végétaux, à l'examen du ministère du Commerce et, si nécessaire, du Ministère de l'Agriculture ; celle des technologies et des agents biologiques à double usage en rapport avec l'homme, à l'examen du ministère du Commerce et du Ministère de la Santé en cas de besoin ; celle des équipements et des technologies relatifs aux agents biologiques à double usage ainsi qu'aux produits chimiques, à l'examen du ministère du Commerce et de la Commission d'état pour le Développement et la Réforme selon les besoins ; et celle des produits chimiques réglementés, à l'examen de cette Commission et de ce ministère.

E. La politique d'exportation d'armement de la Russie

Le système russe de contrôle des exportations d'armes fut développé en plusieurs étapes jusqu'à atteindre sa maturité. Il a été formellement mis en place le 11 avril 1992 avec la signature du décret n°388 du Président de la Fédération de Russie sur « *Measures for creating an export control system in Russia* »[355]. La toute première licence militaire délivrée par la Russie était celle autorisant les sous-ensembles et composants spécifiques nécessaires à la production d'armements et d'équipements militaires à exporter vers l'Ukraine[356]. Afin de garantir une politique d'État unifiée en matière de contrôle des exportations et de coordonner les actions des organes exécutifs fédéraux, la Commission sur le contrôle des exportations a été créée sous l'autorité du gouvernement de la Fédération de Russie[357].

L'adoption en 1999 de la loi sur le contrôle des exportations, ainsi que la réorganisation du dispositif de contrôle des exportations dans le cadre de la réforme administrative de 2000, ont marqué une nouvelle étape dans l'évolution du régime de contrôle des exportations en Russie. Cette loi sur le contrôle des exportations ne se contente pas de réglementer le transfert international de produits et de technologies seulement, mais réglemente aussi les transactions par lesquelles des

---

[355] Center for Army, Conversion and Disarmament Studies. *Challenges facing arms export in Ukraine and the Russian federation.* 2012, p. 7.

[356] Item 9B1032 – passive radar seeker for the air-to-air guided missile R-27P; license n°0730142096001. Cette licence a été délivrée le 6 août 1992 à *Omsk Avtomatika Zavod* par le Département de l'analyse stratégique et des licences de la Direction de la coopération technique militaire du ministère en charge des relations commerciales extérieures.

[357] La Commission est un organe de coordination interdépartemental chargé des contrôles à l'exportation et créé pour mettre en œuvre la politique de l'État en la matière, y compris en relation avec les régimes internationaux de contrôle, coordonner les activités des organes fédéraux de l'autorité exécutive impliqués dans les contrôles à l'exportation, et donner des orientations organisationnelles et méthodologiques à ces activités. La Commission a les responsabilités suivantes : (i) protéger les intérêts de l'État lors de l'exercice d'activités économiques à l'étranger concernant des biens, des informations, des travaux, des services et des résultats d'activités intellectuelles susceptibles d'être utilisés pour la mise au point d'armes de destruction massive, de leurs vecteurs et d'autres types d'armement et d'équipement militaire ; (ii) élaborer des propositions de politique nationale de contrôle des exportations en vue d'empêcher la propagation des armes de destruction massive et de leurs vecteurs ; (iii) sauvegarder la sécurité nationale de la Russie, et (iv) effectuer d'autres tâches de contrôle des exportations. Le directeur de la FSTEC en assure la vice-présidence.

produits et des technologies sont transférés à un ressortissant étranger alors que ce dernier se trouve sur le territoire russe. La loi sur le contrôle des exportations a élevé le statut de certains mécanismes de contrôle des exportations qui étaient auparavant mis en œuvre par des décisions gouvernementales et des décrets présidentiels.

La restructuration de la branche exécutive du gouvernement fédéral, prescrite par le décret présidentiel n° 314 du 9 mars 2004, a inauguré une étape majeure dans le développement du système de contrôle des exportations de la Russie. Le décret a transféré la fonction de contrôle des exportations – qui était auparavant confiée au ministère en charge du développement économique et du commerce – à une agence nouvellement créée qui opère sous l'égide du ministère de la Défense : le Service fédéral russe de contrôle technique et d'exportations (*Federal Service for Technical and Export Control*, FSTEC). Les règles de procédure du FSTEC ont été officiellement approuvées par le décret n° 1085 du président russe, publié le 16 août 2004. Actuellement, le FSTEC est le principal organisme russe responsable du contrôle des exportations sur les armes et les biens à double usage.

Le FSTEC est responsable (i) de la délivrance des licences d'exportation, permis d'exportation, etc. ; (ii) des audits sur le terrain des exportateurs russes/des participants au commerce extérieur ; et (iii) de l'accréditation des laboratoires d'essai effectuant des expertises indépendantes des biens et technologics à double usage. En ce qui concerne les armes et les équipements militaires, le Service fédéral de la coopération militaire et technique est responsable de la délivrance des licences d'importation et d'exportation en coordination avec le ministère de la Défense et d'autres autorités gouvernementales russes. Le Service fédéral des douanes est responsable du dédouanement et du contrôle douanier des biens contrôlés à la frontière douanière.

La Russie est partie à un certain nombre de traités internationaux sur le contrôle des exportations. Les réglementations nationales de la Russie sur le contrôle des exportations sont principalement fondées sur ces traités internationaux, en particulier sur l'Arrangement de Wassenaar, mais à quelques différences près. La loi fédérale n° 183-FZ « sur le contrôle des exportations » datée du 18 juillet 1999 est le principal instrument juridique qui établit les principes de base du contrôle des exportations russes et met en œuvre les règlements sur l'octroi de licences et la supervision du contrôle des exportations.

En tant que pays participant à l'Arrangement de Wassenaar, la Russie a établi ses propres listes de biens contrôlés aux fins du contrôle des exportations. Un certain nombre de décrets présidentiels ont établi les listes russes de biens à double usage et autres biens contrôlés. Actuellement, la Russie applique les listes suivantes de biens contrôlés[358] : (i) liste des biens à double usage ; (ii) liste des matières et équipements nucléaires, des matières spéciales non nucléaires et des technologies correspondantes ; (iii) liste des équipements et matériaux à double usage et des technologies pertinentes destinés à la sphère nucléaire ; (iv) liste des équipements, matériaux et technologies pouvant être utilisés pour la création d'armes de missiles ; (v) liste des produits chimiques, équipements et technologies pouvant être utilisés pour la création d'armes chimiques ; (vi) liste des micro-organismes, toxines, équipements et technologies soumis au contrôle des exportations ; (vii) liste d'armes et d'équipements militaires.

Conformément à la loi sur le contrôle des exportations, les biens contrôlés peuvent comprendre : les matières premières, les matériaux, les équipements, les informations scientifiques et techniques, les résultats de l'activité intellectuelle et les droits de propriété intellectuelle, l'exécution de travaux, la prestation de services qui, en raison de leurs spécificités et particularités, peuvent avoir un impact substantiel sur la création d'armes de destruction massive, de vecteurs, d'autres types d'armes et d'équipements militaires. Par conséquent, le champ d'application des biens est très large. Les contrôles russes des exportations prévoient également une clause/un principe « fourre-tout », lorsque les exportateurs russes enregistrés doivent obtenir une licence de contrôle des exportations pour des biens qui ne figurent sur aucune des listes contrôlées, mais que les exportateurs comprennent que l'utilisateur final utilisera ou pourrait utiliser ces biens à des fins militaires.

Il existe deux types de licences de contrôle des exportations : (i) la licence unique et (ii) la licence générale. Une licence unique est délivrée pour un contrat et une quantité particulière de marchandises. Une licence unique indique le pays de destination finale, l'expéditeur (vendeur) et l'acheteur (destinataire). La délivrance de licences « one-shot » nécessite un examen préliminaire de la transaction par le

[358] Ces listes sont principalement basées sur les conventions de Wassenaar et d'autres conventions internationales dans le domaine du contrôle des exportations, mais elles diffèrent sur certains points et ne coïncident pas entièrement avec les listes de marchandises contrôlées d'autres pays, surtout les États-Unis et l'Union européenne.

FSTEC. La durée maximale de validité des licences « one-shot » est d'un an, et peut être prolongée d'un an. Une licence générale est délivrée pour des types particuliers de biens contrôlés, pour une quantité maximale. Une licence générale indique le pays de destination finale, mais elle n'indique pas l'acheteur (destinataire). Les licences générales ne sont disponibles que pour les entités juridiques russes qui ont établi un programme interne de contrôle des exportations et obtenu une accréditation spéciale de l'État auprès du FSTEC. La délivrance de licences générales nécessite l'approbation préalable du gouvernement russe. Les licences générales sont délivrées pour une durée illimitée en fonction de la quantité/du volume de biens d'exportation.

CHAPITRE III

Le suivi de l'application des régimes de sanctions : quelles capacités pour les organes subsidiaires du Conseil de Sécurité des Nations Unies ?

Certains organes subsidiaires du Conseil de Sécurité, en particulier les Comités de sanctions et les Groupes d'experts qui leur sont associés ainsi que certains organes mandatés tels que les missions de maintien de la paix, participent au suivi de l'application des régimes de sanctions. L'Article 29 de la Charte de l'ONU autorise le Conseil de Sécurité à créer « *les organes subsidiaires qu'il juge nécessaires à l'exercice de ses fonctions* »[359], y compris les comités de sanctions, les groupes de travail et les comités chargés de promouvoir les normes internationales dans les domaines de la lutte contre le terrorisme et de la prévention de la prolifération des armes de destruction massive. Ces comités sont au demeurant sous l'autorité directe du Conseil et sont composés des 15 membres du Conseil[360]. Les comités de sanctions supervisent le respect et la mise en œuvre des sanctions, principalement à travers l'examen des rapports élaborés par les Groupes d'experts. Ils désignent les personnes et les entités qui répondent aux critères

---

[359] Cette disposition de l'Article 29 de la Charte est reprise, dans une formulation différente, à l'Article 28 du Règlement intérieur provisoire du Conseil de Sécurité, *« Le Conseil de sécurité peut désigner une commission, un comité ou un rapporteur pour une question déterminée »*.

[360] Une seule exception s'applique à un seul organe subsidiaire, créé par la Charte des Nations Unies, qui est le Comité d'état-major, qui ne comprend que les membres permanents uniquement. Selon l'Article 47, Alinéa 1 de la Charte, le Comité d'état-major a pour mission *« de conseiller et d'assister le Conseil de sécurité pour tout ce qui concerne les moyens d'ordre militaire nécessaires au Conseil pour maintenir la paix et la sécurité internationales, l'emploi et le commandement des forces mises à sa disposition, la réglementation des armements et le désarmement éventuel »*. Néanmoins, il peut convier tout Membre des Nations Unies qui n'est pas représenté au Comité d'une façon permanente à s'associer à lui, lorsque la participation de ce Membre à ses travaux lui est nécessaire pour la bonne exécution de sa tâche.

d'inscription. Les comités de sanctions examinent également les demandes de dérogation aux listes de sanctions et leurs donnent suite. Ils préparent aussi les examens des sanctions pour le Conseil de Sécurité et produisent des rapports annuels.

Les Groupes d'experts s'acquittent de nombre de tâches pour les Comités, y compris en fournissant un contexte général concernant la situation dans laquelle les sanctions sont mises en œuvre, en faisant rapport sur l'efficacité des mesures de sanctions, la nature des violations et l'identité de ceux qui ne s'y sont pas conformés, en aidant les États à se conformer aux mesures de sanctions et en formulant des recommandations pour améliorer l'efficacité du régime de sanctions. La sélection des membres du groupe est effectuée par le Comité des sanctions. Le Secrétaire général adjoint aux affaires politiques et à la consolidation de la paix soumet une proposition au président du Comité, en puisant des noms dans une liste d'experts tenue par le Secrétariat[361].

Par ailleurs, la Charte de l'ONU a envisagé la possibilité de forces en attente des États membres qui contribueraient au maintien de la paix et de la sécurité internationales. Cette idée n'a pas pu devenir une réalité du fait de la guerre froide. En lieu et place, l'ONU a créé un ensemble d'opérations de paix allant des bureaux régionaux axés sur la conduite de bons offices aux opérations multidimensionnelles de maintien de la paix avec des composantes militaires, de police et civiles. De 1948 à juin 2025, 71 opérations de maintien de la paix de l'ONU ont été déployées[362], avec 11 opérations actives en juin 2025 dont près de la moitié en Afrique[363]. Presque tous les mandats de

---

[361] Le consensus du Comité de sanctions est nécessaire pour qu'un expert proposé soit nommé par le Secrétaire général de l'ONU.

[362] Il s'agit, à la date du 30 juin 2025, de 31 opérations de maintien de la paix en Afrique - dont 2 au Libéria (MONUL, MINUL), 2 en Sierra Léone (MONUSIL, MINUSIL) et 2 en Côte d'Ivoire (MINUCI, ONUCI) - 10 en Amérique latine et aux Caraïbes, 10 en Asie et au Pacifique, 10 en Europe et 10 au Moyen-Orient. Les plus anciennes missions de maintien de la paix sont l'Organisme des Nations Unies chargé de la surveillance de la trêve (ONUST), établie en mai 1948 et le Groupe d'observateurs militaires des Nations Unies en Inde et au Pakistan (UNMOGIP), établie en janvier 1949.

[363] Il s'agit de FINUL (Liban), FNUOD (Golan), FISNUA (Abyei), MINUK (Kosovo), MINURSO (Sahara occidental), MINUSCA (République Centrafricaine), MINUSS (Soudan du Sud), MONUSCO (République Démocratique du Congo), ONUST (Moyen-Orient), UNFICYP (Chypre) et UNMOGIP (Inde et Pakistan).

maintien de la paix ont été autorisés par le Conseil de sécurité[364]. À la date du 30 juin 2025, la durée totale de toutes ces 71 opérations de maintien de la paix sous l'égide des Nations Unies est évaluée à 658 années, soit une durée moyenne globale de 9,3 années par mission. En accueillant 31 de ces missions, le continent africain se révèle être une zone majeure de conflits. En effet, à la date du 30 juin 2025, les Nations Unies et ses partenaires, à travers ces 31 opérations de paix, ont consacré l'équivalent de 208 années de maintien de la paix sur le continent africain dont plus de 50 en Afrique de l'Ouest : 169 mois en Côte d'Ivoire, 89 mois en Sierra Leone, 222 mois au Liberia et 122 mois au Mali[365].

Dans ce chapitre, nous analysons le rôle des principaux organes subsidiaires et organes mandatés du Conseil de Sécurité – Comités de sanctions, Groupes d'experts et Opérations de maintien de la paix – dans le suivi de l'application des régimes de sanctions concernant le Liberia (Section 1), la Sierra Leone (Section 2) et la Côte d'Ivoire (Section 3).

Section 1 : Le suivi de l'application du régime de sanctions concernant le Liberia

Paragraphe 1 : Les Comités de sanctions concernant le Liberia

A. Comité du Conseil de sécurité créé par la résolution 985 (1995)

Ce Comité créé par la résolution S/RES/985 (1995) du 13 avril 1995 du Conseil de Sécurité de l'ONU, conformément à l'article 28 du règlement intérieur provisoire du Conseil, avait pour mandat de contrôler l'application de l'embargo sur les armes contre le Liberia, imposé par la résolution S/RES/788 (1992) du 19 novembre 1992, à la suite de la première guerre civile au Liberia. Ce comité était effectivement chargé d'accomplir les tâches ci-après et de présenter au Conseil de Sécurité un rapport sur ses travaux contenant ses observations et ses recommandations : a) demander à tous les États de lui communiquer des informations sur les mesures qu'ils auraient prises concernant la mise en œuvre effective de l'embargo sur les

[364] Les exceptions comprennent la Force d'urgence de l'ONU pendant la crise de Suez en 1956 et les Forces de sécurité de l'ONU en Nouvelle-Guinée occidentale en 1962, qui ont été autorisées par l'Assemblée générale.

[365] Calcul effectué par l'auteur sur la base des données officielles du Département des opérations de paix des Nations Unies.

armes imposé en vertu de la résolution S/RES/788 (1992) du 19 novembre 1992; b) examiner toute information portée à son attention par des États au sujet de violations de l'embargo et faire des recommandations au Conseil sur les moyens d'accroître l'efficacité de l'embargo; et c) recommander des mesures appropriées en cas de violations de l'embargo et fournir régulièrement au Secrétaire général des informations pour communication à l'ensemble des États membres[366].

Le bureau du Comité, élu chaque année à sa première séance, est composé d'un président et de deux vice-présidents. Le président est élu à titre individuel pour l'année civile. En 1995, le bureau était composé de l'Ambassadeur Gerardo Martínez Blanco de Honduras, Président, et de deux vice-présidents choisis respectivement par la délégation indonésienne et celle de l'Italie. À sa 2e séance, tenue le 25 mai 1995, le Comité a examiné et adopté les directives concernant la conduite de ses travaux, dont le texte a été communiqué à tous les États et organisations internationales le 7 juin 1995. Un appel a également été lancé le même jour par le biais d'un communiqué de presse aux organisations gouvernementales ou non gouvernementales ainsi qu'aux particuliers pour qu'ils fournissent toutes les informations dont ils pourraient avoir connaissance sur des violations ou violations présumées de l'embargo imposé au Liberia[367]. Le Comité n'avait reçu d'aucun État membre des informations concernant des violations alléguées de l'embargo sur les armes[368].

Le même Bureau a été reconduit pour 1996. Dans son rapport annuel, le Comité a noté qu'en l'absence d'un mécanisme de contrôle spécifique destiné à assurer l'application effective de l'embargo sur les armes, le Comité était tributaire exclusivement de la coopération des États et organisations qui sont en mesure de lui fournir des informations pertinentes sur des violations de l'embargo sur les armes[369]. Pour l'année 1997, le Comité a élu un nouveau bureau, lors de sa 4e séance, le 6 janvier 1997, en confiant la présidence à M. Fernando Berrocal Soto du Costa Rica et les deux vice-présidences aux délégations du Japon et de la Suède. Dans son rapport annuel, le

---

366 Résolution S/RES/985 (1995) du 13 avril 1995, par 4.

367 Communiqué de presse de l'ONU SC/6049.

368 Nations Unies. *Rapport du Comité du Conseil de sécurité créé par la résolution 985 (1995) concernant le Liberia.* 30 janvier 1996, p. 2.

369 Nations Unies. *Rapport du Comité du Conseil de sécurité créé par la résolution 985 (1995) concernant le Liberia.* 31 décembre 1996, p. 3.

Comité a rappelé les décisions prises par le Conseil de Sécurité au paragraphe 9 de sa résolution S/RES/1100 (1997) du 27 mars 1997 et au paragraphe 7 de sa résolution S/RES/1116 (1997) du 27 juin 1997, insistant sur le fait que tous les États sont tenus de se conformer scrupuleusement à l'embargo sur les livraisons d'armes et de matériel militaire au Liberia et les invitant à prendre toutes les mesures voulues pour assurer la stricte application de cet embargo et de porter tous les cas de violation à l'attention du Comité[370]. Aucun cas de violation de l'embargo sur les armes n'a été officiellement notifié au Comité.

Pour l'année 1998, M. Fernando Berrocal Soto du Costa Rica, reconduit dans sa fonction de Président du comité lors de la 5e séance, le 6 janvier 1998, fut remplacé, après son départ, par son compatriote M. Bernd Niehaus Quesada. Dans son rapport annuel 1998, le Comité a pris acte des dispositions du paragraphe 2 de la résolution S/RES/1196 (1998) du 16 septembre 1998, dans lequel le Conseil de Sécurité encourageait chaque État membre d'envisager, en tant que moyen de s'acquitter de ses obligations, l'adoption de lois ou d'autres dispositions juridiques érigeant en infraction pénale la violation des embargos sur les armes imposés par le Conseil[371].

En 1999, le Bureau du Comité était composé du Président, M. Martin Andjaba de la Namibie, et de deux vice-présidents, dont les fonctions ont été assurées par les délégations du Canada et de la Malaisie. Durant cette année, le Comité a examiné trois communications faisant état de violations de l'embargo sur les armes imposées contre le Liberia et, a envoyé à ce sujet, le 26 mai 1999, des lettres demandant des informations au Burkina Faso, au Liberia et à l'Ukraine[372]. Le 19 avril 1999, le Comité a reçu, une lettre du Représentant permanent du Royaume-Uni faisant état de violations présumées des mesures d'embargo sur les armes que le Conseil de Sécurité avait adoptées au

---

[370] Nations Unies. *Rapport du Comité du Conseil de sécurité créé par la résolution 985 (1995) concernant le Liberia.* 31 décembre 1997, p. 2.

[371] Nations Unies. *Rapport du Comité du Conseil de sécurité créé par la résolution 985 (1995) concernant le Liberia.* 24 décembre 1998, p. 2.

[372] Nations Unies. *Rapport du Comité du Conseil de sécurité créé par la résolution 985 (1995) concernant le Liberia.* 31 décembre 1999, p. 2-3. Le 7 juin 1999, la Mission permanente de l'Ukraine auprès de l'Organisation des Nations Unies a adressé au Comité, pour information, copie d'une lettre datée du 1er juin 1999 qu'elle avait adressée au Président du Comité du Conseil de sécurité créé par la résolution S/RES/1132 (1997) du 8 octobre 1997 concernant la Sierra Leone, à propos de la question susmentionnée. Le Comité n'a reçu aucune réponse des Gouvernements du Burkina Faso et du Liberia.

paragraphe 8 de sa résolution S/RES/788 (1992) du 19 novembre 1992. En retour, le 27 avril 1999, la Mission permanente de l'Ukraine auprès de l'ONU a adressé au Président du Comité une note verbale, dans laquelle elle présentait les résultats d'une enquête menée par les autorités ukrainiennes compétentes à la suite de rapports faisant état de la livraison d'armes et de munitions qui auraient été transportées par un avion ukrainien au Burkina Faso, avant d'être réacheminées par avion au Liberia pour être livrées à des forces non gouvernementales en Sierra Leone[373].

Le 14 mai 1999, le Comité a également reçu une communication conjointe des délégations du Royaume-Uni, du Nigéria et des États-Unis d'Amérique, dans laquelle celles-ci lui fournissaient des informations complémentaires concernant la violation présumée des dispositions de la résolution S/RES/985 (1995) du 13 avril 1995 du Conseil de Sécurité – violation déjà évoquée dans la lettre que le Comité avait reçue du Royaume-Uni le 19 avril 1999 – et le priaient de transmettre ces informations aux Gouvernements du Burkina Faso, du Liberia et de l'Ukraine et de demander à ces derniers de mener une enquête approfondie sur la question. En définitive, le Comité reconnaît ne disposer d'aucun mécanisme spécifique lui permettant de veiller au respect strict de l'embargo sur les armes et rappelle à ce sujet que les seules informations dont il dispose sont celles que lui fournissent les États et les organisations en mesure de le renseigner. Le Comité a également demandé instamment à tous les États, en particulier aux États voisins, de respecter pleinement l'embargo sur les livraisons d'armes et de matériel militaire au Liberia imposé par la résolution S/RES/788 (1992) du 19 novembre 1992 du Conseil de Sécurité.

Dans son rapport pour l'année 2000 au Conseil de Sécurité, le Comité dont le Bureau sortant a été reconduit, avait fait observer, à nouveau, qu'il ne disposait pas d'une instance de surveillance pour garantir l'application effective de l'embargo sur les armes, et avait dès lors exhorté les États et les organisations étant en position de lui

---

[373] Selon les résultats de l'enquête, les armes et les munitions auraient été livrées au Burkina Faso conformément à la réglementation ukrainienne et aux règles de droit international en vigueur. Les autorités ukrainiennes compétentes affirment avoir vérifié l'authenticité des sceaux apposés tant sur le bon de livraison que sur le bon de réception, et ont établi que les documents pertinents ne contenaient aucune mention du fait que ces armes et munitions devaient être réexportées pour être livrées à d'autres personnes physiques ou morales dans un quelconque pays tiers.

fournir des informations pertinentes à cet égard de le faire[374]. Néanmoins, le Comité révèle dans le même rapport avoir été informé par le Représentant permanent adjoint et Chargé d'affaires par intérim de la Mission permanente de l'Ouganda auprès de l'ONU, dans une lettre datée du 7 décembre 2000, que les autorités douanières de son pays avaient saisi une cargaison d'armes qui devait apparemment être livrée à Monrovia, en violation de la résolution S/RES/788 (1992) du Conseil de Sécurité[375].

Par la résolution S/RES/1343 (2001) du 7 mars 2001, notant que le conflit au Liberia avait été réglé, que des élections nationales avaient eu lieu dans le cadre du quatrième Accord de Yamoussoukro en date du 30 octobre 1991[376] et que le Communiqué final de la Réunion du Groupe consultatif officieux du Comité des Cinq de la CEDEAO sur le Liberia, publié à Genève le 7 avril 1992[377] avait été appliqué, et estimant qu'il faudrait en conséquence mettre fin à l'embargo imposé par le paragraphe 8 de la résolution S/RES/788 (1992) du 19 novembre 1992, le Conseil de Sécurité procéda à la dissolution du Comité et, en même temps, en créa un nouveau.

B. Comité du Conseil de sécurité créé par la résolution 1343 (2001)

Par la résolution S/RES/1343 (2001) du 7 mars 2001, le Conseil de Sécurité a créé un comité pour garantir l'application effective des mesures décrétées dans le cadre de l'embargo sur les armes pour une période de 14 mois, ainsi que d'autres mesures concernant les diamants et les restrictions des déplacements[378], qui devaient entrer en

---

[374] Nations Unies. *Rapport du Comité du Conseil de sécurité créé par la résolution 985 (1995) concernant le Liberia.* 22 décembre 2000, p. 2.

[375] L'analyse des documents de vol avait révélé que les autorités ougandaises avaient autorisé un vol entre Entebbe et Conakry ainsi que l'exportation des armes en question pour livraison au ministère de la Défense de la Guinée. Or, selon le plan de vol remis aux services ougandais de contrôle du trafic aérien, la destination finale de l'aéronef était Monrovia. Le Représentant permanent adjoint et Chargé d'affaires par intérim a également indiqué au Président du Comité qu'il adressait une copie de sa lettre pour information au Président du Comité du Conseil de Sécurité créé par la résolution S/RES/1132 (1997) du 8 octobre 1997 concernant la situation en Sierra Leone, au Président du Groupe d'experts de la Sierra Leone ainsi qu'à M. Johan Peleman, spécialiste des armements au sein de ce groupe.

[376] Document S/24815, annexe.

[377] Document S/2000/23863.

[378] Résolution S/RES/1343 (2001) du 7 mars 2001, par. 6-7.

vigueur si, dans les deux mois, le Liberia ne cessait pas de soutenir le RUF et d'autres groupes rebelles armés dans la région. Le 7 mai 2001, conformément à la résolution S/RES/1343 (2001) du 7 mars 2001, les mesures concernant l'interdiction des importations directes et indirectes de diamants et les restrictions des déplacements sont entrées en vigueur pour une période de 12 mois.

Conformément à la résolution S/RES/1343 (2001) du 7 mars 2001, il a été demandé au Comité d'exécuter les tâches ci-après et de rendre compte de ses activités au Conseil de Sécurité en lui présentant des observations et des recommandations[379] : a) demander à tous les États de lui communiquer des informations sur les mesures qu'ils auraient prises concernant l'application effective des mesures imposées par la même résolution et, par la suite, leur demander toutes informations complémentaires qu'il pourrait juger nécessaires; b) examiner les éléments d'information portés à son attention par des États au sujet de violations présumées des mesures imposées par la résolution, et présenter périodiquement des rapports au Conseil; c) promulguer les directives nécessaires pour faciliter l'application des mesures ; d) examiner les demandes de dérogation à l'embargo sur les armes imposé et à la restriction des déplacements; e) désigner les personnes visées par la restriction des déplacements et tenir régulièrement leur liste à jour; f) diffuser l'information qu'il jugerait pertinente par l'intermédiaire des médias appropriés; g) présenter des recommandations sur les moyens de renforcer l'efficacité des mesures imposées et de limiter les éventuels effets secondaires de ces mesures sur la population libérienne; h) coopérer avec les autres comités des sanctions intéressés du Conseil de Sécurité, en particulier les comités créés par les résolutions S/RES/1132 (1997) du 8 octobre 1997[380] et S/RES/864 (1993) du 28 août 1998[381]; et i) établir une liste des membres du RUF présents au Liberia.

Par les résolutions S/RES/1408 (2002) du 6 mai 2002 et S/RES/1478 (2003) du 6 mai 2003, le Conseil de Sécurité a successivement prorogé les mesures imposées par la résolution S/RES/1343 (2001) du 7 mars 2001, à savoir l'embargo sur les armes, l'interdiction des importations

379 S/RES/1343 (2001) du 7 mars 2001, par 14.

380 Il s'agit du Comité en charge du suivi de l'application des mesures de sanctions concernant la Sierra Leone.

381 Il s'agit du Comité en charge du suivi de l'application des mesures de sanctions concernant l'UNITA relative à la situation en Angola.

de diamants bruts et les restrictions aux déplacements, pour une durée supplémentaire de 12 mois. Par la résolution S/RES/1478 (2003) du 6 mai 2003, le Conseil a également imposé des interdictions frappant les bois ronds et le bois d'œuvre, qui sont entrées en vigueur le 7 juillet 2003. Par ces résolutions, le Conseil a demandé au Comité de mener à bien les tâches spécifiques qu'il a énumérées et de continuer également à s'acquitter de son mandat tel que défini dans la résolution S/RES/1343 (2001) du 7 mars 2001. Par la résolution S/RES/1408 (2002) du 6 mai 2002, le Conseil avait demandé au Comité d'examiner, en leur donnant la suite voulue, les informations qui auraient été portées à son attention concernant des violations présumées des mesures imposées par la résolution S/RES/788 (1992) du 19 novembre 1992 lorsque ces mesures étaient encore en vigueur.

Pour l'année 2001, le Bureau du Comité était composé de l'Ambassadeur Kishore Mahbubani du Singapour à titre de Président, les délégations de l'Irlande et de l'Île Maurice désignant les vice-présidents. Durant la période du 7 mars au 31 décembre 2001, le Comité a tenu neuf séances, ainsi que des consultations officieuses. Dans son rapport couvrant la période considérée, le Comité a indiqué, qu'en l'absence d'une instance de surveillance qui permettrait de garantir l'application effective du régime de sanctions, il priait instamment tous les États et les organisations étant en position de lui fournir des informations pertinentes de le faire[382]. Durant cette période, le Comité n'a pas reçu de demandes d'exemption concernant la fourniture de matériel militaire non létal au titre de l'alinéa c) du paragraphe 5[383]. En revanche, le Comité a été saisi par le ministre des Affaires étrangères de la République slovaque, communiquant des éléments d'information quant à une possible violation de l'embargo sur les armes[384].

---

[382] Nations Unies. *Rapport du Comité du Conseil de sécurité créé par la résolution 1343 (2001) concernant le Liberia.* 18 janvier 2002, p. 5.

[383] Durant cette période du 7 mars au 31 décembre 2001, le Comité a néanmoins reçu 13 notifications de voyage au titre de l'alinéa a) du paragraphe 7 de la résolution S/RES/1343 (2001) du 7 mars 2001 et examiné 35 demandes de levée d'interdiction de voyager au titre de l'alinéa b) du paragraphe 7 de cette résolution, dont 28 ont obtenu une réponse favorable. Le Comité a également reçu 13 demandes de radiation de la liste des personnes visées par l'interdiction de voyager (SC/7068, en date du 4 juin 2001).

[384] Nations Unies. *Rapport du Comité du Conseil de sécurité créé par la résolution 1343 (2001) concernant le Liberia.* 18 janvier 2002, p. 3.

Pour l'année 2002, la délégation de la République arabe syrienne a remplacé celle de l'Irlande comme Vice-Président. Durant l'année 2002, le Comité a tenu sept séances officielles, ainsi que des consultations officieuses. Au cours de cette année, le Comité n'a reçu directement aucune information de la part des États concernant des violations du régime de sanctions. Toute information à cet égard a été portée à l'attention du Comité par le biais des rapports du Groupe d'experts. Notant les changements intervenus au Liberia, en particulier le départ de l'ancien Président Charles Taylor et la formation du Gouvernement national de transition du Liberia, et les progrès réalisés dans le processus de paix en Sierra Leone, le Conseil, par la résolution S/RES/1521 (2003) du 22 décembre 2003, procéda à la dissolution du Comité et mit fin aux interdictions imposées par les résolutions S/RES/1343 (2001) du 7 mars 2001 et S/RES/1478 (2003) du 6 mai 2003. Par la même résolution S/RES/1521 (2003) du 22 décembre 2003, le Conseil créa un nouveau Comité pour superviser l'application des mesures modifiées.

C. Comité du Conseil de sécurité créé par la résolution 1521 (2003)

Par la résolution S/RES/1521 (2003) du 22 décembre 2003, le Conseil a créé un Comité pour superviser l'application des mesures modifiées et imposées à nouveau par cette résolution, à savoir un embargo sur les armes, des restrictions aux déplacements, une interdiction de l'importation de diamants et des interdictions frappant les importations de bois ronds et de bois d'œuvre provenant du Liberia[385]. Ce comité fût également chargé de superviser l'application du régime de sanctions contre le Liberia imposées par la résolution S/RES/1532 (2004) du 12 mars 2004, tel qu'il a été ultérieurement modifié par les résolutions S/RES/1683 (2006) du 13 juin 2006 et S/RES/1689 (2006) du 20 juin 2006. Le Comité s'est appuyé sur les travaux des Groupes d'experts pour informer le Conseil de Sécurité sur l'application des régimes de sanctions.

Pour l'année 2004, le Bureau du Comité était composé de Munir Akram du Pakistan, Président, les vice-présidents étant des membres des délégations angolaise et philippine. Durant cette année, le Comité a tenu quatre séances officielles ainsi que seize séances de consultations

[385] Résolution S/RES/1521 (2003) du 22 décembre 2003, par 21.

officieuses[386]. Concernant l'embargo sur les armes, aucune violation n'a été signalée auprès du Comité. Par ailleurs, le Comité a été saisi d'une demande d'autorisation d'importer au Liberia des armes et des munitions dont la ville d'Anvers, Belgique, avait fait don, en appui à l'action menée par la Mission des Nations Unies au Liberia (MINUL), pour former le nouveau service de police libérien[387].

En 2005, le Bureau était présidé par Ellen Margrethe Løj du Danemark, assisté des membres des délégations japonaise et philippine en tant que vice-présidents. Durant cette année, le Comité a tenu deux séances officielles ainsi que douze séances de consultations officieuses[388]. S'agissant de l'application du régime de sanctions, le Comité a reçu des réponses du Brésil et de la Fédération de Russie à sa note verbale du 20 janvier 2004. Pour rappel, conformément au paragraphe 21, alinéa b) de la résolution S/RES/1521 (2003) du 22 décembre 2003, cette note verbale demandait à tous les États, en particulier ceux de la sous-région, des informations sur les initiatives qu'ils avaient prises pour appliquer effectivement les mesures prévues aux paragraphe 2 (embargo sur les armes), paragraphe 4 (interdiction de voyager), paragraphe 6 (embargo sur les diamants) et paragraphe 10 (sanctions frappant le bois d'œuvre) de la résolution. Le 30 novembre 2004 le Président du Comité a adressé aux Représentants permanents de la République islamique d'Iran, du Soudan et des Émirats arabes unis auprès de l'ONU des lettres concernant les violations présumées de l'embargo sur les armes, imposé par la résolution S/RES/1343 (2001) du 7 mars 2001, évoquées dans le rapport du Groupe d'experts[389]. Par ailleurs, le 23 février 2005, le Comité a entendu un exposé du Département des opérations de maintien de la paix sur le rôle joué par la MINUL dans la surveillance des sanctions.

En 2006, la délégation qatarienne a remplacé celle des Philippines à la vice-présidence du Bureau du Comité au côté du Japon tandis que Ellen Margrethe Løj du Danemark continuait d'en assurer la présidence.

---

[386] Nations Unies. *Rapport du Comité du Conseil de sécurité créé par la résolution 1521 (2003) concernant le Liberia.* 31 décembre 2004, p. 2.

[387] *Ibid.*, p. 4.

[388] Nations Unies. *Rapport du Comité du Conseil de sécurité créé par la résolution 1521 (2003) concernant le Liberia.* 30 juin 2006, p. 2.

[389] Document S/2004/396. Pour donner suite à cette saisine, ces États ont communiqué des informations complémentaires dans des lettres adressées au Président du Comité.

Pendant cette période, le Comité a tenu trois séances officielles ainsi que dix séances de consultations officieuses[390]. Durant cette année, le Comité a examiné et approuvé, conformément au paragraphe 2, alinéa e) de la résolution S/RES/1521 (2003) du 22 décembre 2003, quatre demandes de dérogation à l'embargo sur les armes de la part des États-Unis, du Royaume-Uni et du Nigéria, en vue de l'équipement et de la formation des forces armées et des forces de police libériennes[391].

En 2007, le Bureau du Comité était composé de Nassir Abdulaziz al-Nasser du Qatar, Président, les vice-présidents étant des membres des délégations indonésienne et sud-africaine. Pendant cette année, le Comité a tenu neuf séances de consultations officieuses[392]. Relativement à l'embargo sur les armes, le Comité a examiné et approuvé durant cette période une demande des États-Unis au titre du paragraphe 2, alinéa e) de la résolution S/RES/1521 (2003) du 22 décembre 2003 et de trois autres demandes de la part des États-Unis et de la Chine conformément aux paragraphes 2 et 3 de la résolution S/RES/1683 (2006) du 13 juin 2006[393].

En 2008, le Bureau du Comité était composé de Giadalla Azuz Ettalhi de la Jamahiriya arabe libyenne, Président ; les délégations indonésienne et sud-africaine continuant d'assurer la vice-présidence. Durant cette année, le Comité a tenu une séance officielle et dix séances de consultations officieuses[394]. S'agissant du suivi de l'application de l'embargo sur les armes, aucun élément de preuve indiquant des violations importantes n'a été signalé par le Groupe d'experts, dans le rapport final qu'il a présenté en application de la résolution S/RES/1819 (2008) du 18 juin 2008[395].

---

[390] Nations Unies. *Rapport du Comité du Conseil de sécurité créé par la résolution 1521 (2003) concernant le Liberia.* 28 décembre 2006, p. 2.

[391] Ibid. p. 4.

[392] Nations Unies. *Rapport du Comité du Conseil de sécurité créé par la résolution 1521 (2003) concernant le Liberia.* 31 décembre 2007, p. 2.

[393] Nations Unies. *Rapport du Comité du Conseil de sécurité créé par la résolution 1521 (2003) concernant le Liberia.* 31 décembre 2007, p. 5. Dans chacun de ces cas, la demande de dérogation a été présentée par le Gouvernement libérien et par celui de l'État exportateur. Il s'agissait essentiellement des armes, des munitions et du matériel de formation à l'usage du personnel des Services spéciaux de sécurité du Liberia.

[394] Nations Unies. *Rapport du Comité du Conseil de sécurité créé par la résolution 1521 (2003) concernant le Liberia.* 7 mai 2009, p. 2.

[395] Document S/2008/785, par. 171.

En 2009, la Jamahiriya arabe libyenne a continué d'assurer la présidence du Bureau du Comité à travers la personne de Abdurrahman Mohamed Shalgham. Les membres des délégations turque et ougandaise ont succédé à celles indonésienne et sud-africaine à la vice-présidence du Comité. Durant cette année, le Comité a tenu huit séances de consultations[396]. S'agissant du suivi de l'application du régime de sanctions, et en particulier de l'embargo sur les armes, le Comité a examiné et approuvé des demandes du Gouvernement américain, cinq au total, en application de l'alinéa e) du paragraphe 2 de la résolution S/RES/1521 (2003) du 22 décembre 2003 et des paragraphes 2 et 3 de la résolution S/RES/1683 (2006) du 13 juin 2006. Le Comité a reçu une notification du Royaume-Uni au titre du paragraphe 6 de la résolution S/RES/1903 (2009) du 17 décembre 2009. Par ailleurs, la MINUL a transmis trois communications relatives aux résultats des inspections menées sur les stocks d'armes et de munitions[397]. Par ailleurs, le Comité n'a pas eu de preuves concrètes de violations graves, effectives ou présumées, de l'embargo sur les armes.

En 2010, la présidence du Bureau du Comité a changé, passant de la Libye à la Bosnie-Herzégovine avec Ivan Barbalić Président, tandis que des membres des délégations turque et ougandaise ont continué d'assurer la vice-présidence. Durant cette année, le Comité a tenu deux consultations[398]. En 2010, le Comité a reçu deux notifications des États-Unis et deux du Royaume-Uni, au titre du paragraphe 6 de la résolution S/RES/1903 (2009) du 17 décembre 2009. Le Comité a également reçu deux notifications présentées au titre de l'alinéa c) du paragraphe 5 de la résolution S/RES/1903 (2009) du 17 décembre 2009 de la part du Royaume-Uni. La MINUL a également continué à transmettre les résultats d'inspection des stocks d'armes et de munitions des forces de police et de sécurité du Gouvernement libérien[399].

En 2011, la composition du Bureau du Comité avait changé. Durant cette année la présidence était assurée par Nawaf Salam du Liban, assisté par deux vice-présidents, le Portugal et l'Afrique du Sud. Au cours de cette année, le Comité a tenu trois consultations pour

---

[396] Nations Unies. *Rapport du Comité du Conseil de sécurité créé par la résolution 1521 (2003) concernant le Liberia.* 31 décembre 2009, p. 2.

[397] Nations Unies. *Rapport du Comité du Conseil de sécurité créé par la résolution 1521 (2003) concernant le Liberia.* 31 décembre 2009, p. 5.

[398] Nations Unies. *Rapport du Comité du Conseil de sécurité créé par la résolution 1521 (2003) concernant le Liberia.* 31 décembre 2010, p. 2.

[399] Ibid., p. 5.

aborder, entre autres points, le rapport à mi-parcours et le rapport final du Groupe d'experts sur le Liberia, et pour entendre un compte rendu oral du Représentant spécial de l'Organisation internationale de police criminelle (INTERPOL) auprès de l'Organisation des Nations Unies[400]. Par ailleurs, le Comité a continué de recevoir des notifications de livraisons d'armes et de matériels connexes de la part des États ainsi que des rapports d'inspection de la part de la MINUL.

Les délégations portugaise et sud-africaine ont continué à assurer la vice-présidence du Bureau du Comité en 2012. Quant à la présidence, elle était assurée par le Pakistan, en la personne de Abdullah Hussain Haroon d'abord, puis de Masood Khan. Durant cette année, le Comité a tenu trois consultations pour examiner, entre autres, le rapport à mi-parcours et le rapport final du Groupe d'experts sur le Liberia[401]. À l'image des années précédentes, le Comité a également reçu des notifications au titre du paragraphe 6 de la résolution S/RES/1903 (2009) du 17 décembre 2009 de la part des États-Unis d'Amérique, du Nigéria et de l'Australie[402].

L'examen des rapports périodiques du Groupe d'experts sur le Liberia s'est poursuivi en 2013, année durant laquelle le Comité a tenu trois consultations, sous la coordination de son nouveau Bureau présidé toujours par Masood Khan du Pakistan, assisté par des membres des délégations du Luxembourg et du Rwanda, qui en assuraient la vice-présidence[403]. Le Comité a continué de recevoir plusieurs notifications au titre du paragraphe 6 et de la résolution S/RES/1903 (2009) du 17 décembre 2009 de la part de l'Australie (une notification), de l'Israël (deux notifications) et des États-Unis (six notifications). Le Comité a également reçu une notification du Royaume-Uni au titre du paragraphe 5 a) de la résolution S/RES/1903 (2009) du 17 décembre 2009[404].

Les délégations du Luxembourg et du Rwanda ont continué à assurer la vice-présidence du Comité en 2014, pendant que la Jordanie a remplacé le Pakistan à la présidence du Bureau, en la personne de

---

[400] Nations Unies. *Rapport du Comité du Conseil de sécurité créé par la résolution 1521 (2003) concernant le Liberia.* 29 décembre 2011, p. 2.

[401] Nations Unies. *Rapport du Comité du Conseil de sécurité créé par la résolution 1521 (2003) concernant le Liberia.* 16 janvier 2013, p. 2.

[402] *Ibid.*, p. 6.

[403] Nations Unies. *Rapport du Comité du Conseil de sécurité créé par la résolution 1521 (2003) concernant le Liberia.* 27 décembre 2013, p. 2.

[404] *Ibid.*, p. 6.

Zeid Ra'ad Zeid Al-Hussein d'abord, puis de Dina Kawar. Le Comité s'est réuni quatre fois. Conformément aux dispositions du paragraphe 4 de la résolution S/RES/2128 (2013) du 10 décembre 2013, le Comité a demandé l'envoi d'une mission au Liberia afin d'étudier les progrès réalisés par le pays en vue de décider de l'opportunité de mettre fin aux sanctions[405]. En 2015, Dina Kawar de la Jordanie a continué d'assurer la présidence du Bureau du Comité, assistée des représentants de l'Angola et de l'Espagne, comme Vice-Présidents. Le Bureau s'est réuni trois fois[406]. Lors de l'une de ses consultations, le Comité a été informé par le Secrétaire général de l'ONU[407] des progrès accomplis par le Gouvernement libérien dans l'application des recommandations relatives à la bonne gestion des armes et des munitions, en promulguant la législation nécessaire, et des mesures qui ont été prises pour faciliter la surveillance et la gestion des régions situées à la frontière entre le Liberia et la Côte d'Ivoire, en application de la résolution S/RES/2188 (2014) du 9 décembre 2014.

2016 fut la dernière année d'existence du Comité avant sa dissolution par la résolution S/RES/2288 (2016) du 25 mai 2016. Le Bureau du Comité était composé de Volodymyr Yelchenko de l'Ukraine, Président, les délégations de l'Angola et de l'Espagne continuant d'en assurer la vice-présidence. Durant cette dernière année du régime de sanctions, le Comité s'est réuni deux fois dans le cadre de consultations[408]. Le Comité a examiné le rapport final du groupe d'experts. Le Comité a également reçu deux notifications présentées en application de l'alinéa b) du paragraphe 2 de la résolution S/RES/2128 (2013) du 10 décembre 2013, ayant trait au transfert d'équipement de protection individuelle et d'explosifs au Gouvernement libérien pour qu'il poursuive les opérations de déminage humanitaire et à la fourniture d'armes et de munitions à la Police nationale libérienne, au Bureau de l'immigration et de la naturalisation et au Service de protection de la présidence[409].

---

405 Nations Unies. *Rapport du Comité du Conseil de sécurité créé par la résolution 1521 (2003) concernant le Liberia.* 31 décembre 2014, p. 3.

406 Nations Unies. *Rapport du Comité du Conseil de sécurité créé par la résolution 1521 (2003) concernant le Liberia.* 31 décembre 2015, p. 3.

407 Document S/2015/590.

408 Nations Unies. *Rapport du Comité du Conseil de sécurité créé par la résolution 1521 (2003) concernant le Liberia.* 25 mai 2016, p. 3.

409 *Ibid.*

En définitive, le Comité, dans le cadre de ses travaux, s'est réuni plusieurs fois par an. S'agissant spécifiquement de l'administration de l'embargo sur les armes, le Comité a examiné plusieurs demandes d'autorisation ou de notification de transferts d'armes et de matériel de maintien d'ordre pour les forces de défense et de sécurité libériennes, dans le cadre du processus de soutien à la réforme du secteur de la sécurité de ce pays. Ces demandes venaient principalement des États-Unis et du Royaume-Uni, et d'une façon marginale du Nigéria, de la Belgique, de la Chine, de l'Australie et de l'Israël. Durant cette période, le Comité recevait également de la MINUL, les résultats des inspections des stocks d'armes et de munitions visant à s'assurer que toutes ces dernières sont comptabilisées.

Au demeurant, le Comité s'est fortement appuyé sur les travaux des différents Groupes d'experts à travers un examen des principales conclusions et recommandations de leurs rapports que le Comité transmettait systématiquement au Conseil de Sécurité. Enfin, le Comité a régulièrement adressé des notes verbales aux États à travers leurs missions permanentes auprès de l'ONU pour leur demander l'état de mise en œuvre du régime de sanctions ; toutefois, très peu de réponses étaient adressées au Comité.

Paragraphe 2 : Les Groupes d'experts sur le Liberia

Par la résolution S/RES/1343 (2001) du 7 mars 2001, le Conseil de Sécurité a prié le Secrétaire général de l'ONU de créer un groupe d'experts composé de cinq membres pour une période de six mois pour, entre autres, suivre la mise en œuvre des mesures imposées et enquêter sur toute violation de ces mesures. Le Groupe d'experts a été nommé par le Secrétaire général le 23 mars 2001[410]. Le rapport du Groupe en date du 26 octobre 2001 a été transmis au Conseil de Sécurité par l'intermédiaire du Comité de sanctions. Par la résolution S/RES/1395 (2002) du 27 février 2002, le Conseil de Sécurité a décidé de nommer à nouveau le Groupe d'experts pour une période de cinq semaines, pour effectuer une mission d'évaluation et de suivi au Liberia et dans les États voisins. Le mandat de ce Groupe est, entre

[410] Voir Document S/2001/268. Les cinq experts nommés sont : M. Martin Chungong Ayafor (Cameroun), M. Atabou Bodian (Sénégal), expert de l'Organisation de l'aviation civile internationale (OACI), M. Johan Peleman (Belgique), expert en matière d'armes et de transports, M. Harjit Singh Sandhu (Inde), expert d'Interpol et M. Alex Vines (Royaume-Uni de Grande-Bretagne et d'Irlande du Nord), expert en diamants. M. Martin Chungong Ayafor fût désigné Coordonnateur du Groupe.

autres, d'enquêter et de constituer un audit indépendant concis sur le respect par le Gouvernement libérien de la demande du Conseil de Sécurité, formulée dans la résolution S/RES/1343 (2001) du 7 mars 2001, concernant l'arrêt de son soutien au RUF en Sierra Leone et à d'autres groupes rebelles armés dans la région et de toutes les violations des mesures imposées par la même résolution[411]. Le Secrétaire général a nommé un Groupe d'experts le 6 mars 2002[412].

Sur demande du Conseil de Sécurité, le Groupe d'experts sera renouvelé à plusieurs reprises et sa composition ajustée en fonction de la nature des sanctions dont il est chargé de suivre l'application. C'est dans ce cadre que le Secrétaire général de l'ONU procéda le 17 juillet 2002 à la nomination d'un Groupe composé de quatre experts pour une période de trois mois[413]. Le 14 février 2003 un nouveau Groupe de quatre membres fût nommé pour trois mois, et sera complété le 5 mars 2003 par un expert spécialisé dans les liens financiers[414]. Le 6 juin 2003 un nouveau Groupe de six membres, présidé par M. Atabou Bodian fût nommé[415].

Par la résolution S/RES/1549 (2004) du 17 juin 2004, le Groupe d'experts a été chargé d'effectuer une mission d'évaluation et de suivi au Liberia et dans les États voisins, afin d'enquêter et d'établir un rapport sur les violations de l'embargo sur les armes, de l'interdiction de voyager ainsi que de l'embargo sur les diamants et le bois d'œuvre. Il s'est également vu confier la tâche d'évaluer les progrès accomplis

[411] Résolution S/RES/1395 (2002) du 27 février 2002, par. 4.

[412] Document S/2002/237. Tenant compte des consignes données par le CSNU et spécifiquement celle de faire appel, dans la mesure du possible et selon qu'il convient, aux compétences du Groupe d'experts nommé en application du paragraphe 19 de la résolution S/RES/1343 (2001) du 7 mars 2001. M. Atabou Bodian (Sénégal), M. Johan Peleman (Belgique), M. Harjit Singh Sandhu (Inde), et M. Alex Vines (Royaume-Uni de Grande-Bretagne et d'Irlande du Nord), furent nommés.

[413] Ce Groupe avait pour mandat d'effectuer une mission d'évaluation et de suivi au Liberia et dans les États voisins afin d'enquêter et de constituer un rapport a) sur le respect par le Gouvernement libérien de la demande du Conseil, formulée dans la résolution S/RES/1343 (2001), concernant l'arrêt de son soutien au RUF en Sierra Leone et à d'autres groupes rebelles armés dans la région, b) sur les incidences économiques, humanitaires et sociales que pourraient avoir sur la population libérienne les mesures imposées par la résolution 1343 (2001); et c) sur toute violation de ces mesures.

[414] Il s'agit de M. Enrico Carisch de la Suisse.

[415] Ce Groupe fût composé de Arthur Blundell (Canada), Atabou Bodian (Sénégal), Damien Callamand (France), Enrico Carisch (Suisse), Caspar Fithen (Royaume-Uni de Grande-Bretagne et d'Irlande du Nord) et Harjit Singh Kelley (Kenya).

en vue du cessez-le-feu, du désarmement, de la démobilisation et du contrôle de la production et du commerce de diamants et de bois d'œuvre, ainsi que pour surveiller l'application des mesures de sanction et évaluer leur impact sur les plans socioéconomique et humanitaire[416].

Par des résolutions ultérieures, le mandat du Groupe a été élargi et le Groupe a été prié de coopérer avec les autres groupes d'experts intéressés[417], d'évaluer l'application de la législation forestière[418], de recenser les domaines où les capacités des États de la région pourraient être renforcées et de faire des recommandations à cet égard, de surveiller les mesures visant spécifiquement certains individus, en particulier le Président Taylor, et d'évaluer la mesure dans laquelle le Gouvernement libérien se conformait au Système de certification du Processus de Kimberley[419].

Par sa résolution S/RES/1792 (2007) du 19 décembre 2007, le Conseil de Sécurité a prorogé jusqu'au 20 juin 2008 le mandat du Groupe d'experts. Par la suite, le mandat du Groupe a été prorogé à nouveau pour une période de six mois et deux périodes de 12 mois, jusqu'au 20 décembre 2010. Dans sa résolution S/RES/1854 (2008) du 19 décembre 2008, le Conseil de Sécurité a confié au Groupe d'experts un mandat qui était dans l'ensemble similaire au précédent. Par sa résolution S/RES/1903 (2008) du 17 décembre 2009, le Conseil de Sécurité l'a chargé d'une tâche supplémentaire en lui demandant d'évaluer la mesure dans laquelle les forêts et les autres ressources naturelles contribuaient à la paix, à la sécurité et au développement plutôt qu'à l'instabilité et celle dans laquelle la législation pertinente contribuait à cette transition.

Dans la version révisée de son rapport final en date de décembre 2010[420], le Groupe d'experts sur le Liberia, faisant suite au paragraphe 9 de la résolution S/RES/1903 (2009) du 17 décembre 2009 du Conseil de Sécurité, a révélé une prolifération préoccupante de fusils et de pistolets de fabrication locale qui constituaient une violation mineure de l'embargo sur les armes. Le Groupe a salué l'entrée en vigueur de la

[416] Résolution S/RES/1549 (2004) du 17 juin 2004, par. 1.
[417] Résolution S/RES/1607 (2005) du 21 juin 2005, par. 14 f).
[418] Résolution S/RES/1731 (2006) du 20 décembre 2006, par. 4 c).
[419] Résolution S/RES/1760 (2007) du 20 juin 2017, par. 1 d).
[420] Nations Unies. *Rapport final du Groupe d'experts sur le Liberia, faisant suite au paragraphe 9 de la résolution 1903 (2009) du Conseil de sécurité.* 17 décembre 2010, 86 p.

Convention de la CEDEAO sur les armes légères et de petit calibre, leurs munitions et autres matériels connexes qui constituait une avancée majeure dans la mise en place d'un dispositif juridique et réglementaire harmonisé au niveau régional. Cependant, le Groupe a déploré l'absence de progrès dans le renforcement des capacités du Liberia en matière de marquage et d'élimination des armes et des munitions. Aussi, le Groupe a recommandé l'amélioration des procédures d'inspection des armes à feu de la Mission des Nations Unies au Liberia (MINUL), surtout en ce qui concerne les armes qui sont importées aux fins de la formation des Forces armées libériennes[421].

Le Groupe d'experts sur le Liberia établi en application de l'alinéa f) du paragraphe 5 de la résolution S/RES/2079 (2012) du 12 décembre 2012 du Conseil de Sécurité, a étroitement collaboré avec le Gouvernement libérien, la Mission des Nations Unies au Liberia (MINUL), l'Opération des Nations Unies en Côte d'Ivoire (ONUCI) et le Bureau intégré des Nations Unies pour la consolidation de la paix en Sierra Leone (BINUCSIL). Il a par ailleurs échangé régulièrement des informations avec le Groupe d'experts sur la Libye et le Groupe d'experts sur la Côte d'Ivoire[422]. Par ailleurs, le Groupe d'experts n'a pas recensé de cas avérés de violations de l'embargo sur les armes pendant cette période de son mandat[423].

Dans sa résolution S/RES/2128 (2013) du 10 décembre 2013, le Conseil de Sécurité a levé l'obligation de notification au Comité concernant le matériel non létal et les activités de formation qui y sont associées. Aussi, il incombe au premier chef aux autorités libériennes de notifier au Comité, à l'avance, l'envoi de toute cargaison d'armes létales et de matériel connexe ou la fourniture au Gouvernement libérien d'assistance ou de services de conseil ou de formation ayant quelque rapport avec la conduite d'activités militaires ou d'autres activités du secteur de la sécurité. Dans la même résolution, le Conseil de Sécurité a également chargé le Comité d'examiner la liste des personnes et entités visées par les sanctions. Il a prorogé le mandat du Groupe d'experts pour 12 mois supplémentaires, le chargeant

---

421 Nations Unies. *Rapport final du Groupe d'experts sur le Liberia, faisant suite au paragraphe 9 de la résolution 1903 (2009) du Conseil de sécurité.* 17 décembre 2010, p. 3.

422 Nations Unies. *Rapport final du Groupe d'experts sur le Liberia établi en application de l'alinéa f) du paragraphe 5 de la résolution 2079 (2012) du Conseil de sécurité.* 21 novembre 2013, p. 5.

423 *Ibid.*, p. 6.

principalement d'évaluer l'application de l'embargo sur les armes, mais l'a libéré de certaines tâches qu'il lui avait confiées dans sa résolution S/RES/2079 (2012) du 12 décembre 2012, à savoir celle consistant à déterminer dans quelle mesure les forêts et autres ressources naturelles sont un facteur de paix, de sécurité et de développement et non d'instabilité.

Dans son rapport final présenté en application de l'alinéa b) du paragraphe 5 de la résolution S/RES/2128 (2013) du 10 décembre 2013 du Conseil de Sécurité, le Groupe d'experts sur le Liberia a relevé au cours de son enquête, des éléments de preuve qui donnent à penser qu'il y a eu des violations de l'embargo sur les armes le long de la frontière entre le Liberia et la Côte d'Ivoire. Par ailleurs, le Groupe d'experts continuait de recueillir des éléments prouvant l'existence d'importantes carences systémiques en matière de sécurité et de gouvernance, plus particulièrement, en ce qui concerne la sécurité des frontières et le contrôle de la présence au Liberia de milices ivoiriennes[424].

En définitive, un Groupe d'experts a été nommé par le Secrétaire Général de l'ONU à chaque fois que de besoin et son mandat a été prorogé plusieurs fois par plusieurs résolutions successives. Conformément à son mandat, ces différents Groupes ont présenté plusieurs rapports au Conseil de Sécurité par l'intermédiaire du Comité de sanctions et ont fourni, entre autres, une évaluation des mesures concernant les diamants, le bois rond et le bois d'œuvre, le gel des avoirs et l'embargo sur les armes, ainsi que leurs implications. En particulier, des cas de violations ou de violations présumées de l'embargo sur les armes de la part de certains pays ont été rapportés.

Paragraphe 3 : Les missions de maintien de la paix au Liberia

A. Mission d'observation des Nations Unies au Liberia

La Mission d'observation des Nations Unies au Liberia (MONUL) fut créée par le Conseil de Sécurité de l'ONU par la résolution S/RES/866 (1993) du 22 septembre 1993 adoptée lors de sa 3281e séance. Le mandat de la MONUL était : a) recevoir toutes informations faisant état de violations de l'accord de cessez-le-feu, enquêter sur ces informations et, s'il ne peut être remédié à la violation, faire connaître

---

424 Nations Unies. *Rapport final du Groupe d'experts sur le Liberia établi en application de l'alinéa f) du paragraphe 5 de la résolution 2079 (2012) du Conseil de sécurité*. 21 novembre 2013. p. 11.

ses conclusions à la Commission des violations établie en application de l'Accord de paix et au Secrétaire général; b) contrôler le respect d'autres éléments de l'Accord de paix, notamment à certains points de la frontière du Liberia avec la Sierra Leone et d'autres pays voisins, et vérifier l'application impartiale de l'Accord, et en particulier aider à contrôler le respect de l'embargo sur la livraison d'armes et de matériel militaire au Liberia et le cantonnement, le désarmement et la démobilisation des combattants; c) observer et vérifier le processus électoral, notamment les élections législatives et les élections présidentielles qui doivent se tenir conformément aux dispositions de l'Accord de paix; d) aider, selon qu'il conviendra, à coordonner les activités d'assistance humanitaire sur le terrain avec l'opération de secours humanitaire des Nations Unies; e) élaborer un plan et évaluer les ressources financières nécessaires pour la démobilisation des combattants; f) rendre compte au Secrétaire général de toute violation importante du droit international humanitaire; g) former les membres des unités du génie de l'ECOMOG au déminage et, en coopération avec l'ECOMOG, coordonner le repérage des mines et aider au déminage et à la neutralisation des bombes non explosées; h) sans participer aux opérations d'imposition de la paix, se concerter avec l'ECOMOG dans l'exercice de ses fonctions propres, tant officiellement, par l'entremise de la Commission des violations, qu'officieusement.

Les progrès appréciables réalisés dans le domaine politique et militaire, d'une part, et d'autre part, l'impérieuse nécessité d'une coopération pleine et entière et d'une coordination étroite entre la MONUL et l'ECOMOG en ce qui concerne l'exécution de leurs mandats respectifs, ont amené le Conseil de Sécurité à ajuster le mandat de la MONUL, à travers la résolution S/RES/1020 (1995) du 10 novembre 1995 adoptée lors de la 3592ᵉ séance. Il convient tout de même de souligner que le contrôle du respect de l'embargo sur les armes, est resté, cependant, au cœur du nouveau mandat de la MONUL. Dans la modification de son mandat, la MONUL était particulièrement chargée, entre autres tâches, « de contrôler le respect des autres dispositions militaires des accords de paix, y compris au sujet du désengagement des forces, du désarmement et du respect de l'embargo sur les armes, et vérifier leur application impartiale [425]».

Par une déclaration du Président du Conseil de Sécurité en date du 30 juillet 1997, les membres du Conseil ont noté que l'aboutissement

[425] Résolution S/RES/1020 (1995) du 10 novembre 1995, paragraphe 2, alinéa c.

réussi du processus électoral a marqué l'accomplissement d'un élément clé du mandat de la MONUL. Par la résolution S/RES/1116 (1997) du 27 juin 1997, le Conseil de Sécurité, notant avec satisfaction les efforts résolus que la CEDEAO déploie pour rétablir la paix, la sécurité et la stabilité au Liberia, et félicitant les États d'Afrique qui ont apporté une contribution à l'ECOMOG, a décidé de prolonger, pour la dernière fois, le mandat de la MONUL jusqu'au 30 septembre 1997, dans l'attente qu'il prenne fin à cette date. La MONUL a effectivement duré quatre ans, de septembre 1993 à septembre 1997[426]. Toutefois, en tant que mission d'observation en appui à une opération de maintien de la paix au niveau sous-régional[427], la MONUL s'est focalisée sur l'observation et le contrôle de l'application des accords de paix, laissant aux forces de l'ECOMOG le rôle principal de mise en œuvre des dispositions militaires des accords[428].

Dans ses rapports finaux sur la MONUL, le Secrétaire général a manifesté son intention de recommander l'établissement d'un bureau d'appui à la consolidation de la paix. C'est ainsi qu'en novembre 1997, après l'achèvement du mandat de la MONUL le 30 septembre 1997, les Nations Unies ont créé le Bureau d'appui des Nations Unies pour la consolidation de la paix au Liberia (BANUL). Dirigé par un représentant du Secrétaire général, ce bureau avait pour mission de renforcer et d'harmoniser les efforts de consolidation de la paix des Nations Unies, d'aider à promouvoir la réconciliation et le respect des droits de l'homme, et de contribuer à mobiliser le soutien international en faveur de la reconstruction et du redressement.

---

[426] La MONUL fut dirigée par des Représentants Spéciaux du Secrétaire général de l'ONU : Trevor Livingston Gordon-Somers (Jamaïque, novembre 1992 - Novembre 1994) ; Anthony B. Nyakyi (République Unie de Tanzanie, décembre 1994 - Avril 1997) et Tuliameni Kalomoh (Namibie, avril - Septembre 1997). L'équipe des observateurs militaires fut dirigée successivement par Major-General Daniel Ishmael Opande (Kenya, octobre 1993 – Mai 1995) ; Major-General Mahmoud Talha (Égypte, décembre 1995 – Juin 1996) ; Colonel David Magomere (Kenya, juin – Décembre 1996, par intérim) et Major-General Sikander Shami (Pakistan, décembre 1996 – Septembre 1997).

[427] Il s'agissait du premier exemple de coopération entre l'ONU et une organisation sous-régionale, selon le treizième rapport du Secrétaire général sur la MONUL (Document S/1993/881 du 23 octobre 1993, page 4.)

[428] Plusieurs pays ont contribué en termes d'observateurs militaires : Autriche, Bangladesh, Belgique, Brésil, Chine, Congo, République Tchèque, Égypte, Guinée-Bissau, Hongrie, Inde, Jordanie, Kenya, Malaisie, Népal, Pays-Bas, Pakistan, Pologne, Fédération de Russie, République Slovaque, Suisse et Uruguay.

B. Mission des Nations Unies au Liberia

La Mission des Nations Unies au Liberia (MINUL) a été créée par la résolution S/RES/1509 (2003) du 19 septembre 2003 du Conseil de Sécurité pour soutenir la mise en œuvre de l'accord de cessez-le-feu et du processus de paix ; protéger le personnel et les installations des Nations Unies ainsi que la population civile; soutenir les activités humanitaires et les droits de l'homme ; et aider à la réforme de la sécurité nationale, principalement la formation de la police nationale et la formation d'une nouvelle armée restructurée.

Concernant l'appui à l'application de l'accord de cessez-le-feu, les tâches spécifiques suivantes furent confiées à la MINUL[429] : i) observer et surveiller l'application de l'accord de cessez-le-feu et enquêter sur les violations du cessez-le-feu; ii) établir une liaison permanente avec les postes de commandement de toutes les forces militaires des parties; iii) aider à l'établissement de zones de cantonnement et sécuriser ces zones; iv) observer et surveiller le dégagement et le cantonnement des forces militaires de toutes les parties; v) soutenir l'action de la Commission mixte de contrôle; vi) mettre au point le plus tôt possible, de préférence dans les 30 jours suivant l'adoption de la résolution, en collaboration avec la Commission mixte de contrôle, les institutions financières internationales compétentes, les organismes internationaux de développement et les pays donateurs, un plan d'action en vue de l'exécution globale, à l'intention de toutes les parties armées, d'un programme de désarmement, de démobilisation, de réinsertion et de rapatriement, faisant une large place aux besoins particuliers des enfants soldats et des femmes et prêtant attention à l'inclusion des combattants non libériens; vii) opérer le désarmement volontaire et rassembler et détruire les armes et munitions dans le cadre d'un programme organisé de désarmement, de démobilisation, de réinsertion et de rapatriement; viii) assurer la liaison avec la Commission mixte de contrôle et la conseiller dans l'exercice de ses fonctions au titre de l'Accord de paix global et de l'accord de cessez-le-feu; iv) sécuriser les infrastructures publiques de base, notamment les ports, aéroports et autres infrastructures vitales.

Relativement à la protection du personnel et des installations des Nations Unies et des civils, la MINUL fût chargée d'assurer la protection du personnel, des installations et du matériel des Nations

[429] Résolution S/RES/1509 (2003) du 19 septembre 2003, par. 3, al. a-i.

Unies, d'assurer la sécurité et la liberté de mouvement de son personnel et, sans préjudice de l'action du gouvernement, de défendre les civils contre la menace imminente de violence physique, dans les limites de ses capacités[430]. S'agissant du soutien de l'aide humanitaire et en matière de droits de l'homme, les tâches suivantes furent confiées à la MINUL, à savoir[431] : i) faciliter l'acheminement de l'aide humanitaire, notamment en aidant à créer les conditions de sécurité nécessaires; ii) contribuer à l'action internationale visant à défendre et promouvoir les droits de l'homme au Liberia, en privilégiant les groupes vulnérables, notamment les réfugiés, les réfugiés rapatriés et les déplacés rentrant chez eux, les femmes, les enfants et les enfants soldats démobilisés, dans les limites de ses moyens et dans des conditions de sécurité acceptables, en étroite collaboration avec d'autres organismes des Nations Unies, des organisations apparentées, des organismes publics et des organisations non gouvernementales; iii) se doter de moyens, de capacités et de compétences en matière de droits de l'homme suffisants pour mener dans ce domaine des activités de promotion, de défense et de surveillance.

Quant à la réforme du secteur de la sécurité, la MINUL devrait exécuter les tâches suivantes[432] : i) aider le gouvernement de transition du Liberia à surveiller et restructurer la force de police du pays, conformément aux principes d'une police démocratique, mettre au point un programme de formation de la police civile et aider de toute autre manière à la formation de la police civile, en collaboration avec la CEDEAO, les organisations internationales et les États intéressés; ii) aider le gouvernement de transition à constituer de nouvelles forces armées libériennes restructurées, en collaboration avec la CEDEAO, les organisations internationales et les États intéressés.

S'agissant du soutien à la mise en œuvre du processus de paix, la MINUL fût chargée des tâches suivantes : i) aider le gouvernement de transition, en concertation avec la CEDEAO et d'autres partenaires internationaux, à rétablir l'autorité nationale dans l'ensemble du pays, en mettant en place une structure administrative opérante tant au niveau national qu'au niveau local; ii) aider le gouvernement de transition, avec le concours de la CEDEAO et d'autres partenaires internationaux, à mettre au point une stratégie de consolidation des

---

[430] Résolution S/RES/1509 (2003) du 19 septembre 2003, par. 3, al. J.

[431] Résolution S/RES/1509 (2003) du 19 septembre 2003, par. 3, al. k-m.

[432] Résolution S/RES/1509 (2003) du 19 septembre 2003, par. 3, al. n-s.

institutions publiques, notamment un cadre juridique national et des institutions judiciaires et pénitentiaires ; iii) aider le gouvernement de transition à rétablir une gestion appropriée des ressources naturelles ; iv) aider le gouvernement de transition, avec le concours de la CEDEAO et d'autres partenaires internationaux, à préparer des élections nationales qui devraient se tenir au plus tard à la fin de 2005.

La MINUL a repris les fonctions de maintien de la paix des forces de la CEDEAO le 1er octobre 2003. Les soldats ouest-africains qui servaient dans la force d'avant-garde de l'ECOMIL ont été provisoirement reversés dans la MINUL[433]. En dépit de l'engagement et de la détermination de la CEDEAO, le succès de la MINUL dépendait étroitement de la pleine coopération de toutes les parties prenantes au conflit ainsi que de la mobilisation des ressources nécessaires par la communauté internationale. L'embargo sur les armes, imposé par la résolution S/RES/1521 (2003) du 22 décembre 2003 a été modifié par la résolution S/RES/1683 (2006) du 13 juin 2006, adoptée en vertu du Chapitre VII de la Charte, pour y ajouter des dérogations supplémentaires pour les Services spéciaux de sécurité et pour les forces de police et de sécurité du Gouvernement libérien qui avaient été contrôlés et formés depuis le début de la MINUL en octobre 2003.

Par la même résolution S/RES/1683 (2006) du 13 juin 2006, le Conseil de Sécurité a prié la MINUL d'inspecter les stocks d'armes et de munitions obtenues conformément aux dérogations ci-dessus, afin de s'assurer que toutes ces armes et munitions étaient comptabilisées, et de faire rapport périodiquement au Comité de sanctions créé en application du paragraphe 21 de la résolution S/RE/1521 (2003) du 22 décembre 2003 sur ses conclusions[434]. Le 25 mai 2016, le Conseil de Sécurité a adopté à l'unanimité de ses membres la résolution S/RES/2288 (2016), levant les sanctions contre le Liberia. Le 30 juin 2016, la MINUL a achevé le transfert des responsabilités en matière de sécurité aux autorités libériennes, conformément à la résolution S/RES/2239 (2015) du 17 septembre 2015. La MINUL a achevé son mandat le 30 mars 2018.

[433] Au 29 février 2008, la MINUL comptait 14.140 personnels en uniforme dont 12.754 soldats, 194 observateurs militaires et 1.194 policiers. Le personnel civil était composé de 507 internationaux, 944 locaux et 223 volontaires des Nations Unies.
[434] Résolution S/RES 1683 (2006) du 13 juin 2006, par. 1, 2 et 4.

Section 2 : Le suivi de l'application du régime de sanctions concernant la Sierra Leone

Paragraphe 1 : Le Comité du Conseil de sécurité créé par la résolution 1132 (1997)

Dans la résolution S/RES/1132 (1997) du 8 octobre 1997, par laquelle le Conseil de Sécurité a imposé des embargos sur les armes et le pétrole et des restrictions concernant les voyages des membres de la junte militaire et de leurs familles, fût créé un Comité de sanctions. Ce Comité a été chargé de diverses tâches concrètes dont: a) demander à tous les États de lui communiquer des informations à jour sur les dispositions qu'ils auront prises pour assurer l'application effective des embargos et des restrictions sur les voyages des membres de la junte militaire et des membres adultes de leurs familles : b) examiner les informations portées à son attention par des États au sujet de violations des mesures imposées par cette résolution et recommander les dispositions appropriées à prendre à cet égard; c) présenter périodiquement au Conseil de Sécurité des rapports sur les informations qui lui auront été communiquées au sujet de violations présumées des mesures imposées par cette résolution, en identifiant si possible les personnes ou les entités, y compris les navires, qui seraient impliqués dans de telles violations.

Le Comité de sanctions fût également de chargé de : d) promulguer les directives nécessaires pour faciliter l'application des restrictions imposées par cette résolution; e) examiner sans tarder les demandes présentées en vue de l'importation de pétrole et de produits pétroliers et statuer rapidement à leur sujet selon la procédure d'approbation tacite ; f) identifier dans les délais les plus brefs les membres de la junte militaire et les membres adultes de leurs familles dont l'entrée ou le passage en transit sur le territoire des États doivent être interdits ; g) examiner les rapports présentés par les États et le Groupe d'observateurs de la Communauté économique des États de l'Afrique de l'Ouest (ECOMOG); h) coopérer avec le Comité de la CEDEAO en vue de l'application des embargos et des restrictions sur les voyages[435].

Le Bureau du Comité, tel qu'élu chaque année à la première séance est composé d'un président et de deux vice-présidents. Le Président est élu à titre personnel pour l'année civile tandis que les deux vice-présidences pour l'année sont confiées à deux délégations, l'ensemble

---

[435] Résolution S/RES 1132 (1997) du 8 octobre, par. 10.

constituant le Bureau du Comité. À sa 1re séance, le 15 octobre 1997, le Comité a confié la présidence à M. Hans Dahlgren de la Suède et les deux vice-présidences aux délégations du Costa Rica et du Kenya. Le même bureau a été reconduit pour 1998. Entre sa création en octobre 1997 et le 31 décembre 1998, le Comité a tenu six séances et six réunions officieuses.[436]

Après avoir examiné les directives concernant le déroulement de ses travaux, le Comité a assuré un suivi de l'identification des membres de la junte militaire et des membres adultes de leur famille relative aux mesures d'interdiction de voyager ainsi que les demandes d'importation de pétrole et de produits pétroliers à des fins humanitaires. En ce qui concerne la résolution S/RES/1196 (1998) du Conseil de sécurité, en date du 16 septembre 1998, particulièrement les paragraphes 3 et 4, le Comité, depuis sa création, a collaboré avec l'ECOMOG au sujet de l'application de l'embargo sur les armements et des violations présumées. Au demeurant, en décembre 1997, dans le cadre du suivi de l'application du régime de sanctions, le Président du Comité s'est rendu en Guinée pour des discussions à Conakry, avec le Président exilé de la Sierra Leone, les autorités gouvernementales, les organismes des Nations Unies et les organisations non gouvernementales. Le but de ce voyage était d'évaluer la situation pour ce qui est de l'application de la résolution S/RES/1132 (1997) du 8 octobre 1997, faciliter des contacts entre le Comité des sanctions et la CEDEAO, et d'examiner les mécanismes régissant les exemptions pour des raisons humanitaires. Le Président du Comité a également rencontré à Dakar le Secrétaire exécutif de la CEDEAO.

Par ailleurs, durant l'année 1998, le Comité a plusieurs fois eu l'occasion d'examiner des violations présumées du régime des sanctions. En particulier, s'agissant de l'embargo sur les armes, le Comité a été informé le 7 mai 1998, par la Mission permanente du Royaume-Uni auprès de l'Organisation des Nations Unies que ses autorités nationales avaient ouvert une enquête au sujet d'une violation présumée du paragraphe 6 de la résolution S/RES/1132 (1997) du Conseil de Sécurité par une entité commerciale internationale[437]. Conformément au paragraphe 9 de la résolution S/RES/1132(1997) du 8 octobre 1997, la

[436] Nations Unies. *Rapport du Comité du Conseil de sécurité créé par la résolution 1132 (1997) concernant la Sierra Leone.* 31 décembre 1998, p. 3.

[437] Nations Unies. *Rapport du Comité du Conseil de sécurité créé par la résolution 1132 (1997) concernant la Sierra Leone.* 31 décembre 1998, p. 6.

CEDEAO a été priée de signaler au Comité toutes les activités menées en faveur de l'application stricte des paragraphes 5 et 6 de la résolution. Dans son rapport couvrant la période du 1er janvier au 31 décembre 1998, le Comité a signalé que la CEDEAO lui avait soumis quatre rapports. En décembre 1998, le Président du Comité s'est rendu en Sierra Leone et au Liberia pour faire le point de l'application de la résolution S/RES/1171 (1998) du 5 juin 1998 et améliorer le respect de l'embargo sur les armements et des restrictions sur les déplacements en vigueur à l'égard des forces non gouvernementales de la Sierra Leone. Il a eu des entretiens approfondis avec les dirigeants des deux pays, avec le personnel de l'ONU et des institutions spécialisées ainsi qu'avec les commandants de l'ECOMOG et les organisations non gouvernementales. Plusieurs conférences de presse ont été tenues à l'occasion de cette visite[438].

Malgré les efforts déployés par la communauté internationale pour isoler les forces non gouvernementales en Sierra Leone par le biais des sanctions imposées par le Conseil de Sécurité, d'abord dans sa résolution S/RES/1132 (1997) du 8 octobre 1997 puis dans sa résolution S/RES/1171 (1998) du 5 juin 1998, le comité informait dans son rapport d'activités pour l'année 1998 que ces forces non gouvernementales continuaient à lancer des attaques armées, surtout dans les zones rurales. Bien que leurs armes et munitions semblent provenir en grande partie de pillages à l'intérieur de la Sierra Leone, il est évident aussi, selon le Comité, que des armes et des munitions aient traversé la frontière de la Sierra Leone avec les pays voisins, y compris le Liberia, en violation de la résolution S/RES/1171 (1998) du 5 juin 1998[439].

Pour l'année 1999, le Bureau du comité était présidé par M. Fernando Enrique Petrella de l'Argentine et les deux vice-présidences étaient confiées aux délégations du Bahreïn et de la Namibie[440]. Dans son rapport couvrant la période du 1er janvier au 31 décembre 1999, le Comité a souligné la nécessité d'examiner les moyens d'améliorer le contrôle et l'application des sanctions. Le comité a en sus souligné que les rapports que lui soumettent la CEDEAO, l'ECOMOG et/ou la

---

438 Nations Unies. *Rapport du Comité du Conseil de sécurité créé par la résolution 1132 (1997) concernant la Sierra Leone.* 31 décembre 1998, p. 7.
439 *Ibid.*, p. 7.
440 Nations Unies. *Rapport du Comité du Conseil de sécurité créé par la résolution 1132 (1997) concernant la Sierra Leone.* 31 décembre 1999, p. 2.

MINUSIL pourraient rendre l'embargo sur les armes plus efficaces en aidant le Comité dans ses efforts qui visent à empêcher l'arrivée d'armes et de matériel connexe de tout type sur le territoire de la Sierra Leone, comme cela était recommandé aux paragraphes 3 et 4 de la résolution S/RES/1196 (1998) du 16 septembre 1998.

Conformément au paragraphe 4 de la résolution S/RES/1171 (1998) du 5 juin 1998, le Comité a informé le Conseil de Sécurité, des notifications reçues d'États concernant des exportations d'armement et de matériel connexe en Sierra Leone ainsi que des notifications concernant des importations d'armement et de matériel connexe par le Gouvernement sierra-léonais. Le Comité a examiné un rapport du Royaume-Uni concernant une violation possible de l'embargo sur les armes ; et particulièrement du transport par avion d'armes en provenance de l'Ukraine, par le Burkina Faso, destinées à être livrées, par le Liberia, aux rebelles sierra-léonais[441].

En 2000, le bureau du Comité était présidé par M. Anwarul Karim Chowdhury du Bangladesh et les délégations du Mali et de la Namibie ont été chargées de désigner les deux vice-présidents. Dans son rapport annuel de 2000, et en application du paragraphe 4 de la résolution S/RES/1171 (1998) du 5 juin 1998, le Comité a mis le Conseil de Sécurité au courant de notifications reçues d'États concernant l'exportation d'armes et de matériel connexe en Sierra Leone et l'expédition d'équipements destinés à la Mission des Nations Unies en Sierra Leone (MINUSIL), ainsi que de notifications concernant l'importation d'armement et de matériel connexe par le Gouvernement sierra-léonais[442]. Le Comité a rapporté une livraison de munitions dans deux localités de la Sierra Leone, Koidu et Bumumbu, en violation du paragraphe 2 de la résolution S/RES/1171 (1998) du 5 juin 1998[443].

---

[441] Le Comité a aussi pris note d'un texte dont le représentant du Royaume-Uni lui avait donné lecture, selon lequel le Gouvernement de celui-ci avait connaissance de l'intervention d'une société britannique, Air Foyle, dans l'expédition d'armes au Burkina Faso dont il était fait état dans la communication de l'Ukraine. D'après cette déclaration, la société Air Foyle se montrait coopérante vis-à-vis des autorités douanières britanniques. D'autre part, le Gouvernement britannique ne disposait alors d'aucune information qui puisse porter à croire que cette société avait trempé dans la réexpédition du chargement de Ouagadougou au Liberia.

[442] Nations Unies. *Rapport du Comité du Conseil de sécurité créé par la résolution 1132 (1997) concernant la Sierra Leone.* 26 décembre 2000, p. 3.

[443] *Ibid.*, p. 6.

Pour l'année 2001, Anwarul Karim Chowdhury du Bangladesh a continué à assurer la présidence du Bureau du 1er janvier au 5 septembre 2001 ; les délégations du Mali et de Singapour désignant les vice-présidents. Iftekhar Ahmed Chowdhury du Bangladesh assumera par la suite la présidence du Comité, du 29 novembre au 31 décembre 2001. Durant l'année 2001, le Comité a tenu au total cinq séances[444]. Conformément au paragraphe 4 de la résolution S/RES/1171 (1998) du 5 juin 1998, le Comité a rendu compte au Conseil de Sécurité des notifications reçues des États sur les exportations d'armements et de matériel connexe à destination de la Sierra Leone, ainsi que pour la Mission des Nations Unies en Sierra Leone (MINUSIL) et des notifications d'importations d'armes et de matériel connexe effectuées par le Gouvernement sierra-léonais[445].

Pour 2002, le Bureau était composé de Jorge Eduardo Navarrete du Mexique à titre de Président, du 1er au 27 janvier 2002, les délégations du Cameroun et de Singapour désignant les Vice-Présidents. Adolfo Aguilar Zínser du Mexique a assumé la présidence du Comité du 28 janvier au 31 décembre 2002. Pendant l'année 2002, le Comité a tenu quatre séances, ainsi que des consultations officieuses[446]. Le Comité a examiné une note verbale de la Mission permanente de la Belgique auprès de l'Organisation des Nations Unies, qui contenait des détails sur les mesures prises par les autorités belges dans le cadre de leur enquête concernant Victor Bout, qui avait été identifié comme l'un des principaux trafiquants d'armes en Afrique dans les rapports des groupes d'experts sur la Sierra Leone et le Liberia, ainsi que de l'Instance de surveillance des sanctions contre l'UNITA[447]. Par ailleurs, du 22 juin au 4 juillet 2002, le Président du Comité s'est rendu en Sierra Leone, au Liberia et en Guinée afin d'examiner les problèmes rencontrés dans l'application des sanctions imposées par le

---

444 Nations Unies. *Rapport du Comité du Conseil de sécurité créé par la résolution 1132 (1997) concernant la Sierra Leone.* 14 janvier 2002, p. 2.

445 Document S/2001/105, Document S/2001/126, Document S/2001/261, Document S/2001/492, Document S/2001/493, Document S/2001/664 et Document S/2001/718).

446 Nations Unies. *Rapport du Comité du Conseil de sécurité créé par la résolution 1132 (1997) concernant la Sierra Leone.* 24 décembre 2002, p. 2.

447 Ibid. p. 5. Selon la même source, au cours de l'enquête effectuée sur Victor Bout, le nom de Sanjivan Ruprah est apparu comme étant celui de l'associé le plus proche de Bout. Dans le cadre des affaires Bout et Ruprah, les autorités belges ont informé le Comité que 18 perquisitions avaient été effectuées simultanément le 7 février 2002. À la suite des interrogatoires qui ont eu lieu, Sanjivan Ruprah, Carlos Laplaine et John Garnier avaient été arrêtés et placés en détention.

Conseil de Sécurité et d'améliorer leur efficacité; d'envoyer un message politique à tous les États concernant l'importance que le Conseil de Sécurité attache à l'application de ses régimes de sanctions ; et d'examiner les possibilités d'utiliser des approches régionales pour lutter contre le trafic illicite d'armes légères et de diamants[448].

Pour 2003, le Bureau du Comité était composé d'Adolfo Aguilar Zinser du Mexique à titre de Président, du 1er janvier au 20 novembre 2003, les délégations du Cameroun et du Pakistan désignant les vice-présidents. Au cours de cette période, le Comité a tenu six séances officielles et deux séances officieuses[449]. Dans son rapport annuel, seules des violations présumées relatives aux diamants sierra-léonais ont été relevées et à cet effet, des lettres ont été adressées aux Représentants permanents auprès de l'ONU de la Gambie, de la Guinée, du Mali, du Sénégal et de la Sierra Leone[450].

Pour 2004, la présidence du Bureau du Comité est passé du Mexique au Brésil avec l'Ambassadeur Ronaldo Mota Sardenberg comme Président. Les représentants de l'Algérie et du Pakistan ont assuré la Vice-Présidence du Comité. Durant cette année, le Comité a tenu une séance officielle et deux séances officieuses[451]. Aucune violation ou violation présumée de l'embargo sur les armes n'a été portée à la connaissance du Comité.

Pour 2005, la délégation de l'Argentine a remplacé celle du Pakistan à la vice-présidence du Comité, le reste du Bureau étant inchangé. S'agissant de l'embargo sur les armes, conformément au paragraphe 4 de la résolution S/RES/1171 (1998) du 5 juin 1998, le Royaume-Uni a signalé au Comité, l'exportation de munitions à blanc vers la Sierra Leone ainsi qu'une licence qu'il avait l'intention d'accorder à une société britannique en vue de l'exportation de voitures blindées destinées au Tribunal spécial pour la Sierra Leone[452]. Toutefois, aucune violation, ni violation présumée du régime des

[448] Nations Unies. *Rapport du Comité du Conseil de sécurité créé par la résolution 1132 (1997) concernant la Sierra Leone.* 24 décembre 2002, p. 7.
[449] Nations Unies. *Rapport du Comité du Conseil de sécurité créé par la résolution 1132 (1997) concernant la Sierra Leone.* 27 février 2004, p. 2.
[450] Nations Unies. *Rapport du Comité du Conseil de sécurité créé par la résolution 1132 (1997) concernant la Sierra Leone.* 27 février 2004, p. 5.
[451] Nations Unies. *Rapport du Comité du Conseil de sécurité créé par la résolution 1132 (1997) concernant la Sierra Leone.* 25 janvier 2005, p. 2.
[452] Nations Unies. *Rapport du Comité du Conseil de sécurité créé par la résolution 1132 (1997) concernant la Sierra Leone.* 30 décembre 2005, p. 3.

sanctions, et en particulier de l'embargo sur les armes, n'a été portée à l'attention du Comité.

Pour 2006, le Bureau était composé d'Augustine P. Mahiga de la République-Unie de Tanzanie, Président, et des représentants de l'Argentine et du Congo, vice-présidents. Durant cette année, le Comité a tenu une séance de consultations officieuses[453]. Similairement aux années précédentes, aucune violation ou violation présumée du régime des sanctions n'a été portée à l'attention du Comité. Par ailleurs, compte tenu des progrès constants des efforts de consolidation de la paix en Sierra Leone, les membres du Comité de sanctions et du Conseil de Sécurité ont été encouragés à poursuivre les consultations pour déterminer à quel moment il conviendra de simplifier la base juridique des sanctions imposées en Sierra Leone[454].

Pour 2007, le Bureau était composé de Nassir Abdulaziz al-Nasser du Qatar, Président, et des représentants de l'Argentine et du Congo, vice-présidents. Dans le cadre de ses activités, le Comité n'a tenu qu'une séance de consultations officieuses[455]. Pareillement aux années précédentes, aucune violation ou violation présumée du régime des sanctions n'a été portée à l'attention du Comité. Au demeurant, le Comité a renouvelé son appel à poursuivre les consultations pour la simplification du régime de sanctions.

En 2008, le Bureau était composé de Le Luong Minh du Vietnam, Président, et des représentants de la Jamahiriya arabe libyenne et de Panama, vice-présidents[456]. Au cours de cette année, le Comité a tenu une séance de consultations officieuses, le 30 mai 2008, pour examiner la lettre du Représentant permanent de la Sierra Leone auprès de l'Organisation des Nations Unies datée du 1er mai 2008[457].

---

[453] Nations Unies. *Rapport du Comité du Conseil de sécurité créé par la résolution 1132 (1997) concernant la Sierra Leone.* 28 décembre 2006, p. 2.

[454] Nations Unies. *Rapport du Comité du Conseil de sécurité créé par la résolution 1132 (1997) concernant la Sierra Leone.* 31 décembre 2007, p. 2.

[455] Nations Unies. *Rapport du Comité du Conseil de sécurité créé par la résolution 1132 (1997) concernant la Sierra Leone.* 28 décembre 2006, p. 4.

[456] Nations Unies. *Rapport du Comité du Conseil de sécurité créé par la résolution 1132 (1997) concernant la Sierra Leone.* 13 février 2009, p. 3.

[457] Dans la lettre qu'il a adressée au Président le 1er mai 2008, le Représentant permanent de la Sierra Leone a recommandé au Comité de revoir la liste d'interdiction de voyager à la lumière de l'évolution de la situation en Sierra Leone sur le plan de la sécurité et sur le plan judiciaire et politique, entre autres. Dans cette même lettre, le Gouvernement sierra-léonais a également suggéré au Comité, lorsqu'il examinera l'obligation de notification des exportations d'armes vers la Sierra Leone imposée

En 2009, la Turquie a remplacé le Panama à la vice-présidence du Comité et durant cette année, le Comité n'a mené ses activités que par échange de correspondance, sans tenir de séance officielle ou de consultation. Pendant cette période, le Comité a reçu sept notifications d'exportation d'armements et de matériel connexe à destination de la Sierra Leone, conformément au paragraphe 4 de la résolution 1171 (1998) du 5 juin 1998[458].

Entre le 1er janvier et le 29 septembre 2010, le Bureau du Comité était composé de Nawaf Salam du Liban, Président, et des représentants de la Bosnie-Herzégovine et du Brésil, vice-présidents. Tout comme l'année précédente, le Comité n'a mené ses activités que par échange de correspondance, sans tenir de séance officielle ou de consultation. Pendant cette période, le Comité a reçu trois notifications d'exportation d'armements et de matériel connexe à destination de la Sierra Leone, conformément au paragraphe 4 de la résolution S/RES/1171 (1998) du 5 juin 1998[459]. En définitive, le mandat du Comité n'a pas été modifié pendant la période 2008-2010 et aucune violation ou violation présumée de l'embargo sur les armes n'a été officiellement portée à l'attention du Comité durant cette période. Au demeurant, durant cette période, le Comité a été saisi par plusieurs demandes de dérogation de l'interdiction de voyager prévue au paragraphe 5 de la résolution S/RES/1171 (1998) du 5 juin 1998 du Conseil de Sécurité, dans le cadre des activités du Tribunal spécial pour la Sierra Leone. Par la résolution S/RES/1940 (2010) du 29 septembre 2010, le Conseil de Sécurité a décidé de lever les sanctions et de dissoudre le Comité de sanctions.

---

en vertu du paragraphe 4 de la résolution 1171 (1998) du 5 juin 1998, de tenir compte des instruments suivants : la Convention de la Communauté économique des États de l'Afrique de l'Ouest (CEDEAO) sur les armes légères et de petit calibre, leurs munitions et autres matériels connexes (ratifiée par la Sierra Leone); l'Instrument international visant à permettre aux États de procéder à l'identification et au traçage rapides et fiables des armes légères et de petit calibre illicites (adopté par l'Assemblée générale); et le Registre des armes classiques de l'Organisation des Nations Unies (auquel contribue la Sierra Leone).

458 Nations Unies. *Rapport du Comité du Conseil de sécurité créé par la résolution 1132 (1997) concernant la Sierra Leone.* 5 janvier 2010, p. 3.

459 Nations Unies. *Rapport du Comité du Conseil de sécurité créé par la résolution 1132 (1997) concernant la Sierra Leone.* 30 décembre 2010, p. 3.

Paragraphe 2 : Le Groupe d'experts sur la Sierra Leone

Par la résolution S/RES/1306 (2000) du 5 juillet 2000, le Conseil de Sécurité a prié le Secrétaire général, en consultation avec le Comité de sanctions, de créer un groupe d'experts composé de cinq membres pour une période initiale de quatre mois. Ce groupe serait chargé, entre autres, de rassembler des informations sur les éventuelles violations de l'embargo sur les armes, imposé par la résolution S/RES/1171 (1998) du 5 juin 1998 et les liens entre le commerce des diamants et le commerce d'armements et de matériels connexes, et d'évaluer l'adéquation des systèmes de contrôle de navigation aérienne dans la région[460].

Le Secrétaire général de l'ONU a créé le Groupe d'experts le 2 août 2000. Furent nommés, M. Martin Chungong Ayafor du Cameroun, Président du groupe d'experts, M. Ian Smillie du Canada, expert en diamant, M. Johan Peleman de la Belgique, expert spécialisé dans les armes et les moyens de transport, M. Harjit Singh Sandhu de l'Inde, expert en provenance d'INTERPOL, et M. Atabou Bodian du Sénégal, expert en provenance de l'Organisation de l'aviation civile internationale. Le rapport du Groupe d'experts a été transmis au Conseil de Sécurité, par l'intermédiaire du Comité, dans une note du Président datée du 20 décembre 2000[461].

Le Groupe d'experts a indiqué que le président libérien Charles Taylor était largement responsable de la poursuite de la guerre en Sierra Leone. Ses conclusions ont exhorté le Conseil de Sécurité à renforcer l'embargo sur les armes à destination du Liberia et à imposer des sanctions supplémentaires, plus précisément une interdiction de voyager, un gel des avoirs et des embargos sur les diamants et le bois d'œuvre. Le Groupe d'experts a également souligné la manière dont les rebelles du Front révolutionnaire uni (RUF) ont utilisé les diamants pour financer la guerre et forcé les Sierra-Léonais à exploiter les mines de diamants.

Selon le Groupe d'experts, le contrôle des diamants a provoqué des dissensions entre les différentes factions du RUF. En fait, certains dirigeants du RUF ont été contraints de s'exiler au Liberia en raison

---

[460] S/RES/1306 (2000) du 5 juillet 2000, par 19. a) et b).

[461] Nations Unies. *Rapport du Groupe d'experts constitué en application du paragraphe 19 de la résolution 1306 (2000) du Conseil de sécurité concernant la Sierra Leone*. 20 décembre 2000, p. 48.

d'allégations d'utilisation des diamants à des fins personnelles. Le rapport du Groupe d'experts explique en détail comment le RUF a exporté des diamants, principalement via la Gambie, la Guinée et le Liberia. Il a souligné la croissance des exportations de diamants gambiens, malgré le fait que la Gambie ne possède pas de gisements propres de diamants. Malgré des affirmations contraires, le Groupe d'experts a déclaré que les autorités libériennes étaient pleinement conscientes du transit illégal de diamants sierra-léonais par leur pays et en ont au demeurant profité[462].

Le Groupe d'experts a également indiqué comment Taylor a contribué à la violation de l'embargo sur les armes en Sierra Leone. Bien que Taylor ait nié avoir fourni des armes et un entraînement aux forces du RUF, le Groupe d'experts a interrogé de nombreux dirigeants et combattants du RUF qui ont confirmé le rôle du Liberia. Le Groupe d'experts a constaté que pratiquement toutes les armes expédiées sur le territoire sous contrôle du RUF transitaient par au moins deux autres pays, et que le Liberia était toujours l'un d'entre eux[463]. Avec ces conclusions et la fin du conflit en Sierra Leone, le Conseil de Sécurité a dissous le Groupe d'experts sur la Sierra Leone et l'a remplacé par le Groupe d'experts sur le Liberia. En 2001, le Conseil de Sécurité a commencé à adopter et à mettre en œuvre les recommandations du Groupe d'experts sur la Sierra Leone visant à imposer de nouvelles sanctions au Liberia et a demandé au Groupe d'experts sur le Liberia d'en assurer le suivi effectif.

Paragraphe 3 : Les missions de maintien de la paix en Sierra Leone

A. Mission d'Observation des Nations Unies en Sierra Leone

Le Conseil de Sécurité des Nations Unies, par la résolution S/RES/1181 (1998) du 13 juillet 1998 a créé la Mission d'Observation des Nations Unies en Sierra Leone (MONUSIL) pour une période initiale de six mois et a décidé, de plus, que la MONUSIL sera composée d'un maximum de 70 observateurs militaires et d'une

---

462 Nations Unies. *Rapport du Groupe d'experts constitué en application du paragraphe 19 de la résolution 1306 (2000) du Conseil de sécurité concernant la Sierra Leone*. 20 décembre 2000, p. 20.

463 *Ibid.*, p. 37.

petite unité médicale, avec le matériel et le personnel d'appui civil nécessaires[464].

La MONUSIL avait le mandat suivant [465]: (a) suivre l'évolution de la situation sur le plan militaire et sur le plan de la sécurité dans l'ensemble du pays, pour autant que les conditions de sécurité le permettent, et en informer régulièrement le Représentant spécial du Secrétaire général, en vue notamment de déterminer quand la situation est suffisamment sûre pour permettre le déploiement de nouveaux effectifs d'observateurs militaires; (b) suivre le désarmement et la démobilisation des anciens combattants regroupés dans des zones sûres du pays, en supervisant le rôle joué par l'ECOMOG dans ses actions sécuritaires, de rassemblement et de destruction des armes dans lesdites zones; (c) aider à assurer le respect du droit international humanitaire, notamment sur les lieux de désarmement et de démobilisation lorsque les conditions de sécurité le permettent; (d) superviser le désarmement et la démobilisation volontaires des membres des Forces de défense civile dans la mesure où les conditions de sécurité le permettent.

La MONUSIL a supervisé et guidé l'action menée pour désarmer les combattants et restructurer les forces de sécurité du pays. Des équipes de membres de la Mission, non armées, placées sous la protection de l'ECOMOG, ont réuni des données au sujet des atrocités et violations des droits de l'homme commises contre les civils. Les combats se sont poursuivis, les rebelles se rendant maîtres de plus de la moitié du territoire. En décembre 1998, ils ont lancé une offensive en vue de reprendre Freetown et, en janvier 1999, ils ont occupé la majeure partie de la ville. Le personnel de la MONUSIL a été évacué. Le Représentant spécial et le chef des observateurs militaires ont continué d'assumer leurs fonctions, se tenant en contact étroit avec toutes les parties au conflit et observant la situation. Vers la fin du mois de février 1999, les forces de l'ECOMOG ont repris la capitale avant de réinstaller le gouvernement civil, mais des milliers de rebelles restaient, semble-t-il dissimulés aux alentours.

À la suite de cette offensive, le Représentant spécial du Secrétaire général, en consultation avec des États de l'Afrique de l'Ouest, a lancé une série d'initiatives diplomatiques visant à engager un dialogue avec les rebelles. Les négociations entre le Gouvernement et les rebelles

---

[464] Résolution S/RES/1181 (1998) du 13 juillet 1998, paragraphe 6.

[465] Résolution S/RES/1181 (1998) du 13 juillet 1998, paragraphe 6, alinéa. a-d.

ont commencé en mai 1999, et le 7 juillet 1999 toutes les parties au conflit ont signé à Lomé un accord prévoyant la fin des hostilités et la constitution d'un gouvernement d'union nationale. Les parties ont également demandé que le rôle de la MONUSIL soit élargi. Le 20 août 1999, le Conseil de Sécurité a porté à 210 le nombre maximum d'observateurs militaires. Par sa résolution S/RES/1270 (1999) du 22 octobre 1999, le Conseil de Sécurité a décidé d'établir la Mission des Nations Unies en Sierra Leone (MINUSIL). Dans ce contexte, il a également décidé que la MINUSIL prendrait en charge les éléments civils et militaires essentiels et les fonctions de la MONUSIL ainsi que ses avoirs et, à cette fin, il a décidé que le mandat de la MONUSIL devrait prendre fin dès la mise en place de la MINUSIL.

B. Mission des Nations Unies en Sierra Leone

Le 22 octobre 1999, le Conseil de Sécurité au moyen de la résolution S/RES/1270 (1999) a autorisé la création de la Mission des Nations Unies en Sierra Leone (MINUSIL) et en même temps, a décidé de mettre fin à la MONUSIL. Cette nouvelle mission, beaucoup plus importante que la précédente, devait comprendre un maximum de 6.000 militaires dont 260 observateurs militaires et était chargée d'aider le Gouvernement et les parties à appliquer les dispositions de l'Accord de paix de Lomé. Plus spécifiquement, la MINUSIL était chargée de : (a) coopérer à l'exécution de l'Accord de paix avec le Gouvernement sierra-léonais et les autres parties à l'Accord ; (b) aider le Gouvernement sierra-léonais à appliquer le plan de désarmement, de démobilisation et de réintégration. À cette fin, établir une présence à des emplacements clés sur l'ensemble du territoire sierra-léonais, y compris aux centres de désarmement/réception et aux centres de démobilisation; (c) assurer la sécurité et la liberté de circulation du personnel des Nations Unies ; (d) surveiller le respect du cessez-le-feu conformément à l'accord de cessez-le-feu du 18 mai 1999 au moyen des mécanismes prévus dans cet accord; (e) encourager les parties à créer des mécanismes de rétablissement de la confiance et en appuyer le fonctionnement ; (f) faciliter l'acheminement de l'assistance humanitaire ; (g) appuyer les activités des fonctionnaires civils de l'Organisation des Nations Unies, y compris le Représentant spécial du Secrétaire général et ses collaborateurs, les spécialistes des droits de l'homme et les spécialistes des affaires civiles; (h) apporter, sur demande, un appui pour les élections qui doivent se tenir conformément aux dispositions de la Constitution actuelle de la Sierra Leone.

Agissant en vertu du Chapitre VII de la Charte des Nations Unies, le Conseil de Sécurité par sa résolution S/RES/1289 (2000) du 7 février 2000 avait véritablement décidé que le mandat de la MINUSIL soit élargi aux tâches additionnelles suivantes, qui devraient être remplies par la MINUSIL en fonction de ses moyens et à l'intérieur de ses zones de déploiement, en tenant compte des conditions sur le terrain : a) assurer la sécurité des emplacements clés et des bâtiments publics, en particulier à Freetown, ainsi que des carrefours importants et des principaux aéroports, y compris l'aéroport de Lungi; b) faciliter la libre circulation des personnes et des biens ainsi que l'acheminement de l'aide humanitaire le long de certains axes déterminés; c) assurer la sécurité de tous les sites utilisés pour le programme de désarmement, de démobilisation et de réinsertion; d) coordonner son action avec les autorités sierra-léonaises de maintien de l'ordre et aider celles-ci, à l'intérieur des zones d'opérations communes, à s'acquitter de leurs responsabilités; e) assurer la garde des armes, munitions et autres matériels militaires dont les ex-combattants ont été dessaisis et aider à en disposer ou à les détruire.

Le Conseil de Sécurité a décidé que la composante militaire de la MINUSIL serait portée à un maximum de 11.100 militaires, dont les 260 observateurs militaires déjà déployés. Il a aussi autorisé les augmentations d'effectifs que le Secrétaire général avait proposées dans son rapport du 11 janvier 2000. Par sa résolution S/RES/1299 (2000) du 19 mai 2000, le Conseil de Sécurité a de nouveau autorisé une augmentation des effectifs de la Mission, qui ont été portés à 13.000 hommes, dont les 260 observateurs militaires et 60 agents de la police civile. Une nouvelle augmentation jusqu'à 17.500 militaires a été autorisée par le Conseil de Sécurité par sa résolution S/RES/1346 (2001) du 30 mars 2001[466].

En avril 2005, la stratégie d'engagement des Nations Unies en Sierra Leone a été révisée et le Conseil de Sécurité, approuvant le calendrier de réduction des effectifs de la MINUSIL proposé par le Secrétaire général de l'ONU et constatant que la situation en Sierra

---

[466] L'effectif maximum déployé de la MINUSIL (au 31 mars 2002) était de 17.368 militaires et les pays fournisseurs du personnel militaire étaient : Bangladesh, Bolivie, Canada, Chine, Croatie, Égypte, Gambie, Allemagne, Ghana, Guinée, Inde, Indonésie, Jordanie, Kenya, Kirghizstan, Malaisie, Malawi, Népal, Nigéria, Norvège, Pakistan, Fédération de Russie, Slovaquie, Suède, Tanzanie, Ukraine, Royaume-Uni, Uruguay et Zambie. Au total, il y a eu 192 morts dont 169 soldats et 2 observateurs militaires.

Leone constitue encore une menace pour la paix et la sécurité internationales dans la région, par sa résolution S/RES/1610 (2005) du 30 juin 2005, adoptée en vertu du Chapitre VII de la Charte, a prorogé le mandat de la MINUSIL pour une période finale de six mois courant jusqu'au 31 décembre 2005. Par ailleurs, reconnaissant la nécessité d'assurer une forte présence du système des Nations Unies en Sierra Leone après le retrait de la MINUSIL, le Conseil de Sécurité a demandé la création de deux missions de consolidation de la paix : le Bureau intégré des Nations Unies en Sierra Leone (BINUSIL)[467] et, plus tard, le Bureau intégré des Nations Unies pour la Consolidation de la Paix en Sierra Leone (BINUCSIL)[468].

Section 3 : Le suivi de l'application du régime de sanctions concernant la Côte d'Ivoire

Paragraphe 1 : Le Comité du Conseil de sécurité créé par la résolution 1572 (2004)

Par sa résolution S/RES/1572 (2004) du 15 novembre 2004, le Conseil de Sécurité a imposé un certain nombre de mesures à la Côte d'Ivoire, à savoir un embargo sur les armes, une interdiction de voyager et le gel des avoirs détenus ou contrôlés par certains individus. Par la même résolution, il a décidé de créer un comité pour superviser l'application de ces mesures. Ce comité a été chargé de désigner les individus et les entités visées par l'interdiction de voyager et le gel des

---

[467] Le Bureau intégré des Nations Unies en Sierra Leone (BINUSIL) a été créé par la Résolution S/RES/1620 (2005) du 31 août 2005 pour une période initiale de 12 mois, à compter du 1er janvier 2006. L'une de ses principales tâches en rapport avec la surveillance de l'embargo sur les armes était de coordonner les efforts avec les missions et bureaux des Nations Unies et les organisations régionales d'Afrique de l'Ouest en vue de régler les problèmes transfrontaliers comme, entre autres, les mouvements illicites d'armes légères.

[468] Créé par la Résolution S/RES/1829 (2008) du 4 août 2008 du Conseil de Sécurité pour une période de 12 mois à compter du 1er octobre 2008, le Bureau intégré des Nations Unies pour la consolidation de la paix en Sierra Leone (BINUCSIL) avait pour mission d'apporter un soutien politique aux efforts déployés sur les plans national et local pour identifier et désamorcer les tensions et les risques de conflit, d'observer et de promouvoir les droits de l'homme, les institutions démocratiques et l'état de droit, au moyen d'actions visant à lutter contre la criminalité transnationale organisée et le trafic de drogues, de consolider les réformes destinées à assurer une bonne gouvernance en prêtant une attention particulière aux instruments visant à combattre la corruption, de soutenir la décentralisation, la révision de la Constitution de 1991 et l'adoption des textes législatifs pertinents, et d'assurer une étroite coordination avec la Commission de consolidation de la paix et soutenir son action.

avoirs ; de demander des informations à tous les États concernés ; d'examiner et de statuer sur les demandes de dérogation ; de rendre publics les renseignements qu'il jugeait pertinents ; de prendre des directives pour faciliter l'application des mesures imposées ; et de faire régulièrement rapport de ses activités au Conseil.

En 2004, à la suite de consultations entre les membres du Conseil de Sécurité, il a été décidé que Gunter Pleuger, Représentant permanent de l'Allemagne auprès de l'Organisation des Nations Unies, assumerait du 6 au 31 décembre 2004 les fonctions de Président du Comité[469]. Le 23 décembre 2004, le Secrétaire général de l'ONU a transmis au Conseil de Sécurité le rapport de la Commission internationale d'enquête sur les violations graves des droits de l'homme et du droit international humanitaire qui auraient été commises en Côte d'Ivoire entre le 19 septembre 2002 et le 15 octobre 2004[470].

Durant l'année 2005, le Bureau du Comité était composé de M. Adamantios Th. Vassilakis de la Grèce, Président, et des membres des délégations du Danemark et de la République Unie de Tanzanie Vice-Présidents[471]. Conformément aux dispositions du paragraphe 8 de la résolution S/RES/1572 (2004) du 15 novembre 2004, le Comité de sanctions a reçu des demandes de fourniture d'assistance technique et de formation ainsi qu'une demande d'exportation de matériel militaire non létal à la Côte d'Ivoire de la part de la France et du Royaume-Uni, respectivement. Le comité a également examiné le rapport intérimaire[472] et le rapport final du Groupe d'experts[473]. Le rapport final du Groupe d'experts a révélé que bien que le budget de la défense de la Côte d'Ivoire semble élevé, il n'avait pas décelé de violations flagrantes de l'embargo sur les armes. Par ailleurs, le Président du comité a effectué une visite de travail en Côte d'Ivoire du 18 au 21 octobre 2005 pour évaluer les progrès réalisés par toutes les parties sur la voie du respect de leurs engagements[474].

---

[469] Document S/2004/950.

[470] Nations Unies. *Rapport du Comité du Conseil de sécurité créé par la résolution 1572 (2004) concernant la Côte d'Ivoire.* 30 janvier 2006, p. 3.

[471] Nations Unies. *Rapport du Comité du Conseil de sécurité créé par la résolution 1572 (2004) concernant la Côte d'Ivoire.* 30 janvier 2006, p. 2.

[472] Document S/2005/470. Ce rapport a été examiné par le Comité le 18 juillet 2005.

[473] Document S/2005/699. Ce rapport a été examiné par le Comité les 12 octobre et 8 novembre 2005.

[474] Le 16 novembre 2005, lors de consultations officieuses, le Président du Comité de sanctions a rendu brièvement compte au Conseil de sécurité de sa visite en Côte

En 2006, le Bureau sortant du Comité a été reconduit. Durant cette année, le Comité a tenu deux séances officielles et neuf séances de consultations officieuses[475]. S'agissant du suivi de l'application du régime de sanctions, le Comité a, au demeurant, examiné le rapport du Groupe d'experts qui signale trois violations de l'embargo sur les armes[476] et salue la création par l'ONUCI d'une cellule embargo qui avait considérablement amélioré les procédures d'inspection du Groupe[477]. En 2007, le Bureau du Comité était composé de Johan Verbeke de la Belgique, Président, et des délégations de l'Afrique du Sud et de l'Italie, vice-présidents, et a tenu dix consultations officieuses[478]. Durant cette année, le Comité a signalé des violations de l'embargo sur les diamants et du gel des avoirs. Par ailleurs, le Comité, à travers le Groupe d'experts, a évoqué la possibilité de violations de l'embargo sur les armes, telles que l'expédition de matériel militaire destiné à la police nationale et l'envoi d'armes et de matériels connexes à des compagnies de sécurité privées et de transport de fonds en Côte d'Ivoire. La même source a également

d'Ivoire et, le 9 décembre 2005, a remis au Président du Conseil de sécurité un rapport sur sa mission en Côte d'Ivoire (S/2005/790).

475 Nations Unies. *Rapport du Comité du Conseil de sécurité créé par la résolution 1572 (2004) concernant la Côte d'Ivoire.* 21 décembre 2006, p. 3.

476 En octobre 2006, la police nationale de Côte d'Ivoire s'apprêtait à importer des munitions et du gaz lacrymogène en provenance d'Iran par l'intermédiaire d'un courtier belge enregistré aux îles Vierges britanniques et établi en Afrique du Sud. Aussi, un ressortissant ivoirien qui était à l'époque poursuivi aux États-Unis d'Amérique avait importé en Côte d'Ivoire des munitions pour armes légères. Un Français a également été identifié avoir facilité la venue de techniciens pour le système sol-air et un Bélarussien dont le passeport diplomatique ivoirien indiquait qu'il était employé par le ministère ivoirien de la Défense.

477 Nations Unies. *Rapport du Comité du Conseil de sécurité créé par la résolution 1572 (2004) concernant la Côte d'Ivoire.* 21 décembre 2006, p. 7.

478 Nations Unies. *Rapport du Comité du Conseil de sécurité créé par la résolution 1572 (2004) concernant la Côte d'Ivoire.* 31 décembre 2007, p. 4. Au cours des consultations officieuses qu'il a tenues le 18 mai 2007, le Comité a entendu un exposé du Sous-Secrétaire général aux opérations de maintien de la paix, Hédi Annabi, sur les questions liées aux sanctions qui avaient été examinées lors d'une mission d'évaluation technique pluridisciplinaire en Côte d'Ivoire, effectuée du 10 au 22 avril 2007. Cette mission avait été dépêchée à la suite de la signature, le 4 mars 2007, de l'Accord politique de Ouagadougou. Par ailleurs, le Comité a examiné plusieurs rapports mensuels de suivi sur l'embargo sur les armes et les médias, qui ont été établis par l'ONUCI en application des paragraphes 2 et 9 de la résolution S/RES/1584 (2005) du 2 février 2005 et du paragraphe 6 de la résolution S/RES/1572 (2004) du 15 novembre 2004.

signalé que les ports d'Abidjan et de San Pedro n'étaient toujours pas surveillés et que des armes et des matériels connexes y étaient probablement introduits en violation de l'embargo[479].

En 2008, Johan C. Verbeke de la Belgique a continué à présider le Bureau jusqu'à son remplacement, le 4 juin 2008, par son compatriote Jan Grauls. Les membres des délégations italienne et sud-africaine ont continué à assurer la vice-présidence[480]. Durant cette année, le Comité a tenu cinq consultations officieuses[481]. S'agissant du suivi du régime de sanctions, et en particulier de l'embargo sur les armes, le Comité a été informé par le Groupe d'experts sur la Côte d'Ivoire, l'existence de renseignements dignes de foi qui semblaient indiquer que, depuis l'instauration du régime des sanctions en novembre 2004 par le Conseil de Sécurité, les membres des Forces de défense et de sécurité de Côte d'Ivoire (FDS-CI) et des Forces de défense et de sécurité des Forces nouvelles (FDS-FN) recevaient une formation à caractère militaire dans d'autres États membres, ce qui constituait une violation du paragraphe 7 de la résolution S/RES/1572 (2004) du 15 novembre 2004[482]. Par ailleurs, l'absence d'un désarmement effectif des milices et des ex-combattants des Forces nouvelles ainsi que l'absence d'inspections de l'ONUCI des lieux placés sous la surveillance de la Garde républicaine continuaient à préoccuper le Comité de sanctions.

En 2009, la composition du Bureau avait complètement changé avec M. Claude Heller du Mexique Président, et les délégations autrichienne et ougandaise assurant la vice-présidence[483]. Durant cette année, le Comité a tenu sept consultations[484]. Dans son rapport intermédiaire du 8 avril 2009[485], le Groupe d'experts informait le comité que malgré l'embargo sur les armes, les parties au conflit demeuraient assez lourdement armées pour engager des hostilités

---

[479] Nations Unies. *Rapport du Comité du Conseil de sécurité créé par la résolution 1572 (2004) concernant la Côte d'Ivoire.* 31 décembre 2007, p. 5.
[480] Nations Unies. *Rapport du Comité du Conseil de sécurité créé par la résolution 1572 (2004) concernant la Côte d'Ivoire.* 31 décembre 2008, p. 2.
[481] *Ibid.*, p. 4.
[482] Nations Unies. *Rapport du Comité du Conseil de sécurité créé par la résolution 1572 (2004) concernant la Côte d'Ivoire.* 31 décembre 2008, p. 5.
[483] Nations Unies. *Rapport du Comité du Conseil de sécurité créé par la résolution 1572 (2004) concernant la Côte d'Ivoire.* 31 décembre 2009, p. 2.
[484] *Ibid.*, p. 4.
[485] Document S/2009/188.

armées soutenues, et certaines même se réarmaient[486]. Au demeurant, sept cas distincts dans lesquels le Gouvernement ivoirien et les Forces nouvelles s'étaient procuré des armes et du matériel connexe en violation du régime de sanctions furent notés[487].

Les représentants des délégations de l'Autriche et de l'Ouganda ont continué à assurer la vice-présidence du Comité en 2010, pendant que le Brésil, en la personne de Maria Luiza Ribeiro Viotti, remplaçait le Mexique à la présidence du Comité[488]. Au cours de l'année 2010, le Comité a tenu cinq séances de consultations informelles, les 19 février, 9 avril, 2 juillet, 15 septembre et 11 octobre[489]. S'agissant des cas de violations présumées ou avérées de l'embargo sur les armes, le Comité a été informé par le Groupe d'experts sur la Côte d'Ivoire[490] que des violations probables du régime de sanctions continuaient d'être commises tant dans le nord que dans le sud du pays et qu'il était toujours impossible de procéder à des inspections des sites militaires, en particulier ceux qui sont sous le contrôle de la Garde républicaine[491].

Maria Luiza Ribeiro Viotti du Brésil a continué à assurer la présidence du Bureau en 2011, assistée des représentants de l'Allemagne et de l'Afrique du Sud à la vice-présidence[492]. Au cours de l'année 2011, le Comité a tenu trois séances de consultations informelles, les 28 février, 15 avril et 14 octobre[493]. Par ailleurs, le Comité a également examiné et approuvé une demande présentée le 4 avril 2011 par la Mission permanente de l'Allemagne auprès de l'Organisation des Nations Unies, en application de l'alinéa b) du paragraphe 8 de la résolution S/RES/1572 (2004) du 15 novembre 2004 concernant la fourniture de matériel militaire non létal destiné exclusivement à un usage humanitaire ou de protection, ainsi que l'assistance technique et la formation connexe. Pendant cette année, le Comité a examiné au total 10 rapports mensuels relatifs au suivi des médias et au respect de

---

[486] Nations Unies. *Rapport du Comité du Conseil de sécurité créé par la résolution 1572 (2004) concernant la Côte d'Ivoire*. 31 décembre 2009, p. 6.

[487] *Ibid.*

[488] Nations Unies. *Rapport du Comité du Conseil de sécurité créé par la résolution 1572 (2004) concernant la Côte d'Ivoire*. 31 décembre 2010, p. 2.

[489] *Ibid.*, p. 4.

[490] Document S/2010/179

[491] Nations Unies. *Rapport du Comité du Conseil de sécurité créé par la résolution 1572 (2004) concernant la Côte d'Ivoire*. 31 décembre 2010, p. 6.

[492] Nations Unies. *Rapport du Comité du Conseil de sécurité créé par la résolution 1572 (2004) concernant la Côte d'Ivoire*. 30 décembre 2011, p. 2.

[493] *Ibid.*, p. 5.

l'embargo sur les armes, préparés par l'ONUCI, conformément aux paragraphes 2 et 9 de la résolution S/RES/1584 (2005) du 1er février 2005 et au paragraphe 6 de la résolution S/RES/1572 (2004) du 15 novembre 2004[494].

Dans son rapport du 17 mars 2011[495] présenté en application de la résolution S/RES/1946 (2010) du 15 octobre 2010, le Groupe d'experts sur la Côte d'Ivoire a fait remarquer que nombre des violations de l'embargo sur les armes commises lors des premiers mois de l'année 2011 ont profité aux deux parties au conflit. Les forces de l'ancien Président Gbagbo auraient reçu le soutien d'environ 4.500 mercenaires venus principalement du Liberia. Le Groupe a également fait état de plusieurs cargaisons aériennes et maritimes suspectes dans le sud. Dans le nord, les anciennes Forces nouvelles ont régulièrement reçu des transferts d'armes et de munitions en violation du régime de sanctions[496].

En 2012 le Bureau était composé de Gert Rosenthal du Guatemala, qui assurait la présidence, et de deux vice-présidents, les représentants de l'Allemagne et de l'Afrique du Sud qui ont poursuivi leur présence au sein du Bureau[497]. En 2012 le Comité a tenu quatre consultations (10 février, 11 avril, 4 mai et 12 octobre)[498]. Le Comité a également examiné au total 10 rapports mensuels relatifs au suivi des médias et au respect de l'embargo sur les armes, établis par l'ONUCI, conformément aux paragraphes 2 et 9 de la résolution S/RES/1584 (2005) du 1er février 2005 et au paragraphe 6 de la résolution S/RES/1572 (2004) du 15 novembre 2004[499]. S'agissant de l'embargo sur les armes, le comité a été informé de trois cas de violations par le rapport final du Groupe d'experts sur la Côte d'Ivoire du 16 mars 2012 [500] : les munitions produites en Roumanie et importées en violation du régime de sanctions ; le réseau Montoya-Lafont-Kapylou, qui a violé le régime de sanctions à plusieurs reprises ; et le rôle joué par l'ancien commandant ivoirien Anselme Seka Yapo dans les violations du

---

494 Nations Unies. *Rapport du Comité du Conseil de sécurité créé par la résolution 1572 (2004) concernant la Côte d'Ivoire.* 30 décembre 2011, p. 6.

495 Document S/2011/272.

496 Nations Unies. *Rapport du Comité du Conseil de sécurité créé par la résolution 1572 (2004) concernant la Côte d'Ivoire.* 30 décembre 2011, p. 7.

497 Nations Unies. *Rapport du Comité du Conseil de sécurité créé par la résolution 1572 (2004) concernant la Côte d'Ivoire.* 31 décembre 2012, p. 2.

498 *Ibid.*, p. 5.

499 *Ibid.*, p. 7.

500 Document S/2012/196.

régime de sanctions[501]. Plus tard, le comité sera également informé par le rapport intermédiaire du Groupe d'experts sur la Côte d'Ivoire en date du 14 septembre 2012[502], que malgré les changements apportés au régime de sanctions par l'adoption de la résolution S/RES/2045 (2012) du 26 avril 2012, permettant de simplifier et d'accélérer la procédure de demande de dérogations, l'embargo sur les armes a continué d'être violé[503].

En 2013, les délégations de l'Australie et du Rwanda ont succédé à celles de l'Allemagne et de l'Afrique du Sud à la vice-présidence du Bureau du Comité, tandis que Gert Rosenthal du Guatemala a continué à assurer la présidence[504]. Durant cette année, le Comité a tenu trois consultations le 12 avril, le 11 octobre et le 9 décembre[505]. Durant la même année, conformément aux paragraphes 4 des résolutions S/RES/2045 (2012) du 26 avril 2012 et S/RES/2101 (2013) du 25 avril 2013, aux termes desquels les autorités ivoiriennes doivent notifier au préalable au Comité tout envoi de matériel visés aux paragraphes 3 e) ou doivent solliciter l'accord préalable du Comité pour tout envoi de matériel visé aux paragraphes 3 f) desdites résolutions, le Comité a reçu, au total, huit notifications et examiné au total, sur demande officielle du Gouvernement ivoirien, sept demandes de dérogation[506] visant à obtenir l'autorisation d'envoyer du matériel en Côte d'Ivoire[507]. Plusieurs cas de violation de l'embargo sur les armes furent soulignés dans les rapports du Groupe d'experts sur la Côte d'Ivoire, en dépit de la simplification de la procédure de demande de dérogation.

Les délégations de l'Australie et du Rwanda ont continué à assurer la vice-présidence du Bureau en 2014, tandis que le Chili, à travers Octavio Errázuriz, puis Cristian Barros, prenait la présidence du

---

[501] Nations Unies. *Rapport du Comité du Conseil de sécurité créé par la résolution 1572 (2004) concernant la Côte d'Ivoire.* 31 décembre 2012, p. 7.
[502] Document S/2012/766.
[503] Nations Unies. *Rapport du Comité du Conseil de sécurité créé par la résolution 1572 (2004) concernant la Côte d'Ivoire.* 31 décembre 2012, p. 8.
[504] Nations Unies. *Rapport du Comité du Conseil de sécurité créé par la résolution 1572 (2004) concernant la Côte d'Ivoire.* 19 décembre 2013, p. 2.
[505] *Ibid.*, p. 6.
[506] Le Comité a approuvé au total cinq de ces demandes et a réservé sa décision concernant les deux autres.
[507] Nations Unies. *Rapport du Comité du Conseil de sécurité créé par la résolution 1572 (2004) concernant la Côte d'Ivoire.* 19 décembre 2013, p. 7.

Bureau[508]. Le Comité s'est réuni cinq fois dans le cadre de consultations, les 21 mars, 11avril, 18 juin, 10 octobre et 5 décembre, et a mené ses travaux par écrit[509]. Le Comité a reçu six notifications en application du paragraphe 4 de la résolution S/RES/2101 (2013) du 25 avril 2013 et trois en application du paragraphe 4 de la résolution S/RES/2153 (2014) du 29 avril 2014. Il a également reçu six demandes de dérogation en application du paragraphe 4 de la résolution S/RES/2101 (2013) du 25 avril 2013 et trois en application du paragraphe 4 de la résolution S/RES/2153 (2014) du 29 avril 2014, et en a approuvé sept[510].

En 2015, Cristian Barros Melet du Chili a continué d'assurer la présidence du Bureau, assisté des représentants de l'Angola et de la Nouvelle-Zélande, vice-présidents[511]. Le Comité s'est réuni trois fois dans le cadre de consultations, les 10 avril, 10 juillet et 11 septembre, et a mené une partie de ses travaux par correspondance[512]. Au demeurant, le Comité a reçu quatre notifications et une demande de dérogation à l'embargo sur les armes, qu'il a approuvé, conformément aux dispositions du paragraphe 4 de la résolution S/RES/2219 (2015) du 28 avril 2015. Par ailleurs, le Comité a reçu un rapport de la Côte d'Ivoire sur les progrès accomplis quant aux processus de désarmement, démobilisation et réintégration et de réforme du secteur de la sécurité, présenté en application du paragraphe 8 de la résolution S/RES/2153 (2014) du 29 avril 2014. Le Comité a reçu de l'Opération des Nations Unies en Côte d'Ivoire 11 rapports sur le respect de l'embargo[513].

Entre le 1er janvier et le 28 avril 2016, dernière année d'existence du Comité de sanctions avant sa dissolution par la résolution S/RES/2283 (2016) du 28 avril 2016, le Bureau était composé de M. Elbio Rosselli de l'Uruguay, Président, et des représentants de l'Angola et de la Nouvelle-Zélande, Vice-Présidents. Durant cette

---

[508] Nations Unies. *Rapport du Comité du Conseil de sécurité créé par la résolution 1572 (2004) concernant la Côte d'Ivoire.* 31 décembre 2014, p. 2.
[509] Nations Unies. *Rapport du Comité du Conseil de sécurité créé par la résolution 1572 (2004) concernant la Côte d'Ivoire.* 31 décembre 2014, p. 2.
[510] Nations Unies. *Rapport du Comité du Conseil de sécurité créé par la résolution 1572 (2004) concernant la Côte d'Ivoire.* 31 décembre 2014, p. 6.
[511] Nations Unies. *Rapport du Comité du Conseil de sécurité créé par la résolution 1572 (2004) concernant la Côte d'Ivoire.* 31 décembre 2015, p. 2.
[512] *Ibid.*, p. 2.
[513] Nations Unies. *Rapport du Comité du Conseil de sécurité créé par la résolution 1572 (2004) concernant la Côte d'Ivoire.* 31 décembre 2015, p. 3.

année, le Comité s'est réuni une fois dans le cadre de consultations, le 11 mars, et a mené une partie de ses travaux par correspondance[514]. S'agissant du suivi de l'application de l'embargo sur les armes, le Comité a reçu quatre notifications et quatre demandes de dérogation, qu'il a approuvées, conformément aux dispositions du paragraphe 4 de la résolution S/RES/2219 (2015) du 28 avril 2015[515]. Similairement aux années précédentes, le Comité a continué à recevoir des rapports de la Côte d'Ivoire sur les progrès accomplis quant aux processus de désarmement, démobilisation et réintégration et de réforme du secteur de la sécurité, présentés en application du paragraphe 8 de la résolution S//RES/2219 (2015) du 28 avril 2015. Aussi, le Comité a reçu de l'Opération des Nations Unies en Côte d'Ivoire (ONUCI) quatre rapports sur le respect de l'embargo[516].

Paragraphe 2 : Le Groupe d'experts sur la Côte d'Ivoire

Par sa résolution S/RES/1584 (2005) du 1er février 2005, le Conseil de Sécurité avait demandé au Secrétaire général de l'ONU de créer un Groupe d'experts[517], afin d'aider le Comité dans ses tâches, pour une période initiale de six mois. Plus spécifiquement, le Groupe d'experts a été chargé d'examiner et d'analyser les informations rassemblées par l'Opération des Nations Unies en Côte d'Ivoire (ONUCI) ainsi que toutes les informations pertinentes sur les mouvements d'armes en Côte d'Ivoire ; d'examiner et de recommander des moyens de renforcer les capacités des États en vue de l'application de ces mesures; de faire rapport au Conseil par l'intermédiaire du Comité; et de collaborer avec l'ONUCI et d'autres groupes d'experts, ainsi que de fournir au Comité une liste des individus et des entités qui avaient violé les

[514] Nations Unies. *Rapport du Comité du Conseil de sécurité créé par la résolution 1572 (2004) concernant la Côte d'Ivoire.* 29 avril 2016, p. 2.

[515] Nations Unies. *Rapport du Comité du Conseil de sécurité créé par la résolution 1572 (2004) concernant la Côte d'Ivoire.* 29 avril 2016, p. 3.

[516]Nations Unies. *Rapport du Comité du Conseil de sécurité créé par la résolution 1572 (2004) concernant la Côte d'Ivoire.* 29 avril 2016, p. 3.

[517] Le Groupe d'experts était composé d'un expert de l'aviation civile, M. Atabou Bodian (Sénégal), qui en est le président ; d'un expert des questions relatives à la violation des sanctions, M. Alex Vines (Royaume-Uni de Grande-Bretagne et d'Irlande du Nord) ; et d'un expert des douanes et enquêtes, M. Jean-Pierre Witty (Canada). Il est aidé par un consultant ayant une expérience des enquêtes de police et des recettes, M. Agim De Bruycker (Belgique).

mesures imposées, afin que le Conseil puisse prendre d'éventuelles mesures à leur égard[518].

Entre 2005 et 2007, le Groupe a présenté sept rapports sur ses activités[519]. Par une série de résolutions, le Conseil de Sécurité a prorogé le mandat du Groupe à six reprises pour des périodes allant jusqu'à un an. Entre 2008 et 2015, le Conseil de Sécurité a périodiquement prorogé le mandat du Groupe d'experts. Le Groupe d'experts de l'ONU sur la Côte d'Ivoire a par ailleurs coopéré avec l'Opération des Nations Unies en Côte d'Ivoire (ONUCI) dans le cadre de la surveillance du régime de sanctions ciblées des Nations Unies, en particulier l'embargo sur les armes. Dans le cadre de cette coopération, l'ONUCI a créé une cellule embargo au sein de l'Opération[520]. Cette cellule a effectué des inspections ponctuelles du fret aux points de passage des frontières ivoiriennes (maritimes, terrestres et aériennes), a tenu à jour une base de données sur les armes et a répertorié les obstructions à l'enquête sur l'embargo sur les armes. Pour renforcer les capacités de surveillance des sanctions, l'ONUCI, avec l'aide du Groupe d'experts, a formé également des agents de police à la surveillance des marchandises suspectes[521].

Dans son rapport d'avril 2008, le Groupe a noté que l'efficacité de la cellule embargo a été entravée par le fait que l'ONUCI donne un préavis de trois à six jours avant d'effectuer des inspections. Les forces rebelles et gouvernementales refusent régulièrement d'autoriser les inspections, affirmant qu'elles ne sont pas légalement tenues de les autoriser[522]. Aussi, en octobre 2008, le Groupe a relevé que de nombreuses patrouilles douanières hebdomadaires sont superficielles et que les documents relatifs aux expéditions sont examinés par les agents de l'ONUCI qu'après la libération des marchandises, pouvant alors conduire facilement au contournement de l'embargo. En 2016, par sa résolution S/RES/2283 (2016) du 28 avril 2016, le Conseil de Sécurité a levé les sanctions et en conséquence prononcé la dissolution, avec effet immédiat, du Groupe d'experts.

---

518 S/RES/1584 (2005) du 1er février 2005, par. 7.

519 Document S/2005/470, Document S/2005/699, Document S/2006/204, Document S/2006/735, Document S/2006/964, Document S/2007/349, Document S/2007/611.

520 Boucher, Alix J. et Victoria K. Holt. « Panels of Experts: Roles and Challenges » *Targeting Spoilers: The Role of United Nations Panels of Experts*, Stimson Center, 2009, p. 73.

521 *Ibid.*

522 *Ibid.*

Paragraphe 3 : Opération des Nations Unies en Côte d'Ivoire

Ayant considéré que la situation en Côte d'Ivoire continuait de menacer la paix et la sécurité internationales de la région et agissant en vertu du Chapitre VII de la Charte des Nations Unies, le Conseil de Sécurité, aux termes de sa résolution S/RES/1528 du 27 février 2004, avait décidé de créer l'Opération des Nations Unies en Côte d'Ivoire (ONUCI) à compter du 4 avril 2004, sur la base de la demande du Président de la Côte d'Ivoire[523] et des recommandations du Secrétaire général de l'ONU[524]. Conformément à cette résolution, l'ONUCI a succédé aux forces de la CEDEAO (ECOMICI) et de la Mission des Nations Unies en Côte d'Ivoire (MINUCI), mission politique créée par le Conseil de Sécurité en mai 2003 avec pour mandat de faciliter la mise en œuvre, par les parties ivoiriennes, de l'Accord de paix dite de Linas-Marcoussis qu'elles ont signé en janvier 2003. Lorsque l'ONUCI a été déployée pour la première fois en avril 2004, conformément à la résolution S/RES/1528 (2004) du 27 février 2004 du Conseil de Sécurité de l'ONU, la Côte d'Ivoire était un pays divisé en deux, avec le Nord et le Sud séparés par une zone de confiance militairement imposée et en proie à une impasse politique. Les violations du cessez- le-feu étaient fréquentes, tout comme les violations des droits de l'homme. Jadis havre de stabilité et de prospérité dans une région rongée par des guerres civiles, la Côte d'Ivoire, était en 2004, au bord du gouffre. C'est dans ce contexte que l'ONUCI a soutenu la signature et la mise en œuvre de plusieurs accords de paix.

Tel qu'indiqué dans la résolution S/RES/1528 (2004) du 27 février 2004, le mandat de l'ONUCI[525], en coordination avec les forces françaises autorisées par la même résolution, portait sur les domaines

---

[523] Dans son message envoyé à l'occasion du débat sur le renouvellement du mandat de la Mission des Nations Unies en Côte d'Ivoire (MINUCI), Laurent Gbagbo, Président de la République de Côte d'Ivoire avait souligné le fait que le maintien du statut de la MINUCI avait montré toutes ses limites dans la mise en œuvre de l'Accord de Linas-Marcoussis et en conséquence il avait sollicité le réexamen de la nature même de la MINUCI afin de lui donner les moyens nécessaires en effectifs, en logistiques et un mandat plus large pour lui permettre de se déployer sur toute l'étendue du territoire et d'être un instrument de la communauté internationale, capable de maintenir la paix et la sécurité dans tout le pays. Pour plus de détails sur ce message, voir Document S/2003/1081.

[524] Document S/2004/3 par.87.

[525] Résolution S/RES/1528 (2004) du 27 février 2004, par. 6.

suivants : a) observation du cessez-le-feu et des mouvements de groupes armés b) désarmement, démobilisation, réinsertion, rapatriement et réinstallation ; c) protection du personnel des Nations Unies, des institutions et des civils ; d) appui aux opérations humanitaires ; e) appui à la mise en œuvre du processus de paix; f) assistance dans le domaine des droits de l'homme; g) information et relations publiques; et h) ordre public. L'ONUCI a été autorisée à utiliser tous les moyens nécessaires pour s'acquitter de son mandat, dans les limites de ses capacités et dans les zones de déploiement de ses unités.

Concernant l'observation du cessez-le-feu et des mouvements de groupes armés, les tâches spécifiques étaient les suivantes[526] : i) observer et surveiller l'application de l'accord de cessez-le-feu global du 3 mai 2003, et enquêter sur les éventuelles violations du cessez-le-feu; ii) assurer la liaison avec les Forces armées nationales de Côte d'Ivoire (FANCI) et les éléments militaires des Forces nouvelles afin de promouvoir, en coordination avec les forces françaises, le rétablissement de la confiance entre toutes les forces ivoiriennes en présence; et iii) aider le Gouvernement de réconciliation nationale à surveiller les frontières.

S'agissant des questions relatives aux désarmement, démobilisation, réinsertion, rapatriement et réinstallation, l'ONUCI était spécifiquement chargée des tâches suivantes[527] : i) aider le Gouvernement de réconciliation nationale à procéder au regroupement de toutes les forces ivoiriennes en présence, et à assurer la sécurité des sites de cantonnement de ces dernières; ii) aider le Gouvernement de réconciliation nationale à exécuter le programme national de désarmement, démobilisation et réinsertion des combattants; iii) coordonner étroitement avec les Missions des Nations Unies en Sierra Leone et au Liberia la mise en œuvre d'un programme de rapatriement librement consenti et de réinstallation des ex-combattants étrangers; iv) veiller à ce que les programmes visés aux alinéas ii) et iii) tiennent compte de la nécessité d'une démarche régionale; et v) assurer la garde des armes, munitions et autres matériels militaires remis par les ex-combattants et mettre en sûreté, neutraliser ou détruire ces matériels.

Les tâches de l'ONUCI en matière de protection du personnel des Nations Unies, des institutions et des civils étaient les suivantes[528] :

---

[526] Résolution S/RES/1528 (2004) du 27 février 2004, par. 6, al. a-c.
[527] Résolution S/RES/1528 (2004) du 27 février 2004, al. d-h.
[528] Résolution S/RES/1528 (2004) du 27 février 2004, al. i-j

i) assurer la protection du personnel, des installations et du matériel des Nations Unies, assurer la sécurité et la liberté de circulation du personnel des Nations Unies et protéger les civils en danger immédiat de violence physique, dans la limite de ses capacités et dans les zones de déploiement de ses unités; et ii) contribuer à assurer la sécurité des membres du Gouvernement de réconciliation nationale. L'appui aux opérations humanitaires devrait se faire à travers une facilitation de la libre circulation des personnes et des biens et le libre acheminement de l'aide humanitaire, notamment en aidant à créer les conditions de sécurité nécessaires[529].

Concernant l'appui à la mise en œuvre du processus de paix, l'ONUCI devrait spécifiquement[530] : i) aider le Gouvernement de réconciliation nationale à rétablir l'autorité de l'État partout en Côte d'Ivoire; et ii) offrir au Gouvernement de réconciliation nationale un encadrement, des orientations et une assistance technique en vue de préparer et faciliter la tenue de consultations électorales libres, honnêtes et transparentes dans le cadre de la mise en œuvre de l'Accord de Linas Marcoussis, en particulier d'élections présidentielles. L'assistance de l'ONUCI dans le domaine des droits de l'homme était de contribuer à la promotion et à la défense des droits de l'homme en Côte d'Ivoire et d'aider à enquêter sur les violations des droits de l'homme pour mettre fin à l'impunité[531].

Quant à l'information et les relations publiques, l'ONUCI devrait faire comprendre le processus de paix et le rôle de l'ONUCI aux collectivités locales et aux parties, grâce à un service d'information efficace[532]. Concernant l'ordre public, les tâches spécifiques de l'ONUCI étaient les suivantes[533] : i) aider le Gouvernement de réconciliation nationale à rétablir une présence policière civile partout en Côte d'Ivoire et conseiller le Gouvernement de réconciliation nationale pour la réorganisation des services de sécurité intérieure ; ii) aider le Gouvernement de réconciliation nationale à rétablir l'autorité du système judiciaire et l'état de droit partout en Côte d'Ivoire.

Entre 2004 et 2007, le Conseil de Sécurité a prorogé le mandat de l'ONUCI par une série de résolutions adoptées en vertu du Chapitre

---

529 Résolution S/RES/1528 (2004) du 27 février 2004, al. K.
530 Résolution S/RES/1528 (2004) du 27 février 2004, al. l-m.
531 Résolution S/RES/1528 (2004) du 27 février 2004, al. n.
532 Résolution S/RES/1528 (2004) du 27 février 2004, al. o.
533 Résolution S/RES/1528 (2004) du 27 février 2004, al. p-q.

VII de la Charte, conformément aux recommandations du Secrétaire général[534], pour des périodes de durée variable. Par sa résolution S/RES/1584 (2005) du 1er février 2005, agissant en vertu du Chapitre VII de la Charte, le Conseil de Sécurité a autorisé l'ONUCI et les forces françaises qui la soutenaient : a) à surveiller le respect des mesures imposées par le paragraphe 7 de la résolution S/RES/1572 (2004) du 15 novembre 2004[535], en coopération avec le Groupe d'experts établi par la résolution S/RES/1584 (2005) du 1er février 2005 et, en tant que de besoin, avec la MINUL et les gouvernements concernés, y compris en les inspectant sans préavis, les cargaisons des aéronefs et de tout véhicule de transport utilisant les ports, aéroports, terrains d'aviation, bases militaires et postes-frontière en Côte d'Ivoire; et b) à recueillir les armes et tout matériel connexe dont la présence sur le territoire de la Côte d'Ivoire constituerait une violation de l'embargo sur les armes et disposer de ces armes et matériels d'une manière appropriée.

Par ailleurs, par sa résolution S/RES/1609 (2005) du 24 juin 2005, adoptée en vertu du Chapitre VII de la Charte, le Conseil de Sécurité avait également autorisé le redéploiement temporaire du personnel militaire et de la police civile entre la MINUL, la MINUSIL et l'ONUCI afin de faire face aux défis qui ne pouvaient être relevés dans le cadre de l'effectif total autorisé d'une mission donnée. Le Conseil de Sécurité avait également prié l'ONUCI d'exécuter son mandat en étroite coopération avec la MINUSIL et la MINUL, en particulier en ce qui concerne la prévention des mouvements d'armes et de combattants à travers leurs frontières communes et la mise en œuvre des programmes de désarmement et de démobilisation.

Entre 2008 et 2009, à travers les résolutions S/RES/1842 (2008) du 29 octobre 2008 et S/RES/1893 (2009) du 29 octobre 2009, le Conseil

---

[534] Document S/2005/186, Document S/2005/398, Document S/2005/135, Document S/2006/2, Document S/2006/939 et Document S/2007/275.

[535] Au terme de ce paragraphe, le Conseil avait décidait d'un embargo sur les armes : « *que tous les États prendront, pour une période de treize mois à compter de la date d'adoption de la présente résolution, les mesures nécessaires pour empêcher la fourniture, la vente ou le transfert directs ou indirects à destination de la Côte d'Ivoire, depuis leur territoire ou par leurs nationaux, ou au moyen d'aéronefs immatriculés sur leur territoire ou de navires battant leur pavillon, d'armes et de tout matériel connexe, notamment d'aéronefs militaires et autres matériels provenant ou non de leur territoire, ainsi que la fourniture de toute assistance, conseil ou formation se rapportant à des activités militaires* »

de Sécurité avait renouvelé l'appel lancé à l'ONUCI et aux forces françaises qui la soutiennent, leur demandant d'appuyer pleinement en particulier la mise en œuvre de l'embargo sur les armes, dans la limite de leurs capacités et de leurs mandats respectifs. Aux termes de la résolution S/RES/1819 (2008) du 18 juin 2008, dans le contexte d'une meilleure coordination de l'action des missions des Nations Unies en Afrique de l'Ouest, le Conseil de Sécurité avait renouvelé la demande qu'il avait faite à l'ONUCI d'aider le Comité du Conseil de sécurité créé par la résolution S/RES/1521 (2003) concernant le Liberia et le Groupe d'experts sur le Liberia en leur communiquant toutes informations intéressant l'application de mesures, y compris les sanctions relatives aux armements et au matériel connexe, de quelque type que ce soit. Entre 2010 et 2017, plusieurs modifications ont été apportées au mandat de l'ONUCI afin de tenir compte de l'évolution de la situation en Côte d'Ivoire.

Conformément aux dispositions pertinentes du Conseil de Sécurité de l'ONU, et surtout les résolutions S/RES/1572 (2004) du 15 novembre 2004 et S/RES/1584 (2005) du 1er février 2005, le rôle de l'ONUCI dans le suivi de l'embargo sur les armes s'est cependant limité à la mise en place d'une équipe chargée principalement de recueillir et d'analyser les informations pertinentes et de mener des inspections imprévisibles effectuées au hasard par de petites équipes d'observateurs militaires et de membres de la police, appuyées au besoin par des détachements de forces de l'ONUCI et de l'opération Licorne.[536] À ce titre, l'ONUCI a effectué dès mars 2005 des visites d'inspection[537] des installations militaires des FANCI et des Forces nouvelles ainsi que des aéroports, des aérodromes, des ports maritimes et des postes-frontière pour surveiller l'embargo sur les armes, sans qu'aucune violation n'ait été signalée[538].

Il convient cependant de noter que la capacité de l'ONUCI à surveiller l'embargo sur les armes est limitée par le manque de

---

[536] Nations Unies. *Quatrième rapport intérimaire du Secrétaire général sur l'Opération des Nations Unies en Côte d'Ivoire,* mars 2005, p. 7.

[537] Il ressort du document suivant : Nations Unies. *Sixième rapport intérimaire du Secrétaire général sur l'Opération des Nations Unies en Côte d'Ivoire,* septembre 2005, p. 7, que l'ONUCI a procédé, au cours de la période considérée, à 90 inspections au titre de l'embargo sur les armes dans les régions sous le contrôle du Gouvernement ou des rebelles.

[538] Nations Unies. *Cinquième rapport intérimaire du Secrétaire général sur l'Opération des Nations Unies en Côte d'Ivoire.* Juin 2005, p. 8.

compétences[539] et de ressources spécialisées, l'insuffisance des renseignements et le fait que les FANCI et les Forces nouvelles continuent de ne pas fournir à l'ONUCI la liste complète de leurs armements.[540]Conformément aux recommandations du Secrétaire général de l'ONU, un plan de retrait de l'ONUCI prévoyant une réduction progressive de l'effectif des composantes militaire et de police ainsi que de la composante civile fut approuvé par le Conseil de Sécurité. Avec le retrait total du personnel militaire et de police avant le 30 avril 2017 ainsi que celui du personnel civil avant le 30 juin 2017, l'ONUCI a officiellement terminé son mandat le 30 juin 2017.

539 À la suite de ce constat relatif au manque de compétences, l'ONUCI avait prévu le recrutement d'un spécialiste de l'embargo sur les armes pour conseiller sur la manière d'améliorer l'efficacité des équipes d'inspection de l'embargo sur les armes.

540 Nations Unies. *Cinquième rapport intérimaire du Secrétaire général sur l'Opération des Nations Unies en Côte d'Ivoire*. Juin 2005, p. 8.

CONCLUSION DE LA PREMIÈRE PARTIE

Dans le cadre du Chapitre VII de la Charte de l'ONU, le Conseil de Sécurité des Nations Unies a mis en place des régimes de sanctions concernant le Liberia[541], la Sierra Leone[542], la Côte d'Ivoire[543], la Guinée-Bissau[544] et le Mali[545], afin de maintenir la paix et la sécurité internationales en Afrique de l'Ouest. D'une manière générale, ces régimes étaient constitués de diverses mesures coercitives dont l'interdiction de voyager, le gel des avoirs, les restrictions sur certaines ressources économiques stratégiques telles que le diamant et le bois ainsi que l'embargo sur les armes. Ces régimes de sanctions furent imposés à divers moments de l'évolution de la situation sociopolitique dans ces pays. Il convient de souligner au demeurant que les mesures d'embargo sur les armes n'ont pas été imposées dans les cas de la Guinée-Bissau et du Mali.

La détérioration de la situation au Liberia a conduit le Conseil de Sécurité à adopter le 19 novembre 1992, à sa 3138e séance, et à l'unanimité de ses 15 membres, la résolution S/RES/788 (1992), qui institua un régime de sanctions de l'ONU, le premier du genre en Afrique de l'Ouest. Plusieurs autres résolutions seront adoptées ultérieurement par le Conseil de Sécurité pour adapter le régime de sanctions à l'évolution de la situation du pays et de celles de certains pays voisins, particulièrement la Sierra Leone. C'est dans le cadre de l'administration du régime de sanctions que le Conseil de Sécurité de l'ONU approuva l'extradition de Charles Taylor vers La Haye le 16 juin 2006, marquant ainsi le début du dernier épisode du régime de sanctions libérien.

Les sanctions furent par la suite réduites, au fur et à mesure que la situation du pays évoluait de manière positive. Toutefois, le Conseil de Sécurité, considérant que la situation du pays continuait de menacer la

---

541 Résolution S/RES/788 (1992) du 19 novembre 1992.
542 Résolution S/RES/1132 (1997) du 8 octobre 1997.
543 Résolution S/RES/1572 (2004) du 15 novembre 2004.
544 Résolution S/RES/2048 (2012) du 18 mai 2012.
545 Résolution S/RES/2374 (2017) du 5 septembre 2017.

paix et la sécurité internationales dans la sous-région en dépit des progrès significatifs obtenus, adopta la résolution S/RES/2237 (2015) du 2 septembre 2015, qui prorogea l'embargo sur les armes et le mandat du groupe d'experts. Cette même résolution mit fin également aux interdictions de voyager et au gel des avoirs. Il a fallu néanmoins la résolution S/RES/2288 (2016) du 25 mai 2016, pour que le Conseil de Sécurité lève, avec effet immédiat, les dernières sanctions contre le Liberia, à savoir celles concernant les armes.

S'agissant de la Sierra Leone, une déclaration du Président du Conseil de Sécurité à l'issue de la 3781e séance tenue le 27 mai 1997, soulignait les vives préoccupations du Conseil à la suite du coup d'État militaire qui venait d'intervenir dans ce pays, alors que l'ONU déployait des efforts pour faciliter le processus de paix. Quelques mois plus tard, le Conseil de Sécurité adopta, le 8 octobre 1997, à l'unanimité de ses membres, lors de sa 3822e séance, la résolution S/RES/1132 (1997) qui mit en place le régime de sanctions concernant la Sierra Leone. Ce régime englobait plusieurs types de sanctions dont, entre autres, l'interdiction de voyager, l'interdiction de vente ou de fourniture de pétrole, de produits pétroliers, l'embargo sur les armes ainsi que l'embargo sur les diamants.

La signature d'un accord entre l'ONU et le Gouvernement sierra-léonais concernant l'établissement d'un tribunal spécial pour la Sierra Leone le 16 janvier 2002, d'une part, et d'autre part, la déclaration de la fin officielle du conflit, le 18 janvier 2002 par le Président Ahmed Tejan Kabbah marquèrent le début d'une nouvelle et dernière phase du régime de sanctions concernant la Sierra Leone. Dans sa résolution S/RES/1940 (2010) du 29 septembre 2010 adoptée lors de sa 6392e séance, le Conseil de Sécurité mit officiellement fin au régime de sanctions concernant la Sierra Leone.

Concernant la Côte d'Ivoire, le Conseil de Sécurité, à travers une déclaration de son Président (S/PRST/2002/42), le 20 décembre 2002, à l'issue de sa 4680e séance, exprimait sa profonde préoccupation quant à la situation dans ce pays et aux sérieuses conséquences de celle-ci pour la population. Toutefois, il a fallu environ deux ans pour que le 15 novembre 2004, lors de sa 5078e séance, le Conseil de Sécurité, à travers la résolution S/RES/1572 (2004), mette en place un régime de sanctions comprenant, entre autres, un embargo sur les armes.

À l'instar de ceux du Liberia et de la Sierra Leone, le régime de sanctions de la Côte d'Ivoire a été ajusté au fil des années en fonction de l'évolution de la situation du pays. La fin de l'embargo sur les importations de diamants bruts en provenance de Côte d'Ivoire à travers la résolution S/RES/2153 (2014) du 29 avril 2014 marquait le début du sixième et dernier épisode du régime de sanctions qui durera deux ans. C'est à la suite d'une stabilisation de la Côte d'Ivoire, particulièrement dans les domaines du désarmement, de la démobilisation et de la réintégration et de la réforme du secteur de la sécurité, de la réconciliation nationale et de la lutte contre l'impunité ainsi que dans la lutte contre le trafic des ressources naturelles, que le Conseil de Sécurité adopta, le 28 avril 2016, la résolution S/RES/2283 (2016) lors de la 7681e séance qui consacra la fin officielle du régime de sanctions concernant la Côte d'Ivoire.

D'une manière générale, et pour chacun des trois pays, un Groupe d'experts a été nommé par le Secrétaire général de l'ONU à chaque fois que de besoin, et à la demande du Conseil de Sécurité, pour aider les Comités de sanctions à suivre l'application stricte des régimes. Leurs mandats ont été prorogés et adaptés plusieurs fois au moyen de plusieurs résolutions. Conformément à leurs mandats, ces différents Groupes ont présenté plusieurs rapports au Conseil de Sécurité par l'intermédiaire de leurs Comités de sanctions respectifs. Ils ont contribué à tenir le Conseil de Sécurité informé de l'état de mise en œuvre des diverses mesures coercitives y compris l'embargo sur les armes. Cependant, les rapports de ces Groupes n'ont pas manqué de souligner les principales difficultés auxquelles ces derniers ont été confrontés dans l'exécution de leurs mandats, mettant à la lumière du jour les contraintes opérationnelles desdits Groupes, principaux organes subsidiaires du Conseil de Sécurité en charge de la surveillance, sur le terrain, de l'application stricte des régimes de sanctions.

Par ailleurs, l'étude de l'Arrangement de Wassenaar et du Traité sur le commerce des armes (TCA) montre que bien que ces deux mécanismes multilatéraux visent à promouvoir la paix et la sécurité internationales en réglementant les transferts internationaux d'armes, ils diffèrent par leurs cadres juridiques, leurs modèles de gouvernance et leurs procédures. Sur le plan juridique, la principale différence est que le TCA est un traité juridiquement contraignant pour ses parties, contrairement à l'Arrangement de Wassenaar. Malgré cette différence fondamentale, il existe néanmoins de nombreuses synergies possibles entre les deux régimes, en termes de complémentarité, comme l'a souligné Tobias Vestner[546]. Parmi les défis majeurs de l'Arrangement

---

[546] Vestner, Tobias. *Strategic Security Analysis: Synergies between the Arms Trade Treaty and the Wassenaar Arrangement*. Geneva Center for Security Policy, Issue 5, 2019, 11 p.

de Wassenaar, on peut noter la non-participation de certains grands exportateurs d'armes, tels que le Bélarus, la Chine et l'Israël. Le fait que le système de prise de décision de l'Arrangement de Wassenaar soit basé sur le consensus pose également de sérieux défis. La non-ratification du TCA par les États-Unis d'Amérique et la non-participation de la Fédération de la Russie, les deux plus grands exportateurs d'armement au monde, posent un défi majeur quant à l'impact réel du TCA sur la régulation des transferts internationaux d'armes conventionnelles.

Les grandes puissances géopolitiques mondiales, et particulièrement les États membres permanents du Conseil de Sécurité des Nations Unies, disposent de politiques nationales de contrôle des exportations d'armement qui reposent sur un ensemble de lois et de règlements. Ces pays disposent également de listes nationales de contrôle des exportations qui sont globalement en adéquation avec celles définies par les principaux cadres multilatéraux de contrôle des transferts internationaux d'armes. Ces pays possèdent par ailleurs des bases industrielles et technologiques de défense parmi les plus importantes au monde. Avec près de 1.203,6 milliards de dollars USD en 2020, les cinq États membres permanents du Conseil de Sécurité des Nations Unies, à eux seuls, assurent plus de 60 % des dépenses militaires mondiales. Sur la période 2017-2021, les États-Unis, la Russie, la France et la Chine ont été les plus grands fournisseurs d'armes au monde, avec 73,6 % du volume total des exportations mondiales. Avec 2,9 % du volume total des exportations mondiales d'armement sur la période 2017-2021, le Royaume-Uni se classe au 7e rang mondial. Ces données confèrent ainsi aux États membres permanents du Conseil de Sécurité des Nations Unies une posture stratégique de premier ordre dans le maintien de la paix et de la sécurité internationales.

DEUXIÈME PARTIE

LES FAIBLES CAPACITÉS INSTITUTIONNELLES DE COOPÉRATION DES ÉTATS EN CONFLITS ARMÉS POUR LE SUIVI DE L'APPLICATION DE L'EMBARGO SUR LES ARMES DU CONSEIL DE SÉCURITÉ DES NATIONS UNIES

INTRODUCTION À LA DEUXIÈME PARTIE

La prolifération d'armes légères et de petit calibre constitue une grave menace pour la paix et la sécurité en Afrique de l'Ouest, comme cela s'est avéré lors des conflits armés dans des pays tels que le Liberia, la Sierra Leone et la Côte d'Ivoire. Les armes légères et de petit calibre (ALPC) contribuent à une recrudescence de la criminalité transfrontalière, un phénomène qui touche de plein fouet les États membres de la CEDEAO. Un État qui transfère des armes ou des équipements militaires fournit au destinataire les moyens de s'engager dans un conflit armé, dont la conduite est régie par le droit international humanitaire. L'article premier commun aux quatre Conventions de Genève de 1949 stipule que les États ont l'obligation de « respecter et faire respecter » le droit international humanitaire. Afin d'éviter que l'accès non réglementé aux armes et aux munitions facilite les violations du droit humanitaire, la manière dont le destinataire est susceptible de respecter ce droit devrait être l'un des éléments à prendre en compte lors de toute décision en matière de transferts d'armes.

La Convention de la CEDEAO sur les armes légères et de petit calibre, leurs munitions et autres matériels connexes a été adoptée par les États membres de la CEDEAO le 14 juin 2006 et est entrée en vigueur le 29 septembre 2009. L'adoption de cette Convention constitue l'aboutissement du processus de conversion de la Déclaration de Moratoire du 31 octobre 1998 posant le principe de l'interdiction des importations, des exportations et de la fabrication des armes légères dans l'espace CEDEAO et du Code de Conduite du 10 décembre 1999 organisant la mise en œuvre du Moratoire à travers des mécanismes administratifs, des aspects opérationnels et des arrangements institutionnels, en un instrument juridique légalement contraignant. L'application de cette Convention a nécessité des États parties une révision et une harmonisation de leurs législations nationales en matière d'armes légères et de petit calibre telles que prévues à l'article 21, alinéa 1[547].

[547] « Les États membres s'engagent à réviser et actualiser leur législation nationale en érigeant les dispositions de la présente Convention en principes minimum communs de contrôle des armes légères et de petit calibre et de leurs munitions ainsi que autres matériels connexes »

En 2006, la Commission de la CEDEAO a par ailleurs mis en place un programme de contrôle des armes légères (ECOSAP), basée à Bamako et dont le but est de renforcer la capacité des États membres et des organisations de la société civile à lutter contre le problème de la prolifération. Afin de veiller à la mise en œuvre et au suivi de la politique et de la réglementation de la CEDEAO sur la question, une Unité armes légères a été créée au sein de la Commission de la CEDEAO et les États membres ont été invités à adopter des législations nationales qui soient en cohérence avec les dispositions de la Convention. Au demeurant, c'est dans ce cadre que des commissions nationales en charge des ALPC furent créées dans les États membres.

Des contrôles nationaux efficaces pour l'importation, l'exportation, le transit, le transbordement et le courtage d'armes légères et de petit calibre doivent être mis en place pour prévenir les transferts excessifs, déstabilisants et illicites de ces armes, qui peuvent constituer une grave menace pour la paix et la sécurité. Les transferts peuvent également alimenter les conflits, les crimes violents et l'instabilité, nuire au développement durable et entraîner des atteintes graves aux droits de l'homme et des violations du droit international humanitaire. Il est donc légitime et important pour la communauté internationale de veiller à ce que les États assurent un contrôle national efficace des transferts internationaux d'armes légères et de petit calibre. Toutefois, l'incapacité de certains États à mettre au point des contrôles efficaces et à les faire appliquer rend encore plus difficile la tâche d'exercer des contrôles efficaces sur les transferts internationaux d'armes légères et de petit calibre. S'ajoutent à cela un manque de transparence, qui caractérise le plus souvent le commerce international des armes à feu, et des efforts limités de coopération et d'harmonisation des pratiques entre les États.

Par ailleurs, concernant la théorie de l'État, la convention de Montevideo[548] relative aux droits et devoirs des États, identifie l'existence d'une population permanente, d'un territoire déterminé, d'un gouvernement et la capacité d'entrer en relation avec les autres États comme conditions qui définissent l'État en tant que personne de droit international[549]. Cette convention de Montevideo a également

[548] Cette convention est relative aux droits et devoirs des États, et fût adoptée par la septième Conférence internationale américaine. Elle fût signée à Montevideo, le 26 décembre 1933.
[549] Article premier de la Convention de Montevideo.

clarifié le lien entre l'existence politique et la reconnaissance par les autres États. Selon cette convention, l'existence politique de l'État est indépendante de sa reconnaissance par les autres États. Même avant d'être reconnu, l'État a le droit de défendre son intégrité et son indépendance, de pourvoir à sa conservation et à sa prospérité et, par conséquent, de s'organiser comme il l'entendra, de légiférer sur ses intérêts, d'administrer ses services et de déterminer la juridiction et la compétence de ses tribunaux. L'exercice de ces droits n'a d'autres limites que celles de l'exercice des droits des autres États conformément au droit international[550].

Toutefois, dans certaines circonstances exceptionnelles, ces quatre conditions d'existence de l'État au sens de la convention de Montevideo seraient en crise devant l'incapacité de certains États à assurer l'effectivité de ces attributs[551]. Dans ce cadre, l'analyse des causes de l'implosion de l'État porte donc sur sa qualité à assumer ses attributs fondamentaux autrement dit sur la capacité de réussite des États à accomplir cette mission. C'est dans cette perspective que la défaillance des États et les conflits armés violents qui peuvent en être une cause fondamentale dans le contexte de l'Afrique, comptent parmi les défis les plus importants auxquels le continent africain fut confronté dans les années 1990. Le concept d'États défaillant est d'abord utilisé au début des années 1990, lors de la quasi-disparition de l'État en Somalie, puis repris ultérieurement dans d'autres situations de crise[552]. En Afrique de l'Ouest, les situations du Liberia, de la Sierra Leone et dans une moindre mesure de la Côte d'Ivoire, durant leurs périodes de crise, ont ramené au premier plan le concept d'État défaillant et surtout ses diverses implications aux plans politiques et juridiques sans oublier le rôle des conflits armés dans la défaillance étatique.

Dans cette seconde partie du livre, nous étudions d'abord les systèmes de contrôle des transferts d'armes en Afrique de l'Ouest

[550] Article 3 de la Convention de Montevideo.

[551] Un « État défaillant » peut avoir des relations avec les autres États, mais en général, ne répond que partiellement aux trois autres conditions (avoir un territoire, une population permanente et des institutions) car ses institutions sont trop faibles pour contrôler totalement le territoire et la population qu'il revendique et que les autres États lui reconnaissent.

[552] Toutefois, depuis les événements du 11 septembre 2001, la question des États défaillants a été prise en considération comme un problème de protection des États occidentaux contre le terrorisme et beaucoup moins comme un problème de sécurité des citoyens des États défaillants.

(Chapitre IV), tant au niveau sous-régional - CEDEAO - qu'au niveau des pays sous revue, à savoir le Liberia, la Sierra Leone et la Côte d'Ivoire, tout en s'appesantissant sur les conséquences du trafic d'armes sur la sécurité humaine et le développement. Dans le Chapitre V, nous étudions les concepts d'État défaillant et d'État fragile ainsi que le rôle des conflits armés dans la défaillance étatique. Le troisième et dernier chapitre de cette seconde partie (Chapitre VI) est consacré aux implications politiques et juridiques de la défaillance étatique, tant pour les États défaillants que pour la communauté internationale.

CHAPITRE IV

Les transferts d'armes en Afrique de l'Ouest : un trafic aux conséquences désastreuses sur la sécurité humaine et le développement

L'acquisition et la circulation incontrôlées des armes légères et de petit calibre (ALPC) contribuent considérablement à accentuer l'insécurité et l'instabilité en Afrique de l'Ouest, réduisant par ailleurs les perspectives de développement de cette sous-région. Les ALPC sont depuis longtemps considérées comme l'un des principaux instruments et vecteurs de la violence exprimée au cours des divers conflits armés non internationaux que l'Afrique de l'Ouest a connu. Lors des conflits armés, les ALPC sont fréquemment utilisées pour commettre des violations des droits de l'homme et du droit humanitaire, dont des massacres, des déplacements forcés, des violences faites à des personnes vulnérables, des femmes et des enfants, ainsi que des attaques contre des forces de maintien de la paix et des membres des organisations humanitaires.

Selon une étude de Small Arms Survey, en collaboration avec l'Union africaine, les acteurs civils africains, dont les individus, les entreprises immatriculées – comme les entreprises de sécurité privées – et les groupes armés non étatiques détiendraient plus de 40 millions d'armes légères – soit près de 80 % des armes en circulation sur le continent. Les forces armées et de sécurité, quant à elles, détiendraient moins de 11 millions d'armes légères. Sur les 40 millions d'armes légères détenues par la population civile africaine, 5.841.200 seraient officiellement enregistrées et 16.043.800 ne le seraient pas ; le statut des autres armes légères n'a pas pu être déterminé. En chiffres absolus, la population civile de la sous-région Afrique de l'Ouest est celle qui détient le plus d'armes légères – licites et illicites –, soit près de 11 millions[553].

En général, le trafic d'armes transfrontalier à destination des zones affectées par un conflit en Afrique est l'œuvre de divers acteurs : groupes armés, agents de sécurité corrompus, gangs, trafiquants de drogue, marchands illégaux, fabricants locaux, réseaux de braconnage, soldats de la paix de retour de mission, organisations et réseaux sophistiqués et groupes terroristes. En Afrique de l'Ouest, il s'agit pour la plupart des groupes armés, des gangs, des fabricants locaux, des agents de sécurité corrompus ou des soldats de la paix de retour de mission[554].

Au-delà des conflits armés, le commerce illicite des ALPC exacerbe les conflits intercommunautaires et la surexploitation des ressources naturelles, et favorise le développement d'activités criminelles. Selon GRIP, plus d'un milliard d'armes légères et de petit calibre sont éparpillées aux quatre coins de la planète. Avec les conséquences que l'on sait : 90 % des victimes de guerre – femmes et enfants pour la plupart – sont tuées par des armes légères. La surabondance de ce type d'armement continue d'avoir des effets négatifs et déstabilisateurs pour le développement ; elle favorise une criminalité sans cesse plus violente tout en étant souvent mêlée au trafic de drogue. En particulier, à l'origine de la mort de plus de 3 millions de personnes, rien qu'en Afrique de l'Ouest, pour la période 1990-2004[555], le caractère destructeur des armes légères et de petit calibre n'est aujourd'hui plus contesté.

Par ailleurs, conscient des conséquences que les transferts illicites d'armes légères et de petit calibre, le détournement de leur commerce licite, leur accumulation déstabilisatrice et leur utilisation par des personnes non autorisées ont sur la paix et la sécurité internationales, le Conseil de Sécurité de l'ONU a inscrit dans son agenda, dès 1999, la question des conséquences directes des armes légères en période de conflit. Une circulation incontrôlée des armes légères et de petit calibre peuvent engendrer des conséquences néfastes sur la situation socio-économique des pays et populations affectés. Ces conséquences néfastes de la circulation incontrôlée d'armes légères et de petit

---

[553] Small Arms Survey. *L'Atlas des armes. Une cartographie des flux illicites d'armes légères en Afrique*. 2019, p. 33.

[554] *Ibid*., p. 45.

[555] Diallo, Mamadou Yaya. *Les Nations Unies et la lutte contre la prolifération des armes légères et de petit calibre : défis, enjeux et perspectives*. Université de Reims, 2009, Thèse de doctorat, p. 7.

calibre ont poussé la CEDEAO à mettre en place, en 2006, un programme de contrôle des armes légères (ECOSAP).

Dans ce chapitre, nous étudions les politiques de contrôle des transferts d'armes en Afrique de l'Ouest à travers la Convention de la CEDEAO sur les armes légères et de petit calibre, leurs munitions et autres matériels connexes ainsi que les législations nationales y relatives concernant nos trois pays d'étude, à savoir le Liberia, la Sierra Leone et la Cote d'Ivoire (Section 1) puis nous analysons les conséquences d'une circulation incontrôlée de ces armes sur la sécurité humaine et le développement (Section 2).

Section 1 : Les politiques de contrôle des transferts d'armes en Afrique de l'Ouest

Paragraphe 1 : La Convention de la CEDEAO sur les armes légères et de petit calibre

A. Historique du processus d'adoption de la Convention

Sur le plan de la conceptualisation et de l'initiation, l'Afrique de l'Ouest a joué un rôle clé et a été avant-gardiste en ce qui concerne la recherche de solutions durables contre le fléau de la prolifération des ALPC. Malgré des différences entre les bilans nationaux, les États ouest-africains ont participé activement aux initiatives de contrôle des armes, en particulier aux niveaux national et régional[556]. C'est ainsi que la CEDEAO s'est progressivement impliquée dans le domaine des armes légères, alors même que cela ne ressortait pas de ses compétences premières.

En effet, rien dans l'article 2 du Traité initial du 28 mai 1975 consacré aux buts de la CEDEAO, ne pouvait en laisser présager une intervention de l'organisation dans le domaine de la sécurité. Or, la CEDEAO est devenue un véritable cadre institutionnel de lutte contre la prolifération des armes légères dans la mesure où l'objectif principal de coopération et d'intégration devant conduire à la constitution d'une union économique en Afrique de l'Ouest ne pourra être atteint que si une atmosphère de paix et de stabilité prévaut au sein des États membres.

C'est dans ce contexte que le 24 juillet 1993, à la faveur de la révision du Traité constitutif de la CEDEAO à Cotonou, un nouvel article 58 intitulé « Sécurité régionale » offre une première base juridique

[556] Ebo, Adedeji. *Le contrôle des armes légères en Afrique de l'Ouest.* International Alert, Série Afrique de l'Ouest N°1, 2003, p. 14.

de compétence pour la CEDEAO en indiquant au 1er alinéa que : « *Les États membres s'engagent à œuvrer à la préservation et au renforcement des relations propices au maintien de la paix, de la stabilité et de la sécurité dans la Région* ». Le Protocole relatif au mécanisme de prévention, de gestion, de règlements des conflits, de maintien de la paix et de sécurité conclu à Lomé le 10 décembre 1999 vient renforcer cette compétence en traitant spécifiquement, aux articles 50[557] et 51[558], des armes légères.

Par ailleurs, reconnaissant que la prolifération incontrôlée de ces armes qui alimentent les conflits a un impact négatif sur le développement régional et la sécurité humaine, les États membres de la CEDEAO ont signé, le 31 octobre 1998, un « Moratoire sur l'importation, l'exportation et la fabrication des armes légères et des armes de petit calibre en Afrique de l'Ouest »[559]. Cet instrument est directement issu de l'expérience pratique du règlement du conflit au Nord Mali dans les années quatre-vingt-dix[560]. Cependant, le Moratoire a une durée limitée et est un engagement de nature politique qui n'est pas juridiquement contraignant. De plus, n'étant pas encadré par un texte détaillé, sa mise en œuvre sur le terrain fut difficile[561]. Un rapport d'évaluation établi par des experts indépendants en 2002[562] a montré plusieurs lacunes conduisant au non-respect du Moratoire par

---

557 L'article 50, intitulé « Lutte contre la prolifération des armes légères », dispose, entre autres, que la CEDEAO « *prend les mesures efficaces pour contrôler l'importation, l'exportation, et la fabrication des armes légères et enrayer la circulation illégale des armes* ».

558 L'article 51 envisage la collecte et la destruction des armes illégales ou encore la revue et l'harmonisation des législations nationales et des procédures administratives comme des « *mesures préventives contre la circulation illégale des armes légère*s ».

559 Le Moratoire est entré en vigueur le 1er novembre 1998 pour une période renouvelable de trois ans ; il a été reconduit successivement en 2001 et en 2004. Cette initiative sans précédent fût proposée par Alpha Oumar Konaré, Président du Mali, lors de la Conférence sur la prévention des conflits, le désarmement et le développement en Afrique de l'Ouest, organisée par l'Institut des Nations Unies pour la Recherche sur le Désarmement (UNIDIR) et le Programme des Nations Unies pour le Développement (PNUD) à Bamako en novembre 1996.

560 Voir Supra.

561 Berkol, Ilhan. *La Convention de la CEDEAO sur les armes légères et de petit calibre : analyse et recommandations pour un plan d'action.* Rapport du GRIP, 2007, Vol.2, p. 4.

562 « Evaluation study on the ECOWAS Moratorium on importation, exportation, and manufacture of small arms in West Africa », soumis à la CEDEAO le 21 octobre 2002.

certains États et à de sérieuses négligences[563]. Le fait qu'il soit volontaire est à l'origine de l'absence de sanctions et de mesures permettant une application efficace.

Soucieux de pérenniser et de renforcer les efforts de développement, de paix et de réconciliation, les Chefs d'État et de Gouvernement de la CEDEAO ont décidé de transformer le Moratoire en une convention juridiquement contraignante lors du Sommet de Dakar du 30 janvier 2003 et ont mandaté à cet effet le Secrétaire exécutif de la CEDEAO pour l'organisation de cette transformation. C'est ainsi qu'en mars 2005, un avant-projet de Protocole de la CEDEAO relatif à la lutte contre la prolifération des ALPC est adopté lors d'un atelier régional tenu à Bamako. Cet atelier qui rassemblait des représentants des Commissions nationales de la CEDEAO de lutte contre les armes légères, des représentants de la société civile, du secrétariat exécutif de la CEDEAO et des Nations Unies, a recommandé aux États membres, « sous réserve d'amendements substantiels et d'une réécriture plus proche de la pratique juridique au sein de la CEDEAO » d'adopter ce Protocole d'ici la fin de l'année 2005[564]. Le 5 octobre 2005, à Abuja, ledit Protocole fut remis au Secrétaire exécutif de la CEDEAO, Dr Mohamed Ibn Chambas, par le Président du Réseau d'action sur les armes légères en Afrique de l'Ouest (RASALAO). En novembre 2005, à l'initiative de la Commission nationale de prolifération des armes légères illicites du Niger, un atelier d'information sur la transformation du Moratoire en Convention, auquel participaient plusieurs représentants des forces de défense et de sécurité, se tenait à Niamey[565].

Trois réunions au terme desquelles devaient résulter des recommandations à l'intention des Chefs d'État et de Gouvernement se sont ensuite enchaînées fin mai – début juin 2006[566]. À Bamako, une

---

563 Berkol, Ilhan. *op. cit.*, p. 4.

564 Lorthois, Sylvie. « La convention de la CEDEAO sur les armes légères et de petit calibre, leurs munitions et autres matériels connexes du 14 juin 2006 ». *Revue africaine de droit international et comparé,* Volume 15, Issue 2, 2007, p. 257.

565 *Ibid.*

566 Selon Sylvie Lorthois, cette série de réunions fût précédée par la désignation, à la fin de l'année 2005, de Dr Sola Ogunbanwo, celui-là même qui avait évalué l'application du Moratoire en 2002, et Ilhan Berkol, chef du Projet Armes légères au GRIP, par la CEDEAO en tant que consultants chargés de rédiger la Convention qui remplacera le Moratoire. Une première réunion sur le projet de Convention eut lieu les 9 et 10 mars 2006 au Secrétariat exécutif de la CEDEAO à Abuja. Cinquante experts provenant des États membres de la CEDEAO, d'Europe et des États-Unis y ont examiné le projet de convention de vingt pages, préparé par les deux consultants. Le

réunion technique à laquelle prenaient part des experts des États membres de la CEDEAO mais également des observateurs des Nations Unies, de l'Union africaine et des ONGs s'est d'abord déroulée du 29 au 31 mai 2006, suivie d'une réunion d'experts juridiques le 1er et le 2 juin 2006. C'est ainsi que le 13 juin 2006, le Conseil de médiation et de sécurité de la CEDEAO, regroupant l'ensemble des ministres des Affaires étrangères, a recommandé l'adoption par les Chefs d'État et de Gouvernement de la Convention[567]. C'est finalement le 14 juin 2006 à Abuja, à l'occasion du 30e Sommet ordinaire des Chefs d'État et de Gouvernement, que sera adoptée la Convention de la CEDEAO sur les armes légères et de petits calibres, leurs munitions et autres matériels connexes. La Convention est entrée en vigueur et a pris force obligatoire le 29 septembre 2009 à la suite du dépôt du neuvième instrument de ratification par le Bénin conformément aux dispositions de l'Article 32 en son alinéa 2[568].

B. Définitions des concepts clés

Comme décrit plus haut, la Convention de la CEDEAO sur les armes légères et de petit calibre, leurs munitions et autres matériels connexes fut adoptée le 14 juin 2006 et est entrée en vigueur le 29 septembre 2009. Afin de permettre une même compréhension de la Convention en recourant à des définitions agréées et validées au niveau international et ainsi éviter toute équivoque sur leurs sens, les concepts clés suivants ont été définis dans l'Article 1, Chapitre I, de la Convention[569].

Colonel Mahamane Toure, Secrétaire exécutif adjoint, chargé des Affaires Politiques, de la Défense et de la Sécurité, indiquait à cette occasion qu'une « Unité armes légères » avait été établie au sein du Secrétariat exécutif de la CEDEAO et que celle-ci serait en charge, de faire en sorte que les États membres de la CEDEAO, une fois la Convention adoptée et signée, ratifient le plus rapidement possible.

[567] *Ibid.*, p. 258.

[568] Le dépôt des neuf premiers instruments de ratification s'établit comme suit : Niger (19 février 2007), Sierra Leone (29 juin 2007), Burkina Faso (28 novembre 2007), Mali (27 décembre 2007), Sénégal (2 juin 2008), Togo (3 octobre 2008), Nigéria (5 février 2009), Liberia (13 août 2009) et Bénin (29 septembre 2009).

[569] Selon le guide d'harmonisation des législations nationales sur les armes légères et de petit calibre en Afrique de l'Ouest de UNREC, les définitions adoptées par la Convention ont été inspirées par les définitions établies par le Groupe d'experts gouvernementaux de l'ONU sur les armes légères et de petit calibre en 1997 et par l'Instrument international sur le traçage, ainsi que par le Protocole des Nations Unies sur les armes à feu de 2001. D'autres travaux d'experts de l'ONU, tels que ceux du Groupe d'experts sur le courtage, et du Groupe d'experts sur les munitions et explosifs, ont également été pris en compte (voir page 9 du document).

Les armes légères sont définies comme étant des armes portables destinées à être utilisées par plusieurs personnes travaillant en équipe et comprenant principalement : (i) les mitrailleuses lourdes ; (ii) les lance-grenades portatifs, amovibles ou montés ; (iii) les canons antiaériens portatifs ; (iv) les canons antichars portatifs, fusils sans recul ; (v) les lance-missiles et lance-roquettes antichars portatifs ; (vi) les lance-missiles aériens portatifs ; (vii) les mortiers de calibre inférieur à 100 millimètres. Quant aux armes de petit calibre, elles désignent des armes destinées à être utilisées par une personne et comprenant singulièrement : (i) les armes à feu et toute autre arme ou dispositif de destruction tel que bombe explosive, bombe incendiaire ou bombe à gaz, grenadc, lance-roquette, missile, système de missile ou mine ; (ii) les revolvers et les pistolets à chargement automatique ; (iii) les fusils et les carabines ; (iv) les mitraillettes ; (v) les fusils d'assaut ; (vi) les mitrailleuses légères. L'une des principales distinctions entre ces deux catégories d'armes est que les premières étant utilisables par un groupe de personnes tandis que les secondes sont à usage personnel.

La convention définit les munitions comme l'ensemble des éléments destinés à être tirés ou lancés au moyen d'une arme à feu ou à partir d'un vecteur, comprenant, entre autres : (i) les cartouches ; (ii) les projectiles et les missiles pour armes légères ; (iii) les conteneurs mobiles avec missiles ou projectiles pour système anti-aérien ou antichar à simple action. Il convient de souligner que les munitions sont exclues de tous les instruments existant à l'échelle globale. Il s'agit d'une situation unique car la Convention les considère comme une arme en tant que telle et toutes les dispositions les incluent. Les États membres ont compris l'importance des munitions puisque, d'une part, sans elles, les armes ne fonctionnent pas, et d'autre part, leur suivi peut conduire aux armes illicites. Les autres matériels connexes désignent toutes composantes, pièces ou pièces détachées ou pièces de rechange d'une arme légère ou de petit calibre qui sont nécessaires au fonctionnement d'une arme ou d'une munition ; toutes substances chimiques servant de matière active utilisées comme agent propulsif ou agent explosif.

Concernant le traçage, il s'agit du suivi systématique du parcours des armes légères et de petit calibre, de leurs munitions et des autres matériels connexes, depuis le fabricant jusqu'à l'utilisateur final en vue d'aider les autorités compétentes des États membres à détecter la fabrication et le commerce illicites. Quant au courtage, il désigne le travail effectué en tant qu'intermédiaire entre tout fabricant ou fournisseur ou distributeur d'armes légères et de petit calibre et tout acheteur ou utilisateur, y compris le soutien financier et le transport des armes légères et de petit calibre. Le terme clé de transfert fait désormais référence à l'importation, l'exportation, le transit, le transbordement et le transport ou tout autre mouvement, quel qu'il soit, à partir du ou à travers le territoire d'un État d'armes légères et de petit calibre, de leurs munitions et autres matériels connexes.

Pour la première fois, les transferts sont inclus et font l'objet d'une définition dans un instrument international. Il s'agit de prendre en considération tout mouvement d'armes et non uniquement l'exportation, ce qui fut le cas jusqu'à présent. La Convention définit le marquage comme étant des inscriptions permettant l'identification d'une arme. Par ailleurs, la Convention considère comme illicite tout ce qui est réalisé en violation des dispositions de la Convention et précise le sens qu'elle donne aux acteurs non étatiques[570] et à l'expression ALPC[571].

C. Objectifs de la Convention

Les objectifs de la Convention sont de : (1) prévenir et combattre l'accumulation excessive et déstabilisatrice des armes légères et de petit calibre dans l'espace CEDEAO ; (2) pérenniser la lutte pour le contrôle des armes légères et de petit calibre dans la CEDEAO ; (3) consolider les acquis du Moratoire sur l'importation, l'exportation et la fabrication des armes légères et de son Code de conduite ; (4) promouvoir la confiance entre les États membres grâce à une action concertée et transparente dans le contrôle des armes légères et de petit calibre dans la CEDEAO ; (5) renforcer les capacités institutionnelles et opérationnelles du Secrétariat exécutif de la CEDEAO et des États membres dans la lutte contre la prolifération des armes légères et de petit calibre, de leurs munitions et autres matériels connexes ; (6) promouvoir l'échange d'informations et la coopération entre les États membres.

---

[570] Il s'agit, selon la Convention, de tous acteurs autres que les États et qui comprennent les mercenaires, les milices armées, les groupes armés rebelles et les compagnies privées de sécurité. Leur prise en considération dans la région subsaharienne est un aspect novateur très important que les États n'ont pas réussi encore à définir au niveau international.

[571] Dans la Convention, l'expression ALPC inclut les munitions et autres matériels connexes.

D. Principales dispositions relatives au transfert et à la fabrication d'armes

Concernant les transferts d'armes légères et de petit calibre, l'Article 3 consacre le principe de leur interdiction ainsi que les équipements servant à leur fabrication sur/vers et à partir du territoire des États membres. Cette interdiction ne doit, au demeurant, faire l'objet d'aucune exemption lorsque ce transfert concerne des acteurs non étatiques, et si ce transfert n'est pas autorisé par l'État membre importateur[572]. Les ALPC, telles que définies dans la Convention, n'étant pas des marchandises comme les autres, sortent du cadre d'application de l'article 45 du Traité révisé de la CEDEAO de 1993.

L'Article 6 définit les cas de refus d'exemption de transfert d'armes légères et de petit calibre. Les critères qui y sont définis sont inspirés du Code de conduite européen et du projet de traité sur les transferts d'armes. Toutes les conditions sont donc réunies dans cet article pour le respect des droits humains et du droit international humanitaire, des embargos, de la Charte de l'ONU et tout autre traité ou décision que les États membres sont tenus de respecter[573]. En particulier, selon cet article, un transfert ne sera pas autorisé si son autorisation viole les obligations de l'État qui fait la demande ainsi que celles des États membres dans le cadre du droit international, dont spécialement les résolutions obligatoires du Conseil de Sécurité de l'ONU comme celles imposant des embargos sur les armes[574].

Concernant la fabrication d'armes légères et de petit calibre, l'Article 7 impose à chaque État membre de réglementer les activités des fabricants locaux et de s'engager à adopter des politiques et stratégies de réduction et/ou de limitation de leur fabrication locale et de leur commercialisation dans l'espace CEDEAO. Aussi, les États membres doivent s'engager à dresser une liste exhaustive des fabricants

---

[572] Toutefois, l'Article 4 dispose en son alinéa 1 que : « Un État membre peut demander à être exempté des dispositions de l'article 3(b) à des fins légitimes de défense et de sécurité nationales, de maintien de l'ordre, ou pour des nécessités liées à la conduite des opérations de paix ou d'autres opérations menées sous l'égide de l'Organisation des Nations Unies, de l'Union africaine, de la CEDEAO ou d'autres organisations régionales ou sous-régionales dont il est membre ».

[573] Berkol, Ilhan, *op. cit.*, p. 6.

[574] L'Article 6 prend également en compte le cas des décisions contraignantes, y compris les embargos, adoptées par des organisations internationales, multilatérales, régionales et sous-régionales, telle que le Conseil de paix et de sécurité de l'Union africaine, auxquelles l'État est partie.

locaux d'armes légères et de petit calibre et doivent procéder à leur enregistrement dans les registres nationaux d'armes[575]. Concernant la transparence et l'échange d'information, l'Article 9 de la Convention impose l'établissement, là où il n'en existe pas, d'un registre national et d'une banque de données informatisés et centralisés sur les armes légères et de petit calibre. Les États membres sont tenus de transmettre à la CEDEAO un rapport annuel portant sur les commandes ou achats d'armes légères et de petit calibre.

Par ailleurs, un registre pour les armes légères et de petit calibre, de leurs munitions et d'autres matériels connexes pour les opérations de paix à l'intérieur et à l'extérieur de l'espace communautaire doit être établi auprès de la CEDEAO. L'objectif poursuivi par un tel registre est d'assurer la maîtrise du mouvement de ces armes et de leur retrait effectif à la fin des opérations de paix. Un problème important de gestion de ces armes existait jusqu'à présent, aucun pays participant à l'opération de paix dans la sous-région ne daignant faire recenser les armes de leurs effectifs. Un certain nombre de ces armes restaient donc dans l'espace CEDEAO après le départ des forces de paix, créant une source de prolifération difficile à contrôler. Grâce aux nouvelles mesures, les armes des forces de paix pourraient donc être suivies depuis leur entrée dans la sous-région jusqu'à leur retrait effectif à la fin des opérations de paix.

Concernant la prévention et la lutte contre la corruption, liée à la fabrication, au trafic, à la détention et à l'utilisation illicites des armes légères et de petit calibre la Convention prévoit que les États membres établissent des mesures appropriées et effectives pour la coopération entre les administrations concernées et les forces de défense et de sécurité. Par ailleurs, afin d'instaurer un dialogue avec les fabricants et les fournisseurs d'armes, les États membres sont invités à renforcer la coopération et le dialogue avec les producteurs et fournisseurs nationaux

---

[575] Dans le cadre du Moratoire, la fabrication locale est interdite. Selon Ilhan Berkol, il a été constaté que, dans la pratique, cette interdiction était impossible à contrôler, spécialement dans certains États où la fabrication locale est ancrée dans la culture du pays. Il y a donc un risque de pousser les fabricants locaux dans une totale clandestinité. Le fait d'autoriser cette activité sous le contrôle de l'État permettrait de mettre à jour un certain nombre de fabricants et de suivre leur pratique en conformité avec les exigences de la Convention (article 8). Les États membres doivent transmettre à la CEDEAO les données sur les types d'armes, la quantité et leur production annuelle.

et internationaux d'armes ainsi qu'avec les organisations internationales et régionales compétentes afin de s'assurer, entre autres, de leur soutien.

E. Principaux mécanismes opérationnels

Le chapitre V établit les mécanismes opérationnels, c'est-à-dire les activités devant être conduites pour rendre effective la lutte contre la prolifération des ALPC. S'agissant de la détention, l'usage et du commerce des armes de petit calibre par les civils, l'Article 14 de la Convention prévoit en son alinéa 3, des autorisations en vue de permettre la détention individuelle d'une ou plusieurs armes de petit calibre et leurs munitions, conformément à la législation nationale de chaque État membre. Les requêtes pour de telles autorisations doivent être traitées par les autorités nationales compétentes. La procédure d'autorisation doit comporter l'octroi d'une licence pour chaque arme de petit calibre détenue par un civil. Les États membres s'engagent à introduire dans leur législation des sanctions pénales pour la détention et l'utilisation illicites des armes légères et de petit calibre.

Quant à la gestion et la sécurisation des stocks d'armes, l'Article 16 de la Convention invite les États membres à prendre les mesures nécessaires pour assurer la gestion et l'entreposage sûrs et efficaces, et la sécurisation de leurs stocks nationaux d'armes légères et de petit calibre. À cet effet, les États membres doivent définir des normes et procédures efficaces pour la gestion, l'entreposage et la sécurisation des stocks. Ces normes et procédures prennent en compte : a) le site approprié ; b) les mesures de sécurité physiques des moyens d'entreposage ; c) la gestion de l'inventaire et la tenue de registre ; d) la formation du personnel ; e) la sécurité pendant la fabrication et le transport ; f) les sanctions en cas de vol ou de perte.

Aussi, les États membres doivent s'engager à examiner de façon régulière, conformément aux lois et règlements nationaux, les installations et les conditions de stockage des armes légères et de petit calibre, détenues par leurs forces armées et de sécurité et autres organes autorisés en vue d'identifier, pour destruction, le surplus et les stocks obsolètes. Au demeurant, la collecte et la destruction doivent concerner : a) les armes qui constituent un excédent des besoins nationaux ou devenus obsolètes ; b) les armes saisies ; c) les armes non marquées ; d) les armes illégalement détenues ; e) les armes collectées dans le cadre de la mise en application des accords de paix ou de programmes de remise volontaire d'armes.

Toutes les armes légères et de petit calibre, leurs munitions, et les autres matériels connexes, considérés comme essentiels par le fabricant, doivent faire l'objet d'un marquage unique et spécifique lors de leur fabrication puis d'un traçage. Les États membres doivent également enregistrer tous les citoyens et toutes les compagnies établis sur leur territoire opérant comme courtiers en armes légères et de petit calibre, y compris les agents financiers et les agents de transport en armement, et font de leur enregistrement une exigence pour pouvoir opérer légalement. En outre, les États membres, en collaboration avec la CEDEAO, doivent : a) renforcer la coopération sous-régionale entre les forces de défense et de sécurité, les services de renseignement, la douane et les services de contrôles frontaliers en vue de combattre la circulation illicite des armes légères et de petit calibre ; b) améliorer la capacité des forces de défense et de sécurité nationales y compris la formation sur les procédures d'investigation, les contrôles frontaliers et les techniques d'application des lois ainsi que le renforcement des équipements et des ressources.

Paragraphe 2 : Les réglementations nationales en matière de contrôle des transferts d'armes

L'application de la Convention de la CEDEAO sur les armes légères et de petit calibre, leurs munitions et autres matériels connexes nécessite des États parties une révision et une harmonisation de leurs législations nationales en matière d'armes légères et de petit calibre telles que prévues à l'article 21, alinéa 1[576]. L'harmonisation des législations nationales s'avère indispensable car la Convention a adopté des concepts et mécanismes communs majeurs qui doivent être incorporés dans les législations nationales en vue d'une mise en œuvre harmonisée. Par ailleurs, cette harmonisation est d'autant plus nécessaire que l'espace CEDEAO est marquée par une grande diversité de traditions juridiques, culturelles et linguistiques. Aussi, les législations nationales existantes contiennent-elles souvent des dispositions obsolètes en déphasage avec les réalités du présent[577].

---

[576] « Les États membres s'engagent à réviser et actualiser leur législation nationale en érigeant les dispositions de la présente Convention en principes minimum communs de contrôle des armes légères et de petit calibre et de leurs munitions ainsi que autres matériels connexes ».

[577] UNREC. *Guide d'harmonisation des législations nationales sur les armes légères et de petit calibre en Afrique de l'Ouest,* 2010, p. 4.

Par ailleurs, un contrôle insuffisant des armes et des munitions qui leur sont associées entrave le développement durable et a une incidence négative sur l'aide humanitaire[578]. En conséquence, la gestion des armes et des munitions (GAM) devient un outil des Nations Unies de plus en plus indispensable pour apporter des solutions à ces problèmes. La gestion des armes et des munitions prévoit le contrôle, la responsabilité et la gestion des armes et des munitions tout au long de leur cycle de vie, y compris l'élaboration de cadres, de processus et de pratiques permettant l'acquisition, l'entreposage, le transfert, le traçage et l'élimination sûrs et sécurisés du matériel. La gestion des armes et des munitions se concentre non seulement sur les armes légères et de petit calibre, mais également sur une gamme plus large d'armes classiques, munitions et artillerie comprises[579].

A. La réglementation du Liberia en matière de contrôle des transferts d'armes

Le Liberia a connu une guerre civile de près de 14 ans qui a entraîné de nombreuses pertes en vies humaines, des dommages préjudiciables au bien-être social et économique et un affaiblissement de la gouvernance du secteur de la sécurité dans le pays. La prolifération incontrôlée et l'utilisation abusive d'armes et de munitions a été un facteur clé de la violence armée et de la prolongation du conflit au Liberia. Dans la période post-conflit où les efforts de consolidation de la paix et de développement durable sont prioritaires dans l'agenda politique, la gestion des armes et des munitions reste une priorité essentielle et une partie intégrante des processus de paix, de sécurité et de développement au Liberia. Des années de conflit ont indéniablement eu un impact direct sur la capacité du gouvernement du Liberia à stocker, gérer, inventorier, surveiller et rendre compte de son stock national d'armes et de munitions sur l'ensemble de son territoire, et ce en toute sécurité[580].

La gestion des armes et des munitions au Liberia est marquée par deux transitions majeures spécifiquement liées au secteur de la sécurité. Premièrement, la fin de la Mission des Nations Unies au Liberia (MINUL) en 2018. Deuxièmement, la levée de l'embargo des

---

578 Nations Unies. *Gestion efficace des armes et munitions dans un contexte de désarmement, de démobilisation et de réintégration en évolution*, Deuxième édition, 2021, p. 7.

579 *Ibid.*, p. 8.

580 UNIDIR. *Weapons and Ammunition Management Country Insight: Liberia.* 2020, p. 2.

Nations Unies sur les armes en 2016. La MINUL, qui a été déployée en octobre 2003 conformément à la résolution S/RES/1509 (2003) du 19 septembre 2003 du Conseil de Sécurité des Nations Unies, a achevé son mandat et s'est retirée le 30 mars 2018. Son dernier mandat consistait à conseiller le gouvernement du Liberia sur la réforme des institutions de justice et de sécurité. La MINUL a précédemment conseillé, formé et aidé les forces de sécurité libériennes et les institutions concernées dans la gestion des armes ; aidé le gouvernement national de transition dans la mise en œuvre d'un programme de désarmement, démobilisation et réintégration ; gardé des armes, les munitions et autres équipements militaires collectés auprès des anciens combattants et fourni une assistance à leur élimination ou destruction ultérieure. La clôture de la MINUL représente à cet égard un point de référence important pour évaluer le cadre de la gestion des armes et des munitions au Liberia.

La deuxième transition liée au secteur de la sécurité concerne la levée, en 2016, de l'embargo des Nations Unies sur les armes. Depuis 1992, le Liberia était soumis à un régime de sanctions ciblées qui comprenait des sanctions individuelles, telles que le gel des avoirs et les interdictions de voyager, ainsi que des sanctions sectorielles, telles que l'embargo sur les armes, l'interdiction des diamants et l'interdiction du bois. Le Conseil de Sécurité des Nations Unies a progressivement assoupli l'embargo sur les armes, applicable aux forces de sécurité nationales du Liberia en 2006, tout en introduisant des exigences en matière de gestion des armes et des munitions pour le gouvernement. Ces exigences en matière de gestion des armes et des munitions comprennent le marquage et l'enregistrement du matériel, ainsi que la notification par le gouvernement au Comité des sanctions de l'embargo sur les armes, les progrès accomplis dans la mise en œuvre des mesures d'embargo sur les armes. La MINUL a été mandatée pour inspecter le matériel obtenu par les autorités nationales en conformité avec le processus d'exemption de l'embargo sur les armes. Outre les mesures de sécurité physique, l'adoption par le gouvernement libérien d'une législation nationale sur le contrôle des armes à feu a été un critère essentiel pour que le Conseil de Sécurité des Nations unies lève finalement l'embargo sur les armes en 2016.

Le 12 mai 2016, la Chambre des représentants a adopté la loi de 2015 sur le contrôle des armes à feu et des munitions au Liberia, qui réglemente la possession et l'utilisation des armes légères et de petit calibre dans le pays. La loi sur le contrôle des armes à feu a été établie dans le but de prévenir et de réduire la violence causée par les armes légères ainsi que leur prolifération. La partie II de cette loi établit un registre national des armes légères ainsi que les exigences relatives à l'acquisition de licences de possession, d'utilisation, de réparation, de fabrication, de commerce, de courtage, d'importation, d'exportation, de transit ou de transbordement d'armes légères. La partie V de la loi prévoit les conditions de courtage, d'exportation, d'importation et de transit des armes légères, des munitions ou d'autres matériels connexes. Dans chaque section, la loi interdit la licence pour ces activités lorsqu'il est connu, au moment de l'examen de la demande, que ce matériel serait utilisé pour commettre un génocide, des crimes contre l'humanité ou des crimes de guerre. La loi interdit également le courtage, l'importation, l'exportation, le transit ou le transbordement d'armes légères qui pourraient être utilisées pour commettre ou faciliter des violations du droit international humanitaire.

La loi en question interdit le courtage, l'importation, l'exportation, le transit et le transbordement de ce matériel lorsqu'il contrevient aux obligations internationales du Liberia, spécialement la Convention de la CEDEAO sur les armes légères et de petit calibre, et comprend une interdiction explicite de ces activités lorsqu'elles risquent d'entraîner « des actes graves de violence fondée sur le sexe ou des actes graves de violence contre les femmes et les enfants en vertu des lois libériennes ». Enfin, la loi établit les sanctions en cas de violation de ses dispositions, qui peuvent aller de sanctions administratives à des sanctions pénales en vertu du droit pénal du Liberia.

La Commission nationale libérienne sur les armes légères[581] est une commission indépendante créée officiellement par le gouvernement du Liberia le 15 août 2012 par une loi. Avant l'adoption officielle de la loi portant création de la Commission, celle-ci fonctionnait en vertu d'une ordonnance exécutive signée par la présidente Ellen Johnson Sirleaf. Elle a pour principale mission de formuler des orientations politiques visant à prévenir, combattre et éradiquer la prolifération et le trafic illicite d'armes légères et de petit calibre à l'intérieur et au-delà des frontières du Liberia. Les membres de la Commission comprennent des représentants d'agences gouvernementales et d'organisations de la société civile: la Présidence représentée par le Bureau du Conseiller à la Sécurité nationale, le ministère des Affaires étrangères, le ministère de la Justice, le ministère de la Défense, le ministère des

[581] Liberia National commission on Small Arms (LiNSCA).

Finances et de la Planification du Développement, le ministère de l'Intérieur, le ministère de l'Éducation, deux représentants du Conseil Inter-Religieux, trois représentants d'une coalition représentative d'organisations de la société civile et trois personnes intéressées par les questions relatives aux armes légères, à la paix et à la sécurité.

B. La réglementation de la Sierra Leone en matière de contrôle des transferts d'armes

La prolifération des armes a été un facteur de conflit majeur dans la guerre civile en Sierra Leone et, grâce aux efforts déployés pour mettre fin aux hostilités ou empêcher leur reprise, le pays est devenu un terrain d'essai pour les principales stratégies de contrôle des armes[582]. La Sierra Leone a été la cible d'une série de mesures d'embargo sur les armes des Nations Unies (1997-2010), y compris des dispositions relatives à la gestion des armes et des munitions imposées par le Conseil de Sécurité, et est devenue le lieu d'un des plus grands programmes DDR soutenus par les Nations Unies. Le pays a conçu une série de programmes de contrôle des armes pour lutter contre la circulation illicite des armes, surtout la collecte d'armes, les programmes d'armes pour le développement et les efforts de gestion du secteur de la sécurité. Le pays a été également à l'avant-garde des efforts visant à renforcer le contrôle des armes en Afrique, à travers son rôle important dans la construction de l'architecture de contrôle régionale et la révision de son cadre réglementaire national.

Actuellement la Sierra Leone bénéficie d'un contexte relativement pacifique et à ce titre la préservation de la maîtrise des armements est essentielle. Si le pays a été largement épargné ces dernières années par les attaques, les groupes terroristes, qui se nourrissent des stocks nationaux dans toute la région, opèrent dans des zones de plus en plus proches de ses frontières. Il convient de prévenir toute contagion potentielle à l'avenir, par une gestion plus rigoureuse des stocks nationaux. La Sierra Leone n'a cessé de démontrer son engagement envers les normes internationales de contrôle des armes et le renforcement dans le cadre de sa gestion des armes et des munitions. En fait, elle est partie à tous les principaux instruments internationaux et régionaux de contrôle des armements et travaille avec une série de partenaires internationaux pour accroître sa capacité en matière de

---

[582] UNIDIR. *Weapons and Ammunition Management Country Insight: Sierra Leone.* 2020, p. 2.

gestion des armes et des munitions. Néanmoins, des défis subsistent aux niveaux stratégique et opérationnel, et des efforts sont encore nécessaires pour amener le pays à se conformer à ses engagements internationaux et à son cadre réglementaire national.

La loi portant création d'une Commission nationale pour le contrôle de la prolifération et de la circulation illicites des armes légères et de petit calibre (ALPC), de leurs munitions et d'autres matériels connexes, et prévoyant d'autres questions connexes fut adoptée en 2010. La section 2 prévoit l'établissement de la Commission en tant que personne morale. Les sections 3, 4 et 5 traitent de l'établissement d'un commissaire, de son mandat et de ses fonctions[583]. La section 9 traite de l'objet et des fonctions de la Commission[584]. La section 11 fixe la composition et les fonctions du Comité consultatif.

La Commission a été créée conformément à l'article 24 de la convention de la CEDEAO sur les armes légères et de petit calibre, leurs munitions et autres matériels connexes. La Commission nationale sur les armes légères de la Sierra Leone a débuté en 2003 en tant que Comité national de coordination (CNC) sur les armes légères au sein du ministère de la Défense. En 2004, le CNC a été transféré au Bureau de la Sécurité nationale, rattaché au Bureau du Président. Un an plus tard, le CNC a été transformé en une Direction des armes légères et de petit calibre. La Commission est un organisme dont le mandat est de réglementer et de superviser la fabrication, la vente, le transfert, la possession et l'utilisation des armes légères et de petit calibre à l'intérieur des frontières de la Sierra Leone. La Commission est le point focal unique pour toutes les questions relatives aux armes à feu et le conseiller du gouvernement de la Sierra Leone pour la formulation de politiques et de stratégies de contrôle de la prolifération et de la circulation illicites des armes légères en Sierra Leone.

C. La réglementation de la Côte d'Ivoire en matière de contrôle des transferts d'armes

L'instabilité sous-régionale, le conflit, l'émergence des groupes armés, l'affaiblissement du système sécuritaire et le phénomène de criminalité armée sont autant de facteurs qui ont favorisé la prolifération

[583] Administration quotidienne, gestion des fonds et supervision du personnel

[584] Mettre en place des programmes d'action, sensibiliser le public, veiller au respect de la Convention de la CEDEAO sur les ALPC, établir et tenir un registre des armes...).

et la circulation illicite des ALPC en Côte d'Ivoire. Cette importante circulation d'armes contribue aujourd'hui à exacerber les conséquences des manifestations de la violence[585]. En Côte d'Ivoire, la loi 98-749 du 23 décembre 1998 portant répression des infractions à la réglementation des armes et munitions et substances explosives et le décret n°99-183 du 24 février 1999 portant réglementation des armes légères et munitions[586] constituent les principaux instruments juridiques du cadre législatif et réglementaire en matière de contrôle des transferts d'armes.

Le décret n° 99-183 du 24 février 1999 portant réglementation des armes et des munitions stipule que les fabricants d'armes et de munitions doivent obtenir une autorisation de la part du ministère de la Défense pour exercer. Une fois cette autorisation délivrée, les fabricants doivent tenir un registre détaillant « les matériels mis en fabrication, réparation ou transformation » que le ministère de la Défense doit collecter[587]. Les textes prévoient des sanctions pour ceux qui s'adonnent à la fabrication d'armes, d'éléments d'armes, à la production de balles ou cartouches ainsi qu'à celle de poudre ou substances explosives sans autorisation administrative. Ceci a d'ailleurs motivé le gouvernement à adopter le décret n° 2012-409 du 4 juillet 2012 portant modification du décret n° 99-183 du 24 février 1999. Ce nouveau décret devrait permettre à la Côte d'Ivoire de se conformer à la Convention de la CEDEAO sur les armes légères et de petit calibre. Ce décret devrait également permettre de mieux encadrer la délivrance du permis de port d'armes et de munitions par un mécanisme rigoureux, qui préserve à la fois, les intérêts de l'État, des détenteurs de permis et des populations.

Néanmoins, il convient de relever que cette loi et son décret d'application ne prennent pas en compte les exportations et réexportations, les transits et les transbordements. La loi reste par ailleurs muette sur la question du marquage, du traçage et du courtage des ALPC. Cette loi et son décret d'application cités ci-dessus prévoient

---

585 Tessières, Savannah de. *Enquête nationale sur les armes légères et de petit calibre en Côte d'Ivoire. Les défis du contrôle des armes et de la lutte contre la violence armée avant la crise post-électorale*. Small Arms Survey, Rapport spécial, 2012, p. 24.

586 Ce décret abroge toutes les dispositions antérieures en la matière notamment le décret du 4 avril 1925 fixant le régime des armes et munitions en Afrique occidentale française, ainsi que les textes subséquents pris pour son application.

587 Articles 20–21 du décret n°99-183 du 24 février 1999 portant réglementation des armes et munitions.

des sanctions pénales et administratives en fonction du caractère dangereux de la catégorie d'armes et de la gravité des infractions commises en matière de fabrication, d'importation du transport, d'entreposage, d'acquisition, de détention, de port, de cession illicite d'armes, de munitions, poudres ou substances explosives[588].

Les matériels de guerre, armes, munitions et éléments d'armes visés par la loi 98-749 du 23 décembre 1998 et le décret n° 99-183 du 24 février 1999 sont classées en huit catégories. Sont considérées comme des armes de guerre, les armes de première, deuxième et troisième catégories[589]. Les armes de première catégorie sont les armes à feu et leurs munitions conçues pour ou destinées à la guerre terrestre, navale ou aérienne, notamment : (i) les pistolets automatiques tirant soit la munition de neuf millimètres, soit une munition supérieure ; (ii) les pistolets automatiques de tous calibres pouvant tirer par rafales ou dont le magasin peut contenir plus de dix cartouches ; (iii) les fusils mousquetons et carabines de tous calibres conçus pour l'usage militaire, ainsi que leurs canons, culasses mobiles et boîtes de culasses ; (iv) les pistolets mitrailleurs de tous calibres, ainsi que leurs canons, les culasses mobiles et boîtes de culasses, grenades dites offensives ; (v) les mitrailleuses ou fusils mitrailleurs de tous calibres ainsi que leurs canons, culasses mobiles et boîtes de culasses, mitrailleuses spéciales d'avions ; (vi) les armes obusiers et mortiers de tous calibres ainsi que leurs affûts, bouches à feu, culasses, traîneaux, freins et récupérateurs, canons spéciaux pour avion ; (vii) les munitions, projectiles et douilles chargées ou non chargées des armes énumérées ci-dessus ; (viii) les artifices et appareils chargés ou non chargés, destinés à faire éclater les projectiles ci-dessus visés ; (ix) les grenades autres que les grenades dites offensives, bombes, torpilles, et mines de toutes espèces, chargées ou non chargées ; (x) les missiles, roquettes et autres sortes de projectiles, engins incendiaires, artifices et appareils destinés à les faire éclater, chargés ou non chargés ; (xi) les lance-flammes et tous engins de

[588] Côte d'Ivoire. *Application du Programme d'action en vue de prévenir, combattre et éliminer le commerce illicite des armes légères sous tous ses aspects.* Rapport national 2010, p. 4.

[589] Article 5 du décret n°99-183 du 24 février 1999 portant réglementation des armes et munitions.

projection servant à la guerre chimique ou incendiaire ; (xii) les armes laser et leurs composantes spécifiques[590].

Les armes de la deuxième catégorie sont constituées par les matériels destinés à porter ou à utiliser au combat les armes à feu, notamment: (i) les chars de combat, les véhicules blindés et leurs tourelles, véhicules non blindés équipés à poste fixe ou muni d'un dispositif spécial permettant le montage ou le transport d'armes à feu ; (ii) les navires de guerre de toutes espèces comprenant les porteurs d'aéronefs et les sous-marins ainsi que leurs blindages, tourelles et casemates ; (iii) les armements aériens : aéronefs conçus pour l'armement aérien, appareils à voilure conçus pour les besoins militaires, équipements spéciaux aux aéronefs conçus pour les besoins militaires, tourelles et affûts spéciaux pour mitrailleuses et canons d'avion ; (iv) les périscopes, dispositifs et appareils d'observation, de pointage, de réglage, de détection et d'écoute ; (v) les appareils d'emport, de largage ou de lancement de bombe, etc., et (vi) les matériels de transmission de télécommunications ou de contre-mesures électroniques[591]. Les armes de la troisième catégorie sont constituées par les matériels de protection contre les gaz de combat et produits destinés à la guerre chimique ou incendiaire, notamment les masques, dispositifs filtrants et vêtements spéciaux[592].

Conformément aux recommandations de la Convention de la CEDEAO sur les armes légères et de petit calibre, leurs munitions et autres matériels connexes, le gouvernement de Côte d'Ivoire a créé par décret n° 2009-154 du 30 avril 2009, la Commission nationale de lutte contre la prolifération et la circulation illicite des armes légères et de petit calibre (COMNAT-ALPC). Au regard des dispositions de cette Convention de la CEDEAO sur les ALPC et de celles du programme d'action des Nations Unies en vue de prévenir, combattre et éliminer le commerce illicite des armes sur tous ses aspects, la Commission nationale de lutte contre la prolifération et la circulation illicite des armes légères et de petit calibre de la Côte d'Ivoire a pour missions de : (i) assister le gouvernement dans la conception et la mise en œuvre de la politique nationale de lutte contre les ALPC ; (ii) émettre des avis et

[590] Article 6 du décret n° 99-183 du 24 février 1999 portant réglementation des armes et munitions

[591] Article 7 du décret n° 99-183 du 24 février 1999 portant réglementation des armes et munitions.

[592] Article 8 du décret n° 99-183 du 24 février 1999 portant réglementation des armes et munitions.

faire des suggestions ou propositions au Gouvernement, en vue de favoriser toute action concourant à la lutte contre la prolifération et la circulation illicite des armes légères ; (iii) mener en collaboration avec les ministères techniques et les organisations concernées, des études, réflexions et actions visant à lutter efficacement contre la prolifération et la circulation illicite des ALPC; (iv) initier et impulser toute action pédagogique tendant à sensibiliser les populations sur les dangers de la prolifération et de la circulation illicite des ALPC ; (v) collecter, centraliser et exploiter tous les renseignements et informations relatifs à la fabrication, au trafic et au contrôle des armes et munitions; (vi) superviser et organiser la collecte et la destruction des ALPC ; (vii) évaluer les besoins et mobiliser les ressources nécessaires à la lutte contre les ALPC ; (viii) initier et développer des échanges d'informations et d'expériences avec les Commissions nationales des autres États agissant pour le même objectif ; et (ix) assurer les relations de coopération technique dans le domaine de la lutte contre la prolifération et la circulation illicite des armes légères et de petit calibre avec les organismes appropriés, les organisations sous-régionales, régionales et internationales.

Au niveau institutionnel, la Commission est rattachée au Cabinet du Premier ministre. Au niveau stratégique, elle est composée de 18 membres représentant le Cabinet du Premier ministre, le Parlement, les ministères techniques et la société civile. Ce comité est présidé par un Président nommé par décret du Président de la République. Au niveau opérationnel, le Président est assisté dans sa tâche quotidienne par un secrétariat exécutif avec deux sous-commissions, sensibilisation et opérations de sécurité. La création de cette commission représente un premier pas important vers la construction d'un cadre national coordonné pour empêcher la circulation illicite des armes légères et de petit calibre.

La plupart des initiatives ultérieures visant à accroître la coordination nationale sur les ALPC ont eu lieu après la crise postélectorale de 2011 et à la fin du conflit interne en Côte d'Ivoire[593]. Depuis lors, des efforts normatifs et opérationnels ont été entrepris pour renforcer les institutions et les processus de la gestion des armes et des munitions dans le pays. Malgré les progrès encourageants réalisés dans plusieurs domaines de la gestion des armes et des munitions, divers problèmes

---

593 UNIDIR. *Aperçu sur la gestion des armes et des munitions : Côte d'Ivoire*. 2020, p. 2.

demeurent sur les plans stratégique et opérationnel et au niveau de la mise en œuvre[594].

Section 2 : Les conséquences d'une circulation incontrôlée d'armes

Les menaces liées à l'utilisation abusive, au transfert illicite et à l'accumulation déstabilisatrice d'armes légères et de petit calibre, ainsi que de leurs munitions, sont restées un facteur de risque déterminant pour la paix et la sécurité aux niveaux national, régional et mondial. Une circulation illicite d'armes entraîne des conséquences néfastes sur la sécurité humaine et le développement, en particulier dans les pays affectés par ce fléau. Comme le souligne Walter Dorn[595], non seulement la prolifération des armes légères est-elle la principale menace à la sécurité humaine, mais elle constitue également un obstacle majeur au développement humain. En réalité, les armes légères rendent les conflits plus meurtriers et facilitent la perpétration d'actes criminels. Elles alimentent une culture de représailles et une recrudescence de la violence à l'échelle planétaire. Outre le lourd tribut humain qu'elles imposent, ces armes nuisent au développement.

Paragraphe 1 : La circulation incontrôlée d'armes et la sécurité humaine

A. La sécurité humaine

I. Comprendre le concept de la sécurité humaine

La paix dépend-elle de l'entente entre les États et de la gouvernance globale ou est-elle désormais liée au respect des populations ? Les frontières ou les armées nationales sont-elles plus importantes que la régulation des migrations, la gestion des droits de l'homme, la réduction des inégalités, voire la défense de la liberté d'informer ? Voilà autant de questions qui ont amené la communauté internationale à commencer à mettre en relation les questions de sécurité avec celles de développement au début des années 1990. Un consensus s'est progressivement dégagé sur la nécessité d'élargir et d'approfondir le concept de sécurité, en prenant en compte le contexte politique de la

---

[594] UNIDIR. *Aperçu sur la gestion des armes et des munitions : Côte d'Ivoire*. 2020, p. 3

[595] Dorn, Walter. *Les armes légères, la sécurité humaine, et le développement*. Agence Canadienne de Développement international, Express sur le Développement, Numéro spécial du Nouveau Millénaire, n° 5, 1999-2000, 2000, 16 p.

fin de la guerre froide. Une meilleure collaboration est également devenue possible entre les instances gouvernementales en charge du développement, des affaires étrangères et de la défense, offrant ainsi une nouvelle base aux relations Nord/Sud sur ces questions.

Le concept de sécurité humaine a été influencé par ce processus dont il est issu. Certains pays membres de l'OCDE (par exemple la Norvège, le Canada et le Japon) et les Nations Unies ont contribué à intégrer définitivement la sécurité humaine dans l'agenda politique mondial du développement[596]. S'agissant de l'origine du concept de sécurité humaine, Florence Basty la lie directement au bouleversement des règles du jeu de la scène internationale. L'auteur estime que les paradigmes utilisés jusqu'au début des années 1990 pour comprendre et analyser les relations internationales se retrouvent caduques face à des menaces et des réalités nouvelles. Il est ainsi nécessaire, selon l'auteur, de comprendre pourquoi la sécurité humaine propose un nouveau cadre de compréhension innovant et adapté, mais plus encore de prendre la mesure du renversement conceptuel opéré par ce nouveau paradigme des sciences politiques[597].

Toutefois, la formulation la plus explicite du concept de sécurité humaine est celle qui fut proposée en 1994, et réitérée en 1999, par le Programme des Nations Unies pour le développement (PNUD). Cette agence spécialisée de l'ONU a saisi l'occasion offerte par les changements survenus dans l'environnement international après la fin de la guerre froide pour remettre à l'ordre du jour les préoccupations d'ordre développemental en attirant l'attention sur les interrelations entre les questions de sécurité et de développement. Pour le PNUD, la notion de sécurité humaine va de pair avec le développement humain et doit inclure tant les menaces de nature chronique comme la faim et la pauvreté que celles qui affectent la sécurité des individus, tels que la répression, la coercition et le terrorisme. Véritablement, le concept de sécurité humaine a été promu pour la première fois dans le *Rapport sur le développement humain* du PNUD de 1994[598]. Le PNUD y a développé une définition très large de la sécurité humaine basée sur

---

[596] Hussein, Karim et al. *Sécurité et sécurité humaine : Présentation des concepts et des initiatives. Quelles conséquences pour l'Afrique de l'Ouest ?* OCDE/CSAO, 2004, p. 12.

[597] Basty, Florence. « La sécurité humaine : Un renversement conceptuel pour les relations internationales », *Raisons politiques*, vol. 32, no. 4, 2008, p. 36.

[598] Kaldor, Mary. « La sécurité humaine : un concept pertinent ? ». *Politique étrangère*, vol. no. 4, 2006, p. 903, traduit de l'anglais par Sonia Marcoux

l'idée que la sécurité ne doit pas se concentrer exclusivement sur les États, le territoire et les questions militaires, mais sur les individus qui sont au cœur du débat sur la sécurité.

Ainsi, selon le PNUD, « le concept de sécurité fait depuis trop longtemps l'objet d'une interprétation restrictive, le cantonnant à la sécurité du territoire face aux agressions extérieures, à la protection d'intérêts nationaux face à l'étranger, ou à la sécurité de la planète face à la menace d'un holocauste nucléaire. Il s'applique davantage aux États-nations qu'aux personnes »[599]. Aussi la sécurité humaine est surtout envisagée par le PNUD sous l'angle des menaces auxquelles sont confrontés les individus et, en corollaire, sous l'angle de l'insécurité que ces menaces sont susceptibles d'engendrer ou de provoquer. À cet égard, le rapport du PNUD identifiait sept composantes de la sécurité humaine : sécurité économique, sécurité alimentaire, sécurité sanitaire, sécurité de l'environnement, sécurité personnelle, sécurité de la communauté et sécurité politique.

La sécurité économique suppose la garantie d'un revenu minimum, qui provient normalement d'un travail productif et rémunéré ou qui peut être versé, en dernier recours, par un système de protection financé par les pouvoirs publics. Florence Basty indique trois types de situation critique identifiés par la Banque Mondiale et qui font subir les chocs les plus violents aux sociétés et à la sécurité humaine des personnes : les crises économiques, les catastrophes naturelles et les conflits[600]. Constatant que les catastrophes se multiplient, les conflits perdurent et les revers économiques inévitables, l'auteur conclut que trois types d'insécurité économique viennent alors régulièrement entraver la réalisation de la sécurité humaine : l'insuffisance des ressources, l'instabilité des flux économiques et les pertes des avoirs[601]. Le PNUD entend par sécurité alimentaire le fait pour toute personne de disposer à tout moment ; matériellement et économiquement d'une alimentation de base[602]. Cela ne se limite pas à l'existence de réserves alimentaires

[599] PNUD. *Rapport mondial sur le développement humain 1994.* 1994, p. 23.

[600]Basty, Florence. « La sécurité humaine : Un renversement conceptuel pour les relations internationales », *Raisons politiques*, vol. 32, no. 4, 2008, p. 41.

[601] Basty Florence. *op. cit.*, p. 42.

[602] Actuellement, la définition la plus répandue de la sécurité alimentaire est celle contenue dans le rapport sur l'état de l'insécurité alimentaire dans le monde, publié en 2001 par la FAO : « *La sécurité alimentaire existe lorsque tous les êtres humains ont, à tout moment, un accès physique, social et économique à une nourriture*

suffisantes. Cela implique que chacun puisse accéder facilement à la nourriture, ait un « droit » aux aliments – que ceux-ci proviennent d'une agriculture de subsistance, d'achats sur le marché ou d'un système public de distribution alimentaire[603].

La sécurité sanitaire fait référence à l'accès aux soins médicaux et à de meilleures conditions sanitaires. Les personnes pauvres en général bénéficient d'un niveau de sécurité sanitaire inférieur et, dans les pays en développement, les principales causes de mortalité sont de nature infectieuse et parasitaire. La sécurité de l'environnement renvoie à la possibilité de vivre dans un environnement physique sain à l'abri de la désertification, de la déforestation et d'autres menaces environnementales mettant en danger la survie des personnes. Par ailleurs, l'industrialisation intensive et la croissance rapide de la population font peser sur la planète des tensions intolérables. Les menaces sur l'environnement des différents pays sont dues pour partie à la dégradation des écosystèmes locaux et à la détérioration de l'environnement à l'échelle planétaire.

La sécurité personnelle contre la violence physique est sans doute l'aspect le plus déterminant de la sécurité humaine. Dans les pays riches comme dans les pays pauvres, la vie humaine est de plus en plus la cible de violences soudaines et imprévisibles. Les menaces contre la sécurité des personnes peuvent prendre plusieurs formes, par exemple : menaces exercées par l'État, des États étrangers, d'autres groupes de personnes (tensions ethniques), des personnes isolées ou des gangs ; menaces à l'encontre des femmes ou des enfants en raison de leur vulnérabilité et de leur dépendance ; menaces à l'encontre de soi-même (par exemple suicide, consommation de drogues, etc.).

---

suffisante, saine et nutritive leur permettant de satisfaire leurs besoins énergétiques et leurs préférences alimentaires pour mener une vie saine et active ».

603 Selon les estimations du Rapport mondial sur les crises alimentaires 2025, 295,3 millions de personnes, soit 22,6% de la population analysée, étaient en situation d'insécurité alimentaire aiguë (Phase 3 à 5) en 2024 dans 53 pays/territoires dans le monde. Les 10 pays avec les chiffres les plus élevés sont le Nigéria, le Soudan, la RDC, le Bangladesh, l'Ethiopie, le Yemen, l'Afghanistan, le Myanmar, le Pakistan et la Syrie. Par ailleurs, ce chiffre de 295,3 millions de personnes englobe : (i) environ 35,1 millions de personnes qui sont en situation d'Urgence (Phase 4) dont près de la moitié résidait dans quatre pays : le Soudan, l'Afghanistan, la RDC et le Myanmar ; (ii) près de 2 millions qui sont en situation de Catastrophe (Phase 5), essentiellement dans la bande de Gaza (Palestine), au Soudan et au Soudan du Sud. Pour plus de détails sur les crises alimentaires en 2024, consulter le rapport mondial sur les crises alimentaires 2025 à travers le lien suivant :
https://www.fsinplatform.org/sites/default/files/resources/files/GRFC2025-full.pdf

La sécurité de la communauté renvoie à l'appartenance à un groupe - famille, communauté, organisation, groupe racial ou ethnique. Cette appartenance joue un rôle sécurisant pour la majorité des gens. Le groupe procure une identité culturelle et un ensemble de valeurs rassurantes. Il dispense également une aide pratique à ses membres. Cependant, les communautés traditionnelles peuvent aussi perpétuer des pratiques oppressives : servage, esclavage, traitements particulièrement cruels réservés aux femmes. Des tensions surviennent souvent entre ces groupes en raison de la concurrence pour l'accès limité aux opportunités et aux ressources. La sécurité politique fait référence aux possibilités offertes aux gens de pouvoir vivre dans une société respectueuse de leurs droits fondamentaux. C'est un aspect essentiel de la sécurité humaine.

Selon l'approche centrée sur la « sécurité humaine », les menaces et les défis pesant sur la sécurité transcendent la défense nationale, le respect des lois et de l'ordre pour inclure toutes les dimensions politiques, économiques et sociales permettant de vivre à l'abri du risque et de la peur. L'attention est passée de la sécurité de l'État à la sécurité des personnes, sans pour autant que ces deux préoccupations soient exclusives l'une de l'autre. La sécurité peut être envisagée comme un « bien public », répondant au besoin stratégique de favoriser un développement humain durable tout en promouvant la paix et la stabilité. L'approche de la sécurité humaine a également mis en lumière le fait que toute tentative pour aborder les questions relatives à la sécurité doit reposer sur la concertation et la collaboration avec différents groupes d'acteurs aux intérêts souvent divergents[604].

Constatant que depuis la fin de la guerre froide, la sécurité de la majorité des États s'est améliorée, alors que celle de la population mondiale s'est détériorée en raison du nombre grandissant de conflits internes, Lloyd Axworthy, ancien ministre canadien des Affaires étrangères[605], insiste sur la nécessité d'une nouvelle approche de la sécurité centrée sur les individus et qui soit un complément nécessaire à la sécurité nationale. Lloyd Axworthy attire l'attention sur la différence du concept de sécurité humaine avec celui de développement humain. Tous deux se renforcent mutuellement et convergent vers un double objectif : libérer les individus de la peur et du besoin. Pour Serge Bambara, les défis des conflits actuels, le développement

[604] Hussein, Karim et al. *Op. cit.*, p. 13.

[605] Axworthy, Lloyd. « La sécurité humaine : la sécurité des individus dans un monde en mutation ». *Politique étrangère*, n°2 - 1999 - 64^{e}année. pp. 333-342.

des droits de l'Homme et les nouvelles assises du développement humain constitueront les bases matricielles de construction de la sécurité humaine[606].

Par ailleurs, il ressort des réflexions de Mary Kaldor que l'idée de sécurité humaine s'est développée dans deux directions. La première est celle empruntée par le gouvernement canadien, qui a adopté le concept et créé un réseau d'États y souscrivant. Leur point de vue est reflété par le *Rapport sur la sécurité humaine* publié en 2005, qui possède quelques affinités avec l'idée de la « responsabilité de protéger », également d'initiative canadienne. Le rapport insiste sur la sécurité de l'individu, par opposition à celle de l'État, et l'accent est mis sur la sécurité face à la violence politique. L'autre approche est celle du PNUD, reprise par le « Groupe de personnalités de haut niveau sur les menaces, les défis et le changement » et dans la réponse du Secrétaire général de l'ONU, intitulée « Dans une liberté plus grande ». Cette approche insiste sur les relations entre les différents types de sécurité et sur l'importance particulière du développement comme stratégie de sécurité. Il est souhaitable de combiner les deux approches – « absence de peur » (droits de l'homme) et « absence de besoin » (développement humain) – pour insister à la fois sur la sécurité des individus et sur le caractère interdépendant des composantes de la sécurité[607].

Mary Kaldor a au demeurant identifié cinq principaux principes qui ne s'appliquent pas seulement aux situations de conflit ouvert. On fait souvent la différence entre « prévention » des crises et reconstruction post-conflit, mais il peut être difficile de distinguer entre les phases d'un conflit, précisément parce qu'il n'y a pas de début ou de fin clairement identifiés et parce que les conditions originelles – la peur et la haine, une économie criminalisée, des États faibles et illégitimes, l'existence de chefs de guerre et de groupes paramilitaires – sont exacerbées pendant et après les périodes de violence. Les principes d'une politique de sécurité humaine doivent donc s'appliquer à des phases successives, aux degrés de violence variables, exigeant à la fois des éléments de prévention et de reconstruction.

La primauté des droits de l'homme est un principe majeur de la sécurité humaine ; ce qui distingue l'approche de la sécurité humaine

606 Bambara, Serge. *La sécurité humaine, paradigme de garantie de la paix et de la sécurité internationales*. 2018. Normandie Université, Thèse de doctorat, p. 9.
607 Kaldor, Mary. *op. cit.*, p. 904.

des approches traditionnelles des États. Les droits de l'homme incluent les droits économiques et sociaux aussi bien que les droits politiques et civiques. Le droit à la vie mais aussi le droit au logement ou à la liberté d'opinion doivent en conséquence être respectés et protégés même en plein conflit. Cela a de profondes implications sur les politiques de sécurité et de développement. Praticiens et analystes se sont interrogés ces dernières années sur les conditions auxquelles les préoccupations relatives aux droits de l'homme pourraient prévaloir sur la souveraineté des États. Ce débat néglige souvent le problème des moyens à adopter dans des opérations dites de « protection des droits de l'homme », surtout quand des moyens militaires sont déployés. On suppose en général que l'utilisation de la force militaire est justifiée si l'intervention est faite sous l'égide d'une autorité légale (*jus ad bellum*) et si les objectifs en valent la peine, mais les méthodes doivent aussi être adaptées car elles affectent la capacité à atteindre les objectifs fixés[608].

Un autre principe clé de la sécurité humaine est l'établissement d'une autorité politique légitime. En effet, l'objectif ultime d'une stratégie de sécurité humaine doit être l'établissement d'une autorité politique légitime[609] susceptible de garantir la sécurité, aussi bien physique – domaine où le règne de la loi et le bon fonctionnement du système judiciaire sont essentiels – que matérielle – le développement de l'emploi légal, la création d'infrastructures ou de services publics exigeant des politiques d'État. Puisque la défaillance de l'État est souvent la première cause de conflit, les raisons de cette défaillance doivent être prises en compte lors de la reconstruction d'une autorité politique légitime. Ce principe implique de toute évidence des restrictions à l'usage de la force. Le but de toute intervention est, plus qu'une victoire militaire, de stabiliser la situation afin que puisse être créé un espace politique pour un processus démocratique.

La sécurité humaine repose également sur le principe du multilatéralisme. L'approche de sécurité humaine doit être globale ; elle ne peut donc se développer que dans un cadre multilatéral. Le multilatéralisme ne consiste pas simplement à agir avec d'autres États. Dans cette

---

608 Kaldor, Mary. *op. cit.*, p. 907.

609 Une autorité politique légitime ne signifie pas nécessairement État : il peut s'agir d'un gouvernement régional, d'arrangements politiques régionaux ou internationaux débouchant sur des protectorats ou des administrations de transition. Par ailleurs, en cas de défaillance de l'État, il est important de prendre en compte la principale cause de cette défaillance lors de la reconstruction d'une autorité politique légitime.

acception étroite, presque toutes les initiatives internationales peuvent être considérées comme multilatérales. Le multilatéralisme tel qu'il est conçu ici est indissociable de la légitimité, ce qui le distingue du néocolonialisme[610]. Un autre principe clé est l'approche « bottom-up » qui fait référence à la participation des acteurs à la base dans l'identification et la mise en œuvre des initiatives de sécurité humaine. Les notions de « partenariat », de « base locale » ou de « participation » sont des concepts clés des politiques de développement qui devraient aussi s'appliquer aux politiques de sécurité. Les décisions sur le type de politiques de sécurité et de développement à adopter et sur l'intervention, ou non, des forces armées doivent prendre en compte les besoins des victimes de la violence et de l'insécurité. Ceux qui vivent dans les zones d'insécurité constituent aussi la meilleure source d'information. La communication, la consultation et le dialogue sont des outils essentiels à la fois au développement et à la sécurité.

Enfin, une logique régionale devrait être privilégiée du fait que les menaces sécuritaires sont transfrontalières et se propagent aisément et rapidement. La plupart des situations d'insécurité grave sont donc régionales. Se limiter à des analyses en termes d'États, dans les limites des frontières, c'est se priver de moyens relativement simples d'enrayer la propagation de la violence. L'approche régionale est tout aussi importante pour rétablir et favoriser la coopération économique et commerciale. La rupture des relations commerciales et des transports, associée à la guerre, affecte au premier chef la production et l'emploi, ce qui contribue à la pauvreté et à l'insécurité.

En dépit de son caractère novateur, le concept de sécurité humaine n'est pas resté sans critiques. Précisément, une critique fondamentale adressée au concept consiste à dire qu'il est trop vaste et trop diffus. Il ne convient pas comme instrument d'analyse académique en raison de son manque d'exactitude, n'est pas adéquat comme guide de formulation politique parce qu'il n'aide pas à fixer des priorités en raison de sa largeur thématique et du fait qu'il évite une hiérarchisation des objectifs. C'est surtout en raison de cette critique que l'on débat à ce jour ce que doit englober la définition de la sécurité humaine et s'il

[610] Ce multilatéralisme implique un engagement à travailler avec les institutions internationales, conformément à leurs procédures : dans le cas de l'Afrique de l'Ouest, il peut s'agir d'interventions de la part d'organisations comme l'ONU, l'Union africaine ou la CEDEAO.

faut donner priorité à la dimension large du développement ou à la dimension étroite de la violence. Alors que l'approche large, favorisée entre autres par l'ONU ou le Japon, se concentre surtout sur la lutte contre les menaces non sécuritaires comme la pauvreté, le sous-développement, les maladies ou la destruction de l'environnement, l'approche étroite, préférée surtout par les gouvernements occidentaux, se concentre sur la protection des individus contre la guerre et la violence. On trouve par exemple au cœur de cette approche l'engagement contre l'abus des armes légères, contre l'utilisation d'enfants soldats ou des mesures de réforme du secteur de la sécurité.

La relation entre la sécurité humaine et la sécurité nationale et le rôle de l'État dans le contexte de la sécurité humaine en général font aussi l'objet de controverses. En effet, certains estiment que dans sa forme pure, la sécurité humaine remettrait en question la souveraineté des États dans le sens que des acteurs publics qui violent de manière manifeste des normes de sécurité humaine et des droits de l'homme fondamentaux ne devraient plus pouvoir se retrancher derrière la souveraineté des États pour ne pas faire face à leurs responsabiltés. Une ingérence dans des domaines s'entendant jusqu'à présent comme l'affaire intérieure des États se laissait donc légitimer sur cette base pour protéger les individus. Une telle ingérence qui pouvait aller, sous le principe de la «responsabilité de protéger», jusqu'à l'intervention humanitaire avec des moyens militaires, a déclenché chez les sceptiques et notamment dans des États non occidentaux, la crainte que la sécurité humaine ne puisse être utilisée comme prétexte pour compromettre le principe de souveraineté des États.

La sécurité humaine et la sécurité nationale ne sont pas nécessairement incompatibles. Nombreux sont ceux qui soutiennent que la sécurité humaine complète la sécurité nationale et ne la remplace pas. Il est évident que l'État occupe dans tous les cas une position centrale. La possibilité pour l'État, en tant qu'acteur, de protéger ses citoyennes et citoyens et de garantir ainsi la sécurité humaine ou de mettre lui-même en danger la sécurité de sa population dépend de la nature du régime en place. L'accaparement croissant du concept de sécurité humaine par les gouvernements, les élites politiques et les organisations internationales a entraîné certains commentaires de la part du camp des études critiques de sécurité qui reproche le fait que le concept a été instrumentalisé par les acteurs sécuritaires traditionnels et a donc perdu son potentiel de changement radical. Au lieu de remettre en question les rapports de force politiques et économiques mondiaux responsables d'une majorité des causes de l'insécurité humaine, seuls seraient combattus aujourd'hui tant bien que mal sous l'étiquette «sécurité humaine », les symptômes de l'insécurité humaine comme la pauvreté, le sous-développement ou les conflits violents, ce qui servirait en fin de compte à stabiliser le partage du pouvoir existant dans le cadre des structures néolibérales existantes.

II. Les Nations Unies et la question de la sécurité humaine

Comme l'a noté l'Assemblée générale des Nations Unies dans sa résolution A/RES/66/290 du 10 septembre 2012, « la sécurité humaine a pour objet d'aider les États membres à cerner les problèmes communs et généralisés qui compromettent la survie, les moyens de subsistance et la dignité de leurs populations et à y remédier », et « appelle des réponses axées sur l'être humain, globales, adaptées au contexte et centrées sur la prévention, qui renforcent la protection et la capacité d'action individuelle et collective ». Le concept de sécurité humaine est un cadre de planification et d'analyse qui promeut une action de l'ONU plus globale et davantage axée sur la prévention, dans tous les secteurs, grâce à des solutions adaptées aux différents contextes et à des partenariats visant à aider les populations touchées à se libérer de la peur et du besoin et à lutter contre l'indignité. L'application du concept de sécurité humaine promeut la mise en place d'actions globales qui s'attaquent aux causes et aux conséquences multidimensionnelles des crises complexes. Elle appelle par conséquent des interventions concertées de la part d'un réseau de parties prenantes pour assurer une réponse durable aux déficits les plus importants en matière de paix et de développement.

La sécurité humaine nécessite des compétences et des ressources d'un large éventail d'acteurs issus du système des Nations Unies, des gouvernements, du secteur privé, de la société civile et des communautés locales. En tenant compte du fait que les crises n'ont pas les mêmes causes et se manifestent différemment d'un pays à l'autre et d'une communauté à l'autre, le concept de sécurité humaine encourage des interventions adaptées aux réalités locales. La prévention est l'objectif premier du concept de sécurité humaine. Il s'attaque aux causes profondes des fragilités, se concentre sur les risques émergents et promeut une action rapide. Il permet d'améliorer la résilience des communautés locales en renforçant leurs capacités, met en avant des solutions porteuses de cohésion sociale et promeut le respect des droits de l'homme et de la dignité. En entretenant les conflits armés, une circulation illicite d'armes demeure une source majeure d'insécurité humaine dans les pays en conflit.

En mai 2004, l'ONU ce a créé le Groupe Sécurité humaine dont l'objectif global est d'intégrer le concept de sécurité humaine dans les activités des organismes des Nations Unies et de renforcer les moyens d'action dont dispose l'ONU pour répondre à des crises aussi nombreuses que complexes. Le Groupe se charge à la fois de la gestion du Fonds d'affectation spéciale des Nations Unies pour la sécurité humaine et de l'organisation d'activités de sensibilisation et d'information en la matière. Il élabore des cadres et des outils qui visent à intégrer le concept de sécurité humaine dans les activités de l'ONU. Grâce à ces outils, divers partenaires du système des Nations Unies s'associent et collaborent avec les gouvernements, la société civile et le secteur privé pour répondre aux besoins et remédier aux fragilités des communautés concernées.

Grâce au Fonds d'affectation spéciale, ce groupe contribue à traduire le concept de sécurité humaine en activités concrètes visant à améliorer la vie et les moyens de subsistance des populations confrontées à une insécurité complexe et multidimensionnelle. Les programmes financés au moyen du Fonds s'appuient sur des stratégies intégrées et axées sur la prévention des crises et la promotion d'une paix et d'un développement durables. Grâce à l'appui fourni au Conseiller spécial sur la sécurité humaine, des projets tels que *Friends of Human Security*[611] et *le Réseau de Sécurité humaine*[612] ont vu le jour en partenariat avec des États membres, et d'autres en partenariat avec le système des Nations Unies, par l'intermédiaire du Groupe de travail inter-institutions sur la sécurité humaine.

---

[611] « Friends of Human Security (FHS) » est un forum informel et ouvert basé à New York dont l'objectif est de servir de cadre aux États membres des Nations Unies ainsi qu'aux organisations internationales concernées pour discuter et échanger sur le concept de sécurité humaine. Le FHS a été créé en 2006 et a tenu plusieurs réunions jusqu'en 2009. Le Groupe a ensuite été relancé en juin 2021 afin de redynamiser le débat sur le concept de sécurité humaine au sein des Nations Unies.

[612] Le Réseau de sécurité humaine est un groupe de quatorze pays maintenant le dialogue, par l'intermédiaire de leurs ministres des affaires étrangères, sur les questions relatives à la sécurité humaine. Le Réseau inclut l'Autriche, le Canada, le Chili, le Costa Rica, la Grèce, l'Irlande, la Jordanie, le Mali, la Norvège, les Pays-Bas, la Slovénie, la Suisse et la Thaïlande, ainsi que l'Afrique du Sud qui y possède le statut d'observateur. Le travail du Réseau est diffusé et soutenu par le Bulletin du Réseau de Sécurité humaine, publié régulièrement en collaboration avec le programme sur la sécurité humaine de l'Université de Harvard.

Le Groupe de travail inter-institutions sur la sécurité humaine rassemble des représentants des trois piliers du système des Nations Unies – le développement, la paix et la sécurité et les droits de l'homme – ainsi que des personnes ayant une expérience pratique de la sécurité humaine. Il délibère sur la meilleure façon d'appliquer le concept de sécurité humaine pour intervenir dans les domaines transversaux que la communauté internationale et le système des Nations Unies ont définis comme prioritaires. Le Groupe de travail a contribué à l'élaboration du Cadre de coopération pour l'application du concept de sécurité humaine à l'échelle du système, approuvé en septembre 2015. Ce Cadre repose sur l'idée d'un partenariat volontaire entre les différentes entités des Nations Unies, visant à appliquer plus efficacement l'ensemble des principes qui sous-tendent le concept de sécurité humaine. Cette démarche de promotion de la sécurité humaine favorise une plus grande collaboration entre les différentes entités, et harmonise à l'échelle du système l'action menée par l'ONU. Elle contribue à briser le cloisonnement institutionnel, et fournit un cadre permettant aux entités des Nations Unies, en particulier celles qui travaillent dans les pays, de collaborer de manière plus intégrée, plus cohérente et plus efficace.

La plupart des problèmes de développement et des crises humanitaires actuelles découlent de facteurs interreliés. Pour venir en aide aux victimes de ces crises, agir sur un seul de ces facteurs ne suffit pas. Il faut au contraire intégrer davantage l'action de l'ONU dans l'ensemble du système et dans le cadre de partenariats avec d'autres acteurs. L'application à l'échelle du système des Nations Unies du concept de sécurité humaine est à la fois opportune en termes de calendrier et essentielle à la réalisation des objectifs prioritaires fixés par le Secrétaire général de l'ONU à l'appui d'un système des Nations Unies plus intégré, qui mettrait davantage l'accent sur la prévention et la promesse faite d'instaurer durablement la paix, le développement et les droits de l'homme pour tous[613]. Le

[613] Le Cadre de coopération recense quatre grands défis actuels qui nécessitent un cadre global qui soit à la fois universel et flexible, et qui implique l'action concertée du Siège et des acteurs présents sur le terrain. Ces défis sont les suivants : (i) appuyer le Programme de développement durable à l'horizon 2030 ;(ii) améliorer l'efficacité du système des Nations Unies grâce à l'initiative « Unis dans l'action » ; (iii) renforcer les interventions intégrées et axées sur la transition dans les contextes de crise ; (iv) renforcer les capacités en matière de réduction des risques de catastrophe.

Cadre définit par ailleurs une série de mesures à prendre en vue de promouvoir une approche concertée de l'intégration du concept de sécurité humaine dans les activités du système des Nations Unies[614].

Le Conseil consultatif pour la sécurité humaine est un organe indépendant composé d'experts internationaux engagés en matière de sécurité humaine qui a été établi pour porter les recommandations de la Commission sur la sécurité humaine et pour conseiller le Secrétaire général de l'ONU sur : (i) l'orientation stratégique du Fonds d'affectation spéciale des Nations Unies pour la sécurité humaine ; (ii) les méthodes pour renforcer l'impact des programmes et des activités financées par le Fonds d'affectation spéciale ; (iii) les moyens de promouvoir et de communiquer sur l'approche en matière de sécurité humaine et de renforcer sa compréhension et son acceptation dans le monde entier, surtout sa prise en compte dans les priorités mondiales. Il fournit également une vision stratégique ainsi que des orientations au Groupe Sécurité humaine dans la gestion du Fonds d'affectation spéciale. À ce titre, il : (i) fournit des conseils sur les Principes directeurs du Fonds et les révisions périodiques ; (ii) recommande des méthodes pour promouvoir l'impact du Fonds, en assurer la transparence et améliorer la visibilité de ses programmes et activités ; (iii) examine la performance et la gestion du Fonds, à travers une analyse et une évaluation des résultats atteints.

B. Les conséquences d'une circulation incontrôlée d'armes sur la sécurité humaine

Le détournement et les transferts non réglementés ou illicites d'armes peuvent avoir une incidence négative sur les droits de l'homme dans les situations conflictuelles comme dans les situations non conflictuelles. Ils peuvent engendrer une situation de disponibilité généralisée et incontrôlée des armes et augmenter le risque que celles-ci soient acheminées vers des personnes ou tombent entre les mains d'individus qui les utilisent pour commettre des violations des droits de l'homme ou des violences. Dans leur immense majorité, les armes

[614] On peut citer parmi ces mesures, des efforts à faire au Siège et dans les pays pour mieux partager l'information sur les pratiques optimales et les enseignements tirés de l'expérience; développer et renforcer les capacités du personnel, et mener des examens à l'échelle des pays pour mettre en évidence les zones où le concept de sécurité humaine permettrait d'appuyer au mieux les priorités nationales, de relever de nouveaux défis, de renforcer les partenariats multipartites et d'accroître l'efficacité des programmes.

à feu illicites qui se trouvent entre les mains d'acteurs non étatiques sont fabriquées légalement et préparées en vue de leur distribution commerciale avant d'être détournées à un stade ou à un autre de la chaîne d'approvisionnement.

Les civils possédaient environ 750 millions d'armes à feu en 2017, ce qui dépasse de loin le nombre estimé d'armes détenues par les secteurs de l'armée et des forces de l'ordre confondus[615]. Les États continuent également à pratiquer des transferts non réglementés ou illicites d'armes, une situation qui est à l'origine de milliers de victimes civiles, d'importants déplacements de population et de beaucoup de souffrances humaines. Par ailleurs, de nombreuses victimes et violations des droits de l'homme sont observées dans les zones où sévissent des conflits armés. Les décès survenant dans le cadre d'un conflit sont causés dans leur majorité par l'utilisation d'armes légères et les populations civiles sont plus que jamais les premières victimes des conflits armés. De plus, les armes légères sont les principaux instruments de la violence criminelle. Le taux d'homicide par arme à feu dans les sociétés émergeant d'un conflit dépasse souvent celui des morts sur les champs de bataille. Ces armes sont aussi liées au nombre croissant de morts violentes de fonctionnaires et de membres du personnel militaire des forces de maintien de la paix des Nations Unies, ainsi que d'agents d'organisations humanitaires et non gouvernementales.

Selon un rapport des Nations Unies[616], au moins 176.095 décès de civils ont été enregistrés dans 12 des conflits armés les plus meurtriers du monde entre 2015 et 2020. En 2020, 5 civils pour 100.000 personnes ont été tués dans des conflits armés et 1 sur 7 d'entre eux était une femme ou un enfant. La plupart des décès de civils ont été causés par des armes légères et de petit calibre (27 %) ou par des armes lourdes et des munitions explosives (24 %)[617]. Le nombre de victimes de la violence armée en dehors des conflits est encore plus élevé. Dans le monde, plus de la moitié des victimes d'homicide sont tuées par une arme à feu[618]. Il ressort d'un rapport d'analyse d'INTERPOL sur la criminalité organisée en Afrique qu'au cours des

[615] Nations Unies. *Rapport annuel du Haut-Commissaire des Nations Unies aux droits de l'homme. Incidence des transferts d'armes sur les droits de l'homme dans les conflits armés*. 2020, p. 3.

[616] Nations Unies. *Rapport du Secrétaire général sur les armes légères et de petit calibre*. 30 septembre 2021, 19 p.

[617] Voir https://unstats.un.org/sdgs/report/2021/goal-16/

[618] UNODC. *Global Study on Homicide: Executive Summary*, 2019, p. 19.

dernières décennies, plusieurs pays d'Afrique ont été confrontés à de nombreux conflits – de faible ou de forte intensité – qui ont laissé des traces sur le plan intérieur. Ces conflits ont entraîné un afflux de millions d'armes légères et de petit calibre et de munitions sur le continent africain, qui ont permis d'équiper les diverses parties prenantes – étatiques ou non – engagées dans des conflits armés[619].

Par ailleurs, les groupes armés, les rebelles et les terroristes jouent un rôle majeur dans le trafic d'armes légères et de petit calibre sur le continent africain. Si certains d'entre eux vendent des armes pour financer leurs activités, d'autres en achètent pour s'équiper lorsqu'ils mènent des opérations violentes à l'encontre des populations ou des institutions locales, pour l'emporter sur les forces de sécurité et pour contrôler des terres ou des territoires. Selon un rapport de recherche d'Oxfam, la plupart des 100 millions d'armes légères et de petits calibres qui circuleraient en Afrique se concentre dans les zones de crise et autres environnements dangereux, ce qui prolonge et aggrave les conflits[620].

Ces violences ont un effet sur l'appauvrissement du continent africain. Elles engendrent des atrocités indicibles, y compris des décès, des violences sexuelles et des déplacements, et détruisent des communautés et tout espoir de conditions de vie correctes. D'après certains spécialistes, au moins 500.000 personnes meurent en moyenne chaque année, et des millions d'autres sont déplacées et maltraitées, à la suite de conflits et de violences armés[621]. Les ALPC ont accru l'intensité et l'impact des conflits armés intra-étatiques en Afrique de l'Ouest. Elles sont responsables de la majorité des morts directement liées à un conflit en Afrique de l'Ouest comme dans les guerres civiles en Côte d'Ivoire, au Liberia et en Sierra Leone. Elles jouent aussi un rôle important dans les milliers de morts indirectement liées à un conflit à cause des déplacements forcés et de l'impossibilité d'accéder aux services de santé.

Concernant le Liberia, le conflit armé a entraîné de graves violations des droits de l'homme et du droit international humanitaire dont des meurtres délibérés et arbitraires, des disparitions, des cas de

---

[619] INTERPOL. *Évaluation stratégique de la criminalité organisée en Afrique*. 2018, p. 39.

[620] Adeniyi, Adesoji. *Le coût humain des armes non contrôlées en Afrique. Recherche transnationale portant sur sept pays africains*. Oxfam, 2017, p. 3.

[621] *Ibid.*, p. 6.

torture, de nombreux viols et violences sexuelles commis contre des femmes, des filles et de jeunes garçons, des arrestations et détentions arbitraires, le recrutement et l'utilisation d'enfants soldats, des déplacements systématiques et forcés de populations, et le ciblage sans discrimination de civils. Sur les 250.000 personnes qui auraient trouvé la mort dans des circonstances liées à la guerre depuis 1989, au moins la moitié serait des non-combattants civils[622].

Si les hommes, les femmes et les enfants ont tous subi les violences et les traumatismes de la guerre, les femmes et les filles ont également été la cible de violences basées sur le genre. Déjà vulnérables en raison de la culture patriarcale et des discriminations qui existaient avant le conflit, les femmes ont été soumises à des abus sexuels généralisés pendant et après les combats. Nombre de ces actes étaient publics et particulièrement brutaux[623]. La commission vérité et réconciliation du Liberia a identifié 23 types de violations : des déplacements forcés (58.849), des meurtres (28.042), des agressions (13.224), des enlèvements (13.045), des pillages (7.619), du travail forcé (7.560), des destructions de biens (5.881), des vols (5.818), des cas de torture (4.937), des détentions arbitraires (4.017), des viols (2.308), des extorsions de fonds (2.095), des expositions/privations (2.048), des recrutements forcés (2.033), des abus sexuels (2.031), des disparitions (1.436), des viols collectifs (1.107), de l'esclavage sexuel (1.023), de l'ingestion d'un objet tabou (255), du cannibalisme (86), de la drogue (81), de viols multiples (65) et des amputations (58)[624].

Plusieurs acteurs furent identifiés comme étant les auteurs de ces violations : NPFL (63.843), LURD (18.797), Liberian Peace Council (16.708), Militia (12.712), ULIMO (11.504), MODEL (11.349), AFL (8.794), ULIMO –K (6.079), ULIMO –J (2.646), INPFL (2.588), Anti Terrorist Unit (1.661), Vigilantes (574) Lofa Defense Force (271), Liberian National Police (106), Special Operation Division (100), RUF (86), Special Anti Terrorist Unit (53), Special Security Unit (36), Special Security Service (17), Black Beret (12), National Security Agency (12), National Bureau of Investigation (3), Criminal

---

[622] Nations Unies. *Rapport du Secrétaire général au Conseil de sécurité sur le Liberia*. 11 septembre 2003, p. 7.

[623] Liberia Truth and Reconciliation Commission. *Volume II: Consolidated Final Report*. 2009, p. 212.

[624] *Ibid.*, p. 213.

Investigation Division (2), Rapid Response Unit (1)[625]. Aussi, les soldats de maintien de la paix de l'ECOMOG n'ont pas été exempts de violations. Selon la Commission Vérité et Réconciliation du Liberia des cas d'exploitation sexuelle, de pillage, de torture ou de traitement dégradant auraient été commis par les forces de l'ECOMOG. Des meurtres, accidentels et parfois délibérés, ont été signalés, ainsi que des transferts d'armes et le soutien d'une faction contre une autre. Au total, 823 violations ont été signalées contre les forces de l'ECOMOG[626]. De plus, 7.263 cas de violations n'ont pas d'auteurs explicitement identifiés. Avec 39 % des cas, NPFL demeure de loin le principal auteur des violations durant la guerre civile du Liberia.

Par ailleurs, en juin 2003, les combats ont touché au moins 11 des 15 comtés du pays, selon le HCR[627]. La même source indique que les armes sont légion et que près de la moitié des 2,7 millions d'habitants du pays étaient déplacés ou risquaient de l'être, ce qui menaçait la stabilité des États voisins tels que la Sierra Leone et la Côte d'Ivoire. Le conflit prolongé du Liberia a eu de très graves conséquences pour la population civile, y compris pour les réfugiés sierra-léonais et ivoiriens, de même que pour les ressortissants de pays tiers qui avaient cherché asile dans le pays. En plus de quelque 500.000 personnes déplacées, environ 300.000 Libériens étaient réfugiés dans les pays voisins. Quelque 50.000 réfugiés de Sierra Leone et de Côte d'Ivoire demeuraient dans le pays[628].

Concernant la Sierra Leone, un rapport de la Commission vérité et réconciliation du pays fait ressortir que même si la majorité des victimes de la guerre civile étaient des hommes adultes, les auteurs de ces actes ont également ciblé les femmes et les enfants pour leur faire subir certaines des violations des droits de l'homme les plus brutales jamais enregistrées dans un conflit. Le même rapport indique que les enfants âgés de 10 à 14 ans étaient particulièrement visés par le recrutement forcé et que les filles âgées de 10 à 14 ans ont été ciblées pour être violées et utilisées comme esclaves sexuelles. Des femmes et des jeunes filles ont été violées, réduites à l'esclavage sexuel, torturées

---

[625] Liberia Truth and Reconciliation Commission. *Volume II: Consolidated Final Report*. 2009, p. 215.

[626] *Ibid.*, p. 212.

[627] https://www.unhcr.org/news/briefing/2003/6/3efc39de4/liberia-grave-concern-situation.html

[628] Nations Unies. *Rapport du Secrétaire général au Conseil de sécurité sur le Liberia*. 11 septembre 2003, p. 8.

et ont subi des actes cruels et inhumains[629]. Les déplacements forcés, les enlèvements, les détentions arbitraires et les meurtres étaient les violations les plus courantes[630]. Les déplacements forcés ont représenté 19,8 % (7.983 sur 40.242) des violations signalées à la commission. La commission a constaté qu'un modèle typique et récurrent de déplacements forcés consistait pour les victimes à fuir leur maison en craignant pour leur vie, laissant des agresseurs dans leur sillage. Ces derniers pillent et détruisent systématiquement tous les biens laissés derrière eux[631].

Les enlèvements sont la deuxième violation la plus courante signalée à la commission (5.968 soit 14,8 %), suivis par les détentions arbitraires (4.835, représentant 12 % des violations recensées). Les autres cas de violations recensés par la commission sont les meurtres (4.514), les destructions de biens (3.404), les agressions physiques (3.246), le pillage de biens (3.044), la torture physique (2.051), le travail forcé (1.834), l'extorsion de fonds (1.273), le viol (626), les abus sexuels (486), les amputations (378), le recrutement forcé (331), l'esclavage sexuel (191), la drogue (59) et le cannibalisme (19)[632]. Dans le cadre des violations rapportées dans les déclarations à la commission, les viols et l'esclavage sexuel ont été commis exclusivement contre des femmes, tandis que 89,1 % (293 sur 331) des recrutements forcés ont été commis contre des hommes[633].

Le rapport de la commission indique que le RUF a été responsable de plus de violations que toute autre faction pendant la période allant de 1991 à 2000 : 60,5 % (24.353 sur 40.242) de toutes les violations ont été attribuées au RUF. Aussi, le RUF a commis plus de violations

---

[629] Sierra Leone Truth and Reconciliation Commission. *Witness to Truth.* Volume 2, 2004, p. 28.

[630] La Commission estime que les dirigeants du RUF (Revolutionary United Front), de l'AFRC (Armed Forces Revolutionary Council), de SLA (Sierra Leone Army) et de CDF (Civil Defense Forces) sont responsables soit d'avoir autorisé ou encouragé des violations des droits de l'homme à l'encontre de civils, soit de ne pas avoir mis fin à ces pratiques ou de ne pas les avoir dénoncées, soit de ne pas avoir reconnu les atrocités commises par leurs partisans ou membres contre des civils. Cependant la Commission estime que le RUF était responsable du plus grand nombre de violations des droits de l'homme pendant le conflit, suivi respectivement de AFRC, de SLA et de CDF.

[631] Sierra Leone Truth and Reconciliation Commission. *Witness to Truth.* Volume 2, 2004, p. 35.

[632] *Ibid.*

[633] *Ibid.*

que tout autre groupe au cours de chaque année entre 1991 et 2000. L'AFRC a été responsable du deuxième plus grand nombre de violations au cours de la période allant de 1991 à 2000. Environ 9,8 % (3.950 violations sur 40.242) de toutes les allégations faites dans les déclarations à la commission ont été attribuées à l'AFRC. L'Armée sierra-léonaise (SLA) a été responsable du troisième plus grand nombre de violations au cours de la même période. Quelque 6,8 % (2.724 sur 40.242) des allégations formulées dans les déclarations étaient imputées à SLA.

Par ailleurs, 6 % (2.419 sur 40.242) des violations alléguées par les déclarants sont attribuées aux CDF, et 1,5 % conjointement à SLA et à l'AFRC au cours du deuxième trimestre de 1997. D'autres groupes tels que l'ECOMOG, la Special Security Division de la Police sierra-léonaise et les forces armées guinéennes représentent chacun moins de 1 % des violations enregistrées. 5 % des violations enregistrées sont considérées comme ayant des auteurs inconnus[634]. La guerre civile en Sierra Leone fût particulièrement brutale : on estime qu'elle aura causé entre 50.000 et 75.000 victimes, déplacé 2 millions de personnes et forcé un demi-million d'autres à se réfugier en Guinée et au Liberia[635].

En particulier, pour la seule journée du 20 janvier 1999, 1.140 corps furent ramassés lors d'affrontements dans la capitale Freetown dans une zone représentant à peine un dixième de la ville[636]. La bataille pour Freetown et les trois semaines d'occupation de la capitale par les rebelles qui ont suivi ont été caractérisées par la perpétration systématique et généralisée d'atrocités de toutes sortes contre la population civile, qui compte plus d'un million d'habitants, et ont marqué la période la plus intense et la plus concentrée de violations des droits de l'homme au cours des huit années de guerre civile en Sierra Leone. Le bilan de la bataille de la capitale s'établira à 6.000

---

634 Sierra Leone Truth and Reconciliation Commission. *Witness to Truth.* Volume 2, 2004, p. 38.

635 Renaudière, Philippe. *Le processus de Kimberley et les diamants de la guerre.* Centre Européen de Recherche internationale et stratégique, Research Papers N°2, 2004, p. 13.

636 Selon le rapport de la Commission Vérité et Réconciliation, les troupes rebelles qui ont attaqué la capitale Freetown, le 6 janvier 1999, à savoir les rebelles de RUF et de AFRC, étaient démesurément bien équipées par rapport aux normes du conflit en Sierra Leone. Elles possédaient de l'artillerie et d'autres armes lourdes qui avaient été importées illégalement dans le but de lancer une nouvelle attaque contre le siège du gouvernement.

morts en 2 semaines[637]. Par ailleurs, il ressort d'une étude de UNIDIR, que les ALPC furent le principal instrument de violence pendant la guerre civile en Sierra Leone qui fit plus de 50.000 morts, 30.000 amputés et au cours de laquelle entre 215.000 et 257.000 femmes furent victimes de violences sexuelles[638].

S'agissant de la Côte d'Ivoire, c'est par la résolution A/HRC/16/25 du 25 mars 2011 que le Conseil des droits de l'homme des Nations Unies avait créé une Commission d'enquête internationale indépendante chargée « d'enquêter sur les faits et les circonstances entourant les allégations de graves violations des droits de l'homme perpétrées en Côte d'Ivoire à la suite de l'élection présidentielle du 28 novembre 2010, en vue d'identifier les responsables de tels actes et de les traduire en justice[639] ». Assistée d'une équipe technique fournie par le Haut-Commissariat des Nations Unies pour les droits de l'homme, elle a auditionné des centaines de victimes et de témoins directs de violations des droits de l'homme et entendu les témoignages de parents de victimes ou d'autres personnes ayant une connaissance indirecte de la commission de certaines violations. Elle s'est aussi rendue au Liberia où se sont réfugiés un grand nombre d'Ivoiriens et y a rencontré des autorités gouvernementales et des représentants de la Mission des Nations Unies au Liberia.

Dans son rapport[640], la Commission conclut que durant la période considérée de nombreuses violations graves des droits de l'homme et du droit international humanitaire ont été commises par différents acteurs dont certaines pourraient constituer des crimes contre

---

[637] Renaudière, Philippe. *op. cit.*, p. 14.

[638] Keili, Francis Langumba. « Le problème des transferts d'armes légères et de petit calibre en Afrique de l'Ouest ». *La dynamique complexe des armes légères en Afrique de l'Ouest,* éd. Kerstin Vignard, UNIDIR, 2009, p. 9.

[639] La commission était composée de Vitit Muntarbhorn (Thaïlande, Président), Reine Alapini Gansou (Bénin) et Suliman Ali Baldo (Soudan). La Commission s'est rendue en Côte d'Ivoire du 4 au 28 mai 2011. Outre Abidjan, elle s'est rendue dans l'Ouest, au Nord et au Sud du pays, en particulier dans les villes de Duékoué, Guiglo, Korhogo, Odienné et San Pedro. Elle s'est entretenue avec les autorités ivoiriennes, dont le Président Alassane Ouattara, le Premier ministre Guillaume Soro, des acteurs politiques, des institutions nationales, des organisations internationales et des organisations de la société civile.

[640] Nations Unies. *Rapport de la Commission d'enquête internationale indépendante sur la Côte d'Ivoire.* 2011, p. 1.

l'humanité[641] et des crimes de guerre[642]. Ces derniers commis dans les combats à Abidjan et d'autres villes depuis la fin mars 2011 sont des atteintes à la vie et à l'intégrité corporelle, des traitements cruels et de torture, ainsi que des traitements humiliants et dégradants portant atteinte à la dignité de personnes qui n'ont pas participé directement aux hostilités. Ces violations ont été commises par les Forces de Défense et de Sécurité et leurs alliés (milices et mercenaires) puis, lors de leur contre-offensive et depuis leur prise de contrôle du pays, par les Forces républicaines de Côte d'Ivoire (FRCI). Il ressort du même rapport que les incidents les plus graves ont été commis à Abidjan et dans l'Ouest, singulièrement le long de la route entre Duékoué et Toulepleu, San Pedro, ainsi que le triangle Divo-Lakota-Gagnoa. Au demeurant, le rapport estime que 3.000 personnes au moins auraient été tuées et qu'au moins 1.740 autres auraient été blessées, dont la plupart par arme à feu, y compris des armes de guerre, dont des armes lourdes et des grenades[643].

Selon le Bureau de coordination des affaires humanitaires (OCHA) des Nations Unies[644] la crise post-électorale a affecté plus de deux millions de personnes, provoquant le déplacement de plus de 600.000 personnes à l'intérieur du pays et de plus de 180.000 nouveaux réfugiés ivoiriens vers les pays de la sous-région. En juin 2011[645], le HCR a estimé le nombre de réfugiés et de chercheurs d'asile ivoiriens à 212.782 personnes[646]. Par ailleurs, il convient de souligner, selon la Commission dialogue, vérité et réconciliation du pays[647], que les trois

---

[641] Les crimes graves tels les meurtres et viols ayant eu lieu lors des attaques généralisées et systématiques contre des populations ciblées sur la base de leurs sympathies politiques supposées ou de leur appartenance ethnique pourraient constituer des crimes contre l'humanité.

[642] Certains des actes commis durant la crise sont des violations graves de l'article 3 commun aux quatre Conventions de Genève du 12 août 1949 au sens de l'article 8 du Statut de Rome.

[643] Nations Unies. *Rapport de la Commission d'enquête internationale indépendante sur la Côte d'Ivoire*. 2011, p. 17.

[644] Source : https://www.unocha.org/west-and-central-africa-rowca/c%C3%B4te-d%E2%80%99ivoire

[645] UNHCR. *Côte d'Ivoire Situation.* Update n°19, juin 2011, 5 p.

[646] Selon la même source, les destinations principales sont le Liberia (188.021), le Ghana (14.948), le Togo (5.319) et la Guinée (2.772).

[647] Conformément à son engagement de la campagne électorale, le Président de la République, M. Alassane Ouattara, a institué la Commission Dialogue, Vérité et Réconciliation par l'Ordonnance N° 2011-85 du 13 mai 2011. Cette ordonnance a été remplacée par l'ordonnance N° 2011-167 du 13 juillet 2011. M. Charles Konan

quarts des violations se rapportent à la destruction des biens et des outils économiques ainsi qu'au déplacement forcé des victimes[648]. Cependant, une analyse du GRIP[649] révèle, au demeurant, que le processus mené par la « commission dialogue » n'avait pas les clés pour combler les attentes des Ivoiriens en matière de réconciliation et de justice du fait que ce processus était déconnecté de toute dimension politique et judiciaire.

Par ailleurs, dans son rapport[650], l'Expert indépendant sur la situation des droits de l'homme en Côte d'Ivoire a souligné la persistance des violations des droits de l'homme tels que le phénomène des viols suivis d'extorsion, bien souvent commis par des hommes armés, et par les viols sur mineures ou les viols commis en groupe, à Aboisso, Bondoukou, Bouaké, Daloa, Daoukro, Divo, Séguéla et Yamoussoukro. Il a souligné l'existence d'actes de torture commis dans plusieurs centres de détention du pays, dont des bastonnades et d'autres traitements cruels, inhumains ou dégradants imputables à des éléments de la Direction de Surveillance du Territoire, du Centre de coordination des décisions opérationnelles et des FRCI.

Paragraphe 2 : Les conséquences d'une circulation incontrôlée des armes sur le développement

Les conséquences de l'utilisation abusive et de la circulation illicite des armes légères et de petit calibre demeurent un sujet de préoccupation pour la communauté internationale et en particulier, le continent africain qui est confronté à des conflits armés violents. C'est dans ce cadre que l'Organisation de l'Unité africaine (OUA), lors de sa

Banny, ancien gouverneur de la BCEAO et Premier ministre de la Côte d'Ivoire de décembre 2005 à avril 2007, a été nommé Président de la Commission par le décret N° 2011-96 du 13 mai 2011. La Commission étant arrivée au terme de son mandat le 28 septembre 2013, un rapport a été remis au président de la République. Ce rapport faisait le point des activités réalisées et rendait compte des actions restant à accomplir. Le 3 février 2014, le Chef de l'État a pris l'ordonnance N° 2014-32, relative à la poursuite des missions de la Commission. Aux termes de l'ordonnance N° 2014-32 du 3 février 2014, le mandat de la Commission est arrivé à échéance le 28 septembre 2014. C'est ainsi que cet instrument de justice transitionnelle remis un rapport aux autorités ivoiriennes le 15 décembre 2014.

[648] Commission Dialogue, Vérité et Réconciliation de Côte d'Ivoire. *Rapport Final.* 2014, p. 100.

[649] Lopes, Daniel. *La Commission Dialogue Vérité et Réconciliation en Côte d'Ivoire : la réconciliation n'a pas eu lieu.* Note d'Analyse du GRIP, 2015, p. 11.

[650] Nations Unies. *Rapport de l'Expert indépendant sur la situation des droits de l'homme en Côte d'Ivoire.* 2014, p. 6.

conférence ministérielle sur la prolifération, la circulation et le trafic illicite des armes légères et de petit calibre, organisée du 30 novembre au 1er décembre 2000 à Bamako, au Mali, a exprimé sa grave préoccupation devant la persistance des conséquences dévastatrices de ce problème sur la stabilité et le développement de l'Afrique[651].

A. Les conséquences sur le développement économique

Les conséquences immédiates de l'utilisation abusive et de la circulation illicite des armes légères et de petits calibres sont de nourrir les conflits armés et la criminalité. Au niveau macroéconomique, un effet immédiat des conflits armés concerne la croissance économique qui mesure l'augmentation de la richesse produite pendant une période donnée ; la richesse produite étant mesurée par le produit intérieur brut (PIB)[652]. Plusieurs analyses empiriques ont confirmé l'impact substantiellement négatif de la guerre sur la production économique. En général, les forces productives de l'économie sont détruites, les coûts de transaction augmentent et l'activité économique est perturbée en raison d'un environnement commercial peu sûr.

Les populations deviennent moins productives lorsqu'elles sont déplacées ou incapables de se rendre sur leurs lieux de travail à cause de diverses menaces. Macartan Humphreys estime que les perspectives de pillage ont des implications sur la production économique fort semblables à celles de la fiscalité ; les réponses au pillage, telles que la limitation des déplacements, la fermeture des marchés ou l'imposition de couvre-feux, affectent la production et les échanges[653]. Il ressort également de l'analyse de l'auteur que les conflits armés ont des impacts négatifs sur le capital physique[654] et le capital humain[655] ainsi que sur la productivité totale des facteurs[656].

---

[651] OUA. *Déclaration de Bamako sur la position africaine commune sur la prolifération, la circulation et le trafic illicite des armes légères et de petit calibre.* 2000, p. 2.

[652] La croissance annuelle du PIB en % représente la variation relative du volume du PIB entre deux années. Elle reflète l'augmentation (ou la baisse dans le cas d'une croissance négative) du niveau d'activité économique dans un pays.

[653] Humphreys, Macartan. « Aspects économiques des guerres civiles ». *Revue Tiers Monde*, n°174, 2003, p. 280.

[654] Les conflits violents engendrent la destruction ou le déplacement du capital physique, y compris les ponts, les bâtiments et les infrastructures de communication et du secteur de l'énergie.

[655] Une conséquence des conflits est la modification des savoir-faire et des compétences de la force de travail. Comme dans le cas du capital physique, les

Analysant les causes économiques des conflits armés, Paul Collier souligne que la présence de produits de rente augmente massivement les risques de conflit civil. Plus précisément, toutes choses étant égales par ailleurs, l'auteur note qu'un pays fortement dépendant des exportations de produits primaires, dont il tire un quart de son revenu national, court un risque de conflit quatre fois plus élevé qu'un pays qui n'exporte pas de produits primaires[657]. La présence d'une forte proportion de jeunes hommes dans une société augmente également le risque de conflit, alors que plus le niveau d'éducation est élevé, plus le risque est faible. L'éducation est relativement plus importante que la proportion de jeunes hommes. Par exemple, si la proportion de jeunes hommes double, son effet peut être compensé par une augmentation de la dotation éducative moyenne d'environ deux mois. Chaque année d'éducation réduit le risque de conflit d'environ 20 %[658].

Par ailleurs, les guerres civiles, comparées aux guerres internationales, sont plus susceptibles de dévaster un pays, car elles se déroulent entièrement à l'intérieur des frontières nationales. Elles sont plus susceptibles de déstabiliser les institutions de l'État, alors que les guerres internationales pourraient les renforcer. Le terrorisme et la violence des gangs, quant à eux, ont souvent une portée internationale, inspirant la peur et la dévastation au-delà des frontières nationales. De même, plusieurs autres études ont montré le coût économique des conflits pour le développement de l'Afrique. C'est ainsi que IANSA, Oxfam et Saferworld ont estimé le coût économique des conflits armés pour le développement de l'Afrique. Il ressort de cette étude que depuis 1990, environ 300 milliards de dollars américains ont été perdus par l'Algérie, l'Angola, le Burundi, la République centrafricaine,

---

ressources humaines fuient le pays au cours des conflits, en migrant. Cela peut venir du fait que les travailleurs instruits possèdent plus de moyens pour quitter le pays. Cela peut également être lié au fait qu'ils sont spécifiquement visés pour des raisons idéologiques ou tactiques.

[656] La conviction selon laquelle la guerre déclenche des innovations technologiques bénéficiant généralement à l'économie a longtemps persisté. Il existe effectivement de nombreux exemples éloquents d'innovations survenant au cours de guerres, ou faisant partie de programmes de défense, qui vont des améliorations apportées au travail des métaux jusqu'au développement d'Internet. Cependant, alors que ces changements technologiques étaient liés à des innovations réalisées par des pays leaders sur le plan économique, l'auteur souligne que les guerres civiles contemporaines se livrent largement dans des pays pauvres, loin des frontières de la technologie.

[657] Collier, Paul. *Doing Well Out of War*. World Bank, 1999, p. 5.

[658] *Ibid.*

le Tchad, la République démocratique du Congo, la République du Congo, la Côte d'Ivoire, le Djibouti, l'Érythrée, l'Éthiopie, le Ghana, la Guinée, la Guinée-Bissau, le Liberia, le Niger, le Nigéria, le Rwanda, le Sénégal, la Sierra Leone, l'Afrique du Sud, le Soudan et l'Ouganda[659]. L'étude estime aussi que l'Afrique perd environ 18 milliards de dollars américains par an en raison des guerres civiles et des insurrections. En moyenne, les conflits armés réduisent l'économie africaine de 15 %[660].

Les conséquences économiques des conflits en Afrique Sub-Saharienne ont fait l'objet, en 2002, d'une étude par des experts du Fonds monétaire international[661]. L'étude fait ressortir que les conflits armés, sous leurs diverses formes et manifestations, restent omniprésents dans le monde. En Afrique subsaharienne, alors qu'une tendance à la baisse a été observée dans l'incidence et l'intensité des conflits depuis le début des années 2000, on a observé ces dernières années une recrudescence de la violence qui reflète l'augmentation globale des conflits. Globalement, environ un tiers des pays de la région ont été touchés par un conflit ces dernières années[662]. La perte de vies humaines, la destruction d'infrastructures, de capital humain et d'institutions, l'instabilité politique et l'incertitude accrue associées aux conflits peuvent entraver l'investissement et la croissance économique, non seulement pendant le conflit mais aussi après, ce qui rend difficile d'échapper au « piège du conflit »[663]. Les conflits ont tendance à affaiblir les finances publiques, réduisant les recettes en détruisant une partie de l'assiette fiscale tout en augmentant les dépenses militaires et la dette publique.

Afin de répondre à la question de savoir comment les conflits affectent-ils la croissance économique en Afrique subsaharienne, les auteurs ont procédé à une comparaison des taux de croissance

---

659 IANSA, Oxfam et Saferworld. *Africa's missing billions. International arms flows and the cost of conflict*. 2007, p. 3.

660 *Ibid.*

661 Fang, Xiangming et al. *The Economic Consequences of Conflict in Sub-Saharan Africa*. IMF Working Paper, WP/20/221, 2020, 29 p.

662 *Ibid.*, p. 3.

663 Le « piège à conflits » désigne le cercle vicieux entre les conflits et les performances économiques, dans lequel les conflits retardent la croissance économique et le développement, augmentant ainsi la probabilité d'un conflit. Pour plus de détails sur ce concept, voir Collier, Paul et Nicholas Sambanis. « Understanding Civil War: À New Agenda », *Journal of Conflict Resolution*, vol. 46, 2016, pp. 3-12.

économique dans les cas de conflit et de non-conflit. Il ressort de cette analyse que la croissance du PIB réel est, en moyenne, inférieure d'environ 2,5 points de pourcentage en cas de conflit, et que la croissance est la plus faible en cas de conflit de haute intensité[664]. En sus, l'étude révèle que la croissance tend à être plus faible en cas de conflit dans tous les groupes de pays analysés, mais les exportateurs de produits de base (en particulier les exportateurs de produits de base non pétroliers) ont le plus souffert. Cela reflète en partie l'intensité des conflits dans plusieurs de ces pays (République centrafricaine, République démocratique du Congo, Liberia et Sierra Leone)[665].

Concernant le Liberia, les origines du conflit remontent à l'exclusion politique et économique de larges segments de la société qui a caractérisé le pays pendant la majeure partie de son existence. Les droits fonciers et de propriété de la majorité des Libériens étaient sérieusement limités. Le pouvoir politique était essentiellement concentré dans la capitale, Monrovia, et principalement à la présidence de la République. La plupart des infrastructures et des services de base étaient concentrés dans la capitale Monrovia et dans quelques autres villes, suscitant un développement inégal et une dichotomie majeure entre les zones urbaines et rurales. L'élite politique et économique contrôlait les ressources du pays pour davantage consolider son pouvoir. Ces facteurs ont entraîné de grands écarts dans la répartition des richesses de la nation et ont alimenté de profondes animosités et rivalités ethniques et de classe qui ont divisé le pays.

Avant la guerre civile, l'économie libérienne dépendait fortement de l'exploitation du minerai de fer et de l'exportation de caoutchouc naturel. Dans les années 1970 et 1980, l'exploitation du minerai de fer représentait plus de la moitié des recettes d'exportation du Liberia. Après le coup d'État de 1980, le taux de croissance économique du pays a ralenti en raison d'une baisse de la demande mondiale de minerai de fer et des bouleversements politiques au Liberia[666]. Selon Oxfam, Liberia est un exemple frappant de pays où des années de conflit armé ont ruiné le développement ; l'espérance de vie n'y est que de 44 ans, et l'économie y est définie par la Banque Mondiale

[664] Fang, Xiangming et al. *The Economic Consequences of Conflict in Sub-Saharan Africa.* IMF Working Paper, WP/20/221, 2020, p. 11.
[665] Fang, Xiangming et al. *op. cit.*, p. 11.
[666] Source:US Department of State, https://2001-2009.state.gov/r/pa/ei/bgn/6618.htm

comme étant une des plus difficiles pour le commerce[667]. Le contrôle des armes et les sanctions imposées au pays pendant le conflit ont eu peu d'effet, des armes ayant été détournées illégalement vers les forces de Charles Taylor et utilisées ensuite pour commettre d'horribles atrocités en violation avec le droit international humanitaire[668].

La guerre civile a eu un effet dévastateur sur l'économie du pays. La plupart des grandes entreprises ont été détruites ou fortement endommagées, et la plupart des investisseurs et entreprises étrangers ont quitté le pays. La production de minerai de fer s'est complètement arrêtée durant le conflit et l'ONU a interdit les exportations de bois et de diamants du pays. L'économie s'est donc complètement effondrée pendant le conflit. Des années de conflit et de mauvaise gestion ont également laissé le Liberia avec une dette importante de 3,4 milliards de dollars, due aux banques multilatérales de développement, aux créanciers bilatéraux et aux créanciers commerciaux[669].

Le PIB du Liberia a atteint un pic en 1979, puis a commencé à décliner après le coup d'État de 1980 et s'est carrément effondré après le début de la guerre civile en 1989. Le PIB a connu une chute vertigineuse de 90 % entre 1987 et 1995. L'économie a commencé à rebondir après la fin des violences en 1996 et la tenue d'élections en 1997. Mais la guerre a rapidement repris et la violence a atteint des niveaux extrêmes en 2002 et 2003 jusqu'à l'arrivée des forces de maintien de la paix en 2003. Au moment des élections de 2005, le revenu moyen au Liberia ne représentait qu'un quart de ce qu'il était en 1987 et un sixième de ce qu'il était en 1979. En termes nominaux, le PIB par habitant était de 160 dollars en 2005[670]. En fait, le déclin

---

[667] Le Liberia est classé 170e sur 178 pays pour sa facilité à faire des affaires. Voir *World Bank Doing Business Project*: www.doingbusiness.org/economyrankings/

[668] Oxfam. *Décisions en matière de transferts d'armes : considérations sur le développement*. 2008, p. 2

[669] Source: US Department of State, https://2001-2009.state.gov/r/pa/ei/bgn/6618.htm

[670] Radelet, Steve. *Reviving Economic Growth in Liberia*. Center for Global Development, Working Paper Number 133, 2007, p. 2. L'auteur a tenu à faire des mises en garde concernant la qualité des données utilisées dans son étude : 1) les données utilisées sont des estimations, car des informations solides sur l'activité économique pendant la guerre sont rares ; 2) comme dans de nombreux pays à faible revenu, l'activité du secteur informel est presque certainement sous-déclarée, de sorte que le PIB total soit probablement un peu plus élevé que ces chiffres ne le suggèrent et 3) concernant le PIB par habitant, ces données montrent l'impact moyen estimé, il est presque certain que l'effondrement a été plus concentré dans certains groupes de revenus que dans d'autres.

cumulé de 91 % du PIB du Liberia entre son pic en 1979 et son niveau le plus bas en 1996 était de loin le plus important des nombreux déclins enregistrés en Afrique subsaharienne au cours des dernières décennies. À titre de comparaison, l'effondrement le plus proche est celui de 54 % du Rwanda entre 1992 et 1994. L'effondrement du Liberia est l'un des plus importants, si ce n'est le plus important, dans le monde depuis la Seconde Guerre mondiale[671].

Les exportations officiellement enregistrées ont presque entièrement cessé, passant de 486 millions de dollars en 1978 à environ 10 millions de dollars en 2004. Le Conseil de Sécurité des Nations Unies a imposé des sanctions sur les exportations libériennes de bois et de diamants parce qu'elles étaient utilisées pour financer des achats d'armes, et par conséquent l'activité dans ces domaines a presque cessé. Les exportations réelles au cours des dernières années étaient sans doute plus élevées que ces chiffres ne l'indiquent, car les sanctions ont conduit une partie du commerce à se faire au marché noir, mais il ne fait aucun doute que l'activité d'exportation légale a chuté très fortement[672].

Le déclin économique a touché presque tous les secteurs d'activités. La production agricole a chuté car les populations ont fui leurs champs et l'infrastructure de soutien s'est effondrée, les activités minières et forestières se sont arrêtées, les plantations de caoutchouc ont fermé, l'industrie manufacturière s'est essentiellement arrêtée et les services se sont immobilisés. La production de minerai de fer, de bois, de mines et d'orpaillage a complètement cessé. La production de riz a chuté de 73 % entre 1987 et 2005, les services financiers de 93 %, l'électricité et l'eau de 85 %. Les transports et les communications, le commerce et l'hôtellerie, ainsi que la construction ont tous chuté d'environ 70 %. Seule la production de charbon de bois et de bois a augmenté, les Libériens se tournant vers ces produits pour satisfaire leurs besoins énergétiques de base[673].

S'agissant de la Sierra Leone, malgré l'abondance de ses ressources naturelles, la richesse considérable de sa population bien éduquée et l'absence de conflits religieux et ethniques majeurs, l'après-indépendance a connu une histoire tragique, marquée par une gouvernance extrêmement médiocre, une mauvaise gestion économique flagrante et la guerre. Après avoir connu une croissance annuelle de 4 % dans les années

---

671 Radelet, Steve. *op. cit.*, p. 3.
672 Radelet, Steve. *op. cit.*, p. 4.
673 *Ibid.*

1960, l'économie s'est fortement détériorée au cours des deux décennies suivantes en raison d'une corruption endémique, d'une intervention massive de l'État, d'une concentration des dépenses publiques sur les non-pauvres, d'un démantèlement du gouvernement local, et de politiques économiques qui ont freiné l'activité économique globale et lourdement taxé l'agriculture et la population rurale[674].

Le PIB réel par habitant a atteint un pic en 1970 et, entre 1971 et 1989, période de mauvaise gouvernance, le PIB par habitant a chuté de plus d'un tiers. En 1990, 82 % de la population vivait sous le seuil de pauvreté et la Sierra Leone présentait l'une des répartitions des revenus les plus asymétriques au monde (indice de Gini de 66)[675]. Le PIB par habitant a été divisé par deux au cours de la guerre. Ainsi, en 2000, le PIB par personne ne représentait qu'un tiers du pic de 1970[676]. Depuis la fin du conflit, de solides progrès ont été réalisés dans la stabilisation de l'économie, aboutissant à une reprise économique qui s'est accélérée en 2001. Précisément, en 2001, le PIB a augmenté de 5,4 % grâce à l'intensification des activités de réinstallation et de réhabilitation, à la hausse des importations financées par les donateurs, à l'augmentation de la production agricole, à la réduction radicale des obstacles à la mobilité et au commerce intérieur et à la croissance des activités commerciales. L'inflation a été contenue à 3,0 % en 2001. Le système de certification des diamants a aussi donné quelques résultats : les exportations officielles de diamants ont augmenté de 140 % en 2001[677].

S'agissant de la Côte d'Ivoire, la trajectoire de croissance économique du pays a été mouvementée depuis 1960. Le pays a d'abord connu un fort succès économique au cours des vingt premières années de son indépendance. Cette période de prospérité économique a d'ailleurs été qualifiée de « miracle ivoirien ». Au début de la décennie 1980, à la suite de l'effondrement des cours des matières premières, des difficultés économiques et financières se sont accumulées, au point qu'en 1993 le PIB par habitant était retombé à son niveau de 1960[678]. À partir de 1994, la dévaluation de 50 % du franc CFA et la hausse des cours des matières premières exportées par le pays sur les marchés mondiaux,

---

[674] Banque Mondiale. *Transitional Support Strategy for the Republic of Sierra Leone*. 2002, p. 1.
[675] *Ibid.*
[676] *Ibid.*, p. 2.
[677] *Ibid*,. p. 3.
[678] Ehrhart, Hélène. « Une croissance ivoirienne dynamique : chiffres et défis », *Afrique contemporaine*, vol. 263-264, no. 3-4, 2017, p. 218.

principalement le café et le cacao, et l'afflux de capitaux étrangers privés et publics ont entraîné une embellie temporaire de la situation économique ivoirienne[679].

Cette embellie s'est estompée à partir de 1999, lorsque le pays est entré dans une longue crise politique, avec le coup d'État de Robert Gueï, la tentative de prise de contrôle par une rébellion armée aboutissant, de 2002 à 2007, à la séparation du pays en deux zones, puis la violente crise postélectorale de 2010-2011[680]. Les résultats d'une étude portant sur l'impact de la crise ivoirienne sur les inégalités montrent, que d'une façon globale, la crise a accentué les inégalités en Côte d'Ivoire ainsi que les écarts de niveau de vie entre les individus vivant dans la zone sous contrôle des forces nouvelles et ceux vivant dans la zone pro-gouvernementale[681]. Pays phare en Afrique de l'Ouest, la Côte d'Ivoire a vu sa part dans le PIB de l'UEMOA passée de près 40 % en 1999 à 34,3 % en 2007. Privé de financements extérieurs, le pays a connu deux années de croissance négative (-1,4 % en 2002 et - 1,6 % en 2003). Cependant, en 2004, un timide regain de l'activité économique a été observé ayant permis d'obtenir un taux de croissance du PIB de 1,8 %. En revanche, en 2006, la croissance du PIB a été estimée à 0,9 % du fait d'une baisse de l'activité industrielle[682].

Par ailleurs, du fait de son poids économique au sein de l'UEMOA et du fait également que c'est le premier exportateur de l'UEMOA vers le reste du monde avec plus de 50 % des exportations totales, le conflit ivoirien a eu des effets induits sur l'économie sous-régionale, spécifiquement dans les pays sahéliens continentaux, le Niger, le Burkina et le Mali, dont les importations dépendaient du port d'Abidjan à 75 %[683]. Cela reflète à la fois l'augmentation des coûts de transaction et les opportunités perdues en raison de la faible croissance en Côte d'Ivoire. De plus, pendant la période de crise, une partie importante du commerce potentiel de la Côte d'Ivoire avec le reste de l'UEMOA a été détournée vers d'autres pays de l'UEMOA possédant un littoral.

---

679 Cogneau, Denis, Sandrine Mesplé-Somps et François Roubaud. « Côte d'Ivoire : histoires de la crise », *Afrique contemporaine*, vol. 206, no. 2, 2003, p. 5.

680 Ehrhart, Hélène. *op. cit.*, p. 218.

681 Aka, Bédia François et al. *Analyse de l'impact de la crise de 2002 sur les inégalités en Côte d'Ivoire.* Papiers de Recherche AFD, N°143, 2020, 27 p.

682 Banque africaine de Développement. *Côte d'Ivoire Note de Dialogue 2007-2008.* 2007, p. 4.

683 Afrique Verte. *Conséquences de la crise ivoirienne sur les pays sahéliens enclavés.* 2002, p. 1.

Une étude du Fonds monétaire international estime que la crise a coûté à la Côte d'Ivoire près de 40 % de ses flux commerciaux potentiels avec le reste de l'UEMOA[684].

B. Les conséquences sur le développement humain

Le concept de développement humain fût proposé par le Programme des Nations Unies pour le Développement (PNUD) en 1990 dans son premier rapport mondial sur le développement humain[685]. Le développement humain y est défini comme étant un processus qui conduit à l'élargissement de la gamme des possibilités qui s'offrent à chacun. En principe, ces possibilités sont illimitées et peuvent évoluer avec le temps. Cependant, quel que soit le stade de développement, elles impliquent que soient réalisées trois conditions essentielles : vivre longtemps et en bonne santé, acquérir un savoir et avoir accès aux ressources nécessaires pour jouir d'un niveau de vie convenable. Si ces conditions ne sont pas satisfaites, de nombreuses possibilités restent inaccessibles. Toutefois, le concept de développement humain ne se limite pas à cela. Il englobe également des notions aussi capitales que la liberté politique, économique ou sociale, et aussi importantes que la créativité, la productivité, le respect de soi et la garantie des droits humains fondamentaux.

Le développement humain présente deux aspects : d'une part, la création de capacités personnelles (par les progrès obtenus en matière de santé, de savoir et d'aptitudes), et d'autre part, l'emploi que les individus font de ces capacités dans leurs loisirs, à des fins productives ou culturelles, sociales et politiques. Si le développement humain n'équilibre pas ces deux aspects, il peut en résulter une immense frustration. Selon cette notion du développement humain, l'amélioration du revenu, pour importante qu'elle soit, n'est qu'une aspiration parmi d'autres. Le développement doit donc être bien plus qu'une accumulation de revenus et de richesses. Il doit être centré sur les personnes.

Outre la définition de l'approche du développement humain, le PNUD a également créé en 1990 l'Indice du développement humain (IDH) pour mesurer l'état de développement et les progrès réalisés dans le cadre de ce nouveau concept. Du fait de sa nature composite,

---

[684] Egoume, Philippe et Ankouvi Nayo. *Feeling The Elephant's Weight: The Impact of Côte d'Ivoire's Crisis on WAEMU Trade.* IMF Working Paper, WP/11/80, 2011, p. 24.

[685] PNUD. *Rapport mondial sur le développement humain 1990.* 1990, 203 p.

cet indice donne une idée plus pertinente du développement humain que celle du PIB par habitant, qui n'englobe pas le concept de bien-être. L'IDH est compris entre 0 (faible) et 1 (élevé) et se base sur la moyenne géométrique de trois indices depuis le nouveau calcul de 2010 : (1) la santé et la longévité mesurées par l'espérance de vie à la naissance, (2) le niveau d'éducation mesuré en termes de durée moyenne de scolarisation des adultes et de durée attendue de scolarisation pour les enfants d'âge scolaire et enfin (3) le niveau de vie mesuré par le revenu national brut par habitant en parité de pouvoir d'achat[686].

Depuis 2010, le PNUD a développé l'indice de développement humain ajusté aux inégalités (IDHI), considéré comme le « niveau réel de développement humain ». Ainsi, contrairement à l'IDH qui représente une moyenne nationale, l'IDHI fait ressortir les disparités au sein de la population, en tenant compte de la manière dont sont réparties les trois dimensions de l'indice de développement humain et donc la « perte » de niveau de développement humain du fait des inégalités, comparé à un « IDH idéal ». L'IDH permet d'établir chaque année un classement rendu public par le PNUD. Il permet de constater les progrès ou les régressions effectués par les différents pays du monde en matière de développement humain. Il permet ainsi de dresser un constat en profondeur de l'effectivité de certaines mesures et de certains engagements pris individuellement par les différents États, mais également par les coalitions internationales, en vue d'endiguer les inégalités face au développement. Les pays sont classés en quatre groupes selon leur IDH : « très élevé », « élevé », « moyen » et « faible »[687].

Concernant le Liberia, l'IDH du pays pour l'année 2019 est évalué à 0,480 classant le pays 175e parmi 189 pays et territoires, au même rang que la République Démocratique du Congo et la Guinée-Bissau. Cette valeur de l'IDH classe le Liberia dans la catégorie des pays à faible niveau de développement humain. Pour la même année 2019,

686 La parité de pouvoir d'achat est un taux de conversion monétaire qui permet d'exprimer dans une unité commune les pouvoirs d'achat des différentes monnaies. Ce taux exprime le rapport entre la quantité d'unités monétaires nécessaire dans des pays différents pour se procurer le même « panier » de biens et de services.

687 Les classifications de l'IDH sont basées sur des seuils fixes de l'IDH, qui sont dérivés des quartiles des distributions des indicateurs composants. Les seuils sont un IDH inférieur à 0,550 pour un développement humain faible, 0,550-0,699 pour un développement humain moyen, 0,700–0,799 pour un développement humain élevé et 0,800 ou plus pour un développement humain très élevé.

l'espérance de vie à la naissance est estimée à 64,1 ans, la durée attendue de scolarisation pour les enfants d'âge scolaire à 9,6 ans, la durée moyenne de scolarisation des adultes à 4,8 ans et le revenu national brut par habitant en parité de pouvoir d'achat à 1.258 US$[688]. Il convient par ailleurs de souligner que de 1990 à 1998, l'IDH n'a pas pu être calculé pour le Liberia, faute de disponibilité de données complètes, à cause principalement de la guerre civile.

Entre 1990 et 2000, durant la guerre civile, l'espérance de vie à la naissance n'a augmenté que de 5,7 ans, passant de 46 ans à 51,7 ans ; contre une hausse de 6,9 ans entre 2005 (55,4 ans) et 2015 (62,3 ans), à la fin de la guerre. C'est donc dire que l'espérance de vie à la naissance a connu une augmentation de 35,4 % entre 1990 et 2015. Au demeurant, on a observé une augmentation régulière de l'espérance de vie à la naissance au sortir de la guerre civile culminant à 64,1 ans en 2019 au même niveau que le Ghana et devant tous les autres pays de la CEDEAO, à l'exception du Cabo Verde (73 ans) et du Sénégal (67,9 ans)[689]. La durée moyenne de scolarisation des adultes est demeurée faible durant la période du conflit, passant de 2,6 ans en 1990 à 3,1 ans en 1995 puis à 3,5 ans en 2000. Au sortir de la guerre civile, elle est estimée à 3,8 ans en 2005, et a régulièrement progressé pour atteindre 4,8 ans en 2019[690]. Le revenu national brut par habitant en parité de pouvoir d'achat a fortement chuté durant la première guerre civile du pays, passant de 1.753US$ en 1990 à 498 US$ en 1995, soit une baisse de près de 72 %.[691].

Quant à la Sierra Leone, l'IDH pour l'année 2019 est évalué à 0,452, classant le pays au 182e rang parmi 189 pays et territoires, ne devançant que le Mali (184e) et le Niger (189e) au sein de l'espace CEDEAO. Ce score maintient la Sierra Leone dans la catégorie des pays à faible niveau de développement humain. Pour la même année 2019, l'espérance de vie à la naissance est estimée à 54,7 ans, la plus faible de tous les pays de la CEDEAO, à l'exception du Niger (53,3 ans) et du Nigéria (54,7 ans). La durée attendue de scolarisation pour les enfants d'âge scolaire est évaluée à 10,2 ans, la durée moyenne de

---

688 PNUD. *Rapport sur le développement humain 2020. La prochaine frontière. Le développement humain et l'Anthropocène*. 2020, p. 392.

689 *Ibid.*

690 PNUD. *Briefing note for countries on the 2020 Human Development Report. Liberia*. 2020, p. 3.

691 *Ibid.*, p. 3.

scolarisation des adultes à 3,7 ans et le revenu national brut par habitant en parité de pouvoir d'achat à 1.668 US$[692].

L'IDH de la Sierra Leone est resté extrêmement faible durant la période de la guerre civile, classant le pays parmi les moins développés du monde. L'IDH est évalué à 0,287 en 1990 et en 1995, traduisant ainsi une stagnation du niveau de développement humain du pays. En 2000, l'IDH est estimé à seulement 0,295, soit une faible augmentation de 2,8 % pendant la décennie 1990-2000. En revanche, l'IDH a augmenté de 21,8 % durant la décennie post-conflit de 2005-2015. Durant la décennie 1990-2000, pendant la guerre civile, il y a eu une forte chute du revenu national brut par habitant en parité de pouvoir d'achat qui est passé de 1.774 US$ en 1990 à 824 US$ en 2000, accusant ainsi une baisse de plus de 50 %[693].

S'agissant de la Côte d'Ivoire, l'IDH pour l'année 2019 est évalué à 0,538 classant le pays 162e parmi 189 pays et territoires, et au 5e rang au sein de l'espace CEDEAO derrière le Cabo Verde, le Ghana, le Bénin et le Nigéria. Cette valeur de l'IDH classe la Côte d'Ivoire dans la catégorie des pays à faible niveau de développement humain. Pour la même année 2019, l'espérance de vie à la naissance est estimée à 57,8 ans, la durée attendue de scolarisation pour les enfants d'âge scolaire à 10 ans, la durée moyenne de scolarisation des adultes à 5,3 ans et le revenu national brut par habitant en parité de pouvoir d'achat à 5.069 US$[694]. La croissance annuelle moyenne de l'IDH de la Côte d'Ivoire s'est révélé nettement moins forte pendant la période de crise que pendant la période post-crise. Cette croissance annuelle moyenne est évaluée à 1,06 % pour la période 2000-2010 contre 1,56 % pour 2010-2019[695]. Le revenu national brut par habitant en parité de pouvoir d'achat a légèrement baissé durant la période de crise, passant de 3.870 US$ en 2000 à 3.527 US$ en 2010, soit une variation négative de moins de 9 %. En revanche, entre 2010 et 2019, il a augmenté d'environ de 44 %[696].

---

692 PNUD. *Rapport sur le développement humain 2020. La prochaine frontière. Le développement humain et l'Anthropocène*. 2020, p. 392.

693 PNUD. *Briefing note for countries on the 2020 Human Development Report. Sierra Leone*. 2020, p. 3.

694 PNUD. *Rapport sur le développement humain 2020. La prochaine frontière. Le développement humain et l'Anthropocène*. 2020, p. 392.

695 *Ibid.*, p. 397.

696 PNUD. *Briefing note for countries on the 2020 Human Development Report. Côte d'Ivoire*. 2020, p. 3.

CHAPITRE V

Les conflits armés, une cause principale de fragilité et de défaillance des États en Afrique de l'Ouest

La littérature sur la défaillance de l'État a fait l'objet d'une attention considérable dans l'ensemble des recherches en sciences sociales. Les États souverains sont censés remplir certaines fonctions essentielles pour assurer la sécurité et le bien-être de leurs citoyens ainsi que le bon fonctionnement du système international. La littérature en sciences politiques et en relations internationales s'est attachée à identifier les raisons pour lesquelles l'État lui-même cesse de remplir les fonctions fondamentales de Weber. Les États qui ne parviennent pas à respecter ces normes minimales ont été qualifiés de « faibles », « fragiles » ou « peu performants »[697]. Les cas les plus extrêmes ont été qualifiés de « défaillants » ou « effondrés ».

Les massacres dans l'Afrique des Grands Lacs et spécialement la situation du Rwanda en 1994 qui était en proie à un génocide sont couramment cités pour illustrer le concept d'État défaillant. Il en était ainsi de même de la situation après l'éclatement de la Yougoslavie, ou encore la situation politique et militaire au Cambodge ou au Liban. On peut également citer les exemples du Soudan ou de la Somalie qui ont fait tous deux face à des catastrophes humanitaires et aux actions de groupes armés. On peut également mentionner les situations de l'Irak, de l'Afghanistan, de la Libye, qui, avec le soutien des Nations unies ou non ont conduit à une intervention de la communauté internationale. En Afrique de l'Ouest, le Liberia et la Sierra Leone confrontés à des guerres civiles meurtrières étaient fréquemment cités à titre d'exemples d'États défaillants.

Par ailleurs, la défaillance des États est devenue ces dernières décennies un concept fondamental dans le domaine des relations

---

[697] Torres, Magui et Michael Anderson. *Fragile States: Defining Difficult Environments for Poverty Reduction*. UK Department for International Development, 2004, p. 5.

internationales. Cependant, depuis l'avènement des attentats du 11 septembre 2001, la défaillance des États est considérée comme une menace réelle à la paix et à la sécurité internationales. Considérant la violence et la complexité qui caractérisent souvent les conflits contemporains, en particulier les conflits non internationaux, et tenant compte des États qui au cours de l'histoire contemporaine furent considérés, à divers degrés, défaillants, l'on peut légitimement se demander alors, dans quelle mesure les conflits armés peuvent-ils être une cause de fragilité ou de défaillance étatique ? Il ressort de l'analyse de Berkane Ikram que la défaillance des États et les conflits violents comptent parmi les plus redoutables défis auxquels sont aujourd'hui confrontés ceux qui cherchent à faire reculer la pauvreté et la souffrance humaine. S'il est de plus en plus admis que des États qui fonctionnent sont des vecteurs de développement, l'auteur souligne néanmoins que l'engagement international dans les situations de fragilité ou de conflit néglige souvent les fondations à la base de l'édification d'États solides et légitimes[698].

Dans ce chapitre nous revisitons les principales réflexions théoriques sur le concept d'États défaillants puis analysons son lien de causalité avec les conflits armés (Section 1). Ce chapitre revient également sur quelques caractéristiques fondamentales des États défaillants, l'effectivité de l'autorité et du pouvoir politiques ainsi que la capacité à maintenir l'ordre public et à assurer la sécurité (Section 2).

Section 1 : Considérations théoriques sur la défaillance des États

Paragraphe 1 : États défaillants : un nouveau concept de relations internationales

A. Notions fondamentales sur la théorie générale de l'État

Toute définition de la défaillance de l'État doit impérativement commencer par une bonne compréhension des diverses définitions de l'État. La manière dont l'État est défini constitue un aspect fondamental de la compréhension du concept d'État défaillant et de celle du concept voisin d'État fragile. Selon Diane Éthier[699], les théories des sciences sociales et des relations internationales définissent l'État de

[698] Ikram, Berkane. « La défaillance étatique : un paradigme utile pour le dilemme de conflit ». *ElWahat pour les Recherches et les Études,* Vol.8, n°2, 2015, pp. 431.
[699] Éthier, Diane. *Introduction aux relations internationales.* Presses de l'Université de Montréal, 4e édition, 2010, 274 p.

diverses façons[700]. Ainsi, selon elle, pour les libéraux classiques, l'État est l'incarnation de la raison ou de l'intérêt général. Pour les néolibéraux, il est le lieu d'arbitrage des conflits entre les groupes d'intérêt de la société. Pour les réalistes, il est l'expression de la puissance et de la souveraineté de la nation. Pour les marxistes, il est l'instrument dont se sert la classe dirigeante pour imposer sa domination aux autres classes. Dans le langage courant, on assimile généralement l'État à l'ensemble des institutions qui le constituent – les assemblées parlementaires (pouvoir législatif), le chef de l'État et le cabinet ou gouvernement (pouvoir exécutif), les tribunaux (pouvoir judiciaire), l'armée et la police (pouvoir répressif), la fonction publique, les entreprises et les services publics – et on le confond encore souvent avec la nation[701]. Dans certains contextes, le mot État ne désigne pas seulement le pouvoir qui s'exerce au sein de la société, mais la société entière envisagée du point de vue de son organisation politique globale. Toutefois, lorsque l'on parle d'État moderne, deux définitions sont généralement utilisées. La première est dite juridique et formelle, car elle est porteuse de l'empreinte du droit, alors que la deuxième est plutôt d'ordre sociologique[702].

---

[700] Les Relations internationales sont officiellement nées en 1919, lorsque le mécène gallois David Davies finança la création de la première chaire de politique internationale à University College of Wales à Aberystwyth. Le contexte, l'immédiat après Première Guerre mondiale, expliquait à la fois la raison d'être, l'objet d'étude, et l'intérêt cognitif de la nouvelle discipline. Côté raison d'être, il s'agissait de procéder à une étude systématique des relations internationales, en lieu et place des réflexions parcellaires et intuitionnistes qui, de Thucydide à Marx, avaient été proposées tout au long de l'histoire de la pensée politique. L'objet d'étude se restreignait, lui, aux seules relations interétatiques concernées par la problématique de la guerre et de la paix, d'où la dénomination retenue – politique internationale. Côté objectif, les premiers internationalistes, idéalistes majoritairement britanniques, revendiquaient ouvertement les valeurs normatives qui guidaient leurs recherches : de même que la médecine avait pour but d'étudier les causes des maladies pour promouvoir la santé, de même l'étude scientifique de la politique internationale devait contribuer à favoriser les chances de la paix sur les risques de guerre.

[701] Éthier, Diane. *op. cit.*, p.74.

[702] En science politique, deux grands types d'approche permettent d'élucider la genèse de l'Etat : l'approche anthropologique et l'approche sociohistorique. L'approche anthropologique fait recourt à la comparaison des sociétés politiques entre elles et à l'observation des contrastes afin de dégager la spécificité de l'Etat moderne par rapport aux autres formes d'organisation du pouvoir politique. Quant à l'approche sociohistorique, elle décrit le processus historique qui aboutit à l'émergence progressive de l'Etat en Occident.

Du point de vue juridique, la « théorie des trois éléments » formulée au début du XXe siècle par des juristes allemands et français est devenue l'analyse classique de l'État. Selon cette théorie, trois élements caratérisent un État moderne : un territoire, une population et un gouvernement. Il en résulte que trois éléments conditionnent l'existence juridique d'un État : un élément géographique qu'est le territoire, un élément démographique qu'est la population et un élément politique qu'est le gouvernement. Aucun de ces trois éléments ne doit manquer ; à défaut, il ne peut être question d'État au sens juridique du terme[703]. Ainsi, pour Thomas Fleiner-Gester, l'État moderne est une entité constituée par un peuple et un territoire, au sein de laquelle le pouvoir politique s'exerce de façon rationnelle et centralisée sous forme de souveraineté à l'intérieur et d'indépendance à l'extérieur[704]. Cependant, selon Diane Ethier, dans la pratique des relations internationales, c'est la définition que donne le droit international public de l'État qui est généralement utilisée. Selon cette définition, l'État comporte cinq éléments : un espace territorial, une population, un système de gouvernement, une personnalité juridique internationale et la souveraineté[705].

Le territoire est délimité par des frontières, qui constituent les limites géographiques d'application des normes juridiques. L'État dispose d'un territoire limité sur lequel ses compétences sont exercées et qui permet de fixer l'espace de compétence des gouvernés et des

---

[703] Pour plus de détails sur les fondements géographique, démographique et politique de l'État, voir Gautier-Audebert, Agnès. « Leçon 4. Les éléments constitutifs de l'État » *Leçons de Droit international public.* sous la direction de Gautier-Audebert Agnès, Ellipses, 2017, pp. 33-41.

[704] Fleiner-Gerster, Thomas. *Théorie générale de l'État.* Graduate Institute Publications, 1986, 517 p.

[705] Situé dans la corne de l'Afrique, le Somaliland est un territoire délimité par Djibouti, l'Éthiopie, la Somalie et le golfe d'Aden. Ce territoire est resté sous protectorat britannique de 1884 à 1960. Après l'indépendance, obtenue le 26 juin 1960, ce territoire a abandonné sa souveraineté pour fusionner la même année avec la République de Somalie, une ancienne colonie italienne. La guerre civile des années 1980 a conduit en 1991 à l'effondrement de la Somalie. Elle a mené aussi à son éclatement, le Somaliland ayant décidé de reprendre son indépendance par référendum. Ainsi, après quelques années de conflits internes, le Somaliland a retrouvé une paix relative depuis 1997. Le pays a été doté depuis lors d'une constitution et dispose de l'ensemble des institutions caractéristiques d'un État moderne. Mais n'étant pas reconnu par la communauté internationale – qui est légaliste et attachée au principe de préservation de la souveraineté des États en place —, il ne peut être considéré comme un État moderne au sens juridique du terme.

gouvernants. Cet espace à trois dimensions se compose d'un espace terrestre, d'un espace maritime et d'un espace aérien. L'espace territorial terrestre est délimité par des frontières naturelles ou artificielles fixées par un traité. Sur le plan juridique, le territoire d'un État ne se limite pas qu'à l'espace terrestre. L'espace maritime sur lequel un État exerce sa souveraineté comprend les mers, enclavés dans son espace terrestre ainsi que la mer qui borde ses côtes jusqu'à 12 milles marins et qui recouvre son plateau continental jusqu'à une limite maximale de 200 milles marins[706].

Les conventions de Washington de 1919, de Chicago de 1944 et de Genève de 1958 stipulent que tout État a une souveraineté complète et exclusive sur son espace aérien, *i.e.* l'espace atmosphérique (entre 3 et 80 kilomètres de hauteur) qui recouvre son espace terrestre et maritime. À l'intérieur de cet espace, le survol d'avions militaires est interdit, sauf en cas d'accords explicites avec d'autres États[707]. L'enjeu des frontières

---

[706] La Convention des Nations Unies sur le droit de la mer, adoptée en 1982 et entrée en vigueur en 1994, établit un ordre juridique pour les mers et les océans. Dans les limites de la mer territoriale (jusqu'à 12 milles marin à partir de la ligne de base), l'État côtier y exerce une souveraineté absolue. L'État en réglemente toutes les utilisations et en exploite toutes les ressources. Il doit y autoriser le passage « inoffensif » des navires de guerre et marchands en transit, à condition que ceux-ci ne lui fassent pas de tort, ne portent pas « atteinte à la paix, au bon ordre et à la sécurité » et n'enfreignent pas ses lois. Au-delà de la mer territoriale et jusqu'à 12 milles marins (donc la zone comprise entre 12 milles et 24 milles marins à partir de la ligne de base), se situe un « espace tampon » sur lequel l'État côtier y détient une *souveraineté contiguë*. Cela signifie que l'État peut y exercer les contrôles nécessaires pour prévenir et réprimer les infractions à ses lois et règlements douaniers, fiscaux, sanitaires ou d'immigration sur son territoire ou dans sa mer territoriale. Chaque État côtier peut également décider de créer une Zone économique exclusive (ZEE) dont la largeur ne peut toutefois être supérieure à 200 milles marins comptés à partir de la ligne de base. Dans la ZEE, l'État côtier détient « des droits souverains aux fins d'exploration et d'exploitation, de conservation et de gestion des ressources naturelles, biologiques ou non biologiques, des eaux surjacentes aux fonds marins, des fonds marins et de leur sous-sol, ainsi qu'en ce qui concerne d'autres activités tendant à l'exploration et à l'exploitation de la zone à des fins économiques, telles que la production d'énergie à partir de l'eau, des courants et des vents ». Toutefois, dans la ZEE, tous les États, qu'ils soient côtiers ou sans littoral, jouissent, des libertés de navigation et de survol et de la liberté de poser des cibles et pipelines sous-marins, ainsi que de la liberté d'utiliser la mer à d'autres fins internationalement licites liées à l'exercice de ces libertés, notamment dans le cadre de l'exploitation des navires, d'aéronefs et de câbles et pipelines sous-marins. Un mille marin correspond à 1.852 m.

[707] En vertu d'un traité de l'ONU de 1967, l'espace extra-atmosphérique, y compris la Lune et les autres corps célestes, ne peut faire l'objet d'appropriation nationale

est lié au fait que celles-ci peuvent affaiblir ou renforcer l'État car elles sont amenées à évoluer avec le temps. Le tracé effectif des frontières fait, autant que possible, l'objet de traités internationaux bilatéraux, c'est-à-dire conclus entre les États voisins. À défaut d'un tel traité, les États se fondent sur le droit coutumier qui est pourtant interprété souvent de manière divergente ; cela conduit à des prétentions territoriales réciproques et opposées. La question de la délimitation des frontières de l'État est donc cruciale car détermine la population qui lui est assujettie ainsi que le type et l'ampleur des ressources dont il dispose. Ces enjeux liés à la délimitation des frontières expliquent, dans une large mesure, bon nombre de différends frontaliers internationaux[708].

Un État est nécessairement composé d'une population, plus ou moins unie. Mais il existe différentes conceptions de la nation : une conception objective et une conception subjective. Selon la conception objective, faire partie d'un État n'est pas une question de sentiment, mais de droit. Les étrangers et les nationaux sont tous deux assujettis à ce droit, de façon permanente ou non, par filiation ou non. Selon la conception subjective de la nation, le rassemblement d'une population résulte d'un sentiment d'appartenance, d'une histoire, de lieux communs ; ces sentiments subjectifs sont au fondement de toute nation, formée par le désir de vouloir-vivre ensemble. La nation serait donc un concept politique mettant en jeu des critères objectifs : la race, la langue ou la religion, où les associations sont volontaires. L'État se caractérise fondamentalement par la structure administrative qui le constitue, il peut soumettre la population qui se trouve sur son territoire à un ensemble de règles juridiques qui s'imposent à elle automatiquement sans même qu'elle doit y consentir.

---

par proclamation de souveraineté, ni par voie d'utilisation ou d'occupation, ni par aucun autre moyen.

[708] En dépit de l'adoption en 1964 par l'OUA du principe de l'intangibilité des frontières africaines héritées de la colonisation, l'Afrique de l'Ouest a connu de nombreux conflits de frontières inter-étatiques parmi lesquels on peut citer : Différend frontalier entre le Burkina Faso et le Mali, Différend frontalier entre le Bénin et le Burkina Faso, Différend frontalier entre le Burkina Faso et le Niger, Différend frontalier entre le Benin et le Niger, Différend frontalier entre la Guinée-Bissau et le Sénégal, Différend frontalier entre le Cameroun et le Nigéria, Différend frontalier entre la Guinée et la Guinée-Bissau, Différend frontalier entre la Côte d'Ivoire et le Ghana. Pour plus de détails sur les modes de règlement de ces différends frontaliers, voir Diop, Amadou Demba. *Règlement pacifique des différends internationaux et conflits frontaliers en Afrique de l'Ouest.* 2020, CEDS de Dakar, Mémoire de Post-Master, 121 p.

Selon le droit international, tout État doit posséder un système de gouvernement. Le principe selon lequel « chaque État a le droit souverain et inaliénable de choisir son système économique, de même que ses systèmes politique, social et culturel, conformément à la volonté de son peuple, sans ingérence, pression ou menace extérieure d'aucune sorte» a été consacré par divers actes juridiques[709]. Il signifie que les États ne doivent pas lier la reconnaissance d'un autre État ou l'établissement de relations diplomatiques avec ce dernier à la nature de son système politique, économique, social et culturel. Cependant, dans la pratique des relations internationales, les États tiennent effectivement compte de la nature du système politique d'un État lorsqu'il s'agit de le reconnaître ou d'établir des relations diplomatiques avec lui.

L'État est la seule entité jouissant de la plénitude de la souveraineté en droit international. La réalisation de la souveraineté permet d'établir la distinction entre l'État, au sens du droit constitutionnel et l'État au sens du droit international. L'État, au sens du droit constitutionnel, réunit tous les éléments constitutifs de l'État mais ne dispose pas de la compétence de s'engager, de manière immédiate en droit international. L'accès immédiat au droit international, sans l'intermédiaire d'une puissance souveraine, représente le principal point d'intérêt politique de la souveraineté. Envisagée sur le plan juridique, la souveraineté est à la fois le fondement de la compétence de l'État[710] en droit international et le critère international de l'État[711]. Selon Diane Ethier, la souveraineté demeure jusqu'à ce jour la caractéristique juridique la plus importante de l'État aux yeux du droit international. D'un point de vue négatif, elle peut être définie comme l'absence de subordination à l'égard d'un autre État ou d'une entité internationale. D'un point de

[709] Notamment la Charte des droits et devoirs économiques des États adoptée par l'Assemblée générale de l'ONU le 12 décembre 1974.

[710] La souveraineté confère directement à l'État la qualité d'auteur de la règle de droit ; il peut s'engager directement sur le plan international soit par la conclusion de conventions internationales soit par l'adoption d'un fait opposable, toutes les deux créatrices d'obligations juridiques internationales.

[711] L'aménagement des pouvoirs constitutionnels internes peut reconnaître une certaine capacité internationale des entités composantes d'un ensemble étatique souverain mais faute de souveraineté, ces entités, indépendamment de l'étendue de leur domaine de compétences extérieures, n'ont pas la qualité d'État au sens du droit international public.

vue positif, la souveraineté implique l'exclusivité, l'autonomie et la plénitude de la compétence[712].

L'exclusivité de la compétence signifie que, sauf accord international, seules les autorités qualifiées de l'État, à l'exclusion de toutes les autres, peuvent exercer des actes de contrainte dans le cadre de l'espace national. L'autonomie de la compétence signifie que les autorités qualifiées de l'État ont la pleine et entière liberté de décision. Cela implique qu'elles ne peuvent être soumises aux injonctions, directives et ordres formulés par une autorité extérieure. C'est de ce principe que découle le principe fondamental du droit de non-ingérence dans les affaires intérieures d'un autre État, à moins que cette intervention n'ait été formellement sollicitée par ce dernier. La plénitude de la compétence signifie qu'aucun domaine n'échappe au pouvoir de juridiction de l'État. Cependant, tout État a la possibilité de laisser ou de transférer les secteurs d'activité qu'il désire aux acteurs de la société civile ou à une autorité extérieure. Le principe de l'égalité souveraine des États représente un aspect important de la dimension juridique de la souveraineté et constitue le principe de base des relations internationales contemporaines.

Selon la charte des droits et devoirs économiques des États, adoptée par la Résolution 3281 (XXIX) de l'Assemblée générale de l'ONU, le 12 décembre 1974, la personnalité juridique internationale de l'État signifie qu'il a, en tant que personne morale ou collectivité humaine possédant une assise territoriale et des individus qualifiés pour agir en son nom, des droits et des obligations ayant une portée et une dimension internationales. Une première conséquence de la personnalité juridique internationale de l'État est qu'il a une continuité dans le temps. Une deuxième conséquence est que les actes dont les gouvernants sont les auteurs ne leur sont pas imputables personnellement, mais le sont à l'État lui-même, ce dernier étant considéré comme une entité distincte de ceux qui agissent en son nom.

Du point de vue sociologique, Nicolas Machiavel définit l'État comme le pouvoir central souverain, et détache l'action politique de toute considération morale ou religieuse. Selon sa pensée, l'État use de la force, mais dans le but de mettre en place des lois pour le bien du peuple. Pour le sociologue allemand Max Weber, l'État apparaît comme une institution qui, sur un territoire donné, dispose du monopole de la

---

712 Éthier, Diane. *op. cit.*, p. 85.

violence physique légitime. Selon Raymond Aron, Max Weber a développé cette idée dans sa définition du statut de l'État : « un État est une communauté humaine qui revendique avec succès le monopole de l'usage légitime de la force physique au sein d'un territoire donné » même lorsque « le droit d'user de la force physique est imputé à d'autres institutions ou à des individus uniquement dans la mesure permise par l'État »[713].

Par ailleurs, sous la perspective du pouvoir politique, Max Weber a également défini l'État comme « une entreprise politique de caractère institutionnel dont la direction administrative revendique avec succès, dans l'application des règlements, le monopole de la contrainte physique légitime »[714]. Le monopole de la violence physique est une caractéristique majeure de l'État qui s'accompagne d'une certaine concentration de moyens de coercition (forces armées et police, prison, etc.) pour permettre à l'État de rendre justice et de maintenir l'ordre préventivement, en dissuadant les individus de commettre des actes illégaux ou, rétroactivement, en sanctionnant les auteurs d'actes illégaux. Cette définition wébérienne implique une plus grande exigence dans l'attribution de l'étiquette « État » et comporte deux conséquences[715].

La première conséquence est relative à la nature de l'organisation : l'État est une entreprise en ce sens qu'il a une activité continue en finalité, et cette entreprise est de caractère institutionnel puisqu'elle est basée sur des règlements établis rationnellement et donc sur un appareil administratif impersonnel[716]. En cela, l'État est différent des autres types d'entreprises pouvant exister sur un territoire. Mais surtout, seconde conséquence, Weber fait du monopole de la contrainte légitime, à savoir l'utilisation de la force armée, de la police, de la prison, un élément distinctif essentiel. C'est en dépossédant les autres groupes (par exemple, les seigneurs féodaux, les chefs traditionnels ou les seigneurs de la guerre) de l'usage de la violence pour en faire un attribut des détenteurs du pouvoir politique agissant au nom de l'État, que ce dernier affirme véritablement son existence[717]. Weber précisera au demeurant qu'un groupement de domination est un groupement

---

[713] Aron, Raymond. *Les sociétés modernes*. Paris, PUF, 2005, p. 195.

[714] Weber, Max. *Économie et société*. Trad., Paris, Plon, 1971, rééd. Pocket, 1995, t. 1, p. 97.

[715] Gazibo, Mamoudou et Jane Jenson. *La politique comparée. Fondements, enjeux et approches théoriques*. Les Presses de l'Université de Montréal, 2004, p. 79.

[716] Weber, Max. *Économie et société. op. cit.* p. 94.

[717] Chagnollaud, Dominique. *Science politique*. Paris, Dalloz, 2000, p. 41.

politique lorsque et tant que son existence et la validité de ses règlements sont garanties de façon continue à l'intérieur d'un territoire géographique déterminable par l'application et la menace d'une contrainte physique de la part de la direction administrative. Ces définitions restées célèbres reposent sur quatre éléments fondamentaux : la domination, le territoire, la violence légitime, et l'appareil administratif. L'État est donc une institution qui a le pouvoir de contraindre les gens ; toutefois, le recours à la violence constitue l'option ultime dont disposent les dirigeants pour mener à bien la conduite des affaires de l'État[718].

L'État se caractérise également par la mise en place d'un pouvoir « légal- rationnel » qui passe entre autres par l'adoption de règles de gestion de la société et par la constitution d'un corps de fonctionnaires. Pour Max Weber, toute socialisation passe par une forme de domination, d'adhésion proche de la soumission volontaire qui dépend des qualités que le dominé prête à celui qui commande. L'État, en tant qu'organisation sociale, n'échappe pas à cette règle. Sa légalité est fondée sur la conviction qu'ont les citoyens qu'il est juste de lui obéir.

Le sociologue allemand distingue trois grandes sources de légitimité. La légitimité légale repose sur la « croyance en la légalité des règlements arrêtés et du droit de donner des directives qu'ont ceux qui sont appelés à exercer la domination par ces moyens ». La légitimité traditionnelle revêt « un caractère exceptionnel, reposant sur la croyance quotidienne en la sainteté de ceux qui sont appelés à exercer l'autorité par ces moyens ». Enfin, la légitimité charismatique repose sur la « soumission au caractère sacré, à la vertu héroïque ou à la valeur exemplaire d'une personne ». L'État, pour asseoir sa domination et la faire accepter aux gouvernés, doit exercer son pouvoir d'une manière qui apparaisse juste et fondée, les gouvernés acceptant de lui abandonner le monopole de la violence légitime.

Au demeurant, selon Marian Eabrasu[719], parmi les 145 définitions de l'État recensées en 1931 par Charles H. Titus[720], seule la définition

---

718 « *La menace et, éventuellement, l'application de la violence, en est assurément le moyen spécifique et partout elle est, en cas de défaillance des autres moyens, l'ultima ratio* ». Par ailleurs, l'Ultima ratio regum, ou le dernier argument des rois, est la devise que Louis XIV avait fait graver sur ses canons.

719 Eabrasu, Marian. « Les États de la définition Wébérienne de l'État ». *Raisons politiques*, n°45, 2012, p. 187.

720 Titus, Charles H. « A Nomenclature in political science. Part I ». *The American Political Science Review*, vol. 25, no 1, 1931, pp. 45-60.

wébérienne sert désormais de référence pour les études, qui mobilisent la notion de « État », particulièrement en science politique. Certes, la définition wébérienne de l'État n'est pas restée sans critique précise-t-il et d'autres définitions ont été proposées pour la remplacer. Cependant, souligne-t-il, même si elle n'est pas toujours située au cœur du débat et même si elle n'est pas en permanence assumée explicitement, il est rare qu'une étude centrée sur l'État l'ignore entièrement et encore plus rare que ce refus passe inaperçu dans un contexte académique.

La notion moderne de l'État est un produit de l'histoire européenne des États et des idées. Les conditions de cette évolution furent la suppression de la dépendance des monarques envers l'Église, le renforcement de l'autorité royale au sein d'un territoire déterminé puis l'apparition de l'État national au XIXe siècle. Pour les États du tiers monde, le problème se pose en revanche tout autrement dans la plupart des cas en raison de leur passé colonial. Leur pouvoir étatique découle de la domination coloniale et doit s'affirmer sur un territoire découpé artificiellement ; découpage qui, bien souvent, ne tient pas compte de l'évolution historique et surtout des limites de l'implantation des peuples.

Il s'avère utile et légitime de s'interroger alors sur la problématique de l'État africain d'une manière générale, et de l'État africain post-colonial en particulier. Sur cette question, Mohamed Jalloh souligne qu'une grande partie de la littérature sur l'Afrique porte sur la faiblesse des États postcoloniaux et cherche à comprendre les raisons de leur incapacité à développer de tels attributs « étatiques » performants. Ceci explique largement pourquoi l'étatisation, définie comme le processus par lequel les entités politiques acquièrent des attributs d'État, a été problématique en Afrique. D'une certaine manière, cela est lié à l'incapacité de l'État postcolonial à assurer des fonctions telles que la sécurité, la représentation et le bien-être[721].

Rétrospectivement, la conception selon laquelle les États nouvellement indépendants devaient établir des institutions légitimes, procurer la prospérité sous forme de biens et services et garantir la sécurité a donc été réexaminée. Ainsi que l'a affirmé Christopher Clapham, les conditions préalables propices à la formation et à la survie de l'État étaient rarement présentes dans la plupart des sociétés décolonisées.

---

[721] Jalloh, Mohamed. *Effondrement et reconstruction de l'État : les continuités de la formation de l'État sierra-léonais*. 2011. Université Montesquieu – Bordeaux IV, Thèse de doctorat, p. 18.

Pour lui, l'État en tant que forme d'organisation sociale a un coût élevé, inaccessible pour la plupart des pays. Par conséquent, l'universalité de cette forme d'organisation a été considérée comme normale, tandis que la question de savoir si le monde entier pouvait se permettre de s'organiser en États n'était jamais posée[722].

Papa Samba Ndiaye soulève par ailleurs les problèmes que pose l'existence de l'État africain du point de vue sociologique, tout en soulignant, en revanche, la non-remise en cause de son existence juridique. Selon l'auteur, s'agissant particulièrement de l'État africain postcolonial, l'on devrait plutôt parler plus d'un quasi-État que d'un vrai État au sens plein du terme[723]. Poursuivant son argumentation, l'auteur montre que la crise de l'État-nation combinée à la problématique de l'État africain postcolonial expliquent la faiblesse de ce dernier ; qui à son tour constitue une cause récente des conflits en Afrique[724].

Analysant par ailleurs le concept d'État-Nation dans le contexte des pays africains, Yves Person[725] a soulevé le caractère particulier de la formule d'État national que la colonisation a étendue à l'Afrique. Il rappelle que si une bonne moitié des sociétés africaines a connu des formations de type étatique avant la colonisation, elles ne correspondaient pas à la forme particulière qu'a été l'État-Nation né en Europe. L'auteur soutient que c'est l'Europe qui a transféré son modèle à l'Afrique d'une manière unilatérale pendant la colonisation et par conséquent, l'État-Nation en Afrique ne provient pas d'une évolution des sociétés africaines. Par ailleurs, l'auteur estime que la fragilité actuelle des États africains, leur impuissance à contrôler l'évolution de leurs sociétés et à éveiller le dynamisme latent de leurs communautés de base sont dues en partie à ce blocage idéologique.

---

[722] Clapham, Christopher. « Degrees of Statehood », *Review of international Studies*, Vol. 24, Issue 2, 1998, p. 28.

[723] Ndiaye, Papa Samba. *Entre contraintes et bonnes intentions : Les difficultés des organisations internationales africaines dans le domaine du maintien de la paix. L'exemple de la communauté économique des États de l'Afrique de l'Ouest (CEDEAO) en Côte d'Ivoire et ailleurs (Liberia, Sierra Leone, Guinée-Bissau) de 1990 à 2003*. 2011. Université d'Ottawa, Thèse de doctorat, p. 74.

[724] Parmi les autres causes récentes des conflits en Afrique, l'auteur souligne le déficit démocratique et l'impact des politiques d'ajustement structurel.

[725] Person, Yves. « L'État-Nation et l'Afrique », *Revue française d'histoire d'outre-mer*, tome 68, n°250-253, 1981. pp. 274-282.

B. Réflexions théoriques sur le concept d'État défaillant

Même si les débats universitaires portant sur le concept de « État défaillant » sont relativement récents, remontant au début des années 1990, la notion de « État failli[726] », en revanche, est, selon Jonathan Di John, étroitement liée à l'économie politique des relations internationales depuis plusieurs siècles[727]. L'auteur constate que le problème posé par « la faillite » de l'État était déjà pris au sérieux par les régimes coloniaux ; à l'époque, les occupants coloniaux européens justifiaient partiellement leur empire par le fait que leur régime mettrait un terme à la gouvernance « sauvage » et « barbare » des colonies[728]. Aussi, il souligne qu'un certain nombre de pays puissants sont fréquemment intervenus au sein d'États pauvres et faibles dans le seul but d'endiguer une agitation sociale qui menaçait potentiellement leur propre sécurité et leurs intérêts commerciaux.

Au demeurant, le concept d'État défaillant, apparu dans la doctrine politiste américaine au début des années 1990, était alors utilisé pour décrire un État « absolument incapable de se maintenir comme membre de la communauté internationale », en raison de l'effondrement de ses institutions. Selon Valentin Cojanu et Alina Irina Popescu[729], le concept d'État défaillant a été popularisé par Madeleine Albright et d'autres personnes aux Nations Unies au début des années 1990, bien que le politologue Robert H. Jackson[730] dénonçait, dès 1987, les « quasi-États » du Tiers Monde, sans souveraineté autre que nominale, sans souveraineté autre que « négative ». Selon les mêmes auteurs, plusieurs organismes internationaux sont impliqués dans la formulation d'une stratégie applicable aux États défaillants (Banque mondiale, USAID, OCDE, AusAID, DFID, et certaines agences de l'ONU) et la

[726] State failure en anglais.

[727] Di John, Jonathan. *Conceptualisation des causes et des conséquences des États défaillants : Analyse critique de la documentation.* Crisis State Research Center, Working Paper n°25, p. 2.

[728] Di John, Jonathan. *op. cit.*, p. 2.

[729] Cojanu, Valentin et Alina Irina, Popescu. « Analysis of Failed States: Some Problems of Definition and Measurement ». *The Romanian Economic Journal,* Year X, n°25 bis, 2007, p. 114.

[730] Jackson, Robert H. « Quasi-States, Dual Regimes, and Neoclassical Theory: International Jurisprudence and the Third World ». *International Organization,* 41 (4), 1987, pp. 519-549.

plupart d'entre eux travaillent sur les États fragiles[731]. L'origine américaine du concept d'État défaillant et son apparition récente dans la littérature sont par ailleurs défendus par plusieurs auteurs dont Serge Sur dans son article consacré aux « États défaillants »[732]. Selon ce dernier, le terme d'États défaillants rencontre dans la littérature internationale un grand succès et comme beaucoup d'autres termes, il est d'origine américaine – *failed States*. Par ailleurs, le terme est d'emploi récent, puisque, selon l'auteur, sa popularité remonte, grosso modo à l'époque des grands massacres dans l'Afrique des Grands Lacs, au Rwanda spécialement.

André Cartapanis[733] souligne la confusion faite, à tort, entre la notion d'État « défaillant » qui recouvre un ensemble bien plus large de situations avec le concept d'État « voyou [734]», complice du terrorisme international. Selon cet auteur, « un État défaillant est en fait un État qui ne remplit pas les fonctions régaliennes essentielles en matière d'ordre public, de police, de justice et qui ne parvient pas à s'opposer aux troubles internes, aux crises politiques ou ethniques, provoquant l'exode de certaines populations, voire le déclenchement de guerres civiles ».[735] En somme, pour André Cartapanis, un État est donc qualifié de défaillant lorsqu'il n'y a aucune autorité centrale en mesure d'assurer à titre exclusif l'exercice de la violence légitime au sein des frontières dudit pays et lorsqu'il n'assure pas le respect des droits de la personne et la satisfaction des besoins fondamentaux des populations. [736]

Par ailleurs, selon François Gaulme[737], les définitions les plus élaborées du concept d'États défaillants furent celles de centres de recherche, ou bien d'organisations non gouvernementales diverses. Selon l'auteur, tant pour les « États défaillants » que pour des concepts connexes, dont celui de « État fragile », les définitions universitaires

[731] En janvier 2005, la première conférence internationale consacrée aux États fragiles s'est tenue à Londres sous le patronage d'organismes de développement (PNUD, Banque mondiale, OCDE principalement).

[732] Sur, Serge. « Sur les « États défaillants » ». *Commentaire*, vol. 112, n° 4, 2005, pp. 891-900.

[733] Cartapanis, André. « L'État défaillant ». *Qui capture l'État* ? Jean-Hervé Lorenzi, Presses Universitaires de France, 2012, p. 19.

[734] « Rogue States » en anglais.

[735] Cartapanis, André. *Op. cit.*, p. 19.

[736] *Ibid.*

[737] Gaulme, François. « « États faillis », « États fragiles » : concepts jumelés d'une nouvelle réflexion mondiale ». *Politique étrangère*, vol. no. 1, 2011, p. 22.

les plus précises à ce jour sont celles du Crisis States Research Centre de la London School of Economics and Political Science[738]. En mars 2006, à l'issue d'un atelier sur les « États en crise », ce centre rattachait sa définition du « *failed state* » à la notion de « *state collapse* [739] », définie comme une situation où l'État est incapable de remplir ses fonctions de base, et d'assurer la sécurité intérieure et extérieure, bien qu'il dispose théoriquement du monopole de la force légitime, selon la célèbre définition de Max Weber. Un « État en crise » était en danger de « *state collapse* », car « soumis à un stress aigu », alors qu'un « État fragile » était « susceptible d'entrer en crise dans au moins l'un de ses sous-systèmes », du fait de sa « vulnérabilité aux chocs internes et externes ».

Cette dernière idée renvoie, selon François Gaulme, aux réflexions pionnières de William Zartman[740] car ce dernier distinguait dès 1995 deux vagues d'effondrement de l'État en Afrique subsaharienne, où ce phénomène se concentrait d'après l'auteur : la première à la fin des années 1980, avec le renversement de la génération « nationaliste » du temps des indépendances, la seconde environ dix ans plus tard. Partant d'une triple définition des « fonctions de base » de l'État – souveraineté, identité, sécurité – il caractérisait son effondrement comme une « rupture du bon gouvernement, de la loi et de l'ordre ». Il ressort des réflexions de l'auteur que la dimension spécifiquement sécuritaire de l'effondrement de l'État, qui a une très forte incidence extérieure, a été privilégiée. Ceci est la conséquence inévitable du tournant du 11 septembre 2001 et de l'intervention subséquente des États-Unis en Afghanistan puis en Irak, alors que les attentats antiaméricains d'août

---

[738] Le Crisis States Research Centre fût créé en 2000 par le politologue américain James Putzel grâce à un financement de DFID (Department for International Development) du ministère britannique du Développement.

[739] Effondrement de l'État en français.

[740] Selon François Gaulme, dès 1995, William Zartman, politologue américain, tentait de définir la spécificité d'un « État effondré », dont la Somalie aurait été le modèle, tandis que son confrère William Reno analysait la logique de militarisation progressive du champ politique des « États faibles » (*weak states*) par des chefs de guerre dont Charles Taylor, au Liberia, fut considéré comme le parangon emblématique. Pour plus de détails sur ce sujet, voir Zartman, William. *L'Effondrement de l'État. Désintégration et restauration du pouvoir légitime.* Paris, Nouveaux horizons, 1997, 313 p. (éd. originale : *Collapsed Sates. The Desintegration and Restauration of Legitimate Authority.* Boulder (CO), Lynne Rienner Publishers, 1995, 303 p.).

1998 en Afrique n'avaient suscité que des représailles militaires ponctuelles contre le Soudan et la Libye »[741].

Les critères de défaillance des États tiennent donc principalement à la perte de contrôle de l'État sur son territoire et ses frontières, à l'érosion de sa légitimité de représentation de la population et à l'anéantissement de sa capacité à protéger et garantir les droits et libertés dont jouissent normalement les ressortissants de l'État en question. Cette caractérisation des États défaillants rejoint dans une certaine mesure celle décrite par Patrice Emery Ntumba Kapita dans sa thèse de doctorat : « des États impuissants à assurer des fonctions aussi essentielles que celles qui touchent au maintien de l'ordre militaire et policier en leur sein, au respect des droits de l'homme et de leurs libertés fondamentales, ainsi qu'à la libre circulation de leurs biens, et qui touchent encore au respect ainsi qu'à l'indépendance de la justice »[742].

Toutefois, l'origine américaine du concept de « États défaillants » est récemment remise en cause par Jessie Duval dans sa thèse de doctorat[743]. Elle soutient qu'à l'origine, le concept-paradigme « États défaillants » est une création européenne du XVIe siècle que les politiques et politistes américains ont remis au goût du jour au XXIe siècle. Dans ses travaux de recherche, l'auteur a tenté de démontrer que le concept « Failing State », ses néologismes ainsi que leurs critères de définition n'étaient pas véritablement des créations mais plutôt des innovations américaines qui ont poussé le concept-paradigme de « État défaillant » vers son apogée en le faisant entrer dans le champ politique international. L'auteur souligne que René de Lucinge, Sieur des Allymes est le théoricien du concept-paradigme de « État-défaillant ».

Ainsi, selon l'auteur, c'est René de Lucinge, ambassadeur de la Savoie à la Cour de France sous le roi Henri III, qui exposa pour la première fois, la théorie de la défaillance c'est-à-dire de la chute de l'État dans son petit traité politique *De la Naissance, durée et chute*

[741] Gaulme, François. *op. cit.*, p. 23.
[742] Ntumba Kapita, Patrice Emery. *La pratique onusienne des opérations de consolidation de la Paix : analyse, bilan et perspectives*. 2010. Université de Nancy 2, Thèse de doctorat, p. 65.
[743] Duval, Jessie. *Le concept d'États défaillants dans les relations internationales : une étude politique*. 2019. Université Paris-Est Créteil, Thèse de doctorat, 459 p.

des États, publié en 1588 à Paris[744]. Dans son objectif de contribuer à définir ce qu'il faut comprendre par le concept de « États défaillants », au sens où la science politique pourrait l'entendre, Jessie Duval propose la définition suivante: « *l'organisation politique que l'on appelle État s'enfonce dans la défaillance dès lors que les pressions auxquelles sont exposées ses principales composantes (la population, le gouvernement et le territoire), emportent des conséquences telles que l'entité politique dans son entier est engagé dans un processus qui le conduit inexorablement à ne plus demeurer État* »[745].

Il est important par ailleurs de souligner, selon Frédéric Charillon[746], une catégorie particulière d'États : ceux que les interventions militaires extérieures ont affaibli. Sur la seule période de l'après-guerre froide, la République fédérale de Yougoslavie de Slobodan Milosevic, l'Irak de Saddam Hussein et la Libye du colonel Kadhafi, ont été la cible d'interventions occidentales aboutissant à la destitution du régime en place de longue date. Dans ces divers cas de figure, l'État était considéré étant fort, trop fort, dictatorial, puis finalement déviant et qualifié de « État voyou ». Dans les trois États, une action militaire a été conduite par les principaux pays de l'OTAN – États-Unis et Royaume-Uni en tête, avec la France sauf dans le cas irakien de 2003 – qui a abouti à l'élimination politique, voire physique du leader, donc à un changement de régime[747].

Poursuivant son analyse, l'auteur souligne la comparabilité des résultats politiques de l'intervention, en dépit de la différence dans les situations de départ. Concernant les situations de départ, il s'agissait d'un État fort dérivant vers l'épuration ethnique en Serbie, une dictature centralisée et bureaucratique en Irak, tenue par une minorité ethnique – les sunnites du clan de Takrit –, une dictature personnelle en Libye, dans un pays aux structures tribales et resté en grande partie divisé sur

744 Selon l'auteur, René de Lucinge fut disgracié en 1602 pour avoir signé le traité de Lyon. Son nom et ses œuvres ont été damnati trois cents ans durant. À travers la découverte de René de Lucinge, l'auteur soutient que la communauté originelle des penseurs du paradigme peut ainsi être révélée. L'État défaillant apparaît donc au même moment que le concept de « État », lui-même, c'est-à-dire au XVIe siècle.

745 Duval, Jessie. *Le concept d'États défaillants dans les relations internationales : une étude politique*. 2019. Université Paris-Est Créteil, Thèse de doctorat, p. 392.

746 Frédéric Charillon est l'auteur de « La défaillance des États et ses multiples formes », dans La Documentation Française. *Le nouveau désordre international*. N° 85-86 mai-août 2017, 12 juillet 2017, 176 p.

747 Ces interventions ont abouti à l'élimination politique de Slobodan Milosevic et à l'élimination physique de Saddam Hussein et de Mouammar Kadhafi.

le plan géographique. Cependant, à l'issue des différentes interventions, l'État a été fortement amoindri par exemple dans le cas de la Serbie, voire démantelé dans les cas de l'Irak et de la Libye. En outre, les territoires de ces États furent rattrapés par les clivages ethniques[748].

Le vide administratif a été en partie comblé, à terme, par des acteurs non étatiques à caractère violent[749]. Dans un autre cas, celui de l'Afghanistan, on a retrouvé le même enchaînement[750], à ceci près que le pays n'a pas connu auparavant de centre administratif aussi fort, capable de s'imposer aux mosaïques ethniques. Dans ces exemples, la préoccupation internationale du renforcement nécessaire d'un État défaillant entrait en contradiction avec le constat que c'était la communauté internationale elle-même, ou plutôt ses représentants occidentaux autoproclamés, qui était à l'origine de cette défaillance[751].

Ainsi, dans un contexte marqué par des menaces sécuritaires de plus en plus complexes et d'affirmation de la souveraineté, la problématique de la question sécuritaire en Afrique devient de plus en plus préoccupante au vu des nombreuses crises et menaces sécuritaires auxquelles sont confrontées beaucoup d'États africains. De ce fait, de nombreux États africains sont classés dans les catégories des États défaillants, fragiles, voyous, stationnaires ou même complètement effondrés. La mobilisation de ces concepts constitue très souvent la base justificative des crises sécuritaires observées en Afrique, de l'interventionnisme et de l'ingérence étrangère. Le printemps arabe est une illustration qui range l'État africain dans une logique d'objet à sécuriser. Au cours de cette période qui a entraîné la destitution des chefs d'État de la Tunisie, d'Égypte et de la Libye ; ni ces trois États ni tout autre État africain n'ont été véritablement capables de fournir des solutions idoines à ces mouvements sociaux. Ce constat explique certains événements dont l'intervention récurrente de l'ONU en Afrique ou l'offensive de l'OTAN en Libye. C'est également ce

---

748 Ces clivages ethniques ont abouti au détachement du Kosovo en Serbie, zones chiites, sunnites et kurdes en Irak, Tripolitaine et Cyrénaïque en Libye.

749 L'organisation État islamique en Irak comme dans certaines parties de la Libye, milices, mafias.

750 Intervention occidentale en 2001, situation insurrectionnelle persistante, pas d'État central en mesure de s'imposer à la suite de l'intervention.

751 Pour plus de détails sur les notions d'États faillis, d'États effondrés et d'États abattus, et en particulier sur le concept d'États abattus, voir La Documentation Française. *Le nouveau désordre international.* N° 85-86 mai-août 2017, 12 juillet 2017, 176 p.

qu'illustre la présence accrue des armées occidentales dans plusieurs États d'Afrique soi-disant, installée dans le cadre des missions de maintien de la paix ou de lutte contre le terrorisme.

Le concept d'État défaillant est tout de même différent du concept voisin d'État fragile qui est relativement plus récent. Selon Denis Mouton[752], le concept de « État fragile » est apparu dans le discours des institutions nationales et internationales dans les premières années du XXIe siècle et plus précisément en 2005. Il se présente d'emblée comme une notion rattachant la préoccupation du développement, dans une économie mondialisée, à une préoccupation sécuritaire dans le monde de l'après 11 septembre 2001 : les États ayant un potentiel important de conflits pouvant contaminer la sécurité internationale mais aussi l'économie mondiale, il faut les considérer en tant que tels pour adopter une stratégie adaptée. Si l'on admet qu'une notion en droit international suppose une définition reposant sur des critères précis, laquelle va entraîner une qualification emportant des conséquences dans l'ordre juridique international, il apparaît, selon l'auteur, que le concept « État fragile » ne remplit pas ces conditions[753]. Il reste cependant une notion relevant du vocabulaire des relations internationales.

L'expression a été forgée au début du XXIe siècle aux États-Unis et au Royaume-Uni, diffusée par des organisations internationales (la Banque mondiale et l'OCDE) et abondamment utilisée par les diplomaties occidentales et les agences onusiennes pour justifier des interventions civiles ou militaires dans des pays affaiblis par des guerres civiles, par des divisions communautaires ou tribales, par la grande pauvreté et par les trafics. L'expression est couramment utilisée pour désigner des pays dont les structures publiques sont particulièrement faibles et donc incapables de fournir les services essentiels à leurs populations. Les États fragiles renvoient, d'une manière générale, à tous les pays soumis à l'extrême pauvreté, exposés à des crises institutionnelles répétées ou traversés par les guerres.

---

752 Mouton, Jean-Denis. « État fragile », une notion du droit international ? », *Civitas Europa*, vol. 28, no. 1, 2012, p. 7.

753 Selon l'auteur la notion d'État fragile ne peut pas être considérée comme une notion juridique pour deux raisons : d'abord en ce qu'elle ne permet pas de qualifier de manière précise une catégorie d'États ; ensuite en ce qu'elle ne peut pas être considérée comme entraînant un régime juridique particulier qui permettrait de différencier lesdits États fragiles des autres.

Dans ces environnements, les institutions gouvernementales ne sont plus capables de maintenir des conditions de stabilité politique et de développement suffisantes pour garantir la sécurité humaine, protéger les droits de l'homme et répondre aux besoins fondamentaux des populations (santé, éducation, emploi, logement, accès à l'eau, alimentation de base). La fragilité d'un État peut résulter de trois facteurs interdépendants : (i) un manque d'autorité (incapacité à contrôler l'ensemble du territoire national), (ii) un manque de légitimité (défiance des citoyens à l'égard du gouvernement en place) et (iii) un manque de capacité (dysfonctionnements des administrations publiques et absence de ressources empêchant la mise en place de services publics de base).

Par ailleurs, selon l'OCDE, « *un État fragile n'a qu'une faible capacité à assurer les fonctions de gouvernance de base et n'est pas en mesure de développer des relations constructives et mutuellement avantageuses avec la société. Les États fragiles sont aussi plus vulnérables face aux chocs internes ou externes tels que des catastrophes naturelles et des crises économiques* ». Un État fragile est un pays en proie à des difficultés importantes. La liste de ces difficultés comprend un large éventail de situations : crises, guerre, phase de reconstruction post-conflit, catastrophes humanitaires et naturelles ou encore pauvreté extrême[754].

Paragraphe 2 : Les conflits armés et les cadres d'évaluation de la fragilité des États

A. L'indice des États fragiles de « The Fund for Peace »

Certains auteurs constatent que l'absence de définition consensuelle et d'indicateurs solides, reconnus et validés par la communauté internationale, n'a pas permis d'expliquer les causes de la faillite des États, et que peu de programmes de recherche ont été lancés sur cette question[755]. De fait, tous les travaux portent sur la mauvaise qualification

[754] La Direction de la coopération pour le développement (DCD) de l'OCDE publie des rapports sur les États fragiles depuis 2005. Ces rapports analysent les tendances et les apports de ressources financières en direction des États et des économies fragiles et en situation de conflit. Ils répondent aux inquiétudes croissantes quant aux répercussions de la fragilité sur la stabilité et le développement à l'échelle internationale.

[755] Le Gouriellec, Sonia. *La menace stratégique des États faibles : quand les faits relativisent la théorie.* Institut de Recherche stratégique de l'École Militaire, Note de recherche stratégique n°18, avril 2015, p. 4.

donnée à ces États et remettent en question l'existence de ces catégories. Les travaux sur les causes de la défaillance sont moins courants. Cependant, la *State Failure Task Force*[756] a montré que la nature même du régime était le meilleur prédicteur de la défaillance de l'État. Étonnamment, les auteurs ont constaté que les chances de défaillance de l'État étaient sept fois plus élevées pour les démocraties partielles que pour les démocraties plus accomplies ou les autocraties. Le faible niveau de bien-être matériel, le manque d'ouverture économique, le contexte régional conflictuel, les conflits internes, seraient autant de facteurs qui y prédisposent[757].

Par ailleurs, c'est dans les États défaillants que se situe une grande partie des conflits, de l'instabilité et des grandes catastrophes humanitaires. Au niveau individuel, la déliquescence des États amplifie le risque d'insécurité humaine, d'anarchie et de conflit armé. Cette insécurité persistante et aléatoire impacte négativement sur tous les aspects de la vie ordinaire, forçant les citoyens à rester chez eux et à arrêter leurs activités par crainte de la violence[758]. La stabilité est l'un

---

[756] C'est en réponse à une demande du vice-président des États-Unis, Al Gore, en 1994, que la CIA a créé la « State Failure Task Force », un groupe de chercheurs chargé d'étudier les facteurs de stabilité des États, dans le contexte de l'après-guerre froide. L'objectif de la Task Force était d'identifier les facteurs ou les combinaisons de facteurs qui distinguent les États en faillite de ceux qui ont évité les crises au cours des 40 dernières années. L'étude représente le premier effort de recherche empirique visant à identifier les facteurs associés à la défaillance d'un État en examinant un large éventail d'indicateurs démographiques, sociétaux, économiques, environnementaux et politiques influençant la stabilité de l'État.

[757] Selon la State Failure Task Force, la défaillance de l'État est définie comme incluant quatre types d'événements, chacun d'eux indiquant une grave instabilité politique. Ces événements sont les suivants (1) les guerres révolutionnaires - épisodes de conflits violents soutenus entre des gouvernements et des challengers politiquement organisés qui cherchent à renverser le gouvernement central, à remplacer ses dirigeants ou à prendre le pouvoir dans une région ; (2) les guerres ethniques : épisodes de conflits violents soutenus au cours desquels des minorités nationales, ethniques, religieuses ou d'autres minorités communautaires défient les gouvernements pour obtenir des changements majeurs de statut ; (3) les changements de régime défavorables - changements abrupts dans les modèles de gouvernance, y compris l'effondrement de l'État, les périodes de grave instabilité des élites ou du régime, et l'abandon de la démocratie au profit d'un régime autoritaire ; (4) les génocides et « politicides » - politiques soutenues des États qui entraînent la mort d'une partie importante d'un groupe communautaire ou politique.

[758] Devlin-Foltz, Zachary. *Les États fragiles de l'Afrique : vecteurs de l'extrémisme, exportateurs du terrorisme.* Bulletin de la Sécurité africaine, Centre d'études stratégiques de L'Afrique, No. 6, août 2010, p. 1.

des objectifs majeurs que les États et les sociétés s'attèlent à atteindre. C'est une condition préalable à la paix, au développement et à la prospérité à tous les niveaux : local, régional et international. Dans un monde hautement interconnecté, les pressions exercées sur un État fragile peuvent avoir de graves répercussions non seulement pour cet État et sa population, mais aussi pour ses voisins et d'autres États à l'autre bout du monde.

Des divergences peuvent apparaître entre les groupes identitaires, définis par la langue, la religion, la race, l'ethnie, la nationalité, la classe, la caste, le clan ou la région d'origine. Les tensions peuvent dégénérer en conflit en raison de diverses circonstances, telles que la compétition pour le contrôle des ressources ou du pouvoir, la corruption ou des revendications collectives non satisfaites. Les raisons de la fragilité des États sont complexes mais pas imprévisibles. Il est essentiel donc que la communauté internationale comprenne et suive de près les conditions qui contribuent à la fragilité, et qu'elle soit prête à prendre les mesures nécessaires pour traiter les problèmes sous-jacents ou atténuer les effets négatifs. Pour que l'alerte précoce soit significative et que les réponses politiques soient efficaces, les évaluations doivent aller au-delà des connaissances spécialisées, des études de cas narratives et des preuves anecdotiques afin d'identifier et de saisir les grandes tendances sociales. Pour cela, une approche mixte intégrant des données qualitatives et quantitatives est nécessaire pour permettre aux décideurs de définir des politiques efficaces.

L'indice des États fragiles (FSI)[759], produit par *The Fund for Peace*[760], est un outil essentiel pour mettre en évidence non seulement les pressions normales que subissent tous les États, mais aussi pour identifier les cas où ces pressions dépassent la capacité d'un État à les gérer. Le FSI est l'un des principaux rapports annuels sur la fragilité

---

[759] Fragile States Index en anglais. C'est en 2014, qu'il y a eu un changement de dénomination, passant de *Failed States Index* à *Fragile States Index* à la suite des critiques formulées contre la dénomination « Failed States ».

[760] The Fund for Peace (Le Fonds pour la paix) est une organisation de recherche et d'éducation indépendante, non partisane et à but non lucratif qui œuvre à la prévention des conflits violents et à la promotion d'une sécurité durable. L'organisation promeut la sécurité durable par la recherche, la formation et l'éducation, l'engagement de la société civile, la construction de ponts entre divers secteurs et le développement de technologies et d'outils innovants pour les décideurs. Leader dans le domaine de l'évaluation des conflits et de l'alerte précoce, le Fonds pour la paix se concentre sur les problèmes des États fragiles et défaillants.

dans le monde, qui fournit aux décideurs des données quantitatives précises et une alerte rapide sur les conditions pouvant conduire à l'instabilité. Depuis la fin de la guerre froide, un certain nombre d'États ont basculé dans une violence de masse résultant de conflits internes. Certaines de ces crises naissent de tensions ethniques, d'autres sont des guerres civiles, d'autres encore prennent la forme de révolutions, et beaucoup débouchent sur des urgences humanitaires complexes[761].

La genèse de la plupart des indices commence en général par une conceptualisation de ce qui doit être mesuré, puis suivie par le développement d'une méthodologie pour effectuer une telle mesure. Le FSI a suivi une trajectoire très différente, l'idée de l'indice étant apparue après le développement de la méthodologie. Le FSI trouve ses origines dans la création de l'outil CAST (Conflict Assessment System Tool) de *The Fund for Peace*, qui a été développé dans les années 1990 en tant que cadre permettant aux décideurs politiques et aux praticiens de terrain de mieux comprendre et mesurer les moteurs et la dynamique des conflits dans des environnements complexes. Le cadre CAST a fait l'objet d'une large évaluation par les pairs, et son utilisation continue par nombre de ces mêmes professionnels, ainsi que par la société civile et les acteurs communautaires dans les zones touchées par les conflits, témoigne de sa pertinence. En 2004, le cadre CAST a servi de base au développement du FSI, car les chercheurs souhaitaient déterminer si la fragilité des États pouvait être évaluée et classée au niveau national à l'aide du cadre existant.

À cette fin, la technologie est utilisée pour permettre aux chercheurs de traiter d'importants volumes de données afin d'effectuer les évaluations au niveau national en vue d'alimenter le FSI. Sur la base de l'approche globale de CAST en matière de sciences sociales, les données proviennent de trois flux principaux – ensembles de données quantitatives préexistants[762], analyse de contenu[763] et analyse qualitative

[761] The Fund for Peace. *Fragile States Index methodology and CAST framework.* 2017, p. 4.

[762] Des ensembles de données quantitatives préexistants, provenant généralement d'agences statistiques internationales et multilatérales (telles que les Nations unies, la Banque mondiale, l'Organisation mondiale de la santé), sont identifiés pour leur capacité à représenter statistiquement les aspects clés des indicateurs. Les ensembles de données brutes sont normalisés et mis à l'échelle en vue d'une analyse comparative. Les tendances identifiées dans l'analyse quantitative pour chaque pays sont ensuite intégrées aux résultats de la phase d'analyse du contenu.

par des experts[764]. Ces trois flux de données sont ensuite triangulés et soumis à un examen critique, en appliquant un ensemble de règles visant à garantir que les ensembles de données sont intégrés d'une manière qui profite de la force de chacune de ces approches. Cette démarche permet également de s'assurer que les faiblesses, les lacunes ou les biais inhérents à une source sont vérifiés par les autres. Bien que les données de base sur lesquelles repose l'indice soient déjà librement et largement disponibles en ligne, la force de l'analyse réside dans la rigueur méthodologique et l'intégration systématique d'un large éventail de sources de données. Les scores finaux des indicateurs pour chaque pays sont ensuite produits sur la base de ce processus. L'équipe de recherche procède ensuite à un examen de l'indice final.

Le produit final de l'indice FSI est conçu comme un point d'entrée vers une analyse interprétative plus approfondie pour l'utilisateur - conformément à l'approche du cadre CAST. Bien qu'un indice classe intrinsèquement différents pays – certains étant plus fragiles que d'autres - l'objectif ultime du FSI est de mesurer les tendances des pressions au sein de chaque État. En identifiant les pressions les plus importantes au sein d'un pays, il offre la possibilité aux décideurs politiques et aux praticiens d'approfondir leur analyse et leur planification afin de renforcer la résilience de chaque État. L'indice FSI prend en compte douze indicateurs regroupés dans divers domaines : (i) cohésion[765], (ii) économie[766], (iii) politique[767], (iv) social[768] ainsi que

---

[763] Chacun des douze indicateurs du cadre CAST est décomposé en sous-indicateurs et, pour chacun d'entre eux, des centaines de phrases de recherche booléenne sont appliquées aux données mondiales provenant des médias afin de déterminer le degré d'importance des questions pour chacun de ces sous-indicateurs dans chaque pays. Les données brutes comprennent des articles de presse, des rapports de recherche et d'autres données qualitatives provenant de plus de 10.000 sources anglophones différentes dans le monde entier. Chaque année, le nombre d'articles et de rapports analysés se situe entre 45 et 50 millions. Sur la base de l'importance évaluée pour chacun des sous-indicateurs, des notes provisoires sont attribuées à chaque pays.

[764] Séparément, une équipe de chercheurs en sciences sociales examine indépendamment chacun des pays, en fournissant des évaluations basées sur les événements clés de l'année en cours, comparés à ceux de l'année précédente. Sachant que chaque ensemble de données et chaque approche présentent des forces et des faiblesses différentes, cette étape permet de s'assurer que les tendances dynamiques d'une année sur l'autre à travers différents indicateurs sont prises en compte – ce qui peut ne pas être évident dans des ensembles de données quantitatives décalées qui mesurent des facteurs structurels à plus long terme.

[765] Security Apparatus, Factionalized Elites et Group Grievance.

les facteurs externes[769]. Chacun des douze indicateurs est évalué sur une échelle de 0 à 10 points, soit alors un score total évalué sur 120 points pour chaque État analysé[770].

Plus le score de l'indice FSI est faible, plus le pays est stable, et un score plus élevé indique une plus grande instabilité. Il est plus utile de comparer un pays à lui-même, au fil du temps, plutôt que de comparer les scores de plusieurs pays. Aussi, l'indice FSI doit être perçu comme un point d'entrée à une analyse plus approfondie afin de mieux comprendre les capacités et les pressions d'un État qui contribuent à sa fragilité. Les États, sur la base de leurs scores, sont classés dans différentes catégories : *Very Sustainable »*[771] *« Sustainable »*[772], *« Very Stable »*[773], *« More Stable »*[774], *« Stable »*[775], *« Warning »*[776], *« Elevated Warning »*[777], *« High Warning »*[778], *« Alert »*[779], *« High Alert »*[780] *et « Very High Alert »'*[781]

En particulier, l'indicateur de cohésion relatif à « l'appareil sécuritaire » prend en compte les menaces pour la sécurité d'un État, telles que les attentats à la bombe, les attaques et les décès liés aux combats, les mouvements rebelles, les mutineries, les coups d'État ou le terrorisme. L'appareil sécuritaire tient également compte des facteurs de criminalité grave, tels que le crime organisé et les homicides, et de la confiance perçue des citoyens dans la sécurité nationale. Dans certains cas, l'appareil sécuritaire peut aller au-delà des forces de défense et de sécurité gouvernementales et inclure des milices privées parrainées ou soutenues par l'État qui terrorisent les opposants politiques, les

---

[766] Economic Decline and Poverty, Uneven Economic Development and Human Flight and Brain Drain.

[767] State Legitimacy, Public Services, Human Rights and Rule of Law.

[768] Demographic Pressures, Refugees, and Internally Displaced Persons.

[769] External Intervention.

[770] Le nombre d'États couverts en 2023 est de 179 contre 146 en 2006.

[771] Score compris entre 0 et 20.

[772] Score compris entre 20 et 30.

[773] Score compris entre 30 et 40.

[774] Score compris entre 40 et 50.

[775] Score compris entre 50 et 60.

[776] Score compris entre 60 et 70.

[777] Score compris entre 70 et 80.

[778] Score compris entre 80 et 90.

[779] Score compris entre 90 et 100.

[780] Score compris entre 100 et 110.

[781] Score compris entre 110 et 120.

« ennemis » présumés ou les civils considérés comme sympathisants de l'opposition.

Dans d'autres cas, l'appareil de sécurité d'un État peut inclure des unités de renseignement secrètes ou d'autres forces de sécurité irrégulières, qui servent les intérêts d'un leader politique ou d'un clan[782]. L'indicateur prend également en compte la résistance armée à une autorité gouvernementale, entre autres, la manifestation de soulèvements violents et d'insurrections, la prolifération de milices indépendantes, de groupes d'autodéfense ou de mercenaires qui remettent en question le monopole de l'État sur l'usage de la force.

Les questions à considérer pour la collecte de cet indicateur sur l'appareil sécuritaire comprennent, entre autres, la situation du monopole de l'usage de la force (tutelle civile de l'armée, existence de milices privées contre l'État, existence d'activités paramilitaires, existence de guérillas et contrôle de territoire par ces dernières, etc.), le lien entre la sécurité et la citoyenneté (degré de professionnalisation des forces de l'ordre, existence d'une forme de violence parrainée par l'État et qui soit politiquement motivée, réaction de l'État face aux insurrections ou toute autre situation d'insécurité), l'usage de la force (méthodes de maintien de l'ordre et usage disproportionné de la force par les forces de défense et de sécurité) et la prolifération des armes (disponibilité élevée d'armes et existence de programme de démobilisation, désarmement, et réintégration des combattants si le pays est en phase de reconstruction).

Au demeurant, les conflits armés internes limitent considérablement la capacité d'un État à faire face aux menaces sécuritaires et remettent en cause le monopole de l'usage de la force par l'État, tout en réduisant le degré de confiance des citoyens en leur État. Les conflits armés internes exacerbent la discorde entre les élites politiques et sociales belligérants ; ce qui a tendance à accentuer les inégalités dans la distribution des dividendes du développement. Sur le plan économique, les conflits armés internes constituent un frein au progrès économique et pire encore, sont souvent une source de déclin économique. La situation de conflit favorise par ailleurs la fuite des cerveaux et des compétences.

---

782 The Fund for Peace. *Fragile States Index methodology and CAST framework.* 2017, p. 6.

Sur le plan politique, les conflits armés remettent sérieusement en cause le degré de légitimité dont jouit un État. Les conséquences néfastes des conflits armés sur les infrastructures physiques et le fonctionnement des services publics entraînent un faible niveau de satisfaction générale des populations à l'égard des services publics offerts par un État. Les conflits armés s'accompagnent, assez souvent, de graves violations des droits de l'homme. Sur le plan social, les conflits armés sont une source de déplacements massifs de populations à l'intérieur du territoire de l'État. Aussi, en cas de conflits armés dans un État voisin, un État donné est susceptible d'accueillir des populations réfugiées. Dans le domaine externe, l'intensité d'un conflit armé conjugué à la faiblesse d'un État, peut susciter des interventions extérieures de la part des gouvernements et des acteurs non étatiques. Il ressort de tout ce qui précède que les conflits armés contribuent significativement à la fragilité d'un État à travers son effet négatif direct sur l'appareil sécuritaire ainsi que ces effets négatifs indirects sur les différents autres domaines considérés dans le calcul du FSI.

S'agissant du Liberia, il convient de souligner que son score de fragilité s'est situé, pour les rapports de la période 2006-2020, entre 90.0 et 99.0, classant le pays dans la catégorie « *Alert* » qui traduit un degré élevé de fragilité[783]. Pour les rapports de la période 2021-2023, la situation s'est améliorée avec un score légèrement inférieur à 90[784]. Cependant, l'une des principales insuffisances est que les rapports FSI ne couvrent pas la période 1990-2004, qui est une période très critique du conflit libérien. Au demeurant, en dépit de la légère accentuation de la fragilité entre le rapport 2023 et celui de 2022, l'on note, en revanche, une amélioration de la stabilité du pays, aussi bien pour le court terme[785] que pour le long terme[786].

Concernant la Sierra Leone, les rapports FSI révèlent une situation légèrement moins fragile que celle du Liberia, à l'exception des

[783] Voir Tableau récapitulatif des scores de fragilité du Liberia, de la Sierra Leone et de la Côte d'Ivoire entre 2006 et 2023 dans les annexes.

[784] Pour le rapport 2023, le score FSI du Liberia est de 88,9, classant le pays dans la catégorie « High Warning » et au 33e rang sur un total de 179 pays et territoires.

[785] Le score FSI du rapport 2023 est en recul de 3,7 points comparativement à la situation d'il y a 5 ans.

[786] Le score FSI du rapport 2023 est en recul de 6,2 points comparativement à la situation d'il y a 10 ans

rapports de la période 2008-2010[787], cependant les deux pays demeurent néanmoins dans la même catégorie de fragilité. Pour le rapport 2023, le score FSI de la Sierra Leone est ressorti à 81,4, classant le pays dans la catégorie « High Warning » et au 51e rang sur un total de 179 pays et territoires. Les différents rapports révèlent en particulier une nette tendance à l'amélioration de la stabilité du pays, reflétée par une baisse régulière du score FSI depuis 2015[788].

Il a fallu environ dix ans à la Sierra Leone pour sortir de la catégorie « *Alert* », dans laquelle elle se trouvait au lancement du rapport FSI ; quant au Liberia, quinze ans ont été nécessaires. La consolidation de la paix se révèle ainsi être un processus de long terme. Lorsque le FSI a été produit pour la première fois, les deux pays sortaient de plusieurs années de guerre civile. La similarité des trajectoires d'évolution des situations de fragilité du Liberia et de la Sierra Leone peut s'expliquer dans une certaine mesure par les interrelations entre la guerre civile du Liberia et celle de la Sierra Leone. Par ailleurs, l'on doit nécessairement être prudent lorsque l'on doit interpréter le FSI pour tirer des conclusions sur des questions aussi complexes que les conflits régionaux, interétatiques, transfrontaliers, intra-étatiques et localisés. Les cas du Liberia et de la Sierra Leone illustrent à quel point des pays voisins peuvent être étroitement liés : la guerre civile du Liberia a fortement déstabilisé la Sierra Leone. Lorsque les forces de maintien de la paix se sont déployées dans le sud de la Sierra Leone en 2001, Charles Taylor a perdu le contrôle de l'industrie du diamant, ce qui a affaibli son emprise sur le Liberia et préparé le terrain pour sa démission. Grâce à l'alerte précoce, au développement sensible aux conflits, aux messages de paix, au renforcement des capacités et à la collaboration entre les différentes parties prenantes, les États fragiles du monde entier peuvent devenir plus pacifiques et plus prospères.

Quant à la Côte d'Ivoire, le pays est classé dans la catégorie « *High Alert* » pour tous les rapports de la période 2006-2015 ; ce qui traduit une extrême fragilité[789]. À l'instar de la Sierra Leone, dix ans ont été

---

[787] Durant cette période le score FSI de la Sierra Leone est légèrement supérieur à celui du Liberia mais les scores classent les deux pays dans la même catégorie « Alert ».

[788] Le score FSI du rapport 2023 est en recul de 7,7 points et de 9,8 points comparativement aux situations d'il y a 5 ans et 10 ans, respectivement.

[789] En 2006, pendant que la crise ivoirienne était encore très aiguë et les sanctions de l'ONU mises en application, la Côte d'Ivoire, avec un score FSI de 109,2 fut classée

également nécessaires pour que la Côte d'Ivoire sorte de cette catégorie « *High Alert* ». Cependant, depuis la fin de la crise post-électorale, la stabilité s'est régulièrement améliorée, sauf exceptionnellement pour le rapport 2021 pour lequel on constate une accentuation de la fragilité pour plusieurs pays dans le monde, à cause de divers facteurs dont les effets de la pandémie du COVID-19. Pour le rapport 2023, la Côte d'Ivoire avec un score FSI de 87,1 était classée dans la catégorie « *High Warning* ». Cette tendance positive de l'évolution de la situation de la fragilité se confirme aussi bien à court terme qu'à long terme[790].

Par ailleurs, sur le plan sous-régional, il convient de souligner que le Nigéria, affecté par l'insurrection armée de Boko Haram, est constamment classé dans les catégories « *Alert* » ou « *High Alert* » dans les rapports FSI de la période 2006-2023. Sur la même période, le Niger a constamment été dans la catégorie « *Alert* » sauf pour le rapport 2006 pour lequel le pays était classé dans la catégorie « *High Warning* ». Quant au Burkina Faso, le pays a été classé entre « *High Warning* » et « *Alert* » au gré de l'évolution des facteurs de fragilité du pays, dont bien évidemment la question sécuritaire. Concernant le Mali, on note une forte augmentation de l'indice dans le rapport de 2013, suite, entre autres, à l'éclatement de la rébellion du Nord. Dans le rapport 2012, le Mali est classé 79e avec un score total de 77.9, tandis que dans celui de l'année suivante, avec un score total de 89.3, le pays est classé 38e.

B. Le cadre de l'OCDE sur la fragilité des États

Concernant l'OCDE, il convient de noter que dans le droit fil de la mission de l'organisation consistant à promouvoir « des politiques meilleures pour une vie meilleure », le Réseau international sur les situations de conflit et de fragilité s'emploie à contribuer à la conception de politiques les plus susceptibles de favoriser le développement dans des contextes fragiles et, partant, de permettre aux pays concernés de sortir durablement de la pauvreté et de l'insécurité. À l'appui de ces efforts, l'OCDE assure, depuis 2005, le suivi des avancées obtenues

le 3e pays le plus fragile au monde derrière le Soudan (112,3) et la République Démocratique du Congo (110,1).

790 Le score FSI du rapport 2023 est en recul de 7,5 points et de 16,4 points comparativement aux situations d'il y a 5 ans et 10 ans, respectivement.

en matière de développement et des apports de ressources aux contextes fragiles[791].

Toutefois, les limites du recours à une liste sont apparues de manière évidente avec le temps. Tout d'abord, il est désormais largement reconnu que la fragilité est un phénomène multidimensionnel. Ensuite, force est de constater que la fragilité ne concerne pas uniquement que les pays en développement ; les défis qui y sont associés sont universels, tel que le reconnaît le cadre de développement pour l'après-2015, qui a impulsé une précieuse dynamique pour repenser et réexaminer la définition et les modalités du suivi de la fragilité. L'OCDE s'attache donc désormais à promouvoir un cadre sur la fragilité à la fois universelle et multidimensionnelle.

Parallèlement, il convenait d'accorder plus d'attention aux différentes dimensions de la fragilité et à la manière dont elles étaient mesurées. Qui plus est, au sein de la communauté internationale, d'aucuns redoutaient que la suppression de la liste ne pose des problèmes pratiques pour les organismes donateurs qui l'utilisaient dans le cadre de l'élaboration de leurs programmes et politiques d'aide. Tenant compte de ces préoccupations, l'OCDE a sollicité les conseils d'une diversité de spécialistes en vue de perfectionner le modèle. Les résultats de ce processus de consultations approfondies ont permis de construire le nouveau cadre de travail sur la fragilité. Le Cadre de l'OCDE sur la fragilité tient compte non seulement de l'exposition actuelle à des événements négatifs tels que des catastrophes naturelles et des conflits armés, mais aussi de la capacité à faire face à l'avenir à des événements négatifs dont la survenue est probable. Le Cadre examine cinq dimensions[792] de la fragilité à partir d'une typologie classique des risques contextuels.

---

[791] Jusqu'en 2014, l'OCDE s'appuyait sur une « liste des États fragiles » pour établir une distinction entre les pays et territoires « fragiles » d'une part et les « autres » pays en développement d'autre part. Cette liste résultait de la fusion de la liste harmonisée des situations de fragilité établie conjointement par la Banque mondiale, la Banque asiatique de développement et la Banque africaine de développement, et de l'indice des États fragiles (Fragile States Index) du Fonds pour la Paix. Cette double approche offrait plusieurs avantages : elle permettait à la fois d'établir des comparaisons entre les pays fragiles et les autres pays en développement, et d'attirer l'attention sur les besoins et difficultés spécifiques du groupe des pays en situation de fragilité.

[792] Dans son rapport sur les États de fragilité 2022, l'OCDE a ajouté une sixième dimension à son cadre multidimensionnel de fragilité – la dimension humaine – afin

Du point de vue économique, il s'agit de la vulnérabilité face aux risques induits par la faiblesse des fondements économiques et du capital humain, comme les chocs macroéconomiques, la croissance inégalitaire ou le chômage élevé des jeunes. Parmi les facteurs de risque mesurés figurent la dépendance vis-à-vis d'une ressource de rente ; la part des emplois vulnérables dans l'emploi total ; la dette publique ; le nombre de jeunes sans emplois et ni scolarisés ni en formation ; la dépendance vis-à-vis de l'aide ; la croissance du PIB ; et le taux de chômage. Les indicateurs relatifs à la capacité d'adaptation comprennent le niveau d'instruction, la capacité de l'État à produire des réglementations de grande qualité, l'éloignement par rapport aux marchés mondiaux, et la proportion d'hommes et de femmes dans la population active. La sécurité alimentaire est également un élément important dans l'environnement économique global.

Du point de vue environnemental, il s'agit de la vulnérabilité face aux risques environnementaux, climatiques et sanitaires qui influent sur la vie et les moyens d'existence des citoyens. Ces facteurs de risque peuvent être externes ou internes ; il s'agit de l'exposition aux catastrophes naturelles, et de la qualité de l'air, de l'eau et de l'assainissement ; de la prévalence de maladies infectieuses et de la vulnérabilité des moyens d'existence des ménages. Les changements climatiques accroissent la vulnérabilité aux risques environnementaux dans bon nombre de contextes fragiles. Les variables permettant d'atténuer ces risques sont : une société civile forte, un état de droit et des dispositifs de gouvernance solides, et la sécurité alimentaire.

Du point de vue politique, il s'agit de la vulnérabilité face aux risques inhérents aux processus, événements ou décisions politiques ; déficit d'inclusivité sur le plan politique ; niveau de transparence, de

---

de mesurer les facteurs affectant la réalisation du bien-être et du potentiel des personnes. Cette dimension proposée complète les cinq dimensions existantes du cadre. Elle évalue les risques spécifiques qui pèsent sur le développement humain, ainsi que les capacités d'adaptation qui peuvent contribuer à le promouvoir, en mettant l'accent sur la réalisation de la santé universelle, de l'éducation, de l'équité et du bien-être. Cette nouvelle dimension permettra aux décideurs politiques et aux praticiens d'accorder une attention particulière à ces facteurs lorsqu'ils travailleront sur le lien entre l'humanitaire, le développement et la paix pour lutter contre la fragilité. L'ajout de cette dimension s'inscrit dans le cadre d'un effort plus large de l'OCDE visant à actualiser son cadre de fragilité en fonction des derniers débats politiques et de la littérature, et à doter les acteurs de meilleures données pour élaborer leurs politiques dans les contextes de crise et de fragilité, en particulier à la lumière de la pandémie de COVID-19.

corruption et capacité de la société à s'adapter au changement et à éviter l'oppression. Les facteurs de risque ont trait à la persistance du régime, aux actes de violence soutenus par l'État ou à la terreur politique, et au niveau de corruption. Les moyens d'adaptation sont globalement liés aux dispositifs de gouvernance comme les élections, les contraintes du judiciaire et du législatif sur le pouvoir exécutif, et la redevabilité des pouvoirs publics. La législation sur le viol et les violences domestiques témoigne par ailleurs de la capacité de réponse de la communauté nationale à un vecteur majeur de fragilité.

Du point de vue sécuritaire, il s'agit de la vulnérabilité de la sécurité globale face à la violence et à la criminalité, singulièrement la violence politique et la violence sociale. Les risques se mesurent à l'aune du taux d'homicides, du niveau d'activités criminelles violentes, du nombre de décès dus à des acteurs non étatiques ou au terrorisme, du nombre de décès liés aux combats dans le cadre de conflits classiques, et du niveau de violences domestiques. Les indicateurs relatifs aux moyens d'adaptation comprennent le nombre d'agents de police et d'agents de sécurité en proportion du nombre d'habitants, l'effectivité de l'état de droit, l'ampleur du contrôle que l'État est en mesure d'exercer sur le territoire, et l'existence d'alliances officielles permettant de limiter les conflits entre États.

Du point de vue sociétale, il s'agit de la vulnérabilité face aux risques qui menacent la cohésion sociale induits par des inégalités verticales et horizontales[793]. Parmi les indicateurs de risque figurent les inégalités de revenu et les inégalités sociales liées au genre, la croissance de l'urbanisation et le nombre de personnes déplacées. Au nombre des variables d'adaptation se trouvent la robustesse de la société civile, l'accès à la justice dont bénéficient les citoyens pour résoudre des litiges et faire entendre leur voix, et la redevabilité État-collectivité.

La méthodologie repose sur un processus en deux étapes, consistant, dans un premier temps, à examiner les contextes au regard de chacune des cinq dimensions, puis à compiler ces informations afin d'obtenir

[793] Les inégalités verticales font référence à la répartition des résultats au sein de la population, du bas au sommet de la distribution (disparités entre les membres d'une société à travers par exemple l'indice de Gini du revenu disponible), tandis que les inégalités horizontales concernent la taille de l'écart entre certaines catégories de la population définies sur la base de caractéristiques communes (par exemple le sexe, l'âge, le niveau d'étude, etc.).

une vue d'ensemble de la fragilité. Pour chaque dimension, on procède à une analyse en composantes principales pour dégager deux composantes principales à partir de calculs statistiques portant sur les indicateurs relatifs aux risques et à la capacité d'adaptation[794]. Une fois les composantes de chaque dimension sont calculées, les contextes sont ensuite regroupés par similarités et classés, puis décrits. Le panachage de méthodes quantitative et qualitative offre donc une approche plus souple permettant de décrire la fragilité dans toute sa diversité. La fragilité se mesure sur une échelle d'intensité et s'exprime différemment selon les dimensions étudiées – économique, environnementale, politique, sécuritaire et sociale. Chacune de ces dimensions est représentée par 8-12 indicateurs – 44 au total pour les 5 dimensions – qui mesurent les risques et les capacités d'adaptation à la fragilité[795]. Ainsi, le Cadre multidimensionnel de l'OCDE sur la fragilité rend compte des interactions entre fragilité, risques et résilience, et apporte des éclairages sur la façon dont, et les domaines où, les acteurs internationaux peuvent aider à remédier aux causes profondes de la fragilité dans chacune de ses dimensions tout en consolidant les sources de résilience.

Le rapport de l'OCDE insiste sur la multiplicité des liens – même s'ils ne sont pas automatiques – entre la violence et les différents types de fragilité étudiés. Des institutions faibles et corrompues, des inégalités économiques et sociales extrêmes, ou encore des rivalités pour l'accès au pouvoir sont autant de manifestations de la fragilité politique qui mènent très souvent à la violence[796]. Un cercle vicieux s'installe par la suite puisque la violence entraîne le plus souvent l'instabilité politique. Après la fin d'un conflit armé, la violence qui était politique auparavant peut persister sous la forme du crime

---

[794] Le calcul de deux mesures par dimension présente plusieurs avantages par rapport à la construction d'un seul indice composite. Premièrement, le recours à deux mesures permet de mieux cerner les différences entre des contextes qui auraient obtenu le même score si une mesure unique avait été utilisée. Deuxièmement, le fait d'utiliser les deux premières composantes principales permet de regrouper schématiquement les contextes en fonction des similarités qu'ils présentent pour l'ensemble des variables d'entrée. Troisièmement, chaque indicateur est pondéré en fonction de la quantité d'informations nouvelles qu'il apporte à l'ensemble de données et non sur la base d'un ensemble de jugements normatifs quant à leur importance relative.

[795] Pour rappel, dans le rapport 2022 des États de la fragilité, une sixième dimension, le capital humain, a été ajouté au cadre multidimensionnel de l'OCDE sur la fragilité.

[796] Héau, Loriane. *Enseignement et enjeux du rapport de l'OCDE « État de fragilités 2016 – comprendre la violence »*. Éclairage du GRIP, 2017, p. 2.

organisé, en particulier en présence de trafics, ce qui souligne les liens entre vulnérabilités sécuritaires et violence.

Concernant nos trois pays d'étude, l'analyse rétrospective des rapports de l'OCDE renseigne que le Liberia, la Sierra Leone et la Côte d'Ivoire ont figuré sur la liste des États fragiles durant toute la période 2007-2015, sauf pour l'année 2013 en ce qui concerne la Côte d'Ivoire.[797] Ces trois pays ont également figuré dans les contextes fragiles des années 2016, 2018 et 2020 ; cependant, en 2022, seul le Liberia y figure parmi les trois pays. Le rapport 2016 sur la fragilité[798] rassemblait 56 contextes fragiles, dont 15 « extrêmement fragiles ». Les mêmes critères furent utilisés pour le rapport de 2018, où sont dénombrés au total 58 États fragiles[799], les 15 contextes d'extrême fragilité n'ayant pas changé[800]. Pour l'année 2020, le rapport de l'OCDE sur les États de fragilité révèle que 57 pays sont dans des contextes fragiles, dont 13 sont « extrêmement fragiles ». Comparativement au rapport précédent de 2018, quatre pays se sont ajoutés aux contextes fragiles (Nicaragua, Lesotho, Togo et Cambodge) tandis que cinq autres pays ont été retirés (Égypte, Malawi, Népal, Rwanda et Timor Leste)[801].

Il ressort du rapport de l'OCDE sur les États de fragilité 2022[802] que 60 pays sont dans des situations de fragilités dont 15[803] dans des contextes « extrêmement fragiles ». Au demeurant, il ressort du rapport que les contextes fragiles présentent une grande diversité sur le plan de la géographie, des revenus, de la situation politique ainsi que de la présence de conflits et de leur intensité. Par ailleurs, pour l'année 2022, il ressort des rapports de FSI (Rapport annuel 2023) et de l'OCDE (États de fragilité 2022) que tous les États des catégories « *Very High Alert*[804] » et « *High Alert*[805] » du FSI font également partie de la

[797] OCDE. États de fragilité 2015 : réaliser les ambitions de l'après-2015. 2016, p. 34-35.
[798] OCDE. *États de fragilité 2016 : comprendre la violence*. 2017, 200 p.
[799] OCDE. *États de fragilité 2018*. Version révisée, février 2019, 314 p.
[800] Il s'agit des pays suivants : Somalie, Soudan du Sud, République Centrafricaine, Yémen, RDC, Afghanistan, Tchad, Syrie, Burundi, Éthiopie, Érythrée, Soudan, Haïti, Irak, Mali.
[801] OCDE. *États de fragilité 2020*. 2021, p. 27.
[802] OCDE. *États de fragilité 2022*. 2023, 116 p.
[803] Il s'agit des pays suivants : Somalie, Soudan du Sud, Afghanistan, Yémen, République Centrafricaine, RDC, Tchad, Syrie, Congo, Haïti, Burundi, Soudan, Érythrée, Irak et Guinée équatoriale.
[804] Somalie.

catégorie « contextes extrêmement fragiles » du rapport de l'OCDE, à l'exception de l'Éthiopie et du Myanmar[806]. Même si ces résultats illustrent une certaine convergence relative des deux approches, surtout en ce qui concerne la situation d'extrême fragilité des États, ils appellent surtout à plus de prudence dans la comparaison des deux approches.

Section 2 : Quelques caractéristiques fondamentales des États défaillants

Paragraphe 1 : Une autorité et un pouvoir politiques faibles

Avant de décrire l'autorité politique des États défaillants, il nous paraît utile de clarifier cette notion et celle de pouvoir politique qui lui est associée. L'autorité peut être attachée à la fonction (représentant de l'État, prélat...), mais elle peut découler de la capacité individuelle. Le chef d'une Église, le roi ou le père de famille ont incarné ce pouvoir dans les sociétés anciennes et modernes. Nommée leadership par les sciences humaines, cette aptitude fait implicitement référence aux mécanismes d'identification positive, voire de projection des subordonnés sur le leader. L'autorité est en moyenne aujourd'hui plus partagée et plus diffuse dans la société, les institutions et la famille. Les sciences humaines distinguent quelques caractéristiques fondamentales de l'autorité.

Selon Lahouari Addi[807], l'autorité n'est pas forcément le pouvoir et le pouvoir peut ne pas avoir d'autorité. Ce qui distingue l'autorité du pouvoir, c'est que celle-là peut se faire obéir sans contrainte, tandis que celui-ci peut utiliser la force pour contraindre à l'obéissance. C'est ainsi que l'on parle de l'autorité d'un chef religieux, ou d'un expert et l'on parle du pouvoir de la police ou du juge. Les Romains distinguaient déjà les deux notions qu'ils appelaient *auctoritas* et *potestas*, notions qui connaîtront ultérieurement un glissement sémantique pour être traduites, improprement du reste, par « pouvoir spirituel » et « pouvoir

[805] Yémen, Soudan du Sud, RDC, Syrie, Afghanistan, Soudan, République Centrafricaine, Tchad, Haïti, Éthiopie et Myanmar.

[806] Dans la catégorie des « contextes extrêmement fragiles » du rapport sur les États de fragilité 2022 de l'OCDE, on y retrouve également les pays suivants : République du Congo, Burundi, Érythrée, Iraq et Guinée équatoriale. Ces pays se situent dans la catégorie « Alert » du rapport FSI 2023, sauf la Guinée équatoriale qui est dans la catégorie « High Warning ».

[807] Addi, Lahouari. « La notion d'autorité politique et l'idéologie étatique ». *Cahiers Internationaux de Sociologie,* vol. 94, 1993, p. 146.

temporel », et renvoyant aux relations souvent conflictuelles entre l'Église et les monarchies de l'Europe médiévale[808].

En fait, il n'existe pas de pouvoir sans un minimum d'autorité, c'est-à-dire qu'il n'existe pas de pouvoir qui ne repose que sur la force physique. Un tel pouvoir ne serait que commandement, reposant sur la contrainte par la force, et n'aurait pas d'avenir dans la mesure où, sitôt que ceux qui subissent la contrainte s'organiseront pour opposer une résistance, il sera abattu. Le pouvoir est un commandement dédoublé d'une légitimité d'où il puise l'autorité nécessaire pour réduire toute velléité de désobéissance. Ce qui fonde donc l'autorité, c'est la légitimité, c'est-à-dire une croyance intériorisée par les gouvernés et qui les fonde à obéir sans qu'ils soient contraints de l'extérieur[809], poursuit l'auteur. Cependant, bien que le pouvoir puisse utiliser la force pour contraindre à l'obéissance, il ne se confond pas avec la force. Il suppose surtout la volonté d'agir en direction de buts reconnus. Ceux qui détiennent le pouvoir, les élites politiques par exemple, usent de la puissance et ont besoin d'autorité. Ils recherchent le prestige, l'un des attributs fondamentaux de l'autorité et du pouvoir.

Si le pouvoir est une donnée incontournable de l'existence en société, c'est-à-dire de l'existence humaine en général, et qu'aucun ordre politique ne peut tenir durablement sans cette ressource fondamentale, la manière et l'insistance avec lesquelles une forme politique se repose explicitement sur lui est une donnée contingente et historique. Analysant de façon critique le pouvoir et l'autorité chez Hannah Arendt, Yves Sintomer soutient que la notion d'autorité renvoie chez Arendt à deux phénomènes qu'il convient de distinguer. D'une part, ses caractéristiques sont largement tirées d'une phénoménologie de cette relation diffuse dans le corps social qui est appelée communément « autorité ». D'autre part, et c'est sur cela qu'insiste Arendt de façon décisive, l'autorité constitue le principe actif de légitimation du gouvernement et, plus généralement, d'une forme politique. En ce sens, la notion est dérivée explicitement de *l'auctoritas* classique[810].

Avant d'analyser précisément la relation que Hannah Arendt établit entre pouvoir et autorité, Yves Sintomer trouve important de saisir les caractéristiques de ce dernier concept. L'autorité se définit en opposition

---

[808] Addi, Lahouari. *op. cit.*, p. 146.

[809] *Ibid.*

[810] Sintomer, Yves. « Pouvoir et autorité chez Hannah Arendt ». *L'Homme et la société*, N. 113, 1994. p. 121.

à la persuasion (*persuasion*) et à la contrainte (*coercion*). Lorsque les ressources de l'argumentation se déploient dans le cadre d'une relation égalitaire, il s'agit d'un rapport de pouvoir et l'autorité est suspendue ; à l'inverse, l'usage de la violence signifie que l'autorité a échoué. En effet, l'autorité, si elle implique elle aussi une relation hiérarchique stable, où la place de chacun (e) est définie sur un axe vertical, suppose en même temps une reconnaissance de la part de ceux/celles sur lesquel(le)s elle s'exerce. Plus précisément, son trait principal est que ceux/celles « dont l'obéissance est requise la reconnaissent inconditionnellement ; il n'est en ce cas nul besoin de contrainte ou de persuasion[811].

Paragraphe 2 : Une incapacité à maintenir l'ordre public et à assurer la sécurité

Avant le début de la guerre civile, le système judiciaire du Liberia était entre les mains d'individus puissants qui utilisaient ces structures en toute impunité pour maintenir et légitimer leur pouvoir. Cela a eu pour conséquence de cultiver la méfiance des Libériens à l'égard des systèmes de sécurité et de justice pendant une longue période. La culture de la non-responsabilité, caractérisée par l'absence d'institutions impartiales, a été une cause majeure du conflit et a contribué à alimenter la guerre civile au Liberia. Pour de nombreux citoyens, la justice semblait être le privilège des riches, qui pouvaient facilement manipuler et corrompre le système à leur avantage. Les systèmes judiciaire et sécuritaire ont été historiquement très centralisés dans quelques villes et villages du Liberia, bien que la présence la plus importante se trouve dans la capitale, Monrovia. Même après la guerre, la présence de la police en dehors de Monrovia était toujours très limitée ; certaines zones en étaient toujours dépourvues. La présence limitée du personnel de sécurité nationale en dehors de Monrovia, en plus de la faiblesse des infrastructures logistiques, ont entraîné des défis tels que l'incapacité à contenir les situations de conflit - un exemple étant la violence intercommunautaire qui a eu lieu dans la ville de Voinjama en 2010, qui a été réprimée par l'intervention de la MINUL.

Par ailleurs, à un moment donné de la période post-conflit, la sécurité au Liberia dépendait en grande partie de la présence de la MINUL ; et les activités du personnel du secteur de la sécurité en dehors de Monrovia ont été largement tributaires de la présence de la

[811] Sintomer, Yves. *Op. cit.*, p. 122.

MINUL et soutenues par elle. Pour rappel, la MINUL a été créée par la résolution S/RES/1509 (2003) du 19 septembre 2003 du Conseil de Sécurité des Nations Unies. À son apogée, la MINUL a stationné environ 15.000 militaires au Liberia, ce qui en faisait l'une des plus grandes missions de maintien de la paix au monde à l'époque. Depuis 2003, les capacités de maintien et de consolidation de la paix des Libériens n'ont cessé de se développer, ce qui a permis de réduire les effectifs de la mission. La MINUL avait toutefois renforcé sa présence autour de la frontière du Liberia avec la Côte d'Ivoire, car le conflit et la violence liés aux résultats contestés des élections en Côte d'Ivoire fin 2010/début 2011 continuaient, à l'époque, de menacer la sécurité du Liberia.

Dès lors, le retrait de la MINUL dépendait de l'existence d'un système de justice et de sécurité efficace et durable au Liberia. Des efforts ont été déployés pour reconstruire les structures nationales de sécurité et de justice. Le succès de ces efforts dépend toutefois du niveau de perception positive et de confiance de la population envers le gouvernement. Le renforcement de cette confiance a été un objectif majeur de l'intervention. Malheureusement, le rétablissement de la confiance du public dans le secteur de la justice et de la sécurité au Liberia restait, à l'époque, un défi de taille.

Les secteurs de la sécurité et de la justice sont restés en bonne place dans le programme de consolidation de la paix du Liberia depuis 2006. Par le passé, le soutien général apporté aux secteurs de la sécurité et de la justice a été inégal, certains secteurs et espaces géographiques, Monrovia en particulier, recevant de manière disproportionnée plus de soutien et d'attention que d'autres. Cela a contribué à limiter l'impact global du secteur, étant donné l'interdépendance des agences dans le système libérien. Même si la Police nationale libérienne est composée de l'unité d'intervention d'urgence[812] et de l'unité de soutien de la police[813], leur présence en dehors de Monrovia est très faible. De nombreux Libériens n'ont qu'un accès très limité à la justice pour diverses raisons, dont principalement la méconnaissance de leurs droits, le manque d'accès aux services et le manque de confiance dans le processus. C'est cette absence de services et de sensibilisation dans de nombreuses régions du pays et la centralisation excessive de la sécurité et de la justice dans la capitale qui ont contribué à un accès et

[812] Emergency Response Unit.
[813] Police Support Unit.

une utilisation limités des systèmes disponibles, ce qui plaide fortement en faveur de la nécessité de décentraliser davantage ces services vers les comtés.

En Sierra Leone, la guerre civile a eu un impact négatif sur les forces de sécurité. La guerre a mis en évidence l'incapacité des forces de sécurité à défendre efficacement l'État et ses citoyens. La décision hâtive du gouvernement de lever une force pour affronter les rebelles a entraîné l'infiltration d'individus indisciplinés issus de milieux obscurs dans les forces armées en particulier. Enfin, la régionalisation du conflit a conduit à la participation active au conflit de divers groupes et forces armés de pays à l'instar du Liberia (Front national patriotique) et du Burkina Faso, ainsi que de l'ECOMOG, dominé par le Nigéria. En raison de la régionalisation du conflit, les pouvoirs locaux ont exercé un contrôle total sur les décisions militaires et politiques dans leurs zones respectives du pays.

Les membres des forces de défense et de sécurité, en particulier les militaires, étaient de connivence avec les rebelles pour semer la pagaille. Cette thèse est confortée par Lansana Gberie[814], lorsqu'il affirme que le gouvernement lui-même avait admis en 1994 qu'au moins 20 % de ses soldats étaient peu fiables. Selon Nemeth Stephen-Michael[815], cette situation a conduit les journaux sierra-léonais à traiter certains de ces soldats de « sobels », c'est-à-dire soldats pendant le jour et rebelles pendant la nuit[816]. Ce phénomène s'est clairement manifesté par l'alliance entre le RUF et le Conseil de gouvernement des forces armées (AFRC) qui a pris le pouvoir en 1997. Ces excès de l'armée, et bien d'autres, ont engendré une méfiance entre les citoyens et l'armée, ce qui a eu de graves répercussions sur les relations entre civils et militaires dans le pays.

La perte de confiance dans l'armée a conduit à la formation de forces de défense civile, les Tamaboros, les Donsos, les Gbethis et les

---

[814] Gberie, Lansana. *A Dirty War in West Africa: The RUF and the Destruction of Sierra Leone*. Indiana, Indiana University Press, 2005, p. 91.

[815] Stephen-Michael, Nemeth. *La guerre civile en Sierra Leone de 1991 à 2002*. 2012, Université du Québec à Montréal, Mémoire de Maîtrise, p. 11.

[816] Selon Mariane Ferme (cf. notes suivantes), le terme *sobel* apparut pour la première fois en 1993 dans le langage commun, et dans la presse. Il se référait à la tendance tant des soldats que des rebelles de changer de camp de manière opportuniste au cours du combat, afin d'en tirer un maximum de gain. Il soulignait aussi le fait que ces protagonistes étaient interchangeables du point de vue de la population civile soumise à leurs exactions.

Kamajors, ce qui a encore détérioré les relations entre civils et militaires[817]. Le principal objectif de ces groupes était de protéger leurs communautés locales. Cependant, certains de ces groupes, comme les Kamajors[818], avaient de fortes connexions politiques, ce qui a exacerbé le problème, comme l'illustre le fait que le chef de la milice Kamajor, Sam Hinga Norman, a été nommé vice-ministre de la Défense.

Concernant la situation en Côte d'Ivoire, il faut noter que bien avant la mise en place du régime de sanctions en novembre 2004, la capacité du gouvernement à assurer la sécurité sur l'étendue du territoire national est fortement limitée par l'action des forces nouvelles qui contrôlaient le nord du pays et des milices armées. Une mission du Conseil de Sécurité de l'ONU conduite du 26 juin au 5 juillet 2003 en Afrique de l'Ouest[819], avait noté avec inquiétude la poursuite des activités des milices armées qui, selon certains, entretiendraient des liens avec de hauts responsables ivoiriens, alors que l'on continue de faire état de meurtres et de disparitions de personnes soupçonnées d'être liées aux Forces nouvelles[820]. Par ailleurs, le retard mis à désigner les ministres de la Défense et de la Sécurité nationale dans le cadre du Gouvernement de réconciliation nationale mis en place en mars 2003, compromettait à l'époque toute possibilité de progrès. Il se dégageait un consensus général selon lequel les tensions ne pourraient guère s'atténuer dans le pays si cette question ne trouvait pas de solution.

Bien que la situation sécuritaire se soit améliorée après l'arrivée au pouvoir du Président Alassane Ouattara à la suite de l'élection

---

[817] Pour plus de détails sur ces forces de défense civile, voir Ferme, Mariane, et Daniel Hoffman. « Combattants irréguliers et discours international des droits de l'homme dans les guerres civiles africaines. Le cas des « chasseurs » sierra-léonais », *Politique africaine*, vol. 88, no. 4, 2002, pp. 27-48.

[818] Le mot « kamajor » est une forme anglicisée correspondant à diverses prononciations de la langue mende. Souvent le mot est écrit « kamajoh », « kamajoi » ou « kamajo » et, au pluriel, « kamajesia » ou « kamasesia ». Pour plus de détails sur les Kamajors, voir Ferme, Mariane. « La figure du chasseur et les chasseurs-miliciens dans le conflit sierra-léonais », *Politique africaine*, n° 82, 2001, pp. 119-132. Pour plus de détails spécifiques à leur rôle dans la guerre civile en Sierra Leone, voir Muana, Patrick. « The Kamajoi militia: civil war, internal displacement and the politics of counterinsurgency ». *Afrique et Dévéloppement*, XXII (3/4), 1997, pp. 77-100.

[819] À Abuja, la mission s'est entretenue de la situation en Côte d'Ivoire avec le Président nigérian, Olusegun Obasanjo, le Secrétaire exécutif de la CEDEAO et le Représentant spécial de la CEDEAO pour la Côte d'Ivoire, Raph Uwechue. Elle a également échangé des vues sur la question avec le Président en exercice de la CEDEAO et le ministre ghanéen des Affaires étrangères à Accra.

[820] Document S/2003/688, p. 6.

présidentielle de 2010, elle demeurait tout de même fragile. La crise politique qui a suivi le second tour de l'élection présidentielle ivoirienne du 28 novembre 2010 a été caractérisée par une vague de violences postélectorales impliquant différentes parties et entraînant la mort d'au moins 3.000 personnes. Plusieurs des actes de violence commis peuvent être qualifiés de crimes de guerre et de crimes contre l'humanité. Cette crise a laissé un pays fortement divisé faisant face à l'énorme défi de la justice et de la réconciliation nationale[821].

Dans les années qui ont suivi cette crise, plusieurs mécanismes destinés à lutter contre l'impunité ainsi qu'à favoriser la réconciliation ont vu le jour : la Commission nationale d'Enquête, la Cellule Spéciale d'Enquête, la Commission Dialogue, Vérité et Réconciliation, le Programme national de Cohésion Sociale ainsi que des initiatives du ministère de la Solidarité et plus tard, la Commission nationale pour la Réconciliation et Indemnisation des Victimes. Cependant, il existe très peu de coordination entre ces différentes structures. Elles fonctionnent toutes indépendamment sous différentes tutelles ministérielles. Au niveau judiciaire, la Cellule Spéciale d'Enquête a été créée en mai 2011, en tant qu'organe temporaire, pour mener des poursuites judiciaires relatives à la crise postélectorale. Après deux ans de travaux, son mandat a été remis en cause pour finalement – in extremis – être remplacé sous la pression de la société civile, par la Cellule Spéciale d'Enquête et d'Instruction en décembre 2013. Cette instance a le mandat d'enquêter et de mener l'instruction judiciaire relative aux crimes et délits commis à l'occasion de la crise consécutive à l'élection présidentielle de 2010 ainsi qu'à toutes les infractions connexes ou en rapport avec lesdits crimes et délits.[822].

Force était de constater que quatre ans après les événements de la crise postélectorale, aucune session de jugement de juridiction ordinaire n'était malheureusement intervenue pour statuer sur les crimes internationaux commis en Côte d'Ivoire. L'absence d'une juridiction permanente pour juger de ces crimes explique en partie le manque d'avancée réelle dans la lutte contre l'impunité pour les crimes internationaux en Côte d'Ivoire[823]. Par ailleurs, il ressort du rapport de l'expert indépendant en droit de l'homme que l'ONUCI a identifié au

---

[821] Centre International pour la Justice Transitionnelle. *Justice Pénale. Espoirs déçus. Traitement judiciaire des violences postélectorales en Côte d'Ivoire*, 2016, p. 1.
[822] Centre International pour la Justice Transitionnelle, *op. cit.*, p. 1.
[823] *Ibid.*

moins 23 attaques de grande envergure depuis le début du mois d'août 2012 à Abidjan et dans différentes parties du pays. Ces attaques sont parfois simultanées, visant essentiellement des positions des FRCI, de la gendarmerie et des commissariats de police. D'après des informations fournies par le Gouvernement sur la situation de sécurité intérieure de mars à septembre 2012, d'autres attaques auraient été déjouées y compris des tentatives de coup d'État et des opérations de déstabilisation[824]. Face à ces défis sécuritaires, l'Expert réaffirme l'urgence d'accélérer le processus du DDR et de la réforme du secteur de la sécurité. Malgré les efforts du Gouvernement, le retard observé dans ce domaine contribue à la détérioration de la situation sécuritaire dans le pays et débouche sur des violations des droits de l'homme.

[824] A/HRC/22/66 p. 8.

CHAPITRE VI

Les implications politiques et juridiques de la défaillance étatique : la responsabilité de protéger les populations civiles et le devoir d'appui à la reconstruction de l'État défaillant

Il convient de rappeler qu'un État peut être qualifié de défaillant s'il est dans l'incapacité d'exercer ses fonctions régaliennes de base en raison de la disparition totale ou partielle d'une autorité politique effective sur son territoire. Ces États défaillants sont des États diminués par l'impossibilité ou la grande difficulté qui est la leur d'exercer les attributs de leur souveraineté et d'assumer les obligations internationales attachées à leur statut. La faiblesse de l'État, sans doute davantage que sa puissance excessive, est désormais facteur de conflit. Dès lors, le soutien aux États défaillants devient une priorité de politique étrangère pour les États riverains et pour des puissances plus lointaines aussi. L'affaiblissement de l'État n'est plus considéré comme une seule difficulté de gouvernance interne, mais bien de sécurité et de responsabilité internationales.

La non-viabilité d'un espace national pour sa population entraîne des dynamiques migratoires, des dynamiques de sortie du politique vers la violence, et donc une instabilité régionale. La non-gouvernance de ce même espace provoque un phénomène de déstabilisation régionale. Lorsque les conflits armés sont particulièrement la cause principale de cette défaillance, il en résulte assez souvent des violations graves et massives du droit international des droits de l'homme et du droit international humanitaire. Ces conséquences expliquent le fait que la communauté internationale se substitue dans une mesure variable aux États défaillants pour exercer certaines de leurs compétences, et entreprend surtout de reconstruire ces États en les aidant à rétablir une autorité politique à la fois effective et légitime et à reconstituer une communauté politique nationale.

Dans ce chapitre, nous analysons les implications de la défaillance étatique sur la personnalité juridique et la souveraineté des États défaillants eux-mêmes ainsi que sur leur capacité à protéger leurs populations contre des violations graves et massives des droits de l'homme (Section 1). Dans une seconde étape, nous étudions les implications de cette défaillance étatique pour la communauté internationale, en termes de protection des populations civiles et d'appui à la reconstruction de l'état et à la consolidation de la paix (Section 2).

Section 1 : Les implications pour les États défaillants

Paragraphe 1 : Une personnalité juridique contestée et une souveraineté bafouée

La défaillance d'un État a des implications qui touchent à la fois ses droits et ses obligations. Parmi les droits susceptibles d'être affectés, deux principaux méritent d'être soulignés : il s'agit d'une part de la personnalité juridique de l'État, autrement dit son droit à l'existence en tant qu'État ; et d'autre part de la souveraineté ou plus particulièrement de son droit au respect de cette souveraineté.

La personnalité juridique peut être entendue comme « le fait d'être capable d'avoir des droits et des obligations juridiques dans un système de droit donné ou, en d'autres termes, d'être le destinataire direct des règles de ce système »[825]. Ainsi, dans l'ordre juridique international, cette personnalité juridique internationale renvoie en définitive à la possession de droits et devoirs découlant du droit international et à la capacité à les exercer ou à en être responsable en cas d'inobservation. L'État, sujet par excellence de cet ordre juridique, dispose de toute évidence de cette personnalité juridique internationale même s'il ne possède que l'un de ces droits et devoirs. C'est ainsi que dans le cadre de l'affaire relative aux droits des ressortissants des États-Unis d'Amérique au Maroc, la Cour internationale de justice constate que « le Gouvernement français ne conteste pas que le Maroc, même sous le protectorat, a conservé sa personnalité d'État en droit international ».[826]. De l'avis de la CIJ, la personnalité juridique internationale peut être conférée à une entité (État ou organisation internationale) par le consentement des personnes juridiques internationales existantes, soit par une reconnaissance expresse ou une reconnaissance impliquée et donc tacite.

---

[825] Bedjaoui, Mohammed. *Droit international. Bilan et Perspectives*. Paris, A. Pedone, 1991, p. 23.

[826] CIJ, *Affaire relative aux droits des ressortissants des États-Unis d'Amérique au Maroc*, arrêt du 27 août 1952, Rec. CIJ, 1952, p. 185

Par ailleurs, selon Philippe Braud[827], la notion de personnalité juridique de l'État revêt une grande utilité pratique et symbolique. Selon l'auteur, le principe d'imputation à l'État de décisions prises en réalité par des personnes physiques habilitées garantit la continuité des services publics offerts : administration générale, justice et police particulièrement. La mise en œuvre de sa responsabilité, en cas de dommages causés, est un avantage pour les particuliers lésés en raison d'une solvabilité meilleure que celle de ses représentants et agents. Par ailleurs, sur le plan symbolique, cette notion conforte la tendance des citoyens à vouloir personnifier le pouvoir qui s'exerce sur eux, à imaginer une instance de domination unifiée, que l'on peut « «aimer ou haïr, juger bienveillante ou hostile ». Néanmoins, souligne l'auteur, elle soulève un problème d'ordre juridique apparemment insoluble, et contribue à fausser les perceptions que les citoyens peuvent avoir du pouvoir d'État.

Pour acquérir la personnalité juridique internationale, l'État postulant aura démontré auprès des membres existants, jusque-là auteurs des règles de droit et responsables de leur application, sa capacité à assumer les droits et obligations qui découlent de l'ordre juridique international. C'est pourquoi, ayant acquis la personnalité juridique internationale, l'État peut la conserver aussi longtemps qu'elle possédera les moyens d'en assumer les conséquences. Dans une telle configuration, il peut sembler difficile pour un État défaillant, déstructuré, de pouvoir prétendre encore à la personnalité juridique internationale. Ce n'est cependant pas encore le cas en droit international. Néanmoins, même si la personnalité juridique de l'État survit à la défaillance, elle reste diminuée sur plusieurs plans. Par exemple, l'action et la représentation internationales de l'État sont affectées. Comme l'a si bien relevé la Cour permanente de justice internationale, « les États ne peuvent agir qu'au moyen et par l'entremise de la personne de leurs agents et représentants »[828].

La souveraineté est le critère de l'État en droit international, dans la mesure où la réunion des trois éléments constitutifs[829], en soi, est insuffisante pour attribuer à une telle personne la qualité d'État au regard du droit international public. L'idée de souveraineté dans l'histoire a permis de justifier non seulement l'affranchissement de

[827] Braud, Philippe. *Sociologie Politique.* LGDJ, 12e édition, 2016, 688 p.
[828] CPJI. *Colons allemands en Pologne.* Série B, n°6, 1923, p. 22.
[829] Territoire, Population et Gouvernement.

l'État du système féodal et canonique de l'organisation sociale mais également de l'absolutisme politique des gouvernants. La souveraineté de l'État reste la pierre angulaire du droit international public et signifie l'indépendance dans les relations entre États ; la jurisprudence internationale assimile systématiquement ces deux notions. Les relations internationales apparaissent ainsi comme des rapports de coopération ou d'hostilité entre des États souverains. Si la régulation de ces rapports relève du droit, le problème pour ce dernier réside dans sa capacité à assurer simultanément le respect de la souveraineté et la prescription de normes obligatoires.

L'État est la seule entité jouissant de la plénitude de la souveraineté en droit international. La réalisation de la souveraineté permet d'établir la distinction entre l'État, au sens du droit constitutionnel et l'État au sens du droit international. L'État, au sens du droit constitutionnel, réunit tous les éléments constitutifs de l'État mais ne dispose pas de la compétence de s'engager, de manière immédiate en droit international ; ainsi en est-il des États fédérés au sein d'une fédération, mais inversement la qualité d'État au sens du droit international disparaîtra lorsqu'un État indépendant fusionne avec un autre État pour former un État fédéral. L'aménagement des pouvoirs constitutionnels internes peut reconnaître une certaine capacité internationale des entités composantes d'un ensemble étatique souverain mais faute de souveraineté, ces entités, indépendamment de l'étendue de leur domaine de compétences extérieures, n'ont pas la qualité d'État au sens du droit international public.

La souveraineté est d'abord un pouvoir de la nation. Mais, en créant l'État, la nation va confier à ce dernier l'exercice de sa souveraineté dans le cadre qu'elle a fixé elle-même. Ce cadre, c'est la Constitution. Ce faisant, la nation ne perd pas sa souveraineté. Elle en a toujours la détention. Elle l'exerce à nouveau quand il y a un changement total de Constitution à l'occasion duquel toutes les bases de la construction de l'État sont redéfinies. Mais la nation peut accepter qu'une partie de sa souveraineté soit transférée dans le cadre d'un État fédéral ou dans un cadre supranational, tel l'Union européenne ou plus particulièrement l'Union africaine ou la CEDEAO pour en ce qui concerne les États oust-africains. Le transfert n'est que partiel et consenti. Il ne se traduit pas par une perte de souveraineté, une amputation de souveraineté. Il se traduit par une simple modification des conditions dans lesquelles l'État exerce la souveraineté. Dans ces conditions, la souveraineté de la nation n'est pas remise en cause dans son principe. On dit que la souveraineté est partagée.

Dans sa conception négative, la souveraineté internationale de l'État implique sa non-soumission à une autorité considérée comme lui étant supérieure dans l'ordre international et qui détiendrait une puissance légale envers lui. Vu sous cet angle, la souveraineté internationale ne diffère en rien de la notion d'indépendance, situation de fait « qui permet à une collectivité de prétendre à la qualité d'État » et dont la souveraineté internationale ne serait qu'une « formalisation légale »[830]. Ainsi, dans une représentation chronologique de la création d'un État, c'est donc la réalisation d'une indépendance effective qui détermine l'acquisition de la souveraineté internationale.

La souveraineté peut également être analysée dans les domaines interne et externe. Sur le plan interne la souveraineté désigne le pouvoir exclusif de l'État d'imposer ses décisions sur tout le territoire. Aucun groupe social, territorial, familial ne peut prétendre exercer un pouvoir concurrent ; et l'État dispose aussi du monopole de la contrainte légitime. Raymond Carré de Malberg précise davantage cette idée en affirmant que la souveraineté interne implique que l'État possède, soit dans ses rapports avec les individus, qui sont ses membres ou qui se trouvent sur son territoire, soit dans ses rapports avec tous autres groupements publics ou privés formés au-dedans de lui, une autorité suprême, en ce sens que sa volonté prédomine sur toutes les volontés de ces individus ou groupes, celles-ci ne possédant qu'une puissance inférieure à la sienne[831].

La souveraineté interne implique donc un principe de hiérarchie. Jean Bodin, en 1576, dans *Les Six livres de la République*, la définit comme la « puissance absolue et perpétuelle d'une République ». L'État n'est subordonné à aucune autre entité et n'est soumis qu'à sa propre volonté. Il exerce son autorité suprême sur une population et un territoire donné. La souveraineté signifie donc indépendance, capacité à ne pas se voir imposer la volonté des autres (principe de non-ingérence), et liberté d'organisation interne. Cependant, dans la pratique, les progrès du droit humanitaire ou des concepts comme

---

[830] Combacau, Jean et Serge Sur. *Droit international public*, Précis Domat-Droit, 12e édition, 2016, p. 235.

[831] Carre de Malberg, Raymond. *Contribution à la théorie de l'État.* Paris, DALLOZ, 2003, p. 70.

celui de la « Responsabilité de protéger » font de la souveraineté non seulement un droit, mais aussi un devoir de protection des individus.

Dans le domaine externe, la souveraineté désigne le pouvoir de l'État de s'imposer sur le plan international en tant qu'égal de tous les autres États et d'affirmer son indépendance vis-à-vis d'eux. Elle se rattache à la personnalité juridique de l'État dans l'ordre du droit international. La souveraineté internationale est une chose qu'il est difficile à retirer d'une entité l'ayant un jour acquise, que l'on a reconnue et avec laquelle l'on continue à entreprendre des relations diplomatiques malgré la faiblesse de ses institutions gouvernementales. Même s'il arrive qu'à un moment donné certains États soient suspendus de certaines organisations régionales ou internationales, cela ne devrait pas pour autant être interprétée comme une perte de leur personnalité juridique ou leur souveraineté internationales. La souveraineté externe repose ainsi sur le principe d'égalité entre les États, quelles que soient leur puissance effective, leurs ressources ou leur démographie, et donc indépendamment des inégalités de fait. On parle ainsi, dans la Charte des Nations Unies, d'égalité souveraine. Cette égalité signifie aussi que les États ne sont soumis à aucune instance supérieure. Ils sont théoriquement subordonnés aux seules normes qu'ils ont eux-mêmes définies ou auxquelles ils ont consenti. Les relations internationales contemporaines ont par ailleurs vu le développement d'organisations régionales, auxquelles peut être transféré un droit de décision, à l'image de l'Union européenne ou de l'Union africaine. Cette évolution a conduit des auteurs tel Bertrand Badie à parler de « monde sans souveraineté ». Dénonçant une fiction de souveraineté, il choisit de parler de responsabilité partagée par différents acteurs – et non plus par les États uniquement – face aux défis mondiaux contemporains.

Par ailleurs, la compétence discrétionnaire de l'État correspond à la plénitude de son exercice en ce sens que, contrairement aux autres collectivités publiques qui elles reçoivent des compétences d'attribution, nécessairement limitées quant à leur objet, la compétence de l'État reste indéterminée *ratione materiae*, sous réserve d'un abandon ou d'une délégation volontaire de l'exercice de cette compétence par voie conventionnelle. L'État pleinement souverain est donc celui qui dispose d'une liberté d'exercice entière et discrétionnaire de sa compétence nationale, jusqu'à la limite du droit international qui l'arrête[832]. Les atteintes à la souveraineté entendue comme plénitude de l'exercice de la compétence discrétionnaire de l'État correspondent, dans le cas des États défaillants, à la remise en cause de trois monopoles de l'État sur son étendue spatiale : celui de la législation, celui de la contrainte et celui de la juridiction[833]. Par ailleurs, Charles Chaumont souligne que les États dans lesquels la vocation nationale des gouvernements ou des citoyens s'affaiblit ou s'altère, sont proches de la disparition ou de la transformation. De là, l'auteur conclut que la souveraineté internationale de l'État est intimement liée à la façon dont les gouvernants conçoivent et appliquent l'autorité de la nation, c'est-à-dire à la souveraineté interne[834].

Les conséquences de l'effondrement des structures nationales dans les États défaillants, et en particulier ceux faisant face à des guerres civiles meurtrières comme se fût le cas au Liberia et en Sierra Leone et dans une moindre mesure en Côte d'Ivoire, montrent que celles-ci se répercutent sur la souveraineté même de l'État[835] au point de remettre en cause sa qualité. Ceci amène Bertrand Badie à soulever le fait que l'implosion des structures d'autorité et de légitimité au sein de l'État défaillant est source d'anéantissement de sa souveraineté[836].

Cependant, à la lumière de la déclaration de l'ancien Secrétaire général de l'ONU, Boutros Boutros-Ghali, « un État qui n'est plus gouverné, un État en faillite, perd sa place parmi les membres de la communauté internationale », certains auteurs dont Illy Ousseni se demande dès lors qu'un État atteint un certain stade de défaillance, se trouve-t-il alors dépossédé de sa souveraineté internationale ?[837] Il s'agit là selon l'auteur, d'une interrogation légitime dont l'intérêt pratique est indéniable dans la mesure où la conservation ou non de la

[832] Rousseau, Charles. « L'indépendance de l'État dans l'ordre international », *R.C.A.D.I.*, 1948, t. 2, vol.73, pp. 233-249.

[833] Guilhaudis, Jean-François. *Relations internationales contemporaines*. Paris, Éditions du Juris-Classeur, 2002, p. 59.

[834] Chaumont, Charles. « Recherche du contenu irréductible du concept de souveraineté internationale de l'État », in *Hommages d'une génération de juristes au Président BASDEVANT*, Paris, A. Pedone, 1960, p. 151.

[835] Dans ses États, les groupes armés non étatiques contrôlaient plusieurs parties du territoire national de ces pays où ils faisaient effectivement régner leurs propres lois en dehors de tout cadre légal.

[836] Badie, Bertrand. *Un monde sans souveraineté. Les États entre ruse et responsabilité*. Paris, Fayard, 1999, p. 118.

[837] Ousseni, Illy. « « L'État en faillite » en droit international ». *Revue Québécoise de droit international*, vol. 28- 2, 2015. p. 63.

souveraineté emporte une conséquence sur la capacité de l'État à exprimer un consentement valide. Ceci est particulièrement pertinent dans le contexte de l'Afrique de l'Ouest pour apprécier la validité du consentement des États défaillants à solliciter ou à accepter par exemple une opération de maintien de la paix.

À ce sujet, il existe différentes positions doctrinales, certains s'éloignant de la réalité pratique de la question, d'autres adoptant une vision plus pragmatique. Pour les premiers[838], il serait préférable de nier la souveraineté d'un État qui ne serait plus gouverné et qui aurait perdu de facto sa souveraineté. Parce qu'il n'existe plus aucune entité assumant la responsabilité pour les actes illicites commis à partir du territoire de l'État défaillant, Thomas Baty préconise l'ingérence. Ici, les États intervenants viendraient en quelque sorte compenser l'absence d'État effectif. Dans cette même optique, mais avec un cadre plus strict, d'autres[839] préconisent que soient autorisées des interventions armées à condition que celles-ci soient conduites sous l'autorité d'une organisation internationale, en l'occurrence l'ONU.

Cependant, ce postulat semble n'avoir pas été appliqué dans le processus de création de nombreux États, catalogués défaillants à un moment donné de leur existence. Ceci amène Jean-Denis Mouton à remarquer dans le processus de création de ces États défaillants un retournement du processus d'acquisition de la souveraineté qui s'est traduit par la reconnaissance de la qualité d'État souverain à des entités dépourvues d'autorités gouvernementales effectives, et ce sur la base du droit à l'autodétermination et que cela a conduit à faire de l'indépendance formelle la base de la souveraineté[840]. De ce fait, certains auteurs, précisément les adeptes de la théorie de la dualisation de la souveraineté[841] remettent en cause la souveraineté internationale de ces États défaillants considérés étant des « États des Nations Unies »[842]. Au demeurant, la reconnaissance d'un État par les autres États, augmente

[838] Baty, Thomas. « Can an Anarchy Be a State? ». *American Journal of International Law*, vol. 28, n°3, 1934, pp. 444–445.

[839] Helman, Gerald B, et Steven R. Ratner « Saving failed states », *Foreign Policy*, n°89, 1992, pp. 3-20.

[840] Mouton, Jean-Denis. « L'État selon le droit international : diversité et unité » in S.F.D.I., *L'État souverain à l'aube du XXIe siècle*, Paris, A. Pedone, 1994, p. 89.

[841] Voir Jackson, Robert H. « Quasi - States, Dual Regimes and Neoclassical Theory : International Jurisprudence and the Third World », *international Organization*, Vol. 41, no. 4, 1987, pp. 519-549.

[842] Verhoeven, Joe. « L'État et l'ordre juridique international », *RGDIP*, 1978, pp. 749-774.

son potentiel de stabilité en diminuant les risques de voir les autres États remettre en cause son existence ou ses frontières éventuellement par des moyens de contrainte armés ou non ; et en permettant au nouvel État de participer aux cadres internationaux de coopération entre États et d'en retirer ainsi les bénéfices qui peuvent s'y attacher.

Contrairement à la doctrine, la pratique des États et au niveau de l'ONU semble légitimer ce cheminement inverse vers l'acquisition de la souveraineté. Les efforts de la communauté internationale à protéger la souveraineté de tous ses membres et, en particulier, celle des États défaillants, en sont la manifestation. Cette volonté de protection se caractérise d'abord par la consécration du principe de non-intervention dans les affaires intérieures des États quels qu'ils soient, défaillants ou « forts ». Dans le droit des Nations Unies, ce principe découle de l'alinéa 7 de l'article 2 de la Charte et sera plus tard élevé par l'Assemblée générale de l'ONU au rang de principe fondamental touchant les relations amicales et la coopération entre les États dans sa déclaration du 24 octobre 1970. Dans la même veine, la Cour internationale de justice dans l'affaire des *activités militaires et paramilitaires au Nicaragua et contre celui-ci (Nicaragua c. États-Unis)* va considérer ce principe comme une règle « absolue et sacrée » dont « l'inobservation pourrait avoir des conséquences désastreuses et causer d'indicibles souffrances à l'humanité »[843].

Toute intervention internationale dans un État défaillant devrait ainsi s'effectuer dans le strict respect des règles traditionnelles du recours à l'emploi de la force résultant du droit et de la pratique de l'ONU. Une telle intervention, à défaut d'avoir été sollicitée par l'État défaillant lui-même, faute de gouvernement effectif, doit être justifiée par une situation d'extrême détresse ou par l'état de nécessité de mener une telle action de protection des personnes civiles menacées par des atrocités criminelles, telles que définies par la responsabilité de protéger. L'incapacité des États confrontés à des guerres civiles à lutter contre ces atrocités criminelles et à satisfaire les besoins essentiels de leurs populations, en raison de leur défaillance, pourrait expliquer les interventions de la communauté internationale. Cette situation pose la lancinante question de la souveraineté de tels États défaillants que l'on pourrait considérer à juste titre étant bafouée, dans une certaine mesure, par la communauté internationale.

---

[843] CIJ, *Aff. des Activités militaires et paramilitaires au Nicaragua et contre celui-ci* (Nicaragua c. États-Unis d'Amérique, fond) du 27 juin 1986, *Rec.* CIJ, 1986, p. 211.

Paragraphe 2 : Des violations graves et massives des droits de l'homme

D'une manière générale, les États défaillants, du fait qu'ils ne possèdent plus d'organes exécutifs fonctionnant de manière adéquate, surtout l'administration, la police, l'armée et la justice, se retrouvent souvent dans l'incapacité de pouvoir assurer la protection juridique internationale des droits de l'homme. Ceci est d'autant plus vrai lorsque les conflits armés sont la cause principale de la défaillance de ces États, comme ce fût le cas en Afrique de l'Ouest. Les conflits armés en Afrique de l'Ouest sont caractérisés par une extrême violence et s'accompagnent bien souvent de violations graves du droit international humanitaire (DIH) et du droit international des droits de l'homme (DIDH), lesquelles pouvant aller jusqu'au génocide, aux crimes de guerre ou aux crimes contre l'humanité.

La Déclaration universelle des droits de l'homme, adoptée par l'Assemblée générale des Nations Unies le 10 décembre 1948, a fortifié le mouvement international pour les droits de l'homme et a énoncé pour la première fois dans l'histoire de l'humanité les droits civils, politiques, économiques, sociaux et culturels fondamentaux dont tous les êtres humains devraient jouir. Au fil des ans son statut de norme fondamentale des droits de l'homme, que tous les hommes devraient respecter et protéger, a été largement reconnu. Collectivement, la Déclaration universelle des droits de l'homme, le Pacte international relatif aux droits civils et politiques et ses deux protocoles facultatifs, ainsi que le Pacte international relatif aux droits économiques, sociaux et culturels forment ensemble la Charte internationale des droits de l'homme[844]. Une série de traités sur les droits de l'homme et d'autres instruments adoptés depuis 1945 ont donné une forme juridique aux droits inaliénables de l'homme et forgé un ensemble de droits internationaux de l'homme[845].

[844] Les deux Pactes ont été rédigés pour élargir les droits énoncés par la Déclaration universelle des droits de l'homme et leur donner force de loi.

[845] Les principaux instruments universels fondamentaux relatifs aux droits de l'homme sont les suivants: 1) le Pacte international relatif aux droits économiques, sociaux et culturels, et son Protocole facultatif; 2) le Pacte international relatif aux droits civils et politiques et ses deux Protocoles facultatifs; 3) la Convention internationale sur l'élimination de toutes les formes de discrimination raciale; 4) la Convention sur l'élimination de toutes les formes de discrimination à l'égard des femmes et son Protocole facultatif; 5) la Convention contre la torture et autres peines ou traitements cruels, inhumains ou dégradants et son Protocole facultatif; 6)

Les principaux droits garantis par le Pacte international relatif aux droits civils et politiques sont : le droit à la non-discrimination, le droit à l'égalité entre les hommes et les femmes, le droit à la vie, le droit de ne pas être soumis à la torture, le droit de ne pas être tenu en esclavage, le droit à la liberté et à la sécurité de sa personne, le droit d'être traité avec humanité en détention, le droit de circuler librement, le droit pour les non-ressortissants de ne pas subir d'expulsion arbitraire, le droit à un procès équitable, le droit à la reconnaissance de sa personnalité juridique, le droit à la vie privée, le droit à la liberté de religion et de conviction, le droit à la liberté d'expression, le droit de réunion pacifique, le droit à la liberté d'association, le droit de se marier et de fonder une famille, le droit des enfants d'être enregistrés après leur naissance et d'acquérir une nationalité, le droit de prendre part aux affaires publiques, le droit à l'égalité devant la loi, les droits des minorités.

Le Comité des droits de l'homme, établi en vertu de l'article 28 du Pacte, est composé de 18 membres et est chargé du contrôle du Pacte. Ses membres doivent être « *des personnalités de haute moralité et possédant une compétence reconnue dans le domaine des droits de l'homme* ». La plupart des membres du Comité ont donc une expérience juridique qu'ils ont acquise en tant que magistrats, juristes ou universitaires. Le Comité tient en principe trois sessions plénières par an, d'une durée de trois semaines chacune, normalement au Siège de l'ONU en mars et à l'Office des Nations Unies à Genève en juillet et en octobre.

Les principaux droits garantis par le Pacte international relatif aux droits économiques, sociaux et culturels, sont : le droit à la non-discrimination, le droit à l'égalité entre les hommes et les femmes, le droit au travail, le droit de choisir et d'accepter un travail, le droit à des conditions de travail justes et favorables, le droit de former des syndicats, le droit de faire grève, le droit à la sécurité sociale, le droit

la Convention relative aux droits de l'enfant et ses deux Protocoles facultatifs; 7) la Convention internationale sur la protection des droits de tous les travailleurs migrants et des membres de leur famille; 8) la Convention internationale pour la protection de toutes les personnes contre les disparitions forcées; 9) la Convention relative aux droits des personnes handicapées et son Protocole facultatif. Il existe également un ensemble croissant d'instruments et de Protocoles thématiques ainsi que de traités régionaux relatifs à la protection des droits de l'homme et des libertés fondamentales. Pour plus de détails sur ces instruments, voir Nations Unies. *Principaux instruments internationaux relatifs aux droits de l'homme.* 2014, 337 p.

des mères à une protection particulière avant et après la naissance, le droit des enfants d'être protégés contre l'exploitation économique et sociale, le droit à un niveau de vie suffisant, le droit d'être à l'abri de la faim, le droit à la santé, le droit à l'éducation, le droit des parents de choisir la scolarité de leurs enfants, le droit de participer à la vie culturelle, le droit de bénéficier du progrès scientifique, le droit des auteurs de bénéficier de la protection des intérêts moraux et matériels de leurs œuvres, le droit de mener des recherches scientifiques et des activités créatrices.

Le Comité des droits économiques, sociaux et culturels est un organe composé de 18 experts indépendants chargés de surveiller l'application du Pacte international relatif aux droits économiques, sociaux et culturels par ses États Parties. Ce Comité a été créé en vertu de la résolution 1985/17 du 28 mai 1985 afin de mener à bien les fonctions de suivi confiées au Conseil économique et social des Nations Unies dans la partie IV du Pacte. Tous les États Parties sont tenus de présenter au Comité des rapports réguliers sur la façon dont les droits économiques, sociaux et culturels sont mis en œuvre. Les États Parties doivent présenter un rapport initial dans un délai de deux ans à compter de leur adhésion au Pacte, puis tous les cinq ans. Le Comité examine chaque rapport et adresse ses préoccupations et ses recommandations à l'État partie sous forme d'observations finales.

Le DIDH est au demeurant un système de normes internationales destinées à défendre et promouvoir les droits de l'homme de chacun. Inhérents à la personne humaine sans distinction de nationalité, de lieu de résidence, de sexe, d'origine nationale ou ethnique, de couleur, de religion, de langue ou de tout autre aspect de sa condition, ces droits sont liés entre eux, interdépendants et indivisibles. Ils sont souvent proclamés et garantis par des instruments juridiques tels que traités, droit international coutumier, principes généraux ou droit souple[846].

---

[846] Le dictionnaire du droit international publié sous la direction de Jean Salmon définit comme suit le droit souple, appelé *soft law* en anglais : l'expression par laquelle nous désignerions « des règles dont la valeur normative serait limitée soit parce que les instruments qui les contiennent ne seraient pas juridiquement obligatoires, soit parce que les dispositions en cause, bien que figurant dans un instrument contraignant, ne créeraient pas d'obligation de droit positif, ou ne créeraient que des obligations peu contraignantes ». Pour plus de détails sur cette notion, voir Cazala, Julien. « « Le *Soft Law* international entre inspiration et aspiration » », Revue interdisciplinaire d'études juridiques, vol. 66, no. 1, 2011, pp. 41-84.

Le DIDH stipule les obligations que les États sont tenus de respecter. Lorsqu'un État devient partie à un traité, le droit international l'oblige à respecter, protéger et instaurer les droits de l'homme[847]. Le respect des droits de l'homme présuppose l'existence de l'état de droit aux niveaux national et international. Bien que les traités et le droit international coutumier constituent l'armature du DIDH, d'autres instruments tels que des déclarations, directives et principes adoptés au niveau international permettent de mieux les comprendre, de les appliquer et de les développer. D'autres instruments ont vu le jour au niveau régional pour refléter les droits spécifiques qui préoccupent une région et prévoir des mécanismes de protection adaptés[848]. La plupart des États ont adopté des constitutions ou autres lois, qui protègent formellement les droits fondamentaux de l'homme.

Le DIH est, quant à lui, un ensemble de règles qui visent à limiter, pour des raisons humanitaires, les effets des conflits armés sur les populations, y compris les civils, les personnes qui ne prennent plus part aux hostilités et même celles qui y participent encore tels les combattants. Le DIH protège les personnes qui ne participent pas, ou plus, aux hostilités et restreint les moyens et méthodes de combat[849]. Sa portée est donc limitée *ratione materiae* aux situations de conflit armé. Il fait partie du *jus in bello*[850], qu'il convient de bien distinguer et séparer du *jus ad bellum*[851]. Le DIH doit néanmoins être appliqué

[847] Respecter les droits de l'homme signifie que les États évitent d'intervenir ou d'entraver l'exercice des droits de l'homme. Protéger signifie que les États doivent protéger les individus et les groupes contre les violations des droits de l'homme. Instaurer signifie que les États doivent prendre des mesures positives pour faciliter l'exercice des droits fondamentaux de l'homme.

[848] Sur le plan africain, la Conférence des chefs d'État et de gouvernement de l'Organisation de l'Unité africaine a adopté en 1981 la Charte africaine des droits de l'homme et des peuples. Elle est entrée en vigueur le 28 octobre 1986. Elle a été adoptée dans le but de pouvoir, entre autres, tenir compte des besoins et des réalités spécifiques du continent. Pour plus de détails sur la conception africaine des droits l'homme, voir Fall, Alioune Badara. « La Charte africaine des droits de l'homme et des peuples : entre universalisme et régionalisme », *Pouvoirs*, vol. 129, no. 2, 2009, pp. 77-100.

[849] Nations Unies. *La protection juridique internationale des droits de l'homme dans les conflits armés*. 2011, p. 5.

[850] Le droit relatif aux modes d'utilisation de la force.

[851] Le droit relatif à la légitimité de l'emploi de la force. La prohibition du recours à la force armée, c'est-à-dire la disparition contemporaine du *jus ad bellum*, n'affecte en rien l'application des règles relatives à la conduite des hostilités, c'est-à-dire du *jus in bello*. Dans la mesure où le *jus in bello* a pour raison d'être de réduire tant que

par toutes les parties à un conflit armé, que leur cause soit juste ou non. C'est aussi cette égalité des belligérants qui fait toute la différence entre le conflit armé, auquel s'applique le DIH, et le crime, auquel seuls s'appliquent le droit pénal et les règles du droit international des droits de l'homme qui ont trait à l'application de la loi. Les sources du DIH sont des instruments juridiques et le droit international coutumier ; ses règles sont énoncées dans une série de conventions et de protocoles.

Les principaux instruments du DIH moderne sont les suivants: 1) le Règlement de La Haye concernant les lois et coutumes de la guerre sur terre; 2) la Convention de Genève pour l'amélioration du sort des blessés et malades dans les armées en campagne (première Convention de Genève); 3) la Convention de Genève pour l'amélioration du sort des blessés, des malades et des naufragés des forces armées sur mer (deuxième Convention de Genève); 4) la Convention de Genève relative au traitement des prisonniers de guerre (troisième Convention de Genève); 5) la Convention de Genève relative à la protection des personnes civiles en temps de guerre (quatrième Convention de Genève); 6) le Protocole additionnel aux Conventions de Genève relatif à la protection des victimes des conflits armés internationaux (Protocole I); 7) le Protocole additionnel aux Conventions de Genève relatif à la protection des victimes des conflits armés non internationaux (Protocole II).

D'autres instruments internationaux portant sur la production, l'emploi et le stockage de certaines armes sont également considérés appartenant au DIH, dans la mesure où ils réglementent la conduite des hostilités et imposent des restrictions à l'emploi de certaines armes[852].

---

faire se peut les horreurs de la guerre, l'on conçoit sans peine que l'applicabilité de ses dispositions soit indépendante de la légalité ou de l'illégalité de la décision de recourir aux armes. Ce qui ne change rien à la nécessité de réprimer le « crime contre la paix » que constitue en principe l'emploi de la force armée en violation de l'article 2, § 4, de la Charte de l'ONU. Pour plus de détails sur ces deux concepts et leur rapport avec le droit humanitaire, voir Verhoeven, Joe. *Droit international public*. Larcier, 2000, 856 p.

[852] Parmi ces instruments figurent: 1) la Convention sur l'interdiction de l'emploi, du stockage, de la production et du transfert de mines antipersonnel et sur leur destruction; 2) la Convention sur les armes à sous-munitions; 3) la Convention sur l'interdiction de la mise au point, de la fabrication et du stockage des armes bactériologiques (biologiques) ou à toxines et sur leur destruction; 4) la Convention sur l'interdiction de la mise au point, de la fabrication, du stockage et de l'emploi des armes chimiques et sur leur destruction; 5) la Convention sur l'interdiction ou la

Le Comité international de la Croix-Rouge (CICR) joue un rôle tout particulier dans le cadre du DIH. Les Conventions de Genève le chargent de rendre visite aux prisonniers, d'organiser des opérations de secours, de contribuer à la réunion des familles et de mener toute une série d'activités humanitaires pendant les conflits armés internationaux.

Les Conventions de Genève autorisent aussi le CICR à offrir ces mêmes services lors des conflits armés non internationaux[853]. Le DIH s'adresse principalement, mais non exclusivement, aux États Parties à un conflit armé. Ainsi, les Conventions de Genève imposent des obligations aux États et à leurs forces engagées dans un conflit armé, et étendent les responsabilités des violations aux participants directs et, le cas échéant, à leurs dirigeants civils. Les États ont également l'obligation de respecter les règles du DIH et d'appliquer les protections qu'il prescrit au bénéfice des civils ainsi que d'autres personnes et de certains biens.

Si le DIDH et le DIH ont des origines historiques et des sources doctrinales différentes, ils partagent l'objectif commun de protéger tous les individus et se fondent l'un et l'autre sur les principes du respect de la vie, du bien-être et de la dignité de la personne humaine. Les deux prennent leur source dans une série d'instruments internationaux, qui ont été confortés et complétés par le droit international coutumier[854]. Puisque le DIDH s'applique à tout moment – en temps

---

limitation de l'emploi de certaines armes classiques qui peuvent être considérées comme produisant des effets traumatiques excessifs ou comme frappant sans discrimination; 6) le Traité sur la non-prolifération des armes nucléaires. Par ailleurs, dans ses principes, le Traité sur le commerce des armes oblige les États à respecter et faire respecter le droit international humanitaire, conformément, entre autres, aux Conventions de Genève de 1949, et de respecter et faire respecter les droits de l'homme, conformément, entre autres, à la Charte des Nations Unies et à la Déclaration universelle des droits de l'homme.

853 Pour plus de détails sur le rôle du CICR dans la mise en œuvre du droit international humanitaire, voir Sand-Trigo, Ariane. « Le rôle du CICR dans la mise en œuvre du droit international humanitaire », *Études internationales*, 23(4), 1992, pp. 745–772.

854 Le droit international coutumier est une des principales sources d'obligations juridiques internationales. Aux termes du Statut de la Cour internationale de Justice, « la Cour applique [...] la coutume internationale comme étant la preuve d'une pratique générale acceptée comme étant le droit ». Ainsi, les deux composantes du droit coutumier sont la pratique des États en tant qu'elle atteste une pratique généralement acceptée, et la conviction, également connue sous le nom *d'opinio juris*, que cette pratique est obligatoire. Voir à ce sujet l'arrêt de la Cour internationale de Justice, Plateau continental de la mer du Nord, C.I.J. Recueil 1969, p. 3.

de paix comme en temps de guerre[855] – et le DIH seulement pendant les conflits armés, les deux régimes devraient être appliqués de façon complémentaire et de manière à se renforcer mutuellement lors des conflits armés. De plus, certaines violations du DIDH et du DIH sont réprimées par le droit pénal international, de sorte que d'autres ensembles de normes, tel le Statut de Rome de la Cour pénale internationale, pourraient également s'appliquer. Le droit pénal international et la justice pénale relative aux crimes de guerre donnent effet au DIH, mais contribuent aussi à en clarifier et à en développer les règles. De même, d'autres régimes, comme le droit international relatif aux réfugiés et le droit national, trouveront souvent aussi à s'appliquer, influant éventuellement sur la nature des protections des droits de l'homme.

Au fil des ans, certains organes de l'ONU tels que l'Assemblée générale, la Commission des droits de l'homme et, plus récemment le Conseil des droits de l'homme, ont exprimé l'opinion que, dans les conflits armés, les parties au conflit ont des obligations juridiquement contraignantes concernant les droits des personnes touchées par le conflit. Si leur champ d'application est différent, le DIDH et le DIH offrent pendant les conflits armés une série de protections aux populations, qu'il s'agisse de civils, de personnes qui ne participent plus directement aux hostilités ou de participants actifs au conflit. De fait, comme l'ont reconnu les tribunaux internationaux et régionaux ainsi que les organismes des Nations Unies, leurs organes conventionnels et leurs procédures spéciales relatives aux droits de l'homme, les deux corpus juridiques s'appliquent aux conflits armés et offrent des protections qui sont complémentaires et se confortent mutuellement[856].

---

[855] Toutefois, certains traités des droits de l'homme autorisent les gouvernements à déroger à certains droits dans le cas où un danger public exceptionnel menace l'existence de la nation. Néanmoins, les dérogations doivent être proportionnelles à la crise, ne doivent pas entraîner une discrimination et ne doivent pas être en contradiction avec d'autres règles du droit international – y compris les règles du DIH. Certains droits de l'homme ne sont jamais dérogeables. Ce sont notamment le droit à la vie, l'interdiction de la torture et d'autres peines ou traitements cruels, inhumains ou dégradants, l'interdiction de l'esclavage et de la servitude, et l'interdiction des lois pénales rétroactives.

[856] L'idée a été admise pendant des années que ce qui distingue le droit international des droits de l'homme du droit international humanitaire, c'est que le premier s'applique en temps de paix et le second pendant les conflits armés. Mais le droit international moderne tient cette distinction pour inexacte. Il est largement accepté aujourd'hui par la communauté internationale que, puisque les obligations en

Par ailleurs, les règles du DIH couvrent bon nombre d'aspects qui ne relèvent pas du domaine d'application du DIDH, tels que la conduite des hostilités, le statut des combattants et des prisonniers de guerre et la protection des emblèmes de la croix rouge et du croissant rouge. De même, le DIDH traite d'aspects de la vie en temps de paix qui ne sont pas réglementés par le DIH, la liberté de la presse, la liberté de réunion, le droit de vote et le droit de grève. Il existe également certaines différences dans l'application du DIDH et du DIH. En effet, le premier protège expressément un très large éventail de droits sur lesquels le conflit armé peut avoir des incidences directes ou indirectes. Qu'elles soient positives ou négatives, les obligations au titre des droits de l'homme incombent à l'État dans sa globalité, indépendamment de toute structure institutionnelle interne et de toute répartition des responsabilités entre diverses autorités. Il appartient à l'État, en sa qualité de sujet principal du droit international, d'enquêter sur les violations alléguées du DIDH et du DIH, et de poursuivre et châtier les coupables[857].

Le DIH impose des obligations aux individus et prévoit la responsabilité pénale individuelle en cas d'infractions graves aux Conventions de Genève et au Protocole I, et d'autres violations graves des lois et coutumes de la guerre (crimes de guerre). Le DIH établit la compétence juridique universelle sur les auteurs présumés de tels actes. Après l'entrée en vigueur du Statut de la Cour pénale internationale, les individus devront aussi rendre compte des crimes de guerre commis lors d'un conflit armé non international. Si les individus n'ont pas de devoirs spécifiques en application des traités de DIDH, en revanche celui-ci établit la responsabilité pénale individuelle pour les violations

---

matière de droits de l'homme découlent de la reconnaissance des droits inhérents à la personne humaine elle-même et que ces droits peuvent subir des atteintes en temps de paix comme en temps de guerre, le droit international des droits de l'homme continue de s'appliquer pendant un conflit armé. Qui plus est, rien dans les instruments relatifs aux droits de l'homme n'indique qu'ils ne s'appliqueraient pas lors d'un conflit. Il s'ensuit que les deux ensembles de règles – le droit international des droits de l'homme et le droit international humanitaire – sont considérés comme des sources complémentaires d'obligations au cours des conflits armés.

[857] Durant les conflits armés au Liberia, en Sierra Leone et en Côte d'Ivoire, des combats violents ont eu lieu dans des zones urbaines, singulièrement dans les capitales de ces pays, occasionnant des violations graves des droits de l'homme. Pour plus de détails sur les défis posés par la protection des civils contre les effets des hostilités pendant les combats en zone urbaine, voir CICR. *Le droit international humanitaire et les défis posés par les conflits armés contemporains*. 2019, 92 p.

qui peuvent constituer des crimes internationaux, comme le génocide, les crimes contre l'humanité et la torture. Ces crimes sont aussi soumis à la compétence juridique universelle[858].

Si au demeurant il est universellement reconnu que les États sont responsables de la protection des droits de l'homme sur leur territoire, on remarque moins souvent que cette responsabilité a deux dimensions, l'une normative et l'autre empirique. Sur le plan normatif, la plupart des gens s'accordent à dire que les États doivent prévenir les violations des droits de l'homme. Toutefois, sur le plan empirique, les États ne sont pas toujours en mesure de le faire. Neil A. Englehart[859] constate que dans les États faibles ou défaillants, la perte d'autonomie et l'incapacité à assurer une police efficace peuvent conduire à des abus de la part de particuliers et d'agents de l'État malhonnêtes.

Ainsi, dans l'ensemble, par le biais d'une analyse transversale des séries chronologiques mondiales, l'auteur souligne que les États faibles ont généralement de moins bons résultats en matière de droits de l'homme que les États forts. Cette étude révèle que les indicateurs de faiblesse de l'État – faibles recettes fiscales, corruption et absence d'ordre public – ont tous un impact négatif sur le droit à la sécurité personnelle. Cependant, précise l'auteur, l'effet diffère selon les types de droit. Il ressort de l'étude que les exécutions extrajudiciaires sont très sensibles à la capacité de l'État, tandis que l'emprisonnement politique est plus sensible à la démocratie. Dans l'ensemble, cependant, il semble que le modèle totalitaire de violation des droits de l'homme par des États excessivement forts ne s'applique qu'à un ensemble restreint de cas. Le problème le plus courant est celui des États qui ne peuvent pas protéger efficacement les droits de l'homme. D'où la recommandation faite par l'auteur de prendre au sérieux la défaillance de l'État lorsqu'on étudie les causes des violations des droits de l'homme et les remèdes à y apporter.

La défaillance des États a conduit à des violations graves et massives des droits de l'homme et du droit international humanitaire pendant les périodes de conflits armés au Libéria, en Sierra Leone et en Côte d'Ivoire. Ces violations ont fait l'objet d'une étude détaillée dans le

---

[858] Les Tribunaux pénaux internationaux pour l'ex-Yougoslavie et le Rwanda sont compétents pour juger les violations du DIH et du DIDH, ainsi que la Cour pénale internationale.

[859] Englehart, Neil A. « State Capacity, State Failure, and Human Rights », *Journal of Peace Research*, 46 (2), pp. 163-180.

chapitre IV. Selon la Commission Vérité et Réconciliation du Liberia, pendant la période de la guerre civile, des meurtres délibérés et arbitraires, des disparitions, des cas de torture, de nombreux viols et des violences sexuelles commis contre des femmes, des filles et de jeunes garçons, des arrestations et détentions arbitraires, le recrutement et l'utilisation d'enfants soldats, et le ciblage sans discrimination de civils ont été commis. Par ailleurs, sur les 250.000 personnes qui auraient trouvé la mort dans des circonstances liées à la guerre, au moins la moitié seraient des non-combattants civils[860]. S'agissant de la Sierra Leone, les conclusions de la Commission Vérité et Réconciliation ont révélé de graves violations des droits de l'homme durant la guerre civile dont les plus fréquentes sont les déplacements forcés, les enlèvements, les détentions arbitraires, les meurtres, les agressions physiques, le travail forcé, le viol, les abus sexuels, les amputations et l'esclavage sexuel[861].

S'agissant de la Côte d'Ivoire, il ressort des conclusions de la Commission d'enquête internationale indépendante créée par la résolution A/HRC/16/25 du 25 mars 2011 du Conseil des droits de l'homme des Nations Unies, que durant la période de crise, de nombreuses violations graves des droits de l'homme et du droit international humanitaire ont été commises par différents acteurs dont certaines pourraient constituer des crimes contre l'humanité[862] et des crimes de guerre[863]. Ces derniers commis dans les combats à Abidjan et d'autres villes à la fin du mois de mars 2011 sont des atteintes à la vie et à l'intégrité corporelle, des traitements cruels et de torture, ainsi que des traitements humiliants et dégradants portant atteinte à la dignité de personnes qui n'ont pas participé directement aux hostilités.

---

[860] Les principaux auteurs de ces violations sont les groupes armés dont NPFL, URD, LPC, Militia, ULIMO, MODEL, AFL, ULIMO-K, ULIMO-J, INPFL. Cependant, plusieurs agences et services gouvernementaux ainsi que les forces de l'ECOMOG ont également été accusés de violations des droits humains.

[861] Le rapport de la Commission Vérité et Réconciliation indique que le RUF a été responsable de plus de violations que toute autre faction pendant la période allant de 1991 à 2000.

[862] Les crimes graves tels les meurtres et viols ayant eu lieu lors des attaques généralisées et systématiques contre des populations ciblées sur la base de leurs sympathies politiques supposées ou de leur appartenance ethnique pourraient constituer des crimes contre l'humanité.

[863] Certains des actes commis durant la crise sont des violations graves de l'article 3 commun aux quatre Conventions de Genève du 12 août 1949 au sens de l'article 8 du Statut de Rome.

Ces violations ont été commises par les Forces de Défense et de Sécurité et leurs alliés (milices et mercenaires) fidèles au Président Laurent Gbagbo puis, lors de leur contre-offensive et depuis leur prise de contrôle du pays, par les Forces républicaines de Côte d'Ivoire, fidèles au Président Alassane Ouattara.

Section 2 : Les implications pour la communauté internationale

Paragraphe 1 : La responsabilité de protéger les populations civiles

A. La responsabilité de protéger : l'émergence d'un concept de relations internationales

I. Origines et champ d'application du concept de la responsabilité de protéger

Le concept de « intervention humanitaire[864] » a toujours suscité des controverses, que ce soit par sa présence ou par son absence. Les puissances capables d'intervenir militairement ont été critiquées aussi bien lorsqu'elles ont agi pour protéger des populations en danger[865] que lorsqu'elles se sont abstenues d'agir[866]. Selon certains, la multiplication des interventions témoigne d'une prise de conscience à une échelle authentiquement internationale, dont l'avènement n'a que trop tardé. D'autres s'alarment en revanche à la perspective de voir ce phénomène battre en brèche un ordre international fondé sur la souveraineté des États et l'inviolabilité de leur territoire. Même parmi les partisans de l'intervention, certains cherchent en priorité à réunir les conditions qui

---

[864] Un colloque international sur le droit et la morale humanitaires intitulé « *Devoir d'ingérence : peut-on les laisser mourir* ? », s'est tenu à Paris du 26 au 28 janvier 1987. Il est organisé par la Faculté de Droit de Paris-Sud dont Mario Bettati est alors l'administrateur provisoire, et par Médecins du Monde dont Bernard Kouchner est alors le président. Il se déroule en présence, à la séance d'ouverture, de M. François Mitterrand, Président de la République française et, à la séance de clôture, de M. Jacques Chirac, Premier ministre de la République française. En 1988, à l'initiative de Kouchner, alors secrétaire d'État à l'action humanitaire, et de Bettati, membre de son cabinet, la France propose une résolution visant à faciliter et soutenir l'action humanitaire des organisations intergouvernementales, gouvernementales et non gouvernementales, qui sera adoptée par consensus par l'Assemblée générale des Nations Unies (Résolution A/RES/43/131). Pour plus de détails sur le concept de « droit d'ingérence », voir Bettati, Mario. *Le Droit d'ingérence. Mutation de l'ordre international.* Odile Jacob, 1996, 384 p.

[865] Comme c'est le cas en Somalie, en Bosnie et au Kosovo.

[866] Comme c'est le cas au Rwanda.

permettront d'entreprendre des opérations coercitives ayant de bonnes chances de réussite, tandis que d'autres s'intéressent avant tout à la légalité de ces actions, et se préoccupent des procédures à respecter et du risque de créer des précédents nuisibles[867].

De toutes ces situations humanitaires ayant fait l'objet de vives critiques concernant la réaction de la communauté internationale[868], c'est celle de l'OTAN au Kosovo, en 1999, qui a suscité le débat le plus intense du fait qu'elle n'a pas été expressément autorisée par le Conseil de Sécurité de l'ONU. À ce titre, à l'instar de beaucoup de spécialistes du droit international, Djamchid Momtaz juge l'intervention de l'OTAN au Kosovo contraire tant à la lettre qu'à l'esprit de la règle du non-recours à la force, consacrée par la Charte des Nations Unies, et ne se justifie guère par l'interprétation extensive de certaines de ses dispositions[869]. Néanmoins, poursuit-il, vu qu'elle était destinée à mettre un terme à une catastrophe humanitaire et qu'elle n'a pas été condamnée par le Conseil de Sécurité ni par les États (sauf rares exceptions), on est en droit de se demander si elle n'est pas conforme à une règle coutumière établie ou en gestation[870]. C'est dans ce contexte que la communauté internationale a entrepris un débat sérieux sur la réponse à apporter aux violations flagrantes et systématiques des droits de l'homme.

C'est ainsi que le Secrétaire général de l'ONU, M. Kofi Annan, le 20 septembre 1999, lors de la 4e séance plénière de la 54e session de l'Assemblée générale des Nations Unies, souleva le dilemme que pose l'intervention humanitaire. Il a souligné d'une part, la question de la légitimité que poserait une intervention de la communauté internationale non autorisée par l'ONU, et d'autre part, l'obligation universellement reconnue de mettre fin à des violations graves et systématiques des droits de l'homme ayant de terribles conséquences humanitaires. Dans son rapport du millénaire en 2000, le Secrétaire général de l'ONU interpella de nouveau les États membres sur la question de l'intervention humanitaire en ces termes : « *si l'intervention humanitaire constitue effectivement une atteinte inadmissible à la souveraineté, comment*

---

867 Commission internationale de l'intervention et de la souveraineté des États. *La responsabilité de protéger*. 2001, p. VII.

868 Il s'agit de la Somalie, de la Bosnie, du Kosovo et du Rwanda.

869 Momtaz, Djamchid. « « L'intervention d'humanité » de l'OTAN au Kosovo et la règle du non-recours à la force », *Revue internationale de la Croix-Rouge*, Vol.82, N°837, 2000, p. 91.

870 *Ibid.*

devons-nous réagir face à des situations comme celles dont nous avons été témoins au Rwanda ou à Srebrenica, devant des violations flagrantes, massives et systématiques des droits de l'homme, qui vont à l'encontre de tous les principes sur lesquels est fondée notre condition d'êtres humains ? ».

C'est en réponse à ces appels lancés à la communauté internationale par le Secrétaire général de l'ONU, de bâtir un nouveau consensus international sur la conduite à tenir face à des violations massives des droits de la personne humaine et du droit humanitaire, qu'en septembre 2000, le Gouvernement canadien annonça la création de la Commission internationale de l'intervention et de la souveraineté des États (CIISE), chargée de concilier d'une part, le principe de souveraineté, et, d'autre part, la nécessité d'intervenir en cas de violations graves des droits de l'homme[871]. Ce fut alors le point de départ de la formulation théorique du concept de la « responsabilité de protéger ». Cette Commission fût alors invitée à aborder l'ensemble des questions juridiques, morales, opérationnelles et politiques qui se posent dans ce domaine, à recueillir un éventail aussi vaste que possible d'avis dans le monde entier, et à fournir un rapport qui aiderait le Secrétaire général de l'ONU et tous les autres intervenants à trouver un nouveau terrain d'entente[872]. La composition de la Commission était au demeurant censée refléter équitablement les perspectives des pays développés et des pays en développement et faire en sorte qu'elle soit représentative d'un large éventail d'origines géographiques, de points de vue et d'expériences et que ses opinions, du moins dans un premier temps, correspondent aux grands axes du débat international de l'époque.

Compte tenu de son importance, la Commission n'a pas remis en cause le principe de souveraineté des États. Bien au contraire, elle souligne son importance pour parvenir à l'instauration d'un système international cohérent et pacifique. La souveraineté implique bien sûr des droits, mais également des devoirs. Ainsi, d'après la Commission, cette souveraineté suppose désormais une double responsabilité : externe – respecter la souveraineté des autres États – et interne –

---

[871] Le secrétariat de la CIISE était implanté au ministère des Affaires étrangères et du Commerce international à Ottawa. 11 tables rondes régionales et nationales ont été organisées dans le monde entre janvier et juillet 2001.

[872] Commission internationale de l'intervention et de la souveraineté des États, *op. cit.*, p. VIII.

respecter les droits fondamentaux de toute personne vivant sur le territoire de l'État. Aux yeux de Maryam Massrouri[873], cette interprétation extensive du principe de souveraineté par la Commission est discutable, compte tenu du sens traditionnel donné à la souveraineté. Selon l'auteur, pour arriver à cette conclusion, la Commission se base sur l'opinion unanime des États sur le fait que la souveraineté n'implique pas un pouvoir illimité permettant de bafouer les droits des citoyens. Ainsi, constate-t-elle, de cette obligation négative, la Commission tire l'obligation positive pour les États de respecter les droits fondamentaux des personnes vivant sur leur territoire et juge-t-elle ce postulat quelque peu hâtif tout en admettant sa justification si l'on considère sa finalité qui est de pouvoir réagir face à la violation massive et répétée des droits de l'homme.

Au demeurant, le Groupe de personnalités de haut niveau sur les menaces, les défis et le changement[874], dans son rapport intitulé « *Un monde plus sûr : notre affaire à tous* »[875] et le Secrétaire général, dans son rapport de 2005 intitulé « *Dans une liberté plus grande : développement, sécurité et respect des droits de l'homme pour tous* »[876] ont par la suite repris à leur compte le principe selon lequel la souveraineté d'un État s'accompagne pour cet État de l'obligation de protéger sa population, et que si l'État ne veut pas ou ne peut pas le faire, il revient alors à la communauté internationale d'utiliser des moyens

873 Massrouri, Maryam, « La responsabilité de protéger ». *Droit pénal humanitaire*, édité par Laurent Moreillon, 2e édition, Bruxelles, Bruylant, 2009, p. 201.

874 Ce groupe présidé par Anand Panyarachun, ancien Premier ministre de la Thaïlande est composée des personnalités suivantes issues des quatre coins du monde offrant une riche somme d'expériences et de compétences : Robert Badinter (France), João Baena Soares (Brésil), Gro Harlem Brundtland (Norvège), Mary Chinery Hesse (Ghana), Gareth Evans (Australie), David Hannay (Royaume-Uni de Grande-Bretagne et d'Irlande du Nord), Enrique Iglesias (Uruguay), Amr Moussa (Égypte), Satish Nambiar (Inde), Sadako Ogata (Japon), Yevgeny Primakov (Fédération de Russie), Qian Qiqian (Chine), Salim Ahmed Salim (République-Unie de Tanzanie), Nafis Sadik (Pakistan) et Brent Scowcroft (États-Unis d'Amérique). Le Groupe était chargé d'examiner les principales menaces et les défis auxquels est confrontée la communauté internationale dans le domaine plus large de la paix et de la sécurité, y compris les questions économiques et sociales qui sont liées à la paix et à la sécurité. Le Groupe devrait aussi faire des recommandations sur les éléments d'une réponse collective et en particulier recommander des mesures propres à donner à l'Organisation des Nations Unies les moyens de pourvoir à la sécurité collective au XXIe siècle.

875 A/59/565.

876 A/59/2005.

diplomatiques, humanitaires ou autres pour la protéger. Aucun des deux rapports n'établit cependant de critères légitimant de recourir, à cette fin, à la force autre que l'autorisation, en dernier recours, du Conseil de Sécurité de l'ONU en vertu du Chapitre VII de la Charte, en cas de génocide et d'autres crimes internationaux graves. Ces documents témoignent donc, selon Raphaël Van Steenberghe[877], d'une conception particulièrement progressiste de la responsabilité de protéger, le rapport du groupe de personnalités de haut niveau faisant état d'une « nouvelle norme de l'obligation collective internationale de protection ».

Cependant, la référence sans doute la plus importante du concept de responsabilité de protéger, car consacrant un premier accord politique entre États sur le sujet, est celle figurant aux paragraphes 138 et 139 du Document final du Sommet mondial de 2005[878]. Toutefois, lors de ce Sommet, le concept de la responsabilité de protéger a subi quelques infléchissements par rapport aux travaux de la CIISE. Dans le Document final du Sommet, l'application du concept a été effectivement restreinte à quatre cas extrêmes qui font l'objet d'un consensus universel. Ainsi, seules les populations civiles victimes de génocide, de crimes de guerre, de nettoyage ethnique et de crimes contre l'humanité sont concernées par la responsabilité de protéger. C'est ainsi que le champ d'application du concept a été circonscrit alors même que le rapport de la CIISE incluait également les catastrophes naturelles ou écologiques de grande ampleur provoquant d'importantes pertes en vies humaines[879]. La communauté internationale reconnut alors un fondement juridique au devoir d'agir, face aux atrocités criminelles, considérées comme les plus graves crimes contre la personne humaine. Selon Sandra Szurek, préciser les différents moyens et conditions d'action au titre de la responsabilité de protéger est d'autant plus urgent que la pratique de l'intervention en Libye avait fait passer la notion de la théorie à la pratique[880].

---

877 Van Steenberghe, Raphaël. « Responsabilité de protéger et protection des civils dans les conflits armés : un rapprochement au détriment du droit international humanitaire ? », *Revue québécoise de droit international*, Volume 26, numéro 2, 2013, p. 131.

878 Nations Unies. *Document final du Sommet mondial de 2005*. 2005, 42 p.

879 Hanna, Marianne. « La responsabilité de protéger : de l'émergence du concept à son application », *Revue juridique de l'USEK,* N°17, 2017, p. 37.

880 Szurek, Sandra. « La responsabilité de protéger : Mauvaises querelles et vraies questions », *ACDI*, Vol. 4, 2011, p. 51.

On constatera avec Nicolas Michel[881] que la responsabilité de protéger se distingue du concept voisin d'intervention humanitaire sur plusieurs points essentiels. Les analyses de l'auteur font en effet ressortir les différences suivantes : 1) la responsabilité de protéger déplace l'attention prioritaire des intervenants vers les victimes ; 2) au lieu de se focaliser sur la seule intervention militaire, elle recentre les énergies sur d'autres aspects plus importants : la prévention des crimes les plus graves, les mesures de réaction non coercitive, et aussi la reconstruction des sociétés affectées par des conflits ; 3) elle n'est pas conçue comme une exception à la souveraineté étatique mais comme une partie intégrante d'une souveraineté responsable ; 4) les situations dans lesquelles le concept s'applique (trois crimes internationaux et le nettoyage ethnique) sont plus restreintes et plus précises que l'étaient les circonstances indéterminées de l'intervention humanitaire ; 5) la responsabilité de protéger met l'accent sur le rôle de l'État au lieu de définir exclusivement le rôle de la communauté internationale. Celle-ci a une responsabilité propre mais seulement dans la mesure où l'État, titulaire de la responsabilité primaire, manque à ses devoirs ; 6) la responsabilité de protéger fait partie du domaine de l'état de droit et non pas de celui du recours à la force armée. Elle n'est pas conçue pour servir de justification à des opérations militaires non conformes à la Charte des Nations Unies ; 7) elle comporte un important volet d'assistance aux États ; 8) elle n'est pas conçue pour être un mécanisme de substitution destiné à remplacer le Conseil de Sécurité, mais pour faire en sorte que celui-ci exerce effectivement sa responsabilité lorsque la paix et la sécurité internationales sont menacées.

Ce concept à l'époque novateur a le mérite de redéfinir la manière dont les États doivent désormais exercer leurs souverainetés dans le domaine interne. Par ailleurs, selon Raphaël Van Steenberghe, la proposition de substituer à cette notion controversée d'intervention humanitaire celle plus large de responsabilité de protéger a été favorablement accueillie par la plupart des organisations non gouvernementales[882].

Par ailleurs, l'expression « atrocités criminelles » à laquelle renvoie la responsabilité de protéger qualifie trois crimes internationaux définis juridiquement : génocide, crimes contre l'humanité et crimes de guerre. Les définitions de ces crimes résultent de la Convention

---

[881] Michel, Nicolas. *La responsabilité de protéger à l'aune de la morale et du droit.* 2012, p. 11.
[882] Van Steenberghe, Raphaël. *op. cit.*, p. 130.

pour la prévention et la répression du crime de génocide de 1948, des Conventions de Genève de 1949[883] et de leurs Protocoles additionnels de 1977[884] et du Statut de Rome de la Cour pénale internationale de 1998, entre autres traités. Dans le contexte de l'adoption du principe de la responsabilité de protéger, l´expression « atrocités criminelles » a été élargie pour inclure le nettoyage ethnique qui, sans être qualifié de crime à part entière en droit international, englobe des actes constitutifs de violations graves du droit international des droits de l'homme et du droit international humanitaire pouvant en soi caractériser l'une des atrocités criminelles reconnues, en particulier les crimes contre l'humanité[885].

Les atrocités criminelles sont les plus graves crimes contre la personne humaine. Leur qualification de crimes internationaux est basée sur la conviction que les actes qui les constituent portent atteinte à la dignité même de l'être humain, en particulier des personnes qui devraient être les plus protégées par les États, en temps de paix comme en temps de guerre. Toutefois, les victimes d'actes de génocide, de crimes contre l'humanité et de crimes de guerre diffèrent. Les atrocités criminelles se produisent généralement dans des pays en proie à un certain niveau d'instabilité ou en crise. En conséquence, les mesures prises pour prévenir ces crimes sont de nature à contribuer à la paix et à la sécurité internationales.

Défini à l'article 2 de la Convention pour la prévention et la répression du crime de génocide[886], le génocide s'entend en droit

[883] Pour rappel, les Conventions de Genève comprennent la Convention de Genève de 1949 pour l'amélioration du sort des blessés et des malades dans les forces armées en campagne (Première Convention); la Convention de Genève de 1949 pour l'amélioration du sort des blessés, des malades et des naufragés des forces armées sur mer (Deuxième Convention); la Convention de Genève de 1949 relative au traitement des prisonniers de guerre (Troisième Convention); et la Convention de Genève de 1949 relative à la protection des personnes civiles en temps de guerre (Quatrième Convention).

[884] Pour rappel, les Protocoles additionnels comprennent le protocole additionnel de 1977 aux Conventions de Genève du 12 août 1949 relatif à la protection des victimes des conflits armés internationaux (Protocole I) ; et le protocole additionnel de 1977 aux Conventions de Genève du 12 août 1949 relatif à la protection des victimes des conflits armés non internationaux (Protocole II).

[885] Nations Unies. *Cadre d'analyse des atrocités criminelles. Outil de prévention.* 2014, p. 1

[886] Cette définition est reprise dans d'autres textes du droit international : article 6 du Statut de Rome de la Cour pénale internationale ; paragraphe 2 de l'article 4 du

international comme constituant un crime commis contre des membres d'un groupe national, ethnique, racial ou religieux[887]. Bien que les victimes des crimes soient des individus, elles sont visées en raison de leur appartenance, réelle ou supposée, à l'un de ces groupes. Les crimes de guerre sont les violations du droit international humanitaire dont les auteurs encourent une responsabilité pénale personnelle au regard du droit international. Aucun texte ne codifie tous les crimes de guerre. On en trouve une énumération dans des traités du droit international humanitaire et du droit international pénal, de même qu'en droit international coutumier. Les Conventions de Genève de 1949 et le Protocole additionnel I de 1977 en énumèrent certains. L'article 8 du Statut de Rome de la Cour pénale internationale, les articles 2 et 3 du Tribunal pénal international pour l'ex-Yougoslavie et l'article 4 du Statut du Tribunal pénal international pour le Rwanda visent également certains crimes de guerre, sans que leurs énumérations coïncident toujours.

Les crimes de guerre peuvent être perpétrés sur des victimes diverses, combattantes ou non combattantes. Lors des conflits armés internationaux, les victimes comprennent les personnes qui sont expressément protégées par les quatre Conventions de Genève de 1949, à savoir : 1) les blessés et les malades dans les forces armées en campagne ; 2) les blessés, les malades et les naufragés des forces armées sur mer ; 3) les prisonniers de guerre ; et 4) les personnes civiles. Elles comprennent aussi les personnes protégées par le Protocole additionnel I de 1977. En cas de conflits armés non internationaux, l'article 3 commun aux quatre Conventions de Genève de 1949 offre protection aux « personnes qui ne participent pas directement aux hostilités, y compris les membres de forces armées qui ont déposé les armes et les personnes qui ont été mises hors de combat par maladie, blessure, détention, ou pour toute autre cause ». Sont également comprises, les personnes protégées par le Protocole additionnel II de 1977. En vertu du droit international humanitaire, en présence des

Statut du Tribunal pénal international pour l'ex-Yougoslavie et paragraphe 2 de l'article 2 du Statut du Tribunal pénal international pour le Rwanda.

[887] Il s'agit de l'un quelconque des actes ci-après, commis dans l'intention de détruire, ou tout ou en partie : a) Meurtre de membres du groupe ; b) Atteinte grave à l'intégrité physique ou mentale de membres du groupe ; c) Soumission intentionnelle du groupe à des conditions d'existence devant entraîner sa destruction physique totale ou partielle ; d) Mesures visant à entraver les naissances au sein du groupe ; e) Transfert forcé d'enfants du groupe à un autre groupe.

deux types de conflits, la protection couvre le personnel médical et religieux, les travailleurs humanitaires et le personnel de défense civile.

À la différence du génocide et des crimes de guerre, les crimes contre l'humanité ne sont pas codifiés sous la forme d'un traité. Cependant, la définition s'est forgée à partir du droit coutumier et de la jurisprudence des tribunaux internationaux. Le paragraphe 1 de l'article 7 du Statut de Rome de la Cour pénale internationale, l'article 5 du Statut du Tribunal pénal international pour l'ex-Yougoslavie et l'article 3 du Statut du Tribunal pénal international pour le Rwanda comportent des définitions des crimes contre l'humanité, même si elles ne coïncident pas totalement. Au demeurant, sont qualifiés de crimes contre l'humanité tous actes s'inscrivant dans le cadre d'une attaque généralisée ou systématique dirigée contre une population civile[888]. Même si des personnes non civiles peuvent aussi devenir des victimes de l'attaque, pour qu'un acte soit qualifié de crime contre l'humanité la cible ultime de l'attaque doit être la population civile.

Quant au nettoyage ethnique, il n'a pas été reconnu comme un crime autonome en droit international. Cependant dans le contexte de la guerre en ex-Yougoslavie, une commission d'experts des Nations Unies l'a défini ainsi : « ... *rendre une zone ethniquement homogène en utilisant la force ou l'intimidation pour faire disparaître de la zone en question des personnes appartenant à des groupes déterminés* ». Aussi, le nettoyage ethnique pouvait s'entendre selon ladite commission comme « ... *politique délibérée conçue par un groupe ethnique ou*

---

[888] Aux fins du Statut de Rome de la Cour pénale internationale, notamment en son article 7, on entend par crime contre l'humanité l'un quelconque des actes ci-après lorsqu'il est commis dans le cadre d'une attaque généralisée ou systématique lancée contre toute population civile et en connaissance de cette attaque :a) Meurtre; b) Extermination; c) Réduction en esclavage; d) Déportation ou transfert forcé de population; e) Emprisonnement ou autre forme de privation grave de liberté physique en violation des dispositions fondamentales du droit international; f) Torture; g) Viol, esclavage sexuel, prostitution forcée, grossesse forcée, stérilisation forcée ou toute autre forme de violence sexuelle de gravité comparable; h) Persécution de tout groupe ou de toute collectivité identifiable pour des motifs d'ordre politique, racial, national, ethnique, culturel, religieux ou sexiste au sens du paragraphe 3, ou en fonction d'autres critères universellement reconnus comme inadmissibles en droit international, en corrélation avec tout acte visé dans le présent paragraphe ou tout crime relevant de la compétence de la Cour; i) Disparitions forcées de personnes; j) Crime d'apartheid; k) Autres actes inhumains de caractère analogue causant intentionnellement de grandes souffrances ou des atteintes graves à l'intégrité physique ou à la santé physique ou mentale.

religieux visant à faire disparaître, par le recours à la violence et à la terreur, des populations civiles appartenant à une communauté ethnique ou religieuse distincte de certaines zones géographiques »[889]. Pour appliquer une telle politique, les auteurs s'appuient très souvent sur un nationalisme exacerbé, des revendications historiques et une volonté de revanche très affirmée. Il s'agit en l'occurrence d'occuper un territoire et d'expulser le groupe ou les groupes indésirables. La Commission d'experts a par ailleurs précisé que ces pratiques peuvent constituer des crimes contre l'humanité et peuvent être assimilées à des crimes de guerre bien définis. Qui plus est, elles pourraient également relever de la Convention sur le génocide. Cette Commission d'experts avait été mise en place par le Conseil de Sécurité des Nations Unies à travers la Résolution S/RES/780 (1992) du 6 octobre 1992, et était chargée d'examiner les graves violations des Conventions de Genève et autres violations du droit humanitaire international sur le territoire de l'ex-Yougoslavie.

Conformément aux paragraphes 138 et 139 du document final du Sommet mondial de 2005, la responsabilité de protéger repose sur trois piliers : (i) la responsabilité de chaque État de protéger ses populations ; (ii) la responsabilité de la communauté internationale d'aider les États à protéger leurs populations ; (iii) et la responsabilité de la communauté internationale de protéger lorsque, manifestement, un État n'assure pas la protection de sa population. Ainsi, c'est à chaque État qu'il incombe en premier la responsabilité de protéger sa population des atrocités criminelles. La responsabilité subsidiaire de la communauté internationale ne sera engagée que si l'État concerné est soit incapable, soit peu désireux d'accomplir son obligation, soit bien sûr, s'il est lui-même l'auteur des atrocités en question.

[889] La même Commission d'experts a énuméré les mesures coercitives suivantes employées pour faire disparaître les populations civiles : assassinats, tortures, arrestations et détentions arbitraires, exécutions extrajudiciaires, viols et autres agressions sexuelles, graves dommages corporels causés aux civils, confinement de populations civiles dans des ghettos, expulsions, déplacements et déportations de populations civiles, attaques militaires délibérées ou menaces d'attaques des civils et des zones civiles, utilisation de civils comme boucliers humains, destruction de biens, vols de biens personnels, attaques contre les hôpitaux, le personnel médical et les installations portant l'emblème de la Croix-Rouge/du Croissant-Rouge, entre autres.

II. Composantes de la responsabilité de protéger

La responsabilité de protéger consiste, en substance, à fournir protection et aide à des populations civiles en péril et doit être considérée comme un continuum de protection, c'est-à-dire qu'elle doit être envisagée comme un ensemble comprenant trois éléments : tout d'abord, la responsabilité de prévenir contre les atrocités criminelles, ensuite, celle de réagir à de telles atrocités et, enfin, celle de reconstruire, surtout après une intervention militaire aux fins de protection humaine. Il importe d'insister sur le fait que soutenir la responsabilité de protéger implique et appelle nécessairement des décisions et mesures d'assistance aussi multiples que variées. Il peut s'agir de mesures, tant à long qu'à court terme, propres à empêcher que des situations qui menacent la sécurité humaine ne se produisent, ne s'intensifient, ne se répandent ou ne perdurent, et à reconstituer les moyens propres à empêcher qu'elles ne se reproduisent ; il peut aussi s'agir, du moins dans des cas extrêmes, d'interventions militaires destinées à protéger des civils en péril.

Dans son rapport, la CIISE a fait de la prévention la composante la plus importante de la responsabilité de protéger, ceci afin d'endiguer les causes profondes[890] et les causes directes qui sont à l'origine des conflits meurtriers. Même si elles ne permettent pas d'empêcher un conflit, les mesures préventives constituent une condition préalable nécessaire à l'éventuelle intervention de la communauté internationale. Le but est, à terme, d'éviter de telles interventions, par une prévention plus efficace. La prévention des conflits meurtriers pouvant conduire à des atrocités criminelles devrait donc être une priorité pour tous les acteurs. Au demeurant, le Conseil de Sécurité de l'ONU a affirmé dans plusieurs de ses résolutions que les violations graves et flagrantes du droit international des droits de l'homme et du droit international humanitaire constituent des menaces contre la paix et la sécurité internationales.

Par conséquent, la prévention ne contribue pas seulement à la paix et à la stabilité au niveau de l'État concerné, elle sert également les objectifs plus généraux de paix et de stabilité régionale et internationale. Il est également bien moins coûteux de prévenir les atrocités criminelles que d'intervenir pour faire cesser ces crimes ou pour en

[890] Parmi les causes profondes des conflits meurtriers, la CIISE a identifié la pauvreté, la répression politique, le manque d'intégrité ou d'indépendance du pouvoir judiciaire, mais aussi la corruption ou l'absence d'institutions démocratiques.

affronter les séquelles. Enfin, en prenant des mesures pour prévenir ces atrocités et en s'acquittant de leur responsabilité première de protection, les États renforcent leur souveraineté et réduisent la nécessité de formes plus interventionnistes de réponse de la part d'autres États ou acteurs internationaux.

Lorsque les mesures de prévention agissant au niveau des causes profondes ou directes n'ont pas réussi à écarter ou à limiter une crise humanitaire, la responsabilité de protéger suppose une obligation de réagir lorsque la protection humaine devient une impérieuse nécessité. Quand un État ne peut pas ou ne veut pas redresser la situation, c'est à la communauté internationale que reviendra le devoir de prendre des mesures d'intervention. Cette responsabilité résiduelle exige que la communauté internationale, dans le cadre de l'ONU, mette en œuvre d'abord les moyens diplomatiques, humanitaires et autres moyens pacifiques appropriés, conformément aux Chapitres VI et VIII de la Charte des Nations Unies, afin d'aider à protéger les populations du génocide, des crimes de guerre, du nettoyage ethnique et des crimes contre l'humanité.

Lorsque ces moyens pacifiques se révèlent inadéquats et que les autorités nationales n'assurent manifestement pas la protection de leurs populations contre le génocide, les crimes de guerre, le nettoyage ethnique et les crimes contre l'humanité, une action collective autorisée par le Conseil de Sécurité de l'ONU, conformément à la Charte des Nations Unies, spécifiquement son Chapitre VII, au cas par cas et en coopération, le cas échéant, avec les organisations régionales compétentes, doit être envisagée. Ces mesures coercitives peuvent être d'ordre politique, économique ou judiciaire et, dans les cas extrêmes, elles peuvent également comprendre une action militaire.

Les mesures coercitives non militaires limitent la capacité de l'État visé dans ses interactions avec le monde extérieur sans l'empêcher physiquement d'agir à l'intérieur de ses frontières. Ces mesures ont pour but de persuader les autorités de l'État en question d'agir – ou de s'abstenir d'agir – de telle ou telle manière. L'intervention militaire, en revanche, représente une interférence directe dans la capacité des autorités nationales à opérer sur leur propre territoire. Elle supplante de fait ces autorités et vise, du moins sur le court terme, à régler directement le problème qui s'est posé ou la menace qui est apparue. Pour toutes ces raisons et à cause des risques dont s'accompagne nécessairement tout recours à la force meurtrière, la perspective d'une intervention militaire suscite toujours des inquiétudes plus nombreuses et plus vives que l'imposition de sanctions politiques, diplomatiques ou économiques.

Devant la nécessité d'engager une intervention militaire, dans des cas exceptionnels de risque humanitaire, il faut s'attacher à définir le plus précisément possible ces circonstances exceptionnelles, de manière à maximiser les chances de parvenir à un consensus chaque fois que le cas se présente[891]. S'agissant donc de la mise en œuvre de la responsabilité de protéger, particulièrement dans le cas d'une intervention militaire, le Conseil de Sécurité de l'ONU a un rôle crucial à y jouer.[892] Selon Léandre Mvé Ella[893], la responsabilité de protéger traduit en amont, une défaillance du système politique de l'État en même temps qu'elle révèle en aval, la nécessité d'une prise en charge de celui-ci par la société internationale.

La responsabilité de reconstruire constitue la troisième composante de la responsabilité de protéger et fait référence à une stratégie post-intervention axée dans trois domaines particulièrement vitaux que sont la sécurité, la justice et le développement. Faisant référence au rapport de l'ONU sur « *les causes des conflits et la promotion d'une paix et d'un développement durables en Afrique* » de 1998, la CIISE s'est fixé comme but la consolidation de la paix. Cette composante essentielle de la responsabilité de protéger sera étudiée de manière approfondie au paragraphe 2 de la présente section qui est consacrée au devoir d'appui de la communauté internationale à la reconstruction de l'État et à la consolidation de la paix.

B. L'application de la responsabilité de protéger : le cas de la Côte d'Ivoire

L'engagement solennel de protéger les populations du génocide, des crimes de guerre, du nettoyage ethnique et des crimes contre

---

[891] Pour déterminer le seuil de violence qui justifierait une intervention militaire, la CIISE énumère six critères. Il s'agit de (i) la juste cause, (ii) la bonne intention, (iii) le dernier recours, (iv) la proportionnalité des moyens, (v) les perspectives raisonnables et (vi) l'autorité appropriée.

[892] Pour plus de détails sur le rôle du Conseil de Sécurité de l'ONU dans la mise en œuvre de la responsabilité de protéger, voir Yahiaoui, Salima et Nacer Keteb, « La responsabilité de protéger : quel rôle pour le Conseil de Sécurité de l'ONU ? », *RARJ,* vol. 17, n°1, 2018, pp. 819-844.

[893] Mvé Ella, Léandre. « La responsabilité de protéger et l'internationalisation des systèmes politiques », *Civitas Europa*, vol. 42, no. 1, 2019, p. 114.

l'humanité, pris au niveau des Chefs d'État et de Gouvernement au sommet mondial de 2005, a été ultérieurement approuvé par l'Assemblée générale et réaffirmé par le Conseil de Sécurité de l'ONU à maintes reprises. Depuis l'adoption de la responsabilité de protéger en 2005, le Secrétaire général de l'ONU a pris une série de mesures pour expliciter le principe et orienter sa mise en application. Les États membres ont également régulièrement examiné la mise en œuvre du principe lors de réunions officielles et informelles et le principe a été à plusieurs reprises mentionné et réaffirmé dans des résolutions d'organes de l'ONU. Cependant, le concept de la responsabilité de protéger n'a été appliqué de manière concrète que dix ans après la publication du rapport de la CIISE et six ans après son entrée dans le champ juridique international. En effet, à l'occasion de la crise libyenne, la résolution S/RES/1973 (2011) du 17 mars 2011 du Conseil de Sécurité de l'ONU y fit expressément référence pour autoriser une intervention armée en Libye afin d'assurer la protection de la population civile[894].

Par la suite, c'est en réponse aux violations graves et massives des droits de l'homme à la suite de la crise post-électorale en Côte d'Ivoire que le Conseil de Sécurité des Nations Unies adopta, à l'unanimité[895], la résolution S/RES/1975 (2011) du 30 mars 2011 en

---

[894] Le paragraphe 4 de la résolution S/RES/1973 (2011) du 17 mars 2011 relative à la protection des civils dispose que le Conseil de Sécurité, agissant en vertu du Chapitre VII de la Charte des Nations Unies, « *Autorise les États membres qui ont adressé au Secrétaire général une notification à cet effet et agissent à titre national ou dans le cadre d'organismes ou d'accords régionaux et en coopération avec le Secrétaire général, à prendre toutes mesures nécessaires, nonobstant le paragraphe 9 de la résolution 1970 (2011), pour protéger les populations et zones civiles menacées d'attaque en Jamahiriya arabe libyenne, y compris Benghazi, tout en excluant le déploiement d'une force d'occupation étrangère sous quelque forme que ce soit et sur n'importe quelle partie du territoire libyen, et prie les États membres concernés d'informer immédiatement le Secrétaire général des mesures qu'ils auront prises en vertu des pouvoirs qu'ils tirent du présent paragraphe et qui seront immédiatement portées à l'attention du Conseil de sécurité* ». Dans le but de protéger les civils, le paragraphe 5 de la résolution S/RES/1973 (2011) du 17 mars 2011 a établi une zone d'exclusion aérienne interdisant tous vols dans l'espace aérien libyen. C'est ainsi qu'une coalition armée internationale s'est formée pour répondre aux objectifs de la résolution S/RES/1973 (2011) du 17 mars 2011.

[895] Le projet de résolution fût présenté par la France et le Nigéria. Lors de son examen, le représentant de la Côte d'Ivoire a insisté sur la nécessité de protéger les populations civiles et d'assister les populations sinistrées. Quant au représentant du Nigéria, il a tenu à préciser que la demande faite par la Conférence des Chefs d'État et de Gouvernement de la CEDEAO à l'endroit du Conseil de Sécurité de

faisant référence à la responsabilité de protéger. Après avoir réaffirmé que la responsabilité incombe au premier chef à chaque État de protéger les civils, le Conseil de Sécurité rappelait qu'il est de la responsabilité première des parties à tout conflit armé de prendre toutes mesures possibles pour assurer la protection des civils et faciliter l'acheminement rapide et sans entrave de l'aide humanitaire et la sûreté du personnel humanitaire. Soulignant qu'il est de la responsabilité de la Côte d'Ivoire de protéger tous les droits de l'homme et d'enquêter sur leurs violations, le Conseil de Sécurité considérait que les attaques perpétrées contre la population civile dans ce pays pourraient constituer des crimes contre l'humanité et que leurs auteurs doivent être tenus responsables devant la Cour pénale internationale.

Dans cette résolution S/RES/1975 (2011) du 30 mars 2011, précisément en son paragraphe 5, le Conseil de Sécurité condamnait fermement tous les actes de violence perpétrés à l'encontre de civils, notamment les femmes, les enfants, les déplacés et les ressortissants étrangers, ainsi que les autres violations des droits de l'homme, en particulier les disparitions forcées, les exécutions extrajudiciaires, le meurtre et les mutilations d'enfants et les viols et autres formes de violence sexuelle. Au demeurant, le Conseil de Sécurité notait que la Cour pénale internationale pouvait, en se fondant sur le paragraphe 3 de l'article 12 du Statut de Rome, décider de sa compétence concernant la situation en Côte d'Ivoire.

Par ailleurs, au paragraphe 6 de la résolution S/RES/1975 (2011) du 30 mars 2011, le Conseil de Sécurité rappelait qu'il a autorisé l'Opération des Nations Unies en Côte d'Ivoire (ONUCI), dans le cadre de l'exécution impartiale de son mandat, à utiliser tous les moyens nécessaires pour s'acquitter de la tâche qui lui incombe de protéger les civils menacés d'actes de violence physique imminente, dans la limite de ses capacités et dans ses zones de déploiement, y compris pour empêcher l'utilisation d'armes lourdes contre la population civile.

Par cette résolution S/RES/1975 (2011) du 30 mars 2011, le Conseil de Sécurité demandait instamment à Laurent Gbagbo de se retirer immédiatement du pouvoir et imposait des sanctions ciblées (gel des avoirs et interdiction de voyager) à l'encontre de Laurent

---

réexaminer la situation en Côte d'Ivoire, s'explique par la détérioration rapide de la situation politique, sécuritaire et humanitaire dans ce pays.

Gbagbo et de son entourage[896]. La mise en œuvre de cette résolution coïncidait avec la grande offensive militaire baptisée « restaurer la paix et la démocratie en Côte d'Ivoire », lancée le 28 mars 2011 par les Forces républicaines de Côte d'Ivoire (FRCI), nouvelle armée composée essentiellement des Forces nouvelles (ex-rebelles), fidèles à Alassane Dramane Ouattara.

Le 4 avril 2011, à la suite d'une escalade de la violence à Abidjan et en application du paragraphe 6 de la résolution S/RES/1975 (2011) du 30 mars 2011, le Secrétaire général de l'ONU informait le Conseil de Sécurité[897] qu'il avait donné ordre à l'ONUCI de prendre les mesures nécessaires pour empêcher l'utilisation des armes lourdes contre la population civile, avec le soutien des forces françaises, en application du paragraphe 17 de la résolution S/RES/1962 (2010) du 20 décembre 2010 du Conseil de Sécurité. Cette offensive se solda par l'arrestation du Président Laurent Gbagbo le 11 avril 2011, suivie plus tard par la proclamation de Monsieur Alassane Ouattara Président de la République de Côte d'Ivoire le 4 mai 2011[898], puis sa prestation de serment devant le Conseil constitutionnel de la République de Côte d'Ivoire le 6 mai 2011 à Abidjan, et enfin de son investiture le 21 mai 2011 à Yamoussoukro.

---

[896] Les personnalités suivantes furent ciblées par les mesures de gel des avoirs et d'interdiction de voyager: Laurent Gbagbo, ancien Président de la Côte d'Ivoire pour obstruction au processus de paix et de réconciliation, rejet des résultats de l'élection présidentielle ; Simone Gbagbo, Présidente du Groupe parlementaire du Front populaire ivoirien (FPI) pour obstruction au processus de paix et de réconciliation, incitation publique à la haine et à la violence ; Désiré Tagro, Secrétaire général du soi-disant « Cabinet présidentiel » de M. Gbagbo pour participation au gouvernement illégitime de M. Gbagbo, obstruction au processus de paix et de réconciliation, rejet des résultats de l'élection présidentielle, implication dans la répression violente de mouvements populaires ; Pascal Affi N'Guessan, Président du Front populaire ivoirien (FPI) pour obstruction au processus de paix et de réconciliation, incitation à la haine et à la violence, et Alcide Djédjé, Proche conseiller de M. Gbagbo pour participation au gouvernement illégitime de M. Gbagbo, obstruction au processus de paix et de réconciliation, incitation publique à la haine et à la violence.

[897] Document S/2011/221.

[898] DÉCISION N° CI-2011-EP-036/04-05/CC/SG du 04 mai 2011.

Paragraphe 2 : Le devoir d'appui à la reconstruction de l'État et à la consolidation de la paix

A. Considérations théoriques sur le devoir d'appui à la reconstruction de l'État

La responsabilité de protéger implique non seulement la responsabilité de prévenir et de réagir mais aussi celle de compléter la réaction et de reconstruire. En conséquence, si une intervention militaire est décidée – parce qu'un État est défaillant ou a renoncé à ses capacités et pouvoirs d'assumer sa propre « responsabilité de protéger » – il faut qu'il y ait un véritable engagement à contribuer à ramener une paix durable et à promouvoir la bonne gouvernance et un développement durable. La communauté internationale doit rétablir la sécurité et l'ordre public, en partenariat avec les autorités locales, le but étant de transférer progressivement à ces dernières le pouvoir et la responsabilité de reconstruire.

Assurer la reconstruction et le redressement durable suppose que des ressources, financières et autres, soient engagées en quantité suffisante, ainsi qu'une coopération étroite avec la population locale, et peut signifier aussi le maintien des intervenants dans le pays pendant un certain temps après que les buts initiaux de l'intervention ont été atteints. Trop souvent dans le passé, la responsabilité de reconstruire n'a pas été suffisamment reconnue, le retrait des intervenants a été mal géré, la volonté d'aider à la reconstruction a été insuffisante et les pays se sont finalement retrouvés aux prises avec les mêmes problèmes de fond que ceux qui avaient déclenché l'intervention initiale. La nécessité de se doter d'une stratégie post-intervention est aussi d'une extrême importance lorsqu'une intervention militaire doit être envisagée. L'intervention militaire n'est qu'un des instruments parmi tant d'autres pour empêcher les conflits et les urgences humanitaires d'apparaître, de s'intensifier, de s'étendre, de perdurer ou de se renouveler. L'objectif d'une stratégie post-intervention doit donc être d'aider à empêcher les facteurs qui ont suscité l'intervention militaire de renaître ou simplement de refaire surface.

Les processus de réconciliation qui donnent les meilleurs résultats ne sont pas nécessairement ceux qui interviennent dans le cadre de dialogues politiques de haut niveau ou dans des procédures quasi judiciaires[899]. Le meilleur moyen de parvenir à une véritable réconciliation, c'est d'œuvrer à la reconstruction à la base, lorsque d'anciens adversaires unissent leurs efforts pour reconstruire leur communauté ou créer des conditions de vie et d'emploi raisonnablement bonnes dans leurs nouveaux lieux d'installation. Une réconciliation véritable et durable sera le fruit d'un effort soutenu. L'appui extérieur aux efforts de réconciliation doit tenir dûment compte de la nécessité d'encourager cette coopération et d'instaurer des liens dynamiques avec des actions de développement menées conjointement par les anciens adversaires.

Par ailleurs, concernant la consolidation de la paix, le Secrétaire général de l'ONU a très clairement décrit sa nature et sa raison d'être après les conflits, dans son rapport de 1998 sur « *Les causes des conflits et la promotion d'une paix et d'un développement durables en Afrique* ». La consolidation de la paix renvoie à l'ensemble des décisions prises à la fin d'un conflit pour affermir la paix et prévenir une reprise des hostilités. L'expérience montre que la consolidation de la paix après les conflits exige beaucoup plus que des décisions purement diplomatiques ou militaires, et qu'un effort cohérent de consolidation de la paix est nécessaire pour éliminer les causes multiples d'un conflit ou d'un risque de conflit. La consolidation de la paix peut alors comporter la création et le renforcement d'institutions nationales, la surveillance d'élections, une action de défense des droits de l'homme, l'organisation de programmes de réinsertion et de relèvement, et la recherche des conditions de la reprise du développement. La consolidation de la paix ne remplace pas les activités humanitaires et de développement menées dans les pays qui sortent d'une crise. Au contraire, elle cherche à compléter ou réorienter ces activités de façon à réduire le risque de reprise d'un conflit et contribuer à créer les conditions les plus propices à la réconciliation, à la reconstruction et au relèvement.

S'agissant du secteur de la sécurité, l'une des fonctions essentielles d'une force d'intervention est d'apporter une sécurité et une protection de base à tous les membres d'une population, indépendamment de leur origine ethnique ou de leurs liens avec la source précédente du pouvoir sur le territoire. Les situations post-conflit sont souvent le

[899] Les commissions vérité et réconciliation peuvent jouer un rôle important dans les processus de reconstruction nationale dans certains contextes d'après conflit comme se fût le cas au Liberia, en Sierra Leone et en Côte d'Ivoire.

théâtre de massacres perpétrés en représailles. Il est essentiel par ailleurs de protéger les populations d'un « nettoyage ethnique en sens inverse », parce que les groupes qui étaient auparavant des victimes pourraient s'en prendre à ceux qui étaient alliés à leurs anciens oppresseurs. Un tel risque doit être intégré dès le départ dans les opérations post-intervention et des stratégies doivent être définies pour que les forces d'intervention puissent assurer effectivement la sécurité de toute la population, indépendamment de l'origine des uns et des autres, dès qu'elle pénètre sur le territoire à pacifier. Il ne peut être question de « minorités coupables » dans la phase post-intervention. Tout le monde a droit à la protection de sa vie et de ses biens.

L'un des problèmes les plus difficiles et les plus importants survenant régulièrement dans la phase post-intervention a trait au désarmement, à la démobilisation et à la réinsertion des forces de sécurité locales. C'est généralement la réinsertion qui prend le plus de temps, mais l'ensemble du processus ne peut être considéré réussi tant qu'elle n'a pas été menée à bien. C'est aussi un élément nécessaire au rétablissement de l'ordre dans un pays, en ce sens qu'un soldat démobilisé qui n'est pas convenablement réinséré dans la société, avec un revenu suffisant, risque de commettre des crimes avec usage d'armes ou de s'engager dans une opposition politique armée. Le désarmement réussi des membres des forces armées et de sécurité, et d'autres mesures de collecte des armes légères et de limitation de l'entrée de nouvelles armes, constituent un élément important de cet effort.

S'agissant du secteur de la justice et de la réconciliation, dans bien des cas, le pays dans lequel une intervention militaire se déroule peut n'avoir jamais connu un système judiciaire non corrompu ou fonctionnant convenablement, qu'il s'agisse des tribunaux ou de la police, à moins que ce système ne se soit décomposé ou ait disparu avec le début de la défaillance de l'État lui-même. Depuis l'opération de l'ATNUC au Cambodge, au début des années 1990, on réalise de plus en plus, dans les milieux onusiens et ailleurs, combien il importe de mettre en place des arrangements transitoires en matière de justice pendant une opération et de rétablir les systèmes judiciaires le plus rapidement possible après. La raison en est simple, à savoir que si une force d'intervention a pour mission de protéger les populations contre de nouvelles violations des droits de l'homme mais qu'il n'existe aucun système en état de fonctionnement pour traduire les coupables en justice, non seulement la mission de la force est de ce point de vue irréalisable, mais l'ensemble de l'opération risque de perdre en crédibilité tant sur le plan national que sur le plan international.

S'agissant du secteur du développement, toute intervention militaire devrait se donner pour finalité, en matière de consolidation de la paix, d'encourager autant que faire se peut la croissance économique, la reprise des marchés et le développement durable. Ces questions sont extrêmement importantes parce que la croissance économique n'a pas que des conséquences d'ordre public, elle est aussi cruciale pour le redressement général du pays. Le corollaire logique de cet objectif est que les autorités intervenantes doivent trouver le plus rapidement possible le moyen de mettre fin aux mesures économiques coercitives qu'elles auraient éventuellement appliquées au pays avant ou pendant l'intervention.

Concernant la question cruciale de la souveraineté, des problèmes se posent inévitablement dès qu'une puissance extérieure maintient sa présence dans un pays en crise après y être intervenue. Une intervention suspend les revendications de souveraineté dans la mesure où la bonne gouvernance – ainsi que la paix et la stabilité – ne saurait être favorisée ni rétablie sans que l'intervenant exerce son autorité sur le territoire. Il ne s'agit cependant que d'une suspension de facto, pour la durée de l'intervention et la période qui suit, et non d'une suspension de jure. Tel était, par exemple, l'objectif des accords de Paris de 1991 sur le Cambodge, où un « Conseil national suprême », constitué pour la circonstance de représentants des quatre factions rivales, a transféré à l'ONU le pouvoir effectif de gouverner le pays jusqu'à la tenue d'élections[900]. Dans le même ordre d'idées, on pourrait dire que la Yougoslavie a vu sa souveraineté sur le Kosovo suspendue temporairement, mais ne l'a pas perdue de jure[901]. L'objectif d'ensemble est non pas de modifier les arrangements constitutionnels, mais de les

[900] La Conférence de Paris sur le Cambodge a été réunie, à l'invitation du Gouvernement de la République française, dans le but de parvenir à un règlement global, bénéficiant de garanties internationales, qui rétablirait la paix dans ce pays, marqué par un conflit tragique et sanglant. La Conférence a tenu deux sessions, la première du 30 juillet au 30 août 1989 et la deuxième du 21 au 23 octobre 1991.Les coprésidents de la Conférence ont été S.E. M. Roland Dumas, ministre des Affaires étrangères de la République française, et S.E. M. Ali Alatas, ministre des Affaires étrangères de la République d'Indonésie.

[901] Pour plus de détails sur la pertinence du concept de souveraineté pour évaluer la portée politique et les effets juridiques des interventions extérieures, voir Delcourt, Barbara. « Le principe de souveraineté à l'épreuve des nouvelles formes d'administration internationale de territoires », *Pyramides*, 9, 2005, pp. 87-110.

protéger. L'intervention militaire signifie que l'on s'efforce de soutenir des formes de gouvernement compatibles avec la souveraineté de l'État où l'opération a eu lieu, et non de compromettre cette souveraineté[902].

B. La reconstruction de l'État et la consolidation de la paix en Afrique de l'Ouest

I. La consolidation de la paix dans le contexte des Nations Unies

À sa 60e session, l'Assemblée générale des Nations Unies a décidé, de concert avec le Conseil de Sécurité, de créer un organe consultatif intergouvernemental dénommé Commission de consolidation de la paix, pour donner effet à la décision prise lors du Sommet mondial de 2005[903]. C'est dans ce cadre que la Commission de consolidation de la paix fût créée le 20 décembre 2005 par des résolutions de l'Assemblée générale[904] et du Conseil de Sécurité[905]. Cet organe est chargé de : a) réunir tous les intéressés afin qu'ils mobilisent des ressources, proposer des stratégies intégrées aux fins de la consolidation de la paix et du relèvement après les conflits et donner des avis en la matière; b) appeler l'attention sur les efforts de reconstruction et de renforcement des institutions nécessaires au relèvement au lendemain d'un conflit et favoriser l'élaboration de stratégies intégrées afin de jeter les bases d'un développement durable; c) faire des recommandations et donner des renseignements afin d'améliorer la coordination entre tous les intéressés au sein du système des Nations Unies et en dehors, définir les pratiques optimales, aider à obtenir un financement prévisible pour les premières activités de relèvement et prolonger la période de mobilisation de la communauté internationale en faveur du relèvement.

La Commission doit ainsi appuyer les efforts de paix dans les pays touchés par un conflit. Elle constitue un apport essentiel à la capacité de la communauté internationale à agir dans le cadre du vaste agenda de la paix. La Commission est composée de 31 États membres, élus au sein de l'Assemblée générale, du Conseil de Sécurité et du Conseil

---

902 Pour une réflexion théorique sur le système international, et plus précisément la remise en cause de la notion d'État et l'émergence d'une société internationale, voir Montbrial, Thierry de. « Interventions internationales, souveraineté des États et démocratie », *Politique étrangère*, Vol. 63, No. 3, 1998, pp. 549-566.

903 Résolution A/RES/60/1, par. 97-105 relatifs à la consolidation de la paix.

904 Résolution A/RES/60/180 du 20 décembre 2005.

905 Résolution S/RES/1645 (2005) du 20 décembre 2005.

économique et social. Les principaux pays contributeurs financiers et les principaux pays contributeurs de troupes sont également membres de la commission[906]. Les entités suivantes peuvent participer à toutes les réunions de la Commission de consolidation de la paix : Banque mondiale, Communauté des Caraïbes, Fonds monétaire international, Union africaine, Union européenne et Organisation de la coopération islamique.

La résolution de l'Assemblée générale et celle du Conseil de Sécurité créant la commission de consolidation de la paix ont également demandé au Secrétaire général de créer un Fonds permanent pluriannuel pour la consolidation de la paix après les conflits, financé à l'aide de contributions volontaires, en tenant dûment compte des instruments existants, l'objectif étant que les ressources nécessaires à la mise en œuvre des activités de consolidation de la paix puissent être immédiatement débloquées et que des fonds suffisants soient mis à disposition pour les opérations de relèvement[907]. Le Fonds pour la consolidation de la paix, instrument prioritaire de l'ONU pour le financement d'activités de consolidation de la paix après les conflits, peut investir auprès d'entités des Nations Unies, de gouvernements, d'organisations régionales, de banques multilatérales, de fonds d'affectation spéciale multi-donateurs nationaux et d'organisations de la société civile.

De 2006 à 2017, le fonds a alloué 772 millions de dollars à 41 pays bénéficiaires. Depuis sa création, 58 États membres y ont versé des contributions, 33 pour la période du plan d'activité (2017-2019)[908]. Entre 2017 et 2019, le fonds a approuvé plus de 531 millions de dollars dans des projets de consolidation de la paix dans 51 pays, dépassant ainsi l'objectif de son plan stratégique 2017-2019 qui était d'approuver 500 millions de dollars dans 40 pays et plus que doubler les 218

---

[906] Les États qui siègent à la Commission de consolidation de la paix des Nations Unies pour l'année 2025 sont les suivants : i) Brésil, Cambodge, Égypte, Maroc, Pologne, Ouganda et Uruguay (au titre de l'Assemblée générale) ; ii) Algérie, Chine, France, Panama, Fédération de Russie, Royaume-Uni et États-Unis d'Amérique (au titre du Conseil de Sécurité) ; iii) Australie, Colombie, Kenya, Pays-Bas, République de Corée, Slovénie et Afrique du Sud (au titre du Conseil économique et social) ; iv) Bangladesh, Inde, Népal, Pakistan et Rwanda (au tritre des principaux pays contributeurs de troupes) ; v) Canada, Allemagne, Japon, Norvège et Suède (au titre des principaux pays contributeurs financiers).

[907] Résolution S/RES/1645 (2005) du 20 décembre 2005, paragraphe 24.

[908] Source : https://www.un.org/peacebuilding/fr/fund

millions de dollars approuvés au cours du cycle triennal précédent[909]. Le plan quinquennal 2020-2024 prévoit d'investir 1,5 milliards de dollars dans environ 40 pays[910] à un moment donné, avec un équilibre entre les pays qui reçoivent des investissements plus importants sur des périodes de cinq ans après leur demande et l'approbation par le Secrétaire général de leur éligibilité totale, et les pays qui reçoivent un montant limité dans le temps, en réponse à des besoins ou des opportunités urgents. Une grande partie de cet investissement devrait prioritairement aller à la facilitation des transitions (35 %), à l'autonomisation des femmes et des jeunes (25 %) et aux approches transfrontalières et régionales (20 %)[911].

Dans leurs résolutions respectives portant entre autres, création de la commission de consolidation de la paix, l'Assemblée générale et le Conseil de Sécurité avaient au demeurant demandé au Secrétaire général de créer au sein du Secrétariat de l'ONU, dans les limites des ressources disponibles, un bureau d'appui à la consolidation de la paix dont le mandat est d'aider et d'appuyer la Commission de consolidation de la paix sous forme de conseils stratégiques et d'orientations politiques, pour administrer le Fonds pour la consolidation de la paix, et pour servir le Secrétaire général de l'ONU en coordonnant les efforts de consolidation de la paix déployés par les agences et programmes des Nations Unies.

Par ailleurs, en 2006, le Conseil de Sécurité de l'ONU a organisé un débat sur la consolidation de la paix en Afrique de l'Ouest ; la Sierra Leone, le Liberia et la Guinée-Bissau étant passés de situations de guerre à des régimes démocratiques, et une action ayant été menée en faveur d'élections libres et régulières en Côte d'Ivoire. En 2008, le Conseil a concentré son attention sur les problèmes qui se posaient dans la sous-région, principalement les conséquences du trafic de drogue et les obstacles à la gouvernance, et sur le rôle joué par le Bureau des Nations Unies pour l'Afrique de l'Ouest (UNOWA) pour aider à les résoudre. En 2017, UNOWA et le Bureau de l'Envoyé spécial pour le

---

909 United Nations. *Synthesis Review 2017-2019 PBF project and portfolio evaluations*. 2020, p. 10.

910 United Nations. *Peacebuilding Fund. 2020-2024 Strategy*. 2020, p. 5.

911 *Ibid*.

Sahel ont été regroupés dans une seule entité : le Bureau des Nations Unies pour l'Afrique de l'Ouest et le Sahel (UNOWAS)[912].

II. La reconstruction de l'État et la consolidation de la paix au Liberia

Le Bureau de consolidation de la paix du Liberia[913], au sein du ministère des Affaires intérieures, a été créé en janvier 2009 en tant qu'agence du gouvernement en charge des fonctions liées à la consolidation de la paix et à la réconciliation nationale, spécialement la coordination, le suivi, l'évaluation et l'établissement de rapports sur les programmes, projets et initiatives du gouvernement en matière de paix et de réconciliation[914]. Il fournit également des conseils au gouvernement, élabore des politiques, des programmes et des stratégies en matière de paix et de réconciliation. Avant octobre 2017, il servait de secrétariat au Fonds de consolidation de la paix des Nations Unies en charge, entre autres, d'administrer les activités quotidiennes du

---

912 UNOWAS a une responsabilité de diplomatie préventive, de bons offices, de médiation et de facilitation des actions politiques en Afrique de l'Ouest et au Sahel. UNOWAS contribue également à consolider la paix et la gouvernance démocratique dans les pays émergeant de conflits ou des crises politiques. UNOWAS travaille étroitement avec l'Union africaine, la CEDEAO, l'Union du fleuve Mano, la Commission du Bassin du lac Tchad, l'Initiative d'Accra, la Commission du Golfe de Guinée, le G5-Sahel, ainsi qu'avec d'autres partenaires régionaux. Les principales activités de UNOWAS sont relatives aux domaines suivants : (i) prévention de conflits, bons offices et diplomatie préventive, (ii) Promotion de la coopération et soutien aux partenaires régionaux, (iii) Soutien à la mise en œuvre de la Stratégie intégrée des Nations Unies pour le Sahel (UNIS), (iv) Soutien à l'Union du Fleuve Mano, (v) Sécurité maritime dans le Golfe de Guinée, (vi) Trafic de drogue et crime organisé, (vii) Réforme du secteur de la sécurité (viii) Genre, femmes, Paix et Sécurité, (ix) Droits humains, Gouvernance et État de droit et (x) Commission Mixte Cameroun-Nigéria. Plus d'informations sur ces activités sont disponibles sur le site web de UNOWAS, https://unowas.unmissions.org/fr

913 The Liberia Peacebuilding Office (PBO).

914 Le 27 mai 2010, à travers la Lettre PML/1-1/244/10, la Mission Permanente du Liberia auprès des Nations Unies a officiellement sollicité l'engagement de la Commission de consolidation de la paix des Nations Unies au Liberia. À la suite de cette demande, une délégation de la Commission a effectué une mission au Liberia du 16 au 27 août 2010 et y a rencontré le Gouvernement libérien, la MINUL, l'équipe pays des Nations Unies et d'autres parties prenantes nationales. À l'issue de cette mission, trois secteurs prioritaires ont été identifiés : le rétablissement de l'état de droit, la réforme du secteur de la sécurité et la réconciliation nationale. Pour plus de détails sur les activités prioritaires de chacun de ses secteurs, voir Nations Unies. *Déclaration sur des engagements réciproques aux fins de la consolidation de la paix au Liberia*. 16 novembre 2010, 10 p.

Comité directeur conjoint[915] et de faciliter la coordination et d'autres activités pour informer les décisions politiques. Le Bureau a ensuite été restructuré en 2017 pour plus d'efficacité. Il travaille également avec les Nations Unies, en particulier avec le PNUD, ONU Femmes et le Bureau du Coordinateur Résident du système des Nations Unies.

Le Liberia a fait des progrès remarquables en matière de paix au cours des années qui ont suivi la cessation des hostilités. L'élection du président George Weah en décembre 2017 a marqué une étape importante avec la transition pacifique d'un gouvernement démocratiquement élu à un autre. Cependant, de nombreuses causes profondes du conflit libérien n'étaient toujours pas traitées. La concentration du pouvoir à Monrovia et le déséquilibre dans la fourniture de services publics demeuraient de véritables sources de mécontentement dans le pays, plusieurs années après la fin du conflit. Les litiges fonciers, la corruption et les tensions liées aux concessions continuaient également d'être les principales sources de violence dans le pays[916]. Le nouveau gouvernement avait préparé un programme de développement national pour 2018-2024 qui lie les priorités de consolidation de la paix à la réalisation des objectifs de développement durable.

La Commission de consolidation de la paix des Nations Unies a mené des efforts pour que l'aide internationale au Liberia soit soutenue et coordonnée, en particulier pour éviter l'effondrement des ressources financières qui se produit souvent lorsque les pays sortent d'un conflit et que les missions de maintien de la paix se retirent. La Commission de consolidation de la paix du Liberia, présidée par la Suède, avait donné la priorité à deux questions en 2017 : (i) le soutien à

[915] Joint Steering Committee (JSC). Le JSC est l'organe de coordination entre le gouvernement et la communauté internationale pour les actions liées à la consolidation de la paix. Il a été conçu pour fournir des orientations stratégiques, assurer la coordination, la cohérence et la synergie entre les composantes des plans de consolidation de la paix, prendre des décisions en matière d'allocation et superviser la gestion globale des fonds du Peacebuilding fund (PBF) au niveau national.

[916] Une étude conduite auprès des communautés locales par Platform for Dialogue and Peace (P4DP), une ONG nationale, a identifié les principales sources de conflit communautaire, à savoir : (i) Land and property disputes, (ii) Local Governance, Rule of Law and Security, (iii) Discrimination, Identity and Citizenship, (iv) Unemployment and access to resources. Au total, 10.800 personnes ont participé au processus de consultation, 59 districts ont été couverts et 273 communautés urbaines et rurales ont été visitées. Pour plus de détails sur cette étude, voir UNOPS and Interpeace. *Peace in Liberia. Challenges to consolidation of peace in the eyes of the communities*. 2010, 88 p.

l'élaboration et à la mise en œuvre du plan de consolidation de la paix ; et (ii) le soutien à la transition de la Commission de consolidation de la paix. Le gouvernement du Liberia a soumis le plan de consolidation de la paix le 20 mars 2017, conformément à la résolution S/RES/2333 (2016) du 23 décembre 2016 du Conseil de Sécurité[917].

Le système des Nations Unies, la Banque mondiale, l'Union européenne et les acteurs de la société civile, ainsi que la Commission de consolidation de la paix ont apporté leur soutien au gouvernement libérien lors de l'élaboration du plan. La Commission de consolidation de la paix a organisé des réunions à New York pour recueillir des contributions au plan et suivre sa mise en œuvre, et a fourni une plateforme aux dirigeants des Nations Unies au Liberia d'identifier avec les États membres les défis en matière de financement et d'expertise attendues après le départ de la Mission des Nations Unies au Liberia (MINUL). Désormais, le programme de développement national du nouveau gouvernement devrait intégrer le plan de consolidation de la paix, tout en demeurant la base de la collaboration future entre le gouvernement et la communauté internationale, y compris la Commission de consolidation de la paix. Afin de soutenir les priorités du Liberia en matière de consolidation de la paix, le Fonds des Nations Unies pour la consolidation de la paix a approuvé près de 27 millions de dollars entre 2017 et 2020[918]. Depuis la mise en place du fonds, le montant total approuvé pour le Liberia s'élève à 76

[917] Le Plan de consolidation de la paix du Liberia est scindé en deux phases : La phase I devrait se dérouler sur une période de 12 mois allant d'avril 2017 à mars 2018, et présente les actions prioritaires pour assurer une transition réussie. Elle fait référence aux actions requises du système des Nations Unies pour soutenir l'engagement du gouvernement du Liberia à mettre en place des capacités nationales durables, essentielles pour maintenir la paix avant le départ de la MINUL. La phase II devrait commencer en avril 2018 et devrait durer une période que le nouveau gouvernement devrait déterminer, mais qui en principe ne devrait pas aller au-delà de 2020 qui coïncide avec l'examen à mi-parcours prévu de l'Agenda pour la transformation II. Au cours de cette seconde phase, les priorités de consolidation de la paix à plus long terme devront être intégrées dans les cadres de développement nécessaires pour garantir un soutien continu aux efforts nationaux visant à atténuer, prévenir et gérer les risques de conflit. En appui à ce travail, des efforts de collaboration devraient être entrepris pour garantir la mise en place de capacités d'alerte précoce efficaces, ainsi que la mise en place d'une situation de référence d'une analyse consensuelle des risques et de la résilience à l'appui d'une planification du développement sensible aux conflits.

[918] United Nations. *The Secretary General's Peacebuilding Fund Liberia.* June 2021, p. 2.

millions de dollars dont 11,8 millions dans des projets en cours à la date de juin 2021[919].

Le deuxième outil de financement des Nations Unies pour la consolidation de la paix est le Fonds d'affectation spéciale multipartenaires pour le Liberia[920]. Ce Fonds créé en juillet 2018 à la demande du gouvernement libérien et avec le soutien du système des Nations Unies, à la suite de la première transition démocratique d'un président civil à un autre en plus de 70 ans, vise à s'attaquer aux causes profondes de la fragilité. Il est destiné à atténuer l'effondrement des financements qui serait consécutif au retrait de la MINUL et à compenser les limites du Fonds de consolidation de la paix. Il est censé surtout fournir un financement prévisible pour la mise en œuvre des objectifs de développement durable et la consolidation de la paix[921]. Le fonds dispose d'un volet national et d'un volet international ; ce qui signifie qu'il peut soutenir directement les organismes nationaux, y compris le gouvernement libérien, ainsi que les organisations internationales qui travaillent au Liberia. Les questions transversales suivantes occupent une place prioritaire dans le financement du Fonds : l'autonomisation des femmes et des jeunes, les changements climatiques et l'environnement, ainsi que les technologies de l'information et de la communication.

Concernant l'autonomisation des femmes, le fonds de consolidation de la paix a soutenu le renforcement des groupes de travail sur le genre dans l'armée et la police et le fonctionnement des huttes de paix pour les femmes comme lieux de résolution des conflits locaux[922]. Le fonds a permis à des femmes cinéastes de dépeindre le rôle des femmes dans le processus de paix au Liberia. Le fonds a également contribué à la publication du deuxième plan d'action national sur la paix et la sécurité des femmes et au développement de la première

[919] United Nations. *The Secretary General's Peacebuilding Fund Liberia*. June 2021, p. 1.

[920] Liberia Multi-Partner Trust Fund

[921] Connolly, Lesley et Laurie Mincieli. *Sustaining Peace in Liberia: New Reforms, New Opportunities?* International Peace Institute, May 2019, p. 14.

[922] Une des critiques relatives aux réponses apportées à la question des violences sexuelles et sexistes au Liberia est que ces réponses correspondent souvent aux agendas des donateurs internationaux, plutôt que de prendre en compte les besoins des institutions de l'État. Pour plus de détails sur cette question, voir Schia, Niels Nagelhus and Benjamin de Carvalho. *Peacebuilding in Liberia and the Case for a Perspective from Below*. Norwegian Institute of International Affairs, Security in Practice 8, 2010, 22 p.

stratégie de financement novatrice du gouvernement pour l'égalité des sexes. Il soutient également le renforcement du leadership local des femmes dans les comtés de Montserrado et de Bong[923].

S'agissant de l'engagement politique et de l'autonomisation socio-économique des jeunes[924], le fonds de consolidation de la paix a soutenu l'implication des jeunes dans les élections et post-élections de 2017, contribuant ainsi à un environnement pacifique pendant l'élection. Le fonds a également soutenu l'autonomisation socio-économique des ex-combattants et des jeunes marginalisés à Monrovia et dans certaines zones rurales du pays. Le fonds a également collaboré avec la police afin de renforcer les mesures de protection des jeunes à risque dans les banlieues de Monrovia et avec des spécialistes de la santé pour améliorer le soutien psychosocial des communautés à risque. Plus de 500 jeunes vulnérables ont été placés dans des programmes de formation professionnelle[925], en plus de recevoir des compétences de vie et d'autres soutiens. Le soutien du fonds a également renforcé la confiance entre les jeunes ciblés et leurs communautés.

---

923 Les leçons apprises des projets d'appui à l'égalité des genres et à l'autonomisation des femmes dans le cadre de la consolidation de la paix au Liberia révèlent, entre autres, que l'on doit être plus exigeant sur la qualité de la participation des femmes et pas seulement sur leur nombre. Il ressort de cet exercice de leçons apprises que pour faire évoluer les mentalités sur le rôle et les droits des femmes, il est également important d'investir dans des agents de changement, des champions et des leaders de tous âges, hommes et femmes, au niveau local et national, dans les institutions publiques, les autorités locales et le secteur privé. Pour plus de détails, voir United Nations. *The Secretary General's Peacebuilding Fund Liberia. Support to Gender Equality and Women's Empowerment in Liberia* April 2022, 3 p. La question de la qualité de participation des femmes en lieu et place de leur nombre est également ressortie de l'évaluation des projets PBF menée en décembre 2017 par Nordic Consulting Group. Pour plus de détails sur ce rapport d'évaluation, voir Nordic Consulting Group. *Evaluation of the United Nations Peacebuilding Fund (PBF) Portfolio in Liberia.* December 2017, 95 p.

924 Une publication de Folke Bernadotte Academy (FBA) de Swedish Agency for peace, security and development, parue en 2019, compile les enseignements tirés du premier programme de leadership en prévention des conflits au Liberia axé sur les jeunes ; programme mis en œuvre par FBA et ses partenaires libériens en 2018. Pour plus de détails sur ces leçons apprises, voir Folke Bernadotte Academy. *Young Liberians Building Peace. Lessons Learnt from the first Conflict Prevention Leadership Program.* 2019, 52 p.

925 United Nations. *The Secretary General's Peacebuilding Fund Liberia.* June 2021, p. 2.

Dans les domaines de l'état de droit, de la justice transitionnelle[926] et des droits de l'homme, le fonds de consolidation de la paix a soutenu la mise en œuvre de la politique de police communautaire du Liberia, l'amélioration de l'accès à la justice pour les plus vulnérables et la capacité nationale de surveillance des droits de l'homme après le retrait de la MINUL. Le fonds a également soutenu les processus de réforme législative et les cadres de protection des droits de l'homme, ainsi que les plateformes de concertation sur la mise en œuvre de la Convention sur les droits de l'homme ainsi que des plateformes pour discuter de la mise en œuvre des recommandations de la Commission Vérité et Réconciliation : plus de 40 dialogues de réconciliation locaux dans 7 comtés, le dialogue économique national de 2019 et la conférence de réconciliation nationale de 2020. Le fonds a renforcé la capacité des institutions nationales et des organisations de la société civile à suivre la mise en œuvre des recommandations de la Commission Vérité et Réconciliation et a aidé à identifier 15 sites commémoratifs[927].

Quant à la prévention et la gestion pacifique des conflits liés à la terre[928], le fonds de consolidation de la paix a permis de réunir les

---

[926] En 2009, Thomas Jaye a exploré la relation entre la justice transitionnelle et le programme de DDR au Liberia entre la période de négociation de l'Accord de paix global en 2003 et août 2007. L'auteur souligne qu'en mettant en œuvre le programme de DDR séparément et avant la mise en place de la Commission Vérité et Réconciliation et de toute autre mesure de justice transitionnelle, la paix et la sécurité sont restées fragiles, comme au lendemain de la signature de l'Accord de paix global. Pour plus de détails, voir Jaye, Thomas. *Transitional Justice and DDR: The Case of Liberia.* International Center for Transitional Justice, June 2009, 38 p.

[927] United Nations. *The Secretary General's Peacebuilding Fund Liberia.* June 2021, p. 2.

[928] Selon une étude de University of California, un adulte sur quatre a eu un différend foncier pendant ou après le conflit, faisant des litiges fonciers les conflits les répandus au sein de la population. Le rapport explore les différents types de litiges et leur impact. Les résultats réitèrent le rôle prépondérant des chefs de village et de ville dans la résolution des litiges, essentiellement fonciers : 39 % des personnes ayant subi un accaparement de terres depuis la guerre ont consulté les chefs de village ou de ville pour résoudre le litige. Cependant, les conflits liés à la terre sont beaucoup moins susceptibles d'être résolus que d'autres différends, avec seulement la moitié des cas d'accaparement de terres agricoles résolue (53 %) par rapport à une grande majorité (83 %) des conflits non liés à la terre. La plupart des personnes interrogées ont reconnu qu'elles ne connaissaient pas (50 %) ou peu (41 %) le système judiciaire officiel. Seulement 28 % ont décrit leur accès au système judiciaire comme étant facile. Pour plus de détails sur cette étude, voir Vinck, Patrick, Phuong Pham et Tino Kreutzer. *Talking Peace: A Population-Based Survey on Attitudes about Security, Dispute Resolution, and Post-Conflict*

institutions gouvernementales locales, les communautés affectées, la société civile et les sociétés concessionnaires afin de discuter et de résoudre les problèmes fonciers par le biais d'une approche innovante de plateforme multi-acteurs et d'activités ciblées sur les moyens d'existence. Le fonds de consolidation de la paix soutient le gouvernement dans la mise en œuvre de sa politique de décentralisation foncière et dans le renforcement du mécanisme de résolution des conflits fonciers.

Concernant la coopération transfrontalière avec la Côte d'Ivoire, le fonds de consolidation de la paix a soutenu un projet de coopération entre les communautés et le secteur de la sécurité dans les zones frontalières entre la Côte d'Ivoire et le Liberia. Le fonds finance une deuxième phase du projet, l'étendant à 21 communautés frontalières dans les comtés de Grand Gedeh et de Nimba[929]. Ce soutien améliore la cohésion sociale entre les forces de sécurité de part et d'autre de la frontière et encourage le commerce transfrontalier. Un entrepôt était en cours de construction pour les femmes d'affaires locales impliquées dans le commerce transfrontalier, afin de résoudre l'obstacle du stockage des marchandises, et plusieurs postes frontaliers clés étaient en cours de réhabilitation[930].

Reconstruction in Liberia. Human Rights Center, University of California, Berkeley, 2011, 75 p.

[929] United Nations. *The Secretary General's Peacebuilding Fund Liberia*. June 2021, p. 2.

[930] L'évaluation finale du projet « *Cross-Border cooperation project between Cote d'Ivoire and Liberia for Sustainable peace and social cohesion* » révèle que la mise en œuvre du projet est globalement satisfaisante. Sur la base de ces résultats et après un examen objectif de chacun des critères utilisés pour l'exercice, la mission d'évaluation estime que l'ensemble du projet est globalement satisfaisant et lui attribue une note moyenne de 5/6. L'équipe d'évaluation recommande également que, sous réserve de l'engagement continu des deux gouvernements et de la rationalisation des mécanismes de mise en œuvre, de coordination, de suivi et d'évaluation (principalement par la réduction des arrangements institutionnels et des coûts de mise en œuvre des activités, ainsi que par l'harmonisation des stratégies d'intervention dans les deux pays), les partenaires techniques et financiers de cette initiative renouvellent le projet dans une phase ultérieure étendue à l'ensemble de la frontière entre la Côte d'Ivoire et le Liberia pour une période minimale de trente-six (36) mois. Pour plus de détails, voir United Nations. *Cross-Border cooperation project between Cote d'Ivoire and Liberia for Sustainable peace and social cohesion. Final Évaluation Report*. 2019, 59 p.

III. La reconstruction de l'État et la consolidation de la paix en Sierra Leone

Créé par la résolution S/RES/1829 (2008) du 4 août 2008, le Bureau intégré des Nations Unies pour la consolidation de la paix en Sierra Leone (BINUCSIL) avait pour mission de : a) fournir un appui politique aux efforts déployés sur les plans national et local pour identifier et désamorcer les tensions et les risques de conflit, quelle qu'en soit la source; b) observer et promouvoir les droits de l'homme, les institutions démocratiques et l'état de droit, au moyen d'actions visant à lutter contre la criminalité transnationale organisée et le trafic de stupéfiants; c) consolider les réformes destinées à assurer une bonne gouvernance, en prêtant une attention particulière aux instruments visant à combattre la corruption telle que la Commission de lutte contre la corruption; d) soutenir la décentralisation, la révision de la Constitution de 1991 et l'adoption des textes législatifs pertinents ; e) assurer une étroite coordination avec la Commission de consolidation de la paix et soutenir son action, ainsi que la mise en œuvre du Cadre de coopération pour la consolidation de la paix et l'exécution des projets financés par le Fonds pour la consolidation de la paix[931].

La Sierra Leone a réalisé d'importantes réformes institutionnelles en matière de gouvernance démocratique, de droits de l'homme, de transparence et de responsabilité, en organisant plusieurs élections pacifiques et crédibles successives depuis la fin de la guerre civile en 2002. Le retrait du BINUCSIL en 2014 a été un signe fort de la confiance de la communauté internationale dans les progrès réalisés par le pays sur la voie de la paix et d'une prospérité équitable. Les élections de mars 2018 ont abouti à un transfert pacifique du pouvoir de l'ancien président Ernest Bai Koroma au leader de l'opposition, Julius Maada Bio. Si le pays a fait des progrès considérables dans la reconstruction et le renforcement des institutions post-conflit et dans la satisfaction de certains des besoins immédiats de sa population et des victimes de la guerre, de nombreux défis subsistent et certaines des causes profondes de la guerre civile devaient encore être suffisamment prises en charge, par exemple l'inclusion et l'emploi des jeunes, la lutte contre la corruption, les inégalités, la décentralisation,

[931] S/RES/1829 (2008) du 4 août 2008, para 3.

l'insécurité alimentaire et un accès plus inclusif à la terre, en particulier pour les femmes et les filles[932].

Depuis 2007, le fonds pour la consolidation de la paix a investi 66,7 millions de dollars en Sierra Leone[933]. En étroite collaboration avec le BINUCSIL et l'équipe pays des Nations Unies, le fonds a soutenu un large éventail de projets de consolidation de la paix en Sierra Leone, contribuant ainsi aux processus de reconstruction de l'État, à la prévention et à la résolution des conflits. S'appuyant sur les recommandations du rapport de la Commission Vérité et Réconciliation, le soutien initial du fonds s'est concentré sur le renforcement des institutions pour une gouvernance démocratique inclusive, la réconciliation, l'accès à la justice et la protection des droits de l'homme, l'amélioration de la sécurité, la promotion du dialogue et l'égalité des sexes[934].

Pendant les périodes électorales de 2007 et 2012, le soutien du fonds s'est concentré sur des campagnes de communication promouvant la tolérance politique et a ainsi contribué à des élections générales pacifiques. Le dialogue et le partenariat avec un large éventail d'acteurs, dont les partis politiques, les chefs traditionnels et religieux, les organisations communautaires, les femmes et les jeunes, ont permis d'accroître la participation de divers segments de la société au processus électoral, favorisé l'inclusion et contribué à éviter la résurgence du conflit pendant les élections. Par ailleurs, en collaboration avec le BINUCSIL, le fonds a contribué à la négociation d'une série d'accords

[932] Une étude basée sur une analyse documentaire et des entretiens de terrain et publiée en 2009 dans la revue *Global Change, Peace and Security* a exploré le rôle de la communauté internationale dans la promotion d'une consolidation de la paix en Sierra Leone. L'étude a identifié deux défis majeurs pour la durabilité de la consolidation de la paix : l'insuffisance des opportunités de réintégration sociale des ex-combattants et l'escalade des tensions sociales résultant de l'exploitation des entreprises minières internationales. Pour plus de détails sur les résultats de cette étude, voir Solà-Martín, Andreu. « Is peacebuilding sustainable in Sierra Leone? ». *Global Change, Peace & Security,* Vol. 21, Issue 3, 2009, pp. 291-307.

[933] United Nations. *The Secretary General's Peacebuilding Fund Sierra Leone.* July 2021, p. 1.

[934] Le chômage des jeunes, la corruption ainsi que le trafic de drogues et la criminalité organisée furent identifiées en 2011 par le BINUCSIL comme les principaux obstacles à la consolidation de la paix en Sierra Leone. Pour plus de détails, voir les rapports suivants : Nations Unies. *Sixième rapport du Secrétaire général sur le Bureau intégré des Nations Unies pour la consolidation de la paix en Sierra Leone.* 9 mars 2011, 15 p. (S/2011/119) et Nations unies. *Septième rapport du Secrétaire général sur le Bureau intégré des Nations Unies pour la consolidation de la paix en Sierra Leone.* 2 septembre 2011, 15 p. (S/2011/554).

entre les principaux partis politiques et leurs branches jeunes et femmes, des espaces de dialogue inclusifs. En aidant 20.000 victimes de guerre[935] à payer leurs frais médicaux et à répondre à d'autres besoins immédiats tels que le soutien scolaire pour leurs familles, le fonds a contribué aux efforts de réconciliation post-conflit et aux priorités de la justice transitionnelle.

Le fonds a également contribué à la mise en place et à la consolidation de la Commission nationale des droits de l'homme, y compris ses bureaux régionaux, une étape importante pour améliorer l'accès à la justice et aux droits de l'homme. La capacité des services de police et du Bureau de la sécurité nationale a été renforcée par la création de comités de sécurité de chefferie[936] et de comités de sécurité de district[937] dans tout le pays, y compris dans les zones frontalières sensibles. Un secrétariat de la stratégie nationale de lutte contre la corruption a également été créé.

La mise en place de mécanismes d'orientation au niveau communautaire pour les victimes de violences à caractère sexuel et sexiste a contribué à protéger les droits des femmes victimes. Le ministère de la Protection sociale, de l'Égalité des sexes et de l'Enfance[938] a bénéficié d'un soutien pour achever la construction d'un foyer d'accueil qui fournit une assistance médicale, un abri et des services juridiques aux victimes de violences à caractère sexuel et sexiste. Deux politiques pertinentes, à savoir le « Protocole national d'orientation »[939] et la « Politique d'autonomisation des femmes et d'égalité des sexes »[940], ont également été élaborées.

Le Fonds a contribué à renforcer davantage les mécanismes des droits de l'homme du pays. En particulier, la capacité institutionnelle de la Commission nationale des droits de l'homme, des partenaires gouvernementaux et des organisations de la société civile a été renforcée dans les domaines suivants : (i) les entreprises et les droits de l'homme, (ii) la protection des femmes et des filles contre la violence sexuelle et sexiste et (iii) la protection et la promotion des

---

935 United Nations. *The Secretary General's Peacebuilding Fund Sierra Leone*. July 2021, p. 1.
936 Chiefdom Security Committees (CHISEC).
937 District Security Committees (DISEC).
938 Ministry of Social Welfare, Gender and Children's Affairs.
939 National Referral Protocol.
940 Women Empowerment and Gender Equality Policy.

droits des personnes handicapées. En conséquence, la Commission des droits de l'homme a élaboré le tout premier plan d'action national sur les entreprises et les droits de l'homme, ainsi qu'un rapport annuel. Le traitement des affaires de violence sexuelle et sexiste a été accéléré devant les unités de soutien aux familles et les conditions de détention dans les prisons ont été mieux contrôlées, ce qui a contribué à la libération de prisonniers détenus illégalement.

Les mécanismes de résolution des conflits ont également été renforcés par la mise en place d'un réseau de 50 médiateurs initiés et de 30 moniteurs de la jeunesse dans six districts pour répondre aux tensions communautaires et jouer le rôle d'ambassadeurs d'alerte précoce. Ils ont contribué à prévenir plus de 100 conflits liés à Ebola[941]. Les dialogues communautaires ont également été encouragés en tant que moyen pour discuter des questions d'intérêt communautaire de manière inclusive et d'éviter les conflits.

En soutenant une large participation des femmes en tant qu'actrices politiques et ambassadrices de la consolidation de la paix aux niveaux national et local, le fonds de consolidation de la paix a contribué à une plus grande inclusion des femmes ainsi qu'à des processus électoraux pacifiques avant, pendant et après les élections de 2018. Le système d'alerte précoce mis en place au siège du Bureau de la sécurité nationale et de la police, et également soutenu par le Fonds par le biais de 150 observateurs communautaires de 6 districts, a fourni en temps réel des rapports d'alerte précoce sur les incidences de la violence pendant les élections[942]. Les données générées par ces outils ont permis de mettre en évidence les incidents de violence auprès des principales institutions gouvernementales, de mobiliser le système de sécurité, d'informer les organes de gestion des élections, la communauté internationale et les leaders de la société civile et de préconiser des actions, tant préventives que de médiation, pour atténuer la violence. Des initiatives de réconciliation post-électorale et de dialogue communautaire ont également été encouragées en partenariat avec le bureau du vice-président, ainsi qu'une conférence nationale sur la cohésion sociale et le dialogue, appelée « Bintumani III », qui fait partie de la feuille de route visant à établir une commission nationale pour la paix et la cohésion sociale.

---

941 United Nations. *The Secretary General's Peacebuilding Fund Sierra Leone*. July 2021, p. 2.

942 *Ibid.*

Depuis 2018, le soutien du fonds à la Sierra Leone s'est concentré sur des questions spécifiques liées au conflit, identifiées par l'ONU et le Gouvernement comme des priorités et pour lesquelles le Fonds de consolidation de la paix et l'ONU peuvent contribuer à des solutions innovantes. En particulier, le Fonds de consolidation de la paix a consacré une plus grande attention aux conflits liés à la terre, en mettant l'accent sur les différends avec les industries extractives et les sociétés concessionnaires ainsi que sur l'accès des femmes à la terre. 320 jeunes enquêteurs, dont plus de 100 femmes, ont été formés aux technologies innovantes de cartographie géospatiale qui ont permis de cartographier les terres traditionnelles et de soutenir les revendications des femmes en matière de propriété foncière. De surcroit, 88 % des litiges fonciers dans les zones ciblées ont été résolus à l'amiable grâce à des mécanismes alternatifs de résolution des conflits soutenus par le Fonds de consolidation de la paix[943].

Le Fonds contribue également à atténuer les conflits locaux entre les communautés, l'administration et les entreprises privées dans les zones de concession en renforçant les capacités des institutions et des plateformes de dialogue qui favorisent les relations pacifiques. Plusieurs forums de dialogue ont été soutenus, tandis que des moyens de subsistance alternatifs sont fournis aux communautés dont les moyens de subsistance ont été affectés par les concessions, créant des tensions locales. La coordination de l'Initiative pour la transparence dans les industries extractives a également été renforcée, en partenariat avec le bureau du vice-président.

En 2020, le Fonds a approuvé un nouveau projet visant à donner aux jeunes à risque des districts de Tonkolili et de Kenema les moyens de devenir des catalyseurs de la paix durable, de la résilience communautaire et de la cohésion sociale et pour aider à prévenir le recrutement et la violence des gangs, qui sont devenus une menace croissante pour la paix. Le projet renforce la voix des jeunes dans la prise de décision tout en les rendant économiquement autonomes en les aidant à trouver d'autres moyens de subsistance. Le projet vise également à promouvoir des réformes politiques visant à dépénaliser les infractions mineures afin d'éviter le cercle vicieux du recrutement de jeunes dans les prisons, ainsi que la mise en œuvre d'initiatives ciblées de cohésion sociale au sein de la communauté, en faisant

[943] United Nations. *The Secretary General's Peacebuilding Fund Sierra Leone*. July 2021, p. 2.

travailler ensemble les jeunes et les membres de la communauté. Le Fonds a également approuvé une initiative supplémentaire, par le biais d'un partenaire de la société civile, visant à soutenir une plus grande implication des jeunes dans les mécanismes communautaires de règlement des différends[944].

IV. La reconstruction de l'État et la consolidation de la paix en Côte d'Ivoire

La Côte d'Ivoire a connu une série de crises politiques qui ont dégénéré en conflits à partir de 2002. Ces conflits ont entraîné de nombreux décès, plus d'un million de personnes déplacées à l'intérieur du pays et de réfugiés, de graves violations des droits de l'homme et une profonde méfiance au sein et entre les communautés et les forces de défense et de sécurité. Depuis la fin du conflit ouvert en 2011, la Côte d'Ivoire a fait des progrès significatifs, en témoignent l'amélioration de ses indices de sécurité et le départ de la mission de maintien de la paix de l'ONU, ONUCI, en juin 2017. Le pays restait toutefois confronté à certains défis résiduels[945]. En 2017, certains éléments des forces armées ont organisé plusieurs mutineries. Le Fonds de consolidation de la paix des Nations Unies est un partenaire majeur du pays depuis la fin du conflit.

Le soutien du Fonds à la Côte d'Ivoire a débuté en 2012, à la suite de la fin de la crise post-électorale et à une demande conjointe du gouvernement et de l'ONUCI d'intervenir. Le soutien du Fonds a depuis été renouvelé deux fois, avec une allocation cumulée de 42 millions de dollars US dont 12,15 millions dans des projets qui étaient encore en cours d'exécution en juin 2018[946]. Le Fonds et ses partenaires ont ciblé les zones les plus sensibles, situées dans l'ouest et le centre

[944] Après avoir exploré les différentes conceptions de la construction de la paix entre ces acteurs, une étude publiée en novembre 2014 par The Centre for International Governance Innovation (CIGI) soutient que les Nations Unies n'ont encouragé qu'une faible intégration verticale sur la question cruciale de la marginalisation des jeunes ; que le manque d'engagement rend la paix vulnérable ; et qu'une intégration verticale plus profonde peut aider à améliorer ce défi permanent. Pour plus de détails sur cette question d'intégration verticale dans les projets de consolidation de la paix en Sierra Leone, voir Lawrence, Michael. *United Nations peacebuilding in Sierra Leone – toward vertical integration?* CIGI Papers, N°49, November 2014, 19 p.

[945] Il s'agit de la réconciliation nationale qui doit être poursuivie, de la justice transitionnelle qui doit être accélérée, du secteur de la sécurité qui doit être réformé, et des ex-combattants qui doivent être réintégrés.

[946] United Nations. *The PBF in Côte d'Ivoire.* June 2018, p. 1.

du pays. Celles-ci ont été affectées par le déplacement puis le retour des populations, ce qui a exacerbé les tensions entre les communautés. Le soutien du Fonds a couvert des secteurs clés, depuis les activités de redressement socio-économique, le soutien aux réseaux de jeunes et de femmes et aux systèmes d'alerte précoce en matière électorale, jusqu'à la mise en place de cliniques juridiques, l'enregistrement des naissances, l'enregistrement des terres, les réformes du secteur de la sécurité et le DDR.

Pourtant, ce soutien n'est pas allé sans difficulté : certaines réformes du secteur de la sécurité nécessitent des modifications juridiques, qui peuvent être hors de portée du soutien de l'ONU. De même, le soutien au DDR peut s'avérer difficile car certains anciens combattants rejettent l'approche de réintégration communautaire et exigent une compensation monétaire. Le rétablissement de la confiance de la communauté envers l'État et surtout envers le secteur de la sécurité est un processus à long terme qui exige le dévouement des dirigeants de la communauté et du gouvernement. Le soutien du Fonds se concentre principalement sur l'appui au processus de transition et sur la résolution de certains des défis résiduels et des risques pour la stabilité après le retrait, en juin 2017, de la mission de maintien de la paix de l'ONU en Côte d'Ivoire.

Grâce au soutien du Fonds, la consolidation de la paix fait désormais partie intégrante des priorités nationales du gouvernement ivoirien, à travers la création d'un département ministériel dédié à la cohésion sociale et l'inclusion d'objectifs de consolidation de la paix dans le Plan de développement national 2016-2020[947]. Avec un taux de croissance économique impressionnant au cours des dernières années, la plupart des bailleurs de fonds soutiennent désormais que la Côte d'Ivoire devrait être en mesure de financer son propre développement. Par conséquent, beaucoup ont limité leur soutien, y compris dans des domaines critiques tels que la gouvernance et la consolidation de la paix. Dans ce contexte, le soutien du Fonds a servi de catalyseur pour une contribution budgétaire de 2,8 millions de dollars américains

---

[947] Cinq grands axes stratégiques ont été développés dans le PND 2016 – 2020 : (1) Renforcement de la qualité des institutions et de la gouvernance ; (2) Accélération du développement du capital humain et du bien-être social ; (3) Accélération de la transformation structurelle de l'économie par l'industrialisation ; (4) Développement d'infrastructures sur le territoire national et la préservation de l'environnement ; et (5) Renforcement de l'intégration régionale et de la coopération internationale.

de l'ONUCI aux activités de consolidation de la paix[948]. La contribution du Fonds au projet de renforcement de la participation des jeunes, des femmes et des communautés à la consolidation de la paix en 2017 a permis d'obtenir le soutien d'autres partenaires[949].

Le Fonds a été par ailleurs un moteur de l'intégration des Nations Unies : en encourageant les agences à travailler ensemble et avec l'ONUCI, le Fonds a assuré une approche plus intégrée et holistique. Le Fonds a également permis au système des Nations Unies de répondre à l'instabilité persistante de manière opportune. Par exemple, grâce au Fonds, l'ONU a pu faciliter rapidement une série de dialogues, deux jours seulement après un incident de sécurité entre deux groupes ethniques à Bayota en septembre 2015, ce qui a contribué à réduire les tensions communautaires et à désamorcer la situation[950]. Par ailleurs, un projet transfrontalier mis en œuvre entre la Côte d'Ivoire et le Liberia, à la demande des présidents des deux pays, a débuté en 2017. Ce projet contribue à renforcer la confiance entre les communautés et le personnel de sécurité dans le pays, en étendant les activités existantes à la région frontalière et en aidant à renforcer la coopération entre les deux pays.

---

948 United Nations. *The PBF in Côte d'Ivoire*. June 2018, p. 1.

949 C'est dans ce cadre que le Fonds de consolidation de la paix a financé le « *Projet de renforcement de la participation des jeunes à la consolidation de la paix dans le Nord, le Sud, le Centre, le Centre-Ouest, et l'Ouest de la Côte d'Ivoire* ». Ce projet est intervenu dans 11 régions du pays, à savoir : District d'Abidjan, Grands Ponts, Loh Djiboua, Goh, Haut Sassandra, Sud Comoe Gbeke, Agneby Tiassa, Hambol, Guemon-Cavally-Tonkpi, Poro-Tchologo et Bounkani. L'UNICEF en était l'organisme chef de file avec la participation d'autres agences du système des Nations Unies (PNUD – UNESCO – FNUAP) ainsi que d'autres partenaires de mise en œuvre issus de l'administration et de la société civile. Le résultat poursuivi était que l'engagement civique des jeunes, la participation des jeunes et des femmes en tant qu'acteurs de paix, de prévention et de gestion des conflits contribuent à la cohésion sociale de manière durable en Côte d'Ivoire.

950 United Nations. *The PBF in Côte d'Ivoire*. June 2018, p. 2.

CONCLUSION DE LA DEUXIÈME PARTIE

L'Afrique de l'Ouest est depuis de nombreuses années l'une des sous-régions les plus instables du continent africain. Depuis les indépendances, beaucoup d'États membres de la Communauté économique des États de l'Afrique de l'Ouest (CEDEAO) ont fait face à des conflits armés violents. L'ampleur de cette insécurité généralisée peut s'expliquer, entre autres, par une circulation incontrôlée des transferts d'armes légères et de petit calibre qui, par ailleurs, a entraîné des conséquences dévastatrices sur la prolongation des conflits armés et l'encouragement à l'exploitation illicite des ressources naturelles, ainsi que sur les processus de développement humain et économique de la sous-région.

Conscients de la nécessité de prévenir, combattre et éradiquer la fabrication illicite et l'accumulation excessive et déstabilisatrice des armes légères et de petit calibre, le trafic et la détention ainsi que l'utilisation de ces armes dont les effets négatifs ont été largement confirmés et observés sur la sécurité de chaque État de la sous-région, la sécurité humaine, le droit international humanitaire, le développement durable et les droits humains, les États membres de la CEDEAO ont adopté la « Déclaration de moratoire sur l'importation, l'exportation et la fabrication des armes légères en Afrique de l'Ouest » le 31 octobre 1998. C'est dans leur détermination à réaliser les objectifs contenus dans cette déclaration de moratoire et dans le Code de conduite pour la mise en œuvre du moratoire adopté à Lomé le 10 décembre 1999, que les Chefs d'État et de Gouvernement des États membres de la CEDEAO ont adopté, le 14 juin 2006 à Abuja, la Convention sur les armes légères et de petit calibre, leurs munitions et autres matériels connexes. Cette convention est entrée en vigueur le 29 septembre 2009.

L'adoption de cette convention a conduit à une révision et une harmonisation des législations nationales des États membres de la CEDEAO concernant le contrôle des armes légères. En d'autres termes, la convention a servi de guide pour les pays de la CEDEAO, les incitant à mettre à jour et à harmoniser leurs lois sur les armes légères, de manière à ce qu'elles soient cohérentes avec les normes établies par la CEDEAO. Cela inclut des aspects tels que le contrôle des transferts d'armes, la réglementation de la fabrication et de la possession d'armes légères, ainsi que la promotion de la coopération et de l'échange d'informations entre les États membres. Les législations des États membres devraient ériger les dispositions de la Convention en principes minimums communs de contrôle des armes légères, tel que recommandé au demeurant par l'Article 21 de ladite convention. Cette convention exige en plus que les législations nationales prévoient, entre autres, des sanctions en cas de violation d'un embargo sur les armes, imposé par les Nations Unies, l'Union africaine ou la CEDEAO. Ceci était d'autant plus nécessaire que l'Afrique de l'Ouest était confrontée à des conflits armés qui étaient exacerbés par la prolifération des armes légères et de petit calibre et dont la persistance continuait de menacer la stabilité de la sous-région. Outre l'adoption de textes législatifs et réglementaires, les pays de la CEDEAO ont également mis en place des organismes nationaux chargés du contrôle des armes légères et de petit calibre. Toutefois, force est de reconnaître qu'en dépit de la mise en place de tels cadres et organismes de contrôle, le transfert illicite d'armes n'a pas pour autant cessé d'alimenter les conflits armés dans la sous-région.

Relativement à la théorie de l'État, il convient de rappeler que la définition sociologique classique, initialement développée par Nicolas Machiavel, met l'accent sur l'emploi de la force comme l'élément essentiel d'un État. Cet usage exclusif et légitime de la force est également repris par le sociologue allemand Max Weber, lorsqu'il définit l'État comme « une entreprise politique de caractère institutionnel dont la direction administrative revendique avec succès, dans l'application des règlements, le monopole de la contrainte physique légitime ». Par ailleurs, plusieurs définitions de la notion de l'État existent, cependant, en science politique, la définition wébérienne sert de référence pour les études, particulièrement dans un contexte académique. En droit constitutionnel, l'existence de l'État implique systématiquement la réunion de trois éléments constitutifs : un territoire, une population et un système de gouvernement. Cependant, il est admis en droit international public, qu'en plus de ces trois éléments, l'État doit posséder la personnalité juridique internationale et la souveraineté. Dans la pratique des relations internationales, c'est la définition que donne le droit international public de l'État qui est généralement retenue.

Le concept d'État défaillant, apparu dans la doctrine politiste américaine au début des années 1990, était alors utilisé pour décrire un État « absolument incapable de se maintenir comme membre de la communauté internationale », en raison de l'effondrement de ses institutions. Un État défaillant est en fait un État qui n'est pas capable de remplir les fonctions régaliennes essentielles en matière d'ordre public, de police, de justice et qui ne parvient pas à s'opposer aux troubles internes, aux crises politiques ou ethniques, provoquant l'exode de certaines populations, voire le déclenchement de guerres civiles. Un État peut également être qualifié de défaillant lorsqu'il n'y a aucune autorité centrale en mesure d'assurer à titre exclusif l'exercice de la violence légitime au sein des frontières dudit pays et lorsqu'il n'assure pas le respect des droits de la personne humaine et la satisfaction des besoins fondamentaux des populations. Les critères de défaillance des États tiennent donc principalement à la perte de contrôle de l'État sur son territoire et ses frontières, à l'érosion de sa légitimité de représentation de la population et à l'affaiblissement, voire l'anéantissement, de sa capacité à protéger et garantir les droits et libertés dont jouissent normalement les ressortissants de l'État en question.

Les rapports des commissions nationales vérité et réconciliation du Liberia et de la Sierra Leone ainsi que celui de la commission d'enquête internationale établie par les Nations Unies à la suite de la crise post-électorale ivoirienne, ont révélé que les conflits armés dans ces trois pays ont occasionné de graves violations des droits de l'homme et du droit international humanitaire dont des homicides délibérés et arbitraires, des actes de torture, des violences sexuelles contre des femmes, des arrestations et des détentions arbitraires, pour ne citer que ceux-là. Au Liberia, 250.000 personnes seraient mortes dans des circonstances liées à la guerre civile, dont au moins la moitié serait des civils non combattants. La guerre civile en Sierra Leone a été certes moins meurtrière que celle du Liberia, cependant elle aurait occasionné entre 50.000 et 75.000 morts. Quant à la Côte d'Ivoire, plusieurs sources concordantes estiment le nombre de morts à environ 3.000.

La prolifération d'armes légères et de petit calibre et son corollaire sur l'intensification et la prolongation des conflits armés ont davantage accentué la fragilité du Liberia, de la Sierra Leone et de la Côte d'Ivoire. Des rapports globaux sur la fragilité, particulièrement Fragile States Index (FSI) du Think Tank américain The Fund for Peace et États de fragilité de l'OCDE, ont confirmé la forte détérioration de la stabilité de ces pays durant leurs périodes respectives de crise. Aussi, dans ces trois pays, les autorités politiques ont perdu le contrôle effectif d'une bonne partie de leurs territoires nationaux, ainsi que le monopole de l'exercice exclusif de la violence légitime à l'intérieur des frontières nationales. Ces autorités ont fait preuve d'une incapacité à assurer les missions régaliennes étatiques sur l'ensemble de leurs territoires nationaux et à protéger les populations, en particulier les civils non combattants, les femmes et les enfants contre de graves violations de leurs droits fondamentaux. Ainsi, le Liberia et la Sierra Leone, et dans une certaine mesure la Côte d'Ivoire, pouvaient être légitimement assimilés à des États extrêmement fragiles, voire défaillants à certaines périodes respectives de leurs crises.

Faisant suite aux violations graves et massives des droits de l'homme et devant le risque de déstabilisation de la sous-région et le manque de capacités institutionnelles des États concernés à faire face à de telles situations, la communauté internationale est intervenue au Liberia, en Sierra Leone et en Côte d'Ivoire pour, entre autres, protéger les populations civiles et maintenir la paix et la sécurité internationales dans la sous-région. L'adoption du concept de la responsabilité de protéger lors du Sommet mondial des Nations Unies de 2005 a marqué une étape essentielle dans l'action collective menée par la communauté internationale pour faire en sorte que ses échecs passés, illustrés par son incapacité à éviter les génocides au Rwanda et à Srebrenica, ne se reproduisent plus.

Il est important par ailleurs de souligner que la création de toutes les missions de paix des Nations Unies dans ces trois pays (MONUL, MONUSIL, MINUSIL, MINUCI, MINUL et ONUCI) est antérieure à l'adoption du principe de la responsabilité de protéger. Néanmoins, ce principe fût invoqué plus tard par le Conseil de Sécurité des Nations Unies dans la Résolution S/RES/1975 (2011) du 30 mars 2011 dans le cadre de la gestion de la crise post-électorale en Côte d'Ivoire. Dans les trois pays, les Nations Unies, avec l'aide de la communauté internationale et à travers la Commission et le Fonds de consolidation de la paix des Nations Unies, ont réussi à soutenir de nombreuses initiatives de consolidation de la paix ayant trait à la réforme du secteur de la sécurité, la restauration de l'état de droit, la mise en place d'une justice transitionnelle, l'organisation d'élections et l'autonomisation socio-économique des jeunes et des femmes.

CONCLUSION GÉNÉRALE

Au fil des décennies, l'Organisation des Nations Unies a contribué à mettre fin à de nombreux conflits, souvent grâce au Conseil de Sécurité – l'organe compétent au premier chef, en vertu de la Charte des Nations Unies, du maintien de la paix et de la sécurité internationales. Lorsque le Conseil de Sécurité de l'ONU est saisi d'une question relative à la paix et à la sécurité internationales, il commence, en règle générale, par inviter les parties à régler leur différend par des moyens pacifiques. Il peut énoncer les principes auxquels devra se conformer un éventuel règlement, ordonner des mesures d'enquête et de médiation dans certains cas, envoyer une mission, nommer des envoyés spéciaux ou demander au Secrétaire général d'user de ses bons offices pour parvenir à un règlement pacifique du différend.

Lorsqu'un différend débouche sur des hostilités, le Conseil de Sécurité de l'ONU a pour priorité de mettre fin le plus rapidement possible à celles-ci. Dans ce cas, il peut ordonner un cessez-le-feu, ce qui peut empêcher une aggravation du conflit ; ou déployer sur le terrain des observateurs militaires ou une opération de maintien de la paix afin d'aider à réduire les tensions, de séparer les forces en présence et de rétablir le calme pour faciliter la recherche d'un règlement pacifique. Si cela ne suffit pas, le Conseil de Sécurité peut décider de prendre des mesures d'imposition de la paix, parmi lesquelles des sanctions économiques, un embargo sur les armes, des restrictions et pénalités financières et des interdictions de voyager ; la rupture des relations diplomatiques, un blocus ou des mesures collectives d'ordre militaire.

En vertu du Chapitre VII de la Charte des Nations Unies, et face aux situations humanitaires et sécuritaires désastreuses et devant le risque de déstabilisation de la sous-région, le Conseil de Sécurité des Nations Unies a adopté des régimes de sanctions concernant certains pays d'Afrique de l'Ouest : le Liberia, la Sierra Leone, la Côte d'Ivoire, la Guinée-Bissau et le Mali. Ces régimes comprennent une variété de mesures coercitives, en particulier des interdictions de voyager, des gels des avoirs, des restrictions sur certaines ressources économiques stratégiques telles que les diamants, le bois et le pétrole ainsi que des embargos sur les armes. Il convient au demeurant de noter que le Conseil de Sécurité de l'ONU n'a pas imposé de mesures d'embargo sur les armes dans le cas des régimes de sanctions concernant la Guinée-Bissau et le Mali.

En dépit de leur pertinence dans le contexte de pays en proie à des conflits armés violents, plusieurs enquêtes indépendantes menées par des organes subsidiaires de l'ONU mais également par des médias et des organismes de recherche ont souligné une violation fréquente des mesures d'embargo sur les armes imposées par le Conseil de Sécurité des Nations Unies dans plusieurs pays. Même si ces violations régulières ne semblent pas encore remettre en cause la pertinence de telles mesures coercitives, elles suscitent, néanmoins, un questionnement légitime concernant leur efficacité et pire encore, elles sapent l'autorité du Conseil de Sécurité de l'ONU.

Faut-il le rappeler, l'objectif de ce livre est d'expliquer, sur la base de l'expérience des conflits armés au Liberia, en Sierra Leone et en Côte d'Ivoire, les principaux défis liés à l'application stricte de l'embargo sur les armes du Conseil de Sécurité des Nations Unies, dans le cadre des processus de règlement des conflits armés internes en Afrique de l'Ouest. Ainsi, ce livre devrait contribuer à l'amélioration de la pratique des régimes de sanctions ciblées, et en particulier l'embargo sur les armes, auxquels le Conseil de Sécurité de l'ONU fait de plus en plus recours, au titre du Chapitre VII de la Charte des Nations Unies, dans le cadre des processus de règlement des conflits armés.

Concernant le Liberia, c'est la Résolution S/RES/788 (1992) du 19 novembre 1992 du Conseil de Sécurité des Nations Unies, adoptée à l'unanimité, qui a instauré un embargo sur les armes à destination du pays, bien que le comité de sanctions relevant du Conseil de Sécurité et chargé de surveiller son application n'ait été formé que plus tard, en 1995, avec la Résolution S/RES/985 (1995) du 13 avril 1995. La Résolution S/RES/788 (1992) du 19 novembre 1992 a été adoptée en réaction à la poursuite de la guerre civile dans le pays. Notant que le conflit au Liberia a été réglé et que des élections nationales ont eu lieu dans le cadre du quatrième Accord de Yamoussoukro, le Conseil de Sécurité a adopté la Résolution S/RES/1343 (2001) du 7 mars 2001 qui a mis fin à l'embargo sur les armes, imposées par le paragraphe 8 de la Résolution S/RES/788 (1992) du 19 novembre 1992 et de dissoudre le Comité créé par la résolution 985 (1995). Toutefois, exigeant la fin du soutien que le gouvernement libérien apporte au RUF et à d'autres groupes rebelles armés, la Résolution S/RES/1343 (2001) du 7 mars 2001 a instauré un nouvel embargo sur les armes qui est entré en vigueur en mai 2001 pour une période initiale de 12 mois. L'embargo sur les armes et les sanctions ont été prolongés en mai 2002 par la Résolution S/RES/1408 (2002) du 6 mai 2002 pour une période de 12 mois, puis en mai 2003 par la Résolution S/RES/1478 (2003) du 6 mai 2003 pour une nouvelle période de 12 mois.

À la suite de la démission du président Charles Taylor, de la cessation de la première guerre civile et du déploiement de la Mission des Nations Unies au Liberia (MINUL), le Conseil de Sécurité décide, par le biais de la Résolution S/RES/1521 (2003) du 22 décembre 2003, de lever l'embargo sur les armes et de dissoudre le Comité de sanctions créé par la Résolution S/RES/1343 (2001). Toutefois, la Résolution S/RES/1521 (2003) du 22 décembre 2003 a établi un nouvel embargo sur les armes à destination du Liberia. Cet embargo ne s'appliquait pas aux transferts vers les forces de la MINUL et aux fournitures d'armes et de matériel connexe, ainsi qu'à la formation et à l'assistance techniques destinées uniquement à appuyer ou à être utilisées dans le cadre d'un programme international de formation et de réforme des forces armées et de la police libériennes. D'autres interdictions de transferts aux milices et autres groupes armés sont restées en vigueur. En décembre 2005, l'embargo a été prolongé pour une période de 12 mois par la Résolution S/RES/1647 (2005) du 20 décembre 2005.

En juin 2006, l'embargo a été modifié par la Résolution S/RES/1683 (2006) du 13 juin 2006. Cette résolution précise que l'embargo sur les armes ne s'applique pas aux fournitures limitées d'armes et de munitions destinées à être utilisées par les membres des forces de police et de sécurité du gouvernement libérien qui ont été contrôlés et formés depuis le début de la Mission des Nations Unies au Liberia (MINUL) en octobre 2003. Cependant, la résolution stipule que tous les transferts doivent être approuvés au préalable par le comité de sanctions des Nations Unies chargé de surveiller l'embargo sur les armes et que le gouvernement libérien doit marquer toutes les armes et munitions importées et tenir un registre de celles-ci.

En décembre 2009, la Résolution S/RES/1903 (2009) du 17 décembre 2009 leva l'embargo sur les armes, imposé au gouvernement du

Liberia pour une période d'essai d'un an. Le Comité de sanctions sur le Liberia devait toujours être informé à l'avance des envois d'armes et de matériel connexe au gouvernement libérien. La Résolution S/RES/1903(2009) du 17 décembre 2009 a également prolongé de 12 mois l'embargo sur les armes à l'encontre de toutes les entités non gouvernementales et de tous les individus opérant au Liberia. Depuis 2009, l'embargo sur les forces non gouvernementales et l'obligation de notifier les expéditions au gouvernement libérien ont été régulièrement prolongés. C'est avec la Résolution S/RES/2288 (2016) du 25 mai 2016 que le Conseil de Sécurité mit fin, avec effet immédiat, aux dernières mesures relatives à l'embargo sur les armes contre le Liberia.

Concernant la Sierra Leone, c'est la Résolution S/RES/1132 (1997) du 8 octobre 1997 du Conseil de Sécurité de l'ONU qui a établi un embargo sur les armes à destination du pays, à la suite du coup d'État militaire du 25 mai 1997. En juin 1998, la Résolution S/RES/1171 (1998) du 5 juin 1998 a levé cet embargo territorial mais a établi un nouvel embargo sur les armes qui ne s'appliquait pas au gouvernement de la Sierra Leone - qui n'était plus sous régime militaire - mais aux forces contrôlées par les commandants militaires qui avaient joué un rôle de premier plan dans le gouvernement et au Front révolutionnaire uni (RUF).

La Résolution S/RES/1171 (1998) du 5 juin 1998 exigeait des États qu'ils notifient au Comité de sanctions créé par la Résolution S/RES/1132 (1997) du 8 octobre 1997 toutes les exportations d'armes ou de matériel connexe à destination de la Sierra Leone en provenance de leur territoire. Elle exigeait également que le gouvernement de la Sierra Leone marque, enregistre et notifie au Comité de sanctions toutes les importations d'armes et de matériel connexe qu'il effectue. A la demande de la Sierra Leone et sur les conseils du Comité des sanctions, la Résolution S/RES/1940 (2010) du 29 septembre 2010 a levé les dernières sanctions de l'ONU concernant la Sierra Leone, à savoir : (i) l'embargo sur les armes pour les forces non gouvernementales en Sierra Leone, (ii) l'obligation de notification d'exportation d'armes en Sierra Leone à l'endroit des États, l'obligation de marquage et d'enregistrement des armes ainsi que de notification d'importation d'armes à l'endroit du gouvernement de la Sierra Leone et (iii) l'interdiction de voyager des chefs de l'ancienne junte militaire et du Front révolutionnaire uni (RUF).

S'agissant de la Côte d'Ivoire, c'est la Résolution S/RES/1572 (2004) du 15 novembre 2004 du Conseil de Sécurité, adoptée à l'unanimité, qui a décidé que « tous les États devront, pendant une période de treize mois à compter de la date d'adoption de la présente résolution, prendre les mesures nécessaires pour empêcher la fourniture, la vente ou le transfert directs ou indirects à la Côte d'Ivoire, à partir de leur territoire ou par leurs ressortissants, ou au moyen de navires ou d'aéronefs battant leur pavillon, d'armes ou de tout matériel connexe, en particulier d'aéronefs et d'équipements militaires, provenant ou non de leur territoire, ainsi que la fourniture de toute assistance, conseil ou formation se rapportant à des activités militaires ».

La Résolution S/RES/1572 (2004) du 15 novembre 2004 a été adoptée en réaction à la reprise des hostilités en Côte d'Ivoire, aux violations répétées de l'accord de cessez-le-feu du 3 mai 2003 et à la détérioration de la situation humanitaire. Elle autorisait les livraisons d'armes et de matériel connexe, ainsi que la formation et l'assistance techniques, destinées uniquement à soutenir le processus de restructuration des forces de défense et de sécurité du gouvernement ivoirien de réconciliation nationale ou à y contribuer. Ces fournitures devaient être approuvées au préalable par le Comité des sanctions compétent. L'embargo faisait partie d'un ensemble plus large d'un régime de sanctions qui comprenaient des mesures d'interdiction de voyager et de gel des avoirs à l'encontre de toutes les personnes qui font peser une menace sur le processus de paix et de réconciliation nationale en Côte d'Ivoire.

Entre 2005 et 2009, les sanctions ont été renouvelées de manière périodique. La Résolution S/RES/1946 (2010) du 15 octobre 2010 du Conseil de Sécurité a prolongé l'embargo jusqu'au 30 avril 2011. Elle ne modifiait pas la portée de l'embargo mais mentionnait explicitement que l'embargo autorisait également la fourniture de matériel non létal destiné uniquement à permettre aux forces de sécurité ivoiriennes de faire un usage approprié et proportionné de la force dans le cadre du maintien de l'ordre public, tel qu'approuvé au préalable par le Comité des sanctions. Cet allègement est en réponse à une recommandation de l'Opération des Nations Unies en Côte d'Ivoire (ONUCI), d'autoriser la fourniture de matériel anti-émeute afin que les forces de défense et de sécurité n'aient pas à recourir aux armes à feu pour maintenir l'ordre public.

La Résolution S/RES/1980 (2011) du 28 avril 2011 a prolongé l'embargo d'un an et a invité la Commission nationale de lutte contre la prolifération des armes légères et de petit calibre, de veiller à ce que les armes déposées par les combattants armés illégaux soient neutralisées ou ne soient pas distribuées illégalement, conformément à la Convention de la CEDEAO sur les armes légères, leurs munitions et autres matériels connexes. La Résolution S/RES/2045 (2012) du 26 avril 2012 a prolongé l'embargo d'un an et levé toutes les restrictions sur la fourniture de formation, de conseils et d'expertise en matière de sécurité et d'activités militaires, ainsi que sur la fourniture de véhicules civils aux forces de sécurité ivoiriennes. La Résolution S/RES/2101 (2013) du 25 avril 2013 puis la Résolution S/RES/2153 (2014) du 29 avril 2014 ont prolongé l'embargo sur les armes. Cependant, la Résolution S/RES/2153 (2014) du 29 avril 2014 a supprimé l'obligation de notifier à l'avance au comité de sanctions la fourniture d'équipements non létaux aux forces de sécurité ivoiriennes. En revanche, elle a maintenu l'obligation de notification préalable ou d'accord préalable du comité de sanctions, selon qu'il convient, pour tout ce qui concerne la fourniture aux forces de sécurité ivoiriennes d'armes et de matériel létal exclusivement destinés à appuyer le processus ivoirien de réforme du secteur de la sécurité ou à être utilisés dans le cadre de ce processus.

L'embargo sur les armes et le matériel connexe prévu au paragraphe 1 de la Résolution S/RES/2219 (2015) du 28 avril 2015, visé pour la première fois au paragraphe 7 de la Résolution S/RES/1572 (2004) du 4 novembre 2004 a été levé, avec effet immédiat, par la Résolution S/RES/2283 (2016) du 3 mai 2016. Dans cette dernière résolution, le Conseil de Sécurité des Nations Unies a noté les progrès accomplis dans la stabilisation de la Côte d'Ivoire en ce qui concerne le désarmement, la démobilisation et la réintégration et la réforme du secteur de la sécurité, la réconciliation nationale et les progrès en matière de gestion des armes.

Ces différents embargos sur les armes, imposés par le Conseil de Sécurité des Nations Unies au Liberia, en Sierra Leone et en Côte d'Ivoire, visaient essentiellement à réduire la fourniture et l'accès aux armes légères et de petit calibre aux belligérants. D'ailleurs, la plupart des pays reconnaissent la nécessité de réglementer, voire de limiter la vente internationale des armes. Plusieurs cadres internationaux de transparence des transferts d'armes existent à cet effet dont l'Arrangement de Wassenaar et le Traité sur le commerce des armes (TCA) qui contribuent à réglementer l'offre de nouvelles armes conventionnelles à l'échelle internationale.

L'Arrangement de Wassenaar, établi en 1996, vise à contribuer à la sécurité internationale en faisant la promotion de la transparence des échanges et transferts d'armes conventionnelles et de technologies à usage double. Les pays signataires de l'Arrangement de Wassenaar doivent veiller à ce que les exportations de biens ou technologies militaires ou à usage double ne contribuent pas, ou ne soient pas détournés dans le but de développer ou d'améliorer les capacités militaires d'États qui peuvent menacer la stabilité internationale. Pour ce faire, les États participants ont dressé des listes de biens et de technologies militaires ou à usage double dont l'exportation devrait faire l'objet de contrôles nationaux, c'est-à-dire pour lesquels les exportateurs doivent obtenir une licence de transfert auprès des autorités nationales compétentes.

Il revient donc à chacun des pays membres de surveiller et contrôler l'exportation de biens figurants sur ces listes. L'Arrangement de Wassenaar n'est cependant pas un traité mais un régime multilatéral de contrôle des exportations et, en ce sens, il n'est pas contraignant sur le plan juridique. L'Arrangement s'appuie plutôt sur la diligence et la volonté politique de ses membres à intégrer dans leurs systèmes juridiques nationaux les principes de l'Arrangement, et à respecter l'obligation de notifier les membres des échanges de biens ou de matériaux sensibles. L'Arrangement de Wassenaar fait néanmoins face à d'importants défis structurels dont le principe d'adoption par consensus des décisions et surtout la non-participation de grands pays exportateurs d'armes comme la Chine.

Le Traité sur le commerce des armes (TCA), adopté le 02 avril 2013 par l'Assemblée générale de l'ONU et entré en vigueur le 24 décembre 2014, est le premier instrument international juridiquement contraignant de réglementation du commerce international des armes classiques. Tout en reconnaissant l'intérêt légitime des États à exporter, importer ou transférer des armes classiques, l'objectif du Traité est d'amener les États à adopter en la matière des règles de comportement responsables, transparentes et proportionnées, afin de contribuer à la paix et à la stabilité internationales, et d'éviter les violations du droit international humanitaire et du droit international des droits de l'homme, en établissant des critères communs et des normes minimales internationales. À cette fin, le Traité prévoit, entre autres, la mise en place de régimes nationaux de contrôle des exportations des matériels de guerre, l'adoption de mesures pour prévenir leur détournement et la remise de rapports sur la mise en œuvre du Traité. Toutefois, la non-participation de 79 États au Traité dont les États-Unis et la Russie – les deux plus grands pays exportateurs d'armes au monde – pourrait limiter son impact réel sur les transferts internationaux d'armes classiques.

Au demeurant, l'industrie mondiale de défense a connu de profondes mutations depuis la fin de la guerre froide, passant d'une production très majoritairement sous contrôle étatique à une production dominée par des groupes industriels ouverts aux capitaux privés. Les grandes puissances géopolitiques mondiales, les États-Unis en tête, dominent largement la production et les ventes d'armement. Elles conservent leur position dominante en s'appuyant sur de solides bases industrielles et technologiques de défense et en maintenant une avance technologique importante. Sur la période 2017-2021, les États-Unis, la Russie, la France, la Chine et l'Allemagne ont été les plus grands fournisseurs d'armes au monde, avec 77 % du volume total des exportations mondiales ; le Royaume-Uni occupant la 7e position du classement, juste derrière l'Italie (6e). Cette puissance militaire confère ainsi aux États membres permanents du Conseil de Sécurité des Nations Unies un rôle stratégique dans la régulation des transferts internationaux d'armes. Ces grandes puissances disposent également de politiques de contrôle des exportations d'armement qui exigent, entre autres, des autorisations ou des licences et fixent des conditions spécifiques sur l'utilisation finale des armements. Toutefois, les transferts de technologie et de savoir-faire consentis dans le passé par des entreprises occidentales en compensation de grands contrats d'armement ont favorisé l'émergence de nouveaux concurrents qui affichent l'ambition de se positionner durablement sur le marché mondial de l'armement.

Ayant très tôt compris les enjeux de la maîtrise de la circulation des armes légères et de petit calibre pour la paix et la sécurité dans leur sous-région, les États membres de la CEDEAO ont, dès octobre 1998, institué le « Moratoire sur l'importation, l'exportation et la fabrication des armes légères en Afrique de l'Ouest » qui fût érigé en juin 2006, en une « Convention sur les armes légères et de petit calibre, leurs munitions et autres matériels connexes », qui est entrée en vigueur en septembre 2009. La Convention prévoit, en particulier, la transposition et l'application au niveau national de politiques et de lois contre la prolifération des armes légères et de petit calibre et de leurs munitions, ainsi que l'harmonisation de la législation relative à la lutte contre les transferts illicites d'armes. Sur le plan institutionnel et réglementaire, des commissions nationales en charge de la lutte contre la prolifération et la circulation illicite des armes légères et de petit calibre ont été effectivement mises en place dans les pays de la région, y compris au Liberia, en Sierra Leone et en Côte d'Ivoire.

En dépit de bonnes politiques et instruments de contrôle de transferts d'armes aux niveaux national, régional et international, les armes commercialisées légalement finissent trop souvent entre les mains de groupes armés non étatiques et dans des endroits où elles sont utilisées pour alimenter l'insécurité, la violence armée et les conflits ou à des fins de répression interne, de traitements inhumains et dégradants et d'autres violations majeures des droits de l'homme et des libertés fondamentales. Par conséquent, le Conseil de Sécurité des Nations Unies ne saurait déployer des embargos sur les armes efficaces si les États membres supposés de les surveiller, en premier lieu les États ciblés par lesdits embargos, n'ont pas les capacités institutionnelles nécessaires de renforcer leurs contrôles nationaux sur les transferts d'armes.

S'agissant de l'État, nous retiendrons que l'État moderne s'est progressivement construit en Europe, à la fin du moyen âge, au moment où l'unification des territoires, la centralisation politique et l'essor du système monarchique mettaient fin à la dispersion des pouvoirs seigneuriaux qui caractérisait le système féodal. L'État moderne se conçoit selon Max Weber comme « une entreprise politique de caractère institutionnel dont la direction administrative revendique avec succès, dans l'application des règlements, le monopole de la contrainte physique légitime ». Cette définition wébérienne de l'État est devenue canonique pour la sociologie et les sciences politiques du XXe siècle car il y a peu de travaux sur l'État qui n'y aient fait référence. En droit constitutionnel l'État est généralement décrit comme une entité constituée par un peuple et un territoire, au sein de laquelle le pouvoir politique s'exerce de façon rationnelle et souveraine. Toutefois, selon le droit international et la pratique des relations internationales, en sus des critères définis par le droit constitutionnel, la personnalité juridique internationale et la souveraineté apparaissent comme des critères essentiels de l'État.

De l'analyse des concepts d'États défaillants et de la responsabilité de protéger qui en découle, quelques constats s'imposent. Le concept d'État défaillant apparu aux États-Unis pour la première fois en 1992 dans un article de *Foreign Policy* est devenu populaire à l'époque des grands massacres en Afrique, spécialement en Somalie et au Rwanda. Ce concept renvoie à un État qui est incapable de remplir les fonctions régaliennes essentielles telles que le maintien de l'ordre public et de l'État de droit. En d'autres termes, un État qui n'a plus de contrôle sur l'intégralité de son territoire et de ses frontières, qui n'est plus en mesure d'assurer la sécurité physique de sa population et qui ne peut plus empêcher des violations graves et massives des droits de l'homme et du droit humanitaire sur son territoire, dont certaines pouvant être qualifiées d'atrocités criminelles, peut être légitimement considéré comme étant défaillant.

En plus de remettre en cause l'autorité et la souveraineté interne des États, les conflits armés au Liberia, en Sierra Leone et en Côte d'Ivoire ont occasionné des violations graves et massives des droits de l'homme et du droit international humanitaire dont la mort de plusieurs milliers de personnes – y compris des femmes, des enfants et de nombreux autres civils non combattants – ainsi que des viols et divers actes de torture, pour ne citer que ceux-là. Diverses études ont révélé une extrême fragilité, voire une certaine défaillance étatique, du Liberia et de la Sierra Leone et dans une moindre mesure de la Côte d'Ivoire, durant leurs périodes respectives de guerre civile. Par ailleurs, depuis les attentats du 11 septembre 2001, la défaillance étatique s'est révélée étant un enjeu de sécurité internationale en raison de ses liens possibles avec le développement de nouvelles menaces pour la paix et la sécurité internationales, et plus précisément du terrorisme international et de ses implications pour la sécurité des États les plus puissants du monde.

On peut retenir que le concept d'État défaillant apparaît comme un concept qui intéresse la communauté internationale appelée à agir pour limiter ou remédier aux situations de défaillance étatique. C'est ainsi que le concept d'États défaillants a favorisé l'émergence d'une nouvelle forme d'ingérence, à travers le principe de la responsabilité de protéger qui résulte de la volonté des États et de la communauté internationale de se prémunir contre des violations graves et massives des droits de l'homme et du droit international humanitaire, telles que les crimes de guerre, les crimes contre l'humanité, le génocide et le nettoyage ethnique. Adoptée par l'Assemblée générale de l'ONU le 16 septembre 2005, la responsabilité de protéger est conceptualisée par la Commission internationale de l'intervention et de la souveraineté des États en décembre 2001. Elle est ensuite consacrée par le Conseil de Sécurité par sa Résolution S/RES/1674 (2006) du 28 avril 2006 et progressivement consolidée par le Secrétaire général de l'ONU. Les atrocités criminelles couvertes par la responsabilité de protéger résultent souvent de la défaillance étatique.

Par ailleurs, pour superviser l'application stricte des mesures d'embargo des Nations Unies sur les armes, le Conseil de Sécurité de l'ONU a créé, en général, pour chaque régime de sanctions, un comité de sanctions. Cependant, avant la politique de création des groupes d'experts, les Comités ne pouvaient contrôler efficacement l'application de l'embargo sur les armes que s'ils bénéficiaient de la pleine coopération des États et organisations en mesure de leur apporter les éléments d'information nécessaires. C'est la principale raison pour laquelle très peu de cas de violations ou de violations présumées de l'embargo sur les armes étaient officiellement portés à l'attention des comités pendant cette période. Les comités encourageaient constamment chaque État membre, en tant que de besoin, à envisager d'adopter, pour s'acquitter de ses obligations, des mesures législatives ou autres mesures juridiques érigeant en infraction pénale la violation des embargos sur les armes, imposés par le Conseil de Sécurité des Nations Unies.

C'est dans le but d'améliorer les capacités opérationnelles de suivi de l'application des régimes de sanctions que des groupes d'experts furent créés par la suite pour appuyer les comités de sanctions. Aussi, les comités de sanctions s'appuient, dans une certaine mesure, sur les missions de maintien de la paix des Nations Unies, lorsqu'il en existe dans les pays. Toutefois, ces bras opérationnels des comités de sanctions du Conseil de Sécurité de l'ONU n'ont souvent pas tous les moyens et toutes les capacités nécessaires pour entreprendre efficacement sur le terrain ce travail complexe de surveillance des mesures coercitives imposées dans les régimes de sanctions.

Plusieurs défis limitent souvent l'efficacité du travail des Groupes d'experts et parmi lesquels on peut citer : (i) la durée de leur mandat souvent assez courte pour planifier et réaliser un travail d'enquête approfondi qui est par nature complexe et plein d'enjeux; (ii) la pleine coopération des États visés par les sanctions et leurs voisins qui est absolument nécessaire à la réussite de la mission des Groupes d'experts mais souvent défaillante, (iii) la présence limitée des Groupes d'experts sur le terrain durant leurs mandats ; et (iv) les problèmes de logistique qui peuvent entraver le bon déroulement du calendrier de travail des experts sur le terrain. Par ailleurs, concernant les opérations de maintien de la paix, elles n'ont pas toujours toutes les compétences techniques et les ressources nécessaires pour mener à bien les investigations requises dans le cadre du suivi de l'embargo sur les armes. Tous ces défis rencontrés par les bras opérationnels du Conseil de Sécurité – les Groupes d'experts et les opérations de maintien de la paix – montrent que les capacités opérationnelles du Conseil de Sécurité de l'ONU à suivre adéquatement l'application stricte de l'embargo sur les armes qu'il impose sont limitées.

En réponse à notre question générale de recherche, on peut donc retenir que les capacités opérationnelles limitées des organes subsidiaires du Conseil de Sécurité de l'ONU, combinées à la faiblesse des capacités institutionnelles des États visés par les régimes de sanctions devenus extrêmement fragiles, voire défaillants, suite aux conflits armés, expliquent, dans une large mesure, les difficultés notées dans l'application stricte des mesures d'embargo sur les armes, imposées par le Conseil de Sécurité de l'ONU, dans le cadre des processus de résolution des conflits armés internes en Afrique de l'Ouest. Une des conséquences majeures de tels défis est, d'une part, les violations fréquentes des mesures d'embargo sur les armes observées dans les pays en conflit, et d'autre part, la remise en cause de l'autorité même du Conseil de Sécurité des Nations Unies qui impose ces sanctions. Tout en apportant une réponse claire à notre question générale de recherche, les éléments sus-mentionnés constituent également une preuve de vérification de nos hypothèses de recherche.

En définitive, les embargos sur les armes, imposés par le Conseil de Sécurité des Nations Unies, au titre du chapitre VII de la Charte de l'ONU, demeurent une mesure coercitive de premier ordre pour maintenir la paix et la sécurité internationales dans les régions touchées par des conflits armés. Contrairement aux sanctions qui peuvent être imposées unilatéralement par certaines grandes puissances ou par certaines organisations régionales, celles du Conseil de Sécurité des Nations Unies sont juridiquement contraignantes pour tous les États membres de l'ONU. Cependant, sans des capacités adéquates de la part de l'ONU et des États permettant de garantir un contrôle rigoureux et permanent sur le terrain, et sans une volonté politique de coopération des principaux acteurs du commerce international des armes, les violations des mesures d'embargo des Nations Unies sur les armes continueront, quel que soit par ailleurs les politiques et instruments de contrôle des transferts d'armes adoptés aux niveaux international, régional et national.

Il est important de souligner que diverses contraintes professionnelles n'ont pas permis de conduire des missions de recherche aux Nations Unies et dans les pays d'étude (Liberia, Sierra Leone et Côte d'Ivoire). De telles missions auraient certainement permis, entre autres, de trianguler les informations provenant de sources secondaires avec les avis d'experts et surtout les témoignages d'acteurs clés des crises du Liberia, de la Sierra Leone et de la Côte d'Ivoire et de l'administration des régimes de sanctions qui leur sont associés. Toutefois, l'effet potentiellement négatif de cette limite sur la qualité de la recherche a été largement atténué par le recours quasi exclusif à des informations issues de sources fiables (documents officiels et travaux académiques essentiellement), au demeurant, largement disponibles et librement accessibles en ligne.

Enfin, il me paraît nécessaire d'admettre que les facteurs sous-jacents des défis liés au respect des mesures d'embargo des Nations Unies sur les armes peuvent être nombreux et divers, en fonction du contexte et des enjeux de chaque situation. En conséquence, ils ne sauraient véritablement se résumer uniquement aux seuls facteurs explicatifs étudiés dans ce livre, à savoir les capacités opérationnelles limitées du Conseil de Sécurité de l'ONU et la faiblesse des capacités institutionnelles des États ciblés par les sanctions. Au terme de cette recherche, je suis fondé à croire que les réflexions suivantes méritent d'être également approfondies.

Premièrement, il serait important de savoir dans quelle mesure la nécessité de préservation des intérêts stratégiques des États membres permanents du Conseil de Sécurité de l'ONU pourrait-elle constituer un facteur limitant à leur volonté politique de coopérer pleinement à l'application des embargos des Nations Unies sur les armes ? La légitimité de cette question réside dans le fait que ces États sont les plus grands exportateurs d'armement au monde et en même temps ils sont les principaux administrateurs des régimes de sanctions de l'ONU à cause notamment de leur droit de veto. D'une manière plus spécifique, il s'agirait de vérifier dans quelle mesure la nécessité de préserver leurs intérêts stratégiques limite-t-elle, en particulier, leur volonté politique de sanctionner les cas avérés de violation des embargos de l'ONU sur les armes ?

Deuxièmement, il serait aussi pertinent et légitime, au vu de l'implication de certains États d'Afrique de l'Ouest dans les crises du Liberia, de la Sierra Leone et de la Côte d'Ivoire, de s'interroger également sur la volonté politique et les capacités institutionnelles des pays limitrophes des États ciblés par les sanctions, à coopérer pleinement et efficacement à l'application des embargos de l'ONU sur les armes ? Il s'agirait d'étudier la volonté politique et les capacités institutionnelles des pays limitrophes à surveiller adéquatement leurs frontières afin de lutter efficacement contre les transferts illicites d'armes depuis leurs territoires en direction des États sous embargo.

RÉFÉRENCES BIBLIOGRAPHIQUES

OUVRAGES

Aron, Raymond. *Les sociétés modernes*. Paris, PUF, 2005, 896 p.

Badie, Bertrand. *Un monde sans souveraineté. Les États entre ruse et responsabilité*. Paris, Fayard, 1999, 306 p.

Bedjaoui, Mohammed. *Droit international : Bilan et Perspectives*. Paris, A. Pedone, 1991, 1361 p.

Bettati, Mario. *Le Droit d'ingérence. Mutation de l'ordre international*. Odile Jacob, 1996, 384 p.

Braud, Philippe. *Sociologie Politique*. LGDJ, 12e édition, 2016, 688 p.

Carre de Malberg, Raymond. *Contribution à la théorie de l'État*. Paris, DALLOZ, 2003, 1526 p.

Chagnollaud, Dominique. *Science politique*. Paris, Dalloz, 2000, 300 p.

Combacau, Jean et Serge Sur. *Droit international public*. Précis Domat-Droit, 12e édition, 2016, 832 p.

Cortright, David et George A. Lopez. *Smart Sanctions: Targeting Economic Statecraft*. Rowman & Littlefield Publishers, 2002, 256 p.

Coulomb, Fanny. *Industries de la défense dans le monde*. Presses universitaires de Grenoble, 2017, 122 p.

Deschaux-Dutard, Delphine. *Introduction à la sécurité internationale*. Presses universitaires de Grenoble, 2018, 258 p.

Éthier, Diane. *Introduction aux relations internationales*. Presses de l'Université de Montréal, 4e édition, 2010, 274 p.

Fleiner-Gerster, Thomas. *Théorie générale de l'État*. Graduate Institute Publications, 1986, 517 p.

Gazibo, Mamoudou et Jane Jenson. *La politique comparée. Fondements, enjeux et approches théoriques*. Les Presses de l'Université de Montréal, 2004, 320 p.

Gberie, Lansana. *A Dirty War in West Africa: The RUF and the Destruction of Sierra Leone*. Indiana, Indiana University Press, 2005, 224 p.

Guilhaudis, Jean-François. *Relations internationales contemporaines*. Paris, Éditions du Juris-Classeur, 2002, 856 p.

Hufbauer, Gary Clyde. *Economic Sanctions in Support of Foreign Policy Goals*. MIT Press, 1983, 110 p.

Hufbauer, Gary Clyde, et al. *Economic Sanctions Reconsidered History and Current Policy*. Peterson Institute for International Economics, 1991, 298 p.

Hufbauer, Gary Clyde, et al. *Economic Sanctions Reconsidered.* Peterson Institute for International Economics, 3e édition, 2007, 248 p.

Tehindrazanarivelo, Djacoba Liva. *Les sanctions des Nations unies et leurs effets secondaires : Assistance aux victimes et voies juridiques de prévention*. Graduate Institute Publications, 2005, 455 p.

Verhoeven, Joe. *Droit international public*. Larcier, 2000, 856 p.

Weber, Max. *Économie et société*. Trad, Paris, Plon, 1971, rééd. Pocket, 1995, t. 1, 411 p.

Zartman, William. *L'Effondrement de l'État. Désintégration et restauration du pouvoir légitime.* Paris, Nouveaux horizons, 1997, 313 p.

ARTICLES DE REVUE ET CHAPITRES D'OUVRAGES

Aben, Jacques. « Licorne ou la guerre si nécessaire, pour maintenir ou imposer la paix ». *Stratégique, Institut de Stratégie Comparée*, 117, 2017, pp. 255-283.

Addi, Lahouari. « La notion d'autorité politique et l'idéologie étatique ». *Cahiers Internationaux de Sociologie,* vol. 94, 1993, pp. 145-160.

Alabrune, François. « La pratique des comités des sanctions du Conseil de sécurité depuis 1990 ». *Annuaire français de droit international*, volume 45, 1999, pp. 226-279.

Axworthy, Lloyd. « La sécurité humaine : la sécurité des individus dans un monde en mutation ». *Politique étrangère*, n° 2 - 1999 - 64e année. pp. 333-342.

Bailes, Alyson J. K. « The changing role of arms control in historical perspective». In Meier, Olivier et Christopher Daase (eds) *Arms control in the 21st century: between coercion and cooperation.* Routledge, New York, 2013, pp. 15-38.

Basty, Florence. « La sécurité humaine : Un renversement conceptuel pour les relations internationales », *Raisons politiques*, vol. 32, no. 4, 2008, pp. 35-57.

Baty, Thomas. « Can an Anarchy Be a State? ». *American Journal of International Law*, vol. 28, n°3, 1934, pp. 444-445.

Beck, Michael D. et Scott A. Jones. « The once and future multilateral export control regimes: innovate or die ». *Strategic Trade Review*, Volume 5, Issue 8, 2019, pp. 55-76.

Beck, Michael D. et Seema Gahlaut. « Introduction to nonproliferation export controls ». In Beck, Michael D. et al (eds) *To supply or to deny: comparing nonproliferation export controls in five key countries.* Kluwer Law International, pp. 1-23.

Béraud-Sudreau, Lucie, et Hugo Meijer. « Enjeux stratégiques et économiques des politiques d'exportation d'armement. Une comparaison franco-américaine », *Revue internationale de politique comparée*, vol. 23, no. 1, 2016, pp. 57-84.

Bertrand, Maurice. « À propos de la réforme du Conseil de sécurité ». *Études internationales*, Volume 30, Numéro 2, 1999, 413-422.

Black-Branch, Jonathan. « Nuclear terrorism by states and non-state actors: global responses to threats to military and human security in international law ». *Journal of Conflict and Security Law*, Volume 22, Issue 2, 2017, pp. 201-248.

Bois de Gaudusson, Jean du. « L'accord de Marcoussis, entre droit et politique ». *Afrique contemporaine*, vol. 206, n°. 2, 2003, pp. 41-55.

Boucher, Alix J. et Victoria K. Holt. « Panels of Experts: Roles and Challenges » *Targeting Spoilers: The Role of United Nations Panels of Experts*, Stimson Center, 2009, pp. 45-74.

Caron, Caroline. « La recherche qualitative critique : la synergie des approches inductives et des approches critiques en recherche sociale », *Approches inductives*, Volume 4, Number 2, 2017, pp. 49-78.

Cartapanis, André. « L'État défaillant ». *Qui capture l'État* ? Jean-Hervé Lorenzi, Presses Universitaires de France, 2012, pp. 19-22.

Cazala, Julien. « "Le Soft Law international entre inspiration et aspiration" », *Revue interdisciplinaire d'études juridiques,* vol. 66, no. 1, 2011, pp. 41-84.

Chaumont, Charles. « Recherche du contenu irréductible du concept de souveraineté internationale de l'État », in *Hommages d'une génération de juristes au Président BASDEVANT*, Paris, A. Pedone, 1960, pp. 114-151.

Chestnut, Sheena. « Illicit activity and proliferation: North Korean smuggling networks ». *International Security*, Vol. 32, No. 1, 2007, pp. 80-111.

Clapham, Christopher. « Degrees of Statehood », *Review of international Studies*, Vol. 24, Issue 2, 1998, p.143-157.

Cojanu, Valentin et Alina Irina Popescu. « Analysis of Failed States: Some Problems of Definition and Measurement ». *The Romanian Economic Journal,* Year X, n°25 bis, 2007, pp. 113-132.

Collier, Paul et Nicholas Sambanis. « Understanding Civil War: À New Agenda », *Journal of Conflict Resolution*, vol. 46, 2016, pp. 3-12.

Cogneau, Denis, Sandrine Mesplé-Somps et François Roubaud. « Côte d'Ivoire : histoires de la crise », *Afrique contemporaine*, vol. 206, no. 2, 2003, pp. 5-12.

Cooper, Julian. « The Defense Industry and Civil-Military Relations » in *Soldiers and the Soviet State: Civil-Military Relations from Brezhnev to Gorbachev,* eds. Timothy J. Colton and Thane Gustafson (Princeton, NJ: Princeton University Press, 1990), pp. 164-191.

Cravo, Teresa Almeida. « Consolidation de la paix : Postulats, pratiques et critiques ». *ASPJ Afrique & Francophonie*, 1er trimestre, 2008, pp. 5-21.

Daase, Christopher. "Coercion and the informalization of arms control » in *Arms control in the 21st century: between coercion and cooperation.* Routledge, New York, 2013, pp. 67-78.

De Bruin, Esmée. « Export Control Regimes-Present-Day Challenges and Opportunities » in *NL ARMS Netherlands Annual Review of Military Studies 2021*: *Compliance and Integrity in International Military Trade.* Springer, 2022, 31-53.

Delcourt, Barbara. « Le principe de souveraineté à l'épreuve des nouvelles formes d'administration internationale de territoires », *Pyramides*, 9, 2005, pp. 87-110.

Dollot, Louis. « Le Liberia : de l'amour de la liberté à la guerre civile ». *Afrique Contemporaine*, vol. 155, 1990, pp. 63-67.

Dubois, Jean-Pierre. « Le serpent de mer de la réforme du Conseil de sécurité », *Après-demain*, vol. 35, nf, no. 3, 2015, pp. 20-20.

Duchâtel, Mathieu. « L'industrie d'armement de la Chine : du rattrapage à l'innovation », *Revue Défense nationale*, vol. 811, no. 6, 2018, pp. 27-33.

Eabrasu, Marian. « Les États de la définition Wébérienne de l'État ». *Raisons politiques*, n° 45, 2012, pp. 187-210.

Edgerton, David. « The British military-industrial complex in history: the importance of political economy». *The Economics of Peace and Security Journal*, Vol. 3, n° 1 (2008), pp. 6-10.

Ehrhart, Hélène. « Une croissance ivoirienne dynamique : chiffres et défis », *Afrique contemporaine*, vol. 263-264, no. 3-4, 2017, pp. 218-220.

Englehart, Neil A. « State Capacity, State Failure, and Human Rights », *Journal of Peace Research,* 46(2), pp. 163-180.

Fall, Alioune Badara. « La Charte africaine des droits de l'homme et des peuples : entre universalisme et régionalisme », *Pouvoirs*, vol. 129, no. 2, 2009, pp. 77-100.

Ferme, Mariane. « La figure du chasseur et les chasseurs-miliciens dans le conflit sierra-léonais », *Politique africaine*, n° 82, 2001, pp. 119-132.

Ferme, Mariane et Daniel Hoffman. « Combattants irréguliers et discours international des droits de l'homme dans les guerres civiles africaines. Le cas des « chasseurs » sierra-léonais », *Politique africaine*, vol. 88, no. 4, 2002, pp. 27-48.

Gahlaut, Seema. « Multilateral export control regimes: operations, successes, failures, and the challenges ahead » in *Non-proliferation export controls: origins, challenges, and proposals for strengthening.* Routledge, New York, 2006, pp. 2-27.

Gahlaut, Seema et Victor Zaborsky. « Do export control regimes have members they really need? ». *Comparative Strategy*, Volume 23, Issue 1, 2004, pp. 73-91.

Galtung, Johan. « Violence, Peace, and Peace Research ». *Journal of Peace Research*, Vol. 6, No. 3, 1969, pp. 167-191.

Gaulme, François. « « États faillis », « États fragiles » : concepts jumelés d'une nouvelle réflexion mondiale ». *Politique étrangère*, vol. n°. 1, 2011, pp. 17-29.

Gautier-Audebert, Agnès. « Leçon 4. Les éléments constitutifs de l'État » *Leçons de Droit international public.* sous la direction de Gautier-Audebert Agnès, Ellipses, 2017, pp. 33-41.

Gloaguen, Cyrille. « Le complexe militaro-industriel russe. Entre survie, reconversion et mondialisation », *Le Courrier des pays de l'Est*, vol. 1032, no. 2, 2003, pp. 4-17.

Gomez, Carole. « Les sanctions internationales, ou la délicate mesure de l'efficacité ». *Revue internationale et stratégique*, vol. 103, n° 3, 2016, pp. 163-168.

Hanna, Marianne. « La responsabilité de protéger : de l'émergence du concept à son application », *Revue juridique de l'USEK,* N° 17, 2017, pp. 29-49.

Hall, Peter et Andrew James. « Industry structure and innovation in the U.K. defense sector». *The Economics of Peace and Security Journal*, Vol. 4, n° 1, 2009, pp. 23-29.

Helman, Gerald B. et Steven R. Ratner. « Saving failed states », *Foreign Policy*, n° 89, 1992, pp. 3-20.

Humphreys, Macartan. « Aspects économiques des guerres civiles ». *Revue Tiers Monde*, n° 174, 2003, pp. 269-295.

Ikenberry, G. John. « The future of the liberal world order: internationalism after America ». *Foreign Affairs*, Vol. 90, No. 3, 2011, pp. 56-68.

Ikram, Berkane. « La défaillance étatique : un paradigme utile pour le dilemme de conflit ». *ElWahat pour les Recherches et les Études,* Vol.8, n° 2, 2015, pp. 430-447.

Illy, Ousséni. « L'État en faillite en droit international ». *Revue québécoise de droit international,* Vol. 28, n° 2, 2015, pp. 53-80.

Jackson, Robert H. « Quasi-States, Dual Regimes, and Neoclassical Theory: International Jurisprudence and the Third World ». *International Organization,* vol. 41, no. 4, 1987, pp. 519-549.

Kaldor, Mary. « La sécurité humaine : un concept pertinent ? ». *Politique étrangère*, vol. no. 4, 2006, pp. 901-914, traduit de l'anglais par Sonia Marcoux.

Keili, Francis Langumba. « Le problème des transferts d'armes légères et de petit calibre en Afrique de l'Ouest ». *La dynamique complexe des armes légères en Afrique de l'Ouest,* édité par Kerstin Vignard, UNIDIR, 2009, pp. 5-14.

Kieh, George Klay Jr. « Peace Agreements and the Termination of Civil Wars: Lessons from Liberia ». *African Journal on Conflict Resolution,* Vol 11, no. 3, 2011, pp. 53-86.

Kieh, George Klay Jr. « Civilians and Civil Wars in Africa: Cases of Liberia, Sierra Leone and Côte d'Ivoire ». *Peace Research: The Canadian Journal of Peace and Conflict Studies,* Volume 48, Numbers 1-2, 2016, pp. 203-228.

Lorthois, Sylvie. « La convention de la CEDEAO sur les armes légères et de petit calibre, leurs munitions et autres matériels connexes du 14 juin 2006 ». *Revue africaine de droit international et comparé,* Volume 15, Issue 2, 2007, pp. 254-275.

Louise, Damien. « L'industrie de défense dans le domaine terrestre », *Revue Défense nationale,* vol. 791, no. 6, 2016, pp. 127-132.

Massrouri, Maryam. « La responsabilité de protéger ». *Droit pénal humanitaire*, édité par Laurent Moreillon, 2e édition, Bruxelles, Bruylant, 2009, pp. 197-229.

Meledje, F. Djedjro. « La guerre civile du Liberia et la question de l'ingérence dans les affaires intérieures des États » *Revue belge de droit international*, Vol. 2, 1993, pp.393-436

Michon, Patrick. « Introduction à la BITD de la République populaire de Chine ». *Defense*, no 201, 2019, pp. 42-45.

Momtaz, Djamchid. « « L'intervention d'humanité » de I'OTAN au Kosovo et la règle du non-recours à la force », *Revue internationale de la Croix-Rouge*, Vol.82, N°837, 2000, pp. 89-102.

Montbrial, Thierry de. « Interventions internationales, souveraineté des États et démocratie », *Politique étrangère*, Vol. 63, No. 3, 1998, pp. 549-566.

Mouton, Jean-Denis. « « État fragile », une notion du droit international ? ». *Civitas Europa*, vol. 28, no. 1, 2012, pp. 5-18.

Mouton, Jean-Denis. « L'État selon le droit international : diversité et unité » in S.F.D.I., *L'État souverain à l'aube du XXIe siècle*, Paris, A. Pedone, 1994, pp. 79-106.

Muana, Patrick. « The Kamajoi militia: civil war, internal displacement and the politics of counterinsurgency », *Afrique et Dévéloppement*, XXII (3/4), 1997, pp. 77-100.

Mutua, Makau. « Savages, victims, and saviors: the metaphor of Human Rights », *Harvard International Law Journal*, Vol. 42, n°1, Winter 2001, pp. 201 - 245.

Mvé Ella, Léandre. « La responsabilité de protéger et l'internationalisation des systèmes politiques », *Civitas Europa*, vol. 42, no. 1, 2019, p. 113-128.

Nivet, Bastien et Carole Gomez. « Sanctionner et punir ». *La Revue internationale et stratégique,* n° 97, IRIS Éditions – Armand Colin, 2015

Novosseloff, Alexandra. « Engagement de l'ONU en Afrique : un état des lieux », *Revue Défense nationale*, vol. 792, no. 7, 2016, pp. 105-109.

Novosseloff, Alexandra. « L'élargissement du Conseil de sécurité : enjeux et perspectives », *Relations internationales*, vol. 128, no. 4, 2006, pp. 3-14.

Olarte, Diana Carolina et Céline Folsche. « L'efficacité des sanctions de l'Organisation des Nations Unies ». *International Law : Revista Colombiana de Derecho Internacional*, no. 3, 2004, pp. 11-72.

Person, Yves. « L'État-Nation et l'Afrique ». *Revue française d'histoire d'outre-mer*, tome 68, n°250-253, 1981, pp. 274-282.

Portela, Clara. « National implementation of United Nations sanctions. Towards fragmentation », *International Journal*, Winter 2019-10, pp. 13-30.

Pryor, Crystal D. « Beyond economics and security: strategic export control practices in advanced countries ». *Strategic Trade Review*, Volume 4, Issue 6, 2018, pp. 45–76.

Puig, Emmanuel. « L'industrie de défense chinoise : forces et faiblesses du gigantisme », *Géoéconomie*, vol. 57, no. 2, 2011, pp. 51-60.

Rousseau, Charles. « L'indépendance de l'État dans l'ordre international », *R.C.A.D.I.*, 1948, t. 2, vol.73, pp. 233-249.

Rapoport, Cécile. « Les sanctions ciblées dans le droit de l'ONU », in *Les sanctions ciblées au carrefour des droits international et européen.* Les Conférences Publiques du Centre d'Excellence Jean Monnet, Université Pierre-Mendès-France – Grenoble, 2011, pp. 3-24.

Sand-Trigo, Ariane. « Le rôle du CICR dans la mise en œuvre du droit international humanitaire », *Études internationales*, 23(4), 1992, pp. 745–772.

Sergeant, Jean-Claude. « L'industrie de défense britannique : entre tropisme américain et logique européenne », *Observatoire de la société britannique*, Vol 1, 2006, pp. 25-40.

Shlykov, Vitaly. « The Economics of Defense in Russia and the Legacy of Structural Militarization » in *The Russian Military: Power and Policy*, eds. Steven E. Miller and Dmitri Trenin, Cambridge, MA, MIT Press, 2004, pp. 157-182.

Sintomer, Yves. « Pouvoir et autorité chez Hannah Arendt ». *L'Homme et la société*, N. 113, 1994, pp. 117-131.

Solà-Martín, Andreu. « Is peacebuilding sustainable in Sierra Leone? ». *Global Change, Peace & Security,* Vol. 21, Issue 3, 2009, pp. 291-307.

Sur, Serge. « Sur les "États défaillants" ». *Commentaire,* vol.112, n° 4, 2005, pp. 891-900.

Szurek, Sandra. « La responsabilité de protéger : Mauvaises querelles et vraies questions », *ACDI*, Vol. 4, 2011, pp. 47-69.

Tessier, Manon. « Le maintien de la paix : de la théorie et des acquis pratiques ». *Études internationales*, 30(1), 1999, pp. 137-145

Titus, Charles H. « A Nomenclature in political science. Part I ». *The American Political Science Review*, vol. 25, no 1, 1931, pp. 45-60.

Van Steenberghe, Raphaël. « Responsabilité de protéger et protection des civils dans les conflits armés : un rapprochement au détriment du droit international humanitaire ? », *Revue québécoise de droit international,* Volume 26, numéro 2, 2013, pp. 129-162.

Verhoeven, Joe. « L'État et l'ordre juridique international », *RGDIP*, 1978, pp. 749-774.

Vincent, Philippe. « Pour une meilleure gouvernance mondiale : la réforme du Conseil de Sécurité des Nations Unies », *Pyramides*, 9 | 2005, 69-86.

Yahiaoui, Salima et Nacer Keteb, « La responsabilité de protéger : quel rôle pour le Conseil de Sécurité de l'ONU ? », *RARJ,* vol. 17, n°1, 2018, pp. 819-844.

RAPPORTS D'ÉTUDE ET DE RECHERCHE

Adeniyi, Adesoji. *Le coût humain des armes non contrôlées en Afrique. Recherche transnationale portant sur sept pays africains*. Oxfam, 2017, 35 p.

Alusala, Nelson. *Towards effective implementation of UN-imposed sanctions arms embargoes in Africa.* Institute for Security Studies, Policy Brief 92, 2016, 11 p.

Bédia François et al. *Analyse de l'impact de la crise de 2002 sur les inégalités en Côte d'Ivoire.* Papiers de Recherche AFD, N° 143, 2020, 27 p.

Berghezan, Georges. *Côte d'Ivoire et Mali, au cœur des trafics d'armes en Afrique de l'Ouest.* Les Rapports du GRIP, 2013, Vol.1, 39 p.

Berkol, Ilhan. *La Convention de la CEDEAO sur les armes légères et de petit calibre : analyse et recommandations pour un plan d'action.* Rapport du GRIP, 2007, Vol.2, 55 p.

Berthelot, Pierre, et Élie Hatem (dir.). *Les sanctions internationales : entre légalité et réalité.* Orients stratégiques, n°1, L'Harmattan, 2015, 140 p.

Biersteker Thomas J et al. *The Effectiveness of United Nations Targeted sanctions: Findings from the Targeted Sanctions Consortium (TSC).* The Graduate Institute of International and Development Studies, 2013, 51 p.

Bowen, Andrew S. *Russian Arms Sales and Defense Industry.* US Congressional Research Service, 14 October 2021, 34 p.

Callamand, Damien. E*mbargos de l'ONU sur les armes en Afrique. Deux cas d'espèce : Sierra Leone et Liberia.* Note d'Analyse du GRIP, 2008, 10 p.

Camello, Maria. *Traité sur le commerce des armes : le défi de la transparence lors de la 6e conférence des États Parties.* Éclairage du GRIP, 2020, 9 p.

Carlson, Khristopher. *Efficacité des mesures de contrôle des armes légères et rapports nationaux : Leçons du continent africain.* Note de Recherche n°33, Small Arms Survey, 2013, 4 p.

Collier, Paul. *Doing Well Out of War.* World Bank, 1999, 15 p.

Connolly, Lesley et Laurie Mincieli. *Sustaining Peace in Liberia: New Reforms, New Opportunities?* International Peace Institute, May 2019, 21 p.

Devlin-Foltz, Zachary. *Les États fragiles de l'Afrique : vecteurs de l'extrémisme, exportateurs du terrorisme.* Bulletin de la Sécurité africaine, Centre d'études stratégiques de L'Afrique, No. 6, août 2010, 8 p.

Di John, Jonathan. *Conceptualisation des causes et des conséquences des États défaillants : Analyse critique de la documentation.* Crisis State Research Center, Working Paper n° 25, 65 p.

Dorn, Walter. *Les armes légères, la sécurité humaine, et le développement*. Agence Canadienne de Développement international, Express sur le Développement, Numéro spécial du Nouveau Millénaire, n° 5, 1999-2000, 2000, 16p.

Ebo, Adedeji. *Le contrôle des armes légères en Afrique de l'Ouest*. International Alert, Série Afrique de l'Ouest N°1, 2003, 59 p.

Egoume, Philippe et Ankouvi Nayo. *Feeling The Elephant's Weight: The Impact of Côte d'Ivoire's Crisis on WAEMU Trade*. IMF Working Paper, WP/11/80, 2011, 32 p.

Engvall, Johan. *Russia's Military R&D Infrastructure: À Primer*. Swedish Defense Research Agency (FOI), April 2021, 53 p.

Fang, Xiangming et al. *The Economic Consequences of Conflict in Sub-Saharan Africa*. IMF Working Paper, WP/20/221, 2020, 29 p.

Gehin, Leo. *Les embargos sur les armes, sanctions en faveur de la paix et de la sécurité*. Éclairage du GRIP, 13 mai 2016, 4 p.

Héau, Loriane. *Enseignement et enjeux du rapport de l'OCDE « État de fragilités 2016 – comprendre la violence »*. Éclairage du GRIP, 2017, 5 p.

Hussein, Karim et al. *Sécurité et sécurité humaine : Présentation des concepts et des initiatives. Quelles conséquences pour l'Afrique de l'Ouest ?* OCDE/CSAO, 2004, 51 p.

Jaye, Thomas. *Transitional Justice and DDR: The Case of Liberia*. International Center for Transitional Justice, June 2009, 38 p.

Kytömäki, Elli. *The Defence Industry, Investors and the Arms Trade Treaty*. Chatam House, 2014, 39 p.

Lawrence, Michael. *United Nations peacebuilding in Sierra Leone — toward vertical integration?* CIGI Papers, N°49, November 2014, 19 p. s

LeBrun, Emile et Christelle Rigual. *Monitoring UN Arms Embargoes: Observations from Panels of Experts*. Small Arms Survey, Occasional Paper 33, 2016, 51 p.

Lagane, Guillaume. *Quelle industrie pour la défense française* ? Fondapol, mai 2011, 21 p.

Le Gouriellec, Sonia. *La menace stratégique des États faibles : quand les faits relativisent la théorie*. Institut de Recherche Stratégique de l'École Militaire, Note de recherche stratégique n° 18, avril 2015, 10 p.

Lopes, Daniel. *La Commission Dialogue Vérité et Réconciliation en Côte d'Ivoire : la réconciliation n'a pas eu lieu.* Note d'Analyse du GRIP, 2015, 12 p.

Mariani, Bernardo. *China's arms exports to Sub-Saharan Africa*. Institut Français des Relations internationales, Note n° 29, 2021, 27 p.

Matelly, Sylvie et al. *Performance des sanctions internationales*. Institut de Relations internationales et stratégiques, 2017, 192 p.

Medeiros, Evan S. et Bates Gill. *Chinese Arms Exports: Policy, Players and Process*. U.S. Army War College, 2000, 102 p.

Michel, Nicolas. *La responsabilité de protéger à l'aune de la morale et du droit.* 2012, 14 p.

Moreau, Virginie. *L'ONU et le contrôle des embargos sur les armes. Entre surveillance et vérification.* Les Rapports du GRIP, 2011, Vol.3, 27 p.

Olivier, Georges F. *Consolidation de la paix*. Institut de formation aux opérations de la paix, 2020, 263 p.

Radelet, Steve. *Reviving Economic Growth in Liberia*. Center for Global Development, Working Paper Number 133, 2007, 22 p.

Renaudière, Philippe. *Le processus de Kimberley et les diamants de la guerre*. Centre Européen de Recherche internationale et Stratégique, Research Papers N° 2, 2004, 83 p.

Schia, Niels Nagelhus et Benjamin de Carvalho. *Peacebuilding in Liberia and the Case for a Perspective from Below.* Norwegian Institute of International Affairs, Security in Practice 8, 2010, 22 p.

Tessières, Savannah de. *Enquête nationale sur les armes légères et de petit calibre en Côte d'Ivoire. Les défis du contrôle des armes et de la lutte contre la violence armée avant la crise post-électorale*. Small Arms Survey, Rapport spécial, 2012, 200 p.

Torres, Magui et Michael Anderson. *Fragile States: Defining Difficult Environments for Poverty Reduction*. UK Department for International Development, 2004, 33 p.

Vestner, Tobias. *Strategic Security Analysis: Synergies between the Arms Trade Treaty and the Wassenaar Arrangement*. Geneva Center for Security Policy, Issue 5, 2019, 11 p.

Vinck, Patrick, Phuong Pham et Tino Kreutzer. *Talking Peace: A Population-Based Survey on Attitudes about Security, Dispute Resolution, and Post-Conflict Reconstruction in Liberia*. Human Rights Center, University of California, Berkeley, 2011, 75 p.

Vorrath, Judith. *Implementing and Enforcing UN arms embargoes.* German Institute for International and Security Affairs, SWP Comment 23, 2020, 4 p.

MÉMOIRES ET THÈSES DE DOCTORAT

Bambara, Serge. *La sécurité humaine, paradigme de garantie de la paix et de la sécurité internationales.* 2018. Normandie Université, Thèse de doctorat, 532 p.

Chabi, Dramane Bouko. *Circulation des armes légères et de petit calibre en Afrique de l'Ouest : contribution à une étude au programme de désarmement.* 2004. Université d'Abomey-Calavi, Diplôme du cycle 1 de l'École Nationale d'Administration et de Magistrature, 96 p.

Diallo, Mamadou Yaya. *Les Nations Unies et la lutte contre la prolifération des armes légères et de petit calibre : défis, enjeux et perspectives.* 2009. Université de Reims, Thèse de doctorat, 397 p.

Diop, Amadou Demba. *Règlement pacifique des différends internationaux et conflits frontaliers en Afrique de l'Ouest.* 2020. CEDS de Dakar, Mémoire de Post-Master, 121 p.

Duval, Jessie. *Le concept d'États défaillants dans les relations internationales : une étude politique.* 2019. Université Paris-Est Créteil, Thèse de doctorat, 459 p.

Jalloh, Mohamed. *Effondrement et reconstruction de l'État : les continuités de la formation de l'État sierra-léonais.* 2011. Université Montesquieu – Bordeaux IV, Thèse de doctorat, 541 p.

Ndiaye, Papa Samba. *Entre contraintes et bonnes intentions : Les difficultés des organisations internationales africaines dans le domaine du maintien de la paix. L'exemple de la communauté économique des États de l'Afrique de l'Ouest (CEDEAO) en Côte d'Ivoire et ailleurs (Liberia, Sierra Leone, Guinée-Bissau) de 1990 à 2003.* 2011. Université d'Ottawa, Thèse de doctorat, 428 p.

Hogendoorn, Ernest Jan. *The Humanitarian impacts of UN arms embargoes: Can arms embargoes end or limit violent conflict?* 2008. Princeton University, Thèse de doctorat, 368 p.

Ntumba Kapita, Patrice Emery. *La pratique onusienne des opérations de consolidation de la Paix : analyse, bilan et perspectives.* 2010. Université de Nancy 2, Thèse de doctorat, 446 p.

Kruiper, Thomas. *United Nations Sanctions and Selective Security.* 2019. Université de Valence, Thèse de doctorat, 366 p.

Stephen-Michael, Nemeth. *La guerre civile en Sierra Leone de 1991 à 2002.* 2012, Université du Québec à Montréal, Mémoire de Maîtrise, 80 p.

PUBLICATIONS OFFICIELLES

Rapports des Comités de Sanctions des Nations Unies

Nations Unies. *Rapport du Comité du Conseil de sécurité créé par la résolution 985 (1995) concernant le Liberia.* 30 janvier 1996, 2 p. (S/1996/72).

Nations Unies. *Rapport du Comité du Conseil de sécurité créé par la résolution 985 (1995) concernant le Liberia.* 31 décembre 1996, 3 p. (S/1996/1077).

Nations Unies. *Rapport du Comité du Conseil de sécurité créé par la résolution 985 (1995) concernant le Liberia.* 31 décembre 1997, 2 p. (S/1997/1026).

Nations Unies. *Rapport du Comité du Conseil de sécurité créé par la résolution 985 (1995) concernant le Liberia.* 24 décembre 1998, 2 p. (S/1998/1220).

Nations Unies. *Rapport du Comité du Conseil de sécurité créé par la résolution 985 (1995) concernant le Liberia.* 31 décembre 1999, 3 p. (S/1999/1301).

Nations Unies. *Rapport du Comité du Conseil de sécurité créé par la résolution 985 (1995) concernant le Liberia.* 22 décembre 2000, 3 p. (S/2000/1233).

Nations Unies. *Rapport du Comité du Conseil de sécurité créé par la résolution 1132 (1997) concernant la Sierra Leone.* 31 décembre 1998, 8 p. (S/1998/1236).

Nations Unies. *Rapport du Comité du Conseil de sécurité créé par la résolution 1132 (1997) concernant la Sierra Leone.* 31 décembre 1999, 5 p. (S/1999/1300).

Nations Unies. *Rapport du Comité du Conseil de sécurité créé par la résolution 1132 (1997)* concernant la Sierra Leone. 26 décembre 2000, 7 p. (S/2000/1238).

Nations Unies. *Rapport du Comité du Conseil de sécurité créé par la résolution 1132 (1997) concernant la Sierra Leone.* 14 janvier 2002, 5 p. (S/2002/50).

Nations Unies. *Rapport du Comité du Conseil de sécurité créé par la résolution 1132 (1997) concernant la Sierra Leone.* 24 décembre 2002, 7 p. (S/2002/1414).

Nations Unies. *Rapport du Comité du Conseil de sécurité créé par la résolution 1132 (1997) concernant la Sierra Leone.* 27 février 2004, 5 p. (S/2004/166).

Nations Unies. *Rapport du Comité du Conseil de sécurité créé par la résolution 1132 (1997) concernant la Sierra Leone.* 25 janvier 2005, 5 p. (S/2005/44).

Nations Unies. *Rapport du Comité du Conseil de sécurité créé par la résolution 1132 (1997) concernant la Sierra Leone.* 30 décembre 2005, 4 p. (S/2005/843).

Nations Unies. *Rapport du Comité du Conseil de sécurité créé par la résolution 1132 (1997) concernant la Sierra Leone.* 28 décembre 2006, p.2. (S/2006/1043).

Nations Unies. *Rapport du Comité du Conseil de sécurité créé par la résolution 1132 (1997) concernant la Sierra Leone.* 31 décembre 2007, 4 p. (S/2007/777).

Nations Unies. *Rapport du Comité du Conseil de sécurité créé par la résolution 1132 (1997) concernant la Sierra Leone.* 13 février 2009, 5 p. (S/2009/94).

Nations Unies. *Rapport du Comité du Conseil de sécurité créé par la résolution 1132 (1997) concernant la Sierra Leone.* 5 janvier 2010, 4 p. (S/2009/690).

Nations Unies. *Rapport du Comité du Conseil de sécurité créé par la résolution 1132 (1997) concernant la Sierra Leone.* 30 décembre 2010, 3 p. (S/2010/659).

Nations Unies. *Rapport du Comité du Conseil de sécurité créé par la résolution 1343 (2001) concernant le Liberia.* 18 janvier 2002, 7 p. (S/2002/83).

Nations Unies. *Rapport du Comité du Conseil de sécurité créé par la résolution 1343 (2001) concernant le Liberia.* 20 décembre 2002, 8 p. (S/2002/1394).

Nations Unies. *Rapport du Comité du Conseil de sécurité créé par la résolution 1343 (2001) concernant le Liberia.* 25 février 2004, 8 p. (S/2004/139).

Nations Unies. *Rapport du Comité du Conseil de sécurité créé par la résolution 1521 (2003) concernant le Liberia.* 31 décembre 2004, 9 p. (S/2004/1025).

Nations Unies. *Rapport du Comité du Conseil de sécurité créé par la résolution 1521 (2003) concernant le Liberia.* 30 juin 2006, 11 p. (S/2006/464).

Nations Unies. *Rapport du Comité du Conseil de sécurité créé par la résolution 1521 (2003) concernant le Liberia.* 28 décembre 2006, 11 p. (S/2006/1044).

Nations Unies. *Rapport du Comité du Conseil de sécurité créé par la résolution 1521 (2003) concernant le Liberia.* 31 décembre 2007, 10p. (S/2007/776).

Nations Unies. *Rapport du Comité du Conseil de sécurité créé par la résolution 1521 (2003) concernant le Liberia.* 7 mai 2009, 8 p. (S/2009/236).

Nations Unies. *Rapport du Comité du Conseil de sécurité créé par la résolution 1521 (2003) concernant le Liberia.* 31 décembre 2009, 8 p. (S/2009/691).

Nations Unies. *Rapport du Comité du Conseil de sécurité créé par la résolution 1521 (2003) concernant le Liberia.* 31 décembre 2010, 7p. (S/2010/689).

Nations Unies. *Rapport du Comité du Conseil de sécurité créé par la résolution 1521 (2003) concernant le Liberia.* 29 décembre 2011, 8 p.(S/2011/804).

Nations Unies. *Rapport du Comité du Conseil de sécurité créé par la résolution 1521 (2003) concernant le Liberia.* 16 janvier 2013, 9 p. (S/2012/980).

Nations Unies. *Rapport du Comité du Conseil de sécurité créé par la résolution 1521 (2003) concernant le Liberia.* 27 décembre 2013, 10p. (S/2013/755).

Nations Unies. *Rapport du Comité du Conseil de sécurité créé par la résolution 1521 (2003) concernant le Liberia.* 31 décembre 2014, 6 p. (S/2014/931).

Nations Unies. *Rapport du Comité du Conseil de sécurité créé par la résolution 1521 (2003) concernant le Liberia.* 31 décembre 2015, 6 p. (S/2015/945).

Nations Unies. *Rapport du Comité du Conseil de sécurité créé par la résolution 1521 (2003) concernant le Liberia.* 25 mai 2016, 4 p. (S/2016/479).

Nations Unies. *Rapport du Comité du Conseil de sécurité créé par la résolution 1572 (2004) concernant la Côte d'Ivoire.* 30 janvier 2006, 7 p. (S/2006/55).

Nations Unies. *Rapport du Comité du Conseil de sécurité créé par la résolution 1572 (2004) concernant la Côte d'Ivoire.* 21 décembre 2006, 9 p. (S/2006/1017).

Nations Unies. *Rapport du Comité du Conseil de sécurité créé par la résolution 1572 (2004) concernant la Côte d'Ivoire.* 31 décembre 2007, 7 p. (S/2007/764).

Nations Unies. *Rapport du Comité du Conseil de sécurité créé par la résolution 1572 (2004) concernant la Côte d'Ivoire.* 31 décembre 2008, 6 p. (S/2008/829).

Nations Unies. *Rapport du Comité du Conseil de sécurité créé par la résolution 1572 (2004) concernant la Côte d'Ivoire.* 31 décembre 2009, 7 p. (S/2009/689).

Nations Unies. *Rapport du Comité du Conseil de sécurité créé par la résolution 1572 (2004) concernant la Côte d'Ivoire.* 31 décembre 2010, 8 p. (S/2010/687).

Nations Unies. *Rapport du Comité du Conseil de sécurité créé par la résolution 1572 (2004) concernant la Côte d'Ivoire.* 30 décembre 2011, 6 p. (S/2011/808).

Nations Unies. *Rapport du Comité du Conseil de sécurité créé par la résolution 1572 (2004) concernant la Côte d'Ivoire.* 31 décembre 2012, 9 p. (S/2012/981).

Nations Unies. *Rapport du Comité du Conseil de sécurité créé par la résolution 1572 (2004) concernant la Côte d'Ivoire.* 19 décembre 2013, 10 p. (S/2013/751).

Nations Unies. *Rapport du Comité du Conseil de sécurité créé par la résolution 1572 (2004) concernant la Côte d'Ivoire.* 31 décembre 2014, 6 p. (S/2014/912).

Nations Unies. *Rapport du Comité du Conseil de sécurité créé par la résolution 1572 (2004) concernant la Côte d'Ivoire.* 31 décembre 2015, 5 p. (S/2015/952).

Nations Unies. *Rapport du Comité du Conseil de sécurité créé par la résolution 1572 (2004) concernant la Côte d'Ivoire*. 29 avril 2016, 4 p. (S/2016/403).

Rapports des Groupes d'experts des Nations Unies

Nations Unies. *Rapport à mi-parcours du Groupe d'experts sur le Liberia établi en application du paragraphe 5 f) de la résolution 2025 (2011) du Conseil de sécurité*. 20 juin 2012, 47 p. (S/2012/448).

Nations Unies. *Rapport à mi-parcours du Groupe d'experts sur le Liberia soumis conformément au paragraphe 4 de la résolution 1854 (2008) du Conseil de sécurité*. 5 juin 2009, 67 p. (S/2009/290).

Nations Unies. *Rapport à mi-parcours du Groupe d'experts sur le Liberia soumis conformément au paragraphe 9 de la résolution 1903 (2009) du Conseil de sécurité*. 17 juin 2010, 42 p. (S/2010/319).

Nations Unies. *Rapport d'étape du Groupe d'experts sur le Liberia présenté en application de l'alinéa f) du paragraphe 5 de la résolution 2079 (2012) du Conseil de sécurité*. 31 mai 2013, 42 p. (S/2013/316).

Nations Unies. *Rapport d'étape du Groupe d'experts sur le Liberia, soumis en application de l'alinéa f) du paragraphe 6 de la résolution 1961 (2010) du Conseil de sécurité*. 17 juin 2011, 32 p. (S/2011/367).

Nations Unies. *Rapport du Groupe d'experts constitué en application du paragraphe 19 de la résolution 1306 (2000) du Conseil de sécurité concernant la Sierra Leone*. 20 décembre 2000, 71 p. (S/2000/1195).

Nations Unies. *Rapport du Groupe d'experts sur le Liberia, établi en application du paragraphe 5 de la résolution 1689 (2006) du Conseil de sécurité concernant le Liberia*. 15 décembre 2006, 70 p. (S/2006/976).

Nations Unies. *Rapport du Groupe d'experts établi en application du paragraphe 22 de la résolution 1521 (2003) du Conseil de sécurité concernant le Liberia*. 1 juin 2004, 82 p. (S/2004/396).

Nations Unies. *Rapport du Groupe d'experts présenté conformément à l'alinéa e) du paragraphe 14 de la résolution 1607 (2005) du Conseil de sécurité concernant le Liberia*. 7 décembre 2005, 74 p. (S/2005/745).

Nations Unies. *Rapport du Groupe d'experts présenté conformément à l'alinéa e) du paragraphe 9 de la résolution 1647 (2005) concernant le Liberia*. 7 juin 2006, 74p. (S/2006/379).

Nations Unies. *Rapport du Groupe d'experts présenté en application du paragraphe 1 e) de la résolution 1760 (2007) du Conseil de sécurité concernant le Liberia*. 5 décembre 2007, 55 p. (S/2007/689).

Nations Unies. *Rapport du Groupe d'experts soumis en application du paragraphe 1 de la résolution 1819 (2008) du Conseil de sécurité concernant le Liberia*. 17 décembre 2008, 72 p. (S/2008/785).

Nations Unies. *Rapport du Groupe d'experts soumis conformément à l'alinéa d) du paragraphe 4 de la résolution 1731 (2006) du Conseil de sécurité relative au Liberia*. 7 juin 2007, 52 p. (S/2007/340).

Nations Unies. *Rapport du Groupe d'experts sur le Liberia présenté en application de l'alinéa e) du paragraphe 8 de la résolution 1579 (2004) du Conseil de sécurité concernant le Liberia*. 13 juin 2005, 70 p. (S/2005/360).

Nations Unies. *Rapport du Groupe d'experts sur le Liberia présenté en application de l'alinéa f) du paragraphe 8 de la résolution 1579 (2004) du Conseil de sécurité concernant le Liberia*. 17 mars 2005, 10 p. (S/2005/176).

Nations Unies. *Rapport du Groupe d'experts sur le Liberia soumis en application du paragraphe 5 e) de la résolution 1792 (2007) du Conseil de sécurité relative au Liberia*. 12 juin 2008, 98 p. (S/2008/371).

Nations Unies. *Rapport final du Groupe d'experts sur la Côte d'Ivoire établi en application du paragraphe 11 de la résolution 1842 (2008) du Conseil de sécurité*. 9 octobre 2009, 132p. (S/2009/521).

Nations Unies. *Rapport final du Groupe d'experts sur le Liberia établi en application de l'alinéa f) du paragraphe 5 de la résolution 2079 (2012) du Conseil de sécurité*. 21 novembre 2013, 62 p. (S/2013/683).

Nations Unies. *Rapport final du Groupe d'experts sur le Liberia établi en application de l'alinéa f) du paragraphe 6 de la résolution 1961 (2010) du Conseil de sécurité*. 7 décembre 2011, 129 p. (S/2011/755).

Nations Unies. *Rapport final du Groupe d'experts sur le Liberia établi en application de l'alinéa f) du paragraphe 5 de la résolution 2025 (2011) du Conseil de sécurité*. 4 décembre 2012, 127 p. (S/2012/901).

Nations Unies. *Rapport final du Groupe d'experts sur le Liberia, faisant suite au paragraphe 9 de la résolution 1903 (2009) du Conseil de sécurité.* 17 décembre 2010, 86 p. (S/2010/609).

Nations Unies. *Rapport final du Groupe d'experts sur le Liberia soumis en application de l'alinéa e) paragraphe 4 de la résolution 1854 (2008) du Conseil de sécurité.* 11 décembre 2009, 55 p. (S/2009/640).

Autres documents officiels des Nations Unies

Nations Unies. *Cinquième rapport intérimaire du Secrétaire général sur l'Opération des Nations Unies en Côte d'Ivoire.* 17 juin 2005, 22 p. (S/2005/398).

Nations Unies. *Déclaration sur des engagements réciproques aux fins de la consolidation de la paix au Liberia.* 16 novembre 2010, 10 p.

Nations Unies. *Document final du Sommet mondial de 2005.* 2005, 42 p.

Nations Unies. *Gestion efficace des armes et munitions dans un contexte de désarmement, de démobilisation et de réintégration en évolution.* Deuxième édition, 2021, 159 p.

Nations Unies. *La protection juridique internationale des droits de l'homme dans les conflits armés.* 2011, 128 p.

Nations Unies. *Manuel du Conseil de sécurité de l'ONU : Guide de l'utilisateur aux pratiques et aux procédures.* 2021, 122 p.

Nations Unies. *Principaux instruments internationaux relatifs aux droits de l'homme.* 2014, 337 p.

Nations Unies. *Quatrième rapport intérimaire du Secrétaire général sur l'Opération des Nations Unies en Côte d'Ivoire,* mars 2005, 20 p. (S/2005/186).

Nations Unies. *Rapport annuel du Haut-Commissaire des Nations Unies aux droits de l'homme. Incidence des transferts d'armes sur les droits de l'homme dans les conflits armés.* 19 juin 2020, 17 p. (A/HRC/44/29).

Nations Unies. *Rapport de l'Expert indépendant sur la situation des droits de l'homme en Côte d'Ivoire.* 15 mai 2014, 22 p. (A/HRC/26/52).

Nations Unies. *Rapport de la Commission d'enquête internationale indépendante sur la Côte d'Ivoire.* 8 juin 2011, 27 p. (A/HRC/17/48).

Nations Unies. *Rapport du Secrétaire général au Conseil de sécurité sur le Liberia.* 11 septembre 2003, 30 p. (S/2003/875).

Nations Unies. *Rapport du Secrétaire général sur les armes légères et de petit calibre*. 30 septembre 2021, 19p. (S/2021/839).

Nations Unies. *Septième rapport du Secrétaire général sur le Bureau intégré des Nations Unies pour la consolidation de la paix en Sierra Leone*. 2 septembre 2011, 15 p. (S/2011/554).

Nations Unies. *Sixième rapport du Secrétaire général sur le Bureau intégré des Nations Unies pour la consolidation de la paix en Sierra Leone*. 9 mars 2011, 15 p. (S/2011/119).

Nations Unies. *Sixième rapport intérimaire du Secrétaire général sur l'Opération des Nations Unies en Côte d'Ivoire*. 26 septembre 2005, 22 p. (S/2005/604).

Nations Unies. *Cadre d'analyse des atrocités criminelles. Outil de prévention*. 2014, 33 p.

OCHA. *Aperçu de la situation humanitaire mondiale 2021*. Février 2021, 14 p.

PNUD. *Briefing note for countries on the 2020 Human Development Report. Côte d'Ivoire*. 2020, 7 p.

PNUD. *Briefing note for countries on the 2020 Human Development Report. Liberia*. 2020, 7 p.

PNUD. *Briefing note for countries on the 2020 Human Development Report. Sierra Leone*. 2020, 7 p.

PNUD. *Rapport mondial sur le développement humain, 1994*. 1994, 239 p.

PNUD. *Rapport sur le développement humain 2020. La prochaine frontière. Le développement humain et l'Anthropocène*. 2020, 445 p.

UNHCR. *Côte d'Ivoire Situation.* Update n°19, juin 2011, 5 p.

UNIDIR. *Un aperçu de la gestion des armes et des munitions : Côte d'Ivoire*. 2020, 12 p.

UNIDIR, *Weapons and Ammunition Management Country Insight: Liberia*. 2020, 14 p.

UNIDIR, *Weapons and Ammunition Management Country Insight: Sierra Leone*. 2020, 10 p.

United Nations. *Cross-Border cooperation project between Cote d'Ivoire and Liberia for Sustainable peace and social cohesion. Final Evaluation Report*. 2019, 59 p.

United Nations. *Highlights of Security Council practice 2023*. 2024, 46 p.

United Nations. *Peacebuilding Fund. 2020-2024 Strategy*. 2020, 13 p.

United Nations. *Synthesis Review 2017-2019 PBF project and portfolio evaluations*. 2020, 50 p.

United Nations. *The PBF in Côte d'Ivoire*. June 2018, 2 p.

United Nations. *The Secretary General's Peacebuilding Fund Liberia*. June 2021, 2 p.

United Nations. *The Secretary General's Peacebuilding Fund Liberia. Support to Gender Equality and Women's Empowerment in Liberia* April 2022, 3 p.

United Nations. *The Secretary General's Peacebuilding Fund Sierra Leone*. July 2021, 2 p.

UNODC, *Global Study on Homicide: Executive Summary*. 2019, 38 p.

UNOPS and Interpeace. *Peace in Liberia. Challenges to consolidation of peace in the eyes of the communities*. 2010, 88 p.

UNREC. *Guide d'harmonisation des législations nationales sur les armes légères et de petit calibre en Afrique de l'Ouest.* 2010, 48 p.

Rapports OCDE sur les États de fragilité

OCDE. *États de fragilité 2015 : réaliser les ambitions de l'après-2015*. 2016, 136 p.

OCDE. *États de fragilité 2016 : comprendre la violence*. 2017, 200 p.

OCDE. *États de fragilité 2018*. Version révisée, février 2019, 314 p.

OCDE. *États de fragilité 2020*. 2021, 136 p.

OCDE. *États de fragilité 2022*. 2023, 116 p.

Rapports Stockholm International Peace and Research Institute (SIPRI)

Stockholm International Peace and Research Institute. *SIPRI Yearbook 1990. World Armaments and Disarmaments.* 1990, 714 p.

Stockholm International Peace and Research Institute. *SIPRI Yearbook 1991. World Armaments and Disarmaments.* 1991, 741 p.

Stockholm International Peace and Research Institute. *SIPRI Yearbook 1992. World Armaments and Disarmaments.* 1992, 670 p.

Stockholm International Peace and Research Institute. *SIPRI Yearbook 1993. World Armaments and Disarmaments.* 1993, 834 p.

Stockholm International Peace and Research Institute. *SIPRI Yearbook 1994.*1994, 841 p.

Stockholm International Peace and Research Institute. *SIPRI Yearbook 1995. Armaments, Disarmaments and International Security.* 1995, 920 p.

Stockholm International Peace and Research Institute. *SIPRI Yearbook 1996. Armaments, Disarmaments and International Security.* 1996, 830 p.

Stockholm International Peace and Research Institute. *SIPRI Yearbook 1997. Armaments, Disarmaments and International Security.* 1997, 584 p.

Stockholm International Peace and Research Institute. *SIPRI Yearbook 1998. Armaments, Disarmaments and International Security.* 1998, 638 p.

Stockholm International Peace and Research Institute. *SIPRI Yearbook 1999. Armaments, Disarmaments and International Security.* 1999, 772 p.

Stockholm International Peace and Research Institute. *SIPRI Yearbook 2000. Armaments, Disarmaments and International Security.* 2000, 758 p.

Stockholm International Peace and Research Institute. *SIPRI Yearbook 2001. Armaments, Disarmaments and International Security. Summary.* 2001, 28 p.

Stockholm International Peace and Research Institute. *SIPRI Yearbook 2002. Armaments, Disarmaments and International Security. Summary.* 2002, 30 p.

Stockholm International Peace and Research Institute. *SIPRI Yearbook 2003. Armaments, Disarmaments and International Security. Summary.* 2003, 32 p.

Stockholm International Peace and Research Institute. *SIPRI Yearbook 2004. Armaments, Disarmaments and International Security. Summary.* 2004, 34 p.

Stockholm International Peace and Research Institute. *SIPRI Yearbook 2005. Armaments, Disarmaments and International Security. Summary.* 2005, 30 p.

Stockholm International Peace and Research Institute. *SIPRI Yearbook 2006. Armaments, Disarmaments and International Security. Summary.* 2006, 30 p.

Stockholm International Peace and Research Institute. *SIPRI Yearbook 2007. Armaments, Disarmaments and International Security. Summary.* 2007, 34 p.

Stockholm International Peace and Research Institute. *SIPRI Yearbook 2008. Armaments, Disarmaments and International Security. Summary.* 2008, 24 p.

Stockholm International Peace and Research Institute. *SIPRI Yearbook 2009. Armaments, Disarmaments and International Security. Summary.* 2009, 24 p.

Stockholm International Peace and Research Institute. *SIPRI Yearbook 2010. Armaments, Disarmaments and International Security. Summary.* 2010, 24 p.

Stockholm International Peace and Research Institute. *SIPRI Yearbook 2011. Armaments, Disarmaments and International Security. Summary.* 2011, 24 p.

Stockholm International Peace and Research Institute. *SIPRI Yearbook 2012. Armaments, Disarmaments and International Security. Summary.* 2012, 24 p.

Stockholm International Peace and Research Institute. *SIPRI Yearbook 2013. Armaments, Disarmaments and International Security. Summary.* 2013, 24 p.

Stockholm International Peace and Research Institute. *SIPRI Yearbook 2014. Armaments, Disarmaments and International Security. Summary.* 2014, 24 p.

Stockholm International Peace and Research Institute. *SIPRI Yearbook 2015. Armaments, Disarmaments and International Security. Summary.* 2015, 28 p.

Stockholm International Peace and Research Institute. *SIPRI Yearbook 2016. Armaments, Disarmaments and International Security. Summary.* 2016, 28 p.

Stockholm International Peace and Research Institute. *SIPRI Yearbook 2017. Armaments, Disarmaments and International Security. Summary.* 2017, 24 p.

Stockholm International Peace and Research Institute. *SIPRI Yearbook 2018. Armaments, Disarmaments and International Security. Summary.* 2018, 20 p.

Stockholm International Peace and Research Institute. *SIPRI Yearbook 2019. Armaments, Disarmaments and International Security. Summary.* 2019, 20 p.

Stockholm International Peace and Research Institute. *SIPRI Yearbook 2020. Armaments, Disarmaments and International Security. Summary.* 2020, 24 p.

Stockholm International Peace and Research Institute. *SIPRI Yearbook 2021. Armaments, Disarmaments and International Security. Summary.* 2021, 28 p.

Stockholm International Peace and Research Institute. *SIPRI Yearbook 2022. Armaments, Disarmaments and International Security. Summary.* 2022, 24 p.

Rapports de « The Fund for Peace » sur les États fragiles

The Fund for Peace. *Fragile States Index methodology and CAST framework.* 2017, 13 p.

The Fund for Peace. *Fragile States Index Annual Report 2022*. 2022, 51 p.

The Fund for Peace. *Fragile States Index Annual Report 2021*. 2021, 50 p.

The Fund for Peace. *Fragile States Index Annual Report 2020*. 2020, 51 p.

The Fund for Peace. *Fragile States Index Annual Report 2019*. 2019, 43 p.

The Fund for Peace. *2018 Fragile States Index*. 2018, 46 p.

The Fund for Peace. *2017 Fragile States Index*. 2017, 41 p.

The Fund for Peace. *Fragile States Index 2016*. 2016, 22 p.

The Fund for Peace. *Fragile States Index 2015*. 2015, 38 p.

The Fund for Peace. *Fragile States Index 2014*. 2014, 39 p.

The Fund for Peace. *Failed States Index 2013*. 2013, 39 p.

The Fund for Peace. *Failed States Index 2012*. 2012, 47 p.

The Fund for Peace. *The Failed States Index 2011*. 2011, 35 p.

Documents officiels d'autres organismes

Afrique Verte. *Conséquences de la crise ivoirienne sur les pays sahéliens enclavés*. 2002, 4 p.

Amnesty International et al. *Embargos des Nations unies sur les armes : le tour d'horizon des dix dernières années*. Note d'information de la campagne Contrôlez les armes, 2006, 7 p.

Banque africaine de Développement. *Côte d'Ivoire Note de Dialogue 2007-2008*. 2007, 19 p.

Banque Mondiale. *Transitional Support Strategy for the Republic of Sierra Leone*. 2002, 28 p.

CEDEAO. *Convention de la CEDEAO sur les armes légères et de petit calibre, leurs munitions et autres matériels connexes*. 2006, 21 p.

Center for Army, Conversion and Disarmament Studies. *Challenges facing arms export in Ukraine and the Russian federation*. 2012, 43 p.

Centre International pour la Justice Transitionnelle. *Justice Pénale. Espoirs déçus. Traitement judiciaire des violences postélectorales en Côte d'Ivoire*. 2016, 50 p.

CICR. *Le droit international humanitaire et les défis posés par les conflits armés contemporains*. 2019, 92 p.

China Arms Control and Disarmament Association and Saferworld. *The Evolution of EU and Chinese Arms Export Controls*, 2012, 42 p.

Commission Dialogue, Vérité et Réconciliation de Côte d'Ivoire. *Rapport Final*. 2014, 125 p.

Commission internationale de l'intervention et de la souveraineté des États. *La responsabilité de protéger*. 2001, 99 p.

Côte d'Ivoire. *Application du Programme d'action en vue de prévenir, combattre et éliminer le commerce illicite des armes légères sous tous ses aspects*. Rapport national, 2010, 15 p.

CPJI. *Colons allemands en Pologne*. Série B, n°6, 1923. 43 p.

Folke Bernadotte Academy. *Young Liberians Building Peace. Lessons Learnt from the first Conflict Prevention Leadership Program*. 2019, 52 p.

GRIP. *Dépenses militaires, production et transferts d'armes. Compendium 2021*. 2021, 44 p.

IANSA. *Small arms and light weapons: Why strict controls are urgently needed*. 2022, 9 p.

IANSA, Oxfam et Saferworld. *Africa's missing billions. International arms flows and the cost of conflict*. 2007, 38 p.

Institut de formation aux opérations de paix. *Consolidation de la paix.* 2020, 61 p.

International IDEA. *Justice traditionnelle et réconciliation après un conflit violent. La richesse des expériences africaines*. 2009, 213 p.

INTERPOL. *Evaluation Stratégique de la criminalité organisée en Afrique*. 2018, 53 p.

La Documentation Française. *Le nouveau désordre international.* N° 85-86 mai-août 2017, 12 juillet 2017, 176 p.

Liberia Truth and Reconciliation Commission. *Volume II: Consolidated Final Report*. 2009, 370p.

Ministère français des armées. *Rapport au Parlement sur les exportations d'armement de la France*. 2019, 123 p.

Ministère français des armées. *Rapport au Parlement 2021 sur les exportations d'armement de la France*. 2021, 125 p.

Ministère français des armées. *Rapport au Parlement 2023 sur les exportations d'armement de la France*, 2023, 131 p.

Nordic Consulting Group. *Evaluation of the United Nations Peace-building Fund (PBF) Portfolio in Liberia.* December 2017, 95 p.

OUA. *Déclaration de Bamako sur la position africaine commune sur la prolifération, la circulation et le trafic illicite des armes légères et de petit calibre*. 2000, 8 p.

Oxfam. *Décisions en matière de transferts d'armes : considérations sur le développement*. 2008, 8 p.

Sierra Leone Truth and Reconciliation Commission. *Witness to Truth.* Volume 2, 2004, p. 28.

Small Arms Survey. *L'Atlas des armes. Une cartographie des flux illicites d'armes légères en Afrique*. 2019, 107 p.

Small Arms Survey. *Le Traité sur le commerce des armes : guide pratique de mise en œuvre à l'échelle nationale.* 2020, 210 p.

United Kingdom. *Strategic Export Controls Annual Report 2020.* 2021, 65 p.

WEBOGRAPHIE

RÉSOLUTIONS DU CONSEIL DE SÉCURITÉ DES NATIONS UNIES

Principales Résolutions relatives à la situation au Liberia

Résolution S/RES/788 (1992) du 19 novembre 1992
https://digitallibrary.un.org/record/153983?ln=fr

Résolution S/RES/985 (1995) du 13 avril 1995
https://digitallibrary.un.org/record/176621?ln=fr

Résolution S/RES/1343 (2001) du 7 mars 2001
https://digitallibrary.un.org/record/434578?ln=fr

Résolution S/RES/1478 (2003) du 6 mai 2003
https://digitallibrary.un.org/record/493934?ln=fr

Résolution S/RES/1521 (2003) du 22 décembre 2003
https://digitallibrary.un.org/record/509567?ln=fr

Résolution S/RES/1532 (2004) du 12 mars 2004
https://digitallibrary.un.org/record/517890?ln=fr

Résolution S/RES/1549 (2004) du 17 juin 2004
https://digitallibrary.un.org/record/523910?ln=fr

Résolution S/RES/1579 (2004) du 21 décembre 2004
https://digitallibrary.un.org/record/537976?ln=fr

Résolution S/RES/1607 (2005) du 21 juin 2005
https://digitallibrary.un.org/record/551620?ln=fr

Résolution S/RES/1647 (2005) du 20 décembre 2005
https://digitallibrary.un.org/record/563510?ln=fr

Résolution S/RES/1689 (2006) du 20 juin 2006
https://digitallibrary.un.org/record/577350?ln=fr

Résolution S/RES/1731 (2006) du 20 décembre 2006
https://digitallibrary.un.org/record/589425?ln=fr

Résolution S/RES/1753 (2007) du 27 avril 2007
https://digitallibrary.un.org/record/599165?ln=fr

Résolution S/RES/1760 (2007) du 20 juin 2007
https://digitallibrary.un.org/record/601904?ln=fr

Résolution S/RES/1792 (2007) du 19 décembre 2007
https://digitallibrary.un.org/record/614589?ln=fr

Résolution S/RES/1819 (2008) du 18 juin 2008
https://digitallibrary.un.org/record/629641?ln=fr

Résolution S/RES/1854 (2008) du 19 décembre 2008
https://digitallibrary.un.org/record/644343?ln=fr

Résolution S/RES/1903 (2009) du 17 décembre 2009
https://digitallibrary.un.org/record/673505?ln=fr

Résolution S/RES/1961 (2010) du 17 décembre 2010
https://digitallibrary.un.org/record/695213?ln=fr

Résolution S/RES/2025 (2011) du 14 décembre 2011
https://digitallibrary.un.org/record/717894?ln=fr

Résolution S/RES/2128 (2013) du 10 décembre 2013
https://digitallibrary.un.org/record/762169?ln=fr

Résolution S/RES/2237 (2015) du 2 septembre 2015
https://digitallibrary.un.org/record/801686?ln=fr

Résolution S/RES/2288 (2016) du 25 mai 2016

https://digitallibrary.un.org/record/830453?ln=fr

Principales Résolutions relatives à la situation en Sierra Leone

Résolution S/RES/1132 (1997) du 8 octobre 1997
https://digitallibrary.un.org/rccord/244598?ln=fr

Résolution S/RES/1156 (1998) du 16 mars 1998
https://digitallibrary.un.org/record/251421?ln=fr

Résolution S/RES/1162 (1998) du 17 avril 1998
https://digitallibrary.un.org/record/252715?ln=fr

Résolution S/RES/1171 (1998) du 5 juin 1998
https://digitallibrary.un.org/record/255149?ln=fr

Résolution S/RES/1181 (1998) du 13 juillet 1998
https://digitallibrary.un.org/record/256788?ln=fr

Résolution S/RES/1260 (1999) du 20 août 1999
https://digitallibrary.un.org/record/278124?ln=fr

Résolution S/RES/1270 (1999) du 22 octobre 1999
https://digitallibrary.un.org/record/287753?ln=fr

Résolution S/RES/1289 (2000) du 7 février 2000
https://digitallibrary.un.org/record/407322/files/?ln=fr

Résolution S/RES/1299 (2000) du 19 mai 2000
https://digitallibrary.un.org/record/414570/usage?ln=fr

Résolution S/RES/1306 (2000) du 05 juillet 2000
https://digitallibrary.un.org/record/417948?ln=fr

Résolution S/RES/1315 (2000) du 14 août 2000
https://digitallibrary.un.org/record/420605?ln=fr

Résolution S/RES/1343 (2001) du 7 mars 2001
https://digitallibrary.un.org/record/434578?ln=fr

Résolution S/RES/1346 (2001) du 30 mars 2001
https://digitallibrary.un.org/record/436405/files/?ln=fr

Résolution S/RES/1385 (2001) du 19 décembre 2001
https://digitallibrary.un.org/record/455191?ln=fr

Résolution S/RES/1446 (2002) du 4 décembre 2002
https://digitallibrary.un.org/record/480405/files/S_RES_1446?ln=fr

Résolution S/RES/1620 (2005) du 31 août 2005
https://digitallibrary.un.org/record/556055?ln=fr

Résolution S/RES/1688 (2006) du 16 juin 2006
https://digitallibrary.un.org/record/577149/files/?ln=fr

Résolution S/RES/1734 (2006) du 22 décembre 2006
https://digitallibrary.un.org/record/589560?ln=fr

Résolution S/RES/1793 (2007) du 21 décembre 2007
https://digitallibrary.un.org/record/614751?ln=fr

Résolution S/RES/1940 (2010) du 29 septembre 2010
https://digitallibrary.un.org/record/690844?ln=fr

Principales Résolutions relatives à la situation en Côte d'Ivoire

Résolution S/RES/1464 (2003) du 4 février 2003
https://digitallibrary.un.org/record/486635?ln=fr

Résolution S/RES/1479 (2003) du 13 mai 2003
https://digitallibrary.un.org/record/494454?ln=fr

Résolution S/RES/1498 (2003) du 4 août 2003
https://digitallibrary.un.org/record/500150/files/S_RES_1498

Résolution S/RES/1514 (2003) du 13 novembre 2003
https://digitallibrary.un.org/record/506208?ln=fr

Résolution S/RES/1527 (2004) du 4 février 2004
https://digitallibrary.un.org/record/514564?ln=fr

Résolution S/RES/1528 (2004) du 27 février 2004
https://digitallibrary.un.org/record/516209?ln=fr

Résolution S/RES/1572 (2004) du 15 novembre 2004
https://digitallibrary.un.org/record/534935/usage?ln=fr

Résolution S/RES/1584 (2005) du 1er février 2005
https://digitallibrary.un.org/record/540264?ln=fr

Résolution S/RES/1609 (2005) du 24 juin 2005
https://digitallibrary.un.org/record/551965?ln=fr

Résolution S/RES/1643 (2005) du 15 décembre 2005
https://digitallibrary.un.org/record/563083/files/?ln=fr

Résolution S/RES/1727 (2006) du 15 décembre 2006
https://digitallibrary.un.org/record/589036?ln=fr

Résolution S/RES/1782 (2007) du 29 octobre 2007
https://digitallibrary.un.org/record/610504?ln=fr

Résolution S/RES/1842 (2008) du 29 octobre 2008
https://digitallibrary.un.org/record/640400?ln=fr

Résolution S/RES/1893 (2009) du 29 octobre 2009
https://digitallibrary.un.org/record/669783?ln=fr

Résolution S/RES/1946 (2010) du 15 octobre 2010
https://digitallibrary.un.org/record/692031?ln=fr

Résolution S/RES/1962 (2010) du 20 décembre 2010
https://digitallibrary.un.org/record/695215?ln=fr

Résolution S/RES/2153 (2014) du 29 avril 2014
https://digitallibrary.un.org/record/769812?ln=fr

Résolution S/RES/2283 (2016) du 29 avril 2016
https://digitallibrary.un.org/record/827418?ln=fr

PROCÈS-VERBAUX DES RÉUNIONS DU CONSEIL DE SÉCURITÉ DES NATIONS UNIES

Principaux procès-verbaux relatifs à la situation au Liberia

Procès-verbal de la 2974e séance en date du 22 janvier 1991
https://documents.un.org/doc/undoc/pro/n91/602/42/pdf/n9160242.pdf ?token=dZOijBgXwJ7QxpRTI0&fe=true

Procès-verbal de la 3071e séance en date du 7 mai 1992
https://documents.un.org/doc/undoc/pro/n92/606/16/pdf/n9260616.pdf ?token=inko4DMayH9GSBgLL7&fe=true

Procès-verbal de la 3138e séance en date du 19 novembre 1992
https://documents.un.org/doc/undoc/gen/n92/619/33/pdf/n9261933.pd f?token=eqGFuEywzPEIOjDiSC&fe=true

Procès-verbal de la 3281e séance en date du 22 septembre 1993
https://documents.un.org/doc/undoc/pro/n93/865/88/pdf/n9386588.pdf ?token=rT3JYPklvXuZQg0QtB&fe=true

Procès-verbal de la 3592e séance en date du 10 novembre 1995
https://documents.un.org/doc/undoc/pro/n95/866/07/pdf/n9586607.pdf ?token=DfkDG3Jk9u8azL2ffr&fe=true

Procès-verbal de la 4287e séance en date du 7 mars 2001
https://documents.un.org/doc/undoc/pro/n01/275/91/pdf/n0127591.pdf ?token=l499ICbX7JhQ5J3NGa&fe=true

Procès-verbal de la 4751e séance en date du 6 mai 2003
https://documents.un.org/doc/undoc/pro/n03/346/64/pdf/n0334664.pdf ?token=vppYjMt7TpyyeV0KAl&fe=true

Procès-verbal de la 4890e séance en date du 22 décembre 2003
https://documents.un.org/doc/undoc/pro/n03/667/38/pdf/n0366738.pdf ?token=ThFOzXpp8SrHBQWSOa&fe=true

Procès-verbal de la 4925e séance en date du 12 mars 2004
https://documents.un.org/doc/undoc/pro/n04/267/93/pdf/n0426793.pdf ?token=XcVHqInMeov5fqxTaF&fe=true

Procès-verbal de la 5468e séance en date du 20 juin 2006
https://documents.un.org/doc/undoc/pro/n06/395/61/pdf/n0639561.pdf ?token=pxV21Fxr2of9hycwW8&fe=true

Procès-verbal de la 5668e séance en date du 27 avril 2007
https://documents.un.org/doc/undoc/pro/n07/321/07/pdf/n0732107.pdf?token=ZoVK6oBkWSbgZoz1UJ&fe=true

Procès-verbal de la 6246e séance en date du 17 décembre 2009
https://documents.un.org/doc/undoc/pro/n09/655/11/pdf/n0965511.pdf?token=7jflid8QMZbPlNCAiF&fe=true

Procès-verbal de la 7077e séance en date du 10 décembre 2013
https://documents.un.org/doc/undoc/pro/n13/610/73/pdf/n1361073.pdf?token=Oc5kp24xrlh8wlkM9P&fe=true

Procès-verbal de la 7517e séance en date du 2 septembre 2015
https://documents.un.org/doc/undoc/pro/n15/270/07/pdf/n1527007.pdf?token=FsNVXeeMhSFp8uKymW&fe=true

Procès-verbal de la 7695e séance en date du 25 mai 2016
https://documents.un.org/doc/undoc/pro/n16/146/41/pdf/n1614641.pdf?token=PeUAo7qHw7OVfsEn4Y&fe=true

Principaux procès-verbaux relatifs à la situation en Sierra Leone

Procès-verbal de la 3781e séance en date du 27 mai 1997
https://documents.un.org/doc/undoc/pro/n97/856/11/pdf/n9785611.pdf?token=t7e6jltyKFfNIrqd86&fe=true

Procès-verbal de la 3798e séance en date du 11 juillet 1997
https://documents.un.org/doc/undoc/pro/n97/858/23/pdf/n9785823.pdf?token=O1hdElggeH8UY8XfgN&fe=true

Procès-verbal de la 3809e séance en date du 6 août 1997
https://documents.un.org/doc/undoc/pro/n97/859/19/pdf/n9785919.pdf?token=9ojBlNjB9em9mcVjxE&fe=true

Procès-verbal de la 3822e séance en date du 8 octobre 1997
https://documents.un.org/doc/undoc/pro/n97/861/83/pdf/n9786183.pdf?token=XaOjWo4QDiotdmzb2p&fe=true

Procès-verbal de la 3861e séance en date du 16 mars 1998
https://documents.un.org/doc/undoc/pro/n98/851/07/pdf/n9885107.pdf?token=AyhFecN19JqEW5yP2Z&fe=true

Procès-verbal de la 3872e séance en date du 17 avril 1998
https://documents.un.org/doc/undoc/gen/n98/852/48/pdf/n9885248.pdf?token=wNcuy0bAnlyxFFDHQN&fe=true

Procès-verbal de la 3889e séance en date du 5 juin 1998
https://documents.un.org/doc/undoc/pro/n98/854/01/pdf/n9885401.pdf
?token=MhhfvrMKqQn63W6AOY&fe=true

Procès-verbal de la 3902e séance en date du 13 juillet 1998
https://documents.un.org/doc/undoc/pro/n98/855/77/pdf/n9885577.pdf
?token=i3btUaNsir04vp5OuQ&fe=true

Procès-verbal de la 4035e séance en date du 20 août 1999
https://documents.un.org/doc/undoc/pro/n99/856/73/pdf/n9985673.pdf
?token=QIqioyooK1QLtkAeiB&fe=true

Procès-verbal de la 4054e séance en date du 22 octobre 1999
https://documents.un.org/doc/undoc/pro/n99/862/04/pdf/n9986204.pdf
?token=mmSBYuhM1PKGPhBTvt&fe=true

Procès-verbal de la 4099e séance en date du 7 février 2000
https://documents.un.org/doc/undoc/pro/n00/281/71/pdf/n0028171.pdf
?token=AhOtP8eXlwa0GCbvRD&fe=true

Procès-verbal de la 4145e séance en date du 19 mai 2000
https://documents.un.org/doc/undoc/pro/n00/439/03/pdf/n0043903.pdf
?token=1Ja0Mtx3GrNjKw0rNb&fe=true

Procès-verbal de la 4168e séance en date du 5 juillet 2000
https://documents.un.org/doc/undoc/pro/n00/516/66/pdf/n0051666.pdf
?token=ZsyTrC1VVQVHD1lj33&fe=true

Procès-verbal de la 4186e séance en date du 14 août 2000
https://documents.un.org/doc/undoc/pro/n00/605/48/pdf/n0060548.pdf
?token=QpcAMlt23bmuJbyHoL&fe=true

Procès-verbal de la 4306e séance en date du 30 mars 2001
https://documents.un.org/doc/undoc/pro/n01/311/74/pdf/n0131174.pdf
?token=Ifgur9A0fjxfDYkZmk&fe=true

Procès-verbal de la 4442e séance en date du 19 décembre 2001
https://documents.un.org/doc/undoc/pro/n01/706/96/pdf/n0170696.pdf
?token=5KONmGHc2ANqF5DBsj&fe=true

Procès-verbal de la 4654e séance en date du 4 décembre 2002
https://documents.un.org/doc/undoc/pro/n02/722/06/pdf/n0272206.pdf
?token=ClDBq1GYchgfbQIKrX&fe=true

Procès-verbal de la 5254e séance en date du 31 août 2005
https://documents.un.org/doc/undoc/pro/n05/476/64/pdf/n0547664.pdf
?token=SHs0hhnkRlnWvytsye&fe=true

Procès-verbal de la 5467e séance en date du 16 juin 2006
https://documents.un.org/doc/undoc/pro/n06/392/80/pdf/n0639280.pdf
?token=vkafYy8yrA8pRJugPZ&fe=true

Procès-verbal de la 5608e séance en date du 22 décembre 2006
https://documents.un.org/doc/undoc/pro/n06/679/17/pdf/n0667917.pdf
?token=EKCdZDyYOvtKtKIixb&fe=true

Procès-verbal de la 5813e séance en date du 21 décembre 2007
https://documents.un.org/doc/undoc/pro/n07/654/98/pdf/n0765498.pdf
?token=ArE868O6Y95tpLN3cE&fe=true

Procès-verbal de la 6392e séance en date du 29 septembre 2010
https://documents.un.org/doc/undoc/pro/n10/554/33/pdf/n1055433.pdf
?token=pOOoLqU0g6T8eqeJ0x&fe=true

Principaux procès-verbaux relatifs à la situation en Côte d'Ivoire

Procès-verbal de la 4680e séance en date du 20 décembre 2002
https://documents.un.org/doc/undoc/pro/n02/752/83/pdf/n0275283.pdf
?token=ZcVRA7X3z9pBin8sai&fe=true

Procès-verbal de la 4700e séance en date du 4 février 2003
https://documents.un.org/doc/undoc/pro/n03/235/60/pdf/n0323560.pdf
?token=OUb40raifUUx6B8eBf&fe=true

Procès-verbal de la 4754e séance en date du 13 mai 2003
https://documents.un.org/doc/undoc/pro/n03/356/39/pdf/n0335639.pdf
?token=LgpENejUJxyuvLPiwV&fe=true

Procès-verbal de la 4793e séance en date du 25 juillet 2003
https://documents.un.org/doc/undoc/pro/n03/440/90/pdf/n0344090.pdf
?token=xZc2v5gOKmdRA67ZFM&fe=true

Procès-verbal de la 4804e séance en date du 4 août 2003
https://documents.un.org/doc/undoc/pro/n03/450/02/pdf/n0345002.pdf
?token=dnEbVJQsSOg7WOqAni&fe=true

Procès-verbal de la 4857e séance en date du 13 novembre 2003
https://documents.un.org/doc/undoc/pro/n03/611/00/pdf/n0361100.pdf
?token=Ulvn7biONO3TjtxXnH&fe=true

Procès-verbal de la 4909e séance en date du 4 février 2004
https://documents.un.org/doc/undoc/pro/n04/229/50/pdf/n0422950.pdf?token=58IYPMTf8q9KmoAvLC&fe=true

Procès-verbal de la 4918e séance en date du 27 février 2004
https://documents.un.org/doc/undoc/pro/n04/252/80/pdf/n0425280.pdf?token=IquHtT7buDZxTiYxIk&fe=true

Procès-verbal de la 5018e séance en date du 5 août 2004
https://documents.un.org/doc/undoc/pro/n04/451/18/pdf/n0445118.pdf?token=1MfRflHMAdZaqqNuss&fe=true

Procès-verbal de la 5072e séance en date du 6 novembre 2004
https://documents.un.org/doc/undoc/pro/n04/595/52/pdf/n0459552.pdf?token=VFgsJRrdmmZCTp0yrB&fe=true

Procès-verbal de la 5078e séance en date du 15 novembre 2004
https://documents.un.org/doc/undoc/pro/n04/605/06/pdf/n0460506.pdf?token=nv24IzjWJPXtY0S8vL&fe=true

Procès-verbal de la 5103e séance en date du 16 décembre 2004
https://documents.un.org/doc/undoc/pro/n04/649/94/pdf/n0464994.pdf?token=MoDPCT3y4x5XZB6cyt&fe=true

Procès-verbal de la 5118e séance en date du 1er février 2005
https://documents.un.org/doc/undoc/pro/n05/224/41/pdf/n0522441.pdf?token=sks1AXCXBYsVnF203o&fe=true

Procès-verbal de la 5213e séance en date du 24 juin 2005
https://documents.un.org/doc/undoc/pro/n05/397/43/pdf/n0539743.pdf?token=0hURHtOkdUyh3DgliJ&fe=true

Procès-verbal de la 5327e séance en date du 15 décembre 2005
https://documents.un.org/doc/undoc/pro/n05/644/39/pdf/n0564439.pdf?token=m1v2LdIQkz6JpTk45z&fe=true

Procès-verbal de la 5592e séance en date du 15 décembre 2006
https://documents.un.org/doc/undoc/pro/n06/663/35/pdf/n0666335.pdf?token=S4IfHFXKtGPBzzwtpI&fe=true

Procès-verbal de la 5772e séance en date du 29 octobre 2007
https://documents.un.org/doc/undoc/pro/n07/567/65/pdf/n0756765.pdf?token=8275SPX3B0Asv9sZXK&fe=true

Procès-verbal de la 6004e séance en date du 29 octobre 2008
https://documents.un.org/doc/undoc/pro/n08/574/71/pdf/n0857471.pdf
?token=6bUEKPD1PZ6mqoUe0u&fe=true

Procès-verbal de la 6209e séance en date du 29 octobre 2009
https://documents.un.org/doc/undoc/pro/n09/582/97/pdf/n0958297.pdf
?token=9ZIXW5QH22SIP833CG&fe=true

Procès-verbal de la 6402e séance en date du 15 octobre 2010
https://documents.un.org/doc/undoc/pro/n10/584/84/pdf/n1058484.pdf
?token=8tYW5uE4BLxyvpmSNc&fe=true

Procès-verbal de la 6458e séance en date du 20 décembre 2010
https://documents.un.org/doc/undoc/pro/n10/700/91/pdf/n1070091.pdf
?token=TXYJ1MEnpM4Jn0XTVs&fe=true

Procès-verbal de la 6525e séance en date du 28 avril 2011
https://documents.un.org/doc/undoc/pro/n11/314/58/pdf/n1131458.pdf
?token=KnMXhPFPsQ0VSOja3O&fe=true

Procès-verbal de la 7436e séance en date du 28 avril 2015
https://documents.un.org/doc/undoc/pro/n15/120/74/pdf/n1512074.pdf
?token=8U1V1NjLMhLaeM5xJz&fe=true

Procès-verbal de la 7681e séance en date du 28 avril 2016
https://documents.un.org/doc/undoc/pro/n16/119/90/pdf/n1611990.pdf
?token=3IQwPvCyvfanSmW8hF&fe=true

ANNEXES

Annexe 1 : Résolution S/RES/788 (1992) du 19 novembre 1992 du Conseil de Sécurité des Nations Unies mettant en place le régime de sanctions concernant le Liberia

NATIONS UNIES

S

Conseil de sécurité

Distr.
GENERALE

S/RES/788 (1992)*
19 novembre 1992

RESOLUTION 788 (1992)

Adoptée par le Conseil de sécurité à sa 3138e séance, le 19 novembre 1992

Le Conseil de sécurité,

Rappelant les déclarations concernant la situation au Libéria, faites en son nom par le Président du Conseil de sécurité le 22 janvier 1991 (S/22133) et le 7 mai 1992 (S/23886),

Réaffirmant sa conviction que l'Accord de Yamoussoukro IV en date du 30 octobre 1991 (S/24815) constitue le meilleur cadre possible pour le règlement pacifique du conflit libérien du fait qu'il crée les conditions nécessaires à l'organisation d'élections libres et honnêtes au Libéria,

Tenant compte de la décision prise le 20 octobre 1992 par la réunion conjointe du Comité permanent de médiation et du Comité des Cinq tenue à Cotonou (Bénin) (S/24735), et du communiqué final de la première réunion du Comité de suivi des Neuf sur le règlement pacifique du conflit libérien, publié à Abuja (Nigéria) le 7 novembre 1992 (S/24812, annexe),

Regrettant que les parties au conflit au Libéria n'aient pas respecté ni appliqué les divers accords conclus à ce jour, en particulier l'Accord de Yamoussoukro IV (S/24815),

Constatant que la détérioration de la situation au Libéria constitue une menace à la paix et à la sécurité internationales, en particulier dans l'ensemble de la région de l'Afrique de l'Ouest,

Rappelant les dispositions du Chapitre VIII de la Charte des Nations Unies,

---

* Nouveau tirage pour raisons techniques.

93-01047 2623z (F) 070193 070193 070193 /...

Notant que la détérioration de la situation empêche la mise en place de conditions permettant l'organisation d'élections libres et honnêtes conformément à l'Accord de Yamoussoukro IV,

Se félicitant de l'engagement constant de la CEDEAO en faveur d'un règlement pacifique du conflit libérien et des efforts qu'elle déploie à cette fin,

Se félicitant en outre que l'Organisation de l'unité africaine approuve et appuie ces efforts,

Notant que la CEDEAO a demandé le 29 juillet 1992 que l'ONU envoie un groupe d'observateurs au Libéria pour vérifier et contrôler le processus électoral,

Prenant note du fait que, le 20 octobre 1992 à Cotonou (Bénin), la CEDEAO a invité le Secrétaire général à envisager, si nécessaire, l'envoi d'un groupe chargé d'observer le cantonnement et le désarmement des parties au conflit,

Reconnaissant la nécessité d'accroître l'aide humanitaire,

Tenant compte de la demande faite par le Représentant permanent du Bénin au nom de la CEDEAO (S/24735),

Tenant compte également de la lettre du Ministre des affaires étrangères du Libéria dans laquelle celui-ci a approuvé la demande faite par le Représentant permanent du Bénin au nom de la CEDEAO (S/24825),

Convaincu qu'il est essentiel de trouver une solution pacifique, juste et durable au conflit libérien,

1. Remercie la CEDEAO des efforts qu'elle fait pour rétablir la paix, la sécurité et la stabilité au Libéria;

2. Se déclare de nouveau convaincu que l'Accord de Yamoussoukro IV constitue le meilleur cadre possible pour le règlement pacifique du conflit libérien du fait qu'il crée les conditions nécessaires à l'organisation d'élections libres et honnêtes au Libéria, et demande à la CEDEAO de poursuivre ses efforts en vue d'aider à l'application de cet accord par des moyens pacifiques;

3. Condamne toute violation du cessez-le-feu du 28 novembre 1990 par quelque partie au conflit que ce soit;

4. Condamne les attaques armées que l'une des parties au conflit continue de lancer contre les forces de maintien de la paix de la CEDEAO au Libéria;

5. Demande à toutes les parties au conflit et à tous les autres intéressés de respecter rigoureusement les dispositions du droit international humanitaire;

/...

6. Demande à toutes les parties au conflit de respecter et d'appliquer le cessez-le-feu ainsi que les divers accords du processus de paix, y compris l'Accord de Yamoussoukro IV en date du 30 octobre 1991 et le Communiqué final de la réunion du Groupe consultatif officieux du Comité des Cinq de la CEDEAO sur le Libéria, publié à Genève le 7 avril 1992, auquel elles ont elles-mêmes souscrit;

7. Prie le Secrétaire général d'envoyer d'urgence au Libéria un représentant spécial chargé d'étudier la situation, et de lui présenter le plus tôt possible un rapport contenant toutes recommandations qu'il pourrait vouloir faire;

8. Décide, en vertu du Chapitre VII de la Charte des Nations Unies, qu'en vue de l'instauration de la paix et de la stabilité au Libéria, tous les Etats appliqueront immédiatement un embargo général et complet sur toutes les livraisons d'armes et de matériel militaire au Libéria jusqu'à ce que le Conseil de sécurité en décide autrement;

9. Décide, en vertu des mêmes dispositions, que l'embargo imposé aux termes du paragraphe 8 ne s'appliquera pas aux armes et au matériel militaire destinés à l'usage exclusif des forces de maintien de la paix de la CEDEAO au Libéria, sous réserve de tout réexamen qui s'avérerait nécessaire conformément au rapport du Secrétaire général;

10. Demande à tous les Etats de respecter les mesures instituées par la CEDEAO pour trouver une solution pacifique au conflit libérien;

11. Invite les Etats Membres à faire preuve de retenue dans leurs rapports avec toutes les parties au conflit libérien et à s'abstenir de toute action susceptible de nuire au processus de paix;

12. Salue les efforts des Etats Membres, du système des Nations Unies et des organisations humanitaires visant à fournir une aide humanitaire aux victimes du conflit au Libéria, et réaffirme à cet égard son appui à une aide humanitaire accrue;

13. Prie le Secrétaire général de lui faire rapport le plus tôt possible sur l'application de la présente résolution;

14. Décide de rester saisi de la question.

Annexe 2 : Résolution S/RES/2286 (2016) du 25 mai 2016 du Conseil de Sécurité des Nations Unies mettant fin au régime de sanctions concernant le Liberia

Nations Unies S/RES/2288 (2016)

Conseil de sécurité

Distr. générale
25 mai 2016

Résolution 2288 (2016)

Adoptée par le Conseil de sécurité à sa 7695e séance, le 25 mai 2016

Le Conseil de sécurité,

Rappelant ses résolutions antérieures et les déclarations de son président concernant la situation au Libéria,

Saluant les progrès constants que le Gouvernement libérien fait dans la reconstruction du Libéria, pour le bien de tous les Libériens,

Se félicitant des travaux du Comité du Conseil de sécurité créé par la résolution 1521 (2003) concernant le Libéria (« le Comité ») et *exprimant sa gratitude* au Groupe d'experts créé en application du paragraphe 22 de la résolution 1521 (2003),

Ayant examiné le rapport du Groupe d'experts sur le Libéria (S/2016/348) et prenant note de l'exposé du Président du Comité en date du 13 mai 2016,

Prenant note également de la lettre du Secrétaire général en date du 31 juillet 2015 (S/2015/590), l'informant des progrès que le Gouvernement libérien a accomplis dans l'application des recommandations de bonne gestion des armes et des munitions, notamment en promulguant la législation nécessaire, et des mesures qui ont été prises pour faciliter la surveillance et la gestion des régions situées à la frontière entre le Libéria et la Côte d'Ivoire, tout en *soulignant* que ces progrès doivent se poursuivre pour concourir davantage à la paix et à la stabilité au Libéria,

Rappelant que la Convention de la Communauté économique des États de l'Afrique de l'Ouest sur les armes légères et de petit calibre de 2006 confie aux autorités publiques compétentes la responsabilité du contrôle de la circulation des armes légères sur le territoire du Libéria et entre celui-ci et les États voisins,

Engageant le Gouvernement libérien à donner la priorité à l'adoption rapide de la législation sur la gestion des armes et des munitions, et à prendre toutes autres mesures en vue d'établir le cadre juridique et administratif requis pour lutter contre le trafic d'armes et de munitions,

Notant l'effet positif des mesures ciblées qu'il a imposées pour résoudre le conflit et aider à la stabilisation du Libéria,

16-08438 (F)

Merci de recycler

Affirmant que le Gouvernement libérien a la responsabilité principale de mettre à l'abri toutes les populations présentes sur son territoire et *soulignant* qu'il n'y aura de stabilité durable au Libéria que si le Gouvernement veille au maintien d'institutions publiques efficaces et responsables, notamment dans les secteurs de l'état de droit et de la sécurité, y compris une armée, une police et des forces de sécurité aux frontières libériennes qui soient capables, professionnellement qualifiées et efficaces et *se félicitant* à cet égard de l'assistance nécessaire des partenaires bilatéraux et des organisations multilatérales,

Insistant sur le fait qu'une gestion transparente et efficace des ressources naturelles est capitale pour la paix et la sécurité à long terme du Libéria,

Rappelant qu'il est prêt à mettre fin aux mesures imposées aux alinéas a) et b) du paragraphe 2 et à l'alinéa a) du paragraphe 4 de la résolution 1521 (2003) lorsqu'il aura constaté que le cessez-le-feu au Libéria est pleinement respecté et maintenu, que le désarmement, la démobilisation, la réinsertion, le rapatriement et la restructuration du secteur de la sécurité ont été menés à bien, que les dispositions de l'Accord général de paix sont appliquées intégralement et que des progrès notables ont été réalisés en ce qui concerne le rétablissement et le maintien de la stabilité au Libéria et dans la sous-région, et considérant que ces conditions ont été réunies,

Agissant au titre du Chapitre VII de la Charte des Nations Unies,

1. *Décide* de mettre fin, avec effet immédiat, aux mesures concernant les armes, précédemment édictées au paragraphe 2 de la résolution 1521 (2003) et modifiées aux paragraphes 1 et 2 de la résolution 1683 (2006), à l'alinéa b) du paragraphe 1 de la résolution 1731 (2006), aux paragraphes 3, 4, 5 et 6 de la résolution 1903 (2009), au paragraphe 3 de la résolution 1961 (2010) et à l'alinéa b) du paragraphe 2 de la résolution 2128 (2013);

2. *Décide également* de dissoudre, avec effet immédiat, le Comité du Conseil de sécurité créé en application du paragraphe 21 de la résolution 1521 (2003) et le Groupe d'experts créé en application du paragraphe 22 de la résolution 1521 (2003), et modifié et élargi par la suite, y compris en application des paragraphes 3 et 4 de la résolution 2237 (2015).

Annexe 3 : Résolution S/RES/1132 (1997) du 8 octobre 1997 du Conseil de Sécurité des Nations Unies mettant en place le régime de sanctions concernant la Sierra Leone

NATIONS
UNIES

S

Conseil de sécurité

Distr.
GÉNÉRALE

S/RES/1132 (1997)
8 octobre 1997

RÉSOLUTION 1132 (1997)

Adoptée par le Conseil de sécurité à sa 3822e séance, le 8 octobre 1997

Le Conseil de sécurité,

Rappelant les déclarations de son Président en date du 27 mai 1997 (S/PRST/1997/29), du 11 juillet 1997 (S/PRST/1997/36) et du 6 août 1997 (S/PRST/1997/42), condamnant le coup d'État militaire en Sierra Leone,

Prenant note de la décision du trente-troisième Sommet de l'Organisation de l'unité africaine (OUA), tenu à Harare (Zimbabwe) du 2 au 4 juin 1997, concernant la situation en Sierra Leone,

Prenant note également du Communiqué publié à l'issue de la Réunion des ministres des affaires étrangères des pays membres de la Communauté économique des États de l'Afrique de l'Ouest (CEDEAO) sur la situation en Sierra Leone, tenue à Conakry (Guinée) le 26 juin 1997 (S/1997/499), de la Déclaration du Comité des quatre ministres des affaires étrangères de la CEDEAO sur la Sierra Leone (le Comité de la CEDEAO) en date du 30 juillet 1997 (S/1997/646), et du Communiqué final de la Conférence au sommet de la CEDEAO tenue à Abuja les 28 et 29 août 1997, ainsi que de la décision concernant les sanctions contre la junte militaire de la Sierra Leone, adoptée à la Conférence (S/1997/695, annexes I et II),

Prenant note en outre de la lettre du Secrétaire général en date du 7 octobre 1997 (S/1997/776),

Déclarant qu'il appuie sans réserve les efforts de médiation déployés par le Comité de la CEDEAO et exprimant ses remerciements à ce dernier,

Réaffirmant que l'Accord d'Abidjan (S/1996/1034) constitue toujours un cadre viable pour la paix, la stabilité et la réconciliation en Sierra Leone,

Déplorant que la junte militaire n'ait pas encore pris de mesures pour permettre le rétablissement du gouvernement démocratiquement élu et le retour à l'ordre constitutionnel,

97-26714 (F) /...

Gravement préoccupé par les actes de violence et les pertes en vies humaines qui se poursuivent en Sierra Leone depuis le coup d'État militaire du 25 mai 1997, par la détérioration de la situation humanitaire dans ce pays et par les répercussions que subissent les pays voisins,

Constatant que la situation en Sierra Leone constitue une menace contre la paix et la sécurité internationales dans la région,

Agissant en vertu du Chapitre VII de la Charte des Nations Unies,

1. Exige que la junte militaire prenne immédiatement des mesures pour céder le pouvoir en Sierra Leone et permettre le rétablissement du gouvernement démocratiquement élu et le retour à l'ordre constitutionnel;

2. Demande à nouveau à la junte de mettre fin à tous les actes de violence et de faire cesser toutes interventions entravant l'acheminement de l'aide humanitaire destinée aux Sierra-léoniens;

3. Soutient sans réserve les efforts faits par le Comité de la CEDEAO pour régler la crise en Sierra Leone et l'encourage à continuer de s'employer à restaurer pacifiquement l'ordre constitutionnel, y compris par la reprise des négociations;

4. Encourage le Secrétaire général, agissant par l'intermédiaire de son Envoyé spécial, en coopération avec le Comité de la CEDEAO, à faciliter la recherche d'une solution pacifique de la crise et, à cette fin, à s'attacher à relancer les pourparlers avec toutes les parties;

5. Décide que tous les États interdiront aux membres de la junte militaire et aux membres adultes de leur famille, qui seront identifiés comme prévu au paragraphe 10 f), d'entrer sur leur territoire ou d'y passer en transit, étant entendu que l'entrée ou le passage en transit de l'une quelconque de ces personnes dans un État particulier pourront être autorisés par le Comité créé en vertu du paragraphe 10 pour des raisons humanitaires avérées ou à des fins compatibles avec le paragraphe 1, et étant entendu qu'aucune disposition du présent paragraphe n'oblige un État à refuser à ses propres nationaux l'entrée sur son territoire;

6. Décide que tous les États empêcheront la vente ou la fourniture à la Sierra Leone par leurs nationaux ou depuis leur territoire, ou au moyen de navires battant leur pavillon ou d'aéronefs immatriculés par eux, de pétrole, de produits pétroliers, d'armements et de matériel connexe de tous types, y compris d'armes et de munitions, de véhicules et d'équipements militaires, d'équipement paramilitaire et de pièces détachées y afférentes, que ceux-ci proviennent ou non de leur territoire;

7. Décide que le Comité créé en vertu du paragraphe 10 pourra autoriser au cas par cas, selon une procédure d'approbation tacite :

a) Des demandes présentées par le gouvernement démocratiquement élu de la Sierra Leone en vue de l'importation en Sierra Leone de pétrole ou de produits pétroliers;

/...

b) Des demandes présentées par tout autre gouvernement ou par des organismes des Nations Unies en vue de l'importation en Sierra Leone de pétrole ou de produits pétroliers pour des raisons humanitaires avérées ou pour répondre aux besoins du Groupe d'observateurs militaires de la CEDEAO (ECOMOG); sous réserve que des dispositions acceptables soient prises pour le contrôle effectif des livraisons;

8. Agissant également en vertu du Chapitre VIII de la Charte des Nations Unies, autorise la CEDEAO, en coopération avec le gouvernement démocratiquement élu de la Sierra Leone, à veiller à la stricte application des dispositions de la présente résolution touchant la fourniture de pétrole, de produits pétroliers, d'armements et de matériel connexe de tous types, notamment, le cas échéant, et conformément aux normes internationales applicables, à interrompre la navigation maritime en direction de la Sierra Leone pour inspecter et vérifier les cargaisons et les destinations, et demande à tous les États de coopérer avec la CEDEAO à ce sujet;

9. Prie la CEDEAO de rendre compte tous les 30 jours au Comité créé en application du paragraphe 10 de toutes les activités menées en vertu du paragraphe 8;

10. Décide de créer, conformément à l'article 28 de son règlement intérieur provisoire, un comité du Conseil de sécurité composé de tous les membres du Conseil, qui exercera les fonctions ci-après et rendra compte au Conseil de ses travaux, en lui présentant des observations et recommandations :

a) Demander à tous les États de lui communiquer des informations à jour sur les dispositions qu'ils auront prises pour assurer l'application effective des mesures imposées en vertu des paragraphes 5 et 6;

b) Examiner les informations portées à son attention par des États au sujet de violations des mesures imposées en vertu des paragraphes 5 et 6 et recommander les dispositions appropriées à prendre à cet égard;

c) Présenter périodiquement au Conseil des rapports sur les informations qui lui auront été communiquées au sujet de violations présumées des mesures imposées en vertu des paragraphes 5 et 6, en identifiant si possible les personnes ou les entités, y compris les navires, qui seraient impliqués dans de telles violations;

d) Promulguer les directives nécessaires pour faciliter l'application des restrictions imposées en vertu des paragraphes 5 et 6;

e) Examiner sans tarder les demandes présentées conformément au paragraphe 7 en vue de l'importation de pétrole et de produits pétroliers et statuer rapidement à leur sujet;

f) Identifier dans les délais les plus brefs les membres de la junte militaire et les membres adultes de leur famille dont l'entrée ou le passage en transit sur le territoire des États doivent être interdits conformément au paragraphe 5;

g) Examiner les rapports présentés en application des paragraphes 9 et 13;

/...

h) Coopérer avec le Comité de la CEDEAO en vue de l'application des mesures imposées en vertu des paragraphes 5 et 6;

11. Demande à tous les États et à toutes les organisations internationales et régionales de se conformer strictement aux dispositions de la présente résolution, nonobstant l'existence de droits conférés ou d'obligations imposées par un accord international, un contrat, une licence ou une autorisation ayant pris effet avant l'entrée en vigueur des dispositions des paragraphes 5 et 6;

12. Prie le Secrétaire général de fournir toute l'assistance nécessaire au Comité créé en application du paragraphe 10 et de prendre à cette fin les dispositions nécessaires au Secrétariat;

13. Prie les États de faire rapport au Secrétaire général dans les 30 jours suivant la date de l'adoption de la présente résolution sur les mesures qu'ils auront prises pour donner effet aux dispositions des paragraphes 5 et 6;

14. Prie toutes les parties intéressées, notamment la CEDEAO, l'Organisation des Nations Unies et les autres organismes internationaux à vocation humanitaire, de prendre les dispositions appropriées pour assurer la distribution de l'aide humanitaire et de s'efforcer de faire en sorte que cette aide réponde aux besoins locaux, soit acheminée dans la sécurité à ceux auxquels elle est destinée et soit utilisée par ces derniers;

15. Demande instamment à tous les États, ainsi qu'aux organisations et aux institutions financières internationales, d'aider les États de la région à faire face aux conséquences économiques et sociales de l'afflux de réfugiés en provenance de la Sierra Leone;

16. Prie le Secrétaire général de lui présenter, 15 jours au plus tard après l'adoption de la présente résolution, un rapport initial sur l'application du paragraphe 1 et de lui présenter par la suite tous les 60 jours à compter de la date de l'adoption de la présente résolution un rapport sur l'application de celle-ci et sur la situation humanitaire en Sierra Leone;

17. Décide que, si les mesures imposées en vertu des paragraphes 5 et 6 n'ont pas été levées conformément au paragraphe 19, il procédera, 180 jours après l'adoption de la présente résolution, sur la base du rapport le plus récent du Secrétaire général, à un examen approfondi de l'application de ces mesures ainsi que de toutes dispositions que la junte militaire pourra avoir prises afin de se conformer au paragraphe 1;

18. Prie instamment tous les États d'apporter à la CEDEAO l'appui technique et logistique nécessaire pour lui permettre de s'acquitter des tâches qui lui incombent touchant l'application de la présente résolution;

19. Déclare qu'il a l'intention de lever les mesures imposées en vertu des paragraphes 5 et 6 lorsqu'il aura été satisfait à l'exigence formulée au paragraphe 1;

20. Décide de demeurer saisi de la question.

Annexe 4 : Résolution S/RES/1940 (2010) du 29 septembre 2010 du Conseil de Sécurité des Nations Unies mettant fin au régime de sanctions concernant la Sierra Leone

Nations Unies S/RES/1940 (2010)

Conseil de sécurité

Distr. générale
29 septembre 2010

Résolution 1940 (2010)

Adoptée par le Conseil de sécurité à sa 6392e séance, le 29 septembre 2010

Le Conseil de sécurité,

Rappelant toutes ses résolutions précédentes sur la Sierra Leone, en particulier les résolutions 1132 (1997) et 1171 (1998),

Rappelant en outre qu'il est prêt à lever les mesures en vigueur une fois que le Gouvernement sierra-léonais aura pleinement rétabli son contrôle sur l'ensemble de son territoire et que toutes les forces non gouvernementales auront été désarmées et démobilisées,

Réaffirmant sa volonté de soutenir le relèvement de la Sierra Leone après le conflit et de promouvoir la paix, la sécurité et le développement dans le pays,

Saluant le rôle que le Bureau intégré des Nations Unies en Sierra Leone continue de jouer à cet égard,

Accueillant avec satisfaction la lettre datée du 9 septembre 2010 que le Représentant permanent de la République de la Sierra Leone a adressée au Conseil pour faire le point de la situation en Sierra Leone et demander que les mesures en vigueur soient levées,

Saluant les travaux du Comité du Conseil de sécurité créé en application du paragraphe 10 de la résolution 1132 (1997) concernant la Sierra Leone,

Prenant acte du rapport présenté en 2009 par le Comité créé par la résolution 1132 (1997) concernant la Sierra Leone (S/2009/690) et, en particulier, des observations formulées par son président au paragraphe 17,

Invitant instamment tous les États à offrir leur coopération et leur assistance au Tribunal spécial pour la Sierra Leone ou à toute autre instance à laquelle le Tribunal spécial aurait renvoyé l'affaire Johnny Paul Koroma, afin que ce dernier puisse être traduit en justice s'il est toujours en vie, et engageant l'intéressé à se rendre,

Demandant à tous les États de coopérer avec l'Organisation internationale de police criminelle (INTERPOL) en ce qu'elle fait pour appréhender et transférer Johnny Paul Koroma, s'il est toujours en vie,

Agissant en vertu du Chapitre VII de la Charte des Nations Unies,

10-55868 (F)

1. *Décide* de lever, avec effet immédiat, les mesures énoncées aux paragraphes 2, 4 et 5 de la résolution 1171 (1998);

2. *Décide en outre* de dissoudre, avec effet immédiat, le Comité créé en application du paragraphe 10 de la résolution 1132 (1997).

Annexe 5 : Résolution S/RES/1572 (2004) du 15 novembre 2004 du Conseil de Sécurité des Nations Unies mettant en place le régime de sanctions concernant la Côte d'Ivoire

Nations Unies S/RES/1572 (2004)

Conseil de sécurité

Distr. générale
15 novembre 2004

Résolution 1572 (2004)

Adoptée par le Conseil de sécurité à sa 5078[e] séance, le 15 novembre 2004

Le Conseil de sécurité,

Rappelant sa résolution 1528 (2004) du 27 février 2004, ainsi que les déclarations pertinentes de son président, en particulier celles du 6 novembre 2004 (S/PRST/2004/42) et du 5 août 2004 (S/PRST/2004/29),

Réaffirmant son ferme attachement au respect de la souveraineté, de l'indépendance, de l'intégrité territoriale et de l'unité de la Côte d'Ivoire, et *rappelant* l'importance des principes de bon voisinage, de non-ingérence et de coopération régionale,

Rappelant qu'il a entériné l'Accord signé par les forces politiques ivoiriennes à Linas-Marcoussis le 24 janvier 2003 (S/2003/99) (l'Accord de Linas-Marcoussis), approuvé par la Conférence des chefs d'État sur la Côte d'Ivoire qui s'est tenue à Paris les 25 et 26 janvier 2003, et l'Accord signé le 30 juillet 2004 à Accra (l'Accord d'Accra III),

Déplorant la reprise des hostilités en Côte d'Ivoire et les violations répétées de l'accord de cessez-le-feu du 3 mai 2003,

Profondément préoccupé par la situation humanitaire en Côte d'Ivoire, en particulier dans le nord du pays, et par le recours aux médias, notamment à la radio et à la télévision, pour inciter à la haine et à la violence contre des étrangers en Côte d'Ivoire,

Rappelant fermement l'obligation qu'ont toutes les parties ivoiriennes, le Gouvernement de Côte d'Ivoire comme les Forces nouvelles, de s'abstenir de toute violence à l'égard de civils, y compris les citoyens étrangers, et de coopérer pleinement aux activités de l'Opération des Nations Unies en Côte d'Ivoire (ONUCI),

Se félicitant des efforts que déploient le Secrétaire général, l'Union africaine et la Communauté économique des États de l'Afrique de l'Ouest (CEDEAO) en vue de rétablir la paix et la stabilité en Côte d'Ivoire,

Considérant que la situation en Côte d'Ivoire continue de mettre en péril la paix et la sécurité internationales dans la région,

04-60738 (F)

Agissant en vertu du Chapitre VII de la Charte des Nations Unies,

1. *Condamne* les frappes aériennes engagées par les Forces armées de Côte d'Ivoire (FANCI), qui constituent des violations flagrantes de l'accord de cessez-le-feu du 3 mai 2003, et *exige* que toutes les parties ivoiriennes au conflit, le Gouvernement de Côte d'Ivoire comme les Forces nouvelles, respectent scrupuleusement le cessez-le-feu;

2. *Renouvelle* son plein appui aux actions menées par l'Opération des Nations Unies en Côte d'Ivoire (ONUCI) et les forces françaises conformément au mandat qui leur a été assigné dans la résolution 1528 (2004) et à la déclaration du Président du 6 novembre 2004 (S/PRST/2004/42);

3. *Insiste à nouveau* sur le fait qu'il ne saurait y avoir de solution militaire à la crise et que la mise en œuvre intégrale des Accords de Linas-Marcoussis et d'Accra III demeure la seule voie de règlement de la crise qui persiste dans ce pays;

4. *Exhorte* en conséquence le Président de la République de Côte d'Ivoire, les chefs de tous les partis politiques ivoiriens et les dirigeants des Forces nouvelles à s'engager résolument et sans délai dans la mise en œuvre de tous les engagements qu'ils ont pris dans le cadre de ces accords;

5. *Exprime* son plein appui aux efforts déployés par le Secrétaire général, l'Union africaine et la CEDEAO et *encourage* ces derniers à continuer de s'efforcer de relancer le processus de paix en Côte d'Ivoire;

6. *Exige* que les autorités ivoiriennes mettent un terme à toutes les émissions de radio et de télévision incitant à la haine, à l'intolérance et à la violence, *demande* à l'Opération des Nations Unies en Côte d'Ivoire de renforcer son rôle de surveillance à cet égard, et *engage* le Gouvernement de la Côte d'Ivoire et les Forces nouvelles à prendre toutes les mesures nécessaires pour assurer la sécurité des civils, y compris les nationaux étrangers et leurs biens;

7. *Décide* que tous les États prendront, pour une période de treize mois à compter de la date d'adoption de la présente résolution, les mesures nécessaires pour empêcher la fourniture, la vente ou le transfert directs ou indirects à destination de la Côte d'Ivoire, depuis leur territoire ou par leurs nationaux, ou au moyen d'aéronefs immatriculés sur leur territoire ou de navires battant leur pavillon, d'armes et de tout matériel connexe, notamment d'aéronefs militaires et autres matériels provenant ou non de leur territoire, ainsi que la fourniture de toute assistance, conseil ou formation se rapportant à des activités militaires,

8. *Décide* que les mesures imposées par l'article 7 ci-dessus ne s'appliqueront pas :

a) Aux fournitures et à l'assistance technique destinées exclusivement à appuyer l'Opération des Nations Unies en Côte d'Ivoire (ONUCI) et les forces françaises qui les soutiennent ou à être utilisées par elles;

b) Aux fournitures de matériel militaire non létal destiné exclusivement à un usage humanitaire ou de protection, et à l'assistance technique et à la formation connexes, que le Comité établi à l'article 14 ci-dessous aura approuvées à l'avance;

c) Aux fournitures de vêtements de protection, y compris les gilets pare-balles et les casques militaires, temporairement exportés vers la Côte d'Ivoire par le personnel des Nations Unies, les représentants des médias et les agents humanitaires ou d'aide au développement et le personnel associé, pour leur usage personnel uniquement;

d) Aux fournitures temporairement exportées vers la Côte d'Ivoire à l'intention des forces d'un État qui, conformément au droit international, intervient uniquement et directement pour faciliter l'évacuation de ses nationaux et de ceux dont il a la responsabilité consulaire en Côte d'Ivoire, comme préalablement notifié au Comité créé par l'article 14 ci-dessous;

e) Aux fournitures d'armes et de matériel connexe et à la formation et à l'assistance technique destinées exclusivement à appuyer le processus de restructuration des forces de défense et de sécurité ou à être utilisées pour ce processus, conformément à l'alinéa f) de l'article 3 de l'Accord de Linas-Marcoussis, telles qu'elles auront été approuvées à l'avance par le Comité créé par l'article 14 ci-dessous;

9. *Décide* que tous les États prendront, pendant une période de douze mois, les mesures nécessaires pour empêcher l'entrée ou le passage en transit sur leur territoire de toutes les personnes désignées par le Comité créé par l'article 14 ci-dessous, qui font peser une menace sur le processus de paix et de réconciliation nationale en Côte d'Ivoire, notamment celles qui entravent l'application des Accords de Linas-Marcoussis et d'Accra III, de toute autre personne qui serait reconnue responsable de violations graves des droits de l'homme et du droit international humanitaire en Côte d'Ivoire sur la base d'informations en la matière, de toute autre personne qui incite publiquement à la haine et à la violence, ainsi que de toute autre personne dont le Comité aurait établi qu'elle agit en violation des mesures imposées par l'article 7 ci-dessus, étant entendu qu'aucune des dispositions du présent paragraphe ne peut contraindre un État à refuser à ses propres nationaux l'entrée sur son territoire;

10. *Décide* que les mesures imposées à l'article précédent ne s'appliqueront pas si le Comité créé par l'article 14 ci-dessous établit que le voyage se justifie pour des raisons humanitaires, y compris un devoir religieux, ou si le Comité conclut qu'une dérogation favoriserait la réalisation des objectifs des résolutions du Conseil, à savoir la paix et la réconciliation nationale en Côte d'Ivoire et la stabilité dans la région;

11. *Décide* que tous les États doivent, pendant la même période de douze mois, geler immédiatement les fonds, autres avoirs financiers et ressources économiques se trouvant sur leur territoire à la date d'adoption de la présente résolution ou à tout moment après cette date, qui sont en la possession ou sous le contrôle direct ou indirect des personnes que le Comité créé par l'article 14 ci-dessous aura identifiées conformément à l'article 9 ci-dessus, ou qui sont détenus par des entités ou contrôlés directement ou indirectement par toute personne agissant pour le compte ou sur les ordres de celles-ci, identifiées par le Comité, et *décide en outre* que tous les États doivent veiller à empêcher leurs nationaux ou quiconque sur leur territoire de mettre à la disposition de ces personnes ou entités aucuns fonds, avoirs financiers ou ressources économiques, ou d'en permettre l'utilisation à leur profit;

12. *Décide* que les dispositions de l'article qui précède ne s'appliquent pas aux fonds, autres avoirs financiers ou ressources économiques qui remplissent une des conditions suivantes :

a) Les États concernés ont établi qu'ils étaient nécessaires pour régler des dépenses ordinaires, notamment pour payer des vivres, des loyers ou les mensualités de prêts hypothécaires, des médicaments ou des frais médicaux, des impôts, des primes d'assurance, des factures de services collectifs de distribution, ou exclusivement pour le règlement d'honoraires d'un montant raisonnable et le remboursement de dépenses engagées par des juristes dont les services ont été employés, ou des frais ou commissions liés au maintien en dépôt des fonds gelés, conformément à la législation nationale, autres avoirs financiers ou ressources économiques, lesdits États ont informé le Comité créé par l'article 14 ci-dessous de leur intention d'autoriser, dans les cas où cela serait justifié, l'accès auxdits fonds, autres avoirs financiers ou ressources économiques, et le Comité n'a pas pris de décision contraire dans les deux jours ouvrables qui ont suivi;

b) Les États concernés ont établi qu'ils étaient nécessaires pour régler des dépenses extraordinaires, à condition que lesdits États en aient avisé le Comité et que celui-ci ait donné son accord;

c) Les États concernés ont établi qu'ils faisaient l'objet d'un privilège ou d'une décision judiciaire, administrative ou arbitrale, auquel cas les fonds, autres avoirs financiers ou ressources économiques peuvent être utilisés à cette fin, à condition que le privilège ou la décision soit antérieur à la présente résolution, qu'il ne soit pas au profit d'une personne visée à l'article 11 ci-dessus ou d'une personne ou entité désignée par le Comité et qu'il ait été porté à la connaissance de ce dernier par les États concernés;

13. *Décide* qu'à la fin d'une période de treize mois à compter de la date d'adoption de la présente résolution, il réexaminera les mesures imposées aux articles 7, 9 et 11 ci-dessus, à la lumière des progrès accomplis dans le processus de paix et de réconciliation nationale en Côte d'Ivoire, tel que défini par les Accords de Linas-Marcoussis et d'Accra III, et *se déclare* disposé à n'envisager de les modifier ou d'y mettre fin avant l'expiration de la période de treize mois susmentionnée que si les Accords de Linas-Marcoussis et d'Accra III ont été intégralement appliqués;

14. *Décide* d'établir, conformément à l'article 28 de son règlement intérieur provisoire, un comité du Conseil de sécurité composé de tous les membres du Conseil (le Comité), qui sera chargé d'exécuter les tâches ci-après :

a) Désigner les personnes et les entités visées par les mesures imposées aux articles 9 et 11 ci-dessus et en tenir la liste à jour;

b) Demander à tous les États concernés, et particulièrement à ceux de la région, de l'informer des dispositions qu'ils auront prises pour appliquer les mesures imposées par les articles 7, 9 et 11 ci-dessus, et toutes autres informations qu'il pourrait juger utiles, y compris en leur offrant la possibilité d'envoyer des représentants rencontrer le Comité pour s'entretenir avec lui de façon plus détaillée de toute question pertinente;

c) Examiner les demandes de dérogation visées aux articles 8, 10 et 12 ci-dessus et se prononcer à leur sujet;

d) Rendre publics, par les moyens d'information appropriés, les renseignements qu'il juge pertinents, y compris la liste des personnes visées à l'alinéa a) ci-dessus;

e) Pendre des directives selon que de besoin pour faciliter l'application des mesures imposées aux articles 11 et 12 ci-dessus;

f) Présenter au Conseil des rapports périodiques sur ses travaux, complétés d'observations et de recommandations, notamment sur les moyens de renforcer l'efficacité des mesures imposées par les articles 7, 9 et 11 ci-dessus;

15. *Prie* tous les États concernés, et particulièrement ceux de la région, de présenter au Comité, dans les quatre-vingt-dix jours suivant l'adoption de la présente résolution, un rapport sur les dispositions qu'ils auront prises pour appliquer les mesures imposées par les articles 7, 9 et 11 ci-dessus, et *autorise* le Comité à demander toute information qu'il juge nécessaire;

16. *Prie instamment* tous les États, les organes compétents des Nations Unies et, le cas échéant, les autres organisations et parties intéressées de coopérer pleinement avec le Comité, notamment en lui communiquant tout renseignement dont ils disposeraient sur d'éventuelles violations des mesures imposées par les articles 7, 9 et 11 ci-dessus;

17. *Se déclare déterminé* à envisager sans tarder l'adoption de nouvelles dispositions pour assurer l'efficacité du suivi et de l'application des mesures imposées par les articles 7, 9 et 11 ci-dessus, notamment la création d'un groupe d'experts;

18. *Prie* le Secrétaire général de lui présenter pour le 15 mars 2005 un rapport sur les progrès accomplis dans la réalisation des objectifs énoncés à l'article 13 ci-dessus, en faisant fond sur les informations émanant de toutes les sources autorisées, notamment du Gouvernement de réconciliation nationale de Côte d'Ivoire, de l'Opération des Nations Unies en Côte d'Ivoire, de la Communauté économique des États de l'Afrique de l'Ouest et de l'Union africaine;

19. *Décide* que les mesures imposées par les articles 9 et 11 ci-dessus entreront en vigueur le 15 décembre 2004, à moins qu'il n'ait constaté avant cette date que les signataires des Accords de Linas-Marcoussis et d'Accra III se sont conformés à toutes les dispositions de l'Accord d'Accra III auxquelles ils ont souscrit et se sont engagés sur la voie de l'application intégrale de l'Accord de Linas-Marcoussis;

20. *Décide* de demeurer activement saisi de la question.

Annexe 6 : Résolution S/RES/2283 (2016) du 28 avril 2016 du Conseil de Sécurité des Nations Unies mettant fin au régime de sanctions concernant la Côte d'Ivoire

Nations Unies S/RES/2283 (2016)

Conseil de sécurité

Distr. générale
28 avril 2016

Résolution 2283 (2016)

Adoptée par le Conseil de sécurité à sa 7681e séance, le 28 avril 2016

Le Conseil de sécurité,

Rappelant toutes ses résolutions antérieures et les déclarations de son président concernant la situation en Côte d'Ivoire, en particulier les résolutions 1572 (2004), 1975 (2011) et 2219 (2015),

Saluant les travaux du Comité du Conseil de sécurité créé par la résolution 1572 (2004) concernant la Côte d'Ivoire, et *se félicitant* du travail accompli par le Groupe d'Experts initialement créé en application de la résolution 1584 (2005),

Ayant examiné le rapport du Groupe d'experts créé en application du paragraphe 7 de la résolution 1584 (2005) daté du 17 mars 2016 (S/2016/254), ainsi que le rapport du Secrétaire général du 8 décembre 2015 (S/2015/940) et son rapport spécial du 31 mars 2016 (S/2016/297),

Ayant pris connaissance du rapport du Comité du Conseil de sécurité créé par la résolution 1572 (2004) concernant la Côte d'Ivoire daté du 31 décembre 2015 (S/2015/952) et du rapport que le Président du Comité a présenté oralement le 17 décembre 2015, ainsi que de son exposé du 12 avril 2016,

Prenant note des vues exprimées par le Gouvernement ivoirien pendant la séance du Conseil de sécurité du 12 avril 2016, en faveur de la levée de toutes les sanctions visant la Côte d'Ivoire,

Rappelant sa décision de réexaminer les mesures visées au paragraphe 1 de la résolution 2219 (2015), aux paragraphes 9 à 12 de la résolution 1572 (2004) et au paragraphe 12 de la résolution 1975 (2011),

Constatant avec satisfaction les progrès accomplis dans la stabilisation de la Côte d'Ivoire, notamment dans les domaines du désarmement, de la démobilisation et de la réintégration et de la réforme du secteur de la sécurité, de la réconciliation nationale et de la lutte contre l'impunité, ainsi que le bon déroulement de l'élection présidentielle du 25 octobre 2015 et les progrès réalisés en matière de gestion des armes et du matériel connexe, ainsi que dans la lutte contre le trafic des ressources naturelles, tout en soulignant que ces progrès doivent se poursuivre afin de promouvoir davantage la paix et la stabilité du pays,

Agissant en vertu du Chapitre VII de la Charte des Nations Unies,

16-07002 (F)

1. *Décide* de lever, avec effet immédiat, les mesures concernant les armes et le matériel connexe prévues au paragraphe 1 de la résolution 2219 (2015), visées pour la première fois au paragraphe 7 de la résolution 1572 (2004), ainsi que les mesures concernant les voyages et les mesures financières visées aux paragraphes 9 à 12 de la résolution 1572 (2004) et au paragraphe 12 de la résolution 1975 (2011), telles qu'elles avaient été prorogées par la suite, notamment au paragraphe 12 de la résolution 2219 (2015);

2. *Décide également* de dissoudre, avec effet immédiat, le Comité créé en application du paragraphe 14 de la résolution 1572 (2004) et le Groupe d'experts créé en application du paragraphe 7 de la résolution 1584 (2005), dont le mandat a été prorogé par la suite, notamment en application du paragraphe 25 de la résolution 2219 (2015).

Annexe 7 : Résolution S/RES/1674 (2006) du 28 avril 2006 du Conseil de Sécurité des Nations Unies relative à la responsabilité de protéger les civils dans les conflits armés

Nations Unies S/RES/1674 (2006)

Conseil de sécurité

Distr. générale
28 avril 2006

Résolution 1674 (2006)

Adoptée par le Conseil de sécurité à sa 5430e séance, le 28 avril 2006

Le Conseil de sécurité,

Réaffirmant ses résolutions 1265 (1999) et 1296 (2000) relatives à la protection des civils en période de conflit armé, ses diverses résolutions sur les enfants et les conflits armés et sur les femmes, la paix et la sécurité, ainsi que sa résolution 1631 (2005) sur la coopération entre l'Organisation des Nations Unies et les organisations régionales au maintien de la paix et de la sécurité internationales, et réaffirmant en outre qu'il est résolu à faire respecter ces résolutions et à en assurer le suivi,

Réaffirmant également son attachement aux buts énoncés à l'Article 1 (par. 1 à 4) de la Charte des Nations Unies et aux principes consacrés à l'Article 2 (par. 1 à 7) de la Charte, notamment son attachement aux principes d'indépendance politique, d'égalité souveraine et d'intégrité territoriale de tous les États ainsi qu'au respect de la souveraineté de tous les États,

Considérant que la paix et la sécurité, le développement et les droits de l'homme constituent la clef de voûte du système des Nations Unies et le fondement de la sécurité et du bien-être collectifs, et *sachant* à cet égard que le développement, la paix et la sécurité et les droits de l'homme sont intimement liés et se complètent,

Déplorant vivement qu'en période de conflit armé les victimes soient dans leur grande majorité des civils,

Gravement préoccupé par les effets de l'exploitation illégale et du trafic des ressources naturelles ainsi que par le trafic illicite des armes légères et l'emploi de ces armes contre les civils touchés par les conflits armés,

Reconnaissant l'importante contribution des organisations régionales à la protection des civils en période de conflit armé et *saluant à cet égard* les mesures prises par l'Union africaine,

Reconnaissant le rôle important que l'éducation peut jouer dans les efforts tendant à mettre fin aux exactions dont sont victimes les civils en période de conflit armé et pour les prévenir, en particulier les efforts visant à prévenir l'exploitation sexuelle, la traite d'êtres humains et les violations des normes de droit international applicables au recrutement et au réengagement d'enfants soldats,

06-33200 (F)

Rappelant les effets particuliers que les conflits armés ont sur les femmes et les enfants, réfugiés et déplacés notamment, ainsi que sur les autres civils particulièrement vulnérables, et soulignant que toutes les populations civiles touchées ont besoin de protection et d'assistance,

Réaffirmant qu'il incombe au premier chef aux parties au conflit armé de prendre toutes les mesures voulues pour assurer la protection des civils touchés,

Ayant présente à l'esprit la responsabilité principale que la Charte des Nations Unies lui a assignée de maintenir la paix et la sécurité internationales, et *soulignant* qu'il importe de prendre des mesures pour prévenir et régler les conflits,

1. *Note avec satisfaction* que le rapport du Secrétaire général en date du 28 novembre 2005 lui a permis d'appréhender les questions touchant la protection des civils en période de conflit armé, et *prend note* de ses conclusions;

2. *Souligne* qu'il importe de prévenir les conflits armés et leur répétition, *insiste, dans ce contexte*, sur la nécessité d'adopter une démarche globale fondée sur la promotion de la croissance économique, l'élimination de la pauvreté, le développement durable, la réconciliation nationale, la bonne gouvernance, la démocratie, l'état de droit ainsi que le respect et la défense des droits de l'homme, et, à cet égard, *exhorte* les États Membres à coopérer et *souligne* combien il importe que les principaux organes des Nations Unies adoptent une approche cohérente, globale et coordonnée et coopèrent les uns avec les autres dans le respect de leurs mandats respectifs;

3. *Rappelle* que le fait de prendre délibérément pour cible des civils et d'autres personnes protégées en période de conflit armé constitue une violation flagrante du droit international humanitaire, *condamne de nouveau* avec la plus grande fermeté ces pratiques et *exige* de toutes les parties qu'elles y mettent fin immédiatement;

4. *Réaffirme* les dispositions des paragraphes 138 et 139 du Document final du Sommet mondial de 2005 relatives à la responsabilité de protéger les populations du génocide, des crimes de guerre, de la purification ethnique et des crimes contre l'humanité;

5. *Condamne de nouveau également* avec la plus grande fermeté tous actes de violence et sévices commis sur la personne de civils en période de conflit armé en violation des obligations internationales applicables, en particulier en ce qui concerne i) la torture et autres traitements prohibés, ii) la violence sexuelle et la violence à motivation sexiste, iii) la violence contre les enfants, iv) le recrutement et l'utilisation d'enfants soldats, v) la traite d'êtres humains, vi) les déplacements forcés et vii) le déni délibéré d'aide humanitaire, et *exige* de toutes les parties qu'elles mettent fin à ces pratiques;

6. *Exige* de toutes les parties concernées qu'elles se conforment strictement aux obligations mises à leur charge par le droit international, en particulier celles découlant des Conventions de La Haye de 1899 et 1907 et des Conventions de Genève de 1949 et des Protocoles additionnels auxdites conventions de 1977, ainsi qu'aux décisions du Conseil de sécurité;

7. *Réaffirme* qu'il est essentiel de mettre fin au règne de l'impunité si l'on veut qu'une société qui est en proie à un conflit ou en sort tire les leçons des exactions commises dans le passé contre les civils et empêche qu'elles ne se

reproduisent, *appelle l'attention* sur tout l'arsenal de mécanismes de justice et de réconciliation qu'il faudrait envisager d'instituer, y compris les tribunaux pénaux internes, internationaux et « mixtes » ainsi que les commissions vérité et réconciliation, et *note* que ces mécanismes peuvent non seulement permettre d'établir la responsabilité d'individus à raison de crimes graves mais aussi promouvoir la paix, la vérité, la réconciliation et les droits des victimes;

8. *Souligne* dans ce contexte que les États ont pour responsabilité de s'acquitter de l'obligation qui leur incombe de mettre fin à l'impunité et de traduire en justice quiconque est responsable de crimes de guerre, de génocide, de crimes contre l'humanité et de violations flagrantes du droit international humanitaire, tout en reconnaissant, dans le cas des États qui sont en proie à un conflit armé ou qui en sortent, la nécessité de rétablir des institutions et systèmes judiciaires nationaux indépendants ou de les bâtir;

9. *Demande* aux États qui ne l'ont pas encore fait d'envisager de ratifier les instruments internationaux relatifs au droit international humanitaire, aux droits de l'homme et au droit des réfugiés, et de prendre les mesures d'ordre législatif, judiciaire et administratif qui s'imposent pour s'acquitter des obligations dérivant pour eux de ces instruments;

10. *Exige* de tous les États qu'ils appliquent pleinement toutes les résolutions pertinentes du Conseil et, à cet égard, coopèrent pleinement avec les missions de maintien de la paix et les équipes de pays des Nations Unies aux fins de leur suivi et de leur application;

11. *Demande* à toutes les parties concernées de faire en sorte que tous les processus et accords de paix ainsi que les plans de redressement et de reconstruction au lendemain de conflit accordent une attention particulière aux besoins spécifiques des femmes et des enfants et prévoient des mesures de protection des civils, y compris i) la cessation de toutes les attaques contre des civils, ii) la facilitation de l'assistance humanitaire, iii) la création de conditions propices au retour volontaire et définitif, en toute sécurité et dans la dignité, des réfugiés et personnes déplacées, iv) la facilitation de l'accès rapide à l'éducation et à la formation, v) le rétablissement de l'état de droit, et vi) la fin de l'impunité;

12. *Rappelle* que le droit international humanitaire interdit les déplacements forcés de civils en période de conflit armé en violation des obligations en la matière;

13. *Engage* la communauté internationale à prêter appui et assistance aux États pour leur permettre de s'acquitter de leurs responsabilités en matière de protection des réfugiés et autres personnes protégées par le droit international humanitaire;

14. *Réaffirme* qu'il faut garantir la sécurité et préserver le caractère civil des camps de réfugiés et de personnes déplacées, *souligne* la responsabilité qui incombe au premier chef aux États à cet égard, et *encourage* le Secrétaire général, chaque fois que nécessaire et dans le contexte des opérations de maintien de la paix en cours et de leurs mandats respectifs, à faire tout ce qui est possible pour garantir la sécurité dans ces camps et aux alentours ainsi que la sécurité des personnes qui y vivent;

15. *Entend* poursuivre sa collaboration avec le Coordonnateur des Nations Unies pour les secours d'urgence et *invite* le Secrétaire général à associer

pleinement ce dernier à la planification des missions de maintien de la paix des Nations Unies et d'autres missions pertinentes dès le départ;

16. *Réaffirme* sa pratique qui consiste à faire en sorte que les mandats des missions de maintien de la paix, des missions politiques et des missions de consolidation de la paix des Nations Unies comportent, selon qu'il conviendra et au cas par cas, des dispositions visant à i) protéger les civils, en particulier en cas de menace imminente d'atteintes à l'intégrité physique des personnes dans leur zone d'opérations, ii) faciliter l'assistance humanitaire, et iii) créer des conditions propices au retour volontaire des réfugiés et personnes déplacées, en toute sécurité et dans la dignité, et *entend faire en sorte* i) que les mandats de ces missions précisent ce que ces dernières peuvent et doivent faire pour atteindre ces objectifs, ii) que la priorité soit accordée à la protection des civils dans les décisions concernant l'utilisation des capacités et des ressources disponibles, y compris les informations et renseignements voulus, pour l'exécution des mandats, et iii) que les mandats portant protection des civils soient exécutés;

17. *Réaffirme* que, s'il y a lieu, les missions de maintien de la paix des Nations Unies et d'autres missions devraient veiller à diffuser des informations concernant le droit international humanitaire, les droits de l'homme et le droit des réfugiés et l'application de ses résolutions pertinentes;

18. *Souligne* l'importance des programmes de désarmement, de démobilisation et de réinsertion des ex-combattants pour la protection des civils en période de conflit armé et, à cet égard, *réitère* i) qu'il est favorable à ce que les mandats des opérations de maintien de la paix des Nations Unies et autres missions pertinentes comportent, selon qu'il conviendra et au cas par cas, des mesures efficaces spécialement conçues pour le désarmement, la démobilisation et la réinsertion, ii) qu'il importe de consacrer ces activités dans des accords de paix spécifiques, selon qu'il conviendra et en consultation avec les parties, et iii) qu'il importe de dégager des ressources suffisantes pour assurer l'exécution intégrale des programmes et activités de désarmement, de démobilisation et de réinsertion;

19. *Condamne avec la plus grande fermeté* toutes les formes de violence sexuelle et autres contre des civils en période de conflit armé, en particulier contre les femmes et les enfants, et *s'engage* à faire en sorte que toutes les opérations d'appui à la paix aient mandat d'utiliser tous moyens possibles pour prévenir ces actes de violence et remédier à leurs effets dès lors qu'ils se produisent;

20. *Condamne également avec la plus grande fermeté* tous les actes d'exploitation sexuelle, les sévices et la traite des femmes et des enfants auxquels se livrent des militaires, policiers et agents civils participant à des opérations des Nations Unies, *se félicite* des efforts accomplis par les organismes des Nations Unies et les opérations de maintien de la paix pour imposer une politique de tolérance zéro à cet égard, et *prie* le Secrétaire général et les pays qui fournissent des contingents de continuer à prendre toutes mesures qui s'imposent pour combattre les exactions commises par ces agents, notamment en veillant à l'application intégrale et rapide des mesures adoptées par l'Assemblée générale dans ses résolutions pertinentes sur la base des recommandations figurant dans le rapport du Comité spécial des opérations de maintien de la paix (A/59/19/Rev.1);

21. *Souligne* qu'il importe que tous, dans le cadre de l'assistance humanitaire, respectent les principes d'humanité, de neutralité, d'impartialité et d'indépendance;

22. *Engage* toutes les parties concernées, ainsi que le prescrit le droit international humanitaire, notamment les Conventions de Genève et les règlements de La Haye, à ménager au personnel humanitaire accès en toute liberté aux civils qui ont besoin d'aide en période de conflit armé et mettre à sa disposition, autant que possible, toutes les installations nécessaires à ses opérations, et à promouvoir la sûreté, la sécurité et la liberté de mouvement du personnel humanitaire, du personnel des Nations Unies et du personnel associé ainsi que de leurs biens;

23. *Condamne* toutes les attaques délibérées dirigées contre le personnel des Nations Unies et le personnel associé participant à des missions humanitaires ainsi que contre le personnel d'autres organisations humanitaires, *engage* les États sur le territoire desquels ces attaques ont lieu à juger ou extrader, selon qu'il conviendra, les auteurs de ces attaques et *se félicite* à cet égard de l'adoption le 8 décembre 2005, par l'Assemblée générale, du Protocole facultatif à la Convention sur la sécurité du personnel des Nations Unies et du personnel associé;

24. *Reconnaît* le rôle de plus en plus indispensable joué par les organisations régionales et autres organisations intergouvernementales dans la protection des civils et *encourage* le Secrétaire général et les chefs de secrétariat des organisations régionales et autres organisations intergouvernementales à continuer d'œuvrer à renforcer leur partenariat à cet égard;

25. *Invite de nouveau* le Secrétaire général à continuer à lui communiquer des informations et analyses pertinentes concernant la protection des civils toutes les fois qu'il estime que ces informations ou analyses peuvent contribuer à la recherche de solutions aux questions dont le Conseil est saisi, le prie de continuer de formuler dans ses rapports au Conseil sur les questions dont celui-ci est saisi, selon qu'il conviendra, des observations concernant la protection des civils en période de conflit armé, et l'encourage à poursuivre ses consultations et à prendre des mesures concrètes pour renforcer les capacités de l'Organisation des Nations Unies à cet égard;

26. *Fait observer* que le fait de prendre délibérément pour cible des civils et d'autres personnes protégées et de commettre des violations systématiques, flagrantes et généralisées du droit international humanitaire et des droits de l'homme en période de conflit armé peut constituer une menace contre la paix et la sécurité internationales, et se dit une fois de plus disposé à cet égard à examiner ces situations et à prendre, le cas échéant, des mesures appropriées;

27. *Prie* le Secrétaire général de lui présenter son prochain rapport sur la protection des civils en période de conflit armé dans les 18 mois suivant l'adoption de la présente résolution;

28. *Décide* de demeurer saisi de la question.

Annexe 8 : Tableau récapitulatif des scores de l'indice des États fragiles (FSI) du Liberia, de la Sierra Leone et de la Côte d'Ivoire entre 2006 et 2023.

Année du rapport	Nombre de pays analysés	Liberia Rang (Score)	Sierra Leone Rang (Score)	Côte d'Ivoire Rang (Score)
2006	146	11 (99,0)	16 (96,6)	3 (109,2)
2007	176	27 (92,9)	23 (93,4)	6 (107,5)
2008	177	34 (91,0)	31 (92,3)	8 (104,6)
2009	177	33 (91,8)	32 (92,1)	11 (102,5)
2010	177	33 (91,7)	28 (93,6)	12 (101,2)
2011	177	26 (94,0)	30 (92,1)	10 (102,8)
2012	177	25 (93,3)	31 (90,4)	11 (103,6)
2013	178	23 (95,1)	33 (91,2)	12 (103,5)
2014	178	24 (94,3)	35 (89,9)	14 (101,7)
2015	178	21 (97,3)	31 (91,9)	15 (100,1)
2016	178	27 (95,3)	34 (91,0)	21 (97,9)
2017	178	27 (93,8)	38 (89,3)	21 (96,5)
2018	178	30 (92,6)	35 (89,1)	25 (94,6)
2019	178	30 (90,2)	39 (86,8)	29 (92,1)
2020	178	31 (90,0)	42 (84,4)	32 (89,7)
2021	179[951]	31 (89,5)	45 (83,4)	28 (90,7)
2022	179	33 (88,2)	46 (82,4)	31 (89,6)
2023	179	33 (88,9)	51 (81,4)	36 (87,1)

[951] La Palestine (Cisjordanie et Bande de Gaza) a rejoint la liste des États comme entité distincte.

Annexe 9 : Tendances de l'indice de développement humain (IDH), 1990-2019 du Liberia, de la Sierra Leone et de la Côte d'Ivoire

Liberia	Espérance de vie à la naissance (années)	Durée attendue de scolarisation (années)	Durée moyenne de scolarisation (années)	Revenu national Brut (RNB) par habitant (US$ de 2017 en PPA)	Indice de développement humain (IDH)
1990	46,0	ND*	2,6	1 753	ND*
1995	48,3	ND*	3,1	498	ND*
2000	51,7	10,5	3,5	1 533	0,435
2005	55,4	10,0	3,8	1 128	0,432
2010	59,6	9,5	4,1	1 293	0,455
2015	62,3	9,6	4,4	1 442	0,477
2016	62,8	9,6	4,5	1 383	0,478
2017	63,3	9,6	4,7	1 376	0,481
2018	63,7	9,6	4,7	1 319	0,480
2019	64,1	9,6	4,8	1 258	0,480

Sierra Leone	Espérance de vie à la naissance (années)	Durée attendue de scolarisation (années)	Durée moyenne de scolarisation (années)	Revenu national Brut (RNB) par habitant (US$ de 2017 en PPA)	Indice de développement humain (IDH)
1990	38,6	4,9	1,6	1 774	0,287
1995	37,1	5,7	2,0	1 452	0,287
2000	39,4	7,0	2,3	824	0,295
2005	44,5	8,0	2,7	1 219	0,354
2010	49,4	8,9	3,1	1 432	0,399
2015	52,9	9,7	3,4	1 534	0,431
2016	53,4	9,9	3,4	1 439	0,431
2017	53,9	10,2	3,5	1 594	0,443
2018	54,3	10,2	3,6	1 614	0,447
2019	54,7	10,2	3,7	1 668	0,452

Côte d'Ivoire	Espérance de vie à la naissance (années)	Durée attendue de scolarisation (années)	Durée moyenne de scolarisation (années)	Revenu national Brut (RNB) par habitant (US$ de 2017 en PPA)	Indice de développement humain (IDH)
1990	53,3	5,9	2,0	3 900	0,404
1995	51,6	6,3	2,5	3 709	0,409
2000	49,6	6,8	3,3	3 870	0,421
2005	50,1	7,6	3,7	3 534	0,438
2010	53,0	8,5	4,2	3 527	0,468
2015	56,1	8,5	5,0	4 322	0,503
2016	56,6	8,9	5,1	4 513	0,513
2017	57,0	9,5	5,2	4 687	0,525
2018	57,4	10,0	5,2	4 866	0,534
2019	57,8	10,0	5,3	5 069	0,538

* Non disponible

Annexe 10 : Liste et durée des opérations de maintien de la paix des Nations Unies à la date du 30 juin 2025

Acronyme de la mission	Nom de la mission	Date de début	Date de fin	Durée (en mois)
ONUST	Organisme des Nations Unies chargé de la surveillance de la trêve	Mai 1948	En cours	925
UNMOGIP	Groupe d'Observateurs militaires des Nations Unies dans l'Inde et le Pakistan	Janvier 1949	En cours	917
FUNU I	Force d'Urgence des Nations Unies I	Novembre 1956	Juin 1957	7
GONUL	Groupe d'Observation des Nations Unies au Liban	Juin 1958	Décembre 1958	6

Acronyme de la mission	Nom de la mission	Date de début	Date de fin	Durée (en mois)
ONUC	Opération des Nations Unies au Congo	Juillet 1960	Juin 1964	47
UNSF	Force de Sécurité des Nations Unies en Nouvelle-Guinée occidentale	Octobre 1962	Avril 1963	6
UNYOM	Mission d'Observation Nations Unies au Yémen	Juillet 1963	Septembre 1964	14
UNFICYP	Force des Nations Unies chargée du maintien de la paix en Chypre	Mars 1964	En cours	735
DOMREP	Mission du Représentant du Secrétaire général en République Dominicaine	Mai 1965	Octobre 1966	17
UNIPOM	Mission d'Observation des Nations Unies pour l'Inde et le Pakistan	Septembre 1965	Mars 1966	6
FUNU II	Force d'Urgence des Nations Unies II	Octobre 1973	Juillet 1979	69
FNUOD	Force des Nations Unies chargée d'observer le dégagement	Juin 1974	En cours	612
FINUL	Force intérimaire des Nations Unies au Liban	Mars 1978	En cours	567
UNGOMAP	Mission de bons offices des Nations Unies en Afghanistan et au Pakistan	Mai 1988	Mars 1990	22
GOMNUII	Groupe d'observateurs militaires des Nations Unies pour l'Iran et l'Irak	Août 1988	Février 1991	30
UNAVEM I	Mission de vérification des Nations Unies en Angola I	Janvier 1989	Juin 1991	29
GANUPT	Groupe d'Assistance des Nations Unies pour la Période de Transition	Avril 1989	Mars 1990	11

Acronyme de la mission	Nom de la mission	Date de début	Date de fin	Durée (en mois)
ONUCA	Groupe d'observateurs des Nations Unies en Amérique centrale	Novembre 1989	Janvier 1992	26
MONUIK	Mission d'observation des Nations Unies pour l'Irak et le Koweït	Avril 1991	Octobre 2003	150
MINURSO	Mission des Nations Unies pour l'organisation d'un référendum au Sahara occidental	Avril 1991	En cours	410
UNAVEM II	Mission de vérification des Nations Unies en Angola II	Juin 1991	Février 1995	44
ONUSAL	Mission d'observation des Nations Unies en El Salvador	Juillet 1991	Avril 1995	45
MIPRENUC	Mission préparatoire des Nations Unies au Cambodge	Octobre 1991	Mars 1992	5
FORPRONU	Force de protection des Nations Unies	Février 1992	Mars 1995	37
APRONUC	Autorité provisoire des Nations Unies au Cambodge	Mars 1992	Septembre 1993	18
ONUSOM I	Opération des Nations Unies en Somalie I	Avril 1992	Mars 1993	11
ONUMOZ	Opération des Nations Unies au Mozambique	Décembre 1992	Décembre 1994	24
ONUSOM II	Opération des Nations Unies en Somalie II	Mars 1993	Mars 1995	24
MONUOR	Mission d'observation des Nations Unies Ouganda-Rwanda	Juin 1993	Septembre 1994	15
MONUG	Mission d'observation des Nations Unies en Géorgie	Août 1993	Juin 2009	190
MONUL	Mission d'observation des Nations Unies au Liberia	Septembre 1993	Septembre 1997	48

Acronyme de la mission	Nom de la mission	Date de début	Date de fin	Durée (en mois)
MINUHA	Mission des Nations Unies en Haïti	Septembre 1993	Juin 1996	33
MINUAR	Mission des Nations Unies pour assistance au Rwanda	Octobre 1993	Mars 1996	29
GONUBA	Groupe d'observateurs des Nations Unies dans la bande d'Aouzou	Mai 1994	Juin 1994	1
MONUT	Mission d'observation des Nations Unies au Tadjikistan	Décembre 1994	Mai 2000	65
UNAVEM III	Mission de vérification des Nations Unies en Angola III	Février 1995	Juin 1997	28
ONURC	Opération des Nations Unies pour le rétablissement de la confiance en Croatie	Mars 1995	Janvier 1996	10
FORDEPRENU	Force de déploiement préventif des Nations Unies	Mars 1995	Février 1999	47
MINUBH	Mission des Nations Unies en Bosnie-Herzégovine	Décembre 1995	Décembre 2002	84
ATNUSO	Administration transitoire des Nations Unies pour la Slavonie orientale, Baranja et le Srem occidental	Janvier 1996	Janvier 1998	24
MONUP	Mission d'observation des Nations Unies à Prevlaka	Février 1996	Décembre 2002	82
MANUH	Mission d'appui des Nations Unies en Haïti	Juillet 1996	Juillet 1997	12
MINUGUA	Mission de vérification des Nations Unies au Guatemala	Janvier 1997	Mai 1997	4
MONUA	Mission d'observation des Nations Unies en Angola	Juin 1997	Février 1999	20

Acronyme de la mission	Nom de la mission	Date de début	Date de fin	Durée (en mois)
MITNUH	Mission de transition des Nations Unies en Haïti	Août 1997	Décembre 1997	4
MIPONUH	Mission de police civile des Nations Unies en Haïti	Décembre 1997	Mars 2000	27
UNCPSG	Groupe d'appui de la police civile des Nations Unies	Janvier 1998	Octobre 1998	9
MINURCA	Mission des Nations Unies en République Centrafricaine	Avril 1998	Février 2000	22
MONUSIL	Mission d'observation des Nations Unies en Sierra Leone	Juillet 1998	Octobre 1999	15
MINUK	Mission d'administration intérimaire des Nations Unies au Kosovo	Juin 1999	En cours	312
MINUSIL	Mission des Nations Unies en Sierra Leone	Octobre 1999	Décembre 2005	74
ATNUTO	Administration transitoire des Nations Unies en Timor oriental	Octobre 1999	Mai 2002	31
MONUC	Mission d'observation des Nations Unies en République Démocratique du Congo	Novembre 1999	Juin 2010	127
MINUEE	Mission des Nations Unies en Éthiopie et en Érythrée	Juillet 2000	Juillet 2008	96
MANUTO	Mission d'appui des Nations Unies au Timor oriental	Mai 2002	Mai 2005	36
MINUCI	Mission des Nations Unies en Côte d'Ivoire	Mai 2003	Avril 2004	11
MINUL	Mission des Nations Unies au Liberia	Septembre 2003	Mars 2018	174

Acronyme de la mission	Nom de la mission	Date de début	Date de fin	Durée (en mois)
ONUCI	Opération des Nations Unies en Côte d'Ivoire	Avril 2004	Juin 2017	158
MINUSTAH	Mission des Nations Unies pour la stabilisation en Haïti	Juin 2004	Octobre 2017	160
ONUB	Opération des Nations Unies au Burundi	Juin 2004	Décembre 2006	30
MINUS	Mission des Nations Unies au Soudan	Mars 2005	Juillet 2011	76
MINUT	Mission intégrée des Nations Unies au Timor-Leste	Août 2006	Décembre 2012	28
MINUAD	Opération hybride de l'Union africaine et des Nations Unies au Darfour	July 2007	Décembre 2020	161
MINURCAT	Mission des Nations Unies en République Centrafricaine et au Tchad	Septembre 2007	Décembre 2010	39
MONUSCO	Mission de l'Organisation des Nations Unies pour la stabilisation en République Démocratique du Congo	Juillet 2010	En cours	179
FISNUA	Force intérimaire de sécurité des Nations Unies pour Abeyi	Juin 2011	En cours	168
MINUSS	Mission des Nations Unies au Soudan du Sud	Juin 2011	En cours	168
MISNUS	Mission de supervision des Nations Unies en République arabe syrienne	Avril 2012	Août 2012	4
MINUSMA	Mission multidimensionnelle intégrée des Nations Unies pour la stabilisation au Mali	Avril 2013	Juin 2023	122

Acronyme de la mission	**Nom de la mission**	**Date de début**	**Date de fin**	**Durée (en mois)**
MINUSCA	Mission multidimensionnelle intégrée des Nations Unies pour la stabilisation en Centrafrique	Avril 2014	En cours	134
MINUJUSTH	Mission des Nations Unies pour l'appui à la justice en Haïti	Octobre 2017	Octobre 2019	24

	Durée totale des missions (en années)	Durée moyenne par mission (en années)
Monde	**658**	**9,3**
Afrique	208	6,7
Amérique Latine et les Caraïbes	29	2,9
Asie/Pacifique	95	9,5
Europe	128	12,8
Moyen-Orient	199	19,9

Annexe 11 : Situation de la participation des États membres de l'ONU au Traité sur le commerce des armes

ATT ARMS TRADE TREATY

States Parties to the ATT (in alphabetical order)

Status : as of *17 October 2024*

	UN Member State	Region	Subregion	Signature	Deposit	Deposit Type	Entry into force for State	Date Initial Report due	Date First Annual Report due
1.	Afghanistan	Asia	Southern Asia	/	29 July 2020	Accession	27 October 2020	26 October 2021	31 May 2022
2.	Albania	Europe	Southern Europe	03 June 2013	19 March 2014	Ratification	24 December 2014	23 December 2015	31 May 2016
3.	Andorra	Europe	Southern Europe	18 December 14	02 December 2022	Ratification	02 March 2023	01 March 2024	31 May 2025

	UN Member State	Region	Subregion	Signature	Deposit	Deposit Type	Entry into force for State	Date Initial Report due	Date First Annual Report due
4.	Antigua and Barbuda	Americas	Caribbean	03 June 2013	12 August 2013	Ratification	24 December 2014	23 December 2015	31 May 2016
5.	Argentina	Americas	South America	03 June 2013	25 September 2014	Ratification	24 December 2014	23 December 2015	31 May 2016
6.	Australia	Oceania	Australia and New Zealand	03 June 2013	03 June 2014	Ratification	24 December 2014	23 December 2015	31 May 2016
7.	Austria	Europe	Western Europe	03 June 2013	03 June 2014	Ratification	24 December 2014	23 December 2015	31 May 2016
8.	Bahamas	Americas	Caribbean	03 June 2013	25 September 2014	Ratification	24 December 2014	23 December 2015	31 May 2016

	UN Member State	Region	Subregion	Signature	Deposit	Deposit Type	Entry into force for State	Date Initial Report due	Date First Annual Report due
9.	Barbados	Americas	Caribbean	25 September 2013	20 May 2015	Ratification	18 August 2015	17 August 2016	31 May 2017
10.	Belgium	Europe	Western Europe	03 June 2013	03 June 2014	Ratification	24 December 2014	23 December 2015	31 May 2016
11.	Belize	Americas	Central America	03 June 2013	19 March 2015	Ratification	17 June 2015	16 June 2016	31 May 2017
12.	Benin	Africa	Western Africa	03 June 2013	07 November 2016	Ratification	05 February 2017	04 February 2018	31 May 2019
13.	Bosnia and Herzegovina	Europe	Southern Europe	25 September 2013	25 September 2014	Ratification	24 December 2014	23 December 2015	31 May 2016
14.	Botswana	Africa	Southern Africa	/	07 June 2019	Accession	05 September 2019	04 September 2020	31 May 2021

	UN Member State	Region	Subregion	Signature	Deposit	Deposit Type	Entry into force for State	Date Initial Report due	Date First Annual Report due
15.	Brazil	Americas	South America	03 June 2013	14 August 2018	Ratification	12 November 2018	11 November 2019	31 May 2020
16.	Bulgaria	Europe	Eastern Europe	02 July 2013	02 April 2014	Ratification	24 December 2014	23 December 2015	31 May 2016
17.	Burkina Faso	Africa	Western Africa	03 June 2013	03 June 2014	Ratification	24 December 2014	23 December 2015	31 May 2016
18.	Cabo Verde	Africa	Western Africa	25 September 2013	23 September 2016	Ratification	22 December 2016	21 December 2017	31 May 2018
19.	Cameroon	Africa	Middle Africa	03 December 2014	18 June 2018	Ratification	16 September 2018	15 September 2019	31 May 2020
20.	Canada	Americas	North America	/	19 June 2019	Accession	17 September 2019	16 September 2020	31 May 2021

	UN Member State	Region	Subregion	Signature	Deposit	Deposit Type	Entry into force for State	Date Initial Report due	Date First Annual Report due
21.	Central African Republic	Africa	Middle Africa	/	07 October 2015	Accession	05 January 2016	04 January 2017	31 May 2018
22.	Chad	Africa	Middle Africa	25 September 2013	25 March 2015	Ratification	23 June 2015	22 June 2016	31 May 2017
23.	Chile	Americas	South America	03 June 2013	18 May 2018	Ratification	16 August 2018	15 August 2019	31 May 2020
24.	China	Asia	Eastern Asia	/	06 July 2020	Accession	04 October 2020	03 October 2021	31 May 2022
25.	Costa Rica	Americas	Central America	03 June 2013	25 September 2013	Ratification	24 December 2014	23 December 2015	31 May 2016
26.	Côte D'Ivoire	Africa	Western Africa	03 June 2013	26 February 2015	Ratification	27 May 2015	26 May 2016	31 May 2017
27.	Croatia	Europe	Southern Europe	03 June 2013	02 April 2014	Ratification	24 December 2014	23 December 2015	31 May 2016

	UN Member State	Region	Subregion	Signature	Deposit	Deposit Type	Entry into force for State	Date Initial Report due	Date First Annual Report due
28.	Cyprus	Asia	Western Asia	03 June 2013	10 May 2016	Ratification	08 August 2016	07 August 2017	31 May 2018
29.	Czech Republic	Europe	Eastern Europe	03 June 2013	25 September 2014	Ratification	24 December 2014	23 December 2015	31 May 2016
30.	Denmark	Europe	Northern Europe	03 June 2013	02 April 2014	Approval	24 December 2014	23 December 2015	31 May 2016
31.	Dominica	Americas	Caribbean	01 October 2013	21 May 2015	Ratification	19 August 2015	18 August 2016	31 May 2017
32.	Dominican Republic	Americas	Caribbean	03 June 2013	07 August 2014	Ratification	24 December 2014	23 December 2015	31 May 2016
33.	El Salvador	Americas	Central America	05 June 2013	02 April 2014	Ratification	24 December 2014	23 December 2015	31 May 2016

	UN Member State	Region	Subregion	Signature	Deposit	Deposit Type	Entry into force for State	Date Initial Report due	Date First Annual Report due
34.	Estonia	Europe	Northern Europe	03 June 2013	02 April 2014	Approval	24 December 2014	23 December 2015	31 May 2016
35.	Finland	Europe	Northern Europe	03 June 2013	02 April 2014	Ratification	24 December 2014	23 December 2015	31 May 2016
36.	France	Europe	Western Europe	03 June 2013	02 April 2014	Ratification	24 December 2014	23 December 2015	31 May 2016
37.	Gabon	Africa	Middle Africa	25 September 13	21 September 2022	Acceptance	20 December 2022	19 December 2023	31 May 2024
38.	Georgia	Asia	Western Asia	25 September 2014	23 May 2016	Ratification	21 August 2016	20 August 2017	31 May 2018

	UN Member State	Region	Subregion	Signature	Deposit	Deposit Type	Entry into force for State	Date Initial Report due	Date First Annual Report due
39.	Germany	Europe	Western Europe	03 June 2013	02 April 2014	Ratification	24 December 2014	23 December 2015	31 May 2016
40.	Ghana	Africa	Western Africa	24 September 2013	22 December 2015	Ratification	21 March 2016	20 March 2017	31 May 2018
41.	Greece	Europe	Southern Europe	03 June 2013	29 February 2016	Ratification	29 May 2016	28 May 2017	31 May 2018
42.	Grenada	Americas	Caribbean	03 June 2013	21 October 2013	Ratification	24 December 2014	23 December 2015	31 May 2016
43.	Guatemala	Americas	Central America	24 June 2013	12 July 2016	Ratification	10 October 2016	09 October 2017	31 May 2018
44.	Guinea	Africa	Western Africa	29 July 2013	21 October 2014	Ratification	24 December 2014	18 January 2016	31 May 2016

	UN Member State	Region	Subregion	Signature	Deposit	Deposit Type	Entry into force for State	Date Initial Report due	Date First Annual Report due
45.	Guinea Bissau	Africa	Western Africa	26 September 2013	22 October 2018	Ratification	20 January 2019	19 January 2020	31 May 2021
46.	Guyana	Americas	South America	03 June 2013	04 July 2013	Ratification	24 December 2014	23 December 2015	31 May 2016
47.	Honduras	Americas	Central America	25 September 2013	1 March 2017	Ratification	30 May 2017	29 May 2018	31 May 2019
48.	Hungary	Europe	Eastern Europe	03 June 2013	02 April 2014	Ratification	24 December 2014	23 December 2015	31 May 2016
49.	Iceland	Europe	Northern Europe	03 June 2013	02 July 2013	Ratification	24 December 2014	23 December 2015	31 May 2016
50.	Ireland	Europe	Northern Europe	03 June 2013	02 April 2014	Ratification	24 December 2014	23 December 2015	31 May 2016

	UN Member State	Region	Subregion	Signature	Deposit	Deposit Type	Entry into force for State	Date Initial Report due	Date First Annual Report due
51.	Italy	Europe	Southern Europe	03 June 2013	02 April 2014	Ratification	24 December 2014	23 December 2015	31 May 2016
52.	Jamaica	Americas	Caribbean	03 June 2013	03 June 2014	Ratification	24 December 2014	23 December 2015	31 May 2016
53.	Japan	Asia	Eastern Asia	03 June 2013	09 May 2014	Acceptance	24 December 2014	23 December 2015	31 May 2016
54.	Kazakhstan	Asia	Central Asia	/	08 December 2017	Accession	08 March 2018	07 March 2019	31 May 2020
55.	Latvia	Europe	Northern Europe	03 June 2013	02 April 2014	Ratification	24 December 2014	23 December 2015	31 May 2016
56.	Lebanon	Asia	Western Asia	27 October 2014	04 May 2019	Ratification	07 August 2019	06 August 2020	31 May 2021

	UN Member State	Region	Subregion	Signature	Deposit	Deposit Type	Entry into force for State	Date Initial Report due	Date First Annual Report due
57.	Lesotho	Africa	Southern Africa	25 September 2013	25 January 2016	Ratification	24 April 2016	23 April 2017	31 May 2018
58.	Liberia	Africa	Western Africa	04 June 2013	21 April 2015	Ratification	20 July 2015	19 July 2016	31 May 2017
59.	Liechtenstein	Europe	Western Europe	03 June 2013	16 December 2014	Ratification	24 December 2014	15 March 2016	31 May 2016
60.	Lithuania	Europe	Northern Europe	03 June 2013	18 December 2014	Ratification	24 December 2014	17 March 2016	31 May 2016
61.	Luxembourg	Europe	Western Europe	03 June 2013	03 June 2014	Ratification	24 December 2014	23 December 2015	31 May 2016
62.	Madagascar	Africa	Eastern Africa	25 September 2013	22 September 2016	Ratification	21 December 2016	20 December 2017	31 May 2018

	UN Member State	Region	Subregion	Signature	Deposit	Deposit Type	Entry into force for State	Date Initial Report due	Date First Annual Report due
63.	Maldives	Asia	Southern Asia	/	27 September 2019	Accession	26 December 2019	25 December 2020	31 May 2021
64.	Mali	Africa	Western Africa	03 June 2013	03 December 2013	Ratification	24 December 2014	23 December 2015	31 May 2016
65.	Malta	Europe	Southern Europe	03 June 2013	02 April 2014	Ratification	24 December 2014	23 December 2015	31 May 2016
66.	Mauritania	Africa	Western Africa	03 June 2013	23 September 2015	Ratification	22 December 2015	21 December 2016	31 May 2017
67.	Mauritius	Africa	Eastern Africa	/	23 July 2015	Accession	21 October 2015	20 October 2016	31 May 2017
68.	Mexico	Americas	Central America	03 June 2013	25 September 2013	Ratification	24 December 2014	23 December 2015	31 May 2016

	UN Member State	Region	Subregion	Signature	Deposit	Deposit Type	Entry into force for State	Date Initial Report due	Date First Annual Report due
69.	Monaco	Europe	Western Europe	/	30 June 2016	Accession	28 September 2016	27 September 2017	31 May 2018
70.	Montenegro	Europe	Southern Europe	03 June 2013	18 August 2014	Ratification	24 December 2014	23 December 2015	31 May 2016
71.	Mozambique	Africa	Eastern Africa	03 June 2013	14 December 2018	Ratification	14 March 2019	13 March 2020	31 May 2021
72.	Namibia	Africa	Southern Africa	25 September 2014	28 April 2020	Ratification	27 July 2020	26 July 2021	31 May 2022
73.	Netherlands	Europe	Western Europe	03 June 2013	18 December 2014	Acceptance	24 December 2014	17 March 2016	31 May 2016
74.	New Zealand	Oceania	Australia and New Zealand	03 June 2013	02 September 2014	Ratification	24 December 2014	23 December 2015	31 May 2016
75.	Niger	Africa	Western Africa	24 March 2014	24 July 2015	Ratification	22 October 2015	21 October 2016	31 May 2017

	UN Member State	Region	Subregion	Signature	Deposit	Deposit Type	Entry into force for State	Date Initial Report due	Date First Annual Report due
76.	Nigéria	Africa	Western Africa	12 August 2013	12 August 2013	Ratification	24 December 2014	23 December 2015	31 May 2016
77.	Niue	Oceania	Polynesia	/	06 August 2020	Accession	04 November 2020	03 November 2021	31 May 2022
78.	Norway	Europe	Northern Europe	03 June 2013	12 February 2014	Ratification	24 December 2014	23 December 2015	31 May 2016
79.	Palau	Oceania	Micronesia	03 June 2013	08 April 2019	Ratification	07 July 2019	06 July 2020	31 May 2021
80.	Panama	Americas	Central America	03 June 2013	11 February 2014	Ratification	24 December 2014	23 December 2015	31 May 2016
81.	Paraguay	Americas	South America	19 June 2013	09 April 2015	Ratification	08 July 2015	07 July 2016	31 May 2017

	UN Member State	Region	Subregion	Signature	Deposit	Deposit Type	Entry into force for State	Date Initial Report due	Date First Annual Report due
82.	Peru	Americas	South America	24 September 2013	16 February 2016	Ratification	16 May 2016	15 May 2017	31 May 2018
83.	Philippines	Asia	South-eastern Asia	25 September 2013	24 March 2022	Ratification	22 June 2022	21 June 2023	31 May 2024
84.	Poland	Europe	Eastern Europe	01 July 2013	17 December 2014	Ratification	24 December 2014	16 March 2016	31 May 2016
85.	Portugal	Europe	Southern Europe	03 June 2013	25 September 2014	Ratification	24 December 2014	23 December 2015	31 May 2016
86.	Republic of Korea	Asia	Eastern Asia	03 June 2013	28 November 2016	Ratification	26 February 2017	25 February 2018	31 May 2019
87.	Republic of Moldova	Europe	Eastern Europe	10 September 2013	28 September 2015	Ratification	27 December 2015	26 December 2016	31 May 2017

	UN Member State	Region	Subregion	Signature	Deposit	Deposit Type	Entry into force for State	Date Initial Report due	Date First Annual Report due
88.	Republic of North Macedonia	Europe	Southern Europe	25 September 2013	06 March 2014	Ratification	24 December 2014	23 December 2015	31 May 2016
89.	Romania	Europe	Eastern Europe	03 June 2013	02 April 2014	Ratification	24 December 2014	23 December 2015	31 May 2016
90.	Saint Kitts and Nevis	Americas	Caribbean	05 June 2013	15 December 2014	Ratification	24 December 2014	14 March 2016	31 May 2016
91.	Saint Lucia	Americas	Caribbean	03 June 2013	25 September 2014	Ratification	24 December 2014	23 December 2015	31 May 2016
92.	Saint Vincent and the Grenadines	Americas	Caribbean	03 June 2013	03 June 2014	Ratification	24 December 2014	23 December 2015	31 May 2016

	UN Member State	Region	Subregion	Signature	Deposit	Deposit Type	Entry into force for State	Date Initial Report due	Date First Annual Report due
93.	Samoa	Oceania	Polynesia	25 September 2013	03 June 2014	Ratification	24 December 2014	23 December 2015	31 May 2016
94.	San Marino	Europe	Southern Europe	19 December 2014	29 July 2015	Ratification	27 October 2015	26 October 2016	31 May 2017
95.	Sao Tome and Principe	Africa	Middle Africa	19 December 2014	28 July 2020	Ratification	26 October 2020	25 October 2021	31 May 2022
96.	Senegal	Africa	Western Africa	03 June 2013	25 September 2014	Ratification	24 December 2014	23 December 2015	31 May 2016
97.	Serbia	Europe	Southern Europe	12 August 2013	05 December 2014	Ratification	24 December 2014	04 March 2016	31 May 2016
98.	Seychelles	Africa	Eastern Africa	03 June 2013	02 November 2015	Ratification	31 January 2016	30 January 2017	31 May 2018

	UN Member State	Region	Subregion	Signature	Deposit	Deposit Type	Entry into force for State	Date Initial Report due	Date First Annual Report due
99.	Sierra Leone	Africa	Western Africa	25 September 2013	12 August 2014	Ratification	24 December 2014	23 December 2015	31 May 2016
100.	Slovakia	Europe	Eastern Europe	10 June 2013	02 April 2014	Ratification	24 December 2014	23 December 2015	31 May 2016
101.	Slovenia	Europe	Southern Europe	03 June 2013	02 April 2014	Ratification	24 December 2014	23 December 2015	31 May 2016
102.	South Africa	Africa	Southern Africa	25 September 2013	22 December 2014	Ratification	24 December 2014	21 March 2016	31 May 2016
103.	Spain	Europe	Southern Europe	03 June 2013	02 April 2014	Ratification	24 December 2014	23 December 2015	31 May 2016
104.	State of Palestine	Asia	Western Asia	/	29 December 2017	Accession	29 March 2018	28 March 2019	31 May 2020
105.	Suriname	Americas	South America	03 June 2013	19 October 2018	Ratification	17 January 2019	16 January 2020	31 May 2021

	UN Member State	Region	Subregion	Signature	Deposit	Deposit Type	Entry into force for State	Date Initial Report due	Date First Annual Report due
106.	Sweden	Europe	Northern Europe	03 June 2013	16 June 2014	Ratification	24 December 2014	23 December 2015	31 May 2016
107.	Switzerland	Europe	Western Europe	03 June 2013	30 January 2015	Ratification	30 April 2015	29 April 2016	31 May 2017
108.	Togo	Africa	Western Africa	03 June 2013	08 October 2015	Ratification	06 January 2016	05 January 2017	31 May 2018
109.	Trinidad and Tobago	Americas	Caribbean	03 June 2013	25 September 2013	Ratification	24 December 2014	23 December 2015	31 May 2016
110.	Tuvalu	Oceania	Polynesia	03 June 2013	04 September 2015	Ratification	03 December 2015	02 December 2016	31 May 2017
111.	United Kingdom of Great Britain and Northern Ireland	Europe	Northern Europe	03 June 2013	02 April 2014	Ratification	24 December 2014	23 December 2015	31 May 2016

	UN Member State	Region	Subregion	Signature	Deposit	Deposit Type	Entry into force for State	Date Initial Report due	Date First Annual Report due
112.	Uruguay	Americas	South America	03 June 2013	25 September 2014	Ratification	24 December 2014	23 December 2015	31 May 2016
113.	Zambia	Africa	Eastern Africa	25 September 2013	20 May 2016	Ratification	18 August 2016	17 August 2017	31 May 2018
114.	Gambia (Islamic Republic of the)	Africa	Western Africa	/	13 June 2024	Accession	11 September 2024	10 September 2025	31 May 2026
115.	Malawi	Africa	Eastern Africa	09 January 2014	11 July 2024	Ratification	09 October 2024	08 October 2025	31 May 2026
116.	Colombia	Americas	South America	24 September 2013	15 October 2024	Ratification	13 January 2025	12 January 2026	31 May 2027

ATT Signatories that have not yet ratified, accepted, or approved the Treaty

Status : as of 17 *October 2024*

	UN Member State	Signature		UN Member State	Signature
1.	Angola	24 September 13	14.	Malaysia	26 September 13
2.	Bahrain	21 November 13	15.	Mongolia	24 September 13
3.	Bangladesh	26 September 13	16.	Nauru	25 September 13
4.	Burundi	3 June 13	17.	Rwanda	5 June 13
5.	Cambodia	18 October 13	18.	Singapore	5 December 14
6.	Comoros	26 September 13	19.	Thailand	25 November 14
7.	Congo	25 September 13	20.	Turquie	2 July 13
8.	Djibouti	3 June 13	21.	Ukraine	23 September 14
9.	Eswatini	4 September 13	22.	United Arab Emirates	9 July 13
10.	Haiti	21 March 14	23.	United Republic of Tanzania	3 June 13
11.	Israel	18 December 14	24.	**United States of America**	**25 September 13**
12.	Kiribati	25 September 13	25.	Vanuatu	26 July 13
13.	Lybia	9 July 13	26.	Zimbabwe	18 December 14

ARMS TRADE TREATY

UN Member States that have not yet joined the ATT
Status : as of *17 October 2024*

UN Member State	
1.	Algeria
2.	Armenia
3.	Azerbaijan
4.	Bélarus
5.	Bhutan
6.	Bolivia (Plurinational State of)
7.	Brunei Darussalam
8.	Cuba
9.	Democratic People's Republic of Korea
10.	Democratic Republic of the Congo
11.	Ecuador
12.	Egypt
13.	Equatorial Guinea
14.	Eritrea
15.	Ethiopia
16.	Fiji
17.	India
18.	Indonesia
19.	Iran (Islamic Republic of)
20.	Iraq
21.	Jordan
22.	Kenya
23.	Kuwait

UN Member State	
24.	Kyrgyzstan
25.	Lao People's Democratic Republic
26.	Marshall Islands
27.	Micronesia (Federated States of)
28.	Morocco
29.	Myanmar
30.	Nepal
31.	Nicaragua
32.	Oman
33.	Pakistan
34.	Papua New Guinea
35.	Qatar
36.	**Russian Federation**
37.	Saudi Arabia
38.	Solomon Islands
39.	Somalia
40.	South Sudan
41.	Sri Lanka
42.	Sudan
43.	Syrian Arab Republic
44.	Tajikistan
45.	Timor-Leste
46.	Tonga

UN Member State	
47	Tunisia
48	Turkmenistan
49	Uganda
50	Uzbekistan
51	Venezuela, Bolivarian Republic of
52	Viet Nam
53	Yemen

Annexe 12 : Protocole additionnel aux Conventions de Genève du 12 août 1949 relatif à la protection des victimes des conflits armés non internationaux (Protocole II)

PROTOCOLE ADDITIONNEL
AUX CONVENTIONS DE GENÈVE DU 12 AOÛT 1949
RELATIF À LA PROTECTION DES VICTIMES
DES CONFLITS ARMÉS NON INTERNATIONAUX
(PROTOCOLE II)

PRÉAMBULE

Les Hautes Parties contractantes,

Rappelant que les principes humanitaires consacrés par l'article 3 commun aux Conventions de Genève du 12 août 1949 constituent le fondement du respect de la personne humaine en cas de conflit armé ne présentant pas un caractère international,

Rappelant également que les instruments internationaux relatifs aux droits de l'homme offrent à la personne humaine une protection fondamentale,

Soulignant la nécessité d'assurer une meilleure protection aux victimes de ces conflits armés,

Rappelant que, pour les cas non prévus par le droit en vigueur, la personne humaine reste sous la sauvegarde des principes de l'humanité et des exigences de la conscience publique,

Sont convenues de ce qui suit :

TITRE I
PORTÉE DU PRÉSENT PROTOCOLE

Article premier – champ d'application matériel

1. Le présent Protocole, qui développe et complète l'article 3 commun aux Conventions de Genève du 12 août 1949 sans modifier ses conditions d'application actuelles, s'applique à tous les conflits armés qui ne sont pas couverts par l'article premier du Protocole additionnel aux Conventions de Genève du 12 août 1949 relatif à la protection des victimes des conflits armés internationaux (Protocole I), et qui se déroulent sur le territoire d'une Haute Partie contractante

entre ses forces armées et des forces armées dissidentes ou des groupes armés organisés qui, sous la conduite d'un commandement responsable, exercent sur une partie de son territoire un contrôle tel qu'il leur permette de mener des opérations militaires continues et concertées et d'appliquer le présent Protocole.

2. Le présent Protocole ne s'applique pas aux situations de tensions internes, de troubles intérieurs, comme les émeutes, les actes isolés et sporadiques de violence et autres actes analogues, qui ne sont pas considérés comme des conflits armés.

Article 2 – champ d'application personnel

1.Le présent Protocole s'applique sans aucune distinction de caractère défavorable fondée sur la race, la couleur, le sexe, la langue, la religion ou la croyance, les opinions politiques ou autres, l'origine nationale ou sociale, la fortune, la naissance ou une autre situation, ou tous autres critères analogues (ci-après appelés « distinction de caractère défavorable ») à toutes les personnes affectées par un conflit armé au sens de l'article premier.

2. À la fin du conflit armé, toutes les personnes qui auront été l'objet d'une privation ou d'une restriction de liberté pour des motifs en relation avec ce conflit, ainsi que celles qui seraient l'objet de telles mesures après le conflit pour les mêmes motifs, bénéficieront des dispositions des articles 5 et 6 jusqu'au terme de cette privation ou de cette restriction de liberté.

Article 3 – Non-intervention

1. Aucune disposition du présent Protocole ne sera invoquée en vue de porter atteinte à la souveraineté d'un État ou à la responsabilité du gouvernement de maintenir ou de rétablir l'ordre public dans l'État ou de défendre l'unité nationale et l'intégrité territoriale d'un État par tous les moyens légitimes.

2. Aucune disposition du présent Protocole ne sera invoquée comme une justification d'une intervention directe ou indirecte, pour quelque raison que ce soit, dans le conflit armé ou dans les affaires intérieures ou extérieures de la Haute Partie contractante sur le territoire de laquelle ce conflit se produit.

TITRE II

TRAITEMENT HUMAIN

Article 4 – Garanties fondamentales

1. Toutes les personnes qui ne participent pas directement ou ne participent plus aux hostilités, qu'elles soient ou non privées de liberté, ont droit au respect de leur personne, de leur honneur, de leurs convictions et de leurs pratiques religieuses. Elles seront en toutes circonstances traitées avec humanité, sans aucune distinction de caractère défavorable. Il est interdit d'ordonner qu'il n'y ait pas de survivants.

2. Sans préjudice du caractère général des dispositions qui précèdent, sont et demeurent prohibées en tout temps et en tout lieu à l'égard des personnes visées au paragraphe 1 :

a) les atteintes portées à la vie, à la santé et au bien-être physique ou mental des personnes, en particulier le meurtre, de même que les traitements cruels tels que la torture, les mutilations ou toutes formes de peines corporelles ;

b) les punitions collectives ;

c) la prise d'otages ;

d) les actes de terrorisme ;

e) les atteintes à la dignité de la personne, notamment les traitements humiliants et dégradants, le viol, la contrainte à la prostitution et tout attentat à la pudeur ;

f) l'esclavage et la traite des esclaves sous toutes leurs formes ;

g) le pillage ;

h) la menace de commettre les actes précités.

3. Les enfants recevront les soins et l'aide dont ils ont besoin et, notamment :

a) ils devront recevoir une éducation, y compris une éducation religieuse et morale, telle que la désirent leurs parents ou, en l'absence de parents, les personnes qui en ont la garde ;

b) toutes les mesures appropriées seront prises pour faciliter le regroupement des familles momentanément séparées ;

c) les enfants de moins de quinze ans ne devront pas être recrutés dans les forces ou groupes armés, ni autorisés à prendre part aux hostilités ;

d) la protection spéciale prévue par le présent article pour les enfants de moins de quinze ans leur restera applicable s'ils prennent directement part aux hostilités en dépit des dispositions de l'alinéa c et sont capturés ;

e) des mesures seront prises, si nécessaire et, chaque fois que se sera possible, avec le consentement des parents ou des personnes qui en ont la garde à titre principal en vertu de la loi ou de la coutume, pour évacuer temporairement les enfants du secteur où des hostilités ont lieu vers un secteur plus sûr du pays, et pour les faire accompagner par des personnes responsables de leur sécurité et de leur bien-être.

Article 5 - personnes privées de liberté

1. Outre les dispositions de l'article 4, les dispositions suivantes seront au minimum respectées à l'égard des personnes privées de liberté pour des motifs en relation avec le conflit armé, qu'elles soient internées ou détenues :

a) les blessés et les malades seront traités conformément à l'article 7 ;

b) les personnes visées au présent paragraphe recevront dans la même mesure que la population civile locale des vivres et de l'eau potable et bénéficieront de garanties de salubrité et d'hygiène et d'une protection contre les rigueurs du climat et les dangers du conflit armé ;
c) elles seront autorisées à recevoir des secours individuels ou collectifs ;

c) elles pourront pratiquer leur religion et recevoir à leur demande, si cela est approprié, une assistance spirituelle de personnes exerçant des fonctions religieuses, telles que les aumôniers ;

d) elles devront bénéficier, si elles doivent travailler, de conditions de travail et de garanties semblables à celles dont jouit la population civile locale.

2. Ceux qui sont responsables de l'internement ou de la détention des personnes visées au paragraphe 1 respecteront dans toute la mesure de leurs moyens les dispositions suivantes à l'égard de ces personnes :

a) sauf lorsque les hommes et les femmes d'une même famille sont logés ensemble, les femmes seront gardées dans des locaux séparés de ceux des hommes et seront placées sous la surveillance immédiate de femmes ;

b) les personnes visées au paragraphe 1 seront autorisées à expédier et à recevoir des lettres et des cartes dont le nombre pourra être limité par l'autorité compétente si elle l'estime nécessaire ;

c) les lieux d'internement et de détention ne seront pas situés à proximité de la zone de combat. Les personnes visées au paragraphe 1 seront évacuées lorsque les lieux où elles sont internées ou détenues deviennent particulièrement exposés aux dangers résultant du conflit armé, si leur évacuation peut s'effectuer dans des conditions suffisantes de sécurité ;

d) elles devront bénéficier d'examens médicaux ;

e) leur santé et leur intégrité physiques ou mentales ne seront compromises par aucun acte ni par aucune omission injustifiés. En conséquence, il est interdit de soumettre les personnes visées au présent article à un acte médical qui ne serait pas motivé par leur état de santé et ne serait pas conforme aux normes médicales généralement reconnues et appliquées dans des circonstances médicales analogues aux personnes jouissant de leur liberté.

3. Les personnes qui ne sont pas couvertes par le paragraphe 1 mais dont la liberté est limitée de quelque façon que ce soit, pour des motifs en relation avec le conflit armé, seront traitées avec humanité conformément à l'article 4 et aux paragraphes 1 a, c, d et 2 b du présent article.

4. S'il est décidé de libérer des personnes privées de liberté, les mesures nécessaires pour assurer la sécurité de ces personnes seront prises par ceux qui décideront de les libérer.

Article 6 – poursuites pénales

1. Le présent article s'applique à la poursuite et à la répression d'infractions pénales en relation avec le conflit armé.

2. Aucune condamnation ne sera prononcée ni aucune peine exécutée à l'encontre d'une personne reconnue coupable d'une infraction sans un jugement préalable rendu par un tribunal offrant les garanties essentielles d'indépendance et d'impartialité. En particulier :

a) la procédure disposera que le prévenu doit être informé sans délai des détails de l'infraction qui lui est imputée et assurera au prévenu avant et pendant son procès tous les droits et moyens nécessaires à sa défense ;

b) nul ne peut être condamné pour une infraction si ce n'est sur la base d'une responsabilité pénale individuelle ;

c) nul ne peut être condamné pour des actions ou omissions qui ne constituaient pas un acte délictueux d'après le droit national ou international au moment où elles ont été commises. De même, il ne peut être infligé aucune peine plus forte que celle qui était applicable au moment où l'infraction a été commise. Si postérieurement à cette infraction la loi prévoit l'application d'une peine plus légère, le délinquant doit en bénéficier ;

d) toute personne accusée d'une infraction est présumée innocente jusqu'à ce que sa culpabilité ait été légalement établie ;

e) toute personne accusée d'une infraction a le droit d'être jugée en sa présence ;

f) nul ne peut être forcé de témoigner contre lui-même ou de s'avouer coupable.

3.Toute personne condamnée sera informée, au moment de sa condamnation, de ses droits de recours judiciaires et autres, ainsi que des délais dans lesquels ils doivent être exercés.

4. La peine de mort ne sera pas prononcée contre les personnes âgées de moins de dix-huit ans au moment de l'infraction et elle ne sera pas exécutée contre les femmes enceintes et les mères d'enfants en bas âge.

5. À la cessation des hostilités, les autorités au pouvoir s'efforceront d'accorder la plus large amnistie possible aux personnes qui auront pris part au conflit armé ou qui auront été privées de liberté pour des motifs en relation avec le conflit armé, qu'elles soient internées ou détenues.

TITRE III

BLÉSSÉS, MALADES ET NAUFRAGÉS

Article 7 – protection et soins

1. Tous les blessés, les malades et les naufragés, qu'ils aient ou non pris part au conflit armé, seront respectés et protégés.

2. Ils seront, en toutes circonstances, traités avec humanité et recevront, dans toute la mesure du possible et dans les délais les plus brefs, les soins médicaux qu'exige leur état. Aucune distinction fondée sur des critères autres que médicaux ne sera faite entre eux.

Article 8 – recherches

Chaque fois que les circonstances le permettront, et notamment après un engagement, toutes les mesures possibles seront prises sans retard pour rechercher et recueillir les blessés, les malades et les naufragés, les protéger contre le pillage et les mauvais traitements et leur assurer les soins appropriés, ainsi que pour rechercher les morts, empêcher qu'ils soient dépouillés et leur rendre les derniers devoirs.

Article 9 – protection du personnel sanitaire et religieux

1. Le personnel sanitaire et religieux sera respecté et protégé. Il recevra toute l'aide disponible dans l'exercice de ses fonctions et ne sera pas astreint à des tâches incompatibles avec sa mission humanitaire.

2. Il ne sera pas exigé du personnel sanitaire que sa mission s'accomplisse en priorité au profit de qui que ce soit, sauf pour des raisons médicales.

Article 10 – protection générale de la mission médicale

1. Nul ne sera puni pour avoir exercé une activité de caractère médical conforme à la déontologie, quels qu'aient été les circonstances ou les bénéficiaires de cette activité.

2. Les personnes exerçant une activité de caractère médical ne pourront être contraintes ni d'accomplir des actes ou d'effectuer des travaux contraires à la déontologie ou à d'autres règles médicales qui protègent les blessés et les malades, ou aux dispositions du présent Protocole, ni de s'abstenir d'accomplir des actes exigés par ces règles ou dispositions.

3. Les obligations professionnelles des personnes exerçant des activités de caractère médical quant aux renseignements qu'elles pourraient obtenir sur les blessés et les malades soignés par elles devront être respectées sous réserve de la législation nationale.

4. Sous réserve de la législation nationale, aucune personne exerçant des activités de caractère médical ne pourra être sanctionnée de quelque manière que ce soit pour avoir refusé ou s'être abstenue de donner des renseignements concernant les blessés et les malades qu'elle soigne ou qu'elle a soignés.

Article 11 – protection des unités et moyens de transport sanitaires

1. Les unités et moyens de transport sanitaires seront en tout temps respectés et protégés et ne seront pas l'objet d'attaques.

2. La protection due aux unités et moyens de transport sanitaires ne pourra cesser que s'ils sont utilisés pour commettre, en dehors de leur fonction humanitaire, des actes hostiles. Toutefois, la protection cessera seulement après qu'une sommation fixant, chaque fois qu'il y aura lieu, un délai raisonnable, sera demeurée sans effet.

Article 12 – Signe distinctif

Sous le contrôle de l'autorité compétente concernée, le signe distinctif de la croix rouge, du croissant rouge ou du lion-et-soleil rouge, sur fond blanc, sera arboré par le personnel sanitaire et religieux, les unités et moyens de transport sanitaires. Il doit être respecté en toutes circonstances. Il ne doit pas être employé abusivement.

TITRE IV

POPULATION CIVILE

Article 13 – Protection de la population civile

1. La population civile et les personnes civiles jouissent d'une protection générale contre les dangers résultant d'opérations militaires. En vue de rendre cette protection effective, les règles suivantes seront observées en toutes circonstances.

2. Ni la population civile en tant que telle ni les personnes civiles ne devront être l'objet d'attaques. Sont interdits les actes ou menaces de violence dont le but principal est de répandre la terreur parmi la population civile.

3. Les personnes civiles jouissent de la protection accordée par le présent Titre, sauf si elles participent directement aux hostilités et pendant la durée de cette participation.

Article 14 – Protection des biens indispensables à la survie de la population civile

Il est interdit d'utiliser contre les personnes civiles la famine comme méthode de combat. Il est par conséquent interdit d'attaquer, de détruire, d'enlever ou de mettre hors d'usage à cette fin des biens indispensables à la survie de la population civile, tels que les denrées alimentaires et les zones agricoles qui les produisent, les récoltes, le bétail, les installations et réserves d'eau potable et les ouvrages d'irrigation.

Article 15 – Protection des ouvrages et installations contenant des forces dangereuses

Les ouvrages d'art ou les installations contenant des forces dangereuses, à savoir les barrages, les digues et les centrales nucléaires de production d'énergie électrique, ne seront pas l'objet d'attaques, même s'ils constituent des objectifs militaires, lorsque ces attaques peuvent entraîner la libération de ces forces et causer, en conséquence, des pertes sévères dans la population civile.

Article 16 – Protection des biens culturels et des lieux de culte

Sous réserve des dispositions de la Convention de La Haye du 14 mai 1954 pour la protection des biens culturels en cas de conflit armé, il est interdit de commettre tout acte d'hostilité dirigé contre les monuments historiques, les œuvres d'art ou les lieux de culte qui constituent le patrimoine culturel ou spirituel des peuples et de les utiliser à l'appui de l'effort militaire.

Article 17 – Interdiction des déplacements forcés

1. Le déplacement de la population civile ne pourra pas être ordonné pour des raisons ayant trait au conflit sauf dans les cas où la sécurité des personnes civiles ou des raisons militaires impératives l'exigent. Si un tel déplacement doit être effectué, toutes les mesures possibles seront prises pour que la population civile soit accueillie dans des conditions satisfaisantes de logement, de salubrité, d'hygiène, de sécurité et d'alimentation.

2. Les personnes civiles ne pourront pas être forcées de quitter leur propre territoire pour des raisons ayant trait au conflit.

Article 18 – Sociétés de secours et actions de secours

1. Les sociétés de secours situées dans le territoire de la Haute Partie contractante, telles que les organisations de la Croix-Rouge (Croissant-Rouge, Lion-et-Soleil-Rouge) pourront offrir leurs services en vue de s'acquitter de leurs tâches traditionnelles à l'égard des victimes du conflit armé. La population civile peut, même de son propre chef, offrir de recueillir et soigner les blessés, les malades et les naufragés.

2. Lorsque la population civile souffre de privations excessives par manque des approvisionnements essentiels à sa survie, tels que vivres et ravitaillements sanitaires, des actions de secours en faveur de la population civile, de caractère exclusivement humanitaire et impartial et conduites sans aucune distinction de caractère défavorable, seront entreprises avec le consentement de la Haute Partie contractante concernée.

TITRE V

DISPOSITIONS FINALES

Article 19 – Diffusion

Le présent Protocole sera diffusé aussi largement que possible.

Article 20 – Signature

Le présent Protocole sera ouvert à la signature des Parties aux Conventions six mois après la signature de l'Acte final et restera ouvert durant une période de douze mois.

Article 21 – ratification

Le présent Protocole sera ratifié dès que possible. Les instruments de ratification seront déposés auprès du Conseil fédéral suisse, dépositaire des Conventions.

Article 22 – Adhésion

Le présent Protocole sera ouvert à l'adhésion de toute Partie aux Conventions non-signataire du présent Protocole. Les instruments d'adhésion seront déposés auprès du dépositaire.

Article 23 – entrée en vigueur

1. Le présent Protocole entrera en vigueur six mois après le dépôt de deux instruments de ratification ou d'adhésion.

2. Pour chacune des Parties aux Conventions qui le ratifiera ou y adhérera ultérieurement, le présent Protocole entrera en vigueur six mois après le dépôt par cette Partie de son instrument de ratification ou d'adhésion.

Article 24 – Amendement

1. Toute Haute Partie contractante pourra proposer des amendements au présent Protocole. Le texte de tout projet d'amendement sera communiqué au dépositaire qui, après consultation de l'ensemble des

Hautes Parties contractantes et du Comité international de la Croix-Rouge, décidera s'il convient de convoquer une conférence pour examiner le ou les amendements proposés.

2. Le dépositaire invitera à cette conférence les Hautes Parties contractantes ainsi que les Parties aux Conventions, signataires ou non du présent Protocole.

Article 25 – Dénonciation

1. Au cas où une Haute Partie contractante dénoncerait le présent Protocole, la dénonciation ne produira ses effets que six mois après réception de l'instrument de dénonciation. Si toutefois, à l'expiration des six mois, la Partie dénonçante se trouve dans la situation visée à l'article premier, la dénonciation ne prendra effet qu'à la fin du conflit armé. Les personnes qui auront été l'objet d'une privation ou d'une restriction de liberté pour des motifs en relation avec ce conflit continueront néanmoins à bénéficier des dispositions du présent Protocole jusqu'à leur libération définitive.

2. La dénonciation sera notifiée par écrit au dépositaire qui informera toutes les Hautes Parties contractantes de cette notification.

Article 26 – Notifications

Le dépositaire informera les Hautes Parties contractantes ainsi que les Parties aux Conventions, qu'elles soient signataires ou non du présent Protocole :

a) des signatures apposées au présent Protocole et des instruments de ratification et d'adhésion déposés conformément aux articles 21 et 22 ;

b) de la date à laquelle le présent Protocole entrera en vigueur conformément à l'article 23 ; et

c) des communications et déclarations reçues conformément à l'article 24.

Article 27 – enregistrement

1. Après son entrée en vigueur, le présent Protocole sera transmis par le dépositaire au Secrétariat des Nations Unies aux fins d'enregistrement et de publication, conformément à l'article 102 de la Charte des Nations Unies.

2. Le dépositaire informera également le Secrétariat des Nations Unies de toutes les ratifications et adhésions qu'il pourra recevoir au sujet du présent Protocole.

Article 28 – textes authentiques

L'original du présent Protocole, dont les textes anglais, arabe, chinois, espagnol, français et russe sont également authentiques, sera déposé auprès du dépositaire qui fera parvenir des copies certifiées conformes à toutes les Parties aux Conventions.

TABLE DES MATIÈRES

Structures éditoriales du groupe L'Harmattan

L'Harmattan Italie
Via degli Artisti, 15
10124 Torino
harmattan.italia@gmail.com

L'Harmattan Hongrie
Kossuth l. u. 14-16.
1053 Budapest
harmattan@harmattan.hu

L'Harmattan Sénégal
10 VDN en face Mermoz
BP 45034 Dakar-Fann
senharmattan@gmail.com

L'Harmattan Cameroun
TSINGA/FECAFOOT
BP 11486 Yaoundé
inkoukam@gmail.com

L'Harmattan Burkina Faso
Achille Somé – tengnule@hotmail.fr

L'Harmattan Guinée
Almamya, rue KA 028 OKB Agency
BP 3470 Conakry
harmattanguinee@yahoo.fr

L'Harmattan RDC
185, avenue Nyangwe
Commune de Lingwala – Kinshasa
matangilamusadila@yahoo.fr

L'Harmattan Congo
67, boulevard Denis-Sassou-N'Guesso
BP 2874 Brazzaville
harmattan.congo@yahoo.fr

L'Harmattan Mali
ACI 2000 - Immeuble Mgr Jean Marie Cisse
Bureau 10
BP 145 Bamako-Mali
mali@harmattan.fr

L'Harmattan Togo
Djidjole – Lomé
Maison Amela
face EPP BATOME
ddamela@aol.com

L'Harmattan Côte d'Ivoire
Résidence Karl – Cité des Arts
Abidjan-Cocody
03 BP 1588 Abidjan
espace harmattan.ci@hotmail.fr

Nos librairies en France

Librairie internationale
16, rue des Écoles
75005 Paris
librairie.internationale@harmattan.fr
01 40 46 79 11
www.librairieharmattan.com

Librairie des savoirs
21, rue des Écoles
75005 Paris
librairie.sh@harmattan.fr
01 46 34 13 71
www.librairieharmattansh.com

Librairie Le Lucernaire
53, rue Notre-Dame-des-Champs
75006 Paris
librairie@lucernaire.fr
01 42 22 67 13

www.ingramcontent.com/pod-product-compliance
Lightning Source LLC
LaVergne TN
LVHW011226061026
849535LV00001BA/191
* 9 7 8 2 3 3 6 5 4 6 8 7 2 *